“营改增”背景下的税务会计

邓铁群　编著

地震出版社
Seismological Press

图书在版编目（CIP）数据

“营改增”背景下的税务会计/邓铁群编著．—北京：地震出版社，2016.12

ISBN 978－7－5028－4787－6

Ⅰ.①营…　Ⅱ.①邓…　Ⅲ.①增值税－税收管理－影响－税收会计－中国　Ⅳ.①F812.42

中国版本图书馆CIP数据核字（2016）第259269号

地震版　XM3888

“营改增”背景下的税务会计

邓铁群　编著

责任编辑：薛广盈　吴桂洪

责任校对：潘菊华

出版发行：地震出版社

北京市海淀区民族大学南路9号　　邮编：100081

发行部：68423031　68467993　　传真：88421706

门市部：68467991　　传真：68467991

总编室：68462709　68423029　　传真：68455221

证券图书事业部：68426052　68470332

http：//www.dzpress.com.cn

E-mail：zqbj68426052@163.com

经销：全国各地新华书店

印刷：廊坊市华北石油华星印务有限公司

版（印）次：2016年12月第一版　2016年12月第一次印刷

开本：787×1092　1/16

字数：725千字

印张：37

书号：ISBN 978－7－5028－4787－6/F（5485）

定价：90.00元

Preface
前 言

税务会计是会计学的一个重要分支，是会计学与税收学的融合性学科。在学术界，税务会计常被称为“税务中的会计”和“会计中的税务”。税务会计与财务会计之间有着微妙的关系。一方面，税务会计的业务处理保留着财务会计的原则性要求，与财务会计一脉相承，财务会计的发展明显引领着税务会计的发展；另一方面，税务会计也体现着税收的内在要求，税务会计信息的生成和披露充分体现着税收导向，更不用说税制变迁对税务会计的影响了。

税务会计不仅为纳税人开展纳税检查和税收筹划提供准确的税务会计信息，也为税务机关开展税务稽查提供重要的涉税证据。税务会计对于纳税人及税务机关的重要性不言而喻，这也是近年来税务系统普遍重视税务会计的主要原因之一。目前税务系统推行的纳税评估，其本质就是通过评价会计数据内在逻辑的合理性，来甄别纳税人是否存在蓄意避税甚至偷逃税款行为。在税务稽查与反避税活动中，税务人员需要重点审查隐藏避税之蛛丝马迹的会计信息，并查实和获取纳税人避税事实的关键税务会计信息作为佐证，让税务会计成为判断、甄别避税行为的有效工具。

营业税改征增值税，是我国近年推出的一项重大财税改革。税务会计作为会计学的一个重要分支，可以说是会计学与税收学的综合性学科，必然也将受到“营改增”改革的深刻影响。本书立足于我国税收政策的新变化，依据最新的税收法规，详细介绍了各大税种的会计处理，既讲清法规原理，更要讲清实操要求，是各大企业财税工作者解决实务问题必备的工作指南。

综合来讲，本书具有以下的优点与特点：

1. 严格依据《企业会计准则》，全面反映最新税收法规，特别是2016年“营改增”以来最新颁布的法规。以《企业会计准则》和最新税收法规作为编写的依据，对其进行深入的分析，全面和详细地介绍了各大税种的具体实务操作。

2. 内容全面。本书在编写中，除了重点介绍增值税、消费税、企业所得税、个人所得税等主要税种之外，也介绍了契税、印花税等非常见税种，以及我国企业日常经营中包括的各个税种。除此之外，对于企业经营中出现的新业务，比如研发费用的超额计提、股份支付、投资性房地产等，也详细介绍了其税务处理和会计核算。

3. 案例紧密联系实际。本书的主要目的在于帮助财税人员解决实务问题，在讲解企业的涉税问题时，既要讲清楚税收法规的要求，又要讲明白会计核算的实操要领，所选案例紧密契合实际，每个案例均翔实、生动，是帮助理解实操要领的捷径。

本书既可以用于财税工作者进行“营改增”新制度的培训，也可以作为企业财税人员的学习、提高之用。

由于“营改增”新法规实施时间较短，作者对“营改增”新法规的理解可能存在偏差，加之时间仓促，本书的内容肯定存在不妥之处，还需要不断的充实与完善，敬请各位同仁和广大读者不吝指正。作者邮箱：suoxh@ 139. com

作　者

2016 年 11 月 1 日

Contents

目　录

第一章
总论

本章导读

当今会计界已有越来越多的人承认，税务会计已与财务会计、管理会计共同构成了现代会计学科的三大分支。税务会计是介于税收学与会计学之间的一门新兴的边缘学科，是融国家税收法规和会计处理为一体的一种特殊的专业会计，是税务中的会计、会计中的税务。

本章我们将介绍税务会计的概况，从整体上对税务会计有所把握。

第一节　税务与会计

一、税收与税收会计

税收是一个分配范畴，也是一个历史范畴。它与国家一样，是社会历史发展到一定阶段的产物。税收是随着国家的产生而产生的，是国家财政收入的支柱。

税收会计是税务机关核算和监督税款征收和解缴的会计，因此，亦称征解会计。如前所述，税收会计的产生要早于税务会计，尽管税收会计比税务会计简单。新中国成立后，由于长期实行“以利代税”政策，税收会计发展较慢，直至 1986 年 4 月，财政部颁发了《税收计划、会计、统计工作制度》，才首次明确税收会计是一个独立的专业会计。1991 年，国家税务局颁布了《税收会计核算试行办法》；1994 年，国家税务总局发出了《关于税收会计改革工作安排的通知》（从 1996 年 1 月 1 日起执行）。从此，我国建立了较为成熟、完善的税收会计。

税收的发展历程，如图 1－1 所示。

自从国家出现后，尽管税收的名称和内容不断变化，但历代统治者对税收的重视却都是相同的。为了计算和记录国家税赋实物或货币的收入和支出情况，在奴隶制了“官厅会计”

→ 西周时，在总揽财政大权的天官冢宰下，设“司会”为计官之长，主管朝廷财政经济收支的全面核算。由于当时的税制简单，不可能对纳税人的会计核算提出像今天这样全面而具体的要求，而且当时的纳税人也不具备正式会计核算的条件，但会计核算意识是与日俱增的，这是税务会计产生的动因

→ 随着政府职能的扩大，收支数额和事项的增大、增多，官厅会计才逐步发展，后来分离为政府会计和税收会计

图 1－1　税收的发展历程

二、税务与企业会计

税务，即税收事务。这里要探讨的是国家税收与企业会计的关系，或者说，税务与纳税人会计的关系。从历史上观察，大致经历了四个阶段：

（一）各自为政，时有冲突

从历史上看，政府征税就是为了满足财政支出的需要，尤其是所得税、关税等大税种，更是与战争、与国家主权息息相关。政府收税，政府有税收会计进行记录和反映；政府财政支出，有政府会计进行记录和反映。但在一个相当长的历史时期，国家税法的制定、修订，是没有考虑或很少考虑纳税人在会计上是如何计算、反映的。这就使税法的执行缺乏可靠的基础。随着税收的不断法制化、企业会计的不断规范化和会计市场化，一方面代表国家要征税，另一方面企业会计要为纳税人计税并缴税，注册会计师受托进行审计。由于各自的角度不同、利益不同，难免会发生某些冲突。

（二）合二为一，也非无缺

税收对会计的影响是多方面的、显而易见的、持续至今的。税收因素是促进会计的重心由计算资产盘存转向计算收入的主要动力。对税法的承认是迅速保证选择出来的会计方法被广泛采用的一种手段。毫无疑问，税收有助于提高和改善通常的会计实务的连贯性和科学性。主要表现在三个方面，如图 1－2 所示。

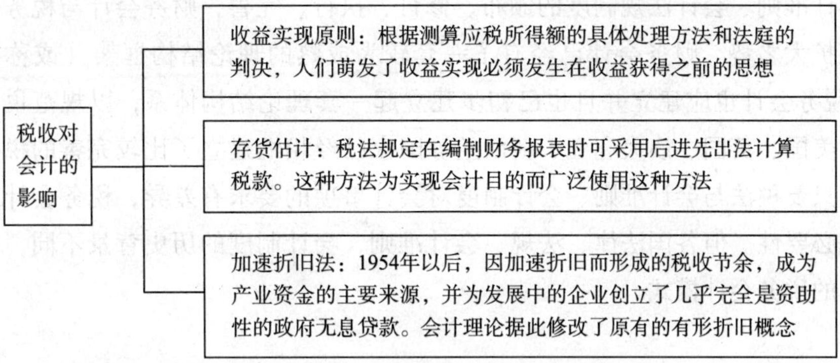

图 1－2　税收对会计的影响

（三）适当分离，各司其职

税务与会计两者密切联系，但由于各自的目标、对象等差异，最终停止了两者相互仿效的初级做法，朝着完善各自的学科方向发展。两者最主要的差别，如图 1－3 所示。

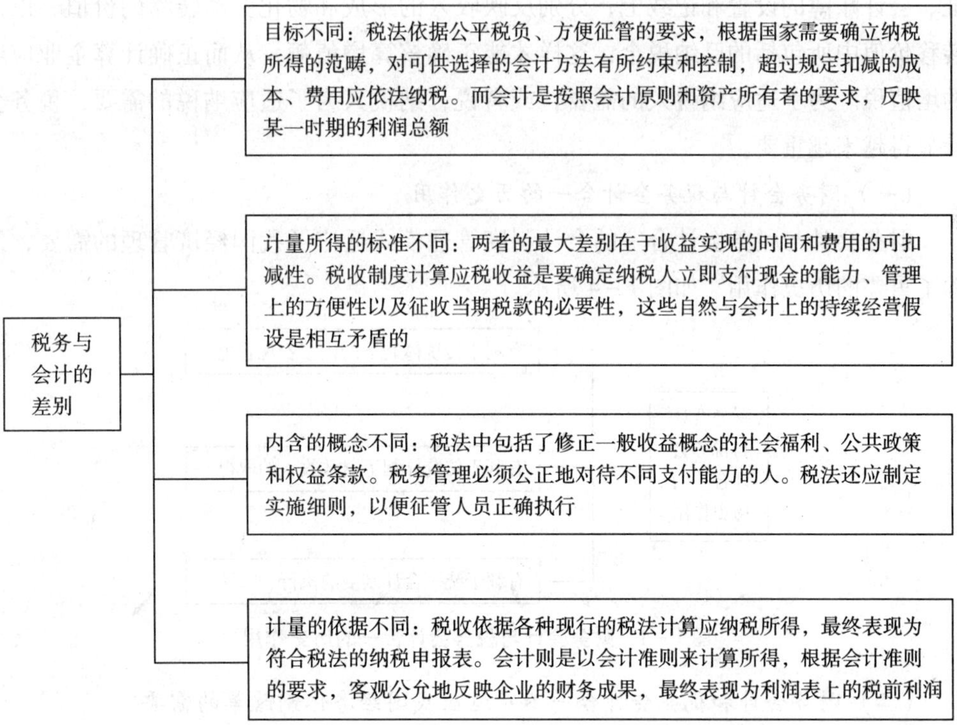

图 1－3　税法与会计的差别

（四）税务会计理论与实务：持续发展，不断完善

随着各国税法税制的不断完善和健全、税收的国际协调的加强，国际会计准则、

各国会计准则、会计法规制度的颁布、修订、执行、完善，财务会计与税务会计均呈偏离扩大之势。财务会计已经有了一套较为成熟的理论结构框架（或称概念结构），税务会计也应建立并且也已初步建立起一套理论结构体系，以规范税务会计实务。美国、英国、澳大利亚、新西兰等国家已经相继建立了比较完善的税务会计体系。只要税法与会计准则、会计制度对会计事项的要求有差异，税务会计就有其独立的必要性。但各国法律、法规、会计准则、会计制度的历史背景不同，也会形成不同的税务会计模式。

三、税务会计独立成科是发展社会主义市场经济的需要

在税务会计的产生和发展过程中，所得税的出现和不断健全对其影响最大，因为所得税的计算依据涉及企业的投资和筹资，以及企业的供应、生产、销售或商品流转的全过程。特别是比较科学合理的增值税的产生和不断完善，对税务会计的发展起了重要的促进作用，因为它对企业会计提出了更高的要求，迫使企业在会计凭证、会计账簿的设置和记载上，分别反映收入的形成和物化劳动转移的价值，以及转移价值中所包括的已纳税金，这样才能正确核算增值额，从而正确计算企业应纳的增值税。为了适应纳税人的需要，或者说，纳税人为了适应纳税的需要，税务会计显得越来越重要。

（一）财务会计与税务会计合一的历史作用

财务会计与税务会计合一的会计制度管理模式适应了我国经济管理的需要，发挥了重要的历史作用，如图 1－4 所示。

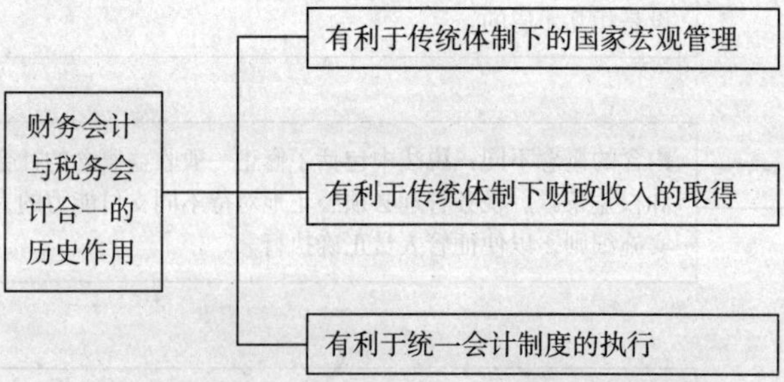

图 1－4　财务会计与税务会计合一的历史作用

（二）财务会计和税务会计合一不能适应我国经济体制改革的需要

在我国经济体制发生深刻变革的今天，过去那种税利不分、财务会计与税务会计不分的局限性越来越大，其主要表现是，如图 1－5 所示。

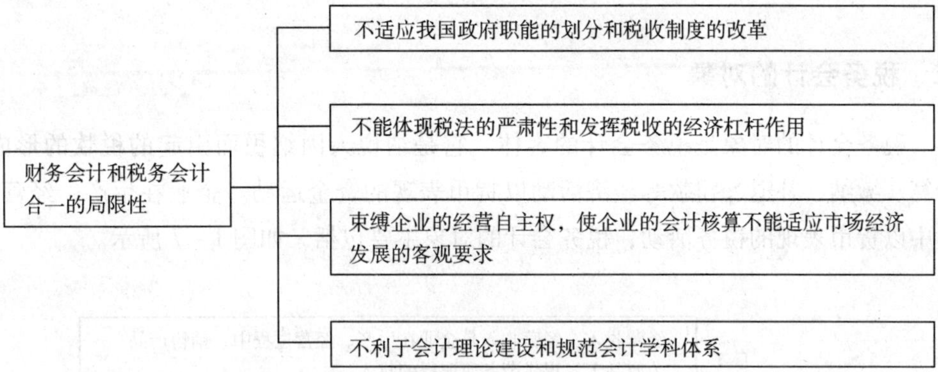

图1－5　财务会计和税务会计合一的局限性

（三）财务会计与税务会计分立是社会主义市场经济的必然发展趋势

财务会计与税务会计分立的必然性，如图1－6所示。

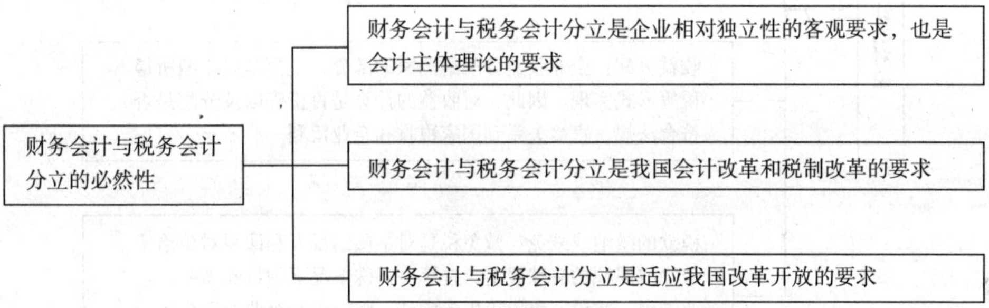

图1－6　财务会计与税务会计分立的必然性

第二节　税务会计的概述

一、税务会计的概念

税务会计是社会经济发展到一定阶段（文化、教育的普及和提高，生产规模的扩大，生产力的进步，社会成熟到能把征税、纳税看作是社会自我施加的约束等）而产生的。它是从财务会计中分离出来的，对维护国家和纳税人的权利都是极其重要的。因此，税务会计是近代新兴的一门边缘学科，是融税收法令和会计核算为一体的一种特种专业会计，是税务中的会计，会计中的税务。它是以国家现行税收法令为准绳，以货币计量为基本形式，运用会计学的理论和核算方法，连续、系统、全面地对税款的形成、计算和缴纳，即税务活动引起的资金运动进行核算和监督的一门专业会计。

二、税务会计的对象

税务会计的对象是税务会计的客体。它是纳税人因纳税而引起的税款的形成、计算、缴纳、补退、罚款等经济活动以货币表现的资金运动。企业在生产、经营过程中以货币表现的税务活动，税务会计的对象主要包括，如图1-7所示。

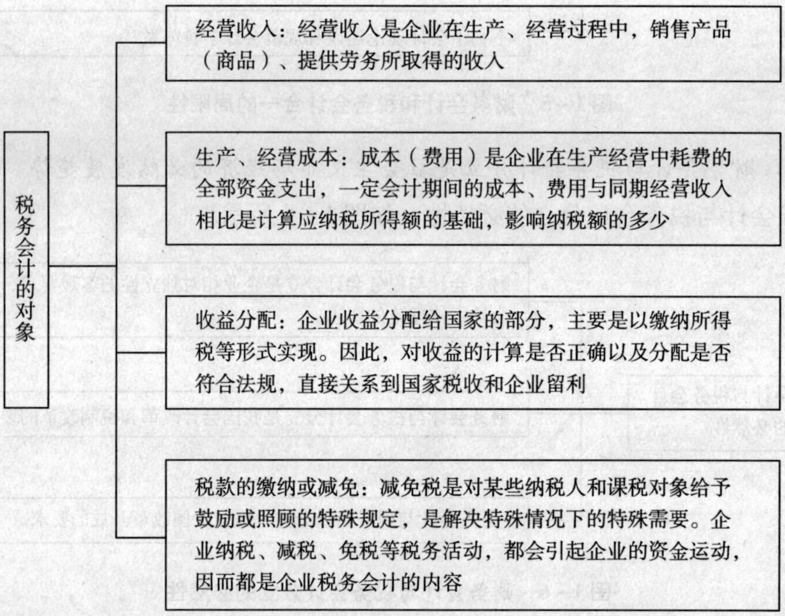

图1-7 税务会计的对象

从总体上讲，所有会计要素都与纳税有关，但并不是各会计要素的每一经济事项都与纳税有关。税务会计与财务会计虽然在总体上是一致的，但在具体内容上，税务会计要小于财务会计。

三、税务会计的目标

税务会计目标是向税务机关、投资人等税务会计信息使用者提供有助于税务决策的会计信息，从而能够做到以下几点，如图1-8所示。

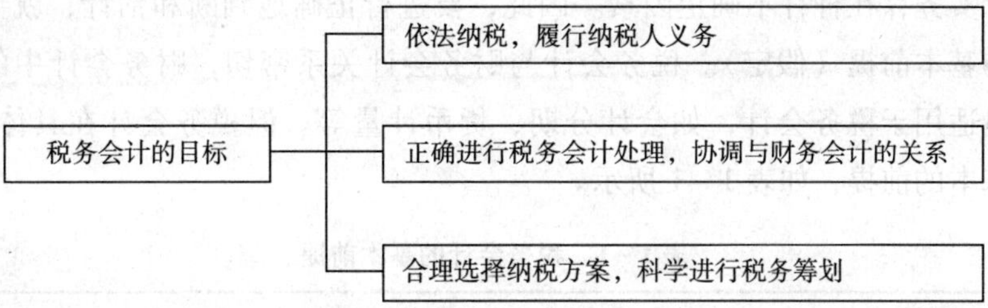

图1-8 税务会计的目标

四、税务会计的特点

税务会计与财务会计相比，既有共同性，也有特殊性。税务会计有别于财务会计的主要特点有，如图1-9所示。

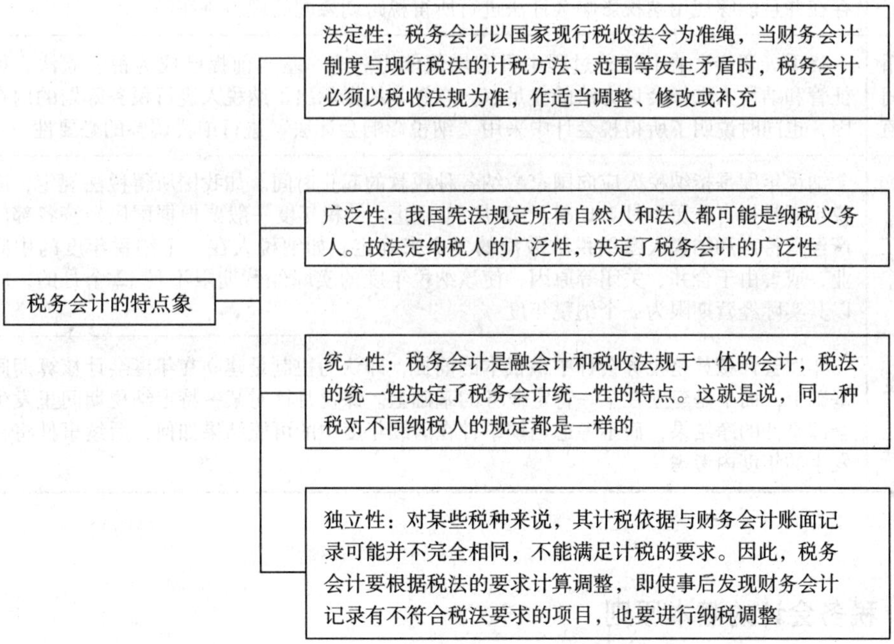

图1-9 税务会计的特点

第三节 税务会计的前提与原则

一、税务会计的基本前提

税务会计目标是提供有助于企业税务决策的信息，而企业错综复杂的经济业务会使会计实务存在种种不确定因素。因此，要进行正确地判断和估计，就要明确税务会计的基本前提（假定）。税务会计与财务会计关系密切，财务会计中的基本前提有些也适用于税务会计，如会计分期、货币计量等。但税务会计在具体运用时，也有其基本的前提，如表 1－1 所示。

表 1－1　税务会计的基本前提

税务会计的基本前提	
纳税主体	税法规定的直接负有纳税义务的单位和个人，亦称"纳税人"，包括自然人和法人。规定不同税种的不同纳税人，有利于体现税收政策中合理负担和区别对待的原则，协调国民经济各部门、各层次的关系。会计主体是财务会计为其服务的特定单位或组织，会计处理的数据和提供的财务信息，被严格限制在一个特定的独立的或相对独立的经营单位之内，典型的会计主体是企业，但纳税主体不一定都是会计主体
持续经营	持续经营前提意味着该企业个体将继续存在足够长的时间以实现它现在的承诺，如预期所得税在将来被继续课征。这是所得税款递延、亏损前溯或后转以及暂时性差异能够存在并且能够使用纳税影响会计法进行所得税跨期摊配的理由所在
货币时间价值	货币（资金）在其运行过程中具有增值能力。这一基本前提已成为税收立法、税务征管和纳税人选择会计方法的立足点，它深刻地揭示出了纳税人进行税务筹划的内在原因，也同时说明了所得税会计中采用"纳税影响会计法"进行纳税调整的必要性
纳税年度	纳税年度是指纳税人应向国家缴纳各种税款的起止时间。如我国所得税法规定，应纳税年度是指自公历 1 月 1 日起至 12 月 31 日止。纳税年度一般要根据国民经济各部门生产经营特点和纳税人缴纳税款数额的多少来确定。如纳税人在一个纳税年度的中间开业，或者由于合并、关闭等原因，使该纳税年度的实际经营期限不足 12 个月的，应当以其实际经营期限为一个纳税年度
年度会计核算	年度会计核算是税务会计中最根本的前提，即认为税制是建立在年度会计核算期间的基础上，而不是建立在某一特定业务的基础上。课税月针对某一特定纳税期间里发生的全部事件的净结果，而不考虑当期事件在后续年度中的可能结果如何，后续事件将在其发生的年度内考虑

二、税务会计的基本原则

由于税务会计与财务会计密切相关，因此，财务会计中的总体性要求原则、会计信息质量要求原则以及会计要素的确认与计量原则，大部分或基本上也都适用于税务会计。但又因税务会计与税法的特定联系，税收理论和立法中的实际支付能力原则、公平税负原则、程序优先于实体原则等，也会非常明显地影响税务会计。根据税务会计的特点，结合财务会计原则与税收原则，体现在税务会计上的特定原则归纳如下，如表 1－2 所示。

表 1－2 税务会计的基本原则

税务会计的基本原则	
修正的应计制原则	实现制突出地反映了税务会计的重要原则—现金流动原则（具体化为公平负税和支付能力）。该原则是确保纳税人有能力支付应纳税款而使政府获取财政收入的基础。但是，由于实现制不符合会计准则的规定，一般不能用于财务报告目的，一般只适用于个人和不从事商品购销业务的单位的纳税申报
与财务会计日常核算方法相一致原则	由于税务会计与财务会计的密切关系，税务会计一般应遵循各项财务会计准则。只有当某一事项按会计准则在财务报告日期确认以后，才能确认该事项按税法规定计量的应课税款；依据会计准则在财务报告日期尚未确认的事项可能影响到当日已确认的其他事项的最终应课税款，但只有在根据会计准则确认导致征税效应的事项之后，才予以确认这些征税效应，这就是“与日常核算方法相一致”的原则
划分营业收益与资本收益的原则	这两种收益具有不同的来源和不同的纳税责任，在税务会计中要求严格地划分。营业收益是指企业通过其经常性的主要经营活动而获得的收入，通常表现为现金流入或其他资产的增加或负债的减少，其内容包括主营业务收入和其他业务收入两个部分，其税额的课征标准一般按正常税率计征
配比原则	配比原则是财务会计的一般规范。将其应用于所得税会计，便成为支持“所得税跨期摊配”的重要指导思想。采纳所得税是一种费用的观点意味着，如果所得税符合确认与计量两个标准，则应计会计对于费用就是适宜的
确定性原则	确定性原则是指在所得税会计处理过程中，按所得税法的规定，在纳税收入和费用的实际实现上应具有确定性的性质。这一原则具体体现在“递延法”的处理中。在递延法下，当初的所得税率是可确证的，递延所得税是产生暂时性差异的历史交易事项造成的结果。按当初税率报告递延所得税，符合会计是以历史成本基础报告绝大部分经济事项的特点，提高了会计信息的可信性
可预知性原则	可预知性原则是支持并规范“债务法”的原则。债务法关于递延所得税资产或负债的确认模式，是基于这样的前提：根据会计准则编制的资产负债表，所报告的资产和负债金额将分别收回或清偿。因此，未来年份应税收益只在逆转差异的限度内才被认可，即未来年份的应税收益仅仅受本年暂时性差异的影响，而不预期未来年份赚取的收益或发生的费用

第四节 税务会计的任务与方法

一、税务会计的任务

税务会计作为会计的一个分支，既要以国家税法为准绳，促使企业认真履行纳税义务，又要使企业在国家税法的允许范围内，追求企业纳税方面的经济利益。税务会计的任务主要是，如表 1－3 所示。

表1-3 税务会计的任务

税务会计的任务	
税务会计的任务	反映和监督企业对国家税收法令、制度的贯彻执行情况，认真履行纳税义务，正确处理国家与企业的关系
	按照国家现行税法所规定的税种、计税依据、纳税环节、税目、税率等，正确计算企业在纳税期内的应缴税款，并进行正确的会计处理
	按照税务监缴机关的规定，及时、足额地缴纳各种税金，完成企业上缴任务，进行相应的会计处理
	正确编制、及时报送会计报表和纳税申报表，认真执行税务机关的审查意见
	进行企业税务活动的财务分析，不断提高企业执行税法的自觉性，不断提高税务核算和税务管理水平，不断增强企业的纳税能力

二、税务会计的方法

税务会计的方法是实现税务会计目标的技术和措施。由于税务会计是财务会计中一个专门处理会计收益与应税收益之间差异的会计程序，其目的在于协调财务会计与税法之间的关系，并保证财务报告充分揭示真实的会计信息。因此，财务会计中所使用的一系列会计方法同样适用于税务会计。如财务会计中的账户设置、复式记账、审核和填制会计凭证、登记账簿、成本计算、财产清查、编报财务报告等。这就是说，税务会计并非是在财务会计之外另起炉灶，另设一套凭证、账簿、报表，而是在此基础上进行纳税计算和调整。

除上述相同部分外，税务会计也有其某些特定方法，如编制纳税申报表、填制税收缴款书、增值税专用发票的填制与审核、应交增值税明细表的编制，所得税会计中的应付税款法、纳税影响会计法，合并申报纳税方法以及税务筹划方法等。

第二章 增值税会计

第一节 增值税概述

一、增值税的概述

（一）增值税的概念

增值税是以商品（含应税劳务和应税服务）在流转过程中产生的增值额为计税依据而征收的一种流转税。所谓增值额，有理论增值额和法定增值额之分，如图2－1所示。

增值额种类

- 理论增值额，是指生产者或经营者于一定时期内，在商品生产经营过程中新创造的那部分价值，包括工资、奖金、利息、利润和其他增值项目
- 法定增值额，是指各国根据各自的国情和政策需要，在其增值税法中明确规定的增值额。各国在确定法定增值额时，允许纳税人从其销售额或收入额中扣除的项目或范围有所不同，主要表现为对购进固定资产的处理方法不同

图2－1　增值额种类

增值税之所以受到各国青睐，源于其自身设计具有的一系列特点，主要表现在以下几个方面，如图2－2所示。

增值税特点

- 增值税是一个“中性”税种，它以商品流转的增值额为计税依据，可以有效地避免重复征税，促进纳税人的公平竞争，使税收效率原则得到充分体现
- 增值税实行“道道课税、税不重征”，能够体现经济链条各个环节的内在联系，促进相互监督、从而保障征税过程的普遍性、连续性和合理性，保证税收稳定增长
- 增值税的税收负担在商品流转的各个环节合理分配，可以促进生产的专业化和纳税人的横向联合，从而提高劳动生产率、鼓励产品出口和促进本国经济的发展

图2－2　增值税特点

（二）增值税的分类

1. 按纳税范围分类，如图 2－3 所示。

增值税按纳税范围分类

- 小范围的增值税。仅限于工业生产环节计缴增值税。目前，菲律宾、巴西、塞内加尔、摩洛哥、阿尔及利亚、突尼斯等国家实行这种增值税
- 中范围的增值税。增值税的纳税范围从工业产制环节向前延伸到商业和服务业领域。具体又分两种情况：在工业制造和商业批发环节实行；在工业生产、商业批发和零售业以及服务业实行
- 大范围的增值税。这种增值税的实行范围是在中范围的基础上，再向后延伸到农业。目前，欧共体国家就实行这种增值税

图 2－3　增值税按纳税范围分类

2. 按纳税基数分类，如图 2－4 所示。

增值税按纳税基数分类

- 生产型增值税，是指在计算应纳税额时，只允许从当期销项税额中扣除原材料等劳动对象的已纳税款，而不允许扣除固定资产所含税款的增值税。生产型增值税以销售收入总额减去所购中间产品价值后的余额为税基
- 收入型增值税，是指在计算应纳税额时，除扣除中间产品已纳税款，还允许在当期销项税额中扣除固定资产折旧部分所含税金。收入型增值税以销售收入总额减去所购中间产品价值与固定资产折旧额后的余额为税基
- 消费型增值税，是指在计算应纳税额时，除扣除中间产品已纳税款，对纳税人购入固定资产的已纳税款，允许一次性地从当期销项税额中全部扣除，从而使纳税人用于生产应税产品的全部外购生产资料都不负担税款。消费型增值税以销售收入总额减去所购中间产品价值与固定资产投资额后的余额为税基

图 2－4　增值税分类

我国原来开征的是生产型增值税，2009 年 1 月 1 日后全面改征消费型增值税，实现了“增值税转型”。尽管增值税转型短期内会造成税收的减收效应，但是，由于外购生产经营用固定资产的成本可以凭增值税专用发票一次性全部扣除，更有利于进行税收征管，也有利于鼓励投资，加速设备更新。因而，消费型增值税被认为

最能体现增值税的优越性。

（三）增值税的优点

与传统流转税相比，增值税主要优点是，如图 2－5 所示。

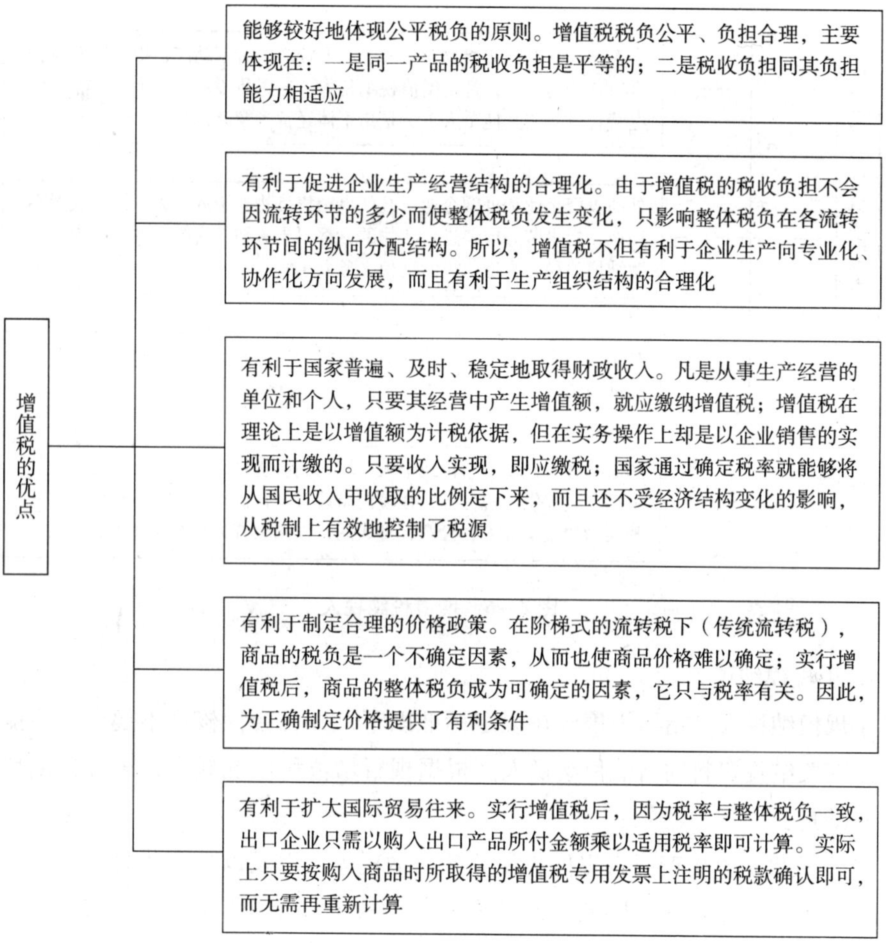

图 2－5 增值税的优点

二、增值税的纳税人及其分类

（一）增值税的纳税人

增值税的纳税义务人，包括在我国境内销售货物、服务、无形资产或者不动产，提供劳务以及进口货物的单位和个人。

（二）增值税纳税人的分类

根据纳税人的经营规模以及会计核算的健全程度不同，增值税纳税人可以分为小规模纳税人和一般纳税人。

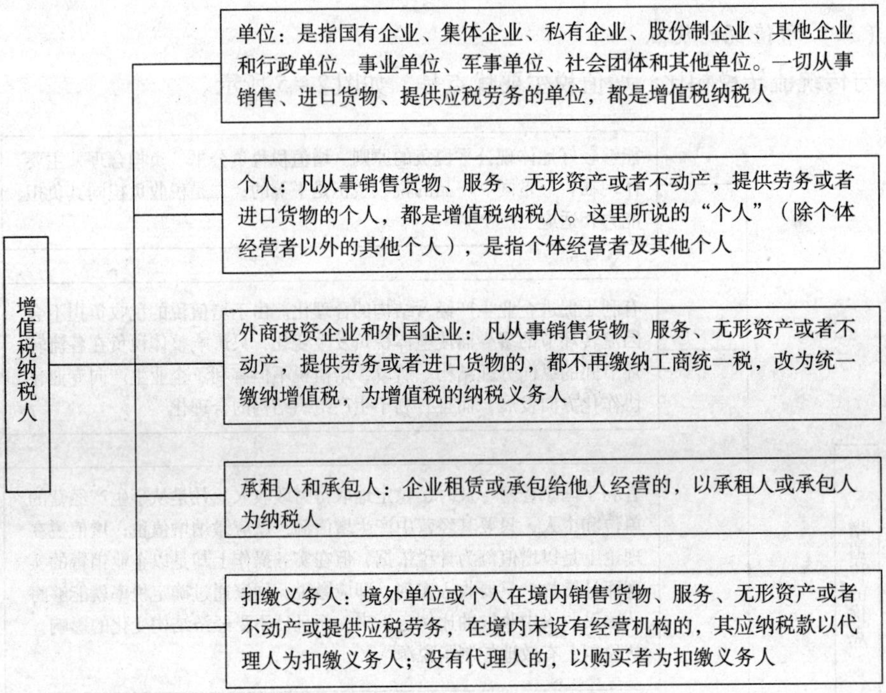

图2－6　增值税纳税人

1. 小规模纳税人。

小规模纳税人是指年销售额在规定标准以下，并且会计核算不健全，不能按规定报送有关纳税资料的增值税纳税人。根据现行增值税法规规定，小规模纳税人的认定标准是：

（1）从事货物生产或者提供应税劳务的纳税人，以及以从事货物生产或者提供应税劳务为主，并兼营货物批发或者零售的纳税人，年应税销售额在50万元以下的。“以从事货物生产或者提供应税劳务为主“是指纳税人的年货物生产或者提供应税劳务的销售额占年应税销售额的比重在50%以上。

（2）除上述规定以外的纳税人（不含提供应税服务的纳税人），年应税销售额在80万元以下的。

（3）年应税销售额超过小规模纳税人标准的其他个人按小规模纳税人纳税；

（4）非企业性单位、不经常发生应税行为的企业可选择按小规模纳税人纳税；对于应税服务年销售额超过规定标准但不经常提供应税服务的单位和个体工商户可选择按照小规模纳税人纳税。

（5）应税服务年销售额标准为500万元，应税服务年销售额未超过500万元的纳税人为小规模纳税人。

试点纳税人试点实施前的应税服务年销售额按以下公式换算：

应税服务年销售额 = 连续不超过12个月应税服务营业额合计 ÷ (1 + 3%)

按“营改增”有关规定，在确定销售额时可以差额扣除的试点纳税人，其应税服务年销售额按未扣除之前的销售额计算。

（6）旅店业和饮食业纳税人销售非现场消费的食品，属于不经常发生增值税应税行为，根据《增值税暂行条例实施细则》第二十九条的规定，可以选择按小规模纳税人缴纳增值税。

（7）兼有销售货物、提供加工修理修配劳务以及应税服务，且不经常发生应税行为的单位和个体工商户可选择按照小规模纳税人纳税。

2. 一般纳税人。

除上述小规模纳税人以外的其他纳税人属于一般纳税人。年应税销售额超过认定标准的小规模纳税人，应当向主管税务机关申请一般纳税人资格认定。除国家税务总局另有规定外，纳税人一经认定为一般纳税人后，不得转为小规模纳税人。

应税服务的年应征增值税销售额（以下称应税服务年销售额）超过财政部和国家税务总局规定标准的纳税人为一般纳税人，未超过规定标准的纳税人为小规模纳税人。

兼有销售货物、提供应税劳务以及应税服务的纳税人，应税货物及劳务销售额与应税服务销售额分别计算，分别适用增值税一般纳税人资格认定标准。

兼有销售货物、提供加工修理修配劳务以及应税服务，且不经常发生应税行为的单位和个体工商户可选择按照小规模纳税人纳税。

小规模纳税人会计核算健全，能够提供准确税务资料的，可以向主管税务机关申请资格认定，不作为小规模纳税人，依照有关规定计算应纳税额。

试点实施前应税服务年销售额未超过500万元的试点纳税人，如符合相关规定条件，也可以向主管税务机关申请增值税一般纳税人资格认定。

有下列情形之一者，应按销售额依照增值税税率计算应纳税额，不得抵扣进行税额，也不得使用增值税专用发票：

（1）一般纳税人会计核算不健全，或者不能够提供准确税务资料的。

（2）除年应税销售额超过小规模纳税人标准的其他个人、非企业性单位、不经常发生应税行为的企业，可选择按小规模纳税人纳税外，纳税人销售额超过小规模纳税人标准，未申请办理一般纳税人认定手续的。

区分一般纳税人和小规模纳税人的重要意义在于，两者的税法地位、计税方法都是不同的。两者的税法地位或称税法待遇的差别主要表现在：一般纳税人可以使用增值税专用发票，并可以用购进扣税法抵扣发票上注明的已纳增值税额。而小规模纳税人需要找税务机关代开增值税专用发票，也不能进行税款抵扣。正由于两者在税法地位上的差异，计税方法也各有不同。

三、增值税的征税范围

（一）征税范围的一般规定

1. 销售或者进口的货物。

货物是指有形动产，包括电力、热力、气体在内。销售货物，是指有偿转让货物的所有权。

2. 提供的应税劳务。

应税劳务是指纳税人提供的加工、修理修配劳务。加工是指受托加工货物，即委托方提供原料及主要材料，受托方按照委托方的要求制造货物并收取加工费的业务；修理修配是指受托对损伤和丧失功能的货物进行修复，使其恢复原状和功能的业务。提供应税劳务，是指有偿提供加工、修理修配劳务。单位或者个体工商户聘用的员工为本单位或者雇主提供加工、修理修配劳务，不包括在内。

3. 销售服务、无形资产或者不动产。

销售服务、无形资产或者不动产，是指有偿提供服务、有偿转让无形资产或者不动产，但属于下列非经营活动的情形除外：

（1）行政单位收取的同时满足以下条件的政府性基金或者行政事业性收费。

①由国务院或者财政部批准设立的政府性基金，由国务院或者省级人民政府及其财政、价格主管部门批准设立的行政事业性收费；

②收取时开具省级以上（含省级）财政部门监（印）制的财政票据；

③所收款项全额上缴财政。

（2）单位或者个体工商户聘用的员工为本单位或者雇主提供取得工资的服务。

（3）单位或者个体工商户为聘用的员工提供服务。

（4）财政部和国家税务总局规定的其他情形。

有偿，是指取得货币、货物或者其他经济利益。

在境内销售服务、无形资产或者不动产，是指：

（1）服务（租赁不动产除外）或者无形资产（自然资源使用权除外）的销售方或者购买方在境内；

（2）所销售或者租赁的不动产在境内；

（3）所销售自然资源使用权的自然资源在境内；

（4）财政部和国家税务总局规定的其他情形。

下列情形不属于在境内销售服务或者无形资产：

（1）境外单位或者个人向境内单位或者个人销售完全在境外发生的服务。

（2）境外单位或者个人向境内单位或者个人销售完全在境外使用的无形资产。

（3）境外单位或者个人向境内单位或者个人出租完全在境外使用的有形动产。

（4）财政部和国家税务总局规定的其他情形。

下列情形视同销售服务、无形资产或者不动产：

（1）单位或者个体工商户向其他单位或者个人无偿提供服务，但用于公益事业或者以社会公众为对象的除外。

（2）单位或者个人向其他单位或者个人无偿转让无形资产或者不动产，但用于公益事业或者以社会公众为对象的除外。

（3）财政部和国家税务总局规定的其他情形。

附件：销售服务、无形资产、不动产注释

一、销售服务

销售服务，是指提供交通运输服务、邮政服务、电信服务、建筑服务、金融服务、现代服务、生活服务。

（一）交通运输服务

交通运输服务，是指利用运输工具将货物或者旅客送达目的地，使其空间位置得到转移的业务活动。包括陆路运输服务、水路运输服务、航空运输服务和管道运输服务。

1. 陆路运输服务。

陆路运输服务，是指通过陆路（地上或者地下）运送货物或者旅客的运输业务活动，包括铁路运输服务和其他陆路运输服务。

（1）铁路运输服务，是指通过铁路运送货物或者旅客的运输业务活动。

（2）其他陆路运输服务，是指铁路运输以外的陆路运输业务活动。包括公路运输、缆车运输、索道运输、地铁运输、城市轻轨运输等。

出租车公司向使用本公司自有出租车的出租车司机收取的管理费用，按照陆路运输服务缴纳增值税。

2. 水路运输服务。

水路运输服务，是指通过江、河、湖、川等天然、人工水道或者海洋航道运送

货物或者旅客的运输业务活动。

水路运输的程租、期租业务，属于水路运输服务。

程租业务，是指运输企业为租船人完成某一特定航次的运输任务并收取租赁费的业务。

期租业务，是指运输企业将配备有操作人员的船舶承租给他人使用一定期限，承租期内听候承租方调遣，不论是否经营，均按天向承租方收取租赁费，发生的固定费用均由船东负担的业务。

3. 航空运输服务。

航空运输服务，是指通过空中航线运送货物或者旅客的运输业务活动。

航空运输的湿租业务，属于航空运输服务。

湿租业务，是指航空运输企业将配备有机组人员的飞机承租给他人使用一定期限，承租期内听候承租方调遣，不论是否经营，均按一定标准向承租方收取租赁费，发生的固定费用均由承租方承担的业务。

航天运输服务，按照航空运输服务缴纳增值税。

航天运输服务，是指利用火箭等载体将卫星、空间探测器等空间飞行器发射到空间轨道的业务活动。

4. 管道运输服务。

管道运输服务，是指通过管道设施输送气体、液体、固体物质的运输业务活动。

无运输工具承运业务，按照交通运输服务缴纳增值税。

无运输工具承运业务，是指经营者以承运人身份与托运人签订运输服务合同，收取运费并承担承运人责任，然后委托实际承运人完成运输服务的经营活动。

（二）邮政服务

邮政服务，是指中国邮政集团公司及其所属邮政企业提供邮件寄递、邮政汇兑和机要通信等邮政基本服务的业务活动。包括邮政普遍服务、邮政特殊服务和其他邮政服务。

1. 邮政普遍服务。

邮政普遍服务，是指函件、包裹等邮件寄递，以及邮票发行、报刊发行和邮政汇兑等业务活动。

函件，是指信函、印刷品、邮资封片卡、无名址函件和邮政小包等。

包裹，是指按照封装上的名址递送给特定个人或者单位的独立封装的物品，其重量不超过五十千克，任何一边的尺寸不超过一百五十厘米，长、宽、高合计不超过三百厘米。

2. 邮政特殊服务。

邮政特殊服务，是指义务兵平常信函、机要通信、盲人读物和革命烈士遗物的寄递等业务活动。

3. 其他邮政服务。

其他邮政服务，是指邮册等邮品销售、邮政代理等业务活动。

（三）电信服务

电信服务，是指利用有线、无线的电磁系统或者光电系统等各种通信网络资源，提供语音通话服务，传送、发射、接收或者应用图像、短信等电子数据和信息的业务活动。包括基础电信服务和增值电信服务。

1. 基础电信服务。

基础电信服务，是指利用固网、移动网、卫星、互联网，提供语音通话服务的业务活动，以及出租或者出售带宽、波长等网络元素的业务活动。

2. 增值电信服务。

增值电信服务，是指利用固网、移动网、卫星、互联网、有线电视网络，提供短信和彩信服务、电子数据和信息的传输及应用服务、互联网接入服务等业务活动。

卫星电视信号落地转接服务，按照增值电信服务缴纳增值税。

（四）建筑服务

建筑服务，是指各类建筑物、构筑物及其附属设施的建造、修缮、装饰，线路、管道、设备、设施等的安装以及其他工程作业的业务活动。包括工程服务、安装服务、修缮服务、装饰服务和其他建筑服务。

1. 工程服务。

工程服务，是指新建、改建各种建筑物、构筑物的工程作业，包括与建筑物相连的各种设备或者支柱、操作平台的安装或者装设工程作业，以及各种窑炉和金属结构工程作业。

2. 安装服务。

安装服务，是指生产设备、动力设备、起重设备、运输设备、传动设备、医疗实验设备以及其他各种设备、设施的装配、安置工程作业，包括与被安装设备相连的工作台、梯子、栏杆的装设工程作业，以及被安装设备的绝缘、防腐、保温、油漆等工程作业。

固定电话、有线电视、宽带、水、电、燃气、暖气等经营者向用户收取的安装费、初装费、开户费、扩容费以及类似收费，按照安装服务缴纳增值税。

3. 修缮服务。

修缮服务，是指对建筑物、构筑物进行修补、加固、养护、改善，使之恢复原来的使用价值或者延长其使用期限的工程作业。

4. 装饰服务。

装饰服务，是指对建筑物、构筑物进行修饰装修，使之美观或者具有特定用途的工程作业。

5. 其他建筑服务。

其他建筑服务，是指上列工程作业之外的各种工程作业服务，如钻井（打井）、拆除建筑物或者构筑物、平整土地、园林绿化、疏浚（不包括航道疏浚）、建筑物平移、搭脚手架、爆破、矿山穿孔、表面附着物（包括岩层、土层、沙层等）剥离和清理等工程作业。

（五）金融服务

金融服务，是指经营金融保险的业务活动。包括贷款服务、直接收费金融服务、保险服务和金融商品转让。

1. 贷款服务。

贷款，是指将资金贷与他人使用而取得利息收入的业务活动。

各种占用、拆借资金取得的收入，包括金融商品持有期间（含到期）利息（保本收益、报酬、资金占用费、补偿金等）收入、信用卡透支利息收入、买入返售金融商品利息收入、融资融券收取的利息收入，以及融资性售后回租、押汇、罚息、票据贴现、转贷等业务取得的利息及利息性质的收入，按照贷款服务缴纳增值税。

融资性售后回租，是指承租方以融资为目的，将资产出售给从事融资性售后回租业务的企业后，从事融资性售后回租业务的企业将该资产出租给承租方的业务活动。

以货币资金投资收取的固定利润或者保底利润，按照贷款服务缴纳增值税。

2. 直接收费金融服务。

直接收费金融服务，是指为货币资金融通及其他金融业务提供相关服务并且收取费用的业务活动。包括提供货币兑换、账户管理、电子银行、信用卡、信用证、财务担保、资产管理、信托管理、基金管理、金融交易场所（平台）管理、资金结算、资金清算、金融支付等服务。

3. 保险服务。

保险服务，是指投保人根据合同约定，向保险人支付保险费，保险人对于合同约定的可能发生的事故因其发生所造成的财产损失承担赔偿保险金责任，或者当被保险人死亡、伤残、疾病或者达到合同约定的年龄、期限等条件时承担给付保险金责任的商业保险行为。包括人身保险服务和财产保险服务。

人身保险服务，是指以人的寿命和身体为保险标的的保险业务活动。

财产保险服务，是指以财产及其有关利益为保险标的的保险业务活动。

4. 金融商品转让。

金融商品转让，是指转让外汇、有价证券、非货物期货和其他金融商品所有权的业务活动。

其他金融商品转让包括基金、信托、理财产品等各类资产管理产品和各种金融衍生品的转让。

（六）现代服务

现代服务，是指围绕制造业、文化产业、现代物流产业等提供技术性、知识性服务的业务活动。包括研发和技术服务、信息技术服务、文化创意服务、物流辅助服务、租赁服务、鉴证咨询服务、广播影视服务、商务辅助服务和其他现代服务。

1. 研发和技术服务。

研发和技术服务，包括研发服务、合同能源管理服务、工程勘察勘探服务、专业技术服务。

（1）研发服务，也称技术开发服务，是指就新技术、新产品、新工艺或者新材料及其系统进行研究与试验开发的业务活动。

（2）合同能源管理服务，是指节能服务公司与用能单位以契约形式约定节能目标，节能服务公司提供必要的服务，用能单位以节能效果支付节能服务公司投入及其合理报酬的业务活动。

（3）工程勘察勘探服务，是指在采矿、工程施工前后，对地形、地质构造、地下资源蕴藏情况进行实地调查的业务活动。

（4）专业技术服务，是指气象服务、地震服务、海洋服务、测绘服务、城市规划、环境与生态监测服务等专项技术服务。

2. 信息技术服务。

信息技术服务，是指利用计算机、通信网络等技术对信息进行生产、收集、处理、加工、存储、运输、检索和利用，并提供信息服务的业务活动。包括软件服务、电路设计及测试服务、信息系统服务、业务流程管理服务和信息系统增值服务。

（1）软件服务，是指提供软件开发服务、软件维护服务、软件测试服务的业务活动。

（2）电路设计及测试服务，是指提供集成电路和电子电路产品设计、测试及相关技术支持服务的业务活动。

(3) 信息系统服务，是指提供信息系统集成、网络管理、网站内容维护、桌面管理与维护、信息系统应用、基础信息技术管理平台整合、信息技术基础设施管理、数据中心、托管中心、信息安全服务、在线杀毒、虚拟主机等业务活动。包括网站对非自有的网络游戏提供的网络运营服务。

(4) 业务流程管理服务，是指依托信息技术提供的人力资源管理、财务经济管理、审计管理、税务管理、物流信息管理、经营信息管理和呼叫中心等服务的活动。

(5) 信息系统增值服务，是指利用信息系统资源为用户附加提供的信息技术服务。包括数据处理、分析和整合、数据库管理、数据备份、数据存储、容灾服务、电子商务平台等。

3. 文化创意服务。

文化创意服务，包括设计服务、知识产权服务、广告服务和会议展览服务。

(1) 设计服务，是指把计划、规划、设想通过文字、语言、图画、声音、视觉等形式传递出来的业务活动。包括工业设计、内部管理设计、业务运作设计、供应链设计、造型设计、服装设计、环境设计、平面设计、包装设计、动漫设计、网游设计、展示设计、网站设计、机械设计、工程设计、广告设计、创意策划、文印晒图等。

(2) 知识产权服务，是指处理知识产权事务的业务活动。包括对专利、商标、著作权、软件、集成电路布图设计的登记、鉴定、评估、认证、检索服务。

(3) 广告服务，是指利用图书、报纸、杂志、广播、电视、电影、幻灯、路牌、招贴、橱窗、霓虹灯、灯箱、互联网等各种形式为客户的商品、经营服务项目、文体节目或者通告、声明等委托事项进行宣传和提供相关服务的业务活动。包括广告代理和广告的发布、播映、宣传、展示等。

(4) 会议展览服务，是指为商品流通、促销、展示、经贸洽谈、民间交流、企业沟通、国际往来等举办或者组织安排的各类展览和会议的业务活动。

4. 物流辅助服务。

物流辅助服务，包括航空服务、港口码头服务、货运客运场站服务、打捞救助服务、装卸搬运服务、仓储服务和收派服务。

(1) 航空服务，包括航空地面服务和通用航空服务。

航空地面服务，是指航空公司、飞机场、民航管理局、航站等向在境内航行或者在境内机场停留的境内外飞机或者其他飞行器提供的导航等劳务性地面服务的业务活动。包括旅客安全检查服务、停机坪管理服务、机场候机厅管理服务、飞机清洗消毒服务、空中飞行管理服务、飞机起降服务、飞行通讯服务、地面信号服务、飞机安全服务、飞机跑道管理服务、空中交通管理服务等。

通用航空服务，是指为专业工作提供飞行服务的业务活动，包括航空摄影、航空培训、航空测量、航空勘探、航空护林、航空吊挂播洒、航空降雨、航空气象探测、航空海洋监测、航空科学实验等。

(2) 港口码头服务，是指港务船舶调度服务、船舶通讯服务、航道管理服务、航道疏浚服务、灯塔管理服务、航标管理服务、船舶引航服务、理货服务、系解缆服务、停泊和移泊服务、海上船舶溢油清除服务、水上交通管理服务、船只专业清洗消毒检测服务和防止船只漏油服务等为船只提供服务的业务活动。

港口设施经营人收取的港口设施保安费按照港口码头服务缴纳增值税。

(3) 货运客运场站服务，是指货运客运场站提供货物配载服务、运输组织服务、中转换乘服务、车辆调度服务、票务服务、货物打包整理、铁路线路使用服务、加挂铁路客车服务、铁路行包专列发送服务、铁路到达和中转服务、铁路车辆编解服务、车辆挂运服务、铁路接触网服务、铁路机车牵引服务等业务活动。

(4) 打捞救助服务，是指提供船舶人员救助、船舶财产救助、水上救助和沉船沉物打捞服务的业务活动。

(5) 装卸搬运服务，是指使用装卸搬运工具或者人力、畜力将货物在运输工具之间、装卸现场之间或者运输工具与装卸现场之间进行装卸和搬运的业务活动。

(6) 仓储服务，是指利用仓库、货场或者其他场所代客贮放、保管货物的业务活动。

(7) 收派服务，是指接受寄件人委托，在承诺的时限内完成函件和包裹的收件、分拣、派送服务的业务活动。

收件服务，是指从寄件人收取函件和包裹，并运送到服务提供方同城的集散中心的业务活动。

分拣服务，是指服务提供方在其集散中心对函件和包裹进行归类、分发的业务活动。

派送服务，是指服务提供方从其集散中心将函件和包裹送达同城的收件人的业务活动。

5. 租赁服务。

租赁服务，包括融资租赁服务和经营租赁服务。

(1) 融资租赁服务，是指具有融资性质和所有权转移特点的租赁活动。即出租人根据承租人所要求的规格、型号、性能等条件购入有形动产或者不动产租赁给承租人，合同期内租赁物所有权属于出租人，承租人只拥有使用权，合同期满付清租金后，承租人有权按照残值购入租赁物，以拥有其所有权。不论出租人是否将租赁物销售给承租人，均属于融资租赁。

按照标的物的不同，融资租赁服务可分为有形动产融资租赁服务和不动产融资租赁服务。

融资性售后回租不按照本税目缴纳增值税。

(2) 经营租赁服务，是指在约定时间内将有形动产或者不动产转让他人使用且租赁物所有权不变更的业务活动。

按照标的物的不同，经营租赁服务可分为有形动产经营租赁服务和不动产经营租赁服务。

将建筑物、构筑物等不动产或者飞机、车辆等有形动产的广告位出租给其他单位或者个人用于发布广告，按照经营租赁服务缴纳增值税。

车辆停放服务、道路通行服务（包括过路费、过桥费、过闸费等）等按照不动产经营租赁服务缴纳增值税。

水路运输的光租业务、航空运输的干租业务，属于经营租赁。

光租业务，是指运输企业将船舶在约定的时间内出租给他人使用，不配备操作人员，不承担运输过程中发生的各项费用，只收取固定租赁费的业务活动。

干租业务，是指航空运输企业将飞机在约定的时间内出租给他人使用，不配备机组人员，不承担运输过程中发生的各项费用，只收取固定租赁费的业务活动。

6. 鉴证咨询服务。

鉴证咨询服务，包括认证服务、鉴证服务和咨询服务。

(1) 认证服务，是指具有专业资质的单位利用检测、检验、计量等技术，证明产品、服务、管理体系符合相关技术规范、相关技术规范的强制性要求或者标准的业务活动。

(2) 鉴证服务，是指具有专业资质的单位受托对相关事项进行鉴证，发表具有证明力的意见的业务活动。包括会计鉴证、税务鉴证、法律鉴证、职业技能鉴定、工程造价鉴证、工程监理、资产评估、环境评估、房地产土地评估、建筑图纸审核、医疗事故鉴定等。

(3) 咨询服务，是指提供信息、建议、策划、顾问等服务的活动。包括金融、软件、技术、财务、税收、法律、内部管理、业务运作、流程管理、健康等方面的咨询。

翻译服务和市场调查服务按照咨询服务缴纳增值税。

7. 广播影视服务。

广播影视服务，包括广播影视节目（作品）的制作服务、发行服务和播映（含放映，下同）服务。

（1）广播影视节目（作品）制作服务，是指进行专题（特别节目）、专栏、综艺、体育、动画片、广播剧、电视剧、电影等广播影视节目和作品制作的服务。具体包括与广播影视节目和作品相关的策划、采编、拍摄、录音、音视频文字图片素材制作、场景布置、后期的剪辑、翻译（编译）、字幕制作、片头、片尾、片花制作、特效制作、影片修复、编目和确权等业务活动。

（2）广播影视节目（作品）发行服务，是指以分账、买断、委托等方式，向影院、电台、电视台、网站等单位和个人发行广播影视节目（作品）以及转让体育赛事等活动的报道及播映权的业务活动。

（3）广播影视节目（作品）播映服务，是指在影院、剧院、录像厅及其他场所播映广播影视节目（作品），以及通过电台、电视台、卫星通信、互联网、有线电视等无线或者有线装置播映广播影视节目（作品）的业务活动。

8. 商务辅助服务。

商务辅助服务，包括企业管理服务、经纪代理服务、人力资源服务、安全保护服务。

（1）企业管理服务，是指提供总部管理、投资与资产管理、市场管理、物业管理、日常综合管理等服务的业务活动。

（2）经纪代理服务，是指各类经纪、中介、代理服务。包括金融代理、知识产权代理、货物运输代理、代理报关、法律代理、房地产中介、职业中介、婚姻中介、代理记账、拍卖等。

货物运输代理服务，是指接受货物收货人、发货人、船舶所有人、船舶承租人或者船舶经营人的委托，以委托人的名义，为委托人办理货物运输、装卸、仓储和船舶进出港口、引航、靠泊等相关手续的业务活动。

代理报关服务，是指接受进出口货物的收、发货人委托，代为办理报关手续的业务活动。

（3）人力资源服务，是指提供公共就业、劳务派遣、人才委托招聘、劳动力外包等服务的业务活动。

（4）安全保护服务，是指提供保护人身安全和财产安全，维护社会治安等的业务活动。包括场所住宅保安、特种保安、安全系统监控以及其他安保服务。

9. 其他现代服务。

其他现代服务，是指除研发和技术服务、信息技术服务、文化创意服务、物流辅助服务、租赁服务、鉴证咨询服务、广播影视服务和商务辅助服务以外的现代服务。

（七）生活服务

生活服务，是指为满足城乡居民日常生活需求提供的各类服务活动。包括文化体育服务、教育医疗服务、旅游娱乐服务、餐饮住宿服务、居民日常服务和其他生活服务。

1. 文化体育服务。

文化体育服务，包括文化服务和体育服务。

(1) 文化服务，是指为满足社会公众文化生活需求提供的各种服务。包括：文艺创作、文艺表演、文化比赛，图书馆的图书和资料借阅，档案馆的档案管理，文物及非物质遗产保护，组织举办宗教活动、科技活动、文化活动，提供游览场所。

(2) 体育服务，是指组织举办体育比赛、体育表演、体育活动，以及提供体育训练、体育指导、体育管理的业务活动。

2. 教育医疗服务。

教育医疗服务，包括教育服务和医疗服务。

(1) 教育服务，是指提供学历教育服务、非学历教育服务、教育辅助服务的业务活动。

学历教育服务，是指根据教育行政管理部门确定或者认可的招生和教学计划组织教学，并颁发相应学历证书的业务活动。包括初等教育、初级中等教育、高级中等教育、高等教育等。

非学历教育服务，包括学前教育、各类培训、演讲、讲座、报告会等。

教育辅助服务，包括教育测评、考试、招生等服务。

(2) 医疗服务，是指提供医学检查、诊断、治疗、康复、预防、保健、接生、计划生育、防疫服务等方面的服务，以及与这些服务有关的提供药品、医用材料器具、救护车、病房住宿和伙食的业务。

3. 旅游娱乐服务。

旅游娱乐服务，包括旅游服务和娱乐服务。

(1) 旅游服务，是指根据旅游者的要求，组织安排交通、游览、住宿、餐饮、购物、文娱、商务等服务的业务活动。

(2) 娱乐服务，是指为娱乐活动同时提供场所和服务的业务。

具体包括：歌厅、舞厅、夜总会、酒吧、台球、高尔夫球、保龄球、游艺（包括射击、狩猎、跑马、游戏机、蹦极、卡丁车、热气球、动力伞、射箭、飞镖）。

4. 餐饮住宿服务。

餐饮住宿服务，包括餐饮服务和住宿服务。

(1) 餐饮服务，是指通过同时提供饮食和饮食场所的方式为消费者提供饮食消费服务的业务活动。

(2) 住宿服务，是指提供住宿场所及配套服务等的活动。包括宾馆、旅馆、旅社、度假村和其他经营性住宿场所提供的住宿服务。

5. 居民日常服务。

居民日常服务，是指主要为满足居民个人及其家庭日常生活需求提供的服务，包括市容市政管理、家政、婚庆、养老、殡葬、照料和护理、救助救济、美容美发、按摩、桑拿、氧吧、足疗、沐浴、洗染、摄影扩印等服务。

6. 其他生活服务。

其他生活服务，是指除文化体育服务、教育医疗服务、旅游娱乐服务、餐饮住宿服务和居民日常服务之外的生活服务。

二、销售无形资产

销售无形资产，是指转让无形资产所有权或者使用权的业务活动。无形资产，是指不具实物形态，但能带来经济利益的资产，包括技术、商标、著作权、商誉、自然资源使用权和其他权益性无形资产。

技术，包括专利技术和非专利技术。

自然资源使用权，包括土地使用权、海域使用权、探矿权、采矿权、取水权和其他自然资源使用权。

其他权益性无形资产，包括基础设施资产经营权、公共事业特许权、配额、经营权（包括特许经营权、连锁经营权、其他经营权）、经销权、分销权、代理权、会员权、席位权、网络游戏虚拟道具、域名、名称权、肖像权、冠名权、转会费等。

三、销售不动产

销售不动产，是指转让不动产所有权的业务活动。不动产，是指不能移动或者移动后会引起性质、形状改变的财产，包括建筑物、构筑物等。

建筑物，包括住宅、商业营业用房、办公楼等可供居住、工作或者进行其他活动的建造物。

构筑物，包括道路、桥梁、隧道、水坝等建造物。

转让建筑物有限产权或者永久使用权的，转让在建的建筑物或者构筑物所有权的，以及在转让建筑物或者构筑物时一并转让其所占土地的使用权的，按照销售不动产缴纳增值税。

（二）征税范围的具体规定

1. 属于征税范围的特殊项目

属于增值税征收范围的特殊项目，主要有：

（1）货物期货（包括商品期货和贵金属期货），应当征收增值税。纳税人应在期货的实物交割环节征收增值税；

（2）银行销售金银的业务，应当征收增值税；

（3）典当业的死当物品销售业务和寄售业代委托人销售寄售物品的业务，均应征收增值税；

（4）电力公司向发电企业收取的过网费，应当征收增值税；

（5）对从事热力、电力、燃气、自来水等公用事业的增值税纳税人收取的一次性费用，凡与货物的销售数量有直接关系的，征收增值税；

（6）印刷企业接受出版单位委托，自行购买纸张，印刷有统一刊号（CN）以及采用国际标准书号编序的图书、报纸和杂志，按货物销售征收增值税；

（7）纳税人提供的矿产资源开采、挖掘、切割、破碎、分拣、洗选等劳务，属于增值税应税劳务；纳税人提供的矿山爆破、穿孔、表面附着物（包括岩层、土层、沙层等）剥离和清理劳务，以及矿井、巷道构筑劳务，属于营业税应税劳务；

（8）纳税人转让土地使用权或者销售不动产的同时一并销售的附着于土地或者不动产上的固定资产中，凡属于增值税应税货物的，征收增值税；

（9）航空运输企业提供的旅客利用里程积分兑换的航空运输服务，不征收增值税；

（10）以积分兑换形式赠送的电信业服务，不征收增值税；

（11）按照现行增值税政策，纳税人取得的中央财政补贴，不属于增值税应税收入，不征收增值税；

（12）试点纳税人根据国家指令无偿提供的铁路运输服务、航空运输服务，属于以公益活动为目的的服务，不征收增值税。

2. 属于征税范围的特殊行为

（1）视同销售货物或服务。单位或者个体工商户的下列行为，视同销售货物：

①将货物交付其他单位或者个人代销；

②销售代销货物；

③设有两个以上机构并实行统一核算的纳税人，将货物从一个机构移送至其他机构用于销售，但相关机构设在同一县（市）的除外；

“用于销售”，是指受货机构发生以下情形之一的经营行为：

A. 向购货方开具发票；B. 向购货方收取货款。

受货机构的货物移送行为有上述两项情形之一的，应当向所在地税务机关缴纳增值税；未发生上述两项情形的，则应由总机构统一缴纳增值税。

如果受货机构只就部分货物向购买方开具发票或收取货款，则应当区别不同情况计算并分别向总机构所在地或分支机构所在地缴纳税款。

④将自产或者委托加工的货物用于非增值税应税项目；

⑤将自产、委托加工的货物用于集体福利或者个人消费；

⑥将自产、委托加工或者购进的货物作为投资，提供给其他单位或者个体工商户；

⑦将自产、委托加工或者购进的货物分配给股东或者投资者；

⑧将自产、委托加工或者购进的货物无偿赠送其他单位或者个人。

⑨单位和个体工商户向其他单位或者个人无偿提供应税服务，但以公益活动为目的或者以社会公众为对象的除外。

⑩财政部和国家税务总局规定的其他情形。

上述10种行为应该确定为视同销售货物行为，均要征收增值税。其确定的目的主要有三个：一是保证增值税税款抵扣制度的实施，不致因发生上述行为而造成各相关环节税款抵扣链条的中断，如前两种情况就是这种原因：如果不将之视同销售就会出现销售代销货物方仅有销项税额而无进项税额，而将货物交付其他单位或者个人代销方仅有进项税额而无销项税额的情况，就会出现增值税抵扣链条不完整。二是避免因发生上述行为而造成货物、应税劳务和应税服务销售税收负担不平衡的矛盾，防止以上述行为逃避纳税的现象。三是体现增值税计算的配比原则：即购进货物、应税劳务和应税服务已经在购进环节实施了进项税额抵扣，这些购进货物、应税劳务和应税服务应该产生相应的销售额，同时就应该产生相应的销项税额，否则就会产生不配比情况：如上述④~⑨讲的几种情况就属于此种原因。

（2）混和销售行为。一项销售行为如果既涉及服务又涉及货物，为混合销售。从事货物的生产、批发或者零售的单位和个体工商户的混合销售行为，按照销售货物缴纳增值税；其他单位和个体工商户的混合销售行为，按照销售服务缴纳增值税。

本条所称从事货物的生产、批发或者零售的单位和个体工商户，包括以从事货物的生产、批发或者零售为主，并兼营销售服务的单位和个体工商户在内。

四、增值税的税率

增值税均实行比例税率。绝大多数一般纳税人适用基本税率、低税率或零税率；小规模纳税人和采用简易办法征税的一般纳税人适用征收率。

（一）基本税率

增值税一般纳税人销售或者进口货物，提供应税劳务，提供应税服务，除低税率适用范围外，税率一律为17%，这就是通常所说的基本税率。

（二）低税率

1. 增值税一般纳税人销售或者进口下列货物，按低税率13%计征增值税

（1）粮食、食用植物油。

（2）自来水、暖气、冷气、热水、煤气、石油液化气、天然气、沼气、居民用煤炭制品。

（3）图书、报纸、杂志。

（4）饲料、化肥、农药、农机、农膜。

（5）国务院及其有关部门规定的其他货物：

①农产品，是指种植业、养殖业、林业、牧业、水产业生产的各种植物、动物的初级产品。

2010年以后，国家税务总局对部分农产品的税率进行了明确规定：

干姜、姜黄的增值税适用税率为13%，自2010年10月1日起执行。

人工合成牛胚胎的生产过程属于农业生产，纳税人销售自产人工合成牛胚胎应免征增值税。

花椒油、橄榄油、核桃油、杏仁油、葡萄籽油和牡丹籽油按照食用植物油13%的税率征收增值税。环氧大豆油、氢化植物油不属于食用植物油征收范围，适用17%增值税税率。

麦芽、复合胶、人发不属于财政部、国家税务总局颁布的《关于印发（农业产品征税范围注释）的通知》（财税字［1995］52号）规定的农业产品范围，应适用17%的增值税税率。

按照《食品安全国家标准——巴氏杀菌乳》（GB19645－2010）生产的巴氏杀菌乳和按照《食品安全国家标准——灭菌乳》（GB25190－2010）生产的灭菌乳，均属于初级农业产品，可依照《农业产品征收范围注释》中的鲜奶按13%的税率征收增值税；按照《食品安全国家标准——调制乳》（GB25191－2010）生产的调制乳，不属于初级农业产品，应按照17%税率征收增值税。

肉桂油、桉油、香茅油不属于财政部、国家税务总局颁布的《关于印发｛农业产品征税范围注释）的通知》（财税字［1995］52号）中农业产品的范围，其增值税适用税率为17%。

淀粉不属于农业产品的范围，应按照17%的税率征收增值税。

②音像制品（自2007年1月1日起），是指正式出版的录有内容的录音带、录像带、唱片、激光唱盘和激光视盘。

③电子出版物（自2007年1月1日起），是指以数字代码方式，使用计算机应用程序，将图文声像等内容信息编辑加工后存储在具有确定的物理形态的磁、光、电等介质上，通过内嵌在计算机、手机、电子阅读设备、电子显示设备、数字音/视频播放设备、电子游戏机、导航仪以及其他具有类似功能的设备上读取使用，具有

交互功能，用以表达思想、普及知识和积累文化的大众传播媒体。

④二甲醚（自2008年1月1日起），是指化学分子式为CH30CH3，常温常压下为具有轻微醚香味，易燃、无毒、无腐蚀性的气体。

⑤密集型烤房设备、频振式杀虫灯、自动虫情测报灯、粘虫板、卷帘机属于国家税务总局颁布的《关于印发（增值税部分货物征税范围注释）的通知》(国税发［1993］151号）规定的农机范围，应适用13%增值税税率。

⑥农用挖掘机、养鸡设备系列、养猪设备系列产品属于农机. 适用13%增值税税率。

2. 提供交通运输、邮政、基础电信、建筑、不动产租赁服务，销售不动产，转让土地使用权，税率为11%。

3. 提供增值电信服务、金融服务、现代服务、生活服务，税率为6%。

（三）零税率

1. 中华人民共和国境内（以下称境内）的单位和个人销售的下列服务和无形资产，适用增值税零税率。

（1）国际运输服务。

国际运输服务，是指：

①在境内载运旅客或者货物出境。

②在境外载运旅客或者货物入境。

③在境外载运旅客或者货物。

（2）航天运输服务。

（3）向境外单位提供的完全在境外消费的下列服务：

①研发服务。

②合同能源管理服务。

③设计服务。

④广播影视节目（作品）的制作和发行服务。

⑤软件服务。

⑥电路设计及测试服务。

⑦信息系统服务。

⑧业务流程管理服务。

⑨离岸服务外包业务。

离岸服务外包业务，包括信息技术外包服务（ITO）、技术性业务流程外包服务（BPO）、技术性知识流程外包服务（KPO），其所涉及的具体业务活动，按照《销售服务、无形资产、不动产注释》相对应的业务活动执行。

⑩转让技术。

(4) 财政部和国家税务总局规定的其他服务。

2. 按照国家有关规定应取得相关资质的国际运输服务项目，纳税人取得相关资质的，适用增值税零税率政策，未取得的，适用增值税免税政策。

境内的单位或个人提供程租服务，如果租赁的交通工具用于国际运输服务和港澳台运输服务，由出租方按规定申请适用增值税零税率。

境内的单位和个人向境内单位或个人提供期租、湿租服务，如果承租方利用租赁的交通工具向其他单位或个人提供国际运输服务和港澳台运输服务，由承租方适用增值税零税率。境内的单位或个人向境外单位或个人提供期租、湿租服务，由出租方适用增值税零税率。

境内单位和个人以无运输工具承运方式提供的国际运输服务，由境内实际承运人适用增值税零税率；无运输工具承运业务的经营者适用增值税免税政策。

3. 境内的单位和个人提供适用增值税零税率的服务或者无形资产，如果属于适用简易计税方法的，实行免征增值税办法。如果属于适用增值税一般计税方法的，生产企业实行免抵退税办法，外贸企业外购服务或者无形资产出口实行免退税办法，外贸企业直接将服务或自行研发的无形资产出口，视同生产企业连同其出口货物统一实行免抵退税办法。

服务和无形资产的退税率为其按照《试点实施办法》第十五条第（一）至（三）项规定适用的增值税税率。实行退（免）税办法的服务和无形资产，如果主管税务机关认定出口价格偏高的，有权按照核定的出口价格计算退（免）税，核定的出口价格低于外贸企业购进价格的，低于部分对应的进项税额不予退税，转入成本。

4. 境内的单位和个人销售适用增值税零税率的服务或无形资产的，可以放弃适用增值税零税率，选择免税或按规定缴纳增值税。放弃适用增值税零税率后，36 个月内不得再申请适用增值税零税率。

5. 境内的单位和个人销售适用增值税零税率的服务或无形资产，按月向主管退税的税务机关申报办理增值税退（免）税手续。具体管理办法由国家税务总局商财政部另行制定。

6. 本规定所称完全在境外消费，是指：

(1) 服务的实际接受方在境外，且与境内的货物和不动产无关。

(2) 无形资产完全在境外使用，且与境内的货物和不动产无关。

(3) 财政部和国家税务总局规定的其他情形。

7. 境内单位和个人发生的与香港、澳门、台湾有关的应税行为，除本文另有规定外，参照上述规定执行。

8. 2016 年 4 月 30 日前签订的合同，符合财政部、国家税务总局颁布的《关于将铁路运输和邮政业纳入营业税改征增值税试点的通知》（财税〔2013〕106 号）附件 4 和财政部、国家税务总局颁布的《关于影视等出口服务适用增值税零税率政策的通知》（财税〔2015〕118 号）规定的零税率或者免税政策条件的，在合同到期前可以继续享受零税率或者免税政策。

（四）征收率

增值税对小规模纳税人及一些特殊情况采用简易征收办法，对小规模纳税人及特殊情况适用的税率称为征收率。

1. 一般规定。

考虑到小规模纳税人经营规模小，且会计核算不健全，难以按上述增值税税率计税和使用增值税专用发票抵扣进项税款，因此实行按销售额与征收率计算应纳税额的简易办法。

2. 国务院及其有关部门的规定。

根据财政部、国家税务总局《关于简并增值税征收率政策的通知》（财税〔2014〕57 号），为进一步规范税制、公平税负，经国务院批准，决定简并和统一增值税征收率，将 6% 和 4% 的增值税征收率统一调整为 3%。

下列按简易办法征收增值税的优惠政策继续执行，不得抵扣进项税额：

（1）纳税人销售自己使用过的物品，按下列政策执行：

①一般纳税人销售自己使用过的属于《增值税暂行条例》第十条规定不得抵扣且未抵扣进项税额的固定资产，按照简易办法依照 3% 征收率减按 2% 征收增值税。

一般纳税人销售自己使用过的除固定资产以外的物品，应当按照适用税率征收增值税。

②小规模纳税人（除其他个人外，下同）销售自己使用过的固定资产，减按 2% 征收率征收增值税。

小规模纳税人销售自己使用过的除固定资产以外的物品，应按 3% 的征收率征收增值税。

（2）纳税人销售旧货，按照简易办法依照 3% 征收率减按 2% 征收增值税。

所称旧货，是指进入二次流通的具有部分使用价值的货物（含旧汽车、旧摩托车和旧游艇），但不包括自己使用过的物品。

上述纳税人销售自己使用过的固定资产、物品和旧货适用按照简易办法依 3% 征收率减按 2% 征收增值税的，按下列公式确定销售额和应纳税额：

$$销售额 = 含税销售额 \div (1 + 3\%)$$

$$应纳税额 = 销售额 \times 2\%$$

（3）一般纳税人销售自产的下列货物，可选择按照简易办法依照3%征收率计算缴纳增值税：

①县级及县级以下小型水力发电单位生产的电力。小型水力发电单位，是指各类投资主体建设的装机容量为5万千瓦以下（含5万千瓦）的小型水力发电单位。

②建筑用和生产建筑材料所用的砂、土、石料。

③以自己采掘的砂、土、石料或其他矿物连续生产的砖、瓦、石灰（不含黏土实心砖、瓦）。

④用微生物、微生物代谢产物、动物毒素、人或动物的血液或组织制成的生物制品。

⑤自来水。

⑥商品混凝土（仅限于以水泥为原料生产的水泥混凝土）。

⑦属于增值税一般纳税人的单采血浆站销售非临床用人体血液，可以按照简易办法依照3%征收率计算应纳税额，但不得对外开具增值税专用发票；也可以按照销项税额抵扣进项税额的办法依照增值税适用税率计算应纳税额。

一般纳税人选择简易办法计算缴纳增值税后，36个月内不得变更。

（4）一般纳税人销售货物属于下列情形之一的，暂按简易办法依照3%征收率计算缴纳增值税：

①寄售商店代销寄售物品（包括居民个人寄售的物品在内）。

②典当业销售死当物品。

对属于一般纳税人的自来水公司销售自来水按简易办法依照3%征收率征收增值税，不得抵扣其购进自来水取得增值税扣税凭证上注明的增值税税款。

属于一般纳税人的药品经营企业销售生物制品，可以选择简易办法按照生物制品销售额和3%征收率计算缴纳增值税。

属于一般纳税人的单采血浆站销售非临床用人体血液，可以按照简易办法依照3%征收率计算增值税应纳税额。

五、一般计税方法应纳税额的计算

一般纳税人销售货物或提供应税劳务，其应纳税额运用扣税法计算。计算公式为：

$$应纳税额=当期销项税额-当期进项税额$$

“当期”是个重要的时间限定，是指税务机关依照税法规定对纳税人确定的纳税期限。只有在纳税期限内实际发生的销项税额、进项税额，才是法定的当期销项税额、进项税额。

（一）当期销项税额的确定

当期销项税额，是指当期销售货物或提供应税劳务的纳税人，依其销售额和法定税率计算并向购买方收取的增值税税款。其计算公式为：

当期销项税额 = 销售额 × 税率，或：当期销项税额 = 组成计税价格 × 税率

当期销售额的确定是应纳税额计算的关键，对此，税法的具体规定如下：

1. 销售额为纳税人销售货物或提供应税劳务而向购买方收取的全部价款和价外费用。但下列项目不包括在内：

（1）受托加工应征消费税的消费品所代收代缴的消费税。

（2）同时符合以下条件的代垫运费：承运部门的运输费用发票开具给购买方的；纳税人将该项发票转交给购买方的。

（3）同时符合以下条件代为收取的政府性基金或者行政事业性收费：由国务院或者财政部批准设立的政府性基金，由国务院或者省级人民政府及其财政、价格主管部门批准设立的行政事业性收费；收取时开具省级以上财政部门印制的财政票据；所收款项全额上缴财政。

（4）销售货物的同时代办保险等而向购买方收取的保险费，以及向购买方收取的代购买方缴纳的车辆购置税、车辆牌照费。

销售额以人民币计算。纳税人以人民币以外的货币结算销售额的，应当折合成人民币计算。折合率可以选择销售额发生的当天或者当月 1 日的人民币汇率中间价。纳税人应当在事先确定采用何种折合率，确定后 12 个月内不得变更。

2. 如果销售收入中包含了销项税额，则应将含税销售额换算成不含税销售额。属于含税销售收入的有普通发票的价款、零售价格、价外收入征收增值税。不含税销售额的计算公式为：

不含税销售额 = 含税销售额 ÷（1 + 增值税税率）

3. 纳税人有价格明显偏低并无正当理由或者有视同销售货物行为而无销售额者，按下列顺序确定销售额：

（1）按纳税人最近时期同类货物的平均销售价格确定；

（2）按其他纳税人最近时期同类货物的平均销售价格确定；

（3）按组成计税价格确定。其计算公式为：

组成计税价格 = 成本 ×（1 + 成本利润率）

如该货物属于征收消费税的范围，其组成计税价格中应加计消费税税额。其计算公式为：

组成计税价格 = 成本 ×（1 + 成本利润率）+ 消费税税额

或：　组成计税价格＝成本×（1＋成本利润率）÷（1－消费税税率）

“成本”分为两种情况：①销售自产货物的为实际生产成本；②销售外购货物的为实际采购成本。“成本利润率”根据规定统一为10%，但属于从价定率征收消费税的货物，其组成计税价格公式中的成本利润率为《消费税若干具体问题的规定》中规定的成本利润率。

4. 以折扣方式销售货物。

折扣销售是指销货方在销售货物或提供应税劳务和应税服务时，因购货方购货数量较大等原因而给予购货方的价格优惠，具体方式如图2－7所示。根据税法规定，纳税人销售货物并向购买方开具增值税专用发票后，由于购货方在一定时期内累计购买货物达到一定数量，或者由于市场价格下降等原因，销货方给予购货方相应的价格优惠或补偿等折扣、折让行为，销货方可按现行《增值税专用发票使用规定》的有关规定开具红字增值税专用发票。这里需要解释的是：

第一，折扣销售不同于销售折扣。销售折扣是指销货方在销售货物或提供应税劳务和应税服务后，为了鼓励购货方及早偿还货款而协议许诺给予购货方的一种折扣优待（如：10天内付款，货款折扣2%；20天内付款，折扣1%；30天内全价付款）。销售折扣发生在销货之后，是一种融资性质的理财费用，因此，销售折扣不得从销售额中减除。企业在确定销售额时应把折扣销售与销售折扣严格区分开。

第二，销售折扣又不同于销售折让。销售折让是指货物销售后，由于其品种、质量等原因购货方未予退货，但销货方需给予购货方的一种价格折让。销售折让与销售折扣相比较，虽然都是在货物销售后发生的，但因为销售折让是由于货物的品种和质量引起销售额的减少，因此，对销售折让可以折让后的货款为销售额。

第三，折扣销售仅限于货物价格的折扣，如果销货者将自产、委托加工和购买的货物用于实物折扣的，则该实物款额不能从货物销售额中减除，且该实物应按增值税条例“视同销售货物”中的“赠送他人”计算征收增值税。

国家税务总局《关于印发〈增值税若干具体问题的规定〉的通知》（国税发［1993］154号）第二条第（二）项规定：“纳税人采取折扣方式销售货物，如果销售额和折扣额在同一张发票上分别注明的，可按折扣后的销售额征收增值税”。纳税人采取折扣方式销售货物，销售额和折扣额在同一张发票上分别注明是指销售额和折扣额在同一张发票上的“金额”栏分别注明的，可按折扣后的销售额征收增值税。未在同一张发票“金额”栏注明折扣额，而仅在发票的“备注”栏注明折扣额的，折扣额不得从销售额中减除。

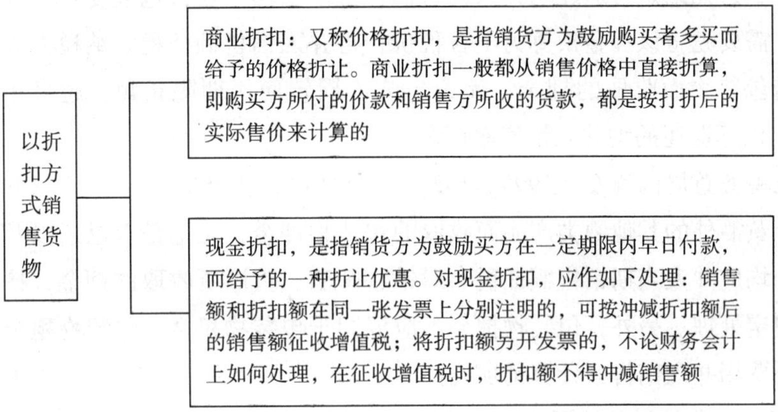

图 2－7　以折扣方式销售货物

5. 纳税人采取以旧换新方式销售货物，应按新货物的同期销售价格确定销售额。

以旧换新销售，是指纳税人在销售过程中，折价收回同类旧货物，并以折价款部分冲减货物价款的一种销售方式。但税法规定，对金银首饰以旧换新业务，可以按照销售方实际收取的不含增值税的全部价款征收增值税。

6. 采取还本销售方式销售。

还本销售是指纳税人在销售货物后，到一定期限由销售方一次或分次退还给购货方全部或部分价款。这种方式实际上是一种筹资行为，是以货物换取资金的使用价值，到期还本不付息的方法。税法规定，采取还本销售方式销售货物，其销售额就是货物的销售价格，不得从销售额中减除还本支出。

7. 采取以物易物方式销售货物。

以物易物，是指购销双方不是以货币结算，而是以同等价款的货物相互结算，实现货物购销的一种方式。以物易物双方都应作购销处理，以各自发出的货物核算销售额并计算销项税额，以各自收到的货物按规定核算购货额并计算进项税额。应注意的是，在以物易物活动中，应分别开具合法的票据，如收到的货物不能取得相应的增值税专用发票或其他合法票据的，不能抵扣进项税额。

8. 包装物押金的税务处理。

包装物是指纳税人包装本单位货物的各种物品。纳税人销售货物时另收取包装物押金，目的是促使购货方及早退回包装物以便周转使用。

根据税法规定，纳税人为销售货物而出租出借包装物收取的押金，单独记账核算的，时间在 1 年以内，又未过期的，不并入销售额征税，但对因逾期未收回包装物不再退还的押金，应按所包装货物的适用税率计算销项税额。

上述规定中，“逾期”是指按合同约定实际逾期或以 1 年为期限，对收取 1 年以上的押金，无论是否退还均并入销售额征税。当然，在将包装物押金并入销售额征税时，需要先将该押金换算为不含税价，再并入销售额征税。纳税人为销售货物出租出借包装物而收取的押金，无论包装物周转使用期限长短，超过1年（含1年）以上仍不退还的均并入销售额征税。

国家税务总局国税发［1995］192号文件规定，从1995年6月1日起，对销售除啤酒、黄酒外的其他酒类产品而收取的包装物押金，无论是否返还以及会计上如何核算，均应并入当期销售额征税。对销售啤酒、黄酒所收取的押金，按上述一般押金的规定处理。另外，包装物押金不应混同于包装物租金，包装物租金在销货时作为价外费用并入销售额计算销项税额。

9. 直销企业的税务处理。

直销企业先将货物销售给直销员，直销员再将货物销售给消费者的，直销企业的销售额为其向直销员收取的全部价款和价外费用。直销员将货物销售给消费者时，应按照现行规定缴纳增值税。

直销企业通过直销员向消费者销售货物，直接向消费者收取货款，直销企业的销售额为其向消费者收取的全部价款和价外费用。

（二）当期进项税额的确定

当期进项税额是指纳税人当期购进货物或者应税劳务已缴纳的增值税税额。它主要体现在从销售方取得的增值税专用发票上或海关进口增值税专用缴款书上。消费型增值税允许纳税人在计算增值税税额时，从商品和劳务销售额中扣除当前购进的生产经营用固定资产总额。

1. 准予从销项税额中抵扣进项税额的情形。

根据《增值税暂行条例》和"营改增"的规定，准予从销项税额中抵扣的进项税额，限于下列增值税扣税凭证上注明的增值税税额和按规定的扣除率计算的进项税额，如图2-8所示。

（1）从销售方或者提供方取得的增值税专用发票（含税控机动车销售统一发票和中华人民共和国税收缴款凭证，下同）上注明的增值税额。

（2）从海关取得的海关进口增值税专用缴款书上注明的增值税额。

纳税人进口货物，凡已缴纳了进口环节增值税的，不论其是否已经支付货款，其取得的海关进口增值税专用缴款书均可作为增值税进项税额抵扣凭证，在规定的期限内申报抵扣进项税额。

上述规定说明，纳税人在进行增值税账务处理时，每抵扣一笔进项税额，就要有一份记录该进项税额的法定扣税凭证与之相对应；没有从销售方或海关取得注明增值税税额的法定扣税凭证，就不能抵扣进项税额。

（3）购进农产品，除取得增值税专用发票或者海关进口增值税专用缴款书外，按照农产品收购发票或者销售发票上注明的农产品买价和 13% 的扣除率计算进项税额。进项税额计算公式：

进项税额 = 买价 × 扣除率

对这项规定需要解释的是：

①所谓“农业产品”是指直接从事植物的种植、收割和动物的饲养、捕捞的单位和个人销售的自产而且免征增值税的农业产品，农业产品所包括的具体品目按照 1995 年 6 月财政部、国家税务总局印发的《农业产品征税范围注释》执行。

②购买农业产品的买价，包括纳税人购进农产品在农产品收购发票或者销售发票上注明的价款和按规定缴纳的烟叶税。

③对烟叶税纳税人按规定缴纳的烟叶税，准予并人烟叶产品的买价计算增值税的进项税额，并在计算缴纳增值税时予以抵扣。即购进烟叶准予抵扣的增值税进项税额，按照《中华人民共和国烟叶税暂行条例》及财政部、国家税务总局印发的《关于烟叶税若干具体问题的规定的通知》（财税［2006］64 号）规定的烟叶收购金额和烟叶税及法定扣除率计算。烟叶收购金额包括纳税人支付给烟叶销售者的烟叶收购价款和价外补贴，价外补贴统一暂按烟叶收购价款的 10% 计算。计算公式如下：

烟叶收购金额 = 烟叶收购价款 ×（1 + 10%）

烟叶税应纳税额 = 烟叶收购金额 × 税率（20%）

准予抵扣的进项税额 =（烟叶收购金额 + 烟叶税应纳税额）× 扣除率

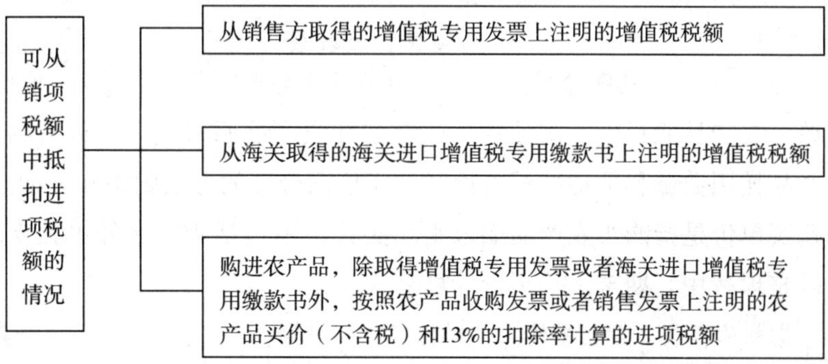

图 2－8　可从销项税额中抵扣进项税额的情况

（4）农产品增值税进项税额核定扣除办法。

2012 年 4 月 6 日财政部、国家税务总局发布了《关于在部分行业试行农产品增值税进项税额核定扣除办法的通知》（财税［2012］38 号），为调整和完善农产品增值税抵扣机制，经国务院批准，决定在部分行业开展增值税进项税额核定扣除试点。

①适用该办法的范围。自2012年7月1日起，以购进农产品为原料生产销售液体乳及乳制品、酒及酒精、植物油的增值税一般纳税人，纳入农产品增值税进项税额核定扣除试点范围，其购进农产品无论是否用于生产上述产品，增值税进项税额均按照《农产品增值税进项税额核定扣除试点实施办法》的规定抵扣。除上述规定以外的纳税人，其购进农产品仍按现行增值税的有关规定抵扣农产品进项税额。

②农产品增值税进项税额核定方法。农产品是指列入《农业产品征税范围注释》（财税字［1995］52号）的初级农业产品。试点纳税人购进农产品不再凭增值税扣税凭证抵扣增值税进项税额，购进除农产品以外的货物、应税劳务和应税服务，增值税进项税额仍按现行有关规定抵扣。

试点纳税人以购进农产品为原料生产货物的，农产品增值税进项税额可按照以下方法核定：

A. 投入产出法：参照国家标准、行业标准（包括行业公认标准和行业平均耗用值）确定销售单位数量货物耗用外购农产品的数量（以下称农产品单耗数量）。

当期允许抵扣农产品增值税进项税额依据农产品单耗数量、当期销售货物数量、农产品平均购买单价（含税，下同）和农产品增值税进项税额扣除率（以下简称"扣除率"）计算。公式为：

$$\begin{matrix}\text{当期允许抵扣农产品}\\\text{增值税进项税额}\end{matrix}=\begin{matrix}\text{当期农产品}\\\text{耗用数量}\end{matrix}\times\begin{matrix}\text{农产品平均}\\\text{购买单价}\end{matrix}\times\text{扣除率}\div(1+\text{扣除率})$$

$$\begin{matrix}\text{当期农产品}\\\text{耗用数量}\end{matrix}=\begin{matrix}\text{当期销售货物数量}\\\text{（不含采购除农产品以外的半成品生产的货物数量）}\end{matrix}\times\begin{matrix}\text{农产品}\\\text{单耗数量}\end{matrix}$$

对以单一农产品原料生产多种货物或者多种农产品原料生产多种货物的，在核算当期农产品耗用数量和平均购买单价时，应依据合理的方法归集和分配。

平均购买单价是指购买农产品期末平均买价，不包括买价之外单独支付的运费和入库前的整理费用。期末平均买价计算公式：

$$\begin{matrix}\text{期末平}\\\text{均买价}\end{matrix}=\left(\begin{matrix}\text{期初库存农}\\\text{产品数量}\end{matrix}\times\begin{matrix}\text{期初平均}\\\text{买价}\end{matrix}+\begin{matrix}\text{当期购进}\\\text{农产品数量}\end{matrix}\times\begin{matrix}\text{当期}\\\text{买价}\end{matrix}\right)\div\left(\begin{matrix}\text{期初库存}\\\text{农产品数量}\end{matrix}+\begin{matrix}\text{当期购进}\\\text{农产品数量}\end{matrix}\right)$$

B. 成本法：依据试点纳税人年度会计核算资料，计算确定耗用农产品的外购金额占生产成本的比例（以下称农产品耗用率）。当期允许抵扣农产品增值税进项税额依据当期主营业务成本、农产品耗用率以及扣除率计算。公式为：

$$\begin{matrix}\text{当期允许抵扣农产品}\\\text{增值税进项税额}\end{matrix}=\begin{matrix}\text{当期主营}\\\text{业务成本}\end{matrix}\times\begin{matrix}\text{农产品}\\\text{耗用率}\end{matrix}\times\text{扣除率}\div(1+\text{扣除率})$$

$$农产品耗用率 = 上年投入生产的农产品外购金额 \div 上年生产成本$$

农产品外购金额（含税）不包括不构成货物实体的农产品（包括包装物、辅助材料、燃料、低值易耗品等）和在购进农产品之外单独支付的运费、入库前的整理费用。

对以单一农产品原料生产多种货物或者多种农产品原料生产多种货物的，在核算当期主营业务成本以及核定农产品耗用率时，试点纳税人应依据合理的方法进行归集和分配。

农产品耗用率由试点纳税人向主管税务机关申请核定。

年度终了，主管税务机关应根据试点纳税人本年实际对当年已抵扣的农产品增值税进项税额进行纳税调整，重新核定当年的农产品耗用率，并作为下一年度的农产品耗用率。

C. 参照法：新办的试点纳税人或者试点纳税人新增产品的，试点纳税人可参照所属行业或者生产结构相近的其他试点纳税人确定农产品单耗数量或者农产品耗用率。次年，试点纳税人向主管税务机关申请核定当期的农产品单耗数量或者农产品耗用率，并据此计算确定当年允许抵扣的农产品增值税进项税额，同时对上一年增值税进项税额进行调整。核定的进项税额超过实际抵扣增值税进项税额的，其差额部分可以结转下期继续抵扣；核定的进项税额低于实际抵扣增值税进项税额的，其差额部分应按现行增值税的有关规定将进项税额做转出处理。

试点纳税人购进农产品直接销售的，农产品增值税进项税额按照以下方法核定扣除：

$$\begin{array}{c}当期允许抵扣农产\\品增值税进项税额\end{array} = \begin{array}{c}当期销售\\农产品数量\end{array} \div (1 - 损耗率) \times \begin{array}{c}农产品平均\\购买单价\end{array} \times 13\% \div (1 + 13\%)$$

$$损耗率 = 损耗数量/购进数量$$

试点纳税人购进农产品用于生产经营且不构成货物实体的（包括包装物、辅助材料、燃料、低值易耗品等），增值税进项税额按照以下方法核定扣除：

$$\begin{array}{c}当期允许抵扣农产品\\增值税进项税额\end{array} = \begin{array}{c}当期耗用\\农产品数量\end{array} \times \begin{array}{c}农产品平均\\购买单价\end{array} \times 13\% \div (1 + 13\%)$$

农产品单耗数量、农产品耗用率和损耗率统称为农产品增值税进项税额扣除标准（以下称扣除标准）。

③试点纳税人销售货物，应合并计算当期允许抵扣农产品增值税进项税额。

④试点纳税人购进农产品取得的农产品增值税专用发票和海关进口增值税专用缴款书，按照注明的金额及增值税额一并计入成本科目；自行开具的农产品收购发票和取得的农产品销售发票，按照注明的买价直接计入成本。

⑤本办法规定的扣除率为销售货物的适用税率。

⑥省级（包括计划单列市，下同）税务机关应根据上述第②条规定的核定方法顺序，确定试点纳税人适用的农产品增值税进项税额核定扣除方法。

⑦试点纳税人应自执行本办法之日起，将期初库存农产品以及库存半成品、产成品耗用的农产品增值税进项税额作转出处理。

⑧试点纳税人应当按照上述第②条的规定准确计算当期允许抵扣农产品增值税进项税额，并从相关科目转入"应交税金——应交增值税（进项税额）"科目。未能准确计算的，由主管税务机关核定。

⑨试点纳税人购进的农产品价格明显偏高或偏低，且不具有合理商业目的的，由主管税务机关核定。

⑩试点纳税人在计算农产品增值税进项税额时，应按照下列顺序确定适用的扣除标准：

财政部和国家税务总局不定期公布的全国统一的扣除标准。

省级税务机关商同级财政机关根据本地区实际情况，报经财政部和国家税务总局备案后公布的适用于本地区的扣除标准。

省级税务机关依据试点纳税人申请，按照本办法第十三条规定的核定程序审定的仅适用于该试点纳税人的扣除标准。

2. "营改增"后原增值税纳税人进项税额的抵扣政策。

根据"营改增"的规定，原增值税纳税人（指按照《增值税暂行条例》缴纳增值税的纳税人）有关进项税额抵扣的政策如下：

（1）原增值税一般纳税人接受试点纳税人提供的应税服务，取得的增值税专用发票上注明的增值税额为进项税额，准予从销项税额中抵扣。

（2）原增值税一般纳税人自用的应征消费税的摩托车、汽车、游艇，其进项税额准予从销项税额中抵扣。

（3）原增值税一般纳税人接受境外单位或者个人提供的应税服务，按照规定应当扣缴增值税的，准予从销项税额中抵扣的进项税额为从税务机关或者代理人取得的解缴税款的税收缴款凭证上注明的增值税额。

纳税人凭税收缴款凭证抵扣进项税额的，应当具备书面合同、付款证明和境外单位的对账单或者发票。资料不全的，其进项税额不得从销项税额中抵扣。

（4）原增值税一般纳税人购进货物或者接受应税劳务，用于《应税服务范围注释》所列项目的，不属于《增值税暂行条例》第十条所称的用于非增值税应税项目，其进项税额准予从销项税额中抵扣。

3. 下列项目的进项税额不得从销项税额中抵扣。

按《增值税暂行条例》和"营改增"规定，下列项目的进项税额不得从销项税额中抵扣：

（1）用于简易计税方法计税项目、非增值税应税项目、免征增值税项目、集体福利或者个人消费的购进货物或者应税劳务。

所称购进货物，不包括既用于增值税应税项目（不含免征增值税项目）也用于非增值税应税项目、免征增值税（以下简称“免税”）项目、集体福利或者个人消费的固定资产。

所称个人消费包括纳税人的交际应酬消费。

所称非增值税应税项目，是指提供非增值税应税劳务、转让无形资产、销售不动产和不动产在建工程。

纳税人新建、改建、扩建、修缮、装饰不动产，均属于不动产在建工程。

（2）非正常损失的购进货物及相关的应税劳务。

所称非正常损失，是指因管理不善造成被盗、丢失、霉烂变质的损失以及被执法部门依法没收或者强令自行销毁的货物。

（3）非正常损失的在产品、产成品所耗用的购进货物或者应税劳务。

（4）纳税人从海关取得的进口增值税专用缴款书上注明的增值税额准予从销项税额中抵扣。因此，纳税人进口货物取得的合法海关进口增值税专用缴款书，是计算增值税进项税额的唯一依据，其进口货物向境外实际支付的货款低于进口报关价格的差额部分以及从境外供应商取得的退还或返还的资金，不作进项税额转出处理。

（5）原增值税一般纳税人接受试点纳税人提供的应税服务，下列项目的进项税额不得从销项税额中抵扣：

①用于简易计税方法计税项目、非增值税应税项目、免征增值税项目、集体福利或者个人消费，其中涉及的专利技术、非专利技术、商誉、商标、著作权、有形动产租赁，仅指专用于上述项目的专利技术、非专利技术、商誉、商标、著作权、有形动产租赁；

②受的旅客运输服务；

③与非正常损失的购进货物相关的交通运输业服务；

④与非正常损失的在产品、产成品所耗用购进货物相关的交通运输业服务。

上述非增值税应税项目，是指《增值税暂行条例》第十条所称的非增值税应税项目，但不包括《应税服务范围注释》所列项目。

4. 计算销项税额的时间规定。

除农产品收购发票、销售发票外，其他增值税抵扣凭证进行认证、申报抵扣的时限的规定如下：

（1）销项税额是增值税一般纳税人销售货物或提供应税劳务和应税服务按照实

现的销售额计算的金额。纳税人在什么时间计算销项税额，《增值税暂行条例》及其《增值税暂行条例实施细则》和"营改增"都作了严格的规定。如，采取直接收款方式销售货物，不论货物是否发出，均为收到销售款或者取得索取销售款凭据的当天；采取托收承付和委托银行收款方式销售货物，为发出货物并办妥托收手续的当天。

（2）增值税一般纳税人取得2010年1月1日以后开具的增值税专用发票、公路内河货物运输业统一发票（现为货物运输业增值税专用发票）和机动车销售统一发票，应在开具之日起180日内到税务机关办理认证，并在认证通过的次月申报期内，向主管税务机关申报抵扣进项税额。纳税人取得2009年12月31日以前开具的增值税扣税凭证，仍按原规定执行。

（3）纳税人进口货物取得的属于增值税扣税范围的海关缴款书，应自开具之日起180天内向主管税务机关报送《海关完税凭证抵扣清单》（电子数据），申请稽核比对，逾期未申请的其进项税额不予抵扣。

【例2-1】 某厂为一般纳税人，2011年11月销售产品，开出增值税专用发票，销售额120 000元，销项税额20 400元；销售给小规模纳税人产品，开普通发票，销售额40 000元（含税）；将一批成本100 000元的产品对外投资。当月购料，取得增值税专用发票，价款60 000元，税额10 200元；购进免税农产品25 000元；当月用水27 600元，增值税专用发票注明税额3 588元；购进设备一台，价款55 000元，增值税专用发票注明税额9 350元。

计算该企业当月应交增值税如下：

（1）销项税额的计算：

销售给小规模纳税人销项税额 = 40 000/(1 + 17%) × 17% = 5 812（元）

投资产品销项税额 = 100 000 × (1 + 10%) × 17% = 18 700（元）

销项税额合计 = 20 400 + 5 812 + 18 700 = 44 912（元）

（2）允许抵扣的进项税额的计算：

允许抵扣的进项税额合计 = 10 200 + 25 000 × 13% + 3 588 = 17 038（元）

（3）应纳税额的计算：

应纳税额 = 44 912 - 17 038 = 27 874（元）

六、简易计税方法应纳税额的计算

（一）应纳税额的计算

纳税人销售货物或者提供应税劳务和应税服务适用按简易计税方法的，按照销售额和征收率计算应纳税额，并不得抵扣进项税额。其应纳税额计算公式是：

应纳税额 = 销售额 × 征收率

这里需要解释两点：第一，按简易计税方法取得的销售额与本章第五节讲述的销售额所包含的内容是一致的，都是销售货物或提供应税劳务和应税服务向购买方收取的全部价款和价外费用，但是不包括按 3% 的征收率收取的增值税税额；第二，按简易计税方法不得抵扣进项税额，这是因为，实行简易计税办法；其《增值税暂行条例》规定的 3% 的征收率，是结合增值税多档税率的货物或应税劳务和应税服务的环节税收负担水平而设计的，其税收负担与一般纳税人基本一致，因此不能再抵扣进项税额。

（二）含税销售额的换算

简易计税方法的销售额不包括其应纳的增值税税额，纳税人采用销售额和应纳增值税税额合并定价方法的，按照下列公式计算销售额：

销售额 = 含税销售额 ÷（1 + 征收率）

纳税人提供的适用简易计税方法计税的应税服务，因服务中止或者折让而退还给接受方的销售额，应当从当期销售额中扣减。扣减当期销售额后仍有余额造成多缴的税款，可以从以后的应纳税额中扣减。

【例 2 -2】 某小型工业企业是增值税小规模纳税人。2012 年 3 月取得销售收入 12.36 万元（含增值税）；购进月材料一批，支付货款 3.09 万元（含增值税）。计算该企业当月的应纳增值税税额如下：

当月的应纳增值税税额 = 12.36 ÷（1 + 3%）× 3% = 0.36（万元）

七、进口货物应纳税额的计算

（一）进口货物的纳税人

进口货物的收货人或办理报关手续的单位和个人，为进口货物增值税的纳税义务人。也就是说，进口货物增值税纳税人的范围较宽，包括了国内一切从事进口业务的企业事业单位、机关团体和个人。

对于企业、单位和个人委托代理进口应征增值税的货物，鉴于代理进口货物的海关完税凭证，有的开具给委托方，有的开具给受托方的特殊性，对代理进口货物以海关开具的完税凭证上的纳税人为增值税纳税人。在实际工作中一般由进口代理者代缴进口环节增值税。纳税后，由代理者将已纳税款和进口货物价款费用等与委托方结算，由委托者承担已纳税款。

（二）进口货物应纳税额的计算

纳税人进口货物，按照组成计税价格和《增值税暂行条例》规定的税率计算应纳税额。我们在计算增值税销项税额时直接用销售额作为计税依据或计税价格就可以了，但在进口产品计算增值税时我们不能直接得到类似销售额这么一个计税依据，而需要通过计算而得，即要计算组成计税价格。组成计税价格是指在没有实际销售价格时，按照税法规定计算出作为计税依据的价格。进口货物计算增值税组成计税价格和应纳税额计算公式：

组成计税价格 = 关税完税价格 + 关税 + 消费税

应纳税额 = 组成计税价格 × 税率

纳税人在计算进口货物的增值税时应该注意以下问题：

1. 进口货物增值税的组成计税价格中包括已纳关税税额，如果进口货物属于消费税应税消费品，其组成计税价格中还要包括进口环节已纳消费税税额。

2. 在计算进口环节的应纳增值税税额时不得抵扣任何税额，即在计算进口环节的应纳增值税税额时，不得抵扣发生在我国境外的各种税金。

以上两点实际上是贯彻了出口货物的目的地原则或称消费地原则。即对出口货物原则上在实际消费地征收商品或货物税。对进口货物而言，出口这些货物的出口国在出口时并没有征出口关税和增值税、消费税，到我国口岸时货物的价格基本就是到岸价格，即所谓的关税完税价格。如果此时不征关税和其他税收则与国内同等商品的税负差异就会很大。因此在进口时首先要对之征进口关税。如果是应征消费税的商品则要征消费税。在这基础上才形成了增值税的计税依据即组成计税价格。这与国内同类商品的税基是一致的。

由于货物出口时出口国并没有征收过流转税，因此在进口时我们计算增值税时就不用进行进项税额抵扣。

3. 按照《海关法》和《进出口关税条例》的规定，一般贸易下进口货物的关税完税价格以海关审定的成交价格为基础的到岸价格作为完税价格。所谓成交价格是一般贸易项下进口货物的买方为购买该项货物向卖方实际支付或应当支付的价格；到岸价格，包括货价，加上货物运抵我国关境内输入地点起卸前的包装费、运费、保险费和其他劳务费等费用构成的一种价格。特殊贸易下进口的货物，由于进口时没有“成交价格”可作依据，为此，《进出口关税条例》对这些进口货物制定了确定其完税价格的具体办法。

4. 纳税人进口货物取得的合法海关完税凭证，是计算增值税进项税额的唯一依据，其价格差额部分以及从境外供应商取得的退还或返还的资金，不作进项税额转出处理。

【例2-3】 某企业是增值税一般纳税人。2016年3月从国外进口一批原材料，海关审定的完税价格为100万元，该批原材料分别按10%和17%的税率向海关缴纳了关税和进口环节增值税，并取得了相关完税凭证。该批原材料当月加工成产品后全部在国内销售，取得销售收入200万元（不含增值税），同时支付运输费8万元（取得一般纳税人开具的货运增值税专用发票）。已知该企业适用的增值税税率为17%。计算该企业当月应缴纳的增值税税额如下：

（1）进口原材料的应纳增值税税额 = (100 + 100 × 10%) × 17% = 18.7（万元）

（2）允许抵扣的增值税进项税额 = 18.7 + 8 × 11% = 19.58（万元）

（3）应纳增值税税额 = 200 × 17% − 19.58 = 14.42（万元）

八、增值税税收优惠

为了实现不同的政策目标，我国在增值税领域规定了较多的免税项目，主要涉及扶持农业发展、促进资源综合利用、鼓励产业发展、照顾社会公共事业、促进社会福利事业发展等目标。

（一）增值税的免税项目

根据《增值税暂行条例》的规定，下列项目免征增值税：

1. 农业生产者销售的自产农产品。

农业生产者，包括从事农业生产的单位和个人。农业产品是指种植业、养殖业、林业、牧业、水产业生产的各类植物、动物的初级产品。对上述单位和个人销售的外购农产品，以及单位和个人外购农产品生产、加工后销售的仍然属于规定范围的农业产品，不属于免税的范围，应当按照规定的税率征收增值税。

纳税人采取“公司+农户”经营模式从事畜禽饲养，即公司与农户签订委托养殖合同，向农户提供畜禽苗、饲料、兽药及疫苗等（所有权属于公司），农户饲养畜禽苗至成品后交付公司回收，公司将回收的成品畜禽用于销售。在上述经营模式下，纳税人回收再销售畜禽，属于农业生产者销售自产农产品，应根据《增值税暂行条例》的有关规定免征增值税。

2. 避孕药品和用具。

3. 古旧图书，是指向社会收购的古书和旧书。

4. 直接用于科学研究、科学试验和教学的进口仪器、设备。

5. 外国政府、国际组织无偿援助的进口物资和设备。

6. 由残疾人的组织直接进口供残疾人专用的物品。

7. 销售自己使用过的物品。自己使用过的物品，是指其他个人自己使用过的物品。

除上述规定外，增值税的免税、减税项目由国务院规定任何地区、部门均不得规定免税、减税项目。据此，除前述规定外，国务院财政、税务主管部门颁布了一系列有关增值税的免税项目的规范性文件，主要内容如下：

1. 对销售下列自产货物实行免征增值税政策。

再生水、以废旧轮胎为全部生产原料的胶粉、翻新轮胎、生产原料中掺兑废渣比例不低于 30% 的特定建材产品。

2. 对污水处理劳务免征增值税。

3. 对残疾人个人提供的加工、修理修配劳务免征增值税。

4. 对从事蔬菜批发、零售的纳税人销售的蔬菜免征增值税。

蔬菜是指可作副食的草本、木本植物，包括各种蔬菜、菌类植物和少数可作副食的木本植物。蔬菜的主要品种参照《蔬菜主要品种目录》（见附件）执行。

经挑选、清洗、切分、晾晒、包装、脱水、冷藏、冷冻等工序加工的蔬菜，属于本通知所述蔬菜的范围。

各种蔬菜罐头不属于本通知所述蔬菜的范围。蔬菜罐头是指蔬菜经处理、装罐、密封、杀菌或无菌包装而制成的食品。

5. 制种行业增值税政策。

制种企业在下列生产经营模式下生产销售种子，属于农业生产者销售自产农业产品，应根据《增值税暂行条例》有关规定免征增值税。

（1）制种企业利用自有土地或承租土地，雇用农户或雇工进行种子繁育，再经烘干、脱粒、风筛等深加工后销售种子。

（2）制种企业提供亲本种子委托农户繁育并从农户手中收回，再经烘干、脱粒、风筛等深加工后销售种子。

6. 自 2008 年 6 月 1 日起，纳税人生产销售和批发、零售有机肥产品免征增值税。

7. 为进一步扶持小微企业发展，经国务院批准，自 2013 年 8 月 1 日起，对增值税小规模纳税人中月销售额不超过 2 万元的企业或非企业性单位，暂免征收增值税。

为进一步加大对小微企业的税收支持力度，经国务院批准，自 2014 年 10 月 1 日起至 2015 年 12 月 31 日，对月销售额 2 万元（含本数，下同）至 3 万元的增值税小规模纳税人，免征增值税。

2014 年 10 月 11 日，国家税务总局根据《增值税暂行条例》及实施细则、《营业税暂行条例》及实施细则、财政部、国家税务总局颁布的《关于暂免征收部分小微企业增值税和营业税的通知》（财税［2013］52 号）、财政部、国家税务总局颁布的《关于进一步支持小微企业增值税和营业税政策的通知》（财税［2014］71 号），对小微企业免征增值税有关问题作出如下规定并自 2014 年 10 月 1 日起执行：

（1）增值税小规模纳税人，月销售额不超过 3 万元（含 3 万元，下同）的，按照规定免征增值税。其中，以 1 个季度为纳税期限的增值税小规模纳税人，季度销售额不超过 9 万元的，按照上述文件规定免征增值税。

（2）增值税小规模纳税人兼营营业税应税项目的，应当分别核算增值税应税项目的销售额和营业税应税项目的营业额，月销售额不超过 3 万元（按季纳税 9 万元）的，免征增值税。

（3）增值税小规模纳税人月销售额不超过 3 万元（按季纳税 9 万元）的，当期因代开增值税专用发票（含货物运输业增值税专用发票）已经缴纳的税款，在专用发票全部联次追回或者按规定开具红字专用发票后，可以向主管税务机关申请退还。

纳税人兼营免税、减税项目的，应当分别核算免税、减税项目的销售额；未分别核算销售额的，不得免税、减税。

（二）增值税的即征即退或先征后返（退）

增值税的即征即退，是指先按规定缴纳增值税，再由财政部门委托税务部门审批后办理退税手续；先征后返（退），是指先按规定缴纳增值税，再由财政部门或税务部门审批，按照纳税人实际缴纳的税额全部或部分返还或退还已纳税款。具体规定如下：

1. 对销售下列自产货物实行增值税即征即退的政策：以工业废气为原料生产的高纯度二氧化碳产品；以垃圾为燃料生产的电力或者热力；以煤炭开采过程中伴生

的舍弃物油母页岩为原料生产的页岩油；以废旧沥青混凝土为原料生产的再生沥青混凝土；采用旋窑法工艺生产并且生产原料中掺兑废渣比例不低于30%的水泥（包括水泥熟料）。

2. 销售下列自产货物实现的增值税实行即征即退50%的政策：以退役军用发射药为原料生产的涂料硝化棉粉；对燃料发电厂及各类工业企业产生的烟气、高硫天然气进行脱硫生产的副产品；以废弃酒槽和酿酒底锅水为原料生产的蒸汽、活性炭、白碳黑、乳酸、乳酸钙、沼气；以煤矸石、煤泥、石煤、油母页岩为燃料生产的电力和热力；利用风力生产的电力；部分新型墙体材料产品。

3. 对销售自产的综合利用生物柴油实行增值税先征后退政策。

4. 对安置残疾人的单位，实行由税务机关按单位实际安置残疾人的人数，限额即征即退增值税的办法。实际安置的每位残疾人每年可退还的增值税的具体限额，由县级以上税务机关根据单位所在区县适用的经省级人民政府批准的最低工资标准的6倍确定，但最高不得超过每人每年3.5万元。该项税收优惠政策适用于生产销售货物或提供加工、修理修配劳务取得的收入占增值税业务收入之和达到50%的单位。

5. 纳税人销售软件产品并随同销售一并收取的软件安装费、维护费、培训费等收入，应按照增值税混合销售的有关规定征收增值税，并可享受软件产品增值税即征即退政策。

一般纳税人随同计算机网络、计算机硬件和机器设备等一并销售其自行开发生产的嵌入式软件，如果能够分别核算嵌入式软件与计算机硬件、机器设备等的销售额，可以享受软件产品增值税优惠政策。凡不能分别核算销售额的，仍不得享受增值税优惠政策。

6. 在2010年年底以前，对符合以下条件的一般纳税人销售再生资源缴纳的增值税实行先征后退政策：（1）按照有关规定应当向有关部门备案的，已经按照有关规定备案；（2）有固定的再生资源仓储、整理、加工场地；（3）通过金融机构结算的再生资源销售额占全部再生资源销售额的比重不低于80%；（4）自2007年1月1日起，未因违法受到刑事处罚或者县级以上工商、商务、环保、税务、公安机关相应的行政处罚（警告和罚款除外）。对符合退税条件的纳税人2009年销售再生资源实现的增值税，按70%的比例退回给纳税人；对其2010年销售再生资源实现的增值税，按50%的比例退回给纳税人。

（三）营业税改征增值税试点过渡政策的规定

下列项目免征增值税：

1. 托儿所、幼儿园提供的保育和教育服务。

托儿所、幼儿园，是指经县级以上教育部门审批成立、取得办园许可证的实施0－6岁学前教育的机构，包括公办和民办的托儿所、幼儿园、学前班、幼儿班、保育院、幼儿院。

公办托儿所、幼儿园免征增值税的收入是指，在省级财政部门和价格主管部门审核报省级人民政府批准的收费标准以内收取的教育费、保育费。

民办托儿所、幼儿园免征增值税的收入是指，在报经当地有关部门备案并公示的收费标准范围内收取的教育费、保育费。

超过规定收费标准的收费，以开办实验班、特色班和兴趣班等为由另外收取的费用以及与幼儿入园挂钩的赞助费、支教费等超过规定范围的收入，不属于免征增值税的收入。

2. 养老机构提供的养老服务。

养老机构，是指依照民政部《养老机构设立许可办法》（民政部令第48号）设立并依法办理登记的为老年人提供集中居住和照料服务的各类养老机构；养老服务，是指上述养老机构按照民政部《养老机构管理办法》（民政部令第49号）的规定，为收住的老年人提供的生活照料、康复护理、精神慰藉、文化娱乐等服务。

3. 残疾人福利机构提供的育养服务。

4. 婚姻介绍服务。

5. 殡葬服务。

殡葬服务，是指收费标准由各地价格主管部门会同有关部门核定，或者实行政府指导价管理的遗体接运（含抬尸、消毒）、遗体整容、遗体防腐、存放（含冷藏）、火化、骨灰寄存、吊唁设施设备租赁、墓穴租赁及管理等服务。

6. 残疾人员本人为社会提供的服务。

7. 医疗机构提供的医疗服务。

医疗机构，是指依据国务院《医疗机构管理条例》（国务院令第149号）及卫生部《医疗机构管理条例实施细则》（卫生部令第35号）的规定，经登记取得《医疗机构执业许可证》的机构，以及军队、武警部队各级各类医疗机构。具体包括：各级各类医院、门诊部（所）、社区卫生服务中心（站）、急救中心（站）、城乡卫生院、护理院（所）、疗养院、临床检验中心，各级政府及有关部门举办的卫生防疫站（疾病控制中心）、各种专科疾病防治站（所），各级政府举办的妇幼保健所（站）、母婴保健机构、儿童保健机构，各级政府举办的血站（血液中心）等医疗机构。

本项所称的医疗服务，是指医疗机构按照不高于地（市）级以上价格主管部门会同同级卫生主管部门及其他相关部门制定的医疗服务指导价格（包括政府指导价和按照规定由供需双方协商确定的价格等）为就医者提供《全国医疗服务价格项目规范》所列的各项服务，以及医疗机构向社会提供卫生防疫、卫生检疫的服务。

8. 从事学历教育的学校提供的教育服务。

（1）学历教育，是指受教育者经过国家教育考试或者国家规定的其他入学方式，进入国家有关部门批准的学校或者其他教育机构学习，获得国家承认的学历证书的教育形式。具体包括：

①初等教育：普通小学、成人小学。

②初级中等教育：普通初中、职业初中、成人初中。

③高级中等教育：普通高中、成人高中和中等职业学校（包括普通中专、成人中专、职业高中、技工学校）。

④高等教育：普通本专科、成人本专科、网络本专科、研究生（博士、硕士）、高等教育自学考试、高等教育学历文凭考试。

（2）从事学历教育的学校，是指：

①普通学校。

②经地（市）级以上人民政府或者同级政府的教育行政部门批准成立、国家承认其学员学历的各类学校。

③经省级及以上人力资源社会保障行政部门批准成立的技工学校、高级技工学校。

④经省级人民政府批准成立的技师学院。

上述学校均包括符合规定的从事学历教育的民办学校，但不包括职业培训机构等国家不承认学历的教育机构。

（3）提供教育服务免征增值税的收入，是指对列入规定招生计划的在籍学生提供学历教育服务取得的收入，具体包括：经有关部门审核批准并按规定标准收取的学费、住宿费、课本费、作业本费、考试报名费收入，以及学校食堂提供餐饮服务取得的伙食费收入。除此之外的收入，包括学校以各种名义收取的赞助费、择校费等，不属于免征增值税的范围。

学校食堂是指依照《学校食堂与学生集体用餐卫生管理规定》（教育部令第14号）管理的学校食堂。

9. 学生勤工俭学提供的服务。

10. 农业机耕、排灌、病虫害防治、植物保护、农牧保险以及相关技术培训业务，家禽、牲畜、水生动物的配种和疾病防治。

农业机耕，是指在农业、林业、牧业中使用农业机械进行耕作（包括耕耘、种植、收割、脱粒、植物保护等）的业务；排灌，是指对农田进行灌溉或者排涝的业务；病虫害防治，是指从事农业、林业、牧业、渔业的病虫害测报和防治的业务；农牧保险，是指为种植业、养殖业、牧业种植和饲养的动植物提供保险的业务；相关技术培训，是指与农业机耕、排灌、病虫害防治、植物保护业务相关以及为使农民获得农牧保险知识的技术培训业务；家禽、牲畜、水生动物的配种和疾病防治业务的免税范围，包括与该项服务有关的提供药品和医疗用具的业务。

11. 纪念馆、博物馆、文化馆、文物保护单位管理机构、美术馆、展览馆、书画院、图书馆在自己的场所提供文化体育服务取得的第一道门票收入。

12. 寺院、宫观、清真寺和教堂举办文化、宗教活动的门票收入。

13. 行政单位之外的其他单位收取的符合《试点实施办法》第十条规定条件的政府性基金和行政事业性收费。

14. 个人转让著作权。

15. 个人销售自建自用住房。

16. 2018 年 12 月 31 日前，公共租赁住房经营管理单位出租公共租赁住房。

公共租赁住房，是指纳入省、自治区、直辖市、计划单列市人民政府及新疆生产建设兵团批准的公共租赁住房发展规划和年度计划，并按照《关于加快发展公共租赁住房的指导意见》（建保〔2010〕87 号）和市、县人民政府制定的具体管理办法进行管理的公共租赁住房。

17. 台湾航运公司、航空公司从事海峡两岸海上直航、空中直航业务在大陆取得的运输收入。

台湾航运公司，是指取得交通运输部颁发的“台湾海峡两岸间水路运输许可证”且该许可证上注明的公司登记地址在台湾的航运公司。

台湾航空公司，是指取得中国民用航空局颁发的“经营许可”或者依据《海峡两岸空运协议》和《海峡两岸空运补充协议》规定，批准经营两岸旅客、货物和邮件不定期（包机）运输业务，且公司登记地址在台湾的航空公司。

18. 纳税人提供的直接或者间接国际货物运输代理服务。

（1）纳税人提供直接或者间接国际货物运输代理服务，向委托方收取的全部国际货物运输代理服务收入，以及向国际运输承运人支付的国际运输费用，必须通过金融机构进行结算。

（2）纳税人为大陆与香港、澳门、台湾地区之间的货物运输提供的货物运输代理服务参照国际货物运输代理服务有关规定执行。

（3）委托方索取发票的，纳税人应当就国际货物运输代理服务收入向委托方全额开具增值税普通发票。

19. 以下利息收入。

（1）2016 年 12 月 31 日前，金融机构农户小额贷款。

小额贷款，是指单笔且该农户贷款余额总额在 10 万元（含本数）以下的贷款。

所称农户，是指长期（一年以上）居住在乡镇（不包括城关镇）行政管理区域内的住户，还包括长期居住在城关镇所辖行政村范围内的住户和户口不在本地而在本地居住一年以上的住户，国有农场的职工和农村个体工商户。位于乡镇（不包括城关镇）行政管理区域内和在城关镇所辖行政村范围内的国有经济的机关、团体、学校、企事业单位的集体户；有本地户口，但举家外出谋生一年以上的住户，无论是否保留承包耕地均不属于农户。农户以户为统计单位，既可以从事农业生产经营，也可以从事非农业生产经营。农户贷款的判定应以贷款发放时的承贷主体是否属于农户为准。

（2）国家助学贷款。

（3）国债、地方政府债。

（4）人民银行对金融机构的贷款。

（5）住房公积金管理中心用住房公积金在指定的委托银行发放的个人住房贷款。

（6）外汇管理部门在从事国家外汇储备经营过程中，委托金融机构发放的外汇贷款。

（7）统借统还业务中，企业集团或企业集团中的核心企业以及集团所属财务公司按不高于支付给金融机构的借款利率水平或者支付的债券票面利率水平，向企业集团或者集团内下属单位收取的利息。

统借方向资金使用单位收取的利息，高于支付给金融机构借款利率水平或者支付的债券票面利率水平的，应全额缴纳增值税。

统借统还业务，是指：

①企业集团或者企业集团中的核心企业向金融机构借款或对外发行债券取得资金后，将所借资金分拨给下属单位（包括独立核算单位和非独立核算单位，下同），并向下属单位收取用于归还金融机构或债券购买方本息的业务。

②企业集团向金融机构借款或对外发行债券取得资金后，由集团所属财务公司与企业集团或者集团内下属单位签订统借统还贷款合同并分拨资金，并向企业集团或者集团内下属单位收取本息，再转付企业集团，由企业集团统一归还金融机构或债券购买方的业务。

20. 被撤销金融机构以货物、不动产、无形资产、有价证券、票据等财产清偿债务。

被撤销金融机构，是指经人民银行、银监会依法决定撤销的金融机构及其分设于各地的分支机构，包括被依法撤销的商业银行、信托投资公司、财务公司、金融租赁公司、城市信用社和农村信用社。除另有规定外，被撤销金融机构所属、附属企业，不享受被撤销金融机构增值税免税政策。

21. 保险公司开办的一年期以上人身保险产品取得的保费收入。

一年期以上人身保险，是指保险期间为一年期及以上返还本利的人寿保险、养老年金保险，以及保险期间为一年期及以上的健康保险。

人寿保险，是指以人的寿命为保险标的的人身保险。

养老年金保险，是指以养老保障为目的，以被保险人生存为给付保险金条件，并按约定的时间间隔分期给付生存保险金的人身保险。养老年金保险应当同时符合下列条件：

（1）保险合同约定给付被保险人生存保险金的年龄不得小于国家规定的退休年龄。

（2）相邻两次给付的时间间隔不得超过一年。

健康保险，是指以因健康原因导致损失为给付保险金条件的人身保险。

上述免税政策实行备案管理，具体备案管理办法按照国家税务总局颁布的《关于一年期以上返还性人身保险产品免征营业税审批事项取消后有关管理问题的公告》（国家税务总局公告 2015 年第 65 号）规定执行。

22. 下列金融商品转让收入。

（1）合格境外投资者（QFII）委托境内公司在我国从事证券买卖业务。

（2）香港市场投资者（包括单位和个人）通过沪港通买卖上海证券交易所上市A股。

（3）对香港市场投资者（包括单位和个人）通过基金互认买卖内地基金份额。

（4）证券投资基金（封闭式证券投资基金，开放式证券投资基金）管理人运用基金买卖股票、债券。

（5）个人从事金融商品转让业务。

23. 金融同业往来利息收入。

（1）金融机构与人民银行所发生的资金往来业务。包括人民银行对一般金融机构贷款，以及人民银行对商业银行的再贴现等。

（2）银行联行往来业务。同一银行系统内部不同行、处之间所发生的资金账务往来业务。

（3）金融机构间的资金往来业务。是指经人民银行批准，进入全国银行间同业拆借市场的金融机构之间通过全国统一的同业拆借网络进行的短期（一年以下含一年）无担保资金融通行为。

（4）金融机构之间开展的转贴现业务。

金融机构是指：

①银行：包括人民银行、商业银行、政策性银行。

②信用合作社。

③证券公司。

④金融租赁公司、证券基金管理公司、财务公司、信托投资公司、证券投资基金。

⑤保险公司。

⑥其他经人民银行、银监会、证监会、保监会批准成立且经营金融保险业务的机构等。

24. 同时符合下列条件的担保机构从事中小企业信用担保或者再担保业务取得的收入（不含信用评级、咨询、培训等收入）3 年内免征增值税：

（1）已取得监管部门颁发的融资性担保机构经营许可证，依法登记注册为企（事）业法人，实收资本超过 2 000 万元。

（2）平均年担保费率不超过银行同期贷款基准利率的 50%。平均年担保费率 = 本期担保费收入/（期初担保余额 + 本期增加担保金额）×100%。

（3）连续合规经营 2 年以上，资金主要用于担保业务，具备健全的内部管理制度和为中小企业提供担保的能力，经营业绩突出，对受保项目具有完善的事前评估、事中监控、事后追偿与处置机制。

（4）为中小企业提供的累计担保贷款额占其两年累计担保业务总额的 80% 以上，单笔 800 万元以下的累计担保贷款额占其累计担保业务总额的 50% 以上。

（5）对单个受保企业提供的担保余额不超过担保机构实收资本总额的 10%，且平均单笔担保责任金额最多不超过 3 000 万元人民币。

（6）担保责任余额不低于其净资产的 3 倍，且代偿率不超过 2%。

担保机构免征增值税政策采取备案管理方式。符合条件的担保机构应到所在地县（市）主管税务机关和同级中小企业管理部门履行规定的备案手续，自完成备案手续之日起，享受 3 年免征增值税政策。3 年免税期满后，符合条件的担保机构可按规定程序办理备案手续后继续享受该项政策。

具体备案管理办法按照国家税务总局颁布的《关于中小企业信用担保机构免征营业税审批事项取消后有关管理问题的公告》（国家税务总局公告2015年第69号）规定执行，其中税务机关的备案管理部门统一调整为县（市）级国家税务局。

25. 国家商品储备管理单位及其直属企业承担商品储备任务，从中央或者地方财政取得的利息补贴收入和价差补贴收入。

国家商品储备管理单位及其直属企业，是指接受中央、省、市、县四级政府有关部门（或者政府指定管理单位）委托，承担粮（含大豆）、食用油、棉、糖、肉、盐（限于中央储备）等6种商品储备任务，并按有关政策收储、销售上述6种储备商品，取得财政储备经费或者补贴的商品储备企业。利息补贴收入，是指国家商品储备管理单位及其直属企业因承担上述商品储备任务从金融机构贷款，并从中央或者地方财政取得的用于偿还贷款利息的贴息收入。价差补贴收入包括销售价差补贴收入和轮换价差补贴收入。销售价差补贴收入，是指按照中央或者地方政府指令销售上述储备商品时，由于销售收入小于库存成本而从中央或者地方财政获得的全额价差补贴收入。轮换价差补贴收入，是指根据要求定期组织政策性储备商品轮换而从中央或者地方财政取得的商品新陈品质价差补贴收入。

26. 纳税人提供技术转让、技术开发和与之相关的技术咨询、技术服务。

（1）技术转让、技术开发，是指《销售服务、无形资产、不动产注释》中“转让技术”“研发服务”范围内的业务活动。技术咨询，是指就特定技术项目提供可行性论证、技术预测、专题技术调查、分析评价报告等业务活动。

与技术转让、技术开发相关的技术咨询、技术服务，是指转让方（或者受托方）根据技术转让或者开发合同的规定，为帮助受让方（或者委托方）掌握所转让（或者委托开发）的技术，而提供的技术咨询、技术服务业务，且这部分技术咨询、技术服务的价款与技术转让或者技术开发的价款应当在同一张发票上开具。

（2）备案程序。试点纳税人申请免征增值税时，须持技术转让、开发的书面合同，到纳税人所在地省级科技主管部门进行认定，并持有关的书面合同和科技主管部门审核意见证明文件报主管税务机关备查。

27. 同时符合下列条件的合同能源管理服务：

（1）节能服务公司实施合同能源管理项目相关技术，应当符合国家质量监督检验检疫总局和国家标准化管理委员会发布的《合同能源管理技术通则》（GB/T24915－2010）规定的技术要求。

（2）节能服务公司与用能企业签订节能效益分享型合同，其合同格式和内容，符合《中华人民共和国合同法》和《合同能源管理技术通则》（GB/T24915－2010）等规定。

28. 2017年12月31日前，科普单位的门票收入，以及县级及以上党政部门和科协开展科普活动的门票收入。

科普单位，是指科技馆、自然博物馆，对公众开放的天文馆（站、台）、气象台（站）、地震台（站），以及高等院校、科研机构对公众开放的科普基地。

科普活动，是指利用各种传媒以浅显的、让公众易于理解、接受和参与的方式，向普通大众介绍自然科学和社会科学知识，推广科学技术的应用，倡导科学方法，传播科学思想，弘扬科学精神的活动。

29. 政府举办的从事学历教育的高等、中等和初等学校（不含下属单位），举办进修班、培训班取得的全部归该学校所有的收入。

全部归该学校所有，是指举办进修班、培训班取得的全部收入进入该学校统一账户，并纳入预算全额上缴财政专户管理，同时由该学校对有关票据进行统一管理和开具。

举办进修班、培训班取得的收入进入该学校下属部门自行开设账户的，不予免征增值税。

30. 政府举办的职业学校设立的主要为在校学生提供实习场所、并由学校出资自办、由学校负责经营管理、经营收入归学校所有的企业，从事《销售服务、无形资产或者不动产注释》中“现代服务”（不含融资租赁服务、广告服务和其他现代服务）、“生活服务”（不含文化体育服务、其他生活服务和桑拿、氧吧）业务活动取得的收入。

31. 家政服务企业由员工制家政服务员提供家政服务取得的收入。

家政服务企业，是指在企业营业执照的规定经营范围中包括家政服务内容的企业。

员工制家政服务员，是指同时符合下列3个条件的家政服务员：

（1）依法与家政服务企业签订半年及半年以上的劳动合同或者服务协议，且在该企业实际上岗工作。

（2）家政服务企业为其按月足额缴纳了企业所在地人民政府根据国家政策规定的基本养老保险、基本医疗保险、工伤保险、失业保险等社会保险。对已享受新型农村养老保险和新型农村合作医疗等社会保险或者下岗职工原单位继续为其缴纳社会保险的家政服务员，如果本人书面提出不再缴纳企业所在地人民政府根据国家政策规定的相应的社会保险，并出具其所在乡镇或者原单位开具的已缴纳相关保险的证明，可视同家政服务企业已为其按月足额缴纳了相应的社会保险。

（3）家政服务企业通过金融机构向其实际支付不低于企业所在地适用的经省级人民政府批准的最低工资标准的工资。

32. 福利彩票、体育彩票的发行收入。

33. 军队空余房产租赁收入。

34. 为了配合国家住房制度改革，企业、行政事业单位按房改成本价、标准价出售住房取得的收入。

35. 将土地使用权转让给农业生产者用于农业生产。

36. 涉及家庭财产分割的个人无偿转让不动产、土地使用权。

家庭财产分割，包括下列情形：离婚财产分割；无偿赠与配偶、父母、子女、祖父母、外祖父母、孙子女、外孙子女、兄弟姐妹；无偿赠与对其承担直接抚养或者赡养义务的抚养人或者赡养人；房屋产权所有人死亡，法定继承人、遗嘱继承人或者受遗赠人依法取得房屋产权。

37. 土地所有者出让土地使用权和土地使用者将土地使用权归还给土地所有者。

38. 县级以上地方人民政府或自然资源行政主管部门出让、转让或收回自然资源使用权（不含土地使用权）。

39. 随军家属就业。

（1）为安置随军家属就业而新开办的企业，自领取税务登记证之日起，其提供的应税服务 3 年内免征增值税。

享受税收优惠政策的企业，随军家属必须占企业总人数的 60%（含）以上，并有军（含）以上政治和后勤机关出具的证明。

（2）从事个体经营的随军家属，自办理税务登记事项之日起，其提供的应税服务 3 年内免征增值税。

随军家属必须有师以上政治机关出具的可以表明其身份的证明。

按照上述规定，每一名随军家属可以享受一次免税政策。

40. 军队转业干部就业。

（1）从事个体经营的军队转业干部，自领取税务登记证之日起，其提供的应税服务 3 年内免征增值税。

（2）为安置自主择业的军队转业干部就业而新开办的企业，凡安置自主择业的军队转业干部占企业总人数 60%（含）以上的，自领取税务登记证之日起，其提供的应税服务 3 年内免征增值税。

享受上述优惠政策的自主择业的军队转业干部必须持有师以上部队颁发的转业证件。

以下享受增值税即征即退政策：

（1）一般纳税人提供管道运输服务，对其增值税实际税负超过3%的部分实行增值税即征即退政策。

（2）经人民银行、银监会或者商务部批准从事融资租赁业务的试点纳税人中的一般纳税人，提供有形动产融资租赁服务和有形动产融资性售后回租服务，对其增值税实际税负超过3%的部分实行增值税即征即退政策。商务部授权的省级商务主管部门和国家经济技术开发区批准的从事融资租赁业务和融资性售后回租业务的试点纳税人中的一般纳税人，2016年5月1日后实收资本达到1.7亿元的，从达到标准的当月起按照上述规定执行；2016年5月1日后实收资本未达到1.7亿元但注册资本达到1.7亿元的，在2016年7月31日前仍可按照上述规定执行，2016年8月1日后开展的有形动产融资租赁业务和有形动产融资性售后回租业务不得按照上述规定执行。

（3）本规定所称增值税实际税负，是指纳税人当期提供应税服务实际缴纳的增值税额占纳税人当期提供应税服务取得的全部价款和价外费用的比例。

关于扣减增值税的规定：

1. 退役士兵创业就业。

（1）对自主就业退役士兵从事个体经营的，在3年内按每户每年8 000元为限额依次扣减其当年实际应缴纳的增值税、城市维护建设税、教育费附加、地方教育附加和个人所得税。限额标准最高可上浮20%，各省、自治区、直辖市人民政府可根据本地区实际情况在此幅度内确定具体限额标准，并报财政部和国家税务总局备案。

纳税人年度应缴纳税款小于上述扣减限额的，以其实际缴纳的税款为限；大于上述扣减限额的，应以上述扣减限额为限。纳税人的实际经营期不足一年的，应当以实际月份换算其减免税限额。换算公式为：减免税限额 = 年度减免税限额 ÷ 12 × 实际经营月数。

纳税人在享受税收优惠政策的当月，持《中国人民解放军义务兵退出现役证》或《中国人民解放军士官退出现役证》以及税务机关要求的相关材料向主管税务机关备案。

（2）对商贸企业、服务型企业、劳动就业服务企业中的加工型企业和街道社区具有加工性质的小型企业实体，在新增加的岗位中，当年新招用自主就业退役士兵，与其签订1年以上期限劳动合同并依法缴纳社会保险费的，在3年内按实际招用人数予以定额依次扣减增值税、城市维护建设税、教育费附加、地方教育附加和企业所得税优惠。定额标准为每人每年4 000元，最高可上浮50%，各省、自治区、直辖市人民政府可根据本地区实际情况在此幅度内确定具体定额标准，并报财政部和国家税务总局备案。

本条所称服务型企业是指从事《销售服务、无形资产、不动产注释》中"不动产租赁服务""商务辅助服务"（不含货物运输代理和代理报关服务）"生活服务"（不含文化体育服务）范围内业务活动的企业以及按照《民办非企业单位登记管理暂行条例》（国务院令第251号）登记成立的民办非企业单位。

纳税人按企业招用人数和签订的劳动合同时间核定企业减免税总额，在核定减免税总额内每月依次扣减增值税、城市维护建设税、教育费附加和地方教育附加。纳税人实际应缴纳的增值税、城市维护建设税、教育费附加和地方教育附加小于核定减免税总额的，以实际应缴纳的增值税、城市维护建设税、教育费附加和地方教育附加为限；实际应缴纳的增值税、城市维护建设税、教育费附加和地方教育附加大于核定减免税总额的，以核定减免税总额为限。

纳税年度终了，如果企业实际减免的增值税、城市维护建设税、教育费附加和地方教育附加小于核定的减免税总额，企业在企业所得税汇算清缴时扣减企业所得税。当年扣减不足的，不再结转以后年度扣减。

计算公式为：企业减免税总额 $=\sum$ 每名自主就业退役士兵本年度在本企业工作月份 $\div 12\times$ 定额标准。

企业自招用自主就业退役士兵的次月起享受税收优惠政策，并于享受税收优惠政策的当月，持下列材料向主管税务机关备案：

①新招用自主就业退役士兵的《中国人民解放军义务兵退出现役证》或《中国人民解放军士官退出现役证》。

②企业与新招用自主就业退役士兵签订的劳动合同（副本），企业为职工缴纳的社会保险费记录。

③自主就业退役士兵本年度在企业工作时间表。

④主管税务机关要求的其他相关材料。

（3）上述所称自主就业退役士兵是指依照《退役士兵安置条例》（国务院、中央军委令第608号）的规定退出现役并按自主就业方式安置的退役士兵。

（4）上述税收优惠政策的执行期限为2016年5月1日至2016年12月31日，纳税人在2016年12月31日未享受满3年的，可继续享受至3年期满为止。

按照财政部、国家税务总局、民政部颁布的《关于调整完善扶持自主就业退役士兵创业就业有关税收政策的通知》（财税〔2014〕42号）规定享受营业税优惠政策的纳税人，自2016年5月1日起按照上述规定享受增值税优惠政策，在2016年12月31日未享受满3年的，可继续享受至3年期满为止。

财政部、国家税务总局颁布的《关于将铁路运输和邮政业纳入营业税改征增值税试点的通知》（财税〔2013〕106号）附件3第一条第（十二）项城镇退役士兵就业免征增值税政策，自2014年7月1日起停止执行。在2014年6月30日未享受满3年的，可继续享受至3年期满为止。

2. 重点群体创业就业。

（1）对持《就业创业证》（注明“自主创业税收政策”或“毕业年度内自主创业税收政策”）或2015年1月27日前取得的《就业失业登记证》（注明“自主创业税收政策”或附着《高校毕业生自主创业证》）的人员从事个体经营的，在3年内按每户每年8 000元为限额依次扣减其当年实际应缴纳的增值税、城市维护建设税、教育费附加、地方教育附加和个人所得税。限额标准最高可上浮20%，各省、自治区、直辖市人民政府可根据本地区实际情况在此幅度内确定具体限额标准，并报财政部和国家税务总局备案。

纳税人年度应缴纳税款小于上述扣减限额的，以其实际缴纳的税款为限；大于上述扣减限额的，应以上述扣减限额为限。

上述人员是指：

①在人力资源社会保障部门公共就业服务机构登记失业半年以上的人员。

②零就业家庭、享受城市居民最低生活保障家庭劳动年龄内的登记失业人员。

③毕业年度内高校毕业生。高校毕业生是指实施高等学历教育的普通高等学校、成人高等学校毕业的学生；毕业年度是指毕业所在自然年，即1月1日至12月31日。

（2）对商贸企业、服务型企业、劳动就业服务企业中的加工型企业和街道社区具有加工性质的小型企业实体，在新增加的岗位中，当年新招用在人力资源社会保障部门公共就业服务机构登记失业半年以上且持《就业创业证》或2015年1月27日前取得的《就业失业登记证》（注明“企业吸纳税收政策”）人员，与其签订1年以上期限劳动合同并依法缴纳社会保险费的，在3年内按实际招用人数予以定额依次扣减增值税、城市维护建设税、教育费附加、地方教育附加和企业所得税优惠。定额标准为每人每年4 000元，最高可上浮30%，各省、自治区、直辖市人民政府可根据本地区实际情况在此幅度内确定具体定额标准，并报财政部和国家税务总局备案。

按上述标准计算的税收扣减额应在企业当年实际应缴纳的增值税、城市维护建设税、教育费附加、地方教育附加和企业所得税税额中扣减，当年扣减不足的，不得结转下年使用。

本条所称服务型企业是指从事《销售服务、无形资产、不动产注释》中“不动产租赁服务”、“商务辅助服务”（不含货物运输代理和代理报关服务）、“生活服务”（不含文化体育服务）范围内业务活动的企业以及按照《民办非企业单位登记管理暂行条例》（国务院令第251号）登记成立的民办非企业单位。

（3）享受上述优惠政策的人员按以下规定申领《就业创业证》。

①按照《就业服务与就业管理规定》（劳动和社会保障部令第28号）第六十三条的规定，在法定劳动年龄内，有劳动能力，有就业要求，处于无业状态的城镇常住人员，在公共就业服务机构进行失业登记，申领《就业创业证》。其中，农村进城务工人员和其他非本地户籍人员在常住地稳定就业满6个月的，失业后可以在常住地登记。

②零就业家庭凭社区出具的证明，城镇低保家庭凭低保证明，在公共就业服务机构登记失业，申领《就业创业证》。

③毕业年度内高校毕业生在校期间凭学生证向公共就业服务机构按规定申领《就业创业证》，或委托所在高校就业指导中心向公共就业服务机构按规定代为其申领《就业创业证》；毕业年度内高校毕业生离校后直接向公共就业服务机构按规定申领《就业创业证》。

④上述人员申领相关凭证后，由就业和创业地人力资源社会保障部门对人员范围、就业失业状态、已享受政策情况进行核实，在《就业创业证》上注明“自主创业税收政策”、“毕业年度内自主创业税收政策”或“企业吸纳税收政策”字样，同时符合自主创业和企业吸纳税收政策条件的，可同时加注；主管税务机关在《就业创业证》上加盖戳记，注明减免税所属时间。

（4）上述税收优惠政策的执行期限为2016年5月1日至2016年12月31日，纳税人在2016年12月31日未享受满3年的，可继续享受至3年期满为止。

按照财政部、国家税务总局、人力资源社会保障部颁布的《关于继续实施支持和促进重点群体创业就业有关税收政策的通知》（财税〔2014〕39号）规定享受营业税优惠政策的纳税人，自2016年5月1日起按照上述规定享受增值税优惠政策，在2016年12月31日未享受满3年的，可继续享受至3年期满为止。

财政部、国家税务总局颁布的《关于将铁路运输和邮政业纳入营业税改征增值税试点的通知》（财税〔2013〕106号）附件3第一条第（十三）项失业人员就业增值税优惠政策，自2014年1月1日起停止执行。在2013年12月31日未享受满3年的，可继续享受至3年期满为止。

金融企业发放贷款后，自结息日起90天内发生的应收未收利息按现行规定缴纳增值税，自结息日起90天后发生的应收未收利息暂不缴纳增值税，待实际收到利息时按规定缴纳增值税。

上述所称金融企业，是指银行（包括国有、集体、股份制、合资、外资银行以及其他所有制形式的银行)、城市信用社、农村信用社、信托投资公司、财务公司。

个人将购买不足 2 年的住房对外销售的，按照 5% 的征收率全额缴纳增值税；个人将购买 2 年以上（含 2 年）的住房对外销售的，免征增值税。上述政策适用于北京市、上海市、广州市和深圳市之外的地区。

个人将购买不足 2 年的住房对外销售的，按照 5% 的征收率全额缴纳增值税；个人将购买 2 年以上（含 2 年）的非普通住房对外销售的，以销售收入减去购买住房价款后的差额按照 5% 的征收率缴纳增值税；个人将购买 2 年以上（含 2 年）的普通住房对外销售的，免征增值税。上述政策仅适用于北京市、上海市、广州市和深圳市。

办理免税的具体程序、购买房屋的时间、开具发票、非购买形式取得住房行为及其他相关税收管理规定，按照国务院办公厅转发建设部等部门颁布的《关于做好稳定住房价格工作意见的通知》(国办发〔2005〕26 号)、《国家税务总局 财政部 建设部关于加强房地产税收管理的通知》(国税发〔2005〕89 号) 和《国家税务总局关于房地产税收政策执行中几个具体问题的通知》(国税发〔2005〕172 号) 的有关规定执行。

（四）增值税起征点的规定

增值税起征点的适用范围限于个人，不适用于认定为一般纳税人的个体工商户。有关增值税起征点幅度的规定如下：

1. 销售货物的，为月销售额 5 000 ~ 20 000 元；

2. 销售应税劳务的，为月销售额 5 000 ~ 20 000 元；

3. 按次纳税的，为每次（日）销售额 300 ~ 500 元。

4. 应税服务的起征点：

(1) 按期纳税的，为月销售额 5 000 ~ 20 000 元（含本数)。

(2) 按次纳税的，为每次（日）销售额 300 ~ 500 元（含本数)。

上述所称的销售额，是指《增值税暂行条例实施细则》第三十条第一款所称小规模纳税人的销售额，即小规模纳税人的销售额不包括其应纳税额。

省、自治区、直辖市财政厅（局）和国家税务局应在规定的幅度内，根据实际情况确定本地区适用的起征点，并报财政部、国家税务总局备案。

（五）其他有关减免税的规定

1. 纳税人兼营免税、减税项目的，应当分别核算免税、减税项目的销售额；未分别核算销售额的，不得免税、减税。

2. 纳税人销售货物或者提供应税劳务和应税服务适用免税规定的，可以放弃免税，依照《增值税暂行条例》的规定缴纳增值税。纳税人一旦放弃免税权，其生产销售的全部增值税应税货物、劳务以及服务均应按照规定征税，不能有选择地针对某些项目对象放弃免税权。放弃免税后，36 个月内不得再申请免税。

纳税人提供应税服务同时适用免税和零税率规定的，优先适用零税率。

3. 安置残疾人单位既符合促进残疾人就业增值税优惠政策条件，又符合其他增值税优惠政策条件的，可同时享受多项增值税优惠政策，但年度申请退还增值税总额不得超过本年度内应纳增值税总额。

九、增值税征收管理

（一）纳税义务的确认

1. 销售货物或者提供应税劳务的纳税义务发生时间。

税务会计一般也按权责发生制原则确认纳税人增值税纳税义务的发生。在具体确认时，应针对具体的销售方式、结算方式（工具）来确认。

（1）采取直接收款方式销售货物，不论货物是否发出，均为收到销售额或取得索取销售额的凭据，并将提货单交给买方的当天。

（2）采取托收承付和委托银行收款方式销售货物，为发出货物并办妥托收手续的当天。

（3）采取赊销和分期收款方式销售货物，为书面合同约定的收款日期的当天。

（4）采取预收货款方式销售货物，为货物发出的当天，但生产销售生产工期超过 12 个月的大型机械设备、船舶、飞机等货物，为收到预收款或者书面合同约定的收款日期的当天。

（5）委托其他纳税人代销货物，为收到代销单位的代销清单或者收到全部或者部分货款的当天；未收到代销清单及货款的，为发出代销货物满 180 天的当天。

（6）销售应税劳务，为提供劳务同时收讫销售额或取得索取销售额的凭据的当天。

（7）纳税人发生按规定视同销售的行为（将货物交付他人代销、销售代销货物除外），为货物移送的当天。

2. 提供应税服务的纳税义务发生时间。

（1）纳税人发生应税行为并收讫销售款项或者取得索取销售款项凭据的当天；先开具发票的，为开具发票的当天。

收讫销售款项，是指纳税人销售服务、无形资产、不动产过程中或者完成后收到款项。

取得索取销售款项凭据的当天，是指书面合同确定的付款日期；未签订书面合同或者书面合同未确定付款日期的，为服务、无形资产转让完成的当天或者不动产权属变更的当天。

(2) 纳税人提供建筑服务、租赁服务采取预收款方式的，其纳税义务发生时间为收到预收款的当天。

(3) 纳税人从事金融商品转让的，为金融商品所有权转移的当天。

(4) 增值税扣缴义务发生时间为纳税人增值税纳税义务发生的当天。

(二) 增值税的纳税期限

增值税的纳税期限分别为1日、3日、5日、10日、15日、1个月或者1个季度。纳税人的具体纳税期限，由主管税务机关根据纳税人应纳税额的大小分别核定。以1个季度为纳税期限的规定适用于小规模纳税人、银行、财务公司、信托投资公司、信用社，以及财政部和国家税务总局规定的其他纳税人。不能按照固定期限纳税的，可以按次纳税。

纳税人以1个月或者1个季度为1个纳税期的，自期满之日起15日内申报纳税；以1日、3日、5日、10日或者15日为1个纳税期的，自期满之日起5日内预缴税款，于次月1日起15日内申报纳税并结清上月应纳税款。

扣缴义务人解缴税款的期限，按照前两款规定执行。

(三) 增值税的纳税地点

1. 固定业户应当向其机构所在地或者居住地主管税务机关申报纳税。总机构和分支机构不在同一县（市）的，应当分别向各自所在地的主管税务机关申报纳税；经财政部和国家税务总局或者其授权的财政和税务机关批准，可以由总机构汇总向总机构所在地的主管税务机关申报纳税。

2. 非固定业户应当向应税行为发生地主管税务机关申报纳税；未申报纳税的，由其机构所在地或者居住地主管税务机关补征税款。

3. 其他个人提供建筑服务，销售或者租赁不动产，转让自然资源使用权，应向建筑服务发生地、不动产所在地、自然资源所在地主管税务机关申报纳税。

4. 扣缴义务人应当向其机构所在地或者居住地主管税务机关申报缴纳扣缴的税款。

(四) 增值税的纳税申报与缴纳

1. 一般纳税人的纳税申报。

凡增值税一般纳税人，不论当期是否发生应税行为，均应按规定进行纳税申报。

纳税人进行纳税申报必须实行电子信息采集。使用防伪税控系统开具增值税专用发票的纳税人必须在抄报税成功后，方可进行纳税申报。

纳税申报资料如表2－1所示。

表2－1 纳税申报资料

必报资料	《增值税纳税申报表（适用于增值税一般纳税人）》及其《增值税纳税申报表附列资料》
	使用防伪税控系统的纳税人，必须报送记录当期纳税信息的IC卡（明细数据备份在软盘上的纳税人，还须报送备份数据软盘）、《增值税专用发票存根联明细表》及《增值税专用发票抵扣联明细表》
	资产负债表、利润表
	《成品油购销存情况明细表》（发生成品油零售业务的纳税人填报）
	主管税务机关规定的其他必报资料
	备注：纳税申报实行电子信息采集的纳税人，除向主管税务机关报送上述必报资料的电子数据外，还需报送纸介的《增值税纳税申报表（适用于一般纳税人）》（主表及附表）
备查资料	已开具的增值税专用发票和普通发票存根联
	符合抵扣条件并且在本期申报抵扣的增值税专用发票抵扣联
	海关进口货物完税凭证、运输发票、购进农产品普通发票及购进废旧物资普通发票的复印件
	收购凭证的存根联或报查联
	代扣代缴税款凭证存根联
	主管税务机关规定的其他备查资料
	备注：备查资料是否需要在当期报送，由各省级国家税务局确定

2. 小规模纳税人的纳税申报。

与一般纳税人要求相同，不论有无销售，均应按期向其主管税务机关报送纳税申报表。要按规定格式和要求，正确填写纳税申报表。

3. 应纳增值税款的解缴。

企业除了应按规定的纳税期进行纳税申报外，还应在规定的缴库期内足额上缴税款。税款的解缴方式有两种：

（1）自行计算解缴。

纳税人自行核算应纳税款，在税务机关开具税收缴款书后，于规定期限内送交纳税人开户银行办理税款入库手续，再持盖有银行转讫章的纳税凭证及纳税申报资料，报送主管税务机关。

（2）税务机关查定后解缴。

纳税人在规定期限内将纳税申报资料报送所属税务机关，由税务机关查定后开具税收缴款书，交给纳税人，由纳税人持往其开户银行办理税款入库手续。

第二节　增值税专用发票的使用及管理

一、增值税专用发票及其内容

增值税专用发票不仅是纳税人从事经济活动的重要凭证，而且也是记载销货方的销项税额和购货方的进项税额的凭证。在专用发票上注明的税额既是销货方的销项税额，又是购货方的进项税额，是购货方进行税款抵扣的依据和凭证。

纳税人销售货物或者应税劳务，应当向索取增值税专用发票的购买方开具增值税专用发票，并在增值税专用发票上分别注明销售额和销项税额。属于下列情形之一的，不得开具增值税专用发票：

1. 向消费者个人销售货物或者应税劳务的；
2. 销售货物或者应税劳务适用免税规定的；
3. 小规模纳税人销售货物或者应税劳务的。

小规模纳税人以外的纳税人（即一般纳税人）因销售货物退回或者折让而退还给购买方的增值税额，应从发生销售货物退回或者折让当期的销项税额中扣减；因购进货物退出或者折让而收回的增值税额，应从发生购进货物退出或者折让当期的进项税额中扣减。

一般纳税人销售货物或者应税劳务，开具增值税专用发票后，发生销售货物退回或者折让、开票有误等情形，应按国家税务总局的规定开具红字增值税专用发票。未按规定开具红字增值税专用发票的，增值税额不得从销项税额中扣减。

二、增值税专用发票的领购和使用

为加强增值税征收管理，规范增值税专用发票使用行为，国家税务总局修订《增值税专用发票使用规定》，自 2007 年 1 月 1 日起施行。

专用发票，是指一般纳税人销售货物或者提供应税劳务开具的发票，是购买方支付增值税额并可按照增值税有关规定据以抵扣增值税进项税额的凭证。

一般纳税人应通过增值税防伪税控系统使用专用发票。使用，包括领购、开具、撤销、认证纸质专用发票及其相应的数据电文。

专用发票由基本联次或者基本联次附加其他联次构成，基本联次为 3 联：

（1）发票联，作为购买方核算采购成本和增值税进项税额的记账凭证；

（2）抵扣联，作为购买方报送主管税务机关认证和留存备查的凭证；

（3）记账联，作为销售方核算销售收入和增值税销项税额的记账凭证。

其他联次的用途，由一般纳税人自行确定。

专用发票实行最高开票限额管理。最高开票限额，是指单份专用发票开具的销售额合计数不得达到的上限额度。一般纳税人申请最高开票限额时，须填报《最高开票限额申请表》。最高开票限额由一般纳税人申请，税务机关依法审批。最高开票限额为10万元及以下的，由区县级税务机关审批；最高开票限额为100万元的，由地市级税务机关审批；最高开票限额为1 000万元及以上的，由省级税务机关审批。防伪税控系统的具体发行工作由区县级税务机关负责。

一般纳税人领购专用设备后，凭《最高开票限额申请表》《发票领购簿》到主管税务机关办理初始发行。一般纳税人凭《发票领购簿》、IC卡和经办人身份证明领购专用发票。

一般纳税人有下列情形之一的，不得领购开具专用发票：

1. 会计核算不健全，不能向税务机关准确提供增值税销项税额、进项税额、应纳税额数据及其他有关增值税税务资料的。

2. 有《税收征管法》规定的税收违法行为，拒不接受税务机关处理的。

3. 有下列行为之一的，经税务机关责令限期改正而仍未改正的：虚开增值税专用发票；私自印制专用发票；向税务机关以外的单位和个人买取专用发票；借用他人专用发票；未按该规定第十一条开具专用发票；未按规定保管专用发票和专用设备；未按规定申请办理防伪税控系统变更发行；未按规定接受税务机关检查。有上列情形的，如已领购专用发票，主管税务机关应暂扣其结存的专用发票和IC卡。

商业企业一般纳税人零售的烟、酒、食品、服装、鞋帽、化妆品等消费品不得开具专用发票。增值税小规模纳税人和非增值税纳税人不得领购使用专用发票。增值税小规模纳税人需开具专用发票的，可向当地主管税务机关申请代开。

专用发票应按下列要求开具：

1. 项目齐全，与实际交易相符；

2. 字迹清楚，不得压线、错格；

3. 发票联和抵扣联加盖财务专用章或者发票专用章；

4. 按照增值税纳税义务的发生时间开具。

对不符合上列要求的专用发票，购买方有权拒收。

三、增值税专用发票的保管和检查

开具发票的单位和个人，应当按照税务机关的规定存放和保管发票，不得擅自损毁，已经开具的发票存根联和发票登记簿应当保存五年。保存期满后必须经税务机关查验方可销毁。开具发票的单位和个人应当建立发票使用登记制度，设置发票记账簿，并定期向主管税务机关报告发票使用情况。如果办理变更或者注销税务登记，应同时办理发票和发票领购簿的变更、缴销手续；发票丢失应于丢失当日书面报告主管税务机关，并在报刊和电视等新闻媒体上公告声明作废。

印制、使用发票的单位和个人，必须接受税务机关依法检查，如实反映情况，提供有关资料，不得拒绝、隐瞒。税务机关有权检查发票的印刷、领购、开具、取得和保管情况，有权调出发票查验，有权查阅、复制与发票有关的资料、凭证，有权向当事人询问与发票有关的情况，并进行记录、录音、录像、照相、复制等。

对从境外取得的与纳税有关的发票、凭证，税务机关在纳税审查有疑议时，可以要求企业提供境外公证机构或注册会计师的确认证明，经税务机关认可后，方可作为记账凭证。

违反发票管理法规的，要依法承担有关法律责任。

四、增值税专用发票的使用要点

（一）增值税专用发票的开具范围

一般纳税人销售货物（包括部分视同销售货物在内）、应税劳务，必须向购买方开具增值税专用发票。

1. 一般纳税人销售货物或者提供应税劳务和应税服务，应向购买方开具专用发票。

2. 商业企业一般纳税人零售的烟、酒、食品、服装、鞋帽（不包括劳保专用部分）、化妆品等消费品不得开具专用发票。

3. 增值税小规模纳税人需要开具专用发票的，可向主管税务机关申请代开。

4. 销售免税货物不得开具专用发票，法律、法规及国家税务总局另有规定的除外。

（二）增值税专用发票的基本内容和联次

增值税专用发票除包括普通发票的各项内容外，还包括纳税凭证（税收缴款书和完税凭证）的内容。由于增值税专用发票的重要，纳税人必须正确填开。

增值税专用发票的主要内容，如图 2－9 所示。

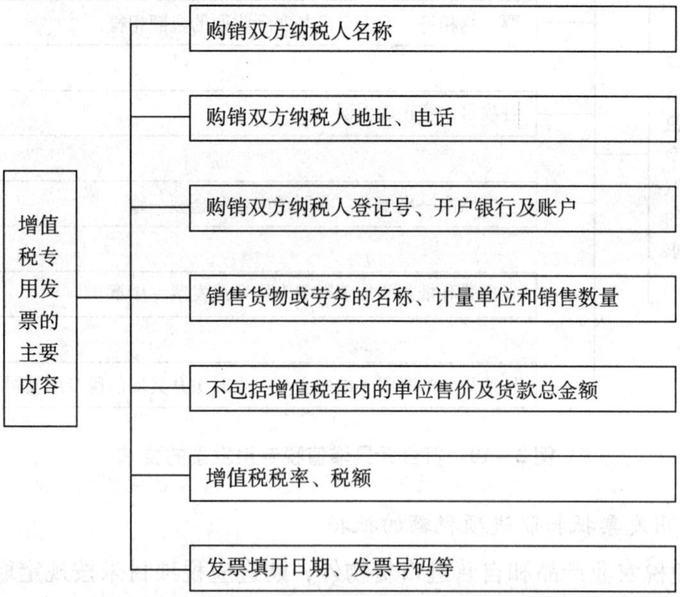

图 2－9　增值税专用发票的内容

增值税专用发票的基本联次，统一规定为四联，各联次必须按以下规定用途使用：第一联为存根联，由销货方留存备查；第二联为发票联，购货方作付款的记账凭证；第三联为税款抵扣联，购货方作扣税凭证；第四联为记账联，销货方作销售的记账凭证。

（三）增值税专用发票开具要求

从 2003 年 7 月 1 日起，增值税一般纳税人必须通过防伪税控系统开具专用发票，同时全国统一废止增值税一般纳税人所用的手写版专用发票。从 2003 年 10 月 1 日起，增值税一般纳税人所用的手写版专用发票一律不得作为增值税的扣税凭证。

纳税人可以购买国家税务总局指定的生产厂家生产的专用开票设备自行开票；也可以不买上述专用开票设备，按国家税务总局颁布的《增值税防伪税控主机共享服务系统管理暂行办法》的规定，聘请社会中介机构代为开票（但应按统一收费标准向社会中介机构支付开票费和防伪税控专用设备的维护费）。开具增值税专用发票，应符合下列要求，如图 2－10 所示。

开具的增值税专用发票有不符合上列要求者，不得作为扣税凭证，购买方有权拒收。

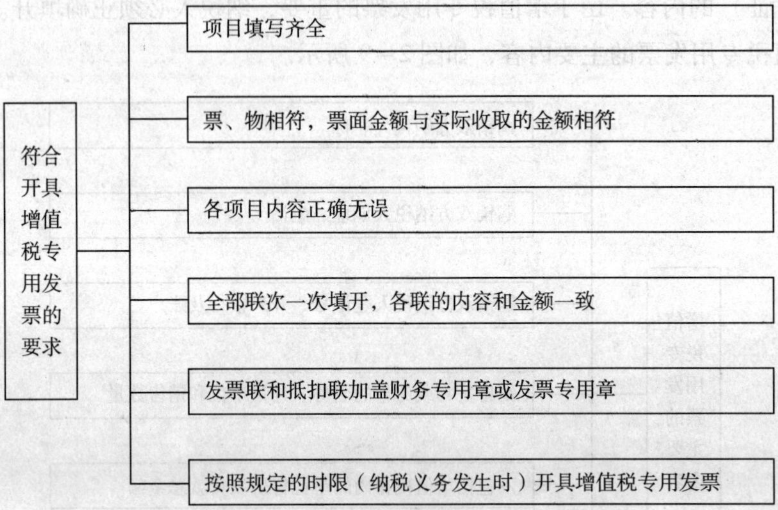

图 2－10　符合开具增值税专用发票的要求

（四）专用发票抵扣联进项税额的抵扣

除购进免税农业产品和自营进口货物外，购进应税项目未按规定取得专用发票、未按规定保管专用发票者，不得抵扣进项税额。

应用增值税专用发票抵扣联信息企业采集方式（企业自行扫描、识别或人工录入抵扣联票面信息，生成电子数据，以磁盘或通过互联网方式报送税务机关，由税务机关完成认证比对，并将认证结果信息返回企业），纳税人可以自行采集增值税专用发票抵扣联电子信息报送税务部门批量认证。由防伪税控系统开具的专用发票，必须自开具之日起，90 日之内到税务机关认证，否则不予抵扣进项税额。经过认证的专用发票，应在认证通过的当月按增值税有关规定核算当期进项税额并申报抵扣，否则不予抵扣进项税额。税务机关认证后，应向纳税人提供一式两份《增值税专用发票抵扣联认证清单》，以备企业作为纳税申报附列资料。

（五）开具增值税专用发票后发生退货或销售折让的处理

企业应视不同情况分别按以下规定办理：

购买方在未付货款并且未作会计处理的情况下，应将原发票联和税款抵扣联主动退还销售方。销售方收到后，应在该发票联和税款抵扣联及有关的存根联、记账联上注明"作废"字样，作为扣减当期销项税额的凭证。未收到购买方退还的增值税专用发票前，销售方不得扣减当期销项税额。属于销售折让的，销售方应按折让后的货款重开专用发票。

在购买方已付货款，或者货款未付但已作会计处理，而发票联和抵扣联无法退还的情况下，购买方必须取得当地主管税务机关开具的进货退出或索取折让证明单送交销售方，作为销售方开具红字增值税专用发票的合法依据。销售方在未收到“证明单”以前不得开具红字增值税专用发票；收到“证明单”后，根据退回货物的数量、价款或折让金额向购买方开具红字增值税专用发票。红字增值税专用发票的存根联、记账联，作为销售方扣减当期销项税额的凭证，其发票联、税款抵扣联作为购买方扣减进项税额的凭证。

购买方收到红字增值税专用发票后，应将红字增值税专用发票所注明的增值税税额从当期进项税额中扣减。如不扣减，造成不纳税或少纳税的，属于偷税行为。

（六）税务机关代开增值税专用发票

按规定，小规模纳税人不得领购和使用增值税专用发票。若一般纳税人向小规模纳税人购进货物，不能取得增值税专用发票，无法抵扣进项税额，会使小规模纳税人的销售受到一定影响。为了既有利于加强增值税专用发票的管理，又不影响小规模纳税人的销售，税法规定由税务机关为小规模企业代开增值税专用发票。

凡是能够认真履行纳税义务的小规模纳税人，经县（市）税务局批准，其销售货物或应税劳务可由税务机关代开增值税专用发票。税务机关应将代开增值税专用发票的情况造册，详细登记备查。但销售免税货物或将货物、应税劳务销售给消费者以及小额零星销售，不得代开增值税专用发票。

小规模纳税人在税务机关代开增值税专用发票前，应先到税务机关临时申报应纳税额，持税务机关开具的税收缴款书，到其开户银行办理税款入库手续后，凭盖有银行转讫章的纳税凭证，税务机关方能代开增值税专用发票。

对于不能认真履行纳税义务的小规模纳税人，不能代开增值税专用发票。

为小规模纳税人代开增值税专用发票，应在增值税专用发票“单价”栏和“金额”栏分别填写不含其本身应纳税额的单价和销售额；“税率”栏填写增值征收率3%；“税额”栏填写其本身的应纳税额，即按销售额依照3%征收率计算的增值税额。一般纳税人取得由税务机关代开的增值税专用发票后，应以增值税专用发票上填写的税额为其进项税额。

第三节 增值税进项税额及其转出的会计处理

一、会计账户的设置

（一）一般纳税人增值税核算的会计账户

我国增值税严格实行“价外计税”的办法，即以不含增值税金的价格为计税依据。同时根据增值税专用发票注明税额实行税款抵扣制度，按购进扣税法的原则计算应纳税额。因此，货物和应税劳务的价款、税款应分别核算。

根据现行规定，一般纳税人应在“应交税费”账户下设置“应交增值税”和“未交增值税”两个二级账户。

1.“应交税费—应交增值税”账户。

“应交税费—应交增值税”账户的借方发生额，反映企业购进货物、接受应税劳务所支付的进项税额、实际已交纳的增值税以及月末转入“未交增值税”明细账户的当月发生的应交未交增值税额；“应交税费—应交增值税”账户的贷方发生额，反映销售货物、提供应税劳务应交纳的增值税额、出口货物退税、转出已支付或应分摊的增值税以及月末转入“未交增值税”明细账户的当月多交的增值税额；“应交税费—应交增值税”账户的期末借方余额，反映尚未抵扣的增值税额（期末不会出现贷方余额）。

在“应交税费—应交增值税”二级账户下，可设置以下明细项目：

（1）“进项税额”项目。记录企业购入货物、接受应税劳务而支付的、并准予从销项税额中抵扣的增值税额；若发生购货退回或折让，应以红字记入，以示冲销的进项税额。

（2）“已交税金”项目。记录企业本期（月）应交而实际已交纳的增值税额；若发生多交增值税，退回时应以红字记入。

（3）“减免税款”项目。记录企业按规定直接减免的、用于指定用途的（新建项目、改扩建和技术改造项目、归还长期借款、冲减进口货物成本等）或未规定专门用途的、准予从销项税额中抵扣的增值税额。按规定，直接减免的增值税用蓝字登记，应冲销直接减免的增值税用红字登记。

（4）“出口抵减内销产品应纳税额”项目。记录企业按规定的退税率计算的当期应予抵扣的税额。

（5）“转出未交增值税”项目。记录企业月终时将当月发生的应交未交增值税的转账额。在会计上，作此转账核算后，“应交税费—应交增值税”的期末余额不再包括当期应交未交增值税额。

（6）“销项税额”项目。记录企业销售货物、提供应税劳务应收取的增值税额。若发生销货退回或销售折让，应以红字记入，以示冲减销项税额。

（7）“出口退税”项目。记录企业向海关办理报关出口手续后，凭出口报关单等有关单证，根据国家的出口退税政策，向主管出口退税的税务机关申报办理出口退税而收到退回的税款。若办理退税后，又发生退货或者退关而补交已退增值税，则用红字记入。

（8）“进项税额转出”项目。记录企业的购进货物、在产品、库存商品等发生非正常损失及其他原因时，不应从销项税额中抵扣而应按规定转出的进项税额。若又发生冲销已转出的进项税额时，用红字记入。

（9）“转出多交增值税”项目。记录企业月末将当月多交增值税的转出额。此项转账后，“应交税费—应交增值税”期末余额不会包含多交增值税因素。

2. “应交税费—未交增值税”账户。

“应交税费—未交增值税”账户的借方发生额，反映企业上交以前月份未交增值税额和月末自“应交税费—应交增值税”账户转入的当月多交的增值税额；“应交税费—未交增值税”账户的贷方发生额，反映企业月末自“应交税费—未交增值税”账户转入的当月未交的增值税额；“应交税费—未交增值税”账户的期末余额，借方反映企业多交的增值税，贷方反映企业未交的增值税。

（二）小规模纳税人增值税核算的会计账户

小规模纳税人只需在“应交税费”账户下设置“应交增值税”二级账户，无需再设明细项目。贷方反映应交的增值税，借方反映实际上交的增值税；贷方余额反映尚未上交或欠交的增值税，借方余额反映多交的增值税。

二、会计账表的设置

（一）账簿设置

1. 一般纳税人增值税账簿的设置。

企业应根据增值税核算的会计科目设置账簿。“应交税费—应交增值税”账簿的设置有两种方法：

（1）在“应交增值税”二级账下，按明细项目设置专栏，在一张账页上总括反映所有明细项目的发生和结转情况，可以达到一目了然的效果。但因账页较长，登账时必须注意不要串栏、串行，以免发生记账错误。

（2）将“进项税额”、“销项税额”等明细项目在“应交税费”账户下分别设置明细账进行核算。

月终时，应将有关明细账的金额结转至“应交税费—应交增值税”账户的借方或贷方，然后再将期末多交或未交增值税额结转至“应交税费—未交增值税”。

外商投资企业，若以人民币为记账本位币，其“应交税费—应交增值税”的账户设置，可与内资企业相同，并在上述两种方法中选用一种。

外商投资企业，若以某种外币作为记账本位币，就不便按上述第一种办法，即按明细项目设专栏设账，可参照上述第二种方法在借方、贷方、余额三栏的基础上，增设专栏。

期末，应结出各明细账的余额，并按期末余额转账：

(1) 将"出口退税"、"进项税额转出"明细账余额转入"进项税额"明细账的贷方；

(2) 将"已交税金"、"出口抵减内销产品应纳税额"明细账的余额转入"销项税额"明细账的借方；

(3) 作上述转账后，将"进项税额"明细账余额与"销项税额"明细账余额进行比较。如果销项税额大于进项税额，则将"进项税额"明细账的余额转入"销项税额"明细账的借方；转账后的"销项税额"明细账的余额，表示企业尚未交纳的增值税。如果进项税额大于销项税额，则应将"销项税额"明细账的余额转入"进项税额"明细账的贷方；转账后的"进项税额"明细账的余额，表示企业多交或待扣的增值税。"进项税额"或"销项税额"明细账的余额（对同一纳税人来说，两者必居其一）应与"应交税费—应交增值税"二级明细账的余额相同。最后，再将期末未交或多交（但不包括待抵扣）的增值税，结转至"应交税费—未交增值税"二级明细账。因此，这种做法不需要在"应交增值税一级明细账下设"转出多交增值税"、"转出未交增值税"明细账户。

"应交税费—未交增值税"账户可设借方、贷方、余额三栏式账页，企业也可以将"应交增值税明细账"与"未交增值税明细账"合并设置，这样可以在一本账上反映增值税核算的全貌。

2. 小规模纳税人增值税账簿的设置。

小规模纳税人应根据"应交税费—应交增值税"账户，设三栏式明细账页。

(二) 报表设置

为了反映企业增值税的应交、已交、多交、减免、未交、欠交、未抵扣等具体情况，企业除了正常编报财务报告、纳税申报表外，还应专门编制"应交增值税明细表"，作为资产负债表的附表上报主管税务机关。

三、工业企业进项税额的会计处理

(一) 外购材料进项税额的会计处理

1. 收料与付款同时进行。

企业外购材料已经验收入库并支付货款或开具并承兑商业汇票，同时也收到销货方开出的增值税专用发票的发票联和抵扣联。这时，应按材料的实际成本，借记"原材料"账户；按应预交或垫支的增值税，借记"应交税费—应交增值税（进项税额）"账户；按材料的实际成本和增值税额之和，贷记"银行存款"、"库存现金”、“其他货币资金”、“应付票据”账户。

【例2-4】 天华工厂购入甲材料4 000千克，6元/千克，发生的运输费用为2 000元，(开具增值税专用发票)，增值税进项税额为4 080元（4 000×6×17%），已开出银行承兑汇票，材料验收入库。运费允许抵扣的税额为220元（2 000×11%）。作会计分录如下：

借：原材料——甲材料　　26 000
　　应交税费——应交增值税（进项税额）　　4 300
　　贷：应付票据——银行承兑汇票　　30 300

【例2-5】 天华工厂向本市某工厂购进乙材料3 000千克，5元/千克，增值税进项税额2 550元（3 000×5×17%），材料入库，发票收到并开出转账支票支付。作会计分录如下：

借：原材料——乙材料　　15 000
　　应交税费——应交增值税（进项税额）　　2 550
　　贷：银行存款　　17 550

2. 发票结算凭证已到，货款已经支付，但材料尚未收到。

发生时应依据有关发票，借记“在途物资”、“应交税费”账户，贷记“银行存款”、“其他货币资金”、“应付票据”等账户；在途物资入库后，借记“原材料”账户，贷记“在途物资”账户。

【例2-6】 天华工厂6月6日收到银行转来的购买光明工厂丙材料的“托收承付结算凭证”及发票，数量为5 000千克，11元/千克，增值税进项税额为9 350元，发生的运输费用为500元（开具增值税专用发票），应抵扣的运费进项税额为55元。采用验单付款。验收付款后作会计分录如下：

借：在途物资（光明工厂）　　55 500
　　应交税费——应交增值税（进项税额）　　9 405
　　贷：银行存款　　64 905

按现行税法规定，工业企业购进货物并取得防伪税控增值税专用发票后，如果在未到主管税务机关进行认证之前入账，其购进货物的进项税额还不能确认是否符合抵扣条件。若作上述会计处理，容易与符合抵扣条件的进项税额混淆。为避免因错账而给企业带来税收损失，企业可增设"待抵扣税金"账户过渡。

【例2-7】 仍按上例，在未到主管税务机关进行认证之前入账时，先作会计分录如下：

借：在途物资（光明工厂） 55 500

　　待抵扣税金——待抵扣增值税 9 405

　　贷：银行存款 64 905

材料验收入库时：

借：原材料——材料 55 500

　　贷：在途物资（光明工厂） 55 500

企业在90天之内到主管税务机关进行认证并获得认证后：

借：应交税费——应交增值税（进项税额） 9 405

　　贷：待抵扣税金——待抵扣增值税 405

如果企业在90天之内到主管税务机关进行认证，但未获得认证通过，或者超过90天未到税务机关进行认证：

借：原材料——丙材料 9 405

　　贷：待抵扣税金——待抵扣增值税 9 405

3. 预付材料款。

因采购业务尚未成立，企业还未取得材料的所有权，企业在按合同规定预付款项时，借记"预付账款"账户，贷记"银行存款"、"其他货币资金"等账户；当企业收到所购材料并验收入库后，依增值税专用发票所列金额，借记"原材料"、"应交税费"账户，贷记"预付账款"账户，同时补付或收回剩余或退回的货款。

【例2-8】 新华工厂开出转账支票预付本市某单位购买甲材料货款30 000元。作会计分录如下：

借：预付账款——××单位 30 000

　　贷：银行存款 30 000

预付货款购买的甲材料7 600千克，已收到并验收入库，发票所列价款为35 000元，增值税进项税额为5 950元（35 000×17%），开出转账支票补付余款10 950元。作会计分录如下：

借：预付账款——××单位　　10 950

　　贷：银行存款　　10 950

借：原材料——甲材料　　35 000

　　应交税费——应交增值税（进项税额）　　5 950

　　贷：预付账款—××单位　　40 950

4. 国外进口原材料。

从国外购进原材料，也应依法缴纳增值税，应根据海关开具的“完税凭证”记账。其计税依据是海关审定的关税完税价格，加上关税、消费税（如果属于应纳消费税的货物）。

【例2-9】 天华厂从国外进口一批材料（材料已验收入库），海关审定的关税完税价格为1 000 000元，应纳关税150 000元，消费税50 000元。

增值税计算如下：

增值税进项税额=(1 000 000+150 000+50 000)×17%=204 000（元）

作会计分录如下：

借：原材料　　1 200 000

　　应交税费——应交增值税（进项税额）　　204 000

　　贷：银行存款　　1 404 000

（二）外购材料退货、折让进项税额的会计处理

1. 发生全部退货。

在未付款并未作账务处理的情况下，只需将发票联和抵扣联退还给销货方即可；如果已付款或者货款未付但已作账务处理，而发票联和抵扣联无法退还的情况下，购货方必须取得当地主管税务机关开具的进货退出及索取折让证明单（下称证明单）送交销售方，作为销售方开具红字增值税专用发票的合法依据。销售方在未收到证明单以前，不得开具红字增值税专用发票。销售方收到证明单以后，根据退回货物的数量、价款、税款或折让金额，向购买方开具红字增值税专用发票。红字增值税专用发票的存根联、记账联作为冲销当期销项税额的凭证，其发票联、抵扣联作为购买方扣减当期进项税额的凭证。

【例 2-10】 天华厂 8 月 26 日收到光明厂转来的托收承付结算凭证（验单付款）及发票，所列甲材料价款 5 000 元，税额 850 元，委托银行付款。作会计分录如下：

借：在途物资——甲材料　　5 000
　　应交税费——应交增值税（进项税额）　　850
　　贷：银行存款　　5 850

9 月 10 日材料运到，验收后因质量不符而全部退货并取得当地主管税务机关开具的证明单送交销售方，代垫退货运杂费 800 元。9 月 20 日收到光明厂开具的红字增值税专用发票的发票联、抵扣联。作会计分录如下：

9 月 10 日将证明单转交销货方时：

借：应收账款——光明厂　　5 800
　　贷：在途物资——甲材料　　5 000
　　　　银行存款　　800

9 月 20 日收到销货方开来的红字增值税专用发票及款项时：

借：银行存款　　6 650
　　应交税费——应交增值税（进项税额）　　850（红字）
　　贷：应收账款——光明厂　　5 800

该笔业务在付款时也可借记“待扣税金”850 元（不通过“应交税费”），待收到销货方开来红字增值税专用发票时，用红字借记“待扣税金”850 元。

2. 部分退货。

购进的材料如果发生部分退货，在货款已付，发票无法退还的情况下，应向当地税务机关索取证明单转交销货方，并根据销货方转来的红字增值税专用发票的发票联和抵扣联，借记“应收账款”或“银行存款”账户，贷记“应交税费—应交增值税（进项税额）”（记账时，用红字记入借方）、“在途物资”账户。如果部分退货而货款未付且未作账务处理，只要把增值税专用发票退还销货方，由销货方按实重新开具增值税专用发票，其账务处理同前。

3. 进货折让。

购进的材料，如果由于质量不符，经与销售方协商，给予一部分折让。在采用验货付款的情况下，由于既未付款也未作账务处理，购货方应退回增值税专用发票，由销货方按折让后的价款和税额重新开具增值税专用发票。在采用验单付款的情况下，款已付而发票无法退回，购货方应向当地主管税务机关索取证明单，转交销货方，并根据销货方转来的红字增值税专用发票的发票联和抵扣联进行相应的账务处理。

【例2-11】 此前采用托收承付结算方式（验单付款）购进的材料2 000千克，5元/千克，增值税进项税额1 700元，材料验收入库时发现质量不符，经与销货方协商后同意折让10%。作会计分录如下：

材料验收入库，按扣除折让后的金额入账，并将证明单转交销货方时：

借：原材料 9 000

应收账款 1 000

贷：在途物资 10 000

收到销货方转来的折让金额红字增值税专用发票及款项时：

借：银行存款 1 170

应交税费——应交增值税（进项税额） 170（红字）

贷：应收账款 1 000

（三）外购材料短缺与损耗进项税额的会计处理

由于材料短缺或毁损的原因不同，其损失的承担者不同，所以，短缺或毁损材料损失中所含的进项税额的会计处理也不同：

材料短缺损失若应由验收入库的材料承担，如运输途中的合理损耗，其进项税额应予以抵扣。

凡属由供应单位造成的短缺，若对方决定近期内予以补货，则短缺材料的进项税额暂不得抵扣，需待补来材料验收入库后，方可再予以抵扣；若对方决定退赔货款，应视不同情况比照销货退回进行处理。如购买方未付货款且未作账务处理，应退回原增值税专用发票，注明作废后，重开增值税专用发票。如已付款或已作账务处理，必须取得当地主管税务机关开具的进货退出或索取折让证明单交供应方，企业则应在取得对方开具的红字增值税专用发票后，以红字冲减原已登记的进项税额。

凡属运输单位造成的短缺或毁损，应向运输部门索赔，索赔款中的进项税额应由“应交税费—应交增值税（进项税额转出）”账户的贷方转入“其他应收款”账户的借方。

凡属购入途中发生的非常损失，其进项税额不得抵扣，而应由“应交税费—应交增值税（进项税额转出）”的贷方，转入“待处理财产损溢”的借方，与损失的材料成本一并处理。经批准转销时，将扣除残料价值和过失人、保险公司赔款后的净损失，计入“营业外支出”。

【例2-12】 天华厂向外地大明厂购进丁材料，采取验单付款，收到大明厂转来的托收承付结算凭证及增值税专用发票，上列数量400千克，60元/千克，增值税进项税额4 080元。作会计分录如下：

借：在途物资	24 000
应交税费——应交增值税（进项税额）	4 080
贷：银行存款	28 080

购进材料验收入库时，发生短缺10千克，原因待查。作会计分录如下：

借：待处理财产损溢	600
原材料	23 400
贷：在途物资	24 000

（四）购建固定资产进项税额的会计处理

我国目前采用的是消费型增值税，因此，企业购进设备或购进用于固定资产建设项目的材料，如果取得增值税专用发票，且已注明税额，可以从销项税额中抵扣。

【例2-13】 天华厂当月购进设备1台，价款110 000元，增值税专用发票注明增值税额18 700元；又购进用于构建固定资产的材料28 000元，增值税专用发票注明增值税税额4 760元。款已付，货已入库。作会计分录如下：

借：固定资产	110 000
应交税费——应交增值税（进项税额）	18 700
贷：银行存款	128 700
借：在建工程	28 000
应交税费——应交增值税（进项税额）	4 760
贷：银行存款	32 760

（五）支付水电费进项税额的会计处理

按现行增值税法规规定，企业支付水电费，可以根据增值税专用发票注明增值税税额进行税款抵扣。

【例2-14】 天华厂10月份收到电力公司开来的电力增值税专用发票，

因该工厂生产经营用电和职工生活用电是一个电度表，所以，增值税专用发票的增值税税额中有属于职工个人消费的部分。10 月份该企业用电总价 20 000 元，其中：生产用电的电价为 18 000 元，职工生活用电的电价是 2 000 元。电力公司开来的增值税专用发票，电价 20 000 元，税额 3 400 元，价税合计 23 400 元。该工业企业对职工个人用电的价税计算到人，在发工资时扣回。作会计分录如下：

借：制造费用　18 000

　　应交税费——应交增值税（进项税额）　3 060

　　应付职工薪酬　2 340

　　贷：银行存款　23 400

（六）投资转入货物进项税额的会计处理

企业接受投资转入的货物，按照增值税专用发票上注明的增值税税额，借记"应交税费—应交增值税（进项税额）"账户，按照投资确认的价值（已扣除增值税），借记"原材料"、"库存商品"、"包装物"等账户，按照投资确认的货物价值与增值税税额的合计数，贷记"实收资本"。如果对方是以固定资产（如机器、设备等）进行投资，进项税额不通过"应交税费—应交增值税（进项税额）"核算，而是直接计入固定资产的价值。按投资确认的价值与增值税税额，借记"固定资产"账户，贷记"实收资本"账户。

【例 2－15】 某联营工业企业接受参加联营的某企业用原材料作投资，开来一份增值税专用发票，直接将货物送到仓库验收入库。增值税专用发票上注明：货价 256 410 元，税额 43 590 元，价税合计 300 000 元。会计分录如下：

借：原材料　256 410

　　应交税费——应交增值税（进项税额）　43 590

　　贷：实收资本——××企业　300 000

（七）接受捐赠货物进项税额的会计处理

企业接受捐赠转入的货物，按照增值税专用发票上注明的增值税税额，借记"应交税费—应交增值税（进项税额）"账户，按照捐赠确认的价值，借记"原材料"等账户，按照货物的价值和增值税税额，贷记"营业外收入"账户。

【例2－16】 天华厂接受长虹厂捐赠的丙材料，增值税专用发票上列明：价款40 000元，税额6 800元，材料已验收入库。会计分录如下：

借：原材料　　40 000
　　应交税费——应交增值税（进项税额）　　6 800
　　贷：营业外收入　　46 800

（八）委托加工材料、接受应税劳务进项税额的会计处理

委托加工材料、提供应税劳务的单位，如为一般纳税人，应使用增值税专用发票，分别注明加工、修理修配的成本和税额，接受劳务的单位即可据以编制会计分录。按所发材料的实际成本与支付的加工费、运杂费之和，借记"原材料"等账户；按应税劳务加工费的增值税税额，借记"应交税费—应交增值税（进项税额）"账户；按所发材料的实际成本、支付的加工费、运杂费之和，贷记"委托加工物资"账户。

【例2－17】 天华厂委托东方厂加工产品包装用木箱，发出材料16 000元，支付加工费3 600元和增值税税额612元。支付往返运杂费380元，其中运费300元，开具的增值税专用发票上注明进项税额33元。作会计分录如下：

发出材料时：

借：委托加工物资　　16 000
　　贷：原材料　　16 000

支付加工费和增值税税额时：

借：委托加工物资　　3 600
　　应交税费——应交增值税（进项税额）　　612
　　贷：银行存款　　4 212

用银行存款支付往返运杂费时：

借：委托加工物资　　380
　　应交税费——应交增值税（进项税额）　　33
　　贷：银行存款　　413

结转加工材料成本时：

借：周转材料——木箱　19 980
　　贷：委托加工物资　19 980

企业接受应税劳务，按照增值税专用发票注明的增值税税额，借记“应交税费—应交增值税（进项税额）”账户；按增值税专用发票记载的加工、修理、修配费用，借记“其他业务成本”、“制造费用”、“委托加工物资”、“管理费用”等账户；按应付或实际支付金额，贷记“应付账款”、“银行存款”等账户。

（九）购入废旧物资及免税产品进项税额的会计处理

按新规定，生产企业增值税一般纳税人若从废旧物资回收单位购入所需材料，可据物资回收单位开具的普通发票（税务机关监制）上注明的金额，按10%计算抵扣进项税额。企业从其他企业购入生产免税产品的原材料，其进项税额不得抵扣。

【例2-18】 某生产企业8月份从经营废旧物资回收单位购入废旧物资，普通发票写明金额为8 500元，当月企业直接收购废旧物资1 200元，当月从另一生产企业购入生产免税产品所需原料，专用发票注明价款20 000元，增值税额3 400元。作会计分录如下：

从废旧物资回收单位购入废旧物资时：

借：材料采购　7 650
　　应交税费——应交增值税（进项税额）　850
　　贷：银行存款　8 500

直接收购废旧物资时：

借：材料采购　1 200
　　贷：库存现金　1 200

购入生产免税产品的原料时：

借：材料采购　23 400
　　贷：应付账款等　23 400

（十）小规模纳税人的会计处理

由于小规模纳税人不实行税款抵扣制，因此，不论收到普通发票，还是增值税专用发票，其所付税款均不必单独反映，可直接计入采购成本。按应付或实际支付的价款和进项税额，借记“材料采购”、“原材料”、“管理费用”等账户，贷记“应付账款”、“银行存款”、“现金”等账户。

四、商业企业进项税额的会计处理

（一）商品批发企业进项税额的会计处理

商品批发企业增值税进项税额的会计处理，主要涉及“材料采购”、“库存商品”和“应交增值税（进项税额）”等账户。按现行税法规定，商业企业（一般纳税人）购进商品，进项税额实行付款抵扣制，即只有付款或开出并承兑商业汇票后，才允许抵扣进项税额。为了正确确认每期应抵扣的进项税额，也可增设“待扣税金—增值税”账户。

1. 工业品购进的进项税额会计处理。

（1）同城商品购进。

批发商业企业向本地生产企业或商业企业购进商品，分提货制和送货制两种购货方式，一般采用支票、商业汇票、现金结算方式。货款结算时，按购买价格，借记“材料采购”账户，按增值税专用发票上注明的增值税额，借记“应交税费—应交增值税（进项税额）”账户，按购买价格与增值税之和，贷记“应付账款”、“应付票据”、“银行存款”等账户；商品验收入库时，借记“库存商品”账户，贷记“材料采购”或“在途商品”账户。

【例2-19】 某批发企业从本市服装厂购进女衬衣1 000件，88元/件，增值税专用发票注明：价款88 000元，税额14 960元（88 000×17%），以转账支票付款。作会计分录如下：

付款时：

借：材料采购——某服装厂　　88 000

　　应交税费——应交增值税（进项税额）　　14 960

　　贷：银行存款　　102 960

商品验收入库时：

借：库存商品——衬衣　　88 000

　　贷：材料采购——某服装厂　　88 000

（2）异地商品采购。

批发企业向外地供货单位购进商品，一般采用发货制方式，货款通常采用异地托收承付等结算方式。由于商品发运与货款结算完成时间不一致，往往形成“货到单未到”或“单到货未到”的情况。所以，会计核算一般分为两步：接收商品和结算货款。

在“单到货未到”的情况下，购货单位收到银行转来的供货单位的“托收承付结算凭证”和“发货单”及增值税专用发票后，经审核无误后，在规定承付时间内办理货款结算，应借记“材料采购”和“应交税费—应交增值税（进项税额）”账户，贷记“银行存款”账户；商品验收入库，财会部门根据仓库转来的“收货单”，应借记“库存商品”账户，贷记“材料采购”账户。

【例2-20】 某商业企业向外地某自行车厂购入自行车400辆，400元/辆，增值税专用发票上注明：价款160 000元，税额27 200元（400×400×17%），采用托收承付结算方式结算，单货俱到。作会计分录如下：

承付货款时：

借：材料采购——××自行车厂　　160 000

　　应交税费——应交增值税（进项税额）　　27 200

　　贷：银行存款　　187 200

验收入库时：

借：库存商品——自行车　　160 000

　　贷：材料采购——××自行车厂　　160 000

在“货到单未到”的情况下，平时先不记账。若到月终结算时，凭证仍未到达，按暂估的进货原价人账，借记“库存商品”账户，贷记“应付账款”账户；下月初再作相同的会计分录用红字冲回。

商业企业购进货物，必须在购进货物付款后才能申报抵扣进项税额，尚未付款或尚未开出商业承兑汇票的，其进项税额不得作为纳税人当期进项税额予以抵扣。

若进货时已收到发票，企业因资金周转困难暂时不能付款，在核算时，既要如实反映应付账款的金额，又不能将未付款的进项税额列入当期进项税额予以抵扣。可增设“待扣税金—增值税”或“待抵扣进项税额”账户。也可以利用“待摊费用”账户核算暂不能抵扣的进项税额。零售商业企业发生上述情况的，也可以比照这种方法进行会计处理。

2. 收购农产品进项税额的会计处理。

购进农产品，除取得增值税专用发票或者海关进口增值税专用缴款书外，按照农产品收购发票或者销售发票上注明的农产品买价和13%的扣除率计算进项税额。进项税额计算公式：

进项税额 = 买价 × 扣除率

企业收购农产品，按实际支付的价款，借记"材料采购"，贷记"银行存款"或"现金"；计算收购的农产品与按 13% 的扣除率计算的抵扣税额，借记"应交税费—应交增值税（进项税额）"；按收购价款减去抵扣税额，借记"库存商品"，贷记"材料采购"。

【例 2-21】 某经营农产品收购的商业企业，由采购员到某地收购水果，收购价格 50 000 元。作会计分录如下：

支付收购价款时：

借：材料采购　　50 000

　　贷：库存现金　　50 000

验收入库时：

计算应扣除的增值税 = 50 000 × 13% = 6 500（元）

水果不含增值税成本 = 50 000 − 6 500 = 43 500（元）

借：库存商品——水果　　43 500

　　应交税费——应交增值税（进项税额）　　6 500

　　贷：材料采购　　50 000

（二）商品零售企业进项税额的会计处理

商品零售企业在商品验收入库时，以商品的售价（含税）金额，借记"库存商品"账户，以商品的进价（不含税）金额，贷记"材料采购"账户，以商品含税零售价大于不含税进价的差额，贷记"商品进销差价"账户。"商品进销差价"账户，是商品零售企业用来核算商品售价（含税）与进价（不含税）之间的差额（毛利 + 销项税额）的专门账户。借方反映取得商品进价大于零售价的差额，月终分摊的商品进销差价和库存商品售价调整时调低售价的差额；贷方反映取得商品零售价大于进价的差额和库存商品售价调整时调高售价的差额；贷方余额反映库存商品进价小于售价的差额，借方余额则反映库存商品进价大于售价的差额，余额一般在贷方。

1. 购进商品进项税额的会计处理。

零售企业购进商品、进项税额的确认及会计处理，只是库存商品实行售价金额核算，其会计处理有所不同，其他均与批发企业基本相同。

【例2-22】 某零售商业企业向本市无线电厂购入VCD150台，1 000元/台，增值税专用发票上注明：价款150 000元，税额25 500元（150 000×17%）。作会计分录如下：

企业付款时：

借：材料采购——××无线电厂 150 000
　　应交税费——应交增值税（进项税额） 25 500
　　贷：银行存款 175 500

商品验收入库（设每台VCD含税售价1 560元）时：

借：库存商品——××VCD 234 000
　　贷：材料采购——××无线电厂 150 000
　　　　商品进销差价 84 000

当然，上述会计处理方法也有其局限性，即"商品进销差价"并不是真正的进价与销价的差价。这样，就不便于分析商品的差价率（毛利率）。为此，也可以采用以下会计处理方法：

（1）库存商品、商品进销差价均不含税。

【例2-23】 仍以上例，第一笔会计分录不变，第二笔会计分录如下：

每台VCD含税售价=1 560/(1+17%)=1 333（元）

借：库存商品——××VCD 199 950
　　贷：材料采购 150 000
　　　　商品进销差价 49 950

（2）在"商品进销差价"账户下，设"毛利"、"销项税额"两个二级账户。

【例2-24】 仍以上例，第一笔会计分录不变，第二笔会计分录如下：

借：库存商品——××VCD 234 000
　　贷：材料采购 150 000
　　　　商品进销差价——毛利 49 950
　　　　　　　　　　——销项税额 34 050

（3）在“库存商品”账户下，增设“销项税额”明细账。

【例2-25】 仍以上例，第一笔会计分录不变，第二笔会计分录如下：

借：库存商品　　234 000

　　贷：材料采购　　150 000

　　　　商品进销差价　　49 950

　　　　库存商品——销项税额　　34 050

上述各种会计处理方法各有利弊，企业在不违反现行有关法规的前提下，可以选择其中之一或创造更好的处理方法。

2. 购进商品溢余、短缺进项税额的会计处理。

商业企业购进商品，验收入库时，如发现实收数量与应收数量不符，应查明原因，针对不同原因进行相应的会计处理。其会计处理方法可参照本节关于进项税额转出的会计处理。

3. 进货退出进项税额的会计处理。

进货退出是指商品已验收入库并支付货款，事后发现商品质量、规格等问题，经与供货方协商同意，将商品退回供货方。发生进货退出业务，应由业务部门填红字进货单并向当地主管税务机关取得证明单，然后将红字进货单和证明单各一联送交销货方，作为销货方开具红字增值税专用发票的合法依据。

【例2-26】 某商业企业在拆包整理商品时，发现上月购入的乙商品有2箱不符规格，经与供货方协商，同意退回商品，进价1 000元/箱。作会计分录如下：

财会部门收到红字进货单时：

采用进价核算的企业：

借：库存商品——乙商品　　2 000

　　贷：应收账款　　2 000

采用售价核算的企业（含税零售价1 500元/箱）：

借：库存商品——乙商品　　3 000

　　贷：应收账款　　2 000

　　　　商品进销差价　　1 000

收到供货单位开来的红字增值税专用发票和退货款时：
借：银行存款 2 340
应交税费——应交增值税（进项税额） 340（红字）
贷：应收账款 2 000

上述会计分录，如果都用蓝字填制也可以，即借记“银行存款”账户，贷记“应交税费”、“应收账款”账户。但在登账时，“应交税费”、“应收账款”应用红字记入借方发生额。

4. 购入商品退补价款进项税额的会计处理。

购入商品退补价是指商品流通企业在商品购进核算完成后，由于供货方计价有误，以致多付或少付货款。供货方退还多付货款，称为退价；购货方补付少付货款，称为补价。

退价与补价的核算，应在原账务处理的基础上加以调整，不涉及商品实物数量的变动。发生购入商品退补价款业务，由供货方填制销货更正单和红字或蓝字增值税专用发票转交购货方；购货方有关部门审核后，填制进货更正单，连同红字或蓝字增值税专用发票交财会部门据以办理价款结算，调整库存商品的价格。

退价时，应根据红字增值税专用发票的抵扣联调减进项税额，根据红字增值税专用发票的发票联调减库存商品或商品销售成本。如退价商品尚未出售，或虽已出售但尚未结转销售成本，则调减库存商品成本；如退货商品已全部或部分售出，并已结转销售成本，则应调减商品销售成本。补价时，也应根据补价商品的存销情况，比照退货作相应的账务处理，即根据蓝字增值税专用发票的抵扣联调增进项税额，根据蓝字增值税专用发票的发票联调增库存商品成本或商品销售成本。

【例2－27】 某商品流通企业4月初从某皮鞋厂购入皮鞋400双，进价60元/双，价款24 000元，税额4 080元，以银行存款支付。现收到银行转来的供货方信汇凭证收款通知单、退价销货更正单以及红字增值税专用发票，上列每双鞋退价5元，计价款2 000元，税额340元。作会计分录如下：

当该批鞋尚未销售或虽销售但尚未结转成本时：

采用进价核算的企业：

借：银行存款 2 340
贷：应交税费——应交增值税（进项税额） 340

库存商品——皮鞋　　2 000

采用售价核算的企业（不调整库存商品，全部计入商品进销差价）：

借：银行存款　　2 340

贷：应交税费——应交增值税（进项税额）　　340

商品进销差价　　2 000

当该批鞋已全部销售并已结转成本时：

借：银行存款　　2 340

贷：应交税费——应交增值税（进项税额）　　340

商品销售成本　　2 000

5. 购入商品拒付货款、拒收商品进项税额的会计处理。

商业企业采用托收承付结算方式和发货制向异地购入商品，当收到供货方的托收单，发现金额有错，或商品到达、验收入库时发现与合同要求不符，均可向供货方提出拒付货款或拒收商品。

五、进项税额转出的会计处理

企业购进的货物（包括商品、原材料、包装物、免税农产品等）发生非正常损失及改变用途等原因，其进项税额不能从销项税额中扣除。由于这些货物的增值税税额在其购进时已作为进项税额从当期的销项税额中作了扣除，因此，应将其从进项税额中转出，或将其视同销项税额，从本期的进项税额中抵减，借记有关成本、费用、损失等账户，贷记"应交税费—应交增值税（进项税额转出）"账户。另外，按我国现行出口退税政策规定，进项税额与出口退税额的差额，也应作"进项税额转出"的会计处理。

（一）购进货物改变用途转出进项税额的会计处理

为生产、销售购进的货物，企业支付的增值税已计入"进项税额"，若该货物购进后被用于免税项目、非应税项目、集体福利、个人消费（不开具发票，只填开出库单），应将其负担的增值税从"进项税额"中转出，随同货物成本记入有关账户。这类业务同在购入时就已明确自用不同，若购入时就确认用于免税项目、非应税项目、集体福利、个人消费，应将其发票上注明的增值税税额，计入购进货物及接受劳务的成本，不计入"进项税额"。这类业务与"视同销售"也不相同。视同销售是指经过自己加工的、委托加工的货物用于上述目的，或者未经加工货物对外投资和赠送的（开具发票），因而应计入"销项税额"。

【例2-28】 某企业8月份购进生产经营用钢材112吨，3 500元/吨，增值税专用发票上注明：价款392 000元，税额66 640元（392 000×17%），已通过银行支付，货物已验收入库。9月份，本企业基建需要从仓库中领用上月购入钢材28吨。作会计分录如下：

借：在建工程　　114 660

　贷：原材料——钢材　　98 000

　　应交税费——应交增值税（进项税额转出）　　16 660

（二）用于免税项目的进项税额转出的会计处理

企业购进的货物，如果既用于应税项目，又用于免税项目，而进项税额又不能单独核算时，月末应按免税项目销售额与应税免税项目销售额合计之比计算免税项目不予抵扣的进项税额，然后作“进项税额转出”的会计处理。如果企业生产的产品全部是免税项目，其购进货物的进项税额应计入采购成本，因而就不存在进项税额转出的问题。

【例2-29】 某塑料制品厂生产农用薄膜和塑料餐具产品，前者属免税产品，后者正常计税。4月份，该厂购入聚氯乙烯原料一批，增值税专用发票列明：价款265 000元，税额45 050元（265 000×17%），已付款并验收入库；购进包装物、低值易耗品，增值税专用发票列明：价款24 000元，税额4 080元（24 000×17%），已付款并验收入库；当月支付电费5 820元，进项税额989.40元（5 820×17%）。4月份全厂销售产品销售额806 000元，其中农用薄膜销售额526 000元。作会计分录如下：

先计算当月全部进项税额：

45 050+4 080+989.40=50 119.40（元）

再计算当月不得抵扣的进项税额：

50 119.40×526 000/806 000=32 708.19（元）

最后计算当月准予抵扣的进项税额：

50 119.40－32 708.19=17 411.21（元）

企业兼营免税项目，发生上述各类进项税额时，已全部借记“应交税费—应交增值税（进项税额）”账户，即已进行了税款抵扣；月末，按上述计算，将不准抵扣的进项税额算出后，应作“进项税额转出”的会计处理。

借：主营业务成本（农用薄膜）　　　　32 708.19

　贷：应交税费——应交增值税（进项税额转出）　　32 708.19

（三）非正常损失货物进项税额转出的会计处理

购进货物发生非正常损失后，不可能再出售，其税负也就不能再往下转嫁。因此，税法规定对发生损失的企业（作为应税货物的最终消费者）应征收该货物的增值税。由于进货时支付的增值税税额已记入“进项税额”并抵扣了企业“销项税额”，发生损失后要将其转出，不能抵扣应纳税额，由企业负担该项税负，即转作待处理财产损失的增值税，应与遭受损失的存货成本一起处理。

由于非正常损失的购进货物和非正常损失的在产品、库存商品所耗用的购进货物或者应税劳务的进项税额，一般都已在以前的纳税期作了抵扣。发生损失后，一般很难核实所损失的货物是在过去何时购进的。其原始进价和进项税额也无法准确核定。因此，应按货物的实际成本计算不得抵扣的进项税额。由于损失的在产品、库存商品中耗用外购货物或应税劳务的实际成本，还需要参照企业近期的成本资料加以计算。

企业应根据税法的规定，正确界定非正常损失与正常损失。正常损失额确认后，可计入“管理费用”或“销售费用”，不作“进项税额转出”。

1. 意外损失进项税额转出的会计处理。

【例 2－30】 某企业本月发生火灾，烧毁库存外购彩电 10 台，账面售价成本 40 000 元，进销差率为 20%。不得抵扣的进项税额为 5 440 元［40 000 ×（1－20%）×17%］。作会计分录如下：

借：待处理财产损溢　　　　45 440

　贷：库存商品　　　　40 000

　　　应交税费——应交增值税（进项税额转出）　　5 440

借：商品进销差价　　　　8 000

　贷：待处理财产损溢　　　　8 000

2. 购进货物短缺进项税额转出的会计处理。

【例2-31】 某采用进价核算的商业企业从外地永明公司购进A商品4 000千克，增值税专用发票上列明：价款80 000元，税额13 600元。接到银行转来的托收承付结算凭证及有关凭证，经审核无误，如数以银行存款支付，商品尚未运到。作会计分录如下：

借：材料采购　　80 000

　　应交税费——应交增值税（进项税额）　　13 600

　　贷：银行存款　　93 600

商品验收入库时，实收3 000千克，短缺1 000千克，原因待查。作会计分录如下：

借：库存商品　　60 000

　　待处理财产损溢　　23 400

　　贷：材料采购——永明公司　　80 000

　　　　应交税费——应交增值税（进项税额转出）　　3 400

上例短缺1 000千克，经查属于对方单位少发，现收到对方单位补发来的商品。作会计分录如下：

借：库存商品　　20 000

　　应交税费——应交增值税（进项税额转出）　　3 400

　　贷：待处理财产损溢　　23 400

第四节　增值税销项税额的会计处理

一、工业企业销项税额的会计处理

工业企业增值税销项税额的会计处理所涉及的会计账户主要有："主营业务收入"，"分期收款发出商品"、"应交税费—应交增值税（销项税额）"、"银行存款"、"应收账款"、"应收票据"等账户。

（一）产品销售的销项税额的会计处理

1. 采用支票、汇兑、银行本票、银行汇票结算方式（工具）销售产品的销项税额的会计处理。

采用支票、汇兑、银行本票、银行汇票等结算方式销售产品，按税法的规定，属于直接收款方式销售货物，不论货物是否发出，均为收到货款或取得索取销货款的凭据，应于提货单交给购货方的当天，确认销售成立并发生纳税义务。企业应根据销售结算凭证和银行存款进账单，借记"银行存款"、"应收账款"、"应收票据"账户；按增值税专用发票上所列税额或按普通发票上所列货款乘以征收率所折算的增值税税额，贷记"应交税费—应交增值税（销项税额）"账户；按实际销货额，贷记"主营业务收入"账户。

【例2-32】 天华厂采用汇兑结算方式向光明厂销售甲产品360件，600元/件，计价款216 000元、税额36 720元（360×600×17%），开出转账支票代垫运杂费1 000元，货款尚未收到。

借：应收账款——光明工厂	253 720
贷：主营业务收入	216 000
应交税费——应交增值税（销项税额）	36 720
银行存款	1 000

2. 采用商业汇票结算方式销售产品的销项税额的会计处理。

采用商业汇票结算方式销售产品，当收到购货方交来的商业汇票时，销售收入实现并发生纳税义务。

【例2-33】 天华厂向永兴厂销售甲产品100件，600元/件，价款60 000元，税额10 200元（100×600×17%），已收到购货单位交来承兑期为4个月的银行承兑汇票。作会计分录如下：

借：应收票据——银行承兑汇票	70 200
贷：应交税费——应交增值税（销项税额）	10 200
主营业务收入	60 000

3. 采用委托收款、托收承付结算方式销售产品的销项税额的会计处理。

企业采用委托收款或托收承付结算方式销售产品，尽管结算程序不同，但按增值税法的规定，均应于发出商品并向银行办妥托收手续的当天，确认销售实现并发生纳税义务。企业应根据委托收款或托收承付结算凭证和发票，借记"应收账款"账户，贷记"应交税费—应交增值税（销项税额）"、"主营业务收入"账户。对不完全符合收入确认条件的销售业务，只要开出并转交专用发票，也应确认纳税义务的发生。

【例2-34】 天华厂向外地胜利厂发出乙产品200件，460元/件，价款92 000元，税额15 640元（200×460×17%），代垫运杂费2 000元。根据发货票和铁路运单等，已向银行办妥委托收款手续。作会计分录如下：

借：应收账款——胜利厂 109 640
　　贷：应交税费——应交增值税（销项税额） 15 640
　　　　主营业务收入 92 000
　　　　银行存款 2 000

若已知胜利厂近期财务状况不好，难以在规定的结算期内承付货款。但天华厂为减少库存，同时也为保持双方的长期业务关系，仍然同意以该种结算方式将产品卖给胜利厂。已知该批发出产品成本为400元/件。

由于该项销售业务不具备收入确认的条件，应按其成本转账。作会计分录如下：

借：发出商品——胜利厂 80 000
　　贷：库存商品（或库存商品）——乙产品 80 000

同时：

借：应收账款——胜利厂 17 640
　　贷：应交税费——应交增值税（销项税额） 15 640
　　　　银行存款 2 000

若在十五日，获知对方财务状况好转，并承诺近期付款，可确认收入。作会计分录如下：

借：应收账款——胜利厂 92 000
　　贷：主营业务收入 92 000

4. 采用赊销和分期收款方式销售产品的销项税额的会计处理。

采用赊销和分期收款方式销售产品，按增值税法的规定，销售实现并发生纳税义务和开具增值税专用发票的时间为合同约定收款日期的当天。发出商品时，借记“分期收款发出商品”账户，贷记“库存商品”账户，按合同约定收款日期开具增值税专用发票，并按增值税专用发票上的金额，借记“银行存款”或“应收账款”账户，贷记“应交税费—应交增值税（销项税额）”、“主营业务收入”账户。

【例2-35】 天华厂向阳州厂销售丙产品200件，540元/件，产品成本为80 000元，税率17%。按合同规定，货款分三个月支付，本月为第1期产品销售实现月，增值税专用发票上列明：价款36 000元，税额6 120元（36 000×17%），已收到款项。作会计分录如下：

借：分期收款发出商品　　80 000
　贷：库存商品　　80 000
借：银行存款　　42 120
　贷：应交税费——应交增值税（销项税额）　　6 120
　　主营业务收入　　36 000
借：主营业务成本　　26 667
　贷：分期收款发出商品　　26 667

5. 混合销售行为的会计处理。

按照增值税法的规定，从事货物生产、批发或零售的企业，在一项销售行为中，发生既涉及货物又涉及非应交增值税劳务，称为混合销售行为，应开具增值税专用发票，缴纳增值税。其他单位的混合销售行为，视为销售非应税劳务，不缴增值税。

【例2-36】 某钢窗厂销售钢制防盗门，售价为300元（含税），另收取安装费50元（含税）。作会计分录如下：

防盗门价＝300÷(1+17%)＝256.41（元）

防盗门增值税销项税额＝256.41×17%＝43.59（元）

非应税劳务价＝50÷(1+17%)＝42.74（元）

非应税劳务增值税销项税额＝42.74×17%＝7.26（元）

混合销售行为增值税销项税额＝43.59＋7.26＝50.85（元）

借：库存现金（或银行存款）　　350.00
　贷：主营业务收入　　256.41
　　其他业务收入　　42.74
　　应交税费——应交增值税（销项税额）　　50.85

6. 生产周期超过一年的长期合同产品销项税额的会计处理。

对生产周期超过一年的长期合同产品，由于财务会计是采用完工百分比（完工进度）法确认其业务收入的，如果在确认收入时，税务会计按增值税法规计算增值税销项税额，并进行相应的会计处理，势必增加企业的税负。为此，对长期合同产品收入应交增值税的会计处理，可借鉴所得税会计处理办法，将“递延所得税”账户的使用加以扩展，企业在按完工进度确认长期工程合同的营业收入时，借记“应收账款”账户，贷记“主营业务收入”、“递延所得税—增值税”账户。待工程全部完工、产品发出时，再借记“递延所得税—增值税”账户，贷记“应交税费—应交增值税（销项税额）”账户。

（二）销货退回及折让、折扣的销项税额的会计处理

企业在产品销售过程中，如果发生因品种、规格、质量等不符合要求而退货或要求折让，不论是当月销售的退货与折让、还是以前月份销售的退货与折让，均应冲减当月的主营业务收入，在收到购货单位退回的增值税专用发票或寄来的证明单后，分别不同情况进行账务处理。

1. 销货退回的销项税额的会计处理。

（1）全部退回。

①销货全部退回并收到购货方退回的增值税专用发票的发票联和抵扣联，因采用托收承付结算方式，对方尚未付款。其具体做法：一是如果属于当月销售，尚未登账，应在退回的发票联、抵扣联及本企业保存的存根联和记账联上均注明“作废”字样，并作废原做的记账凭证；二是如果属于以前月份的销售，应在退回的发票联、抵扣联上注明“作废”字样，并根据冲销当期的产品销售收入和销项税额的凭证，借记“主营业务收入”、“应交税费—应交增值税（销项税额）”（实际登账时，应以红字记入贷方）、“销售费用”、“应交税费—应交增值税（销项税额）”账户，贷记“应收账款”或“银行存款”（如属预收货款）、“应付账款”账户。

【例2－37】 天华厂上月26日销售给天方公司的丁产品发生全部退货，已收到对方转来的增值税专用发票的发票联和抵扣联，上列价款80 000元、税额13 600元。开具红字增值税专用发票（第二联、第三联与退回联订在一起保存）。作会计分录如下：

借：应收账款——天方公司	93 600	
贷：主营业务收入		80 000
应交税费——应交增值税（销项税额）		13 600

②销货全部退回并收到购货方转来的证明单，应根据证明单上所列退货数量、价款和增值税额，开具红字增值税专用发票，并作为冲销当月主营业务收入和当月销项税额的凭证，借记“主营业务收入”、“应交税费—应交增值税（销项税额）”、“销售费用—运输费”、“应交税费—应交增值税（进项税额）”账户，贷记“应收

账款”（购货方未付款）、“应付账款”（购货方已付款）、“银行存款”（购货方已付款，现支付退货款）账户。实际记账时，应以红字记入“主营业务收入”、“应交税费—应交增值税（销项税额）”账户的借方。

（2）部分退回。

①销货部分退回并收到购货方退回的增值税专用发票的发票联和抵扣联，一般情况是对方尚未付款。

如果销售方尚未登账，应将退回的该发票联、抵扣联、存根联和记账联以及所填的记账凭证予以作废，然后再按购货方实收数量、价款和增值税税额重新开具增值税专用发票，并进行相应的账务处理。

如果属以前月份销售，销售方已填制记账凭证并登账，应将退回的发票联和抵扣联注明作废字样，然后根据购货方实收数量、价款和增值税税额重新开具增值税专用发票，根据作废的发票联、抵扣联与新开的增值税专用发票的记账联，作为冲销当月主营业务收入和当月销项税额的凭据，按原发票和新发票所列价款的差额和增值税税额的差额，借记“主营业务收入”、“应交税费—应交增值税（销项税额）”账户，贷记“银行存款”或“应付账款”、“应收账款”账户。

【例2－38】 天华厂上月销售给长城公司的甲产品50 000元，退货10 000元，已收到原开具的增值税专用发票的发票联和抵扣联以及退货运杂费480元的单据，其中运费开具的增值税专用发票上的金额为400元，注明的进项税额为44元。应在退回的发票联和抵扣联上注明“作废”字样，按购货方实收金额和税额开具增值税专用发票，应冲销的主营业务收入为10 000元，应冲销的销项税额为1 700元，应增加销售费用480元，应计进项税额44元。作会计分录如下：

借：应收账款——长城公司	11 656	
应交税费——应交增值税（进项税额）	44	
销售费用	480	
贷：主营业务收入——甲产品		10 000
应交税费——应交增值税（销项税额）		1 700

②销货部分退回并收到购货方转来的证明单，销货方一般已作账务处理并收到款项。应根据证明单上所列退货数量、价款和增值税税额，开具红字的增值税专用发票，作为冲销当月主营业务收入和当月销项税额的依据，其账务处理基本同上。

2. 销货折让的销项税额的会计处理。

销售产品因质量等原因，购销双方协商后不需退货，按折让一定比例后的价款和增值税税额收取。

（1）如果购货方尚未进行账务处理、也未付款，销货方应在收到购货方转来的原开增值税专用发票的发票联和抵扣联上注明“作废”字样。

如属当月销售，销货方尚未进行账务处理，则不需要进行冲销当月产品销售收入和销项税额的账务处理，只需根据双方协商扣除折让后的价款和增值税税额重新开具增值税专用发票，并进行账务处理。

如属以前月份销售，销货方已进行账务处理，则应根据折让后的价款和增值税税额重新开具增值税专用发票，按原开增值税专用发票的发票联和抵扣联与新开的增值税专用发票的记账联的差额，冲销当月主营业务收入和当月销项税额，借记“主营业务收入”、“应交税费—应交增值税（销项税额）”账户，贷记“应收账款”账户。

【例2-39】 天华厂7月20日采用托收承付结算方式（验货付款）销售给光明厂乙产品40 000元，增值税税额6 800元，由于质量原因，双方协商折让30%。8月18日收到光明厂转来增值税专用发票的发票联和抵扣联。作会计分录如下：

7月20日办妥托收手续时：

借：应收账款——光明厂　　46 800

　贷：主营业务收入——乙产品　　40 000

　　应交税费——应交增值税（销项税额）　　6 800

8月18日转来增值税专用发票时，按扣除折让后的价款28 000元即40 000元×(1-30%)和增值税税额4 760元即6 800元×(1-30%)，重新开具专用发票，冲销主营业务收入12 000元（40 000-28 000）和增值税税额2 040元（6 800-4 760）。作会计分录如下：

借：应收账款　　14 040

　贷：主营业务收入——乙产品　　12 000

　　应交税费——应交增值税（销项税额）　　2 040

（2）如果购货方已进行账务处理，发票联和抵扣联已无法退还。这时，销货方一般也已进行了账务处理，销货方应根据购货方转来的证明单，按折让金额（价款和税额）开具红字增值税专用发票，作为冲销当期主营业务收入和销项税额的凭据。

【例2－40】 天华厂上月销售给耀华厂丙产品40件，由于质量不符合要求，双方协商折让20%。耀华厂转来的证明单上列明：折让价款20 000元，折让税额3 400元。根据证明单开出红字增值税专用发票，并通过银行汇出款项。作会计分录如下：

借：主营业务收入——丙产品　20 000

　应交税费——应交增值税（销项税额）　3 400

　　贷：银行存款　23 400

实际登账时，“主营业务收入”、“应交税费—应交增值税（销项税额）”应以红字记入贷方发生额。

3. 销售折扣的销项税额的会计处理。

在财务会计中，销售折扣分为商业折扣和现金折扣两种形式。商业折扣也就是税法所称折扣销售，它是在实现销售时确认的，销货方应在开出同一张增值税专用发票上分别写明销售额和折扣额，可按折扣后的余额作为计算销项税额的依据，其会计处理同前述产品正常销售相同。但若将折扣额另开增值税专用发票，不论财务会计如何处理，计算销项税额都要按未折扣的销售额乘以税率，以此贷记“应交税费—应交增值税（销项税额）”账户。如果是现金折扣，应在购货方实际付现时才能确认折扣额。现金折扣是企业的一种理财行为，因此，按税法的规定，这种折扣不得从销售额中抵减，应该记入“财务费用”账户。由于现金折扣的会计处理方法有全价（总价）法和净价法两种。现举例说明采用现金折扣时，购销双方各自的会计处理方法。

【例2－41】 某企业销售一批产品给B企业，价款200 000元，税额34 000元（200 000×17%），规定现金折扣条件为“2/10，1/20，n/30”。双方作会计分录如下：

（1）销货方。

产品发出并办理完托收手续时：

①全价法：

借：应收账款　234 000

　贷：主营业务收入　200 000

　　应交税费——应交增值税（销项税额）　34 000

②净价法：

借：应收账款　　230 000

　　贷：主营业务收入　　196 000

　　　　应交税费——应交增值税（销项税额）　　34 000

如果上述货款在十日内付款时：

①全价法：

借：银行存款　　230 000

　　财务费用　　4 000

　　贷：应收账款　　234 000

②净价法：

借：银行存款　　230 000

　　贷：应收账款　　230 000

如果上述货款超过二十日付款时：

①全价法：

借：银行存款　　234 000

　　贷：应收账款　　234 000

②净价法：

借：银行存款　　234 000

　　贷：应收账款　　230 000

　　　　财务费用　　4 000

（2）购货方。

购货方收到货物及结算凭证时：

①全价法：

借：原材料　　200 000

　　应交税费——应交增值税（进项税额）　　34 000

　　贷：应付账款　　234 000

②净价法：

借：原材料　　196 000

　　应交税费——应交增值税（进项税额）　　34 000

　　贷：应付账款　　230 000

上述货款在十日内付款时：

①全价法：

借：应付账款　234 000

　　贷：银行存款　230 000

　　　　财务费用　4 000

②净价法：

借：应付账款　230 000

　　贷：银行存款　230 000

上述货款超过二十日付款时：

①全价法：

借：应付账款　234 000

　　贷：银行存款　234 000

②净价法：

借：应付账款　230 000

　　财务费用　4 000

　　贷：银行存款　234 000

4. 销售回扣的销项税额的会计处理。

销售回扣是一种不合法、不正常的销售行为。因此，不论其在财务会计上如何处理，都不能冲减销售额，都不能影响销项税额。如果企业按销售金额开出增值税专用发票，然后又按回扣额开出普通发票（红字）冲减主营业务收入、冲减销项税额，发现后应补缴税款，并支付滞纳金等。

（三）以物易物购销的会计处理

以物易物是一种较为特殊的购销活动。它是指业务双方进行交易时，不以货币结算，而以同等价款的货物相互结算，从而实现货物购销的一种交易方式。按增值税法的规定，以物易物，双方都要作购销处理，以各自发出的货物核定销售额并计算销项税额，以各自收到的货物核定购货额，并依据对方开具的增值税专用发票抵扣进项税额。

【例 2-42】 红发厂以 A 产品 100 件，成本 8 000 元，售价 10 000 元，交换祥发厂甲材料 500 千克，价款 10 000 元，双方都为对方开具增值税专用发票。作会计分录如下：

收到材料时：

借：原材料——甲材料	10 000	
应交税费——应交增值税（进项税额）	1 700	
贷：主营业务收入		10 000
应交税费——应交增值税（销项税额）		1 700

结转销售成本时：

借：主营业务成本	8 000	
贷：库存商品——A 产品		8 000

在进行会计处理时，只有得到对方开具的增值税专用发票，才能据以借记“进项税额”，而不能仅据“材料入库单”自行估算进项税额；再则，对发出的产品必须按售价贷记“主营业务收入”，而不能直接冲减“库存商品”，漏记收入。

（四）视同销售的销项税额的会计处理

对于视同销售货物的行为，在会计处理上需要解决以下问题：

视同销售行为是否主营业务收入核算，在理论和实务上有两种观点、两种做法：一种是按正常的销售程序核算，即按售价计入主营业务收入并计提销项税额，再按成本结转主营业务成本；另一种是不通过主营业务收入账户核算，直接按成本结转，同时按售价计提销项税额。前者是在财务会计与税务会计不分开时，财务会计服从税法的做法；后者是在两种会计分离时，符合各自目标的做法。对后者，本书按以下原则划分：这种视同销售行为是否会使企业获得收益；这种行为体现的是企业内部关系还是企业与外部的关系。如果能获得收益或体现企业与外部的关系，就作为主营业务收入处理；除此之外，均按成本结转。

视同销售计算出的应交增值税税额，是作为“销项税额”还是作为“进项税额转出”处理。考虑到既然视同销售行为，在发生时也必须开具增值税专用发票，而增值税专用发票上记载的税额为销项税额，这与一般的进项税额转出的意义不同，为了便于征收管理，会计上将其作为“销项税额”处理。

视同销售行为的价格（税基或计税依据）如何确定，应根据国家的有关规定，有的按照确认的价值，有的按照主管税务部门认可的价格确定，有的按照销售额确定。

视同销售的账务处理，主要是区分会计销售和不形成会计销售的应税销售。对于会计销售业务，要以商事凭证为依据，确认主营业务收入，将其记入“主营业务收入”、“其他业务收入”等收入类账户，并将其收取的增值税税额记入“销项税额”。对于不形成会计销售的应税销售，不记入收入类账户，不作主营业务收入处理，而按成本转账，并根据税法的规定，按货物的成本或双方确认的价值、同类产品的销售价格、组成计税价格等乘以适用税率计算，并登记“销项税额”。

根据我国增值税法的现行规定，视同销售有八种类型，以下分别介绍七种视同销售的会计处理方法：

1. 将货物交给他人代销与销售代销货物的销项税额的会计处理。

增值税之所以规定委托方与受托方都作销售处理，是为了保持增值税的征收链条不中断，使各环节的税负更趋合理。对销售的确认，应该先由受托方开始，即当受托方销售代销货物时，要给购买方开出增值税专用发票，自己据以作销售处理；然后再按与委托方签订的协议，定期填制货物代销清单，与委托方结算货款及手续费，委托方根据代销清单，给受托方开出增值税专用发票，并据以作销售处理。这里只介绍工业企业委托代销的会计处理方法，本节“二”再以商业企业为例，说明受托方、委托方各自的会计处理方法。

委托其他单位代销产品，按增值税法的规定，应于收到受托人送交的代销清单的当天，销售成立、发生纳税义务并开具增值税专用发票。收到代销清单时，借记“应收账款”或“银行存款”账户，贷记“应交税费—应交增值税（销项税额）”、“主营业务收入”账户。委托单位支付的代销手续费，应在接到委托单位转来的普通发票后，借记“销售费用”账户，贷记“银行存款”、“应收账款”账户。

【例2-43】 天华厂委托光大商行代销甲产品200件，不含税代销价550元/件，增值税率17%，单位成本400元。月末收到光大商行转来的代销清单，上列已售甲产品120件的价款66 000元，收取增值税11 220元，开具增值税专用发票。代销手续费按不含税代销价的5%支付，已通过银行收到扣除代销手续费的全部款项。作会计分录如下：

发出代销商品时：

借：委托代销商品　　80 000

　　贷：库存商品　　80 000

收到光大商行转来的代销清单并结转代销手续费时：

借：银行存款　　73 920

　　贷：主营业务收入　　［66 000 ×（1 -5%）］62 700

　　　　应交税费——应交增值税（销项税额）　　11 220

借：销售费用　　（66 000 ×5%）3 300

　　贷：主营业务收入　　3 300

结转代销商品成本时：

借：主营业务成本　　48 000

　　贷：委托代销商品　　48 000

2. 设有两个以上机构并实行统一核算的纳税人，将货物从一个机构移送至其他机构（不在同一县、市）用于销售的会计处理。

货物移送要开增值税专用发票，调出方记销项税额，调入方记进项税额。

【例2－44】 某工业联合总公司核心厂生产的货物，拨给各股东企业为原料，4月份发生如下经济业务：

（1）总公司核心厂将生产的产品给甲分厂作为原料，开出增值税专用发票，货物销售额100 000元，增值税税额17 000元，账务通过应收、应付科目核算。

（2）核心厂将生产货物分销给丙分厂作为原料，开出增值税专用发票，货物销售额160 000元，增值税税额27 200元，货款已在"其他应付款"账户划转。

对以上业务作会计分录如下：

借：应收账款　　117 000

　　贷：主营业务收入　　100 000

　　　　应交税费——应交增值税（销项税额）　　17 000

借；其他应付款　　187 200

　　贷：主营业务收入　　160 000

　　　　应交税费——应交增值税（销项税额）　　27 200

3. 将自产或委托加工的货物用于非应税项目的销项税额的会计处理。

企业将自产或委托加工的货物用于非应税项目（包括提供非应税劳务、转让无形资产、销售不动产、固定资产、在建工程），按财务会计制度的规定，并非销售业务，但自产或委托加工的货物本身消耗的原材料、支付的加工费中，已有一部分"进项税额"从"销项税额"中扣除。另外，如果这些非应税项目直接耗用外购的包含有增值税的货物，则计入这些非应税项目的材料成本中包含有增值税。为了使各非应税项目成本便于比较，非应税项目领用自产或委托加工货物，应按税法规定视同销售货物计算应交增值税。应税销售成立、发生纳税义务并开具普通发票的时间为货物移送的当天。在移送货物时，按自产或委托加工货物的成本及其所用货物的计税价格乘以适用税率计算的应纳增值税之和，借记"其他业务成本"、"在建工程"等账户（纳税人新建、扩建、改建、修缮、装饰建筑物，无论会计制度规定如何核算，均属固定资产在建工程）；按自产或委托加工货物的成本，贷记"库存商品"、"原材料"、"低值易耗品"等账户；按应纳税额，贷记"应交税费—应交增值税（销项税额）"账户。

若购进货物时明确用于非应税项目，不属于增值税纳税范围，不视同销售。

【例2-45】 天华厂新建一车间，发出水泥若干吨，价值40 000元，委托加工预制板，并支付加工费4 400元和增值税税额748元，预制板收回后直接用于该新建工程。作会计分录如下：

发出水泥时：

借：委托加工物资	40 000	
贷：原材料——水泥		40 000

支付加工费时：

借：委托加工物资	4 400	
应交税费——应交增值税（进项税额）	748	
贷：银行存款		5 148

预制板收回结转委托加工成本时：

借：原材料——预制板	44 400	
贷：委托加工物资		44 400

领用预制板时：

该产品没有同类产品的销售价格，只能按组成计税价格计算。组成计税价格48 840元［44 400×(1+10%)］，应纳增值税税额8 302.80元（48 840×17%），计入在建工程52 702.80元（44 400+8 302.80）。

借：在建工程	52 702.80	
贷：应交税费——应交增值税（销项税额）		8 302.80
原材料——预制板		44 400.00

4. 企业将自产、委托加工或购买的货物作为投资的销项税额的会计处理。

存货投资并非销售业务，而是一种资产转变成另一种资产的经济业务，不改变所有者权益。但这种转变使存货未经"销售"而进入消费，因而自产和委托加工的货物所耗用的原材料和支付加工费中记入"进项税额"的增值税就流失了，购买货物已记入“进项税额”的增值税也流失了，企业就占了国家的便宜。因此，按税法的规定，应税货物作为投资提供给其他单位或个体经营者，应视同销售货物计算缴纳增值税。应税销售成立、发生纳税义务并开具增值税专用发票的时间为移送货物的当天。按所投资货物的售价或组成计税价格乘以适用税率计算的应纳增值税与投资货物的账面价值之和，借记“长期股权投资”账户；按货物成本，贷记“库存商品”、“原材料”等账户；按货物成本或账面原价与重估价值的差额，借记或贷记“资本公积”账户；按应纳增值税税额，贷记“应交税费—应交增值税（销项税额）”账户。自1996年起，税法明确要求企业应将自产货物投资作主营业务收入处理，计缴企业所得税；但按会计制度规定，只需以成本转账，但要进行纳税调整。

【例2-46】 某工业企业6月份将购入的原材料一批对外投资，其账面成本200 000元，未计提跌价准备。作会计分录（未考虑相关税费）如下：

借：长期股权投资　　234 000

　　贷：原材料　　200 000

　　　　应交税费——应交增值税（销项税额）　　34 000

年终，所得税的调整同前。

若上述对外投资不是外购原材料，而是企业生产的A产品，投出的A产品成本180 000元，市场售价200 000元。则作会计分录如下：

对外投资时：

借：长期股权投资　　234 000

　　贷：主营业务收入——A产品　　200 000

　　　　应交税费——应交增值税（销项税额）　　34 000

结转投出A产品成本时：

借：主营业务成本　　180 000

　　贷：库存商品——A产品　　180 000

5. 企业将自产的、委托加工或购买的货物分配给股东或投资者的销项税额的会计处理。

这一视同销售行为，应通过销售来处理，即应按售价或组成计税价格、市场价格计价并计入有关收入类账户。确认销售成立、发生纳税义务并开具增值税专用发票（股东或投资者为法人且为一般纳税人）或普通发票（投资者或股东为自然人或小规模纳税人）的时间，为分配货物的当天。按分配货物的售价或组成计税价格、市场价格和按其适用税率计算的应纳增值税两项之和，借记“应付利润”账户；按应税货物的售价、组成计税价格、市场价格，贷记“主营业务收入”、“其他业务收入”账户；按应纳增值税税额，贷记“应交税费—应交增值税（销项税额）”账户。

【例 2 -47】 天华厂将自产的甲产品和委托加工的丁产品作为应付利润分配给投资者。甲产品售价为 60 000 元，委托加工丁产品没有同类产品售价，委托加工成本 40 000 元。作会计分录如下：

甲产品应计销项税额 = 60 000 × 17% = 10 200（元）

丁产品组成计税价格 = 40 000 ×（1 + 10%）= 44 000（元）

丁产品应计销项税额 = 44 000 × 17% = 7 480（元）

借：应付利润　　105 768

　　贷：主营业务收入　　60 000

　　　　其他业务收入　　44 000

　　　　应交税费——应交增值税（销项税额）　　1 768

6. 企业将自产、委托加工的货物用于集体福利、个人消费的销项税额的会计处理。

企业将自产、委托加工的货物用于集体福利、个人消费，按财务会计制度分析，并非销售活动，不计入有关收入类账户。应税货物用于集体福利、个人消费，应视同销售货物计算缴纳增值税。其应税销售成立、发生纳税义务并开具普通发票的时间为移送货物的当天。按所用货物的成本与货物售价或组成计税价格乘以适用税率计算的应纳增值税之和，借记“在建工程”、“固定资产”、“应付福利费”等账户；按所用货物成本，贷记“库存商品”、“原材料”等账户；按应纳增值税税额，贷记“应交税费—应交增值税（销项税额）”账户。若购进货物直接用于集体福利、个人消费，购进时的进项税额不允许抵扣，因购入已成消费品进入最终消费领域，因此，不作视同销售。

【例 2 -48】 企业职工俱乐部领用本企业生产的空调器 5 台，生产成本 8 000 元/台，售价 10 000 元/台。作为职工福利，发给职工抽油烟机 400 台，生产成本 200 元/台，售价 250 元/台。作会计分录如下：应纳增值税额 = 5 × 10 000 × 17% + 400 × 250 × 17% = 8 500 + 17 000

= 25 500（元）

应计入固定资产的价值 = 5 × 8 000 + 8 500 = 48 500（元）

应计入福利费的金额 = 400 × 200 + 17 000 = 97 000（元）

借：固定资产　　48 500

　　应付职工薪酬——职工福利费　　97 000

　　贷：应交税费—应交增值税（销项税额）　　25 500

　　　　库存商品——空调器　　40 000

　　　　　　　　——抽油烟机　　80 000

年终调账时，按售价与成本的差额计入应税所得额，计算缴纳所得税。

7. 企业将自产、委托加工或购买的货物无偿赠送他人的销项税额的会计处理。

按财务会计制度的规定，这类业务并非销售活动，因为企业并未获得经济利益，但按税法的规定，要视同销售货物计算缴纳增值税。其应税销售成立、发生纳税义务并开具增值税专用发票或普通发票的时间为移送货物的当天。按所赠货物的成本与所赠货物售价或组成计税价格乘以税率计算的应纳增值税之和，借记“营业外支出”账户；按所赠货物成本，贷记“库存商品”、“原材料”等账户；按应纳增值税税额，贷记“应交税费—应交增值税（销项税额）”账户。

【例 2-49】 天华厂将自产的乙产品无偿赠送他人，生产成本 9 000 元，售价 11 000 元。将购进的 A 材料 400 千克无偿赠送他人，该材料计划成本 30 元/千克，材料成本差异率为 -2%。作会计分录如下：

乙产品应计销项税额 = 11 000 × 17% = 1 870（元）

A 材料实际成本 = 400 × 30 ×（1 - 2%）= 11 760（元）

A 材料应计销项税额 = 11 760 × 17% = 1 999. 20（元）

借：营业外支出　　24 629. 20

　　贷：库存商品　　9 000. 00

　　　　原材料　　11 760. 00

　　　　应交税费——应交增值税（销项税额）　　3 869. 20

（五）包装物销售及没收押金的销项税额的会计处理

1. 包装物销售的销项税额的会计处理。

（1）随同产品销售并单独计价的包装物。

按税法的规定，应作为销售计算缴纳增值税，借记“银行存款”、“应收账款”

账户，贷记"主营业务收入"、"其他业务收入"、"应交税费—应交增值税（销项税额）"账户。不单独计价时，作为产品销售，会计处理见前。

【例2-50】 天华厂销售给本市天众厂带包装物的丁产品600件，包装物单独计价，开出增值税专用发票列明；产品销售价款96 000元，包装物销售价款10 000元，增值税税额18 020元，款项未收到。作会计分录如下：

借：应收账款——天众厂　　124 020

　贷：主营业务收入——丁产品　　96 000

　　其他业务收入——包装物销售　　10 000

　　应交税费——应交增值税（销项税额）　　18 020

（2）销售产品，包装物出租。

包装物租金属于价外费用，应缴纳增值税。

【例2-51】 天华厂采用银行汇票结算方式，销售给东平机械厂甲产品400件，400元/件，增值税税额为27 200元（400×400×17%），包装物400个出租，承租期为两个月，共计租金4 680元，一次收取包装物押金23 400元，总计结算金额215 280元（400×400+27 200+4 680+23 400）。作会计分录如下：

按税法规定，收取得包装物租金应计算的销售额，不包括向购买方收取的销项税额，应倒算销售额，计算应交增值税。

包装物租金销售额=4 680/(1+17%)=4 000（元）

包装物租金应计销项税额=4 000×17%=680（元）

借：银行存款　　215 280

　贷：主营业务收入　　160 000

　　其他业务收入　　4 000

　　应交税费——应交增值税（销项税额）　　27 880

　　其他应付款——存入保证金　　23 400

2. 包装物押金的销项税额的会计处理。

按现行财务会计制度的规定，包装物押金可分为三大类，如图2-11所示。

包装物押金分类

- 销售酒类产品而收取的押金。它又分为两种情况：一是啤酒、黄酒，其计税要求、会计处理方法同第二类；二是其他酒类，对这类货物销售时收取的包装物押金，无论将来押金是否返还或按时返还，以及财务会计上如何核算，均应并入当期销售额计税
- 销售酒类产品之外的货物而收取的押金。当包装物逾期未收回时，没收押金，按适用税率计算销项税额。“逾期”以一年为限，收取押金超过一年时，无论是否退回，均应并入销售额计税
- 加收押金。它指包装物已随产品售出并已计税，但为了督促购方退回包装物，在销售产品时又加收一定数额的押金。待购方按时退回包装物时，除了如数退回加收的押金外，还应按一定比例退回收取的包装物价款

图 2-11 包装物押金分类

此类业务应注意三点：①收取包装物押金是含税的，没收时应将包装物押金还原为不含税价格，再并入其他业务收入征税；②没收包装物押金适用的税率是包装货物的适用税率，因为没收包装物押金的行为是延期提高了该包装货物的售价；③对没收包装物押金而计提消费税，应记入“其他业务成本”账户，而不能记入“营业税金及附加”账户，这符合会计核算的收入与支出配比原则。

【例 2-52】 某企业销售 A 产品 100 件，成本价 350 元/件，售价 500 元/件，每件收取包装物押金 93.60 元，包装物成本价为 70 元/件。该产品是征收消费税产品，税率为 10%。作会计分录如下：

销售产品时：

借：银行存款	67 860	
贷：主营业务收入——A 产品		50 000
应交税费——应交增值税（销项税额）		8 500
其他应付款——存入保证金		9 360

结转销售成本时：

借：主营业务成本——A 产品	35 000	
贷：库存商品——A 产		35 000

计提消费税时：

借：营业税金及附加　　5 000

　　贷：应交税费——应交消费税　　5 000

逾期未退还包装物没收押金时：

借：其他应付款——存入保证金　　9 360

　　贷：其他业务收入　　8 000

　　　　应交税费——应交增值税（销项税额）　　1 360

结转包装物成本时：

借：其他业务成本　　7 000

　　贷：包装物——出租、出借包装物　　7 000

计提消费税时：

借：其他业务成本　　800

　　贷：应交税费——应交消费税　　800

（六）销售自己使用过的固定资产的销项税额的会计处理

由于出售固定资产并不是企业的经营目的，出售收入及其收益不应列作经营收入及经营利润。按现行会计制度的规定，出售固定资产，使用"固定资产清理"账户，发生净损益作为"营业外收入"或"营业外支出"。

【例2-53】 某企业出售固定资产目录所列并已使用过的机床1台，原值30 000元，已提折旧2 000元，支付清理费用500元，售价20 000元。作会计分录如下：

注销固定资产时：

借：固定资产清理　　28 000

　　累计折旧　　2 000

　　贷：固定资产　　30 000

支付清理费用时：

借：固定资产清理　　500

　　贷：银行存款　　500

收到价款时：

借：银行存款　　23 400
　贷：固定资产清理　　20 000
　　应交税费——应交增值税（销项税额）　　3 400

结转固定资产清理后的净收益时：

借：营业外支出　　8 500
　贷：固定资产清理　　8 500

营业税改征增值税后，企业出售房屋建筑物等固定资产，也应按照销售不动产计算缴纳增值税。

（七）抵账货物销售的销项税额的会计处理

企业销售抵账货物行为不属于销售自己使用过的其他属于货物的固定资产。因此，应对其销售额，按简易办法即依照6%的征收率计算缴纳增值税。

【例2-54】 某厂生产汽车制动泵，无汽车经营权，但欠账方愿用1辆汽车抵顶欠款，该厂同意并收到该辆汽车。对方原欠款117 000元，该辆汽车作价110 000元，余欠7 000元，对方以银行存款支付。该厂将收到的汽车销售出去，开具普通发票，销售额为110 000元。作会计分录如下：

当初售给对方汽车制动泵时：

借：应收账款——××汽车厂　　117 000
　贷：主营业务收入　　100 000
　　应交税费——应交增值税（销项税额）　　17 000

收到抵账汽车时：

借：库存商品　　110 000
　贷：应收账款——××汽车厂　　110 000

收到对方划转余欠货款时：

借：银行存款　　7 000
　贷：应收账款——××汽车厂　　7 000

将该辆汽车售出（采用商业汇票结算）时：

借：应收票据　　110 000
　贷：主营业务收入　　103 774
　　应交税费——应交增值税（销项税额）　　6 226

（八）小规模纳税人销售货物的销项税额的会计处理

按我国现行增值税法的规定，小规模纳税人实行简易征收法，按不含税销售额与征收率相乘，计算其应交增值税，不实行税款抵扣办法。

【例2-55】 某工业企业属小规模纳税人，3月份产品销售收入10 300元，货款尚未收到。受外单位委托代为加工产品一批，收取加工费15 450元，以银行存款结算。作会计分录如下：

销售货款未收到时：

应纳增值税额 = 10 300 ÷ (1 + 3%) × 3% = 300（元）

借：应收账款　　10 300

　　贷：主营业务收入　　10 000

　　　　应交税费——应交增值税　　300

代外单位加工结算时：

借：银行存款　　15 450

　　贷：主营业务收　　15 000

　　　　应交税费——应交增值税　　450

月末缴纳增值税时：

借：应交税费——应交增值税　　750

　　贷：银行存款　　750

二、商业企业销项税额的会计处理

（一）商品销售的销项税额的会计处理

1. 直接收款方式销售商品的销项税额的会计处理。

直接收款方式销售商品，一般采用"提货制"或"送货制"，货款结算大多采用现金或支票结算方式。批发企业根据增值税专用发票的记账联和银行结算凭证，借记"银行存款"账户，贷记"主营业务收入"、"应交税费—应交增值税（销项税额）"账户；零售企业应在每日营业终了时，由销售部门填制销货日报表，连同销货款一并送交财会部门，倒算出销售额，借记"银行存款"账户，贷记"主营业务收入"、"应交税费—应交增值税（销项税额）"账户。

【例2-56】 某商品零售企业9月8日各营业柜组交来销货款现金8 775元，货款已由财会部门集中送存银行。作会计分录如下：

按税法的规定，销售给消费者个人的商品，实行价税合并收取，所以应换算销售额如下：

销售额 = 含税销售额/(1 + 税率) = 8 775/(1 + 17%) = 7 500（元）

销售税额 = 销售额 × 适用税率 = 7 500 × 17% = 1 275（元）

上述两个公式也可简开如下：

销项税额 = 销售额 × 税率 = 含税销售额/(1 + 税率) × 税率

= 含税销售额 × 税率/(1 + 税率)

如企业适用17%的税率时：

销项税额 = 含税销售额 × 14.53%

如企业适用13%的税率时：

销项税额 = 含税销售额 × 11.50%

对于该项业务，财会部门根据各柜组的内部缴款单，填制销货日报表、"进账单"等凭证，并作会计分录如下：

借：银行存款　　8 775

　贷：主营业务收入　　7 500

　　应交税费——应交增值税（销项税额）　　1 275

上述做法，需要每天或每次计算销项税额，工作量大，也会出现误差。为此，对采用售价金额核算、实物负责制的企业，按实收销货款（含税），借记"银行存款"账户，贷记"主营业务收入"账户；同时按售价金额结转成本，借记"主营业务成本"账户，贷记"库存商品"账户。这里的商品销售收入暂按含税价格全部计入。月末，按含税商品销售收入乘以14.53%或11.50%计算出全店的销项税额，借记"主营业务收入"账户，贷记"应交税费—应交增值税（销项税额）"账户，使商品销售收入由含税变为不含税。按月末差价表结转实际成本，借记"商品进销差价"（差价 + 销项税额）账户，贷记"主营业务成本"（含税）账户，调整"主营业务成本"账户为实际的商品销售成本。

从增值税的链条来说，企业生产（销售）的商品有对应的进项税额和销项税额，但生产（销售）的赠品只有进项税额而没有销项税额，表面上不合理，其实赠品的销项税额隐含在售品的销项税额当中，只是没有剥离出来而已，因此，对于赠品的进项税额应允许其申报抵扣，赠送赠品时也不应该单独再次计算其销项税额。

【例2-57】 某超市开展"买一赠一"的促销活动，当日卖出10大瓶花生油，每瓶售价（含税）90元，每瓶进价55元；按超市承诺，顾客购买1大瓶花生油，赠送1小瓶花生油；因此，当日赠送10小瓶花生油，每小瓶进价15元，每小瓶售价30元。作会计分录如下：

销售花生油的销项税额 $=90\times10\div(1+13\%)\times13\%=103.54$（元）

应结转售出和赠送花生油的成本 $=(55+15)\times10=700$（元）

借：银行存款　　900

　　贷：主营业务收入　　796.46

　　　　应交税费——应交增值税（销项税额）　　103.54

结转销售成本时：

借：主营业务成本　　700

　　贷：库存商品　　700

2. 平销行为的销项税额的会计处理。

生产企业以商业企业经销价或高于商业企业经销价将货物销售给商业企业，商业企业再以进货成本或低于进货成本进行销售，生产企业则以返还利润等方式弥补商业企业的进销差价损失。生产企业弥补商业企业进销差价损失的方式有：通过返回资金方式，如返回利润或向商业企业投资等；赠送实物或以实物方式投资。这种平销方式近年呈增长之势，而且将不限于生产企业和商业企业，也可能进一步发展为生产企业之间、商业企业之间平销。

对商业企业向供货方收取的与商品销售量、销售额无必然联系，且商业企业向供货方提供一定劳务的收入，例如进场费、广告促销费、上架费、展示费、管理费等，营业税改征增值税后应缴纳增值税。

对商业企业向供货方收取的与商品销售量、销售额挂钩（如以一定比例、金额、数量计算）的各种返还收入，均应按照平销返利行为的有关规定冲减当期增值税进项税额。商业企业向供货方收取的各种收入，一律不得开具增值税专用发票。其计算公式如下：

$$\text{当期应冲减进项税额}=\text{当期取得的返还资金}\Big/\left(1+\text{所购货物的适用增值税税率}\right)\times\text{所购货物适用的增值税税率}$$

【例2-58】 某商业企业据2月份取得的增值税专用发票等入账的进项

税额为35 100元，当月从生产企业（供货方）取得返还资金为18 700元，增值税税率17%。作会计分录如下：

当期应冲减进项税额 =18 700/(1 +17%) ×17% =2 717（元）

如果是以返还资金方式：

借：银行存款	18 700	
应交税费——应交增值税（进项税额）	2 717（红字）	
贷：本年利润		15 983

如果是以实物方式：

借：库存商品等有关账户	18 700	
应交税费——应交增值税（进项税额）	2 717（红字）	
贷：资本公积或实收资本		15 983

（二）视同销售销项税额的会计处理

这里侧重介绍委托代销和受托代销的销项税额的会计处理，其余视同销售业务的销项税额的会计处理，与工业企业基本相同。

1. 委托代销商品的销项税额的会计处理。

委托代销是用来扩大企业商品销售范围和销售量的一种经营措施，是委托其他单位代为销售商品的一种销售方式。按税法的规定，将货物交付他人代销，应视同销售货物，其销售成立、发生纳税义务并开具增值税专用发票的时间为收到受托人送交的代销清单的当天。代销清单应列明已销商品的数量、单价、销售收入，委托企业据此给受托企业开具增值税专用发票，并进行账务处理。账务处理方法视委托代销方式不同而有所区别。

（1）以支付手续费方式的委托代销。

委托单位应按商品售价（不含税）反映销售收入，所支付的手续费以“销售费用—手续费”列支。如果受托单位为一般纳税人，则应给其开具增值税专用发票，列明代销商品价款和增值税税款；如果受托单位为小规模纳税人，应按税款和价款合计开具普通发票。借记“应收账款”或“银行存款”账户，贷记“主营业务收入”、“应交税费—应交增值税（销项税额）”账户。收到受托单位开来的手续费普通发票后，借记“销售费用—手续费”账户，贷记．“应收账款”或“银行存款”账户。

【例2－59】 某商品批发企业委托天方商店（一般纳税人）代销B商品

400件，合同规定含税代销价为234元/件，手续费按不含税代销额的5%支付，该商品进价150元/件。

拨付委托代销商品时（按进价）：

借：库存商品——委托代销商品　　60 000

　　贷：库存商品　　60 000

收到天方商店报来的代销清单而款未收到时（代销清单列明销售数量150件，金额35 100元，倒算销售额并开具增值税专用发票，列明价款30 000元、增值税税额5 100元）：

借：应收账款——天方商店　　35 100

　　贷：主营业务收入　　30 000

　　　　应交税费——应交增值税（销项税额）　　5 100

收到天方商店汇来的款项和手续费时，普通发票列明：扣除手续费1 500元（30 000×5%），实收金额33 600元：

借：银行存款　　33 600

　　销售费用　　1 500

　　贷：应收账款——天方商店　　35 100

结转委托代销商品成本时：

借：主营业务成本　　22 500

　　贷：库存商品——委托代销商品　　22 500

（2）受托单位作为自购自销的委托代销。

委托单位不采用支付手续费方式的委托代销商品，一般是通过商品售价调整，作为对代销单位的报酬。这种方式实质上是一种赊销，至于受托单位按什么价格销售，与委托单位无关。委托单位在收到受托单位的代销清单后，按商品代销价反映销售收入，其账务处理基本同前，只是不支付手续费而已。

【例2-60】 某商品零售企业委托大天商店代销A商品300件，双方协商含税代销价117元/件，原账面价128.90元/件，代销价低于原账面价的差额，冲销商品进销差价。作会计分录如下：

拨付委托代销商品时：

借：库存商品——委托代销商品　　35 100

　　商品进销差价　　　　　　　　　　　　　　3 570

　　贷：库存商品　　　　　　　　　　　　　　　　38 670

代销款收到解入银行时（大天商店定期报来的代销清单，代销商品全部销售金额35 100元，倒算销售额并开具增值税专用发票给受托单位，销售额为30 000元，增值税税额为5 100元）：

借：银行存款　　　　　　　　　　　　　　35 100

　　贷：主营业务收入　　　　　　　　　　　　　　30 000

　　　　应交税费——应交增值税（销项税额）　　　　5 100

收到代销清单时，也可以将代销货款（包括销项税额），借记“银行存款”账户，贷记“主营业务收入”账户。月份终了时，再根据全月的商品销售收入总额，乘以14.53%或11.50%，计算销项税额并登记入账，将含税销售收入调整成为不含税销售额，借记“主营业务收入”账户，贷记“应交税费—应交增值税（进项税额）”账户。

结转委托代销商品成本时：

借：主营业务成本　　　　　　　　　　　　35 100

　　贷：库存商品——委托代销商品　　　　　　　　35 100

如果不采取支付手续费方式而是采取“库存定额、交款补货”的方式，则可将代销单位的销售额包括在本企业商品的销售额之内，收到代销单位交来的货款的同时补货，以代销单位交来货款时作为收入的实现。

2. 受托代销商品的销项税额的会计处理。受托代销主要有三种形式，如图2-12所示。

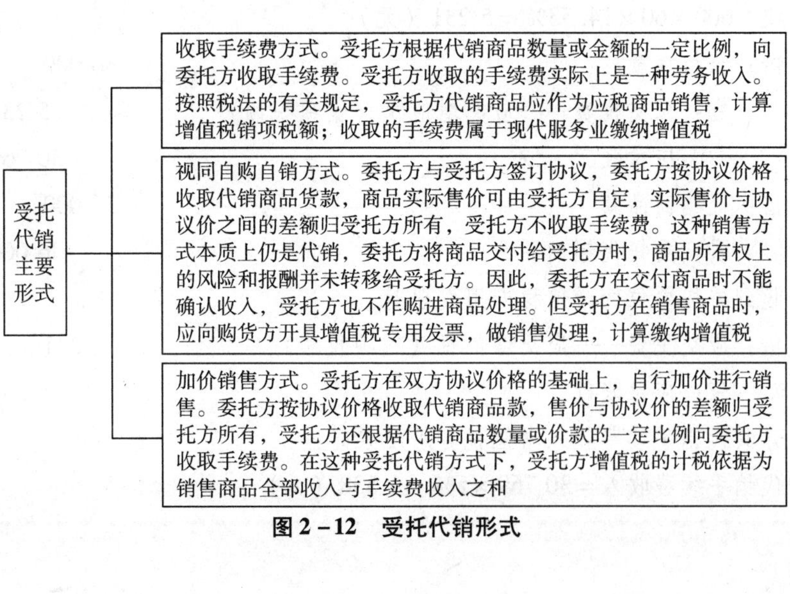

图2-12　受托代销形式

受托单位在登记代销商品入库时，应填制代销商品入库单并登记代销商品明细账；代销商品销售后，有关部门应定期填制代销商品清单，并将其提供给委托单位。由于受托代销商品的所有权不属于本企业，因此，应当在表外科目核算并登记受托代销商品登记簿。若企业受托代销商品业务规模较大，与本企业自有商品在实物形态上难以划分，企业也可以设置"受托代销商品"和"代销商品款"账户进行核算，并分别不同的代销方式进行账务处理。

（1）以收取手续费方式的受托代销。

受托方一般不核算销售收入，只将代销手续费收入及其应缴纳的增值税，通过"代购代销收入"账户核算，但税法规定代销商品应作为应税销售，计算销项税额，如购货方为一般纳税人，就要为其开具增值税专用发票。

【例2-61】 某商品零售企业接受代销B商品600件，委托方规定代销价为60元/件（含税），代销手续费为不含税代销额的5%，增值税税率为17%，代销手续费收入的增值税税率为6%。

收到代销商品时（按含税代销价）：

借：受托代销商品——××部、组（B商品）　　36 000

　　贷：代销商品款　　36 000

代销商品全部售出时（本月20日代销商品全部售出，向委托单位报送代销清单，并向委托单位索要增值税专用发票。同时，计算代销商品的销项税额并调整应付账款和注销代销商品款和委托代销商品）：

代销商品销项税额 =600×60/(1+17%)×17% =5 231（元）

或　600×60×14.53% =5 231（元）

借：银行存款　　36 000

　　贷：应交税费——应交增值税（销项税额）　　5 231

　　　　应付账款　　30 769

借：代销商品款　　36 000

　　贷：受托代销商品　　36 000

收到委托单位的增值税专用发票时：

借：应交税费——应交增值税（进项税额）　　5 231

　　贷：应付账款　　5 231

开具代销手续费收入增值税专用发票时：

代销手续费收入 =30 769×5% =1 538（元）

借：应付账款　　1 538
　　贷：代购代销收入　　1 538
划转扣除代销手续费后的代销价款时：
借：应付账款　　34 462
　　贷：银行存款　　34 462
计算并结转代销手续费收入应纳的增值税时：
借：代购代销收入　　87.06
　　贷：应交税费——应交营业税　　87.06

零售企业商品品种繁多，业务繁忙，企业不可能把每一笔销货款都按自营和代销商品分开登记，更不可能在每天营业终了时，对代销商品进行盘点，以存计销。因此，对代销商品和自营商品在销售时全部计入“主营业务收入”账户，待代销商品全部销售或月终时，则由各部、组填报代销商品分户盘存计销表，冲销主营业务收入，增加应付账款。

（2）作为自购自销的受托代销。

这种方式实属赊购商品销售，不收取手续费，委托方和受托方规定一个交接价（含税），受托方则按高于接收价的价格对外销售（批发或零售）。受托代销商品的收益不表现为代销手续费收入，而是表现为售价（批发价或零售价）与接收价之间的差额毛利。

①批发企业受托代销商品。根据代销商品收货单，按该商品的不含税接收价（含税接收价要倒算成为不含税接收价，相当于进价），借记“受托代销商品”账户，贷记“代销商品款”账户；“受托代销商品”账户应按进价记账，因其是批发企业，还未收到委托方的增值税专用发票，“代销商品款”账户不能按含税进价记账。代销商品售出时，借记“银行存款”账户，贷记“主营业务收入”、“应交税费—应交增值税（销项税额）”账户，定期将代销清单送交委托方，根据增值税专用发票，借记“代销商品款”、“应交税费—应交增值税（进项税额）”账户，贷记“应付账款”账户，同时转销代销商品成本，借记“主营业务成本”账户，贷记“受托代销商品”账户。

【例 2-62】 某批发企业受托天明公司代销甲商品 350 件，作自购自销核算，合同规定接收价为 35.10 元/件（含税），对外批发价为 36 元/件（不

含税)。作会计分录如下:

接收代销商品时(应按不含税接收价入账):

不含税接收价 = 350 × 35.10/(1 + 17%) = 10 500(元)

借:受托代销商品——天明公司　　10 500

　　贷:代销商品款　　10 500

代销商品销售时(本月销售 150 件,开出增值税专用发票,列明价款 5 400 元、增值税税款 918 元):

借:银行存款(或应收账款)　　6 318

　　贷:主营务收入　　5 400

　　　　应交税费——应交增值税(销项税额)　　918

月终或代销商品全部售完时(应向委托方开具代销清单,并索取增值税专用发票。根据代销清单上销售甲商品 250 件,汇总转销代销商品成本):

转销代销商品成本 = 250 × 35.1/(1 + 17%) = 7 500(元)

借:主营业务成本　　7 500

　　贷:受托代销商品　　7 500

取得增值税专用发票时(列明代销商品价款 7 500 元、增值税额 1 275 元。根据增值税专用发票,注销代销商品款):

借:代销商品款　　7 500

　　应交税费——应交增值税(进项税额)　　1 275

　　贷:应付账款　　8 775

支付代销商品价款及增值税时:

借:应付账款　　8 775

　　贷:银行存款　　8 775

②零售企业受托代销商品。根据代销商品收货单,按该商品本企业规定的含税零售价,借记"受托代销商品"账户;按不含税接收价,贷记"代销商品款"账户(因受托人没有取得委托方开具的增值税专用发票,还不能按代销商品价款和税款增加或有负债,只能按代销商品价款增加或有负债),按两者的差额,贷记"商品进销差价"账户。代销商品售出时,按含税零售价,借记"银行存款"账户,贷记"主营业务收入"账户。定期向委托单位开出代销清单,根据代销清单转销受托代销商品成本,借记"主营业务成本"账户,贷记"受托代销商品"账户。收到委托单位开来的增值税专用发票,借记"应交税费—应交增值税(进项税额)"账户,按已销售商品的不含税接收价,借记"代销商品款"账户,同时按委托方开具的增

值税专用发票上的价款和税款之和，贷记“应付账款”账户。支付代销商品款时，借记“应付账款”账户，贷记“银行存款”账户。月末计算并结转代销商品的销项税额时，借记“主营业务收入”账户，贷记“应交税费—应交增值税（销项税额）”账户。月末计算分摊代销商品的进销差价，调整受托代销商品成本时，借记“商品进销差价”账户，贷记“主营业务成本”账户。

【例2-63】 某零售企业4月份接收代销甲商品400件，含税接收价为23.40元/件，不含税接收价为20元/件。本企业规定该商品的含税零售价为29.25元/件。

接收代销商品时：

借：受托代销商品 11 700

  贷：代销商品款 8 000

    商品进销差价 3 700

在实际工作中，自营商品和代销商品不易区分，可以把“受托代销商品”账户作为“库存商品”的二级账户处理。这样，在月末结转代销商品进销差价时，就不必区分是代销商品还是自营商品。

商品销售时（销售代销商品和自营商品共计货款6 500元）：

借：银行存款 6 500

  贷：主营业务收入 6 500

月末商品全部售完时（根据各部、组填报的代销商品分户盘存计销表所列代销商品销售240件，向委托单位开出代销清单，共计货款5 616元。一方面索要增值税专用发票，一方面转销其销售成本）：

借：主营业务成本 7 020

  贷：受托代销商 7 020

收到委托单位开来的增值税专用发票时（增值税专用发票列明：销售货款4 800元，增值税额816元）：

借：应交税费——应交增值税（进项税额） 816

  代销商品款 4 800

  贷：应付账款 5 616

支付代销商品款时：

借：应付账款　　5 616

　　贷：银行存款　　5 616

月末计算并结转代销商品销项税额时（若本月包括代销商品销售在内的"商品销售收入"账户为440 000元）：

应计销项税额 =440 000×14.53% =63 932（元）

借：主营业务收入　　63 932

　　贷：应交税费—应交增值税（销项税额）　　63 932

月末计算分摊代销商品进销差价时（由于"商品进销差价"不分自营商品和代销商品，所以，已销代销商品与自营商品应一并分摊进销差价，经计算，本月"综合差价率"为30.45%）：

应分摊的进销差价 =440 000×30.45% =133 980（元）

借：商品进销差价　　133 980

　　贷：主营业务成本　　133 980

3. 以物易物的销项税额的会计处理。

它是指业务双方进行交易时，不以货币结算或主要不以货币结算，而以货物相互结算，从而实现货物购销的一种交易方式。在财务会计中，此类业务属非货币性交易。它分换入、换出均为货物和一方属货物、另一方是固定资产或无形资产两种类型。按增值税税法规定，属货物的以物易物，双方都要作购销处理，以各自发出的货物核定销售额并计算销项税额，以各自收到的货物核定购货额，并依据对方开具的合格增值税专用发票抵扣进项税额，即同时反映进项税额、销项税额。若一方是货物，另一方是固定资产或无形资产，后者相应的增值税额，记入其资产价值内，不单独反映。若同时换入多项资产，应按换入各项资产的公允价值占换入全部资产的公允价值总额的比例分别确认换入各项资产的人账价值。

在非货币性交易中，又分双方不涉及补付价款和涉及补付价款两种情况。

（1）不涉及补价的会计处理。

以非货币性交易换入的货物，如果不涉及补价，原则上应以换出资产的账面价值，加上需支付的相关税费，作为换入资产的入账价值。其计算公式如下：

$$\text{换入资产入账价值}=\text{换出资产账面价值}+\text{换出资产增值税销项税额}-\text{换入资产可抵扣的增值税进项税额}+\text{支付的应计入换入资产成本的相关税费}$$

【例2－64】 某酒厂10月份自产其他酒10吨（账面价值20 000元），从农业生产者手中换取造酒原料（高粱）若干吨，双方不涉及补价，也没有发生相关费用。当月销售同类其他酒，最高售价2 500元/吨，最低售价2 100元/吨，加权平均价格为2 250元/吨。作会计分录如下：

按加权平均售价计算销项税额＝2 250×10×17%＝3 825（元）

应交消费税（按最高售价）＝2 500×10×10%＝2 500（元）

①销售10吨其他酒

借：应收账款　23 825

　贷：库存商品　20 000

　　应交税费——应交增值税（销项税额）　3 825

②换回高粱

借：原材料　20 727.75

　应交税费——应交增值税（进项税额）　3 097.25

　贷：应收账款　23 825.00

从农业生产者手中换回，按13%计算进项税额；若从粮食企业换取，可按增值税专用发票注明的税款借记“进项税额”。

③应交消费税

借：原材料　2 500

　贷：应交税费——应交消费税　2 500

该酒厂当月又以自产白酒两吨换入设备1台，两吨白酒的账面价值2万元，白酒的计税价格1.8万元/吨。假定交易过程中没有发生相关税费，也没有计提存货跌价准备。酒厂作会计分录（消费税略）如下：

借：在建工程或固定资产　26 120

　贷：库存商品——白酒　20 000

　　应交税费——应交增值税（销项税额）　6 120

酒厂当月换出的两吨酒，期末还应进行所得税的纳税调整。

（2）涉及补价的会计处理。

按会计准则、企业会计制度的规定，当收到补价占换出资产公允价值的比例等于或小于25%时，作为非货币性交易；如高于25%时，则作为货币性交易。不论何种交易方式，只要涉及货物，必须按税法规定正确计算反映增值税额。如果涉及补价，则一方收到补价，一方支付补价，其换入资产的人账价值确认有所不同：

①支付补价时：

$$\text{换入资产入账价值}=\text{换出资产的账面价值}+\text{换出资产增值税销项税额}-\text{换入资产可抵扣的增值税进项税额}+\text{支付的应计入换入资产成本的相关税费}+\text{支付的补价}$$

②收到补价时：

$$\text{换入资产入账价值}=\text{换出资产的账面价值}+\text{换出资产增值税销项税额}-\text{换入资产可抵扣的增值税进项税额}+\text{支付的应计入换入资产成本的相关税费}-\text{收到的补价}$$

如果确认的是损失，则应减去确认的损失。能否弥补其换出资产的公允价值大于换入资产的公允价值的差额以及因收取补价而需要缴纳的税费，即由此而产生的损益需要予以确认：

$$\text{应确认的收益}=\text{补价}-\text{补价}/\text{换出资产公允价值}\times\text{换出资产账面价值}-\text{补价}/\text{换出资产公允价值}\times\text{应交税费及附加}$$

或
$$\text{应确认的收益}=\text{补价}\times\left(1-\text{换出资产账面价值}\div\text{换出资产公允价值}\right)-\text{补价}\div\text{换出资产公允价值}\times\text{应交税费及附加}$$

$$\text{应交税费及附加}=\text{换出资产的计税价值}\times\text{税率}$$

如果换出资产是单项资产，则换出资产的公允价值和计税价格均是唯一的，对上述公式的理解和应用不会有偏差；若是多项资产，则在考虑税收因素时，其“换出资产公允价值”是交易中的全部资产还是单项资产，应予以明确。本书认为应该是全部资产。这样，应确认的收益公式如下：

$$\text{应确认收益}=\text{补价}-\text{补价}/\text{全部换出资产公允价值}\times\text{全部换出资产账面价值}-\text{补价}/\text{全部换出资产的公允价值}\times\sum\text{应交税费及附加}$$

上述计算的应确认的收益额，不论正负均应记入当期损益账户。

涉及补价时，增值税处理与不涉及补价基本相同，只是因为一方需向另一方补付价差款，如果换出、换入的都是货物，其借、贷方反映的进、销项税额不等。应予指出的是：如果换入的资产是货物（不是固定资产、无形资产），换入资产的入账价值实际上采用倒挤的方法，因为其他账户的金额都是明确的、既定的。

（三）商业企业以旧换新的销项税额的会计处理

1. 一般商品以旧换新的会计处理。

以旧换新销售方式，就是企业在销售自己的货物时，有偿收回旧货物的行为。

按我国现行增值税法的规定，采取以旧换新方式销售货物的，应按新货物的同期销售价格确定销售额，不得冲减旧货物的收购价格。销售货物与有偿收购旧的货物是两项不同的业务活动，销售额与收购额不能相互抵减。

【例2-65】 百货大楼销售A牌电冰箱，零售价3 510元/台，若顾客交还同品牌旧冰箱作价1 000元，交差价2 510元就可换回全新冰箱。当月采用此种方式销售A牌电冰箱100台，作会计分录如下：

借：银行存款 251 000

库存商品——旧冰箱 100 000

贷：主营业务收入——A牌冰箱 300 000

应交税费——应交增值税（销项税额） 51 000

应特别注意的是：收回的旧冰箱不能计算进项税额。因为该商店不是专门从事废旧物资的收购单位。更不应以实际收到价款251 000元作为零售价格入账，因为那样就会少记销售收入，偷逃增值税税款。

2. 金银首饰以旧换新的会计处理。

鉴于金银首饰以旧换新业务的特殊情况，财政部、国家税务总局《关于金银首饰等货物征收增值税问题的通知》明确规定，对金银首饰以旧换新业务，按销售方实际收取的不含增值税的全部价款计缴增值税。

【例2-66】 某金银首饰零售商店为小规模纳税人，2016年10月取得含税销售收入60 000元；以旧换新业务收入30 000元（含税），其中收回旧首饰折价21 000元，实收9 000元。作会计分录如下：

应交增值税 = (60 000 + 9 000) ÷ (1 + 3%) × 3% = 2 010（元）

商品销售收入 = (60 000 + 9 000) ÷ (1 + 3%) + 21 000 = 87 990（元）

借：银行存款 69 000

材料物资——旧金银首饰 21 000

贷：主营业务收入——金银首饰 87 990

应交税费——应交增值税 2 010

第五节 “营改增”之后增值税的会计处理

自2016年5月1日开始，我国开始全面实施营业税改增增值税，我们根据《中华人民共和国增值税暂行条例》和《关于全面推开营业税改征增值税试点的通知》等有关规定，现对增值税有关会计处理规定介绍如下。

一、账户的设置

增值税一般纳税人应当在“应交税费”科目下设置“应交增值税”、“未交增值税”、“预缴增值税”、“待抵扣进项税额”、“待认证进项税额”、“待转销项税额”等明细科目。

1. 增值税一般纳税人应在“应交增值税”明细账内设置“进项税额”、“销项税额抵减”、“已交税金”、“转出未交增值税”、“减免税款”、“销项税额”、“出口退税”、“进项税额转出”、“转出多交增值税”、“简易计税”等专栏。其中：

（1）“进项税额”专栏，记录一般纳税人购进货物、加工修理修配劳务、服务、无形资产或不动产而支付或负担的、准予从销项税额中抵扣的增值税额；

（2）“销项税额抵减”专栏，记录一般纳税人按照现行增值税制度规定因扣减销售额而减少的销项税额；

（3）“已交税金”专栏，记录一般纳税人已交纳的当月应交增值税额；

（4）“转出未交增值税”和“转出多交增值税”专栏，分别记录一般纳税人月度终了转出当月应交未交或多交的增值税额；

（5）“减免税款”专栏，记录一般纳税人按现行增值税制度规定准予减免的增值税额；

（6）“销项税额”专栏，记录一般纳税人销售货物、加工修理修配劳务、服务、无形资产或不动产应收取的增值税额，以及从境外单位或个人购进服务、无形资产或不动产应扣缴的增值税额；

（7）“出口退税”专栏，记录一般纳税人出口产品按规定退回的增值税额；

（8）“进项税额转出”专栏，记录一般纳税人购进货物、加工修理修配劳务、服务、无形资产或不动产等发生非正常损失以及其他原因而不应从销项税额中抵扣，按规定转出的进项税额；

（9）“简易计税”专栏，记录一般纳税人采用简易计税方法应交纳的增值税额。

2. “未交增值税”明细科目，核算一般纳税人月度终了从“应交增值税”或

"预缴增值税"明细科目转入当月应交未交、多交或预缴的增值税额，以及当月交纳以前期间未交的增值税额。

3. "预缴增值税"明细科目，核算一般纳税人转让不动产、提供不动产经营租赁服务、提供建筑服务、采用预收款方式销售自行开发的房地产项目等，按现行增值税制度规定应预缴的增值税额。

4. "待抵扣进项税额"明细科目，核算一般纳税人已取得增值税扣税凭证并经税务机关认证，按照现行增值税制度规定准予以后期间从销项税额中抵扣的进项税额。包括：一般纳税人自2016年5月1日后取得并按固定资产核算的不动产或者2016年5月1日后取得的不动产在建工程，按现行增值税制度规定准予以后期间从销项税额中抵扣的进项税额；实行纳税辅导期管理的一般纳税人取得的尚未交叉稽核比对的增值税扣税凭证上注明或计算的进项税额。

5. "待认证进项税额"明细科目，核算一般纳税人由于未取得增值税扣税凭证或未经税务机关认证而不得从当期销项税额中抵扣的进项税额。

其中包括：一般纳税人已取得增值税扣税凭证、按照现行增值税制度规定准予从销项税额中抵扣，但尚未经税务机关认证的进项税额；一般纳税人取得货物等已入账，但由于尚未收到相关增值税扣税凭证而不得从当期销项税额中抵扣的进项税额。

6. "待转销项税额"明细科目，核算一般纳税人销售货物、加工修理修配劳务、服务、无形资产或不动产，已确认相关收入（或利得）但尚未发生增值税纳税义务而需于以后期间确认为销项税额的增值税额。

小规模纳税人只需在"应交税费"科目下设置"应交增值税"明细科目，不需要设置上述专栏。

二、"营改增"之后特殊业务的账务处理

（一）一般纳税人取得资产或接收劳务等业务的会计处理

1. 一般纳税人采购等业务进项税额允许抵扣的账务处理。

一般纳税人购进货物、加工修理修配劳务、服务、无形资产，按应计入相关成本费用的金额，借记"在途物资"或"原材料"、"库存商品"、"生产成本"、"无形资产"、"固定资产"、"管理费用"等科目，按可抵扣的增值税额，借记"应交税费——应交增值税（进项税额）"科目，按应付或实际支付的金额，贷记"应付账款"、"应付票据"、"银行存款"等科目。发生退货的，应根据税务机关开具的红字增值税专用发票做相反的会计分录。

2. 采购等业务进项税额不得抵扣的账务处理。一般纳税人购进货物、加工修理修配劳务、服务、无形资产或不动产，用于简易计税方法计税项目、免征增值税项目、集体福利或个人消费等，其进项税额按照现行增值税制度规定不得从销项税额中抵扣的，应计入相关成本费用，不通过“应交税费——应交增值税（进项税额）”科目核算。

3. 购进不动产或不动产在建工程按规定进项税额分年抵扣的账务处理。一般纳税人自2016年5月1日后取得并按固定资产核算的不动产或者2016年5月1日后取得的不动产在建工程，其进项税额按现行增值税制度规定自取得之日起分2年从销项税额中抵扣的，应当按取得成本，借记“固定资产”、“在建工程”等科目，按当期可抵扣的增值税额，借记“应交税费——应交增值税（进项税额）”科目，按以后期间可抵扣的增值税额，借记“应交税费——待抵扣进项税额”科目，按应付或实际支付的金额，贷记“应付账款”、“应付票据”、“银行存款”等科目。尚未抵扣的进项税额待以后期间允许抵扣时，按允许抵扣的金额，借记“应交税费——应交增值税（进项税额）”科目，贷记“应交税费——待抵扣进项税额”科目。

【例2-67】 东方公司为增值税一般纳税人，2016年11月购入办工用房一套，该房屋不含税价格为200万元，增值税销项税额为22万元。以上业务的会计处理如下：

按照现行规定，房屋不动产的增值税进项税额，需要在未来24个月内摊销进行抵扣。

本月可以抵扣的增值税进项税额 = 220 000/24 = 9166（元）

借：固定资产——房屋	2 000 000	
应交税费——应交增值税（进项税额）	220 000	
应交税费——待抵扣进项税额	210 834	
贷：银行贷款		2 220 000

4. 货物等已验收入库但尚未取得增值税扣税凭证的账务处理。购进的货物等已到达并验收入库，但尚未收到增值税扣税凭证的，应按货物清单或相关合同协议上的价格暂估入账。按应计入相关成本费用的金额，借记“原材料”、“库存商品”、“无形资产”、“固定资产”等科目，按未来可抵扣的增值税额，借记“应交税费——待认证进项税额”科目，按应付或实际支付的金额，贷记“应付账款”、“应付票据”、“银行存款”等科目。待取得相关增值税扣税凭证并经认证后，借记“应交税费——应交增值税（进项税额）”或“应交税费——待抵扣进项税额”科目，

贷记“应交税费——待认证进项税额”科目。

5. 购买方作为扣缴义务人的账务处理。按照现行增值税制度规定，境外单位或个人在境内发生应税行为，在境内未设有经营机构的，以购买方为增值税扣缴义务人。境内一般纳税人购进服务、无形资产或不动产，按应计入相关成本费用的金额，借记“生产成本”、“无形资产”、“固定资产”、“管理费用”等科目，按可抵扣的增值税额，借记“应交税费——待认证进项税额”科目，按应付或实际支付的金额，贷记“应付账款”等科目，按应代扣缴的增值税额，贷记“应交税费——应交增值税（销项税额）”科目。购买方代扣代缴增值税取得解缴税款的完税凭证时，按代扣缴的增值税额，借记“应交税费——应交增值税（已交税金）”科目，贷记“银行存款”科目；同时，按完税凭证上注明的增值税额，借记“应交税费——应交增值税（进项税额）”或“应交税费——待抵扣进项税额”科目，贷记“应交税费——待认证进项税额”科目。

6. 小规模纳税人采购等业务的账务处理。小规模纳税人购买物资、服务、无形资产或不动产，取得增值税专用发票上注明的增值税应计入相关成本费用，不通过“应交税费——应交增值税”核算。

【例2-68】 乐华公司为增值税小规模，2016年11月购入办工用软件一套，该软件的不含税价格为20 000元，增值税销项税额为1 200万元。以上业务的会计处理如下：

借：无形资产 21200

　　贷：银行贷款　　21 200

（二）销售等业务的账务处理

1. 销售业务的账务处理。企业销售货物、加工修理修配劳务、服务、无形资产或不动产，应当按应收或已收的金额，借记“应收账款”、“应收票据”、“银行存款”等科目，按取得的收入金额，贷记“主营业务收入”、“其他业务收入”、“固定资产清理”等科目，按现行增值税制度规定计算的销项税额（或采用简易计税方法计算的应纳增值税额），贷记“应交税费——应交增值税（销项税额或简易计税）”科目（小规模纳税人应贷记“应交税费——应交增值税”科目）。发生销售退回的，应根据税务机关开具的红字增值税专用发票做相反的会计分录。会计上收入或利得确认时点先于增值税纳税义务发生时点的，应将相关销项税额计入“应交税费——待转销项税额”科目，待实际发生纳税义务时再转入“应交税费——应交增值税（销项税额或简易计税）”科目。

2. 视同销售的账务处理。企业发生现行增值税制度规定视同销售的行为，应当按照国家统一的会计制度进行相应的会计处理，并按照现行增值税制度规定计算的销项税额（或采用简易计税方法计算的应纳增值税额），借记"应付职工薪酬"、"利润分配"等科目，贷记"应交税费——应交增值税（销项税额或简易计税）"科目（小规模纳税人应计入"应交税费——应交增值税"科目）。

（三）差额征税的账务处理

1. 企业发生相关成本费用允许扣减销售额的账务处理。按现行增值税制度规定企业发生相关成本费用允许扣减销售额的，应当按减少的销项税额，借记"应交税费——应交增值税（销项税额抵减）"科目（小规模纳税人应借记"应交税费——应交增值税"科目），按应付或实际支付的金额与上述增值税额的差额，借记"主营业务成本"等科目，按应付或实际支付的金额，贷记"应付账款"、"应付票据"、"银行存款"等科目。

2. 金融商品转让按规定以盈亏相抵后的余额作为销售额的账务处理。对于金融商品转让，可以先将含税金额一并计入"投资收益"科目；待期末一次性进行调整，借记"投资收益"科目，贷记"应交税费——应交增值税（销项税额）"科目（小规模纳税人应贷记"应交税费——应交增值税"科目）。金融商品转让盈亏相抵后出现负差，按现行增值税制度规定可结转下一纳税期与下期转让金融商品销售额相抵的，企业应在账外备查登记。

（四）出口退税的账务处理

出口产品按规定退税的，借记"其他应收款"科目，贷记"应交税费——应交增值税（出口退税）"科目（小规模纳税人应贷记"应交税费——应交增值税"科目）。

（五）进项税额抵扣情况发生改变的账务处理

因发生非正常损失或改变用途等，原已计入进项税额但按现行增值税制度规定不得从销项税额中抵扣的，借记"待处理财产损溢"、"应付职工薪酬"等科目，贷记"应交税费——应交增值税（进项税额转出）"、"应交税费——待抵扣进项税额"或"应交税费——待认证进项税额"科目。原不得抵扣且未抵扣进项税额的固定资产、无形资产等，因改变用途等用于允许抵扣进项税额的应税项目的，应当在用途改变的次月调整相关资产账面价值，按允许抵扣的进项税额，借记"应交税费——应交增值税（进项税额）"科目，贷记"固定资产"、"无形资产"等科目；固定资产、无形资产经上述调整后，应按调整后的账面价值在剩余尚可使用寿命内计提折旧或摊销。

一般纳税人购进时已全额抵扣进项税额的货物或服务等转用于不动产在建工程的，原已抵扣进项税额的40%部分应于转用当期转出，借记"应交税费——待抵扣进项税额”科目，贷记“应交税费——应交增值税（进项税额转出）”科目。

（六）月末转出多交增值税和未交增值税的账务处理。

月度终了，企业应当将当月应交未交或多交的增值税自“应交增值税”明细科目转入“未交增值税”明细科目。对于当月应交未交的增值税，借记“应交税费——应交增值税（转出未交增值税）”科目，贷记“应交税费——未交增值税”科目；对于当月多交的增值税，借记“应交税费——未交增值税”科目，贷记“应交税费——应交增值税（转出多交增值税）”科目。

（七）交纳增值税的账务处理。

1. 交纳当月应交增值税的账务处理。企业交纳当月应交的增值税，借记“应交税费——应交增值税（已交税金）”科目（小规模纳税人应借记“应交税费——应交增值税”科目），贷记“银行存款”9科目。

2. 交纳以前期间未交增值税的账务处理。企业交纳以前期间未交的增值税，借记“应交税费——未交增值税”科目，贷记“银行存款”科目。

3. 预缴增值税的账务处理。企业预缴增值税，借记“应交税费——预缴增值税”科目，贷记“银行存款”科目。月末，企业应将“预缴增值税”明细科目余额转入“未交增值税”明细科目，借记“应交税费——未交增值税”科目，贷记“应交税费——预缴增值税”科目。

（八）增值税期末留抵税额的账务处理

兼有销售服务、无形资产或者不动产的原增值税一般纳税人，截止到纳入营改增试点之日前的增值税期末留抵税额按照现行增值税制度规定不得从销售服务、无形资产或不动产的销项税额中抵扣的，应在“应交税费”科目下增设“增值税留抵税额”明细科目。纳入营改增试点当月月初，原增值税一般纳税人应按不得从销售服务、无形资产或不动产的销项税额中抵扣的增值税留抵税额，借记“应交税费——增值税留抵税额”科目，贷记“应交税费——应交增值税（进项税额转出）”科目。待以后期间允许抵扣时，按允许抵扣的金额，借记“应交税费——应交增值税（进项税额）”科目，贷记“应交税费——增值税留抵税额”科目。

（九）增值税税控系统专用设备和技术维护费用抵减增值税额的账务处理

按现行增值税制度规定，企业初次购买增值税税控系统专用设备支付的费用以及缴纳的技术维护费允许在增值税应纳税额中全额抵减的，按规定抵减的增值税应纳税额，借记“应交税费——应交增值税（减免税款）”科目（小规模纳税人应借记“应交税费——应交增值税”科目），贷记“管理费用”等科目。增值税税控系统专用设备作为固定资产核算的，则贷记“递延收益”科目；在后续固定资产折旧期间，借记“递延收益”科目，贷记“管理费用”等科目。

第六节 增值税减免、上缴及查补调账的会计处理

一、减免增值税的会计处理

按我国现行增值税的减免规定，减免增值税分为先征后返、即征即退、直接减免三种形式。因此，其会计处理也有所不同。

（一）先征后返、先征后退增值税的会计处理

1. 按指定用途返还的会计处理。

（1）用于新建项目。

实际收到返还的增值税税款时，直接转作国家资本金。作会计分录如下：

借：银行存款

　　贷：实收资本——国家投入资本

（2）用于改建扩建、技术改造。

收到返还的增值税税款时，视同国家专项拨款。作会计分录如下：

借：银行存款

　　贷：专项应付款——××专项拨款

实际用于工程支出时，作会计分录如下：

借：在建工程——××工程

　　贷：银行存款等

工程完工，报经主管财政机关批准，对按规定予以核销的部分（不构成固定资产价值），作会计分录如下：

借：专项应付款——××专项拨款

　　贷：在建工程

对构成固定价值的部分，作会计分录如下：

借：固定资产

　　贷：在建工程

借：专项应付款

　　贷：资本公积

（3）用于归还长期借款。

经批准归还长期借款，即"贷改投"时，可转为国家资本金。作会计分录如下：

借：银行存款

贷：实收资本——国家投入资本

借：长期借款

贷：银行存款

2. 用于弥补企业亏损和未指定专门用途的会计处理。

当纳税人实际收到返还的增值税时，作会计分录如下：

借：银行存款

贷：补贴收入

也可以通过“应收补贴款”反映应收和实收过程。反映应收退税款时，作会计分录如下：

借：应收补贴款——增值税款

贷：补贴收入

实际收到退税款时：

借：银行存款

贷：应收补贴款——增值税款

（二）即征即退的会计处理

国家根据需要，可以规定对进口的某些商品应计征的增值税采取即征即退的办法，退税额冲减采购成本，退税的直接受益者必须是以购进商品从事再加工的生产企业。

【例 2-69】 某外贸企业进口原棉一批，进口棉花所征增值税实行即征即退办法。该批棉花价值折合人民币 500 000 元，应交增值税 85 000 元。作会计分录如下：

外贸企业入账时：

借：材料采购	500 000	
应交税费——应交增值税（进项税额）	85 000	
贷：应付账款或银行存款等		585 000

收到进口商品退税款时：

借：银行存款	85 000	
贷：应付账款——待转销进口退税		85 000

外贸企业将进口商品销售给生产企业时（假设销售价款为 600 000 元，增值税税额为 102 000 元）：

借：应收账款等　　617 000
　　应付账款——待转销进口退税　　85 000
　　贷：主营业务收入　　600 000
　　　　应交税费——应交增值税（销项税额）　　102 000

生产企业购进上述商品实际支付时（外贸企业要出具退税款证明）：

借：材料采购　　515 000
　　应交税费——应交增值税（进项税额）　　102 000
　　贷：应付账款等　　617 000

（三）直接减免增值税的会计处理

1. 小规模纳税人直接减免增值税的会计处理。

月份终了时，将应免税的销售收入折算为不含税销售额，按6%或4%的征收率计算免征增值税税额。作会计分录如下：

借：主营业务收入
　　贷：应交税费——应交增值税
借：应交税费——应交增值税
　　贷：补贴收入

2. 一般纳税人直接减免增值税的会计处理。

（1）企业部分产品（商品）免税。

月份终了，按免税主营业务收入和适用税率计算出销项税额，然后减去按税法规定方法计算的应分摊的进项税额，其差额即为当月销售免税货物应免征的税额。

结转免税产品（商品）应分摊的进项税额，作会计分录如下：

借：主营业务成本（应分摊的进项税额）
　　贷：应交税费——应交增值税（进项税额转出）

结转免税产品（商品）销项税额时，作会计分录如下：

借：主营业务收入
　　贷：应交税费——应交增值税（销项税额）

结转免缴增值税税额时，作会计分录如下：

借：应交税费——应交增值税（减免税款）
　　贷：补贴收入

（2）企业全部产品（商品）免税。

如果按税法的规定，企业的全部产品（商品）都免税，工业企业应在月终将免税主营业务收入参照上年度实现的增值率计算出增值额（产销较均衡的企业也可以按月用“购进扣税法”计算），并将其折算为不含税增值额，然后依适用税率，计算应免缴增值税税额；零售商业企业（批发企业可比照工业企业）应在月终将销售直接免税商品已实现的进销差价折算为不含税增值额，然后按适用税率计算应免缴增值税税额。

根据上述计算结果，作会计分录如下：

计算免缴税额时：

借：主营业务收入

　　贷：应交税费——应交增值税（销项税额）

结转免缴税额时：

借：应交税费——应交增值税（减免税款）

　　贷：补贴收入

对生产经营粮油、饲料、氮肥等免税产品的企业，虽然其主产品免税，但也可能发生增值税应税行为，如粮食企业。按国家规定价格销售免税粮食时，可免缴增值税；但若加价销售，就不能免税。饲料企业如果将购入的原粮又卖出或在生产饲料的同时还生产供居民食用的制品，则要交纳增值税，会计上应分别设账和分别核算。

二、上缴增值税的会计处理

（一）按月缴纳增值税的会计处理

平时，企业在“应交税费—应交增值税”多栏式明细账户中核算增值税业务；月末，结出借、贷方合计和差额（余额，下同）。

若“应交税费—应交增值税”为借方差额，表示本月尚未抵扣的进项税额，应继续留在该账户借方，不再转出；若为贷方差额，表示本月应交增值税税额，通过“应交税费—应交增值税（转出未交增值税）”账户，转入“应交税费—未交增值税”账户的贷方。作会计分录如下：

借：应交税费——应交增值税（转出未交增值税）

　　贷：应交税费——未交增值税

由于以一个月为纳税期限的企业不存在当月预缴当月税款的情况，月末也不会有多交情况。若月末“应交税费—未交增值税”有借方余额，只能是当月尚未抵扣完的进项税额（以后月份继续抵扣）。

（二）按日缴纳增值税的会计处理

若主管税务机关核定纳税人按日（1、3、5、10、15 日）缴纳增值税，则平时按核定纳税期纳税时，属预缴性质；月末，在核实上月应交增值税后，应于下月10日前清缴。

平时，企业在"应交税费—应交增值税"明细账中核算增值税业务。其中，当月上交当月增值税额时，作会计分录如下：

借：应交税费——应交增值税（已交税金）

　　贷：银行存款

编制"应交增值税明细表"时，填入"本期转入数"项目，下同。

月末，结出该账户借方、贷方合计和差额。

若"应交税费—应交增值税"账户为贷方差额，表示本月应交未交的增值税税额，应转至"应交税费—未交增值税"账户的贷方，作会计分录如下：

借：应交税费——应交增值税（转出未交增值税）

　　贷：应交税费——未交增值税

若"应交税费—应交增值税"账户为借方差额，由于月中有预缴税款的情况，故该借方差额不仅可能是尚未抵扣的进项税额，而且还可能包含了多交的部分。多交税额是多少，尚未抵扣额又是多少，一般有以下三种情况：

1. 当"应交税费—应交增值税"账户借方差额大于"已交税金"合计数时，表明当月已。

【例2－70】 某企业4月份"应交税费—应交增值税"账户资料：

借方差额1 500 元中包括多交的1 200 元税款和留待抵扣的300 元（2 550－2 850）进项税额，多交税额应从"转出多交增值税"账户转至"应交税费—未交增值税"账户的借方，尚未抵扣税额留在"应交税费—应交增值税"账户的借方。作会计分录如下：

借：应交税费——未交增值税　　　　1 200

　　贷：应交税费——应交增值税（转出多交增值税）　　1 200

结转后的"应交税费—应交增值税"账户为借方余额300 元。

2. 当"应交税费—应交增值税"账户借方差额等于"已交税金"的合计数时，表明已交税金全部为多交。同时，本月无待抵扣进项税额。

3. 当"应交税费—应交增值税"账户借方差额小于"已交税金"的合计数时，表明已交税金中部分为应交税额、部分为多交税额，借方差额即是多交税额。

（三）实际上缴增值税的会计处理

1. 当月预缴、上缴当月应交增值税时，作会计分录如下：

借：应交税费——应交增值税（已交税金）

　　贷：银行存款

2. 月初结清上月应交增值税或上缴以前月份（年度）欠缴增值税时，作会计分录如下：

借：应交税费——未交增值税

　　贷：银行存款

（四）以进项留抵税额抵减欠缴增值税的会计处理

若企业既存在欠缴增值税，同时又有增值税的留抵税额，在当期销项税额小于同期进项税额而产生期末留抵税额时，应以期末留抵税额抵减增值税欠税。在企业用进项留抵税额抵减欠缴增值税时，如果增值税欠税额大于期末留抵税额，按期末留抵税额用红字借记“应交税费—应交增值税（进项税额）”账户，贷记“应交税费—未交增值税”账户；如果增值税欠税额小于期末留抵税额，按增值税欠税税额用红字借记“应交税费—应交增值税（进项税额）”账户，贷记“应交税费—未交增值税”账户。

三、增值税查补税款的会计处理

（一）查补偷税应纳税额的确定

增值税一般纳税人不报、少报销项税额或多报进项税额，均影响增值税的缴纳。编制“应交增值税明细表”时，在“本期已交款”项目反映是偷税行为。其偷税数额应当按销项税额的不报、少报部分或进项税额的多报部分确定。如果销项、进项均查有偷税问题，其偷税数额应当为两项偷税数额之和。

一般纳税人若采取账外经营，即购销活动均不入账，而造成不缴、少缴增值税的，其偷税数额应按账外经营部分的销项税额抵扣账外经营部分中已销货物进项税额后的余额确定。此时偷税数额为应纳税额。即：

$$\text{应纳税额}=\text{账外经营部分销项税额}-\text{账外经营部分中已销货物进项税额}-\text{已销货物进项税额}=\text{账外经营部分购货的进项税额}-\text{账外经营部分存货的进项税额}$$

（二）查补税款金额的确定

一般纳税人发生偷税行为，确定偷税数额补征入库时，其补税数额应根据纳税人不同情况分别处理。即：根据检查核实的一般纳税人与其全部销项税额与进项税额（包括当期留抵扣税额），重新计算当期全部应纳税额。若应纳税额为正数，应当作补税处理；若应纳税额为负数，应按《增值税日常稽查办法》的规定执行。

（三）查补税款的会计处理

增值税经税务机关检查后，应进行相应的会计调整。为此，应设立"应交税费—增值税检查调整"账户。凡检查后应调减账面进项税额或调增销项税额和进项税转出的数额，借记有关账户，贷记本账户；凡检查后应调增账面进项税额或调减销项税额和进项税额转出的数额，借记本账户，贷记有关账户；全部调账事项入账后，应结出本账户的余额，并对该余额进行处理：

1. 若余额在借方，全部视同留抵进项税额，按借方余额数，借记"应交税费—应交增值税（进项税额）"账户，贷记本账户。

2. 若余额在贷方，且"应交税费—应交增值税"账户无余额，按贷方余额数，借记本账户，贷记"应交税费—未交增值税"账户。

3. 若本账户余额在贷方，"应交税费—应交增值税"账户有借方余额且等于或大于这个贷方余额，按贷方余额数，借记本账户，贷记"应交税费—应交增值税"账户。

4. 若本账户余额在贷方，"应交税费—应交增值税"账户有借方余额但小于这个贷方余额，应将这两个账户的余额冲出，其差额贷记"应交税费—未交增值税"账户。

【例2－71】 某工业企业为增值税一般纳税人。12月份增值税纳税资料：当期销项税额236 000元，当期购进货物的进项税额为247 000元。"应交税费—应交增值税"账户的借方余额为11 000元。次年1月15日税务机关对其检查时，发现有如下两笔业务会计处理有误：

（1）12月3日，发出产品一批用于捐赠，成本价80 000元，无同类产品售价，企业已作如下会计处理：

借：营业外支出	80 000	
贷：产成品		80 000

（2）12月24日，为基建工程购入材料35 100元，企业已作如下会计处理：

借：在建工程	30 000	
应交税费——应交增值税（进项税额）	5 100	
贷：银行存款		35 100

针对上述问题，应作查补税款的会计处理：

1. 对查出的问题进行会计调整。

(1) 企业对外捐赠产品，应视同销售，计算销项税额，无同类产品售价的，按组成计税价格计算。企业按成本价直接冲减库存商品，但未计算销项税额，属偷税行为。

销项税额 = 80 000 × (1 + 10%) × 17% = 14 960 (元)

据此，应调账如下：

借：营业外支出 14 960

贷：应交税费——增值税检查调整 14 960

(2) 企业用于非应税项目的购进货物，其进项税额不得抵扣，企业这种多报进项税额行为，属偷税行为。

据此，应调账如下：

借：在建工程 5 100

贷：应交税费——增值税检查调整 5 100

2. 确定企业偷税数额。

偷税数额 = 不报销项税额 + 多报进项税额

= 14 960 + 5 100 = 20 060 (元)

应按偷税额的 1 倍罚款。

3. 确定应补交税额。

当期应补税额 = 236 000 − 247 000 + 20 060 = 9 060 (元)

4. 进行会计处理。

借：应交税费——增值税检查调整 20 060

利润分配——未分配利润 20 060

贷：应交税费——未交增值税 9 060

——应交增值税 11 000

其他应交款——税收罚款 20 060

补缴税款及罚款时：

借：应交税费——未交增值税 9 060

其他应交款——税收罚款 20 060

贷：银行存款 29 120

从此例可见，企业的偷税数额，不一定等于补税数额；罚款额是税务机关根据《税收征管法》作出的。

【例2-72】某商业企业为增值税一般纳税人，12月份增值税纳税资料：当期销项税额50 000元，当期进项税额35 000元，当期已纳增值税15 000元。次年年初税务机关检查时，发现如下两笔业务未作会计处理：

1. 12月2日，企业购入商品100件，取得了增值税专用发票，注明价款50 000元，税款8 500元，但未作任何会计处理。

2. 12月21日，企业又将上述购入商品出售45件，取得现金35 100元，也未作任何会计处理。

经税务人员检查核实，认定企业在搞账外经营。偷税数额如下：

已销货物进项税额＝账外经营部分购货的进项税额－账外经营部分存货的进项税额

＝8 500－8 500×55%＝3 825（元）

应纳税额＝账外经营部分销项税额－账外经营部分中已销货物的进项税额

＝5 100－3 825＝1 275（元）

由于企业当期正常的增值税税额核算已经结束，此笔应纳税额1 275元，既是偷税数额，又是补税数额。

第七节　增值税纳税申报表的填制

一、一般纳税人增值税纳税申报表的填制

（一）纳税申报材料

1. 增值税一般纳税人（以下简称一般纳税人）纳税申报表及其附列资料包括：

（1）《增值税纳税申报表（一般纳税人适用）》。

（2）《增值税纳税申报表附列资料（一）》（本期销售情况明细）。

（3）《增值税纳税申报表附列资料（二）》（本期进项税额明细）。

（4）《增值税纳税申报表附列资料（三）》（服务、不动产和无形资产扣除项目

明细）。

一般纳税人销售服务、不动产和无形资产，在确定服务、不动产和无形资产销售额时，按照有关规定可以从取得的全部价款和价外费用中扣除价款的，需填报《增值税纳税申报表附列资料（三）》。其他情况不填写该附列资料。

（5）《增值税纳税申报表附列资料（四）》（税额抵减情况表）。

（6）《增值税纳税申报表附列资料（五）》（不动产分期抵扣计算表）。

（7）《固定资产（不含不动产）进项税额抵扣情况表》。

（8）《本期抵扣进项税额结构明细表》。

（9）《增值税减免税申报明细表》。

2. 纳税申报其他资料。

（1）已开具的税控机动车销售统一发票和普通发票的存根联。

（2）符合抵扣条件且在本期申报抵扣的增值税专用发票（含税控机动车销售统一发票）的抵扣联。

（3）符合抵扣条件且在本期申报抵扣的海关进口增值税专用缴款书、购进农产品取得的普通发票的复印件。

（4）符合抵扣条件且在本期申报抵扣的税收完税凭证及其清单，书面合同、付款证明和境外单位的对账单或者发票。

（5）已开具的农产品收购凭证的存根联或报查联。

（6）纳税人销售服务、不动产和无形资产，在确定服务、不动产和无形资产销售额时，按照有关规定从取得的全部价款和价外费用中扣除价款的合法凭证及其清单。

（7）主管税务机关规定的其他资料。

3. 纳税申报表及其附列资料为必报资料。纳税申报其他资料的报备要求由各省、自治区、直辖市和计划单列市国家税务局确定。

（二）增值税纳税申报表的格式

一般纳税人增值税纳税申报表的格式见表 2－2 至表 2－10 所示。

表 2-2　增值税纳税申报表

（一般纳税人适用）

根据国家税收法律法规及增值税相关规定制定本表。纳税人不论有无销售额，均应按税务机关核定的纳税期限填写本表，并向当地税务机关申报。

税款所属时间：自　年　月　日至　年　月　日　　　　填表日期：　年　月　日　　　　金额单位：元至角分

纳税人识别号				所属行业：	
纳税人名称	（公章）	法定代表人姓名		注册地址	
				生产经营地址	
开户银行及账号		登记注册类型		电话号码	

项目		栏次	一般货物、劳务和应税服务		即征即退货物、劳务和应税服务	
			本月数	本年累计	本月数	本年累计
销售额	（一）按适用税率计税销售额	1				
	其中：应税货物销售额	2				
	应税劳务销售额	3				
	纳税检查调整的销售额	4				
	（二）按简易办法计税销售额	5				
	其中：纳税检查调整的销售额	6				
	（三）免、抵、退办法出口销售额	7			—	—
	（四）免税销售额	8			—	—
	其中：免税货物销售额	9			—	—
	免税劳务销售额	10			—	—

续表

项目		栏次	一般货物、劳务和应税服务		即征即退货物、劳务和应税服务	
			本月数	本年累计	本月数	本年累计
税款计算	销项税额	11				
	进项税额	12				
	上期留抵税额	13				—
	进项税额转出	14				
	免、抵、退应退税额	15			—	—
	按适用税率计算的纳税检查应补缴税额	16			—	—
	应抵扣税额合计	17 = 12 + 13 - 14 - 15 + 16		—		—
	实际抵扣税额	18（如 17 < 11，则为 17，否则为 11）				
	应纳税额	19 = 11 - 18				
	期末留抵税额	20 = 17 - 18				—
	简易计税办法计算的应纳税额	21				
	按简易计税办法计算的纳税检查应补缴税额	22			—	—
	应纳税额减征额	23				
	应纳税额合计	24 = 19 + 21 - 23				

续表

项目		栏次	一般货物、劳务和应税服务		即征即退货物、劳务和应税服务	
			本月数	本年累计	本月数	本年累计
税款缴纳	期初未缴税额（多缴为负数）	25				
	实收出口开具专用缴款书退税额	26			—	—
	本期已缴税额	27 = 28 + 29 + 30 + 31				
	①分次预缴税额	28		—		—
	②出口开具专用缴款书预缴税额	29		—	—	—
	③本期缴纳上期应纳税额	30				
	④本期缴纳欠缴税额	31				
	期末未缴税额（多缴为负数）	32 = 24 + 25 + 26 − 27				
	其中：欠缴税额（≥0）	33 = 25 + 26 − 27		—		—
	本期应补（退）税额	34 = 24 − 28 − 29		—		—
	即征即退实际退税额	35	—	—		
	期初未缴查补税额	36			—	—
	本期入库查补税额	37			—	—
	期末未缴查补税额	38 = 16 + 22 + 36 − 37			—	—
授权声明	如果你已委托代理人申报，请填写下列资料： 为代理一切税务事宜，现授权 （地址）　　为本纳税人的代理申报人，任何与本申报表有关的往来文件，都可寄予此人。 授权人签字：		申报人声明	本纳税申报表是根据国家税收法律法规及相关规定填报的，我确定它是真实的、可靠的、完整的。 声明人签字：		

主管税务机关：　　　　接收人：　　　　接收日期：

表 2－3　增值税纳税申报表附列资料（一）

（本期销售情况明细）

纳税人名称：（公章）　　　　税款所属时间：　年　月　日至　年　月　日　　　　金额单位：元至角分

项目及栏次				开具增值税专用发票		开具其他发票		未开具发票		纳税检查调整		合计			服务、不动产和无形资产扣除项目本期实际扣除金额	扣除后	
				销售额	销项（应纳）税额	销售额	销项（应纳）税额	销售额	销项（应纳）税额	销售额	销项（应纳）税额	销售额	销项（应纳）税额	价税合计		含税（免税）销售额	销项（应纳）税额
				1	2	3	4	5	6	7	8	9 = 1 + 3 + 5 + 7	10 = 2 + 4 + 6 + 8	11 = 9 + 10	12	13 = 11 − 12	14 = 13 ÷（100% + 税率或征收率）× 税率或征收率
一、一般计税方法计税	全部征税项目	17% 税率的货物及加工修理修配劳务	1											—	—	—	—
		17% 税率的服务、不动产和无形资产	2														
		13% 税率	3											—	—	—	—
		11% 税率	4														
		6% 税率	5														

续表

项目及栏次				开具增值税专用发票		开具其他发票		未开具发票		纳税检查调整		合计			服务、不动产和无形资产扣除项目本期实际扣除金额	扣除后	
				销售额	销项（应纳）税额	销售额	销项（应纳）税额	销售额	销项（应纳）税额	销售额	销项（应纳）税额	销售额	销项（应纳）税额	价税合计		含税（免税）销售额	销项（应纳）税额
				1	2	3	4	5	6	7	8	9 = 1 + 3 + 5 + 7	10 = 2 + 4 + 6 + 8	11 = 9 + 10	12	13 = 11 − 12	14 = 13 ÷（100% + 税率或征收率）× 税率或征收率
一、一般计税方法计税	其中：即征即退项目	即征即退货物及加工修理修配劳务	6	—	—	—	—	—	—	—	—			—	—	—	—
		即征即退服务、不动产和无形资产	7	—	—	—	—	—	—	—	—						
二、简易计税方法计税	全部征税项目	6% 征收率	8							—	—			—	—	—	—
		5% 征收率的货物及加工修理修配劳务	9a							—	—			—	—	—	—
		5% 征收率的服务、不动产和无形资产	9b							—	—						

续表

项目及栏次				开具增值税专用发票		开具其他发票		未开具发票		纳税检查调整		合计			服务、不动产和无形资产扣除项目本期实际扣除金额	扣除后	
				销售额	销项（应纳）税额	销售额	销项（应纳）税额	销售额	销项（应纳）税额	销售额	销项（应纳）税额	销售额	销项（应纳）税额	价税合计		含税（免税）销售额	销项（应纳）税额
				1	2	3	4	5	6	7	8	9 = 1 + 3 + 5 + 7	10 = 2 + 4 + 6 + 8	11 = 9 + 10	12	13 = 11 − 12	14 = 13 ÷ （100% + 税率或征收率）× 税率或征收率
二、简易计税方法计税	全部征税项目	4% 征收率	10							—	—			—	—	—	—
		3% 征收率的货物及加工修理修配劳务	11							—	—			—	—	—	—
		3% 征收率的服务、不动产和无形资产	12							—	—						
		预征率 %	13a							—	—						
		预征率 %	13b							—	—						
		预征率 %	13c							—	—						

续表

项目及栏次				开具增值税专用发票		开具其他发票		未开具发票		纳税检查调整		合计			服务、不动产和无形资产扣除项目本期实际扣除金额	扣除后	
				销售额	销项（应纳）税额	销售额	销项（应纳）税额	销售额	销项（应纳）税额	销售额	销项（应纳）税额	销售额	销项（应纳）税额	价税合计		含税（免税）销售额	销项（应纳）税额
				1	2	3	4	5	6	7	8	9 = 1 + 3 + 5 + 7	10 = 2 + 4 + 6 + 8	11 = 9 + 10	12	13 = 11 − 12	14 = 13 ÷ (100% + 税率或征收率) × 税率或征收率
二、简易计税方法计税	其中：即征即退项目	即征即退货物及加工修理修配劳务	14	—	—	—	—	—	—	—	—			—	—	—	—
二、简易计税方法计税	其中：即征即退项目	即征即退服务、不动产和无形资产	15	—	—	—	—	—	—	—	—						
三、免抵退税	货物及加工修理修配劳务		16	—	—		—		—	—	—		—	—	—	—	—
三、免抵退税	服务、不动产和无形资产		17	—	—		—		—	—	—		—				—

续表

项目及栏次			开具增值税专用发票		开具其他发票		未开具发票		纳税检查调整		合计			服务、不动产和无形资产扣除项目本期实际扣除金额	扣除后	
			销售额	销项（应纳）税额	销售额	销项（应纳）税额	销售额	销项（应纳）税额	销售额	销项（应纳）税额	销售额	销项（应纳）税额	价税合计		含税（免税）销售额	销项（应纳）税额
			1	2	3	4	5	6	7	8	9 = 1 + 3 + 5 + 7	10 = 2 + 4 + 6 + 8	11 = 9 + 10	12	13 = 11 − 12	14 = 13 ÷（100% + 税率或征收率）× 税率或征收率
四、免税	货物及加工修理修配劳务	18				—		—	—	—		—	—	—	—	—
	服务、不动产和无形资产	19	—	—		—		—	—	—		—				—

表 2－4　增值税纳税申报表附列资料（二）

（本期进项税额明细）

纳税人名称：（公章）　　　　税款所属时间：年　月　日至　年　月　日

金额单位：元至角分

一、申报抵扣的进项税额

项目	栏次	份数	金额	税额
（一）认证相符的增值税专用发票	1 = 2 + 3			
其中：本期认证相符且本期申报抵扣	2			
前期认证相符且本期申报抵扣	3			
（二）其他扣税凭证	4 = 5 + 6 + 7 + 8			
其中：海关进口增值税专用缴款书	5			
农产品收购发票或者销售发票	6			
代扣代缴税收缴款凭证	7		—	
其他	8			
（三）本期用于购建不动产的扣税凭证	9			
（四）本期不动产允许抵扣进项税额	10	—	—	
（五）外贸企业进项税额抵扣证明	11	—	—	
当期申报抵扣进项税额合计	12 = 1 + 4 − 9 + 10 + 11			

二、进项税额转出额

项目	栏次	税额
本期进项税额转出额	13 = 14 至 23 之和	
其中：免税项目用	14	
集体福利、个人消费	15	
非正常损失	16	
简易计税方法征税项目用	17	
免抵退税办法不得抵扣的进项税额	18	
纳税检查调减进项税额	19	
红字专用发票信息表注明的进项税额	20	
上期留抵税额抵减欠税	21	
上期留抵税额退税	22	
其他应作进项税额转出的情形	23	

续表

三、待抵扣进项税额				
项目	栏次	份数	金额	税额
（一）认证相符的增值税专用发票	24	—	—	—
期初已认证相符但未申报抵扣	25			
本期认证相符且本期未申报抵扣	26			
期末已认证相符但未申报抵扣	27			
其中：按照税法规定不允许抵扣	28			
（二）其他扣税凭证	29 =30 至 33 之和			
其中：海关进口增值税专用缴款书	30			
农产品收购发票或者销售发票	31			
代扣代缴税收缴款凭证	32		—	
其他	33			
	34			
四、其他				
项目	栏次	份数	金额	税额
本期认证相符的增值税专用发票	35			
代扣代缴税额	36	—	—	

表 2－5 增值税纳税申报表附列资料（三）

（服务、不动产和无形资产扣除项目明细）

纳税人名称：（公章） 税款所属时间： 年 月 日至 年 月 日

金额单位：元至角分

项目及栏次		本期服务、不动产和无形资产价税合计额（免税销售额）	服务、不动产和无形资产扣除项目				
			期初余额	本期发生额	本期应扣除金额	本期实际扣除金额	期末余额
		1	2	3	4 =2 +3	5（5≤1 且 5≤4）	6 =4 －5
17% 税率的项目	1						
11% 税率的项目	2						
6% 税率的项目（不含金融商品转让）	3						

续表

项目及栏次		本期服务、不动产和无形资产价税合计额（免税销售额）	服务、不动产和无形资产扣除项目				
			期初余额	本期发生额	本期应扣除金额	本期实际扣除金额	期末余额
		1	2	3	4 = 2 + 3	5（5≤1且5≤4）	6 = 4 − 5
6% 税率的金融商品转让项目	4						
5% 征收率的项目	5						
3% 征收率的项目	6						
免抵退税的项目	7						
免税的项目	8						

表 2－6　增值税纳税申报表附列资料（四）

（税额抵减情况表）

纳税人名称：（公章）　　　税款所属时间：　年　月　日至　年　月　日

金额单位：元至角分

序号	抵减项目	期初余额	本期发生额	本期应抵减税额	本期实际抵减税额	期末余额
		1	2	3 = 1 + 2	4≤3	5 = 3 − 4
1	增值税税控系统专用设备费及技术维护费					
2	分支机构预征缴纳税款					
3	建筑服务预征缴纳税款					
4	销售不动产预征缴纳税款					
5	出租不动产预征缴纳税款					

表 2－7　增值税纳税申报表附列资料（五）

（不动产分期抵扣计算表）

纳税人名称：（公章）　　　税款所属时间：　年　月　日至　年　月　日

金额单位：元至角分

期初待抵扣不动产进项税额	本期不动产进项税额增加额	本期可抵扣不动产进项税额	本期转入的待抵扣不动产进项税额	本期转出的待抵扣不动产进项税额	期末待抵扣不动产进项税额
1	2	3≤1 + 2 + 4	4	5≤1 + 4	6 = 1 + 2 − 3 + 4 − 5

表 2-8 固定资产（不含不动产）进项税额抵扣情况表

纳税人名称（公章）：　　填表日期：　年　月　日

金额单位：元至角分

项目	当期申报抵扣的固定资产进项税额	申报抵扣的固定资产进项税额累计
增值税专用发票		
海关进口增值税专用缴款书		
合计		

表 2-9 本期抵扣进项税额结构明细表

纳税人名称：（公章）　　税款所属时间：年　月　日至　年　月　日

金额单位：元至角分

项目	栏次	金额	税额
合计	1 = 2 + 4 + 5 + 10 + 13 + 15 + 17 + 18 + 19		
17% 税率的进项	2		
其中：有形动产租赁的进项	3		
13% 税率的进项	4		
11% 税率的进项	5		
其中：货物运输服务的进项	6		
建筑安装服务的进项	7		
不动产租赁服务的进项	8		
购入不动产的进项	9		
6% 税率的进项	10		
其中：直接收费金融服务的进项	11		
财产保险的进项	12		
5% 征收率的进项	13		
其中：购入不动产的进项	14		
3% 征收率的进项	15		
其中：建筑安装服务的进项	16		
1.5% 征收率的进项	17		
农产品核定扣除进项	18		
外贸企业进项税额抵扣证明注明的进项	19		
	20		
	21		

表2－10　增值税减免税申报明细表

纳税人名称（公章）：　　　　税款所属时间：自　年　月　日至　年　月　日

金额单位：元至角分

一、减税项目						
减税性质代码及名称	栏次	期初余额	本期发生额	本期应抵减税额	本期实际抵减税额	期末余额
		1	2	3＝1＋2	4≤3	5＝3－4
合计	1					
	2					
	3					
	4					
	5					
	6					

二、免税项目						
免税性质代码及名称	栏次	免征增值税项目销售额	免税销售额扣除项目本期实际扣除金额	扣除后免税销售额	免税销售额对应的进项税额	免税额
		1	2	3＝1－2	4	5
合计	7					
出口免税	8		—	—	—	—
其中：跨境服务	9		—	—	—	—
	10					
	11					
	12					
	13					
	14					
	15					
	16					

（三）《增值税纳税申报表（一般纳税人适用）》及其附列资料填写说明

本纳税申报表及其附列资料填写说明（以下简称本表及填写说明）适用于增值税一般纳税人（以下简称纳税人）。

1. 名词解释。

（1）本表及填写说明所称“货物”，是指增值税的应税货物。

（2）本表及填写说明所称“劳务”，是指增值税的应税加工、修理、修配劳务。

（3）本表及填写说明所称“服务、不动产和无形资产”，是指销售服务、不动产和无形资产。

（4）本表及填写说明所称“按适用税率计税”、“按适用税率计算”和“一般计税方法”，均指按“应纳税额 = 当期销项税额 - 当期进项税额”公式计算增值税应纳税额的计税方法。

（5）本表及填写说明所称“按简易办法计税”、“按简易征收办法计算”和“简易计税方法”，均指按“应纳税额 = 销售额 × 征收率”公式计算增值税应纳税额的计税方法。

（6）本表及填写说明所称“扣除项目”，是指纳税人销售服务、不动产和无形资产，在确定销售额时，按照有关规定允许其从取得的全部价款和价外费用中扣除价款的项目。

2.《增值税纳税申报表（一般纳税人适用）》填写说明。

（1）“税款所属时间”：指纳税人申报的增值税应纳税额的所属时间，应填写具体的起止年、月、日。

（2）“填表日期”：指纳税人填写本表的具体日期。

（3）“纳税人识别号”：填写纳税人的税务登记证件号码。

（4）“所属行业”：按照国民经济行业分类与代码中的小类行业填写。

（5）“纳税人名称”：填写纳税人单位名称全称。

（6）“法定代表人姓名”：填写纳税人法定代表人的姓名。

（7）“注册地址”：填写纳税人税务登记证件所注明的详细地址。

（8）“生产经营地址”：填写纳税人实际生产经营地的详细地址。

（9）“开户银行及账号”：填写纳税人开户银行的名称和纳税人在该银行的结算账户号码。

（10）“登记注册类型”：按纳税人税务登记证件的栏目内容填写。

（11）“电话号码”：填写可联系到纳税人的常用电话号码。

（12）“即征即退项目”列：填写纳税人按规定享受增值税即征即退政策的货物、劳务和服务、不动产、无形资产的征（退）税数据。

（13）“一般项目”列：填写除享受增值税即征即退政策以外的货物、劳务和服务、不动产、无形资产的征（免）税数据。

（14）“本年累计”列：一般填写本年度内各月“本月数”之和。其中，第13、20、25、32、36、38栏及第18栏“实际抵扣税额”“一般项目”列的“本年累计”

分别按本填写说明第（27）（34）（39）（46）（50）（52）（32）条要求填写。

（15）第1栏“（一）按适用税率计税销售额”：填写纳税人本期按一般计税方法计算缴纳增值税的销售额，包含：在财务上不作销售但按税法规定应缴纳增值税的视同销售和价外费用的销售额；外贸企业作价销售进料加工复出口货物的销售额；税务、财政、审计部门检查后按一般计税方法计算调整的销售额。

营业税改征增值税的纳税人，服务、不动产和无形资产有扣除项目的，本栏应填写扣除之前的不含税销售额。

本栏“一般项目”列“本月数”=《附列资料（一）》第9列第1至5行之和－第9列第6、7行之和；本栏“即征即退项目”列“本月数”=《附列资料（一）》第9列第6、7行之和。

（16）第2栏“其中：应税货物销售额”：填写纳税人本期按适用税率计算增值税的应税货物的销售额。包含在财务上不作销售但按税法规定应缴纳增值税的视同销售货物和价外费用销售额，以及外贸企业作价销售进料加工复出口货物的销售额。

（17）第3栏“应税劳务销售额”：填写纳税人本期按适用税率计算增值税的应税劳务的销售额。

（18）第4栏“纳税检查调整的销售额”：填写纳税人因税务、财政、审计部门检查，并按一般计税方法在本期计算调整的销售额。但享受增值税即征即退政策的货物、劳务和服务、不动产、无形资产，经纳税检查属于偷税的，不填入“即征即退项目”列，而应填入“一般项目”列。

营业税改征增值税的纳税人，服务、不动产和无形资产有扣除项目的，本栏应填写扣除之前的不含税销售额。

本栏“一般项目”列“本月数”=《附列资料（一）》第7列第1至5行之和。

（19）第5栏“按简易办法计税销售额”：填写纳税人本期按简易计税方法计算增值税的销售额。包含纳税检查调整按简易计税方法计算增值税的销售额。

营业税改征增值税的纳税人，服务、不动产和无形资产有扣除项目的，本栏应填写扣除之前的不含税销售额；服务、不动产和无形资产按规定汇总计算缴纳增值税的分支机构，其当期按预征率计算缴纳增值税的销售额也填入本栏。

本栏“一般项目”列“本月数”≥《附列资料（一）》第9列第8至13b行之和－第9列第14、15行之和；本栏“即征即退项目”列“本月数”≥《附列资料（一）》第9列第14、15行之和。

（20）第6栏“其中：纳税检查调整的销售额”：填写纳税人因税务、财政、审计部门检查，并按简易计税方法在本期计算调整的销售额。但享受增值税即征即退政策的货物、劳务和服务、不动产、无形资产，经纳税检查属于偷税的，不填入

"即征即退项目"列，而应填入"一般项目"列。

营业税改征增值税的纳税人，服务、不动产和无形资产有扣除项目的，本栏应填写扣除之前的不含税销售额。

（21）第7栏"免、抵、退办法出口销售额"：填写纳税人本期适用免、抵、退税办法的出口货物、劳务和服务、无形资产的销售额。

营业税改征增值税的纳税人，服务、无形资产有扣除项目的，本栏应填写扣除之前的销售额。

本栏"一般项目"列"本月数"=《附列资料（一）》第9列第16、17行之和。

（22）第8栏"免税销售额"：填写纳税人本期按照税法规定免征增值税的销售额和适用零税率的销售额，但零税率的销售额中不包括适用免、抵、退税办法的销售额。

营业税改征增值税的纳税人，服务、不动产和无形资产有扣除项目的，本栏应填写扣除之前的免税销售额。

本栏"一般项目"列"本月数"=《附列资料（一）》第9列第18、19行之和。

（23）第9栏"其中：免税货物销售额"：填写纳税人本期按照税法规定免征增值税的货物销售额及适用零税率的货物销售额，但零税率的销售额中不包括适用免、抵、退税办法出口货物的销售额。

（24）第10栏"免税劳务销售额"：填写纳税人本期按照税法规定免征增值税的劳务销售额及适用零税率的劳务销售额，但零税率的销售额中不包括适用免、抵、退税办法的劳务的销售额。

（25）第11栏"销项税额"：填写纳税人本期按一般计税方法计税的货物、劳务和服务、不动产、无形资产的销项税额。

营业税改征增值税的纳税人，服务、不动产和无形资产有扣除项目的，本栏应填写扣除之后的销项税额。

本栏"一般项目"列"本月数"=《附列资料（一）》（第10列第1、3行之和－第10列第6行）+（第14列第2、4、5行之和－第14列第7行）；

本栏"即征即退项目"列"本月数"=《附列资料（一）》第10列第6行+第14列第7行。

（26）第12栏"进项税额"：填写纳税人本期申报抵扣的进项税额。

本栏"一般项目"列"本月数"+"即征即退项目"列"本月数"=《附列资料（二）》第12栏"税额"。

（27）第13栏"上期留抵税额"。

①上期留抵税额按规定须挂账的纳税人，按以下要求填写本栏的"本月数"和

“本年累计”。

上期留抵税额按规定须挂账的纳税人是指试点实施之日前一个税款所属期的申报表第20栏“期末留抵税额”“一般货物、劳务和应税服务”列“本月数”大于零，且兼有营业税改征增值税服务、不动产和无形资产的纳税人（下同）。其试点实施之日前一个税款所属期的申报表第20栏“期末留抵税额”“一般货物、劳务和应税服务”列“本月数”，以下称为货物和劳务挂账留抵税额。

A. 本栏“一般项目”列“本月数”：试点实施之日的税款所属期填写“0”；以后各期按上期申报表第20栏“期末留抵税额”“一般项目”列“本月数”填写。

B. 本栏“一般项目”列“本年累计”：反映货物和劳务挂账留抵税额本期期初余额。试点实施之日的税款所属期按试点实施之日前一个税款所属期的申报表第20栏“期末留抵税额”“一般货物、劳务和应税服务”列“本月数”填写；以后各期按上期申报表第20栏“期末留抵税额”“一般项目”列“本年累计”填写。

C. 本栏“即征即退项目”列“本月数”：按上期申报表第20栏“期末留抵税额”“即征即退项目”列“本月数”填写。

②其他纳税人，按以下要求填写本栏“本月数”和“本年累计”。

其他纳税人是指除上期留抵税额按规定须挂账的纳税人之外的纳税人（下同）。

A. 本栏“一般项目”列“本月数”：按上期申报表第20栏“期末留抵税额”“一般项目”列“本月数”填写。

B. 本栏“一般项目”列“本年累计”：填写“0”。

C. 本栏“即征即退项目”列“本月数”：按上期申报表第20栏“期末留抵税额”“即征即退项目”列“本月数”填写。

(28) 第14栏“进项税额转出”：填写纳税人已经抵扣，但按税法规定本期应转出的进项税额。

本栏“一般项目”列“本月数”+“即征即退项目”列“本月数”=《附列资料（二）》第13栏“税额”。

(29) 第15栏“免、抵、退应退税额”：反映税务机关退税部门按照出口货物、劳务和服务、无形资产免、抵、退办法审批的增值税应退税额。

(30) 第16栏“按适用税率计算的纳税检查应补缴税额”：填写税务、财政、审计部门检查，按一般计税方法计算的纳税检查应补缴的增值税税额。

本栏“一般项目”列“本月数”≤《附列资料（一）》第8列第1至5行之和+《附列资料（二）》第19栏。

(31) 第17栏“应抵扣税额合计”：填写纳税人本期应抵扣进项税额的合计数。按表中所列公式计算填写。

(32) 第18栏“实际抵扣税额”。

①上期留抵税额按规定须挂账的纳税人，按以下要求填写本栏的“本月数”和“本年累计”。

A. 本栏“一般项目”列“本月数”：按表中所列公式计算填写。

B. 本栏“一般项目”列“本年累计”：填写货物和劳务挂账留抵税额本期实际抵减一般货物和劳务应纳税额的数额。将“货物和劳务挂账留抵税额本期期初余额”与“一般计税方法的一般货物及劳务应纳税额”两个数据相比较，取二者中小的数据。

其中：货物和劳务挂账留抵税额本期期初余额 = 第13栏“上期留抵税额”“一般项目”列“本年累计”；

一般计税方法的一般货物及劳务应纳税额 = (第11栏“销项税额”“一般项目”列“本月数” - 第18栏“实际抵扣税额”“一般项目”列“本月数”) × 一般货物及劳务销项税额比例；

一般货物及劳务销项税额比例 = (《附列资料（一）》第10列第1、3行之和 - 第10列第6行) ÷ 第11栏“销项税额”“一般项目”列“本月数” × 100%。

C. 本栏“即征即退项目”列“本月数”：按表中所列公式计算填写。

②其他纳税人，按以下要求填写本栏的“本月数”和“本年累计”。

A. 本栏“一般项目”列“本月数”：按表中所列公式计算填写。

B. 本栏“一般项目”列“本年累计”：填写“0”。

C. 本栏“即征即退项目”列“本月数”：按表中所列公式计算填写。

(33) 第19栏“应纳税额”：反映纳税人本期按一般计税方法计算并应缴纳的增值税额。按以下公式计算填写：

①本栏“一般项目”列“本月数” = 第11栏“销项税额”“一般项目”列“本月数” - 第18栏“实际抵扣税额”“一般项目”列“本月数” - 第18栏“实际抵扣税额”“一般项目”列“本年累计”。

②本栏“即征即退项目”列“本月数” = 第11栏“销项税额”“即征即退项目”列“本月数” - 第18栏“实际抵扣税额”“即征即退项目”列“本月数”。

(34) 第20栏“期末留抵税额”。

①上期留抵税额按规定须挂账的纳税人，按以下要求填写本栏的“本月数”和“本年累计”：

A. 本栏“一般项目”列“本月数”：反映试点实施以后，货物、劳务和服务、不动产、无形资产共同形成的留抵税额。按表中所列公式计算填写。

B. 本栏“一般项目”列“本年累计”：反映货物和劳务挂账留抵税额，在试点实施以后抵减一般货物和劳务应纳税额后的余额。按以下公式计算填写：

本栏"一般项目"列"本年累计"＝第13栏"上期留抵税额""一般项目"列"本年累计"－第18栏"实际抵扣税额""一般项目"列"本年累计"。

C. 本栏"即征即退项目"列"本月数"：按表中所列公式计算填写。

②其他纳税人，按以下要求填写本栏"本月数"和"本年累计"：

A. 本栏"一般项目"列"本月数"：按表中所列公式计算填写。

B. 本栏"一般项目"列"本年累计"：填写"0"。

C. 本栏"即征即退项目"列"本月数"：按表中所列公式计算填写。

（35）第21栏"简易计税办法计算的应纳税额"：反映纳税人本期按简易计税方法计算并应缴纳的增值税额，但不包括按简易计税方法计算的纳税检查应补缴税额。按以下公式计算填写：

本栏"一般项目"列"本月数"＝《附列资料（一）》（第10列第8、9a、10、11行之和－第10列第14行）＋（第14列第9b、12、13a、13b行之和－第14列第15行）

本栏"即征即退项目"列"本月数"＝《附列资料（一）》第10列第14行＋第14列第15行。

营业税改征增值税的纳税人，服务、不动产和无形资产按规定汇总计算缴纳增值税的分支机构，应将预征增值税额填入本栏。预征增值税额＝应预征增值税的销售额×预征率。

（36）第22栏"按简易计税办法计算的纳税检查应补缴税额"：填写纳税人本期因税务、财政、审计部门检查并按简易计税方法计算的纳税检查应补缴税额。

（37）第23栏"应纳税额减征额"：填写纳税人本期按照税法规定减征的增值税应纳税额。包含按照规定可在增值税应纳税额中全额抵减的增值税税控系统专用设备费用以及技术维护费。

当本期减征额小于或等于第19栏"应纳税额"与第21栏"简易计税办法计算的应纳税额"之和时，按本期减征额实际填写；当本期减征额大于第19栏"应纳税额"与第21栏"简易计税办法计算的应纳税额"之和时，按本期第19栏与第21栏之和填写。本期减征额不足抵减部分结转下期继续抵减。

（38）第24栏"应纳税额合计"：反映纳税人本期应缴增值税的合计数。按表中所列公式计算填写。

（39）第25栏"期初未缴税额（多缴为负数）"："本月数"按上一税款所属期申报表第32栏"期末未缴税额（多缴为负数）""本月数"填写。"本年累计"按上年度最后一个税款所属期申报表第32栏"期末未缴税额（多缴为负数）""本年累计”填写。

（40）第 26 栏“实收出口开具专用缴款书退税额”：本栏不填写。

（41）第 27 栏“本期已缴税额”：反映纳税人本期实际缴纳的增值税额，但不包括本期入库的查补税款。按表中所列公式计算填写。

（42）第 28 栏“①分次预缴税额”：填写纳税人本期已缴纳的准予在本期增值税应纳税额中抵减的税额。

营业税改征增值税的纳税人，分以下几种情况填写：

①服务、不动产和无形资产按规定汇总计算缴纳增值税的总机构，其可以从本期增值税应纳税额中抵减的分支机构已缴纳的税款，按当期实际可抵减数填入本栏，不足抵减部分结转下期继续抵减。

②销售建筑服务并按规定预缴增值税的纳税人，其可以从本期增值税应纳税额中抵减的已缴纳的税款，按当期实际可抵减数填入本栏，不足抵减部分结转下期继续抵减。

③销售不动产并按规定预缴增值税的纳税人，其可以从本期增值税应纳税额中抵减的已缴纳的税款，按当期实际可抵减数填入本栏，不足抵减部分结转下期继续抵减。

④出租不动产并按规定预缴增值税的纳税人，其可以从本期增值税应纳税额中抵减的已缴纳的税款，按当期实际可抵减数填入本栏，不足抵减部分结转下期继续抵减。

（43）第 29 栏“②出口开具专用缴款书预缴税额”：本栏不填写。

（44）第 30 栏“③本期缴纳上期应纳税额”：填写纳税人本期缴纳上一税款所属期应缴未缴的增值税额。

（45）第 31 栏“④本期缴纳欠缴税额”：反映纳税人本期实际缴纳和留抵税额抵减的增值税欠税额，但不包括缴纳入库的查补增值税额。

（46）第 32 栏“期末未缴税额（多缴为负数）”：“本月数”反映纳税人本期期末应缴未缴的增值税额，但不包括纳税检查应缴未缴的税额。按表中所列公式计算填写。“本年累计”与“本月数”相同。

（47）第 33 栏“其中：欠缴税额（≥0）”：反映纳税人按照税法规定已形成欠税的增值税额。按表中所列公式计算填写。

（48）第 34 栏“本期应补（退）税额”：反映纳税人本期应纳税额中应补缴或应退回的数额。按表中所列公式计算填写。

（49）第 35 栏“即征即退实际退税额”：反映纳税人本期因符合增值税即征即退政策规定，而实际收到的税务机关退回的增值税额。

（50）第36栏"期初未缴查补税额"："本月数"按上一税款所属期申报表第38栏"期末未缴查补税额""本月数"填写。"本年累计"按上年度最后一个税款所属期申报表第38栏"期末未缴查补税额""本年累计"填写。

（51）第37栏"本期入库查补税额"：反映纳税人本期因税务、财政、审计部门检查而实际入库的增值税额，包括按一般计税方法计算并实际缴纳的查补增值税额和按简易计税方法计算并实际缴纳的查补增值税额。

（52）第38栏"期末未缴查补税额"："本月数"反映纳税人接受纳税检查后应在本期期末缴纳而未缴纳的查补增值税额。按表中所列公式计算填写，"本年累计"与"本月数"相同。

3.《增值税纳税申报表附列资料（一）》（本期销售情况明细）填写说明。

（1）"税款所属时间""纳税人名称"的填写同主表。

（2）各列说明。

①第1至2列"开具增值税专用发票"：反映本期开具增值税专用发票（含税控机动车销售统一发票，下同）的情况。

②第3至4列"开具其他发票"：反映除增值税专用发票以外本期开具的其他发票的情况。

③第5至6列"未开具发票"：反映本期未开具发票的销售情况。

④第7至8列"纳税检查调整"：反映经税务、财政、审计部门检查并在本期调整的销售情况。

⑤第9至11列"合计"：按照表中所列公式填写。

营业税改征增值税的纳税人，服务、不动产和无形资产有扣除项目的，第1至11列应填写扣除之前的征（免）税销售额、销项（应纳）税额和价税合计额。

⑥第12列"服务、不动产和无形资产扣除项目本期实际扣除金额"：营业税改征增值税的纳税人，服务、不动产和无形资产有扣除项目的，按《附列资料（三）》第5列对应各行次数据填写，其中本列第5栏等于《附列资料（三）》第5列第3行与第4行之和；服务、不动产和无形资产无扣除项目的，本列填写"0"。其他纳税人不填写。

营业税改征增值税的纳税人，服务、不动产和无形资产按规定汇总计算缴纳增值税的分支机构，当期服务、不动产和无形资产有扣除项目的，填入本列第13行。

⑦第13列"扣除后""含税（免税）销售额"：营业税改征增值税的纳税人，服务、不动产和无形资产有扣除项目的，本列各行次 = 第11列对应各行次 - 第12列对应各行次。其他纳税人不填写。

⑧第14列"扣除后""销项（应纳）税额"：营业税改征增值税的纳税人，服

务、不动产和无形资产有扣除项目的，按以下要求填写本列，其他纳税人不填写。

A. 服务、不动产和无形资产按照一般计税方法计税

本列各行次 = 第 13 列 ÷ (100% + 对应行次税率) × 对应行次税率

本列第 7 行“按一般计税方法计税的即征即退服务、不动产和无形资产”不按本列的说明填写。具体填写要求见“各行说明”第 2 条第（2）项第③点的说明。

B. 服务、不动产和无形资产按照简易计税方法计税

本列各行次 = 第 13 列 ÷ (100% + 对应行次征收率) × 对应行次征收率

本列第 13 行“预征率 %”不按本列的说明填写。具体填写要求见“各行说明”第 4 条第（2）项。

C. 服务、不动产和无形资产实行免抵退税或免税的，本列不填写。

(3) 各行说明。

①第 1 至 5 行“一、一般计税方法计税”“全部征税项目”各行：按不同税率和项目分别填写按一般计税方法计算增值税的全部征税项目。有即征即退征税项目的纳税人，本部分数据中既包括即征即退征税项目，又包括不享受即征即退政策的一般征税项目。

②第 6 至 7 行“一、一般计税方法计税”“其中：即征即退项目”各行：只反映按一般计税方法计算增值税的即征即退项目。按照税法规定不享受即征即退政策的纳税人，不填写本行。即征即退项目是全部征税项目的其中数。

A. 第 6 行“即征即退货物及加工修理修配劳务”：反映按一般计税方法计算增值税且享受即征即退政策的货物和加工修理修配劳务。本行不包括服务、不动产和无形资产的内容。

本行第 9 列“合计”“销售额”栏：反映按一般计税方法计算增值税且享受即征即退政策的货物及加工修理修配劳务的不含税销售额。该栏不按第 9 列所列公式计算，应按照税法规定据实填写。

本行第 10 列“合计”“销项（应纳）税额”栏：反映按一般计税方法计算增值税且享受即征即退政策的货物及加工修理修配劳务的销项税额。该栏不按第 10 列所列公式计算，应按照税法规定据实填写。

B. 第 7 行“即征即退服务、不动产和无形资产”：反映按一般计税方法计算增值税且享受即征即退政策的服务、不动产和无形资产。本行不包括货物及加工修理修配劳务的内容。

本行第 9 列“合计”“销售额”栏：反映按一般计税方法计算增值税且享受即征即退政策的服务、不动产和无形资产的不含税销售额。服务、不动产和无形资产有扣除项目的，按扣除之前的不含税销售额填写。该栏不按第 9 列所列公式计算，

应按照税法规定据实填写。

本行第10列“合计”“销项（应纳）税额”栏：反映按一般计税方法计算增值税且享受即征即退政策的服务、不动产和无形资产的销项税额。服务、不动产和无形资产有扣除项目的，按扣除之前的销项税额填写。该栏不按第10列所列公式计算，应按照税法规定据实填写。

本行第14列“扣除后”“销项（应纳）税额”栏：反映按一般计税方法征收增值税且享受即征即退政策的服务、不动产和无形资产实际应计提的销项税额。服务、不动产和无形资产有扣除项目的，按扣除之后的销项税额填写；服务、不动产和无形资产无扣除项目的，按本行第10列填写。该栏不按第14列所列公式计算，应按照税法规定据实填写。

③第8至12行“二、简易计税方法计税”“全部征税项目”各行：按不同征收率和项目分别填写按简易计税方法计算增值税的全部征税项目。有即征即退征税项目的纳税人，本部分数据中既包括即征即退项目，也包括不享受即征即退政策的一般征税项目。

④第13a至13c行“二、简易计税方法计税”“预征率％”：反映营业税改征增值税的纳税人，服务、不动产和无形资产按规定汇总计算缴纳增值税的分支机构，预征增值税销售额、预征增值税应纳税额。其中，第13a行“预征率％”适用于所有实行汇总计算缴纳增值税的分支机构试点纳税人；第13b、13c行“预征率％”适用于部分实行汇总计算缴纳增值税的铁路运输试点纳税人。

A. 第13a至13c行第1至6列按照销售额和销项税额的实际发生数填写。

B. 第13a至13c行第14列，纳税人按“应预征缴纳的增值税＝应预征增值税销售额×预征率”公式计算后据实填写。

⑤第14至15行“二、简易计税方法计税”“其中：即征即退项目”各行：只反映按简易计税方法计算增值税的即征即退项目。按照税法规定不享受即征即退政策的纳税人，不填写本行。即征即退项目是全部征税项目的其中数。

A. 第14行“即征即退货物及加工修理修配劳务”：反映按简易计税方法计算增值税且享受即征即退政策的货物及加工修理修配劳务。本行不包括服务、不动产和无形资产的内容。

本行第9列“合计”“销售额”栏：反映按简易计税方法计算增值税且享受即征即退政策的货物及加工修理修配劳务的不含税销售额。该栏不按第9列所列公式计算，应按照税法规定据实填写。

本行第10列“合计”“销项（应纳）税额”栏：反映按简易计税方法计算增值税且享受即征即退政策的货物及加工修理修配劳务的应纳税额。该栏不按第10列所列公式计算，应按照税法规定据实填写。

B. 第 15 行“即征即退服务、不动产和无形资产”：反映按简易计税方法计算增值税且享受即征即退政策的服务、不动产和无形资产。本行不包括货物及加工修理修配劳务的内容。

本行第 9 列“合计”“销售额”栏：反映按简易计税方法计算增值税且享受即征即退政策的服务、不动产和无形资产的不含税销售额。服务、不动产和无形资产有扣除项目的，按扣除之前的不含税销售额填写。该栏不按第 9 列所列公式计算，应按照税法规定据实填写。

本行第 10 列“合计”“销项（应纳）税额”栏：反映按简易计税方法计算增值税且享受即征即退政策的服务、不动产和无形资产的应纳税额。服务、不动产和无形资产有扣除项目的，按扣除之前的应纳税额填写。该栏不按第 10 列所列公式计算，应按照税法规定据实填写。

本行第 14 列“扣除后”“销项（应纳）税额”栏：反映按简易计税方法计算增值税且享受即征即退政策的服务、不动产和无形资产实际应计提的应纳税额。服务、不动产和无形资产有扣除项目的，按扣除之后的应纳税额填写；服务、不动产和无形资产无扣除项目的，按本行第 10 列填写。

⑥第 16 行“三、免抵退税”“货物及加工修理修配劳务”：反映适用免、抵、退税政策的出口货物、加工修理修配劳务。

⑦第 17 行“三、免抵退税”“服务、不动产和无形资产”：反映适用免、抵、退税政策的服务、不动产和无形资产。

⑧第 18 行“四、免税”“货物及加工修理修配劳务”：反映按照税法规定免征增值税的货物及劳务和适用零税率的出口货物及劳务，但零税率的销售额中不包括适用免、抵、退税办法的出口货物及劳务。

⑨第 19 行“四、免税”“服务、不动产和无形资产”：反映按照税法规定免征增值税的服务、不动产、无形资产和适用零税率的服务、不动产、无形资产，但零税率的销售额中不包括适用免、抵、退税办法的服务、不动产和无形资产。

4.《增值税纳税申报表附列资料（二)》（本期进项税额明细）填写说明。

（1）“税款所属时间”“纳税人名称”的填写同主表。

（2）第 1 至 12 栏“一、申报抵扣的进项税额”：分别反映纳税人按税法规定符合抵扣条件，在本期申报抵扣的进项税额。

①第 1 栏“（一）认证相符的增值税专用发票”：反映纳税人取得的认证相符本期申报抵扣的增值税专用发票情况。该栏应等于第 2 栏“本期认证相符且本期申报抵扣”与第 3 栏“前期认证相符且本期申报抵扣”数据之和。

②第 2 栏“其中：本期认证相符且本期申报抵扣”：反映本期认证相符且本期申报抵扣的增值税专用发票的情况。本栏是第 1 栏的其中数，本栏只填写本期认证相符且本期申报抵扣的部分。

适用取消增值税发票认证规定的纳税人，当期申报抵扣的增值税发票数据，也填报在本栏中。

③第 3 栏“前期认证相符且本期申报抵扣”：反映前期认证相符且本期申报抵扣的增值税专用发票的情况。

辅导期纳税人依据税务机关告知的稽核比对结果通知书及明细清单注明的稽核相符的增值税专用发票填写本栏。本栏是第 1 栏的其中数，只填写前期认证相符且本期申报抵扣的部分。

④第 4 栏“（二）其他扣税凭证”：反映本期申报抵扣的除增值税专用发票之外的其他扣税凭证的情况。具体包括：海关进口增值税专用缴款书、农产品收购发票或者销售发票（含农产品核定扣除的进项税额）、代扣代缴税收完税凭证和其他符合政策规定的抵扣凭证。该栏应等于第 5 至 8 栏之和。

⑤第 5 栏“海关进口增值税专用缴款书”：反映本期申报抵扣的海关进口增值税专用缴款书的情况。按规定执行海关进口增值税专用缴款书先比对后抵扣的，纳税人需依据税务机关告知的稽核比对结果通知书及明细清单注明的稽核相符的海关进口增值税专用缴款书填写本栏。

⑥第 6 栏“农产品收购发票或者销售发票”：反映本期申报抵扣的农产品收购发票和农产品销售普通发票的情况。执行农产品增值税进项税额核定扣除办法的，填写当期允许抵扣的农产品增值税进项税额，不填写“份数”“金额”。

⑦第 7 栏“代扣代缴税收缴款凭证”：填写本期按规定准予抵扣的完税凭证上注明的增值税额。

⑧第 8 栏“其他”：反映按规定本期可以申报抵扣的其他扣税凭证情况。

纳税人按照规定不得抵扣且未抵扣进项税额的固定资产、无形资产、不动产，发生用途改变，用于允许抵扣进项税额的应税项目，可在用途改变的次月将按公式计算出的可以抵扣的进项税额，填入“税额”栏。

⑨第 9 栏“（三）本期用于购建不动产的扣税凭证”：反映按规定本期用于购建不动产并适用分 2 年抵扣规定的扣税凭证上注明的金额和税额。购建不动产是指纳税人 2016 年 5 月 1 日后取得并在会计制度上按固定资产核算的不动产或者 2016 年 5 月 1 日后取得的不动产在建工程。

取得不动产，包括以直接购买、接受捐赠、接受投资入股、自建以及抵债等各种形式取得不动产，不包括房地产开发企业自行开发的房地产项目。

本栏次包括第1栏中本期用于购建不动产的增值税专用发票和第4栏中本期用于购建不动产的其他扣税凭证。

本栏“金额”“税额”<第1栏+第4栏且本栏“金额”“税额”≥0。

纳税人按照规定不得抵扣且未抵扣进项税额的不动产，发生用途改变，用于允许抵扣进项税额的应税项目，可在用途改变的次月将按公式计算出的可以抵扣的进项税额，填入“税额”栏。

本栏“税额”列=《附列资料（五）》第2列“本期不动产进项税额增加额”。

⑩第10栏“（四）本期不动产允许抵扣进项税额”：反映按规定本期实际申报抵扣的不动产进项税额。本栏“税额”列=《附列资料（五）》第3列“本期可抵扣不动产进项税额”

（3）第13至23栏“二、进项税额转出额”各栏：分别反映纳税人已经抵扣但按规定应在本期转出的进项税额明细情况。

①第13栏“本期进项税额转出额”：反映已经抵扣但按规定应在本期转出的进项税额合计数。按表中所列公式计算填写。

②第14栏“免税项目用”：反映用于免征增值税项目，按规定应在本期转出的进项税额。

③第15栏“集体福利、个人消费”：反映用于集体福利或者个人消费，按规定应在本期转出的进项税额。

④第16栏“非正常损失”：反映纳税人发生非正常损失，按规定应在本期转出的进项税额。

⑤第17栏“简易计税方法征税项目用”：反映用于按简易计税方法征税项目，按规定应在本期转出的进项税额。

营业税改征增值税的纳税人，服务、不动产和无形资产按规定汇总计算缴纳增值税的分支机构，当期应由总机构汇总的进项税额也填入本栏。

⑥第18栏“免抵退税办法不得抵扣的进项税额”：反映按照免、抵、退税办法的规定，由于征税税率与退税税率存在税率差，在本期应转出的进项税额。

⑦第19栏“纳税检查调减进项税额”：反映税务、财政、审计部门检查后而调减的进项税额。

⑧第20栏“红字专用发票信息表注明的进项税额”：填写主管税务机关开具的《开具红字增值税专用发票信息表》注明的在本期应转出的进项税额。

⑨第21栏“上期留抵税额抵减欠税”：填写本期经税务机关同意，使用上期留抵税额抵减欠税的数额。

⑩第22栏“上期留抵税额退税”：填写本期经税务机关批准的上期留抵税额退

税额。

(4) 第24至34栏"三、待抵扣进项税额"各栏：分别反映纳税人已经取得，但按税法规定不符合抵扣条件，暂不予在本期申报抵扣的进项税额情况及按税法规定不允许抵扣的进项税额情况。

①第24至28栏均为增值税专用发票的情况。

②第25栏"期初已认证相符但未申报抵扣"：反映前期认证相符，但按照税法规定暂不予抵扣及不允许抵扣，结存至本期的增值税专用发票情况。辅导期纳税人填写认证相符但未收到稽核比对结果的增值税专用发票期初情况。

③第26栏"本期认证相符且本期未申报抵扣"：反映本期认证相符，但按税法规定暂不予抵扣及不允许抵扣，而未申报抵扣的增值税专用发票情况。辅导期纳税人填写本期认证相符但未收到稽核比对结果的增值税专用发票情况。

④第27栏"期末已认证相符但未申报抵扣"：反映截至本期期末，按照税法规定仍暂不予抵扣及不允许抵扣且已认证相符的增值税专用发票情况。辅导期纳税人填写截至本期期末已认证相符但未收到稽核比对结果的增值税专用发票期末情况。

⑤第28栏"其中：按照税法规定不允许抵扣"：反映截至本期期末已认证相符但未申报抵扣的增值税专用发票中，按照税法规定不允许抵扣的增值税专用发票情况。

⑥第29栏"（二）其他扣税凭证"：反映截至本期期末仍未申报抵扣的除增值税专用发票之外的其他扣税凭证情况。具体包括：海关进口增值税专用缴款书、农产品收购发票或者销售发票、代扣代缴税收完税凭证和其他符合政策规定的抵扣凭证。该栏应等于第30至33栏之和。

⑦第30栏"海关进口增值税专用缴款书"：反映已取得但截至本期期末仍未申报抵扣的海关进口增值税专用缴款书情况，包括纳税人未收到稽核比对结果的海关进口增值税专用缴款书情况。

⑧第31栏"农产品收购发票或者销售发票"：反映已取得但截至本期期末仍未申报抵扣的农产品收购发票和农产品销售普通发票情况。

⑨第32栏"代扣代缴税收缴款凭证"：反映已取得但截至本期期末仍未申报抵扣的代扣代缴税收完税凭证情况。

⑩第33栏"其他"：反映已取得但截至本期期末仍未申报抵扣的其他扣税凭证的情况。

(5) 第35至36栏"四、其他"各栏。

①第35栏"本期认证相符的增值税专用发票"：反映本期认证相符的增值税专用发票的情况。

②第36栏“代扣代缴税额”：填写纳税人根据《中华人民共和国增值税暂行条例》第十八条扣缴的应税劳务增值税额与根据营业税改征增值税有关政策规定扣缴的服务、不动产和无形资产增值税额之和。

5.《增值税纳税申报表附列资料（三）》（服务、不动产和无形资产扣除项目明细）填写说明。

（1）本表由服务、不动产和无形资产有扣除项目的营业税改征增值税纳税人填写。其他纳税人不填写。

（2）“税款所属时间”“纳税人名称”的填写同主表。

（3）第1列“本期服务、不动产和无形资产价税合计额（免税销售额）”：营业税改征增值税的服务、不动产和无形资产属于征税项目的，填写扣除之前的本期服务、不动产和无形资产价税合计额；营业税改征增值税的服务、不动产和无形资产属于免抵退税或免税项目的，填写扣除之前的本期服务、不动产和无形资产免税销售额。本列各行次等于《附列资料（一）》第11列对应行次，其中本列第3行和第4行之和等于《附列资料（一）》第11列第5栏。

营业税改征增值税的纳税人，服务、不动产和无形资产按规定汇总计算缴纳增值税的分支机构，本列各行次之和等于《附列资料（一）》第11列第13a、13b行之和。

（4）第2列“服务、不动产和无形资产扣除项目”“期初余额”：填写服务、不动产和无形资产扣除项目上期期末结存的金额，试点实施之日的税款所属期填写“0”。本列各行次等于上期《附列资料（三）》第6列对应行次。

本列第4行“6%税率的金融商品转让项目”“期初余额”年初首期填报时应填“0”。

（5）第3列“服务、不动产和无形资产扣除项目”“本期发生额”：填写本期取得的按税法规定准予扣除的服务、不动产和无形资产扣除项目金额。

（6）第4列“服务、不动产和无形资产扣除项目”“本期应扣除金额”：填写服务、不动产和无形资产扣除项目本期应扣除的金额。

本列各行次 = 第2列对应各行次 + 第3列对应各行次

（7）第5列“服务、不动产和无形资产扣除项目”“本期实际扣除金额”：填写服务、不动产和无形资产扣除项目本期实际扣除的金额。

本列各行次≤第4列对应各行次且本列各行次≤第1列对应各行次。

（8）第6列“服务、不动产和无形资产扣除项目”“期末余额”：填写服务、不动产和无形资产扣除项目本期期末结存的金额。

本列各行次 = 第4列对应各行次 − 第5列对应各行次

6.《增值税纳税申报表附列资料（四）》（税额抵减情况表）填写说明。

本表第1行由发生增值税税控系统专用设备费用和技术维护费的纳税人填写，反映纳税人增值税税控系统专用设备费用和技术维护费按规定抵减增值税应纳税额的情况。

本表第2行由营业税改征增值税纳税人，服务、不动产和无形资产按规定汇总计算缴纳增值税的总机构填写，反映其分支机构预征缴纳税款抵减总机构应纳增值税税额的情况。

本表第3行由销售建筑服务并按规定预缴增值税的纳税人填写，反映其销售建筑服务预征缴纳税款抵减应纳增值税税额的情况。

本表第4行由销售不动产并按规定预缴增值税的纳税人填写，反映其销售不动产预征缴纳税款抵减应纳增值税税额的情况。

本表第5行由出租不动产并按规定预缴增值税的纳税人填写，反映其出租不动产预征缴纳税款抵减应纳增值税税额的情况。

未发生上述业务的纳税人不填写本表。

7.《增值税纳税申报表附列资料（五）》（不动产分期抵扣计算表）填表说明。

（1）本表由分期抵扣不动产进项税额的纳税人填写。

（2）"税款所属时间""纳税人名称"的填写同主表。

（3）第1列"期初待抵扣不动产进项税额"：填写纳税人上期期末待抵扣不动产进项税额。

（4）第2列"本期不动产进项税额增加额"：填写本期取得的符合税法规定的不动产进项税额。

（5）第3列"本期可抵扣不动产进项税额"：填写符合税法规定可以在本期抵扣的不动产进项税额。

（6）第4列"本期转入的待抵扣不动产进项税额"：填写按照税法规定本期应转入的待抵扣不动产进项税额。

本列数≤《附列资料（二）》第23栏"税额"。

（7）第5列"本期转出的待抵扣不动产进项税额"：填写按照税法规定本期应转出的待抵扣不动产进项税额。

（8）第6列"期末待抵扣不动产进项税额"：填写本期期末尚未抵扣的不动产进项税额，按表中公式填写。

8.《固定资产（不含不动产）进项税额抵扣情况表》填写说明。

本表反映纳税人在《附列资料（二）》"一、申报抵扣的进项税额"中固定资产的进项税额。本表按增值税专用发票、海关进口增值税专用缴款书分别填写。

9.《本期抵扣进项税额结构明细表》填写说明。

（1）“税款所属时间”“纳税人名称”的填写同主表。

（2）第1栏反映本期申报抵扣进项税额的合计数。按表中所列公式计算填写。

本栏“税额”列=《附列资料（二）》第12栏“税额”列。

（3）第2至17栏分别反映纳税人按税法规定符合抵扣条件，在本期申报抵扣的不同税率（或征收率）的进项税额。其中，用于购建不动产的进项税额按照本期实际抵扣的进项税额填写。

（4）第18栏反映纳税人按照农产品增值税进项税额核定扣除办法计算抵扣的进项税额。

（5）第19栏反映纳税人按照外贸企业进项税额抵扣证明注明的进项税额。

（6）本表内各栏间逻辑关系如下：

第1栏表内公式为1=2+4+5+10+13+15+17+18+19；

第2栏≥第3栏；

第5栏≥第6栏+第7栏+第8栏+第9栏；

第10栏≥第11栏+第12栏；

第13栏≥第14栏；

第15栏≥第16栏。

10.《增值税减免税申报明细表》填写说明。

（1）本表由享受增值税减免税优惠政策的增值税一般纳税人和小规模纳税人填写。仅享受月销售额不超过3万元（按季纳税9万元）免征增值税政策或未达起征点的增值税小规模纳税人不需填报本表，即小规模纳税人当期增值税纳税申报表主表第12栏“其他免税销售额”“本期数”和第16栏“本期应纳税额减征额”“本期数”均无数据时，不需填报本表。

（2）“税款所属时间”“纳税人名称”的填写同增值税纳税申报表主表（以下简称主表）。

（3）“一、减税项目”由本期按照税收法律、法规及国家有关税收规定享受减征（包含税额式减征、税率式减征）增值税优惠的纳税人填写。

①“减税性质代码及名称”：根据国家税务总局最新发布的《减免性质及分类表》所列减免性质代码、项目名称填写。同时有多个减征项目的，应分别填写。

②第1列“期初余额”：填写应纳税额减征项目上期“期末余额”，为对应项目上期应抵减而不足抵减的余额。

③第2列“本期发生额”：填写本期发生的按照规定准予抵减增值税应纳税额的金额。

④第 3 列“本期应抵减税额”：填写本期应抵减增值税应纳税额的金额。本列按表中所列公式填写。

⑤第 4 列“本期实际抵减税额”：填写本期实际抵减增值税应纳税额的金额。本列各行≤第 3 列对应各行。

一般纳税人填写时，第 1 行“合计”本列数 = 主表第 23 行“一般项目”列“本月数”。

小规模纳税人填写时，第 1 行“合计”本列数 = 主表第 16 行“本期应纳税额减征额”“本期数”。

⑥第 5 列“期末余额”：按表中所列公式填写。

(4)“二、免税项目”由本期按照税收法律、法规及国家有关税收规定免征增值税的纳税人填写。仅享受小微企业免征增值税政策或未达起征点的小规模纳税人不需填写，即小规模纳税人申报表主表第 12 栏“其他免税销售额”“本期数”无数据时，不需填写本栏。

①“免税性质代码及名称”：根据国家税务总局最新发布的《减免性质及分类表》所列减免性质代码、项目名称填写。同时有多个免税项目的，应分别填写。

②“出口免税”填写纳税人本期按照税法规定出口免征增值税的销售额，但不包括适用免、抵、退税办法出口的销售额。小规模纳税人不填写本栏。

③第 1 列“免征增值税项目销售额”：填写纳税人免税项目的销售额。免税销售额按照有关规定允许从取得的全部价款和价外费用中扣除价款的，应填写扣除之前的销售额。

一般纳税人填写时，本列“合计”等于主表第 8 行“一般项目”列“本月数”。

小规模纳税人填写时，本列“合计”等于主表第 12 行“其他免税销售额”“本期数”。

④第 2 列“免税销售额扣除项目本期实际扣除金额”：免税销售额按照有关规定允许从取得的全部价款和价外费用中扣除价款的，据实填写扣除金额；无扣除项目的，本列填写“0”。

⑤第 3 列“扣除后免税销售额”：按表中所列公式填写。

⑥第 4 列“免税销售额对应的进项税额”：本期用于增值税免税项目的进项税额。小规模纳税人不填写本列，一般纳税人按下列情况填写：

A. 纳税人兼营应税和免税项目的，按当期免税销售额对应的进项税额填写；

B. 纳税人本期销售收入全部为免税项目，且当期取得合法扣税凭证的，按当期取得的合法扣税凭证注明或计算的进项税额填写；

C. 当期未取得合法扣税凭证的，纳税人可根据实际情况自行计算免税项目对应的进项税额；无法计算的，本栏次填“0”。

⑦第5列“免税额”：一般纳税人和小规模纳税人分别按下列公式计算填写，且本列各行数应大于或等于0。

一般纳税人公式：第5列“免税额”≤第3列“扣除后免税销售额”×适用税率－第4列“免税销售额对应的进项税额”。

小规模纳税人公式：第5列“免税额”＝第3列“扣除后免税销售额”×征收率。

二、小规模纳税人增值税纳税申报表的填制

（一）纳税申报材料

1. 增值税小规模纳税人（以下简称小规模纳税人）纳税申报表及其附列资料包括：

（1）《增值税纳税申报表（小规模纳税人适用）》。

（2）《增值税纳税申报表（小规模纳税人适用）附列资料》。

小规模纳税人销售服务，在确定服务销售额时，按照有关规定可以从取得的全部价款和价外费用中扣除价款的，需填报《增值税纳税申报表（小规模纳税人适用）附列资料》。其他情况不填写该附列资料。

（3）《增值税减免税申报明细表》。

2. 纳税申报其他资料。

（1）已开具的税控机动车销售统一发票和普通发票的存根联。

（2）符合抵扣条件且在本期申报抵扣的增值税专用发票（含税控机动车销售统一发票）的抵扣联。

（3）符合抵扣条件且在本期申报抵扣的海关进口增值税专用缴款书、购进农产品取得的普通发票的复印件。

（4）符合抵扣条件且在本期申报抵扣的税收完税凭证及其清单，书面合同、付款证明和境外单位的对账单或者发票。

（5）已开具的农产品收购凭证的存根联或报查联。

（6）纳税人销售服务、不动产和无形资产，在确定服务、不动产和无形资产销售额时，按照有关规定从取得的全部价款和价外费用中扣除价款的合法凭证及其清单。

（7）主管税务机关规定的其他资料。

3. 纳税申报表及其附列资料为必报资料。纳税申报其他资料的报备要求由各省、自治区、直辖市和计划单列市国家税务局确定。

（二）增值税纳税申报表的格式

小规模纳税人增值税申报表如表2－11和表2－12所示。

表2－11　增值税纳税申报表

（小规模纳税人适用）

纳税人识别号：□□□□□□□□□□□□□□□□□□□□

纳税人名称（公章）：　　　　　　　　　　　　　　　　　　　金额单位：元至角分

税款所属期：　年　月　日至　年　月　日　　　　　　填表日期：　年　月　日

	项目	栏次	本期数		本年累计	
			货物及劳务	服务、不动产和无形资产	货物及劳务	服务、不动产和无形资产
一、计税依据	（一）应征增值税不含税销售额	1				
	税务机关代开的增值税专用发票不含税销售额	2				
	税控器具开具的普通发票不含税销售额	3				
	（二）销售、出租不动产不含税销售额	4	—		—	
	税务机关代开的增值税专用发票不含税销售额	5	—		—	
	税控器具开具的普通发票不含税销售额	6	—		—	
	（三）销售使用过的固定资产不含税销售额	7（7≥8）		—		—
	其中：税控器具开具的普通发票不含税销售额	8		—		—
	（四）免税销售额	9＝10＋11＋12				
	其中：小微企业免税销售额	10				
	未达起征点销售额	11				
	其他免税销售额	12				
	（五）出口免税销售额	13（13≥14）				
	其中：税控器具开具的普通发票销售额	14				

续表

二、税款计算	本期应纳税额	15				
	本期应纳税额减征额	16				
	本期免税额	17				
	其中：小微企业免税额	18				
	未达起征点免税额	19				
	应纳税额合计	20 = 15 - 16				
	本期预缴税额	21			—	—
	本期应补（退）税额	22 = 20 - 21			—	—

纳税人或代理人声明：	如纳税人填报，由纳税人填写以下各栏：
本纳税申报表是根据国家税收法律法规及相关规定填报的，我确定它是真实的、可靠的、完整的。	办税人员：　　财务负责人： 法定代表人：　　联系电话：
	如委托代理人填报，由代理人填写以下各栏：
	代理人名称（公章）：　　经办人： 联系电话：

主管税务机关：　　　　接收人：　　　　接收日期：

表 2-12　增值税纳税申报表（小规模纳税人适用）附列资料

税款所属期：　年　月　日至　年　月　日　　　　填表日期：　年　月　日

纳税人名称（公章）：　　　　金额单位：元至角分

服务扣除额计算			
期初余额	本期发生额	本期扣除额	期末余额
1	2	3（3≤1+2之和，且3≤5）	4=1+2-3
计税销售额计算			
全部含税收入	本期扣除额	含税销售额	不含税销售额
5	6=3	7=5-6	8=7÷1.03

（三）《增值税纳税申报表（小规模纳税人适用）》及其附列资料填写说明

本纳税申报表及其附列资料填写说明（以下简称本表及填写说明）适用于增值税小规模纳税人（以下简称纳税人）。

1. 名词解释。

（1）本表及填写说明所称“货物”，是指增值税的应税货物。

（2）本表及填写说明所称“劳务”，是指增值税的应税加工、修理、修配劳务。

（3）本表及填写说明所称"服务、不动产和无形资产"，是指销售服务、不动产和无形资产。

（4）本表及填写说明所称"扣除项目"，是指纳税人销售服务、不动产，在确定销售额时，按照有关规定允许其从取得的全部价款和价外费用中扣除价款的项目。

2.《增值税纳税申报表（小规模纳税人适用）》填写说明。

本表"货物及劳务"与"服务、不动产和无形资产"各项目应分别填写。

（1）"税款所属期"是指纳税人申报的增值税应纳税额的所属时间，应填写具体的起止年、月、日。

（2）"纳税人识别号"栏，填写纳税人的税务登记证件号码。

（3）"纳税人名称"栏，填写纳税人名称全称。

（4）第1栏"应征增值税不含税销售额"：填写本期销售货物及劳务、服务和无形资产的不含税销售额，不包括销售、出租不动产、销售使用过的固定资产和销售旧货的不含税销售额、免税销售额、出口免税销售额、查补销售额。

服务有扣除项目的纳税人，本栏填写扣除后的不含税销售额，与当期《增值税纳税申报表（小规模纳税人适用）附列资料》第8栏数据一致。

（5）第2栏"税务机关代开的增值税专用发票不含税销售额"：填写税务机关代开的增值税专用发票销售额合计。

（6）第3栏"税控器具开具的普通发票不含税销售额"：填写税控器具开具的货物及劳务、服务和无形资产的普通发票金额换算的不含税销售额。

（7）第4栏"销售、出租不动产不含税销售额"：填写销售、出租不动产的不含税销售额，销售额 = 含税销售额/(1 + 5%)。销售不动产有扣除项目的纳税人，本栏填写扣除后的不含税销售额。

（8）第5栏"税务机关代开的增值税专用发票不含税销售额"：填写税务机关代开的增值税专用发票销售额合计。

（9）第6栏"税控器具开具的普通发票不含税销售额"：填写税控器具开具的销售、出租不动产的普通发票金额换算的不含税销售额。

（10）第7栏"销售使用过的固定资产不含税销售额"：填写销售自己使用过的固定资产（不含不动产，下同）和销售旧货的不含税销售额，销售额 = 含税销售额/(1 + 3%)。

（11）第8栏"税控器具开具的普通发票不含税销售额"：填写税控器具开具的销售自己使用过的固定资产和销售旧货的普通发票金额换算的不含税销售额。

（12）第9栏"免税销售额"：填写销售免征增值税的货物及劳务、服务、不动产和无形资产的销售额，不包括出口免税销售额。

服务、不动产有扣除项目的纳税人，填写扣除之前的销售额。

（13）第10栏“小微企业免税销售额”：填写符合小微企业免征增值税政策的免税销售额，不包括符合其他增值税免税政策的销售额。个体工商户和其他个人不填写本栏次。

（14）第11栏“未达起征点销售额”：填写个体工商户和其他个人未达起征点（含支持小微企业免征增值税政策）的免税销售额，不包括符合其他增值税免税政策的销售额。本栏次由个体工商户和其他个人填写。

（15）第12栏“其他免税销售额”：填写销售免征增值税的货物及劳务、服务、不动产和无形资产的销售额，不包括符合小微企业免征增值税和未达起征点政策的免税销售额。

（16）第13栏“出口免税销售额”：填写出口免征增值税货物及劳务、出口免征增值税服务、无形资产的销售额。

服务有扣除项目的纳税人，填写扣除之前的销售额。

（17）第14栏“税控器具开具的普通发票销售额”：填写税控器具开具的出口免征增值税货物及劳务、出口免征增值税服务、无形资产的普通发票销售额。

（18）第15栏“本期应纳税额”：填写本期按征收率计算缴纳的应纳税额。

（19）第16栏“本期应纳税额减征额”：填写纳税人本期按照税法规定减征的增值税应纳税额。包含可在增值税应纳税额中全额抵减的增值税税控系统专用设备费用以及技术维护费，可在增值税应纳税额中抵免的购置税控收款机的增值税税额。

当本期减征额小于或等于第15栏“本期应纳税额”时，按本期减征额实际填写；当本期减征额大于第15栏“本期应纳税额”时，按本期第15栏填写，本期减征额不足抵减部分结转下期继续抵减。

（20）第17栏“本期免税额”：填写纳税人本期增值税免税额，免税额根据第9栏“免税销售额”和征收率计算。

（21）第18栏“小微企业免税额”：填写符合小微企业免征增值税政策的增值税免税额，免税额根据第10栏“小微企业免税销售额”和征收率计算。

（22）第19栏“未达起征点免税额”：填写个体工商户和其他个人未达起征点（含支持小微企业免征增值税政策）的增值税免税额，免税额根据第11栏“未达起征点销售额”和征收率计算。

（23）第21栏“本期预缴税额”：填写纳税人本期预缴的增值税额，但不包括查补缴纳的增值税额。

3.《增值税纳税申报表（小规模纳税人适用）附列资料》填写说明。

本附列资料由销售服务有扣除项目的纳税人填写，各栏次均不包含免征增值税项目的金额。

(1)"税款所属期"是指纳税人申报的增值税应纳税额的所属时间，应填写具体的起止年、月、日。

(2)"纳税人名称"栏，填写纳税人名称全称。

(3) 第1栏"期初余额"：填写服务扣除项目上期期末结存的金额，试点实施之日的税款所属期填写"0"。

(4) 第2栏"本期发生额"：填写本期取得的按税法规定准予扣除的服务扣除项目金额。

(5) 第3栏"本期扣除额"：填写服务扣除项目本期实际扣除的金额。

第3栏"本期扣除额"≤第1栏"期初余额"+第2栏"本期发生额"之和，且第3栏"本期扣除额"≤5栏"全部含税收入"

(6) 第4栏"期末余额"：填写服务扣除项目本期期末结存的金额。

(7) 第5栏"全部含税收入"：填写纳税人销售服务、无形资产取得的全部价款和价外费用数额。

(8) 第6栏"本期扣除额"：填写本附列资料第3项"本期扣除额"栏数据。

第6栏"本期扣除额"=第3栏"本期扣除额"

(9) 第7栏"含税销售额"：填写服务、无形资产的含税销售额。

第7栏"含税销售额"=第5栏"全部含税收入"-第6栏"本期扣除额"

(10) 第8栏"不含税销售额"：填写服务、无形资产的不含税销售额。

第8栏"不含税销售额"=第7栏"含税销售额"÷1.03，与《增值税纳税申报表（小规模纳税人适用)》第1栏"应征增值税不含税销售额""本期数""服务、不动产和无形资产"栏数据一致。

附录1：《营业税改征增值税试点实施办法》

第一章　纳税人和扣缴义务人

第一条　在中华人民共和国境内（以下称境内）销售服务、无形资产或者不动产（以下称应税行为）的单位和个人，为增值税纳税人，应当按照本办法缴纳增值税，不缴纳营业税。

单位，是指企业、行政单位、事业单位、军事单位、社会团体及其他单位。

个人，是指个体工商户和其他个人。

第二条　单位以承包、承租、挂靠方式经营的，承包人、承租人、挂靠人（以下统称承包人）以发包人、出租人、被挂靠人（以下统称发包人）名义对外经营并由发包人承担相关法律责任的，以该发包人为纳税人。否则，以承包人为纳税人。

第三条 纳税人分为一般纳税人和小规模纳税人。

应税行为的年应征增值税销售额（以下称应税销售额）超过财政部和国家税务总局规定标准的纳税人为一般纳税人，未超过规定标准的纳税人为小规模纳税人。

年应税销售额超过规定标准的其他个人不属于一般纳税人。年应税销售额超过规定标准但不经常发生应税行为的单位和个体工商户可选择按照小规模纳税人纳税。

第四条 年应税销售额未超过规定标准的纳税人，会计核算健全，能够提供准确税务资料的，可以向主管税务机关办理一般纳税人资格登记，成为一般纳税人。

会计核算健全，是指能够按照国家统一的会计制度规定设置账簿，根据合法、有效凭证核算。

第五条 符合一般纳税人条件的纳税人应当向主管税务机关办理一般纳税人资格登记。具体登记办法由国家税务总局制定。

除国家税务总局另有规定外，一经登记为一般纳税人后，不得转为小规模纳税人。

第六条 中华人民共和国境外（以下称境外）单位或者个人在境内发生应税行为，在境内未设有经营机构的，以购买方为增值税扣缴义务人。财政部和国家税务总局另有规定的除外。

第七条 两个或者两个以上的纳税人，经财政部和国家税务总局批准可以视为一个纳税人合并纳税。具体办法由财政部和国家税务总局另行制定。

第八条 纳税人应当按照国家统一的会计制度进行增值税会计核算。

第二章 征税范围

第九条 应税行为的具体范围，按照本办法所附的《销售服务、无形资产、不动产注释》执行。

第十条 销售服务、无形资产或者不动产，是指有偿提供服务、有偿转让无形资产或者不动产，但属于下列非经营活动的情形除外：

（一）行政单位收取的同时满足以下条件的政府性基金或者行政事业性收费。

1. 由国务院或者财政部批准设立的政府性基金，由国务院或者省级人民政府及其财政、价格主管部门批准设立的行政事业性收费；

2. 收取时开具省级以上（含省级）财政部门监（印）制的财政票据；

3. 所收款项全额上缴财政。

（二）单位或者个体工商户聘用的员工为本单位或者雇主提供取得工资的服务。

（三）单位或者个体工商户为聘用的员工提供服务。

（四）财政部和国家税务总局规定的其他情形。

第十一条　有偿，是指取得货币、货物或者其他经济利益。

第十二条　在境内销售服务、无形资产或者不动产，是指：

（一）服务（租赁不动产除外）或者无形资产（自然资源使用权除外）的销售方或者购买方在境内；

（二）所销售或者租赁的不动产在境内；

（三）所销售自然资源使用权的自然资源在境内；

（四）财政部和国家税务总局规定的其他情形。

第十三条　下列情形不属于在境内销售服务或者无形资产：

（一）境外单位或者个人向境内单位或者个人销售完全在境外发生的服务。

（二）境外单位或者个人向境内单位或者个人销售完全在境外使用的无形资产。

（三）境外单位或者个人向境内单位或者个人出租完全在境外使用的有形动产。

（四）财政部和国家税务总局规定的其他情形。

第十四条　下列情形视同销售服务、无形资产或者不动产：

（一）单位或者个体工商户向其他单位或者个人无偿提供服务，但用于公益事业或者以社会公众为对象的除外。

（二）单位或者个人向其他单位或者个人无偿转让无形资产或者不动产，但用于公益事业或者以社会公众为对象的除外。

（三）财政部和国家税务总局规定的其他情形。

第三章　税率和征收率

第十五条　增值税税率：

（一）纳税人发生应税行为，除本条第（二）项、第（三）项、第（四）项规定外，税率为6%。

（二）提供交通运输、邮政、基础电信、建筑、不动产租赁服务，销售不动产，转让土地使用权，税率为11%。

（三）提供有形动产租赁服务，税率为17%。

（四）境内单位和个人发生的跨境应税行为，税率为零。具体范围由财政部和国家税务总局另行规定。

第十六条　增值税征收率为3%，财政部和国家税务总局另有规定的除外。

第四章　应纳税额的计算

第一节　一般性规定

第十七条　增值税的计税方法，包括一般计税方法和简易计税方法。

第十八条　一般纳税人发生应税行为适用一般计税方法计税。

一般纳税人发生财政部和国家税务总局规定的特定应税行为，可以选择适用简易计税方法计税，但一经选择，36个月内不得变更。

第十九条　小规模纳税人发生应税行为适用简易计税方法计税。

第二十条　境外单位或者个人在境内发生应税行为，在境内未设有经营机构的，扣缴义务人按照下列公式计算应扣缴税额：

应扣缴税额 = 购买方支付的价款 ÷ (1 + 税率) × 税率

第二节　一般计税方法

第二十一条　一般计税方法的应纳税额，是指当期销项税额抵扣当期进项税额后的余额。应纳税额计算公式：

应纳税额 = 当期销项税额 − 当期进项税额

当期销项税额小于当期进项税额不足抵扣时，其不足部分可以结转下期继续抵扣。

第二十二条　销项税额，是指纳税人发生应税行为按照销售额和增值税税率计算并收取的增值税额。销项税额计算公式：

销项税额 = 销售额 × 税率

第二十三条　一般计税方法的销售额不包括销项税额，纳税人采用销售额和销项税额合并定价方法的，按照下列公式计算销售额：

销售额 = 含税销售额 ÷ (1 + 税率)

第二十四条　进项税额，是指纳税人购进货物、加工修理修配劳务、服务、无形资产或者不动产，支付或者负担的增值税额。

第二十五条　下列进项税额准予从销项税额中抵扣：

(一) 从销售方取得的增值税专用发票（含税控机动车销售统一发票，下同）上注明的增值税额。

(二) 从海关取得的海关进口增值税专用缴款书上注明的增值税额。

(三) 购进农产品，除取得增值税专用发票或者海关进口增值税专用缴款书外，按照农产品收购发票或者销售发票上注明的农产品买价和13%的扣除率计算的进项税额。计算公式为：

进项税额 = 买价 × 扣除率

买价，是指纳税人购进农产品在农产品收购发票或者销售发票上注明的价款和按照规定缴纳的烟叶税。

购进农产品，按照《农产品增值税进项税额核定扣除试点实施办法》抵扣进项税额的除外。

（四）从境外单位或者个人购进服务、无形资产或者不动产，自税务机关或者扣缴义务人取得的解缴税款的完税凭证上注明的增值税额。

第二十六条　纳税人取得的增值税扣税凭证不符合法律、行政法规或者国家税务总局有关规定的，其进项税额不得从销项税额中抵扣。

增值税扣税凭证，是指增值税专用发票、海关进口增值税专用缴款书、农产品收购发票、农产品销售发票和完税凭证。

纳税人凭完税凭证抵扣进项税额的，应当具备书面合同、付款证明和境外单位的对账单或者发票。资料不全的，其进项税额不得从销项税额中抵扣。

第二十七条　下列项目的进项税额不得从销项税额中抵扣：

（一）用于简易计税方法计税项目、免征增值税项目、集体福利或者个人消费的购进货物、加工修理修配劳务、服务、无形资产和不动产。其中涉及的固定资产、无形资产、不动产，仅指专用于上述项目的固定资产、无形资产（不包括其他权益性无形资产）、不动产。

纳税人的交际应酬消费属于个人消费。

（二）非正常损失的购进货物，以及相关的加工修理修配劳务和交通运输服务。

（三）非正常损失的在产品、产成品所耗用的购进货物（不包括固定资产）、加工修理修配劳务和交通运输服务。

（四）非正常损失的不动产，以及该不动产所耗用的购进货物、设计服务和建筑服务。

（五）非正常损失的不动产在建工程所耗用的购进货物、设计服务和建筑服务。

纳税人新建、改建、扩建、修缮、装饰不动产，均属于不动产在建工程。

（六）购进的旅客运输服务、贷款服务、餐饮服务、居民日常服务和娱乐服务。

（七）财政部和国家税务总局规定的其他情形。

本条第（四）项、第（五）项所称货物，是指构成不动产实体的材料和设备，包括建筑装饰材料和给排水、采暖、卫生、通风、照明、通讯、煤气、消防、中央空调、电梯、电气、智能化楼宇设备及配套设施。

第二十八条　不动产、无形资产的具体范围，按照本办法所附的《销售服务、无形资产或者不动产注释》执行。

固定资产，是指使用期限超过12个月的机器、机械、运输工具以及其他与生产经营有关的设备、工具、器具等有形动产。

非正常损失，是指因管理不善造成货物被盗、丢失、霉烂变质，以及因违反法律法规造成货物或者不动产被依法没收、销毁、拆除的情形。

第二十九条　适用一般计税方法的纳税人，兼营简易计税方法计税项目、免征增值税项目而无法划分不得抵扣的进项税额，按照下列公式计算不得抵扣的进项税额：

$$\text{不得抵扣的进项税额} = \text{当期无法划分的全部进项税额} \times \left(\text{当期简易计税方法计税项目销售额} + \text{免征增值税项目销售额}\right) \div \text{当期全部销售额}$$

主管税务机关可以按照上述公式依据年度数据对不得抵扣的进项税额进行清算。

第三十条　已抵扣进项税额的购进货物（不含固定资产）、劳务、服务，发生本办法第二十七条规定情形（简易计税方法计税项目、免征增值税项目除外）的，应当将该进项税额从当期进项税额中扣减；无法确定该进项税额的，按照当期实际成本计算应扣减的进项税额。

第三十一条　已抵扣进项税额的固定资产、无形资产或者不动产，发生本办法第二十七条规定情形的，按照下列公式计算不得抵扣的进项税额：

不得抵扣的进项税额 = 固定资产、无形资产或者不动产净值 × 适用税率

固定资产、无形资产或者不动产净值，是指纳税人根据财务会计制度计提折旧或摊销后的余额。

第三十二条　纳税人适用一般计税方法计税的，因销售折让、中止或者退回而退还给购买方的增值税额，应当从当期的销项税额中扣减；因销售折让、中止或者退回而收回的增值税额，应当从当期的进项税额中扣减。

第三十三条　有下列情形之一者，应当按照销售额和增值税税率计算应纳税额，不得抵扣进项税额，也不得使用增值税专用发票：

（一）一般纳税人会计核算不健全，或者不能够提供准确税务资料的。

（二）应当办理一般纳税人资格登记而未办理的。

第三节　简易计税方法

第三十四条　简易计税方法的应纳税额，是指按照销售额和增值税征收率计算的增值税额，不得抵扣进项税额。应纳税额计算公式：

应纳税额 = 销售额 × 征收率

第三十五条　简易计税方法的销售额不包括其应纳税额，纳税人采用销售额和应纳税额合并定价方法的，按照下列公式计算销售额：

销售额 = 含税销售额 ÷（1 + 征收率）

第三十六条　纳税人适用简易计税方法计税的，因销售折让、中止或者退回而退还给购买方的销售额，应当从当期销售额中扣减。扣减当期销售额后仍有余额造成多缴的税款，可以从以后的应纳税额中扣减。

第四节　销售额的确定

第三十七条　销售额，是指纳税人发生应税行为取得的全部价款和价外费用，

财政部和国家税务总局另有规定的除外。

价外费用，是指价外收取的各种性质的收费，但不包括以下项目：

（一）代为收取并符合本办法第十条规定的政府性基金或者行政事业性收费。

（二）以委托方名义开具发票代委托方收取的款项。

第三十八条　销售额以人民币计算。

纳税人按照人民币以外的货币结算销售额的，应当折合成人民币计算，折合率可以选择销售额发生的当天或者当月1日的人民币汇率中间价。纳税人应当在事先确定采用何种折合率，确定后12个月内不得变更。

第三十九条　纳税人兼营销售货物、劳务、服务、无形资产或者不动产，适用不同税率或者征收率的，应当分别核算适用不同税率或者征收率的销售额；未分别核算的，从高适用税率。

第四十条　一项销售行为如果既涉及服务又涉及货物，为混合销售。从事货物的生产、批发或者零售的单位和个体工商户的混合销售行为，按照销售货物缴纳增值税；其他单位和个体工商户的混合销售行为，按照销售服务缴纳增值税。

本条所称从事货物的生产、批发或者零售的单位和个体工商户，包括以从事货物的生产、批发或者零售为主，并兼营销售服务的单位和个体工商户在内。

第四十一条　纳税人兼营免税、减税项目的，应当分别核算免税、减税项目的销售额；未分别核算的，不得免税、减税。

第四十二条　纳税人发生应税行为，开具增值税专用发票后，发生开票有误或者销售折让、中止、退回等情形的，应当按照国家税务总局的规定开具红字增值税专用发票；未按照规定开具红字增值税专用发票的，不得按照本办法第三十二条和第三十六条的规定扣减销项税额或者销售额。

第四十三条　纳税人发生应税行为，将价款和折扣额在同一张发票上分别注明的，以折扣后的价款为销售额；未在同一张发票上分别注明的，以价款为销售额，不得扣减折扣额。

第四十四条　纳税人发生应税行为价格明显偏低或者偏高且不具有合理商业目的的，或者发生本办法第十四条所列行为而无销售额的，主管税务机关有权按照下列顺序确定销售额：

（一）按照纳税人最近时期销售同类服务、无形资产或者不动产的平均价格确定。

（二）按照其他纳税人最近时期销售同类服务、无形资产或者不动产的平均价格确定。

（三）按照组成计税价格确定。组成计税价格的公式为：

组成计税价格 = 成本 ×(1 + 成本利润率)

成本利润率由国家税务总局确定。

不具有合理商业目的，是指以谋取税收利益为主要目的，通过人为安排，减少、免除、推迟缴纳增值税税款，或者增加退还增值税税款。

第五章 纳税义务、扣缴义务发生时间和纳税地点

第四十五条 增值税纳税义务、扣缴义务发生时间为：

（一）纳税人发生应税行为并收讫销售款项或者取得索取销售款项凭据的当天；先开具发票的，为开具发票的当天。

收讫销售款项，是指纳税人销售服务、无形资产、不动产过程中或者完成后收到款项。

取得索取销售款项凭据的当天，是指书面合同确定的付款日期；未签订书面合同或者书面合同未确定付款日期的，为服务、无形资产转让完成的当天或者不动产权属变更的当天。

（二）纳税人提供建筑服务、租赁服务采取预收款方式的，其纳税义务发生时间为收到预收款的当天。

（三）纳税人从事金融商品转让的，为金融商品所有权转移的当天。

（四）纳税人发生本办法第十四条规定情形的，其纳税义务发生时间为服务、无形资产转让完成的当天或者不动产权属变更的当天。

（五）增值税扣缴义务发生时间为纳税人增值税纳税义务发生的当天。

第四十六条 增值税纳税地点为：

（一）固定业户应当向其机构所在地或者居住地主管税务机关申报纳税。总机构和分支机构不在同一县（市）的，应当分别向各自所在地的主管税务机关申报纳税；经财政部和国家税务总局或者其授权的财政和税务机关批准，可以由总机构汇总向总机构所在地的主管税务机关申报纳税。

（二）非固定业户应当向应税行为发生地主管税务机关申报纳税；未申报纳税的，由其机构所在地或者居住地主管税务机关补征税款。

（三）其他个人提供建筑服务，销售或者租赁不动产，转让自然资源使用权，应向建筑服务发生地、不动产所在地、自然资源所在地主管税务机关申报纳税。

（四）扣缴义务人应当向其机构所在地或者居住地主管税务机关申报缴纳扣缴的税款。

第四十七条 增值税的纳税期限分别为 1 日、3 日、5 日、10 日、15 日、1 个月或者 1 个季度。纳税人的具体纳税期限，由主管税务机关根据纳税人应纳税额的

大小分别核定。以1个季度为纳税期限的规定适用于小规模纳税人、银行、财务公司、信托投资公司、信用社，以及财政部和国家税务总局规定的其他纳税人。不能按照固定期限纳税的，可以按次纳税。

纳税人以1个月或者1个季度为1个纳税期的，自期满之日起15日内申报纳税；以1日、3日、5日、10日或者15日为1个纳税期的，自期满之日起5日内预缴税款，于次月1日起15日内申报纳税并结清上月应纳税款。

扣缴义务人解缴税款的期限，按照前两款规定执行。

第六章　税收减免的处理

第四十八条　纳税人发生应税行为适用免税、减税规定的，可以放弃免税、减税，依照本办法的规定缴纳增值税。放弃免税、减税后，36个月内不得再申请免税、减税。

纳税人发生应税行为同时适用免税和零税率规定的，纳税人可以选择适用免税或者零税率。

第四十九条　个人发生应税行为的销售额未达到增值税起征点的，免征增值税；达到起征点的，全额计算缴纳增值税。

增值税起征点不适用于登记为一般纳税人的个体工商户。

第五十条　增值税起征点幅度如下：

（一）按期纳税的，为月销售额5 000～20 000元（含本数）。

（二）按次纳税的，为每次（日）销售额300～500元（含本数）。

起征点的调整由财政部和国家税务总局规定。省、自治区、直辖市财政厅（局）和国家税务局应当在规定的幅度内，根据实际情况确定本地区适用的起征点，并报财政部和国家税务总局备案。

对增值税小规模纳税人中月销售额未达到2万元的企业或非企业性单位，免征增值税。2017年12月31日前，对月销售额2万元（含本数）至3万元的增值税小规模纳税人，免征增值税。

第七章　征收管理

第五十一条　营业税改征的增值税，由国家税务局负责征收。纳税人销售取得的不动产和其他个人出租不动产的增值税，国家税务局暂委托地方税务局代为征收。

第五十二条　纳税人发生适用零税率的应税行为，应当按期向主管税务机关申报办理退（免）税，具体办法由财政部和国家税务总局制定。

第五十三条　纳税人发生应税行为，应当向索取增值税专用发票的购买方开具增值税专用发票，并在增值税专用发票上分别注明销售额和销项税额。

属于下列情形之一的，不得开具增值税专用发票：

（一）向消费者个人销售服务、无形资产或者不动产。

（二）适用免征增值税规定的应税行为。

第五十四条　小规模纳税人发生应税行为，购买方索取增值税专用发票的，可以向主管税务机关申请代开。

第五十五条　纳税人增值税的征收管理，按照本办法和《中华人民共和国税收征收管理法》及现行增值税征收管理有关规定执行。

附录2：《纳税人转让不动产增值税征收管理暂行办法》

第一条　根据《财政部　国家税务总局关于全面推开营业税改征增值税试点的通知》（财税〔2016〕36号）及现行增值税有关规定，制定本办法。

第二条　纳税人转让其取得的不动产，适用本办法。

本办法所称取得的不动产，包括以直接购买、接受捐赠、接受投资入股、自建以及抵债等各种形式取得的不动产。

房地产开发企业销售自行开发的房地产项目不适用本办法。

第三条　一般纳税人转让其取得的不动产，按照以下规定缴纳增值税：

（一）一般纳税人转让其2016年4月30日前取得（不含自建）的不动产，可以选择适用简易计税方法计税，以取得的全部价款和价外费用扣除不动产购置原价或者取得不动产时的作价后的余额为销售额，按照5%的征收率计算应纳税额。纳税人应按照上述计税方法向不动产所在地主管地税机关预缴税款，向机构所在地主管国税机关申报纳税。

（二）一般纳税人转让其2016年4月30日前自建的不动产，可以选择适用简易计税方法计税，以取得的全部价款和价外费用为销售额，按照5%的征收率计算应纳税额。纳税人应按照上述计税方法向不动产所在地主管地税机关预缴税款，向机构所在地主管国税机关申报纳税。

（三）一般纳税人转让其2016年4月30日前取得（不含自建）的不动产，选择适用一般计税方法计税的，以取得的全部价款和价外费用为销售额计算应纳税额。纳税人应以取得的全部价款和价外费用扣除不动产购置原价或者取得不动产时的作价后的余额，按照5%的预征率向不动产所在地主管地税机关预缴税款，向机构所在地主管国税机关申报纳税。

（四）一般纳税人转让其2016年4月30日前自建的不动产，选择适用一般计税方法计税的，以取得的全部价款和价外费用为销售额计算应纳税额。纳税人应以取得的全部价款和价外费用，按照5%的预征率向不动产所在地主管地税机关预缴税款，向机构所在地主管国税机关申报纳税。

（五）一般纳税人转让其2016年5月1日后取得（不含自建）的不动产，适用一般计税方法，以取得的全部价款和价外费用为销售额计算应纳税额。纳税人应以取得的全部价款和价外费用扣除不动产购置原价或者取得不动产时的作价后的余额，按照5%的预征率向不动产所在地主管地税机关预缴税款，向机构所在地主管国税机关申报纳税。

（六）一般纳税人转让其2016年5月1日后自建的不动产，适用一般计税方法，以取得的全部价款和价外费用为销售额计算应纳税额。纳税人应以取得的全部价款和价外费用，按照5%的预征率向不动产所在地主管地税机关预缴税款，向机构所在地主管国税机关申报纳税。

第四条　小规模纳税人转让其取得的不动产，除个人转让其购买的住房外，按照以下规定缴纳增值税：

（一）小规模纳税人转让其取得（不含自建）的不动产，以取得的全部价款和价外费用扣除不动产购置原价或者取得不动产时的作价后的余额为销售额，按照5%的征收率计算应纳税额。

（二）小规模纳税人转让其自建的不动产，以取得的全部价款和价外费用为销售额，按照5%的征收率计算应纳税额。

除其他个人之外的小规模纳税人，应按照本条规定的计税方法向不动产所在地主管地税机关预缴税款，向机构所在地主管国税机关申报纳税；其他个人按照本条规定的计税方法向不动产所在地主管地税机关申报纳税。

第五条　个人转让其购买的住房，按照以下规定缴纳增值税：

（一）个人转让其购买的住房，按照有关规定全额缴纳增值税的，以取得的全部价款和价外费用为销售额，按照5%的征收率计算应纳税额。

（二）个人转让其购买的住房，按照有关规定差额缴纳增值税的，以取得的全部价款和价外费用扣除购买住房价款后的余额为销售额，按照5%的征收率计算应纳税额。

个体工商户应按照本条规定的计税方法向住房所在地主管地税机关预缴税款，向机构所在地主管国税机关申报纳税；其他个人应按照本条规定的计税方法向住房所在地主管地税机关申报纳税。

第六条　其他个人以外的纳税人转让其取得的不动产，区分以下情形计算应向不动产所在地主管地税机关预缴的税款：

（一）以转让不动产取得的全部价款和价外费用作为预缴税款计算依据的，计算公式为：

$$应预缴税款=全部价款和价外费用\div(1+5\%)\times5\%$$

（二）以转让不动产取得的全部价款和价外费用扣除不动产购置原价或者取得不动产时的作价后的余额作为预缴税款计算依据的，计算公式为：

$$应预缴税款=\left(全部价款和价外费用-不动产购置原价或者取得不动产时的作价\right)\div(1+5\%)\times5\%$$

第七条　其他个人转让其取得的不动产，按照本办法第六条规定的计算方法计算应纳税额并向不动产所在地主管地税机关申报纳税。

第八条　纳税人按规定从取得的全部价款和价外费用中扣除不动产购置原价或者取得不动产时的作价的，应当取得符合法律、行政法规和国家税务总局规定的合法有效凭证。否则，不得扣除。

上述凭证是指：

（一）税务部门监制的发票。

（二）法院判决书、裁定书、调解书，以及仲裁裁决书、公证债权文书。

（三）国家税务总局规定的其他凭证。

第九条　纳税人转让其取得的不动产，向不动产所在地主管地税机关预缴的增值税税款，可以在当期增值税应纳税额中抵减，抵减不完的，结转下期继续抵减。

纳税人以预缴税款抵减应纳税额，应以完税凭证作为合法有效凭证。

第十条　小规模纳税人转让其取得的不动产，不能自行开具增值税发票的，可向不动产所在地主管地税机关申请代开。

第十一条　纳税人向其他个人转让其取得的不动产，不得开具或申请代开增值税专用发票。

第十二条　纳税人转让不动产，按照本办法规定应向不动产所在地主管地税机关预缴税款而自应当预缴之月起超过6个月没有预缴税款的，由机构所在地主管国税机关按照《中华人民共和国税收征收管理法》及相关规定进行处理。

纳税人转让不动产，未按照本办法规定缴纳税款的，由主管税务机关按照《中华人民共和国税收征收管理法》及相关规定进行处理。

附录3：《不动产进项税额分期抵扣暂行办法》

第一条　根据《财政部　国家税务总局关于全面推开营业税改征增值税试点的通知》（财税〔2016〕36号）及现行增值税有关规定，制定本办法。

第二条　增值税一般纳税人（以下称纳税人）2016年5月1日后取得并在会计制度上按固定资产核算的不动产，以及2016年5月1日后发生的不动产在建工程，其进项税额应按照本办法有关规定分2年从销项税额中抵扣，第一年抵扣比例为60%，第二年抵扣比例为40%。

取得的不动产，包括以直接购买、接受捐赠、接受投资入股以及抵债等各种形式取得的不动产。

纳税人新建、改建、扩建、修缮、装饰不动产，属于不动产在建工程。

房地产开发企业自行开发的房地产项目，融资租入的不动产，以及在施工现场修建的临时建筑物、构筑物，其进项税额不适用上述分2年抵扣的规定。

第三条　纳税人2016年5月1日后购进货物和设计服务、建筑服务，用于新建不动产，或者用于改建、扩建、修缮、装饰不动产并增加不动产原值超过50%的，其进项税额依照本办法有关规定分2年从销项税额中抵扣。

不动产原值，是指取得不动产时的购置原价或作价。

上述分2年从销项税额中抵扣的购进货物，是指构成不动产实体的材料和设备，包括建筑装饰材料和给排水、采暖、卫生、通风、照明、通讯、煤气、消防、中央空调、电梯、电气、智能化楼宇设备及配套设施。

第四条　纳税人按照本办法规定从销项税额中抵扣进项税额，应取得2016年5月1日后开具的合法有效的增值税扣税凭证。

上述进项税额中，60%的部分于取得扣税凭证的当期从销项税额中抵扣；40%的部分为待抵扣进项税额，于取得扣税凭证的当月起第13个月从销项税额中抵扣。

第五条　购进时已全额抵扣进项税额的货物和服务，转用于不动产在建工程的，其已抵扣进项税额的40%部分，应于转用的当期从进项税额中扣减，计入待抵扣进项税额，并于转用的当月起第13个月从销项税额中抵扣。

第六条　纳税人销售其取得的不动产或者不动产在建工程时，尚未抵扣完毕的待抵扣进项税额，允许于销售的当期从销项税额中抵扣。

第七条　已抵扣进项税额的不动产，发生非正常损失，或者改变用途，专用于简易计税方法计税项目、免征增值税项目、集体福利或者个人消费的，按照下列公式计算不得抵扣的进项税额：

不得抵扣的进项税额＝(已抵扣进项税额＋待抵扣进项税额)×不动产净值率

不动产净值率＝(不动产净值÷不动产原值)×100%

不得抵扣的进项税额小于或等于该不动产已抵扣进项税额的，应于该不动产改变用途的当期，将不得抵扣的进项税额从进项税额中扣减。

不得抵扣的进项税额大于该不动产已抵扣进项税额的，应于该不动产改变用途的当期，将已抵扣进项税额从进项税额中扣减，并从该不动产待抵扣进项税额中扣减不得抵扣进项税额与已抵扣进项税额的差额。

第八条　不动产在建工程发生非正常损失的，其所耗用的购进货物、设计服务和建筑服务已抵扣的进项税额应于当期全部转出；其待抵扣进项税额不得抵扣。

第九条　按照规定不得抵扣进项税额的不动产，发生用途改变，用于允许抵扣进项税额项目的，按照下列公式在改变用途的次月计算可抵扣进项税额。

可抵扣进项税额=增值税扣税凭证注明或计算的进项税额×不动产净值率

依照本条规定计算的可抵扣进项税额，应取得2016年5月1日后开具的合法有效的增值税扣税凭证。

按照本条规定计算的可抵扣进项税额，60%的部分于改变用途的次月从销项税额中抵扣，40%的部分为待抵扣进项税额，于改变用途的次月起第13个月从销项税额中抵扣。

第十条　纳税人注销税务登记时，其尚未抵扣完毕的待抵扣进项税额于注销清算的当期从销项税额中抵扣。

第十一条　待抵扣进项税额记入“应交税金—待抵扣进项税额”科目核算，并于可抵扣当期转入“应交税金—应交增值税（进项税额）”科目。

对不同的不动产和不动产在建工程，纳税人应分别核算其待抵扣进项税额。

第十二条　纳税人分期抵扣不动产的进项税额，应据实填报增值税纳税申报表附列资料。

第十三条　纳税人应建立不动产和不动产在建工程台账，分别记录并归集不动产和不动产在建工程的成本、费用、扣税凭证及进项税额抵扣情况，留存备查。

用于简易计税方法计税项目、免征增值税项目、集体福利或者个人消费的不动产和不动产在建工程，也应在纳税人建立的台账中记录。

第十四条　纳税人未按照本办法有关规定抵扣不动产和不动产在建工程进项税额的，主管税务机关应按照《中华人民共和国税收征收管理法》及有关规定进行处理。

附录4：《纳税人提供不动产经营租赁服务增值税征收管理暂行办法》

第一条　根据《财政部　国家税务总局关于全面推开营业税改征增值税试点的通知》（财税〔2016〕36号）及现行增值税有关规定，制定本办法。

第二条　纳税人以经营租赁方式出租其取得的不动产（以下简称出租不动产），适用本办法。

取得的不动产，包括以直接购买、接受捐赠、接受投资入股、自建以及抵债等各种形式取得的不动产。

纳税人提供道路通行服务不适用本办法。

第三条　一般纳税人出租不动产，按照以下规定缴纳增值税：

（一）一般纳税人出租其2016年4月30日前取得的不动产，可以选择适用简易计税方法，按照5%的征收率计算应纳税额。

不动产所在地与机构所在地不在同一县（市、区）的，纳税人应按照上述计税方法向不动产所在地主管国税机关预缴税款，向机构所在地主管国税机关申报纳税。

不动产所在地与机构所在地在同一县（市、区）的，纳税人向机构所在地主管国税机关申报纳税。

（二）一般纳税人出租其2016年5月1日后取得的不动产，适用一般计税方法计税。

不动产所在地与机构所在地不在同一县（市、区）的，纳税人应按照3%的预征率向不动产所在地主管国税机关预缴税款，向机构所在地主管国税机关申报纳税。

不动产所在地与机构所在地在同一县（市、区）的，纳税人应向机构所在地主管国税机关申报纳税。

一般纳税人出租其2016年4月30日前取得的不动产适用一般计税方法计税的，按照上述规定执行。

第四条　小规模纳税人出租不动产，按照以下规定缴纳增值税：

（一）单位和个体工商户出租不动产（不含个体工商户出租住房），按照5%的征收率计算应纳税额。个体工商户出租住房，按照5%的征收率减按1.5%计算应纳税额。

不动产所在地与机构所在地不在同一县（市、区）的，纳税人应按照上述计税方法向不动产所在地主管国税机关预缴税款，向机构所在地主管国税机关申报纳税。

不动产所在地与机构所在地在同一县（市、区）的，纳税人应向机构所在地主管国税机关申报纳税。

（二）其他个人出租不动产（不含住房），按照5%的征收率计算应纳税额，向不动产所在地主管地税机关申报纳税。其他个人出租住房，按照5%的征收率减按1.5%计算应纳税额，向不动产所在地主管地税机关申报纳税。

第五条　纳税人出租的不动产所在地与其机构所在地在同一直辖市或计划单列市但不在同一县（市、区）的，由直辖市或计划单列市国家税务局决定是否在不动产所在地预缴税款。

第六条　纳税人出租不动产，按照本办法规定需要预缴税款的，应在取得租金的次月纳税申报期或不动产所在地主管国税机关核定的纳税期限预缴税款。

第七条　预缴税款的计算

（一）纳税人出租不动产适用一般计税方法计税的，按照以下公式计算应预缴税款：

$$应预缴税款 = 含税销售额 \div (1 + 11\%) \times 3\%$$

（二）纳税人出租不动产适用简易计税方法计税的，除个人出租住房外，按照以下公式计算应预缴税款：

$$应预缴税款 = 含税销售额 \div (1 + 5\%) \times 5\%$$

（三）个体工商户出租住房，按照以下公式计算应预缴税款：

$$应预缴税款 = 含税销售额 \div (1 + 5\%) \times 1.5\%$$

第八条 其他个人出租不动产，按照以下公式计算应纳税款：

（一）出租住房：

$$应纳税款 = 含税销售额 \div (1 + 5\%) \times 1.5\%$$

（二）出租非住房：

$$应纳税款 = 含税销售额 \div (1 + 5\%) \times 5\%$$

第九条 单位和个体工商户出租不动产，按照本办法规定向不动产所在地主管国税机关预缴税款时，应填写《增值税预缴税款表》。

第十条 单位和个体工商户出租不动产，向不动产所在地主管国税机关预缴的增值税款，可以在当期增值税应纳税额中抵减，抵减不完的，结转下期继续抵减。

纳税人以预缴税款抵减应纳税额，应以完税凭证作为合法有效凭证。

第十一条 小规模纳税人中的单位和个体工商户出租不动产，不能自行开具增值税发票的，可向不动产所在地主管国税机关申请代开增值税发票。

其他个人出租不动产，可向不动产所在地主管地税机关申请代开增值税发票。

第十二条 纳税人向其他个人出租不动产，不得开具或申请代开增值税专用发票。

第十三条 纳税人出租不动产，按照本办法规定应向不动产所在地主管国税机关预缴税款而自应当预缴之月起超过6个月没有预缴税款的，由机构所在地主管国税机关按照《中华人民共和国税收征收管理法》及相关规定进行处理。

纳税人出租不动产，未按照本办法规定缴纳税款的，由主管税务机关按照《中华人民共和国税收征收管理法》及相关规定进行处理。

附录5：《纳税人跨县（市、区）提供建筑服务增值税征收管理暂行办法》

第一条 根据《财政部 国家税务总局关于全面推开营业税改征增值税试点的通知》（财税〔2016〕36号）及现行增值税有关规定，制定本办法。

第二条 本办法所称跨县（市、区）提供建筑服务，是指单位和个体工商户

（以下简称纳税人）在其机构所在地以外的县（市、区）提供建筑服务。

纳税人在同一直辖市、计划单列市范围内跨县（市、区）提供建筑服务的，由直辖市、计划单列市国家税务局决定是否适用本办法。

其他个人跨县（市、区）提供建筑服务，不适用本办法。

第三条　纳税人跨县（市、区）提供建筑服务，应按照财税〔2016〕36 号文件规定的纳税义务发生时间和计税方法，向建筑服务发生地主管国税机关预缴税款，向机构所在地主管国税机关申报纳税。

《建筑工程施工许可证》未注明合同开工日期，但建筑工程承包合同注明的开工日期在 2016 年 4 月 30 日前的建筑工程项目，属于财税〔2016〕36 号文件规定的可以选择简易计税方法计税的建筑工程老项目。

第四条　纳税人跨县（市、区）提供建筑服务，按照以下规定预缴税款：

（一）一般纳税人跨县（市、区）提供建筑服务，适用一般计税方法计税的，以取得的全部价款和价外费用扣除支付的分包款后的余额，按照 2% 的预征率计算应预缴税款。

（二）一般纳税人跨县（市、区）提供建筑服务，选择适用简易计税方法计税的，以取得的全部价款和价外费用扣除支付的分包款后的余额，按照 3% 的征收率计算应预缴税款。

（三）小规模纳税人跨县（市、区）提供建筑服务，以取得的全部价款和价外费用扣除支付的分包款后的余额，按照 3% 的征收率计算应预缴税款。

第五条　纳税人跨县（市、区）提供建筑服务，按照以下公式计算应预缴税款：

（一）适用一般计税方法计税的，应预缴税款 =（全部价款和价外费用 - 支付的分包款）÷（1 + 11%）× 2%。

（二）适用简易计税方法计税的，应预缴税款 =（全部价款和价外费用 - 支付的分包款）÷（1 + 3%）× 3%。

纳税人取得的全部价款和价外费用扣除支付的分包款后的余额为负数的，可结转下次预缴税款时继续扣除。

纳税人应按照工程项目分别计算应预缴税款，分别预缴。

第六条　纳税人按照上述规定从取得的全部价款和价外费用中扣除支付的分包款，应当取得符合法律、行政法规和国家税务总局规定的合法有效凭证，否则不得扣除。

上述凭证是指：

（一）从分包方取得的 2016 年 4 月 30 日前开具的建筑业营业税发票。

上述建筑业营业税发票在2016年6月30日前可作为预缴税款的扣除凭证。

（二）从分包方取得的2016年5月1日后开具的，备注栏注明建筑服务发生地所在县（市、区）、项目名称的增值税发票。

（三）国家税务总局规定的其他凭证。

第七条　纳税人跨县（市、区）提供建筑服务，在向建筑服务发生地主管国税机关预缴税款时，需提交以下资料：

（一）《增值税预缴税款表》；

（二）与发包方签订的建筑合同原件及复印件；

（三）与分包方签订的分包合同原件及复印件；

（四）从分包方取得的发票原件及复印件。

第八条　纳税人跨县（市、区）提供建筑服务，向建筑服务发生地主管国税机关预缴的增值税税款，可以在当期增值税应纳税额中抵减，抵减不完的，结转下期继续抵减。

纳税人以预缴税款抵减应纳税额，应以完税凭证作为合法有效凭证。

第九条　小规模纳税人跨县（市、区）提供建筑服务，不能自行开具增值税发票的，可向建筑服务发生地主管国税机关按照其取得的全部价款和价外费用申请代开增值税发票。

第十条　对跨县（市、区）提供的建筑服务，纳税人应自行建立预缴税款台账，区分不同县（市、区）和项目逐笔登记全部收入、支付的分包款、已扣除的分包款、扣除分包款的发票号码、已预缴税款以及预缴税款的完税凭证号码等相关内容，留存备查。

第十一条　纳税人跨县（市、区）提供建筑服务预缴税款时间，按照财税〔2016〕36号文件规定的纳税义务发生时间和纳税期限执行。

第十二条　纳税人跨县（市、区）提供建筑服务，按照本办法应向建筑服务发生地主管国税机关预缴税款而自应当预缴之月起超过6个月没有预缴税款的，由机构所在地主管国税机关按照《中华人民共和国税收征收管理法》及相关规定进行处理。

纳税人跨县（市、区）提供建筑服务，未按照本办法缴纳税款的，由机构所在地主管国税机关按照《中华人民共和国税收征收管理法》及相关规定进行处理。

附录6：《房地产开发企业销售自行开发的房地产项目增值税征收管理暂行办法》

第一章　适用范围

第一条　根据《财政部　国家税务总局关于全面推开营业税改征增值税试点的

通知》（财税〔2016〕36号）及现行增值税有关规定，制定本办法。

第二条 房地产开发企业销售自行开发的房地产项目，适用本办法。

自行开发，是指在依法取得土地使用权的土地上进行基础设施和房屋建设。

第三条 房地产开发企业以接盘等形式购入未完工的房地产项目继续开发后，以自己的名义立项销售的，属于本办法规定的销售自行开发的房地产项目。

第二章 一般纳税人征收管理

第一节 销售额

第四条 房地产开发企业中的一般纳税人（以下简称一般纳税人）销售自行开发的房地产项目，适用一般计税方法计税，按照取得的全部价款和价外费用，扣除当期销售房地产项目对应的土地价款后的余额计算销售额。销售额的计算公式如下：

$$销售额=(全部价款和价外费用-当期允许扣除的土地价款)\div(1+11\%)$$

第五条 当期允许扣除的土地价款按照以下公式计算：

$$\text{当期允许扣除的土地价款}=\left(\frac{\text{当期销售房地产项目建筑面积}}{\text{房地产项目可供销售建筑面积}}\right)\times\text{支付的土地价款}$$

当期销售房地产项目建筑面积，是指当期进行纳税申报的增值税销售额对应的建筑面积。

房地产项目可供销售建筑面积，是指房地产项目可以出售的总建筑面积，不包括销售房地产项目时未单独作价结算的配套公共设施的建筑面积。

支付的土地价款，是指向政府、土地管理部门或受政府委托收取土地价款的单位直接支付的土地价款。

第六条 在计算销售额时从全部价款和价外费用中扣除土地价款，应当取得省级以上（含省级）财政部门监（印）制的财政票据。

第七条 一般纳税人应建立台账登记土地价款的扣除情况，扣除的土地价款不得超过纳税人实际支付的土地价款。

第八条 一般纳税人销售自行开发的房地产老项目，可以选择适用简易计税方法按照5%的征收率计税。一经选择简易计税方法计税的，36个月内不得变更为一般计税方法计税。

房地产老项目，是指：

（一）《建筑工程施工许可证》注明的合同开工日期在2016年4月30日前的房地产项目；

（二）《建筑工程施工许可证》未注明合同开工日期或者未取得《建筑工程施工

许可证》但建筑工程承包合同注明的开工日期在2016年4月30日前的建筑工程项目。

第九条　一般纳税人销售自行开发的房地产老项目适用简易计税方法计税的，以取得的全部价款和价外费用为销售额，不得扣除对应的土地价款。

第二节　预缴税款

第十条　一般纳税人采取预收款方式销售自行开发的房地产项目，应在收到预收款时按照3%的预征率预缴增值税。

第十一条　应预缴税款按照以下公式计算：

$$\text{应预缴税款} = \text{预收款} \div (1 + \text{适用税率或征收率}) \times 3\%$$

适用一般计税方法计税的，按照11%的适用税率计算；适用简易计税方法计税的，按照5%的征收率计算。

第十二条　一般纳税人应在取得预收款的次月纳税申报期向主管国税机关预缴税款。

第三节　进项税额

第十三条　一般纳税人销售自行开发的房地产项目，兼有一般计税方法计税、简易计税方法计税、免征增值税的房地产项目而无法划分不得抵扣的进项税额的，应以《建筑工程施工许可证》注明的“建设规模”为依据进行划分。

$$\text{不得抵扣的进项税额} = \text{当期无法划分的全部进项税额} \times \left(\text{简易计税、免税房地产项目建设规模} \div \text{房地产项目总建设规模}\right)$$

第四节　纳税申报

第十四条　一般纳税人销售自行开发的房地产项目适用一般计税方法计税的，应按照《营业税改征增值税试点实施办法》（财税〔2016〕36号文件印发，以下简称《试点实施办法》）第四十五条规定的纳税义务发生时间，以当期销售额和11%的适用税率计算当期应纳税额，抵减已预缴税款后，向主管国税机关申报纳税。未抵减完的预缴税款可以结转下期继续抵减。

第十五条　一般纳税人销售自行开发的房地产项目适用简易计税方法计税的，应按照《试点实施办法》第四十五条规定的纳税义务发生时间，以当期销售额和5%的征收率计算当期应纳税额，抵减已预缴税款后，向主管国税机关申报纳税。未抵减完的预缴税款可以结转下期继续抵减。

第五节　发票开具

第十六条　一般纳税人销售自行开发的房地产项目，自行开具增值税发票。

第十七条　一般纳税人销售自行开发的房地产项目，其2016年4月30日前收取并已向主管地税机关申报缴纳营业税的预收款，未开具营业税发票的，可以开具增值税普通发票，不得开具增值税专用发票。

第十八条　一般纳税人向其他个人销售自行开发的房地产项目，不得开具增值税专用发票。

第三章　小规模纳税人征收管理

第一节　预缴税款

第十九条　房地产开发企业中的小规模纳税人（以下简称小规模纳税人）采取预收款方式销售自行开发的房地产项目，应在收到预收款时按照3%的预征率预缴增值税。

第二十条　应预缴税款按照以下公式计算：

$$应预缴税款 = 预收款 \div (1 + 5\%) \times 3\%$$

第二十一条　小规模纳税人应在取得预收款的次月纳税申报期或主管国税机关核定的纳税期限向主管国税机关预缴税款。

第二节　纳税申报

第二十二条　小规模纳税人销售自行开发的房地产项目，应按照《试点实施办法》第四十五条规定的纳税义务发生时间，以当期销售额和5%的征收率计算当期应纳税额，抵减已预缴税款后，向主管国税机关申报纳税。未抵减完的预缴税款可以结转下期继续抵减。

第三节　发票开具

第二十三条　小规模纳税人销售自行开发的房地产项目，自行开具增值税普通发票。购买方需要增值税专用发票的，小规模纳税人向主管国税机关申请代开。

第二十四条　小规模纳税人销售自行开发的房地产项目，其2016年4月30日前收取并已向主管地税机关申报缴纳营业税的预收款，未开具营业税发票的，可以开具增值税普通发票，不得申请代开增值税专用发票。

第二十五条　小规模纳税人向其他个人销售自行开发的房地产项目，不得申请代开增值税专用发票。

第四章　其他事项

第二十六条　房地产开发企业销售自行开发的房地产项目，按照本办法规定预缴税款时，应填报《增值税预缴税款表》。

第二十七条　房地产开发企业以预缴税款抵减应纳税额，应以完税凭证作为合法有效凭证。

第二十八条　房地产开发企业销售自行开发的房地产项目，未按本办法规定预缴或缴纳税款的，由主管国税机关按照《中华人民共和国税收征收管理法》及相关规定进行处理。

第三章
消费税会计

本章导读

> 消费税是以特定消费品为课税对象进行征收的一种税，属于流转税的范畴，它在对货物普遍征收增值税的基础上，选择少数消费品再征收的一个税种，消费税主要是为了调节产品结构，引导消费方向，保证国家财政收入。目前，世界上已有一百多个国家开征了这一税种或类似税种。我国现行消费税是1994年税制改革中新设置的一个税种，并与增值税构成了对流转额交叉征税的格局。

本章我们将对消费税的概念和会计计量进行详细的阐述，从会计角度分析消费税的作用好计量方法。

第一节 消费税概述

消费税是各国普遍开征的一个重要税种。消费税是以特定的消费品和消费行为的流转额为计税依据而征收的一种商品税。广义上而言，消费税一般对所有消费品包括生活必需品和日用品普遍课税，但在一般概念上，消费税主要指对特定消费品或特定消费行为如奢侈品等课税。消费税的课税对象主要是消费品，税收随价格转嫁给消费者负担，因此消费者是实际的赋税人。消费税的征收具有较强的选择性与调节性，是国家贯彻消费政策、引导消费结构从而引导产业结构的重要手段，因而在保证国家财政收入，体现国家经济政策等方面具有十分重要的意义。

一般认为，消费税包括直接消费税和间接消费税两类：

1. 直接消费税是以个人的实际消费支出额为计税依据而向消费者课征的一种直接税。

2. 间接消费税是以消费品的流转额为计税依据而向消费品的生产经营者课征的一种间接税。间接消费税还可以分为一般消费税和特种消费税。

我国现行消费税的特点：（1）征收范围的选择性。我国的消费税主要依据国家的产业政策与消费政策选择部分消费品来征税，而不是对所有消费品都征收消费税；（2）征税环节的单一性。我国消费税主要在生产和进口环节中征收；（3）税率的调节性。消费税的平均税率水平一般定得比较高，并且不同征税项目的税负差异较大，主要是为了对消费行为产生调节作用，例如对需要限制或控制消费的消费品则采用较高税率；（4）征收方法的灵活性。我国消费税的征收方式主要有两种：既采用对消费品制定单位税额，以消费品的数量为依据实行从量定额的征收方法，也采用对消费品制定比例税率，以消费品的价格为依据实行从价定率的征收方法。

现行的消费税税法的基本规范，是《中华人民共和国消费税暂行条例》（自2009年1月1日起施行）（以下简称《消费税暂行条例》）和《中华人民共和国消费税暂行条例实施细则》（以下简称《消费税暂行条例实施细则》）

一、消费税的纳税人和纳税范围

（一）消费税的纳税人

消费税是对中华人民共和国境内从事生产、委托加工和进口《消费税暂行条例》规定的消费品的单位和个人，就其销售额或销售数量在特定环节征收的一种税。消费税的纳税人，是在中国境内生产、委托加工和进口应税消费品的单位和个人，以及国务院确定的销售应税消费品的其他单位和个人，应当按照《消费税暂行条例》缴纳消费税。

“单位”是指企业、行政单位、事业单位、军事单位、社会团体及其他单位；

“个人”是指个体工商户及其他个人。在中华人民共和国境内，是指生产、委托加工和进口属于应当缴纳消费税的消费品的起运地或者所在地在境内。

（二）消费税的纳税范围

按照《消费税暂行条例》规定，2014年12月调整后，确定征收消费税的只有烟、酒、化妆品等15个税目，有的税目还进一步划分若干子目。按照消费税所调节商品的特点，其征收消费税的税目（以下简称应税消费品）主要可以分为如下五大类，如图3-1所示。

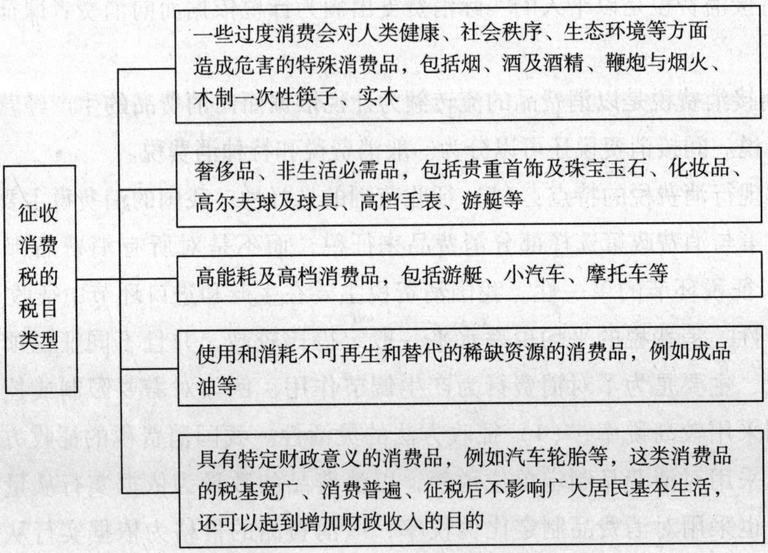

图 3－1　征收消费税的税目类型

消费税一般在应税消费品的生产、委托加工和进口环节缴纳。按照消费税的征税环节来划分，主要可分为以下四种。

1. 生产应税消费品。

生产应税消费品销售是消费税征收的主要环节，因为消费税具有单一环节征税的特点，在生产销售环节征税以后，货物在流通环节无论再转销多少次，不用再缴纳消费税。生产应税消费品除了直接对外销售应征收消费税外，纳税人将生产的应税消费品换取生产资料、消费资料、投资入股、偿还债务，以及用于继续生产应税消费品以外的其他方面都应缴纳消费税。

另外，工业企业以外的单位和个人的下列行为视为应税消费品的生产行为，按规定征收消费税：

（1）将外购的消费税非应税产品以消费税应税产品对外销售的；

（2）将外购的消费税低税率应税产品以高税率应税产品对外销售的。

2. 委托加工应税消费品。

委托加工应税消费品是指委托方提供原料和主要材料，受托方只收取加工费和代垫部分辅助材料加工的应税消费品。由受托方提供原材料或其他情形的一律不能视同加工应税消费品。委托加工的应税消费品收回后，再继续用于生产应税消费品销售且符合现行政策规定的，其加工环节缴纳的消费税款可以扣除。

3. 进口应税消费品。

单位和个人进口货物属于消费税征税范围的，在进口环节要缴纳消费税。为了减少征税成本，进口环节缴纳的消费税由海关代征。

4. 零售应税消费品。

经国务院批准，自1995年1月1日起，金银首饰消费税由生产销售环节征收改为零售环节征收。改在零售环节征收消费税的金银首饰仅限于金基、银基合金首饰以及金、银和金基、银基合金的镶嵌首饰，进口环节暂不征收，零售环节适用税率为5%，在纳税人销售金银首饰、钻石及钻石饰品时征收。其计税依据是不含增值税的销售额。

对既销售金银首饰，又销售非金银首饰的生产、经营单位，应将两类商品划分清楚，分别核算销售额。凡划分不清楚或不能分别核算的，在生产环节销售的，一律从高适用税率征收消费税；在零售环节销售的，一律按金银首饰征收消费税。金银首饰与其他产品组成成套消费品销售的，应按销售额全额征收消费税。

金银首饰连同包装物销售的，无论包装是否单独计价，也无论会计上如何核算，均应并入金银首饰的销售额，计征消费税。

带料加工的金银首饰，应按受托方销售同类金银首饰的销售价格确定计税依据征收消费税。没有同类金银首饰销售价格的，按照组成计税价格计算纳税。

纳税人采用以旧换新（含翻新改制）方式销售的金银首饰，应按实际收取的不含增值税的全部价款确定计税依据征收消费税。

二、消费税的税目、税率

（一）税目

消费税共设置15个税目、若干个子目，征税主旨明确，课税对象清晰。

1. 烟。

凡是以烟叶为原料加工生产的产品，不论使用何种辅料，均属于本税目的征收范围。包括卷烟（进口卷烟、白包卷烟、手工卷烟和未经国务院批准纳入计划的企业及个人生产的卷烟）、雪茄烟和烟丝。

在“烟”税目下分“卷烟”等子目，“卷烟”又分“甲类卷烟”和“乙类卷烟”。其中，甲类卷烟是指每标准条（200支，下同）调拨价格在70元（不含增值税）以上（含70元）的卷烟；乙类卷烟是指每标准条调拨价格在70元（不含增值税）以下的卷烟。

自2009年5月1日起，在卷烟批发环节加征一道从价税，在中华人民共和国境内从事卷烟批发业务的单位和个人，批发销售的所有牌号规格的卷烟，按其销售额（不含增值税）征收5％的消费税。纳税人应将卷烟销售额与其他商品销售额分开核算，未分开核算的，一并征收消费税。纳税人销售给纳税人以外的单位和个人的卷烟于销售时纳税。纳税人之间销售的卷烟不缴纳消费税。卷烟批发企业的机构所在地，总机构与分支机构不在同一地区的，由总机构申报纳税。卷烟消费税在生产和批发两个环节征收后，批发企业在计算纳税时不得扣除已含的生产环节的消费税税款。

2. 酒。

酒是酒精度在1°以上的各种酒类饮料。酒类包括粮食白酒、薯类白酒、黄酒、啤酒和其他酒。

啤酒每吨出厂价（含包装物及包装物押金）在3 000元（含3 000元，不含增值税）以上的是甲类啤酒，每吨出厂价（含包装物及包装物押金）在3 000元（不含增值税）以下的是乙类啤酒。包装物押金不包括重复使用的塑料周转箱的押金。对饮食业、商业、娱乐业举办的啤酒屋（啤酒坊）利用啤酒生产设备生产的啤酒，应当征收消费税。果啤属于啤酒，按啤酒征收消费税。配制酒（露酒）是指以发酵酒、蒸馏酒或食用酒精为酒基，加入可食用或药食两用的辅料或食品添加剂，进行调配、混合或再加工制成的并改变了其原酒基风格的饮料酒。具体规定如下：

（1）以蒸馏酒或食用酒精为酒基，具有国家相关部门批准的国食健字或卫食健字文号并且酒精度低于38°（含）的配制酒，按消费税税目税率表"其他酒"10%适用税率征收消费税。

（2）以发酵酒为酒基，，酒精度低于20°（含）的配制酒，按消费税税目税率表"其他酒"10%适用税率征收消费税。

（3）其他配制酒，按消费税税目税率表"白酒"适用税率征收消费税。

3. 化妆品。

本税目征收范围包括各类美容、修饰类化妆品、高档护肤类化妆品和成套化妆品。

美容、修饰类化妆品是指香水、香水精、香粉、口红、指甲油、胭脂、眉笔、唇笔、蓝眼油、眼睫毛以及成套化妆品。

舞台、戏剧、影视演员化妆用的上妆油、卸装油、油彩，不属于本税目的征收范围。

高档护肤类化妆品征收范围另行制定。

4. 贵重首饰及珠宝玉石。

包括：凡以金、银、白金、宝石、珍珠、钻石、翡翠、珊瑚、玛瑙等高贵稀有物质以及其他金属、人造宝石等制作的各种纯金银首饰及镶嵌首饰和经采掘、打磨、加工的各种珠宝玉石。对出国人员免税商店销售的金银首饰征收消费税。

5. 鞭炮、焰火。

包括：各种鞭炮、焰火。体育上用的发令纸、鞭炮药引线，不按本税目征收。

6. 成品油。

本税目包括汽油、柴油、石脑油、溶剂油、航空煤油、润滑油、燃料油 7 个子目；航空煤油暂缓征收。

（1）汽油。

汽油是指用原油或其他原料加工生产的辛烷值不小于66 的可用作汽油发动机燃料的各种轻质油。取消车用含铅汽油消费税，汽油税目不再划分二级子目，统一按照无铅汽油税率征收消费税。

以汽油、汽油组分调和生产的甲醇汽油、乙醇汽油也属于本税目征收范围。

（2）柴油。

柴油是指用原油或其他原料加工生产的倾点或凝点在 -50 号至 30 号的可用作柴油发动机燃料的各种轻质油和以柴油组分为主、经调和精制可用作柴油发动机燃料的非标油。

以柴油、柴油组分调和生产的生物柴油也属于本税目征收范围。

（3）石脑油。

石脑油又叫化工轻油，是以原油或其他原料加工生产的用于化工原料的轻质油。

石脑油的征收范围包括除汽油、柴油、航空煤油、溶剂油以外的各种轻质油。非标汽油、重整生成油、拔头油、戊烷原料油、轻裂解料（减压柴油 VGO 和常压柴油 AGO）、重裂解料、加氢裂化尾油、芳烃抽余油均属轻质油，属于石脑油征收范围。

（4）溶剂油。

溶剂油是用原油或其他原料加工生产的用于涂料、油漆、食用油、印刷油墨、皮革、农药、橡胶、化妆品生产和机械清洗、胶粘行业的轻质油。

橡胶填充油、溶剂油原料，属于溶剂油征收范围。

（5）航空煤油。

航空煤油也叫喷气燃料，是用原油或其他原料加工生产的用作喷气发动机和喷气推进系统燃料的各种轻质油。航空煤油的消费税暂缓征收。

（6）润滑油。

润滑油是用原油或其他原料加工生产的用于内燃机、机械加工过程的润滑产品。润滑油分为矿物性润滑油、植物性润滑油、动物性润滑油和化工原料合成润滑油。

润滑油的征收范围包括矿物性润滑油、矿物性润滑油基础油、植物性润滑油、动物性润滑油和化工原料合成润滑油。以植物性、动物性和矿物性基础油（或矿物性润滑油）混合掺配而成的"混合性"润滑油，不论矿物性基础油（或矿物性润滑油）所占比例高低，均属润滑油的征收范围。

另外，用原油或其他原料加工生产的用于内燃机、机械加工过程的润滑产品均属于润滑油征税范围。润滑脂是润滑产品，生产、加工润滑脂应当征收消费税。变压器油、导热类油等绝缘油类产品不属于润滑油，不征收消费税。

（7）燃料油。

燃料油也称重油、渣油，是用原油或其他原料加工生产，主要用作电厂发电、锅炉用燃料、加热炉燃料、冶金和其他工业炉燃料。腊油、船用重油、常压重油、减压重油、180CTS燃料油、7号燃料油、糠醛油、工业燃料、4~6号燃料油等油品的主要用途是作为燃料燃烧，属于燃料油征收范围。

7. 小汽车。

小汽车是指由动力驱动，具有4个或4个以上车轮的非轨道承载的车辆。

本税目征收范围包括含驾驶员座位在内最多不超过9个座位（含）的，在设计和技术特性上用于载运乘客和货物的各类乘用车和含驾驶员座位在内的座位数在10~23座（含23座）的在设计和技术特性上用于载运乘客和货物的各类中轻型商用客车。

用排气量小于1.5升（含）的乘用车底盘（车架）改装、改制的车辆属于乘用车征收范围。用排气量大于1.5升的乘用车底盘（车架）或用中轻型商用客车底盘（车架）改装、改制的车辆属于中轻型商用客车征收范围。

含驾驶员人数（额定载客）为区间值的（如8~10人、17~26人）小汽车，按其区间值下限人数确定征收范围。

电动汽车不属于本税目征收范围。车身长度大于7米（含），并且座位在10~23座（含）以下的商用客车，不属于中轻型商用客车征税范围，不征收消费税。沙滩车、雪地车、卡丁车、高尔夫车不属于消费税征收范围，不征收消费税。

8. 摩托车。

包括轻便摩托车和摩托车两种。对最大设计车速不超过50千米/小时，发动机气缸总工作容量不超过50毫米的三轮摩托车不征收消费税。气缸容量250毫升（不含）以下的小排量摩托车消费税。

9. 高尔夫球及球具。

高尔夫球及球具是指从事高尔夫球运动所需的各种专用装备，包括高尔夫球、高尔夫球杆及高尔夫球包（袋）等。

高尔夫球是指重量不超过45.93克、直径不超过42.67毫米的高尔夫球运动比赛、练习用球；高尔夫球杆是指被设计用来打高尔夫球的工具，由杆头、杆身和握把三部分组成；高尔夫球包（袋）是指专用于盛装高尔夫球及球杆的包（袋）。

本税目征收范围包括高尔夫球、高尔夫球杆、高尔夫球包（袋）。高尔夫球杆的杆头、杆身和握把属于本税目的征收范围。

10. 高档手表。

高档手表是指销售价格（不含增值税）每只在10 000元（含）以上的各类手表。

本税目征收范围包括符合以上标准的各类手表。

11. 游艇。

游艇是指长度大于8米小于90米，船体由玻璃钢、钢、铝合金、塑料等多种材料制作，可以在水上移动的水上浮载体。按照动力划分，游艇分为无动力艇、帆艇和机动艇。

本税目征收范围包括艇身长度大于8米（含）小于90米（含），内置发动机，可以在水上移动，一般为私人或团体购置，主要用于水上运动和休闲娱乐等非营利活动的各类机动艇。

12. 木制一次性筷子。

木制一次性筷子，又称卫生筷子，是指以木材为原料经过锯段、浸泡、旋切、刨切、烘干、筛选、打磨、倒角、包装等环节加工而成的各类供一次性使用的筷子。

本税目征收范围包括各种规格的木制一次性筷子。未经打磨、倒角的木制一次性筷子属于本税目征税范围。

13. 实木地板。

实木地板是指以木材为原料，经锯割、干燥、刨光、截断、开榫、涂漆等工序加工而成的块状或条状的地面装饰材料。实木地板按生产工艺不同，可分为独板（块）实木地板、实木指接地板、实木复合地板三类；按表面处理状态不同，可分为未涂饰地板（白坯板、素板）和漆饰地板两类。

本税目征收范围包括各类规格的实木地板、实木指接地板、实木复合地板及用于装饰墙壁、天棚的侧端面为榫、槽的实木装饰板。未经涂饰的素板也属于本税目征税范围。

14. 电池。

范围包括：原电池、蓄电池、燃料电池、太阳能电池和其他电池。

自2015年2月1日起对电池（铅蓄电池除外）征收消费税；对无汞原电池、金属氢化物镍蓄电池（又称“氢镍蓄电池”或“镍氢蓄电池”）、锂原电池、锂离子蓄电池、太阳能电池、燃料电池、全钒液流电池免征消费税。2015年12月31日前对铅蓄电池缓征消费税；自2016年1月1日起，对铅蓄电池按4%税率征收消费税。

15. 涂料。

涂料是指涂于物体表面能形成具有保护、装饰或特殊性能的固态涂膜的一类液体或固体材料之总称。自2015年2月1日起对涂料消费税，施工状态下挥发性有机物（Volatile Or－ganic Compounds，VOC）含量低于420克/升（含）的涂料免征消费税。

（二）税率

消费税的税率包括比例税率和定额税率两类。由于针对不同税目或子目适用不同的税率，消费税的税率档次较为复杂。多数适用比例税率，成品油税目和甲类、乙类啤酒、黄酒等子目适用定额税率，甲类、乙类卷烟和白酒等同时适用比例税率和定额税率，即复合税率。

纳税人兼营不同税率的应税消费品，是指纳税人生产销售两种税率以上的应税消费品，应当分别核算不同税率应税消费品的销售额、销售数量。未分别核算销售额、销售数量的，或者将不同税率的应税消费品组成成套消费品销售的，从高适用税率。

有关消费税税率的具体规定如表3－1所示。

表3－1　消费税税目、税率

税目	税率
1. （1）烟 ①甲类卷烟（生产或进口环节） ②乙类卷烟（生产或进口环节） ③批发环节 （2）雪茄烟 （3）烟丝	 56%加0.003元/支 36%加0.003元/支 11%加0.005元/支 36% 30%
2. 酒 （1）白酒 （2）黄酒 （3）啤酒 ①甲类啤酒 ②乙类啤酒 （4）其他酒	20%加0.5元/500克（或者500毫升） 240元/吨 250元/吨 220元/吨 10%
3. 化妆品	30%
4. 贵重首饰及珠宝玉石 （1）金银首饰、铂金首饰和钻石及钻石饰品 （2）其他贵重首饰和珠宝玉石	 5% 10%
5. 鞭炮、焰火	15%

续表

税目	税率
6. 成品油	
（1）汽油	1.52 元/升
（2）柴油	1.2 元/升
（3）航空煤油	1.2 元/升
（4）石脑油	1.52 元/升
（5）溶剂油	1.52 元/升
（6）润滑油	1.52 元/升
（7）燃料油	1.2 元/升
7. 摩托车	
（1）气缸容量为 250 毫升的	3%
（2）气缸容量为 250 毫升以上的	10%
8. 小汽车	
（1）乘用车	
①气缸容量（排气量，下同）在 1.0 升（含 1.0 升）以下的	1%
②气缸容量在 1.0 升以上至 1.5 升（含 1.5 升）的	3%
③气缸容量在 1.5 升以上至 2.0 升（含 2.0 升）的	5%
④气缸容量在 2.0 升以上至 2.5 升（含 2.5 升）的	9%
⑤气缸容量在 2.5 升以上至 3.0 升（含 3.0 升）的	12%
⑥气缸容量在 3.0 升以上至 4.0 升（含 4.0 升）的	25%
⑦气缸容量在 4.0 升以上的	40%
2. 中轻型商用客车	5%
9. 高尔夫球及球具	10%
10 高档手表	20%
11. 游艇	10%
12. 木制一次性筷子	5%
13. 实木地板	5%
14. 电池	4%
15. 涂料	4%

三、消费税的计税依据

按照现行消费税法的基本规定，消费税应纳税额的计算主要分为从价计征、从量计征和从价从量复合计征三种方法，相应地，主要涉及销售额、销售量的计算。

（一）从价计征

在从价定率计算方法下，应纳税额等于应税消费品的销售额乘以适用税率，应纳税额的计算主要涉及应税消费品的销售额和适用税率两个因素。

销售额为纳税人销售应税消费品向购买方收取的全部价款和价外费用。

销售额，不包括应向购货方收取的增值税税款。如果纳税人应税消费品的销售额中未扣除增值税税款或者因不得开具增值税专用发票而发生价款和增值税税款合并收取的，在计算消费税时，应当换算为不含增值税税款的销售额。

其换算公式为：应税销售额 = 含增值税的销售额 ÷（1 + 增值税税率或者征收率）

在使用换算公式时，应根据纳税人的具体情况分别使用增值税税率或征收率。

价外费用，是指价外向购买方收取的手续费、补贴、基金、集资费、返还利润、奖励费、违约金、滞纳金、延期付款利息、赔偿金、代收款项、代垫款项、包装费、包装物租金、储备费、优质费、运输装卸费以及其他各种性质的价外收费。但下列项目不包括在内：

1. 同时符合以下条件的代垫运输费用。

（1）承运部门的运输费用发票开具给购买方的。

（2）纳税人将该项发票转交给购买方的。

2. 同时符合以下条件代为收取的政府性基金或者行政事业性收费。

（1）由国务院或者财政部批准设立的政府性基金，由国务院或者省级人民政府及其财政、价格主管部门批准设立的行政事业性收费。

（2）收取时开具省级以上财政部门印制的财政票据。

（3）所收款项全额上缴财政。

其他价外费用，无论是否属于纳税人的收入，均应并入销售额计算征税。

应税消费品连同包装物销售的，无论包装物是否单独计价以及在会计上如何核算，均应并入应税消费品的销售额中缴纳消费税。如果包装物不作价随同产品销售，而是收取押金，此项押金则不应并入应税消费品的销售额中征税。但对因逾期未收回的包装物不再退还的或者已收取的时间超过 12 个月的押金，应并入应税消费品的销售额，按照应税消费品的适用税率缴纳消费税。

对既作价随同应税消费品销售，又另外收取押金的包装物的押金，凡纳税人在规定的期限内没有退还的，均应并入应税消费品的销售额，按照应税消费品的适用税率缴纳消费税。

应税消费品在缴纳消费税的同时，与一般货物一样，还应缴纳增值税。按照《消费税暂行条例实施细则》的规定，应税消费品的销售额，不包括应向购货方收取的增值税税款。如果纳税人应税消费品的销售额中未扣除增值税税款或者因不得开具增值税专用发票而发生价款和增值税税款合并收取的，在计算消费税时，应将含增值税的销售额换算为不含增值税税款的销售额。其换算公式为：

应税消费品的销售额＝含增值税的销售额÷(1＋增值税税率或征收率)

在使用换算公式时，应根据纳税人的具体情况分别使用增值税税率或征收率。如果消费税的纳税人同时又是增值税一般纳税人的，应适用17%的增值税税率；如果消费税的纳税人是增值税小规模纳税人的，应适用3%的征收率。

(二) 从量计征的计算

在从量定额计算方法下，应纳税额等于应税消费品的销售数量乘以单位税额，应纳税额的多少取决于应税消费品的销售数量和单位税额两个因素。根据我国现行税法，消费税中只有黄酒、啤酒、汽油、柴油四种产品是以销售数量作为计税依据。

销售数量是指纳税人生产、加工和进口应税消费品的数量。其含义包括：

1. 销售应税消费品的，为应税消费品的销售数量；

2. 自产自用应税消费品的，为应税消费品的移送使用量；

3. 委托加工应税消费品的，为纳税人收回的应税消费品量；

4. 进口的应税消费品，为海关核定的应税消费品进口征税量。

(三) 从价从量复合计征的计算

现行消费税的征税范围中，只有卷烟、白酒采用复合计征方法。应纳税额等于应税销售数量乘以定额税率再加上应税销售额乘以比例税率。

生产销售卷烟、白酒从量定额计税依据为实际销售数量。进口、委托加工、自产自用卷烟、白酒从量定额计税依据分别为海关核定的进口征税数量、委托方收回数量、移送使用数量。

(四) 计税依据的特殊计算

1. 纳税人通过自设非独立核算门市部销售的自产应税消费品，应按照门市部对外销售额或者销售数量征收消费税。

2. 纳税人用于换取生产资料和消费资料，投资入股和抵偿债务等方面的应税消费品，应当以纳税人同类应税消费品的最高销售价格作为计税依据计算消费税。

3. 酒类关联企业间关联交易消费税问题处理。白酒生产企业向商业销售单位收取的“品牌使用费”是随着应税白酒的销售而向购货方收取的，属于应税白酒销售价款的组成部分，因此，不论企业采取何种方式或以何种名义收取价款，均应并入白酒的销售额中缴纳消费税。

4. 兼营不同税率应税消费品的税务处理。兼营行为，即纳税人生产销售应税消费品，并不是单一经营某一税率的产品，而是经营多种不同税率的产品。此时，针对纳税人所兼营的不同税率应税消费品时，税法就要针对其不同的核算方式分别规定税务处理办法，以加强税收管理，避免因核算方式不同而出现税款流失的现象。

纳税人兼营不同税率的应税消费品，应当分别核算不同税率应税消费品的销售额、销售数量。未分别核算销售额、销售数量，或者将不同税率的应税消费品组成成套消费品销售的，从高适用税率。

例如，某酒厂既生产税率为20%的粮食白酒，又生产税率为10%的其他酒，如汽酒、药酒等。对于这种情况税法规定，该厂应分别核算白酒与其他酒的销售额，然后按各自适用的税率计税；如不分别核算各自的销售额，其他酒也按白酒的税率计算纳税。如果该酒厂还生产白酒与其他酒小瓶装礼品套酒，就是税法所指的成套消费品，应按全部销售额就白酒的税率20%计算应纳消费税额，而不能以其他酒10%的税率计算其中任何一部分的应纳税额了。对未分别核算的销售额按高税率计税，意在督促企业对不同税率应税消费品的销售额分别核算，准确计算纳税。

四、应纳税额的计算

（一）生产销售环节应纳税额的计算

纳税人在生产销售环节应缴纳的消费税，包括直接对外销售应税消费品应缴纳的消费税和自产自用应税消费品应缴纳的消费税。

1. 直接对外销售应纳税额的计算。

直接对外销售应税消费品涉及三种计算方法：

（1）在从价定率计算方法下，应纳消费税额等于销售额乘以适用税率。基本计算公式为：

$$应纳税额=应税消费品的销售额\times比例税率$$

（2）在从量定额计算方法下，应纳税额等于应税消费品的销售数量乘以单位税额。基本计算公式为：

$$应纳税额=应税消费品的销售数量\times定额税率$$

（3）现行消费税的征税范围中，只有卷烟、白酒采用复合计算方法。基本计算公式为：

$$应纳税额=应税消费品的销售数量\times定额税率+应税销售额\times比例税率$$

【例3-1】 某化妆品生产企业为增值税一般纳税人。2016年6月15日向某大型百货商场销售化妆品一批，开具增值税专用发票，取得不含增值税销售额100万元，增值税额17万元；6月20日向某公司销售化妆品一批，开具普通发票，取得含增值税销售额4.68万元。计算该化妆品生产企业上述业务应缴纳的消费税额。

（1）化妆品适用消费税税率30%

（2）化妆品的应税销售额 = 100 + 4.68 ÷ (1 + 17%) = 104（万元）

（3）应缴纳的消费税额 = 104 × 30% = 31.2（万元）

【例3-2】 某啤酒厂2015年4月销售甲类啤酒1 000吨，取得不含增值税销售额295万元，增值税税款50.15万元，另收取包装物押金23.4万元。计算4月该啤酒厂应纳消费税税额。

（1）销售甲类啤酒，适用定额税率每吨250元

（2）应纳税额 = 销售数量 × 定额税率 = 1 000 × 250 = 250 000（元）

【例3-3】 某烟厂出售卷烟20个标准箱，每标准条调拨价格60元，共计300 000元；烟丝45 000元，不退包装物，采用托收承付结算方式，货已发出并办好托收手续。计算应纳消费税税额如下：

20 × 150 + 300 000 × 36% + 45 000 × 30% = 124 500（元）

【例3-4】 某烟厂购买已税烟丝2 000千克，每千克30元，未扣增值税。加工成卷烟200个标准箱，每标准箱调拨价格7 500元，全部售出。计算应纳消费税税额如下：

烟丝不含增值税销售额 = 2 000 × 30/(1 + 17%) = 51 282（元）

卷烟应纳消费税额 = 200 × 150 + 200 × 7 500 × 36% − 51 282 × 30% = 554 615.4（元）

2. 自产自用应税消费品应纳税额的计算。

自产自用就是纳税人生产应税消费品后，不是用于直接对外销售，而是用于连续生产应税消费品或用于其他方面。

（1）用于连续生产应税消费品。

纳税人自产自用的应税消费品，用于连续生产应税消费品的，不纳税。所谓

“纳税人自产自用的应税消费品，用于连续生产应税消费品的”，是指作为生产最终应税消费品的直接材料并构成最终产品实体的应税消费品。例如，卷烟厂生产出烟丝，烟丝已是应税消费品，卷烟厂再用生产出的烟丝连续生产卷烟，这样，用于连续生产卷烟的烟丝就不缴纳消费税，只对生产的卷烟征收消费税。当然，生产出的烟丝如果是直接销售的，则烟丝还是要缴纳消费税的。税法规定对自产自用的应税消费品，用于连续生产应税消费品的不征税，体现了不重复课税且计税简便的原则。

（2）用于其他方面的应税消费品。

纳税人自产自用的应税消费品，除用于连续生产应税消费品不纳税以外，凡用于其他方面的，于移送使用时纳税。用于其他方面的是指纳税人用于生产非应税消费品、在建工程、管理部门、非生产机构，提供劳务，以及用于馈赠、赞助、集资、广告；样品、职工福利、奖励等方面。所谓“用于生产非应税消费品”，是指把自产的应税消费品用于生产消费税条例税目税率表所列 14 类产品以外的产品。所谓“用于在建工程”，是指把自产的应税消费品用于本单位的各项建设工程。例如，石化工厂把自己生产的柴油用于本厂基建工程的车辆、设备使用。所谓“用于管理部门、非生产机构”，是指把自己生产的应税消费品用于与本单位有隶属关系的管理部门或非生产机构。例如，汽车制造厂把生产出的小汽车提供给上级主管部门使用。所谓“用于馈赠、赞助、集资、广告、样品、职工福利、奖励”，是指把自己生产的应税消费品无偿赠送给他人或以资金的形式投资于外单位某些事业或作为商品广告、经销样品或以福利、奖励的形式发给职工。例如，摩托车厂把自己生产的摩托车赠送或赞助给摩托车拉力赛赛手使用，兼作商品广告；酒厂把生产的滋补药酒以福利的形式发给职工等。总之，企业自产的应税消费品虽然没有用于销售或连续生产应税消费品，但只要是用于税法所规定的范围的都要视同销售，依法缴纳消费税。

（3）组成计税价格及税额的计算。

纳税人自产自用的应税消费品，凡用于其他方面，应当纳税的，按照纳税人生产的同类消费品的销售价格计算纳税。同类消费品的销售价格是指纳税人当月销售的同类消费品的销售价格，如果当月同类消费品各期销售价格高低不同，应按销售数量加权平均计算。但销售的应税消费品销售价格明显偏低又无正当理由的或者无销售价格的，不得列入加权平均计算。如果当月无销售或者当月未完结，应按照同类消费品上月或者最近月份的销售价格计算纳税。

没有同类消费品销售价格的，按照组成计税价格计算纳税。组成计税价格计算公式是：

实行从价定率办法计算纳税的组成计税价格及应纳税额计算公式：

$$组成计税价格 = (成本 + 利润) \div (1 - 比例税率)$$

应纳税额 = 组成计税价格 × 比例税率

实行复合计税办法计算纳税的组成计税价格及应纳税额计算公式：

组成计税价格 =（成本 + 利润 + 自产自用数量 × 定额税率）÷（1 − 比例税率）

应纳税额 = 组成计税价格 × 比例税率 + 自产自用数量 × 定额税率

上述公式中所说的“成本”，是指应税消费品的产品生产成本。

上述公式中所说的“利润”，是指根据应税消费品的全国平均成本利润率计算的利润。应税消费品全国平均成本利润率由国家税务总局确定。

（4）应税消费品全国平均成本利润率。

1993 年 12 月 28 日与 2006 年 3 月，国家税务总局颁发的《消费税若干具体问题的规定》，确定了应税消费品全国平均成本利润率表，如表 3 − 2 所示。

表 3 − 2　平均成本利润率表　单位：%

货物名称	利润率	货物名称	利润率
1. 甲类卷烟	10	10. 贵重首饰及珠宝玉石	6
2. 乙类卷烟	5	11. 摩托车	6
3. 雪茄烟	5	12. 高尔夫球及球具	10
4. 烟丝	5	13. 高档手表	20
5. 粮食白酒	10	14. 游艇	10
6. 薯类白酒	−5	15. 木制一次性筷子	5
7. 其他酒	5	16. 实木地板	5
8. 化妆品	5	17. 乘用车	8
9. 鞭炮、焰火	5	18. 中轻型商用客车	5

自产自用应税消费品应纳消费税税额的计算公式可以总结如下：

应纳消费税税额 = 纳税人生产同类消费品销售额 × 消费税税率

或　　= 销售数量 × 单位消费税额

或　　= 组成计税价格 × 消费税税率

纳税人用于换取生产资料和消费资料、投资入股和抵偿债务等方面的应税消费品，应以纳税人同类应税消费品的最高售价作为计税依据。如果自产自用应税消费品是复合计税，则“组成计税价格”应在原计算公式的基础上，加“视同销售数量 × 单位税额”。

【例 3 − 5】 某汽车制造厂将自产乘用车（汽缸容量 2.0 升）一辆，转作自用（固定资产），该种汽车对外销售价格180 000元。计算应纳消费税额如下：

180 000×5% =9 000（元）

如果该自用车没有同类消费品的销售价格，其生产成本为150 000元，则组成计税价格如下：

消费税组成计税价格=150 000×(1+8%)/(1-5%)=170 526（元）

应交消费税税额=170 526×5% =8 526（元）

增值税组成计税价格=消费税组成计税价格=170 526（元）

应交增值税税额=170 526×17% =28 989（元）

（二）委托加工应税消费品应纳税额的计算

1. 委托加工应税消费品的确定。

委托加工应税消费品是指由委托方提供原料或主要材料，受托方只收取加工费和代垫部分辅助材料进行加工的应税消费品。对于由受托方提供原材料生产的应税消费品，或者受托方先将原材料卖给委托方，然后再接受加工的应税消费品，以及由受托方以委托方名义购进原材料生产的应税消费品，不论纳税人在财务上是否作销售处理，都不得作为委托加工应税消费品，而应当按照销售自制应税消费品缴纳消费税。

2. 代收代缴税款的规定。

如确属税法规定的委托加工行为，受托方必须严格履行代收代缴义务，正确计算和按时代缴税款（若受托方为个体经营者，一律于委托方收回后，在委托方所在地缴纳消费税）。在与委托方办理交货结算时，代收代缴消费税。

委托加工的应税消费品，受托方在交货时已代收代缴消费税，委托方将收回的应税消费品，以不高于受托方的计税价格出售的，为直接出售，不再缴纳消费税；委托方以高于受托方的计税价格出售的，不属于直接出售，需按照规定申报缴纳消费税，在计税时准予扣除受托方已代收代缴的消费税。

对于受托方没有按规定代收代缴税款的，不能因此免除委托方补缴税款的责任。在对委托方进行税务检查中，如果发现受其委托加工应税消费品的受托方没有代收代缴税款，则应按照《税收征收管理法》规定，对受托方处以应代收代缴税款50%以上3倍以下的罚款；委托方要补缴税款，对委托方补征税款的计税依据是：如果在检查时，收回的应税消费品已经直接销售的，按销售额计税；收回的应税消费品尚未销售或不能直接销售的（如收回后用于连续生产等），按组成计税价格计税。

3. 组成计税价格及应纳税额的计算。

委托加工应税消费品，按照受托方的同类消费品的销售价格计算纳税。“同类消费品的销售价格”是指受托方（代扣代缴义务人）当月销售的同类消费品的销售价格。如果当月同类消费品各期销售价格高低不同，应按销售数量加权平均计算。但当销售价格明显偏低又无正当理由或无销售价格的，不能列入加权平均计算。如果当月无销售或当月未完结，应按照同类消费品上月或最近月份的销售价格计算纳税。

没有同类消费品销售价格的，按照组成计税价格计算纳税。

实行从价定率办法计算纳税的组成计税价格及应纳税额计算公式：

$$组成计税价格=(材料成本+加工费)\div(1-比例税率)$$

$$应纳税额=组成计税价格\times比例税率$$

实行复合计税办法计算纳税的组成计税价格及应纳税额计算公式：

$$组成计税价格=(材料成本+加工费+委托加工数量\times定额税率)\div(1-比例税率)$$

$$应纳税额=组成计税价格\times比例税率+委托加工数量\times定额税率$$

组成计税价格中的“材料成本”，是指委托方所提供加工的材料实际成本。凡未提供材料成本或所在地主管税务机关认为不合理，税务机关有权重新核定材料成本。“加工费”是受托方加工应税消费品向委托方收取的全部费用（包括代垫的辅助材料实际成本）。

【例3-6】 A企业受托加工一批应税消费品，委托方提供的材料成本9 500元，双方协商加工费为1 200元，消费税税率为10%，计算A企业应代收代缴的消费税税额如下：

组成计税价格=(9 500+1 200)/(1-10%)=11 888.89（元）

应纳消费税税额=11 889×10%=1 189（元）

委托方在向A企业付款时，除了按合同规定支付1 200元加工费外，还应向其支付1 189元的消费税税额。

（三）进口环节应纳消费税的计算

进口的应税消费品，于报关进口时缴纳消费税；进口的应税消费品的消费税由海关代征；进口的应税消费品，由进口人或者其代理人向报关地海关申报纳税；纳税人进口应税消费品，按照关税征收管理的相关规定，应当自海关填发海关进口消费税专用缴款书之日起15日内缴纳税款。

纳税人进口应税消费品，按照组成计税价格和规定的税率计算应纳税额。计算方法如下：

1. 从价定率计征应纳税额的计算。

实行从价定率办法计算纳税的组成计税价格计算公式：

组成计税价格 =（关税完税价格 + 关税）÷（1 – 消费税比例税率）

应纳税额 = 组成计税价格 × 消费税比例税率

【例3－7】 某公司进口成套化妆品一批。该成套化妆品中，CIF价格为400 000元，设关税税率40%，消费税税率30%。有关的计算公式如下：

消费税组成计税价格 =（400 000 + 400 000 × 40%）/（1 – 30%）= 800 000（元）

应纳消费税税额 = 800 000 × 30% = 240 000（元）

增值税组成计税价格 = 消费税组成计税价格 = 800 000（元）

应纳增值税税额 = 800 000 × 17% = 136 000（元）

公式中所称"关税完税价格"，是指海关核定的关税计税价格。

2. 从量定额计征应纳税额的计算。

应纳税额的计算公式：

应纳税额 = 应税消费品数量 × 消费税定额税率

3. 实行从价定率和从量定额复合计税办法应纳税额的计算。

应纳税额的计算公式：

$$\text{组成计税价格} = \left(\text{关税完税价格} + \text{关税} + \text{进口数量} \times \text{消费税定额税率}\right) \div \left(1 - \text{消费税比例税率}\right)$$

$$\text{应纳税额} = \text{组成计税价格} \times \text{消费税税率} + \text{应税消费品进口数量} \times \text{消费税定额税率}$$

进口环节消费税除国务院另有规定者外，一律不得给予减税、免税。

（四）已纳消费税扣除的计算

为了避免重复征税，现行消费税规定，将外购应税消费品和委托加工收回的应税消费品继续生产应税消费品销售的，可以将外购应税消费品和委托加工收回应税消费品已缴纳的消费税给予扣除。

1. 外购应税消费品已纳税款的扣除。

（1）外购或委托加工收回下列应税消费品，用于连续生产应税消费品的，对外购应税消费品已缴纳的消费税税款或者委托加工的应税消费品（原料），由受托方代收代缴的消费税税款，准予从应纳消费税税额中抵扣：

①外购已税烟丝生产的卷烟；

②外购已税化妆品生产的化妆品；

③外购已税珠宝玉石生产的贵重首饰及珠宝玉石；

④外购已税鞭炮焰火生产的鞭炮焰火；

⑤外购已税杆头、杆身和握把为原料生产的高尔夫球杆；

⑥外购已税木制一次性筷子为原料生产的木制一次性筷子；

⑦外购已税实木地板为原料生产的实木地板；

⑧对外购已税汽油、柴油、石脑油、燃料油、润滑油用于连续生产应税成品油；

⑨外购已税摩托车连续生产应税摩托车（如用外购两轮摩托车改装三轮摩托车）。

上述当期准予扣除外购应税消费品已纳消费税税款的计算公式为：

$$\text{当期准予扣除的外购应税消费品已纳税款}=\text{当期准予扣除的外购应税消费品买价}\times\text{外购应税消费品适用税率}$$

$$\text{当期准予扣除的外购应税消费品买价}=\text{期初库存的外购应税消费品的买价}+\text{当期购进的应税消费品的买价}-\text{期末库存的外购应税消费品的买价}$$

外购已税消费品的买价是指购货发票上注明的销售额（不包括增值税税款）。由于我国近期多次调整成品油消费税税率，纳税人外购应税油品连续生产应税成品油，根据其取得的外购应税油品增值税专用发票开具时间来确定具体扣除金额，如果增值税专用发票开具时间为调整前，则按照调整前的成品油消费税税率计算扣除消费税；如果增值税专用发票开具时间为调整后，则按照调整后的成品油消费税税率计算扣除消费税。

另外根据《葡萄酒消费税管理办法（试行）》的规定，自2015年5月1日起。从葡萄酒生产企业购进、进口葡萄酒连续生产应税葡萄酒的，准予从葡萄酒消费税应纳税额中扣除所耗用应税葡萄酒已纳消费税税款。如本期消费税应纳税额不足抵扣的，余额留待下期抵扣。

【例3-8】 2016年，A企业3月初库存外购应税烟丝金额100万元，当月又外购应税烟丝金额500万元（不包括增值税），月末库存烟丝金额60万元，其余均被当月生产卷烟领用。请计算卷烟厂当月准许扣除的外购烟丝已缴纳的消费税税额。

烟丝适用的消费税税率为30%

当期准许扣除的外购烟丝买价＝100＋500－60＝540（万元）

当月准许扣除的外购烟丝已缴纳的消费税税额＝540×30%＝162（万元）

（2）外购应税消费品后销售。

对自己不生产应税消费品，而只是购进后再销售应税消费品的工业企业，其销售的化妆品，护肤护发品，鞭炮焰火和珠宝玉石，凡不能构成最终消费品直接进入消费品市场，而需进一步生产加工的（如需进一步）深加工、包装、贴标，组合的珠宝玉石、化妆品、酒、鞭炮焰火等，应当征收消费税，同时允许扣除上述外购应税消费品的已纳税款。

2. 委托加工收回的应税消费品已纳税款的扣除。

委托加工的应税消费品因为已由受托方代收代缴消费税，因此，委托方收回货物后用于连续生产应税消费品的，其已纳税款准予按照规定从连续生产的应税消费品应纳消费税税额中抵扣。按照国家税务总局的规定，下列连续生产的应税消费品准予从应纳消费税税额中按当期生产领用数量计算扣除委托加工收回的应税消费品已纳消费税税款：

（1）以委托加工收回的已税烟丝为原料生产的卷烟；

（2）以委托加工收回的已税化妆品为原料生产的化妆品；

（3）以委托加工收回的已税珠宝玉石为原料生产的贵重首饰及珠宝玉石；

（4）以委托加工收回的已税鞭炮、焰火为原料生产的鞭炮、焰火；

（5）以委托加工收回的已税杆头、杆身和握把为原料生产的高尔夫球杆；

（6）以委托加工收回的已税木制一次性筷子为原料生产的木制一次性筷子；

（7）以委托加工收回的已税实木地板为原料生产的实木地板；

（8）以委托加工收回的已税汽油、柴油、石脑油、燃料油、润滑油用于连续生产应税成品油；

（9）以委托加工收回的已税摩托车连续生产应税摩托车（如用外购两轮摩托车改装三轮摩托车）。

上述当期准予扣除委托加工收回的应税消费品已纳消费税税款的计算公式是：

$$\text{当期准予扣除的委托加工应税消费品已纳税款}=\text{期初库存的委托加工应税消费品已纳税款}+\text{当期收回的委托加工应税消费品已纳税款}-\text{期末库存的委托加工应税消费品已纳税款}$$

纳税人以进口、委托加工收回应税油品连续生产应税成品油，分别依据《海关进口消费税专用缴款书》《税收缴款书（代扣代收专用）》，按照现行政策规定计算扣除应税油品已纳消费税税款。

需要说明的是，纳税人用委托加工收回的已税珠宝玉石生产的改在零售环节征收消费税的金银首饰，在计税时一律不得扣除委托加工收回的珠宝玉石的已纳消费税税款。

【例3-9】 某日化厂9月份委托甲厂加工化妆品A，收回时被代扣消费税4 000元，委托乙厂加工化妆品B，收回时被代扣消费税5 000元。该厂将两者继续加工生产化妆品M出售，当月销售额440 000元。该厂期初库存的委托加工应税消费品已纳税款2 700元，期末库存的委托加工应税消费品已纳税款3 300元。根据上述公式计算如下：

当月准予扣除的委托加工应税消费品已纳税款 = 2 700 + 4 000 + 5 000 - 3 300 = 8 400（元）

本月应纳消费税款 = 440 000 × 8% - 8 400 = 26 800（元）

【例3-10】 某卷烟厂8月份外购烟丝价款100 000元，月初库存外购已税烟丝75 000元，月末库存外购已税烟丝36 000元；当月以外购烟丝生产卷烟的销售量为28个标准箱，每标准条调拨价格40元，共计280 000元。有关的计算公式如下：

当月准予扣除的外购应税消费品买价 = 75 000 + 100 000 - 36 000 = 139 000（元）

当月准予扣除的外购应税消费品已纳税款 = 139 000 × 30% = 41 700（元）

当月应纳消费税税额 = 28 × 150 + 280 000 × 36% - 41 700 = 88 200 - 41 700 = 63 300（元）

（五）消费税出口退税的计算

对纳税人出口应税消费品，免征消费税；国务院另有规定的除外。

1. 出口免税并退税。

有出口经营权的外贸企业购进应税消费品直接出口，以及外贸企业受其他外贸企业委托代理出口应税消费品。外贸企业只有受其他外贸企业委托，代理出口应税消费品才可办理退税，外贸企业受其他企业（主要是非生产性的商贸企业）委托，代理出口应税消费品是不予退（免）税的。

属于从价定率计征消费税的，为已征且未在内销应税消费品应纳税额中抵扣的购进出口货物金额；属于从量定额计征消费税的，为已征且未在内销应税消费品应纳税额中抵扣的购进出口货物数量；属于复合计征消费税的，按从价定率和从量定额的计税依据分别确定。

$$\text{消费税应退税额}=\text{从价定率计征消费税的退税计税依据}\times\text{比例税率}+\text{从量定额计征消费税的退税计税依据}\times\text{定额税率}$$

2. 出口免税但不退税。

有出口经营权的生产性企业自营出口或生产企业委托外贸企业代理出口自产的应税消费品，依据其实际出口数量免征消费税，不予办理退还消费税。免征消费税是指对生产性企业按其实际出口数量免征生产环节的消费税。不予办理退还消费税，因已免征生产环节的消费税，该应税消费品出口时，已不含有消费税，所以无须再办理退还消费税。

3. 出口不免税也不退税。

除生产企业、外贸企业外的其他企业，具体是指一般商贸企业，这类企业委托外贸企业代理出口应税消费品一律不予退（免）税。出口货物的消费税应退税额的计税依据，按购进出口货物的消费税专用缴款书和海关进口消费税专用缴款书确定。

五、消费税的纳税期限与纳税地点

纳税人无论当期有无销售，均应在次月1日起至10日内填制"消费税纳税申报表"，并向主管税务机关进行纳税申报。纳税申报表一式两联：第一联为申报联，第二联为收执联。

（一）纳税义务发生时间

消费税的纳税义务发生时间，以贷款结算方式或者行为发生时间分别确定。

1. 纳税人销售应税消费品的，其纳税义务发生的时间分别为：

（1）采取赊销和分期收款结算方式的，为书面合同约定的收款日期的当天，书面合同没有约定收款日期或者无书面合同的，为发出应税消费品的当天；

（2）采取预收货款结算方式的，为发出应税消费品的当天；

（3）采取托收承付和委托银行收款方式的，为发出应税消费品并办妥托收手续的当天；

（4）采取其他结算方式的，为收讫销售款或者取得索取销售款凭据的当天。

2. 纳税人自产自用应税消费品的，为移送使用的当天。

3. 纳税人委托加工应税消费品的，为纳税人提货的当天。

4. 纳税人进口应税消费品的，为报关进口的当天。

（二）纳税期限

按照《消费税暂行条例》规定，消费税的纳税期限分别为1日、3日、5日、10日、15日、1个月或者1个季度。纳税人的具体纳税期限，由主管税务机关根据纳税人应纳税额的大小分别核定；不能按照固定期限纳税的，可以按次纳税。

纳税人以1个月或以1个季度为一期纳税的，自期满之日起15日内申报纳税；以1日、3日、5日、10日或者15日为一期纳税的，自期满之日起5日内预缴税款，于次月1日起至15日内申报纳税并结清上月应纳税款。

纳税人进口应税消费品，应当自海关填发海关进口消费税专用缴款书之日起15日内缴纳税款。

如果纳税人不能按照规定的纳税期限依法纳税，将按《税收征收管理法》的有关规定处理。

（三）纳税地点

国内消费税由税务机关征收，进口的应税消费品的消费税由海关代征。个人携带或者邮寄进境的消费品所应纳的消费税，连同关税一并征收。具体征收办法由国务院关税税则委员会会同有关部门制定。

关于消费税的纳税地点，具体规定如下：

1. 纳税人销售的应税消费品，以及自产自用的应税消费品，除国务院财政、税务主管部门另有规定外，应当向纳税人机构所在地或者居住地的主管税务机关申报纳税。

2. 委托加工的应税消费品，除受托方为个人外，由受托方向机构所在地或者居住地的主管税务机关解缴消费税税款。

3. 进口的应税消费品，由进口人或者其代理人向报关地海关申报纳税。

4. 纳税人到外县（市）销售或者委托外县（市）代销自产应税消费品的，于应税消费品销售后，向机构所在地或者居住地主管税务机关申报纳税。

纳税人的总机构与分支机构不在同一县（市），但在同一省（自治区、直辖市）范围内，经省（自治区、直辖市）财政厅（局）、国家税务总局审批同意，可以由总机构汇总向总机构所在地的主管税务机关申报缴纳消费税。

省（自治区、直辖市）财政厅（局）、国家税务总局应将审批同意的结果，上报财政部、国家税务总局备案。

5. 纳税人销售的应税消费品，如因质量等原因由购买者退回时，经所在地主管税务机关审核批准后，可退还已征收的消费税税款。但不能自行直接抵减应纳税款。

第二节　消费税的会计处理

一、会计账户的设置

纳税人应在"应交税费"账户下设置"应交消费税"明细账户进行会计处理。该明细账户采用三栏式账户记账，贷方核算企业按规定应缴纳的消费税，借方核算企业实际缴纳的消费税或待扣的消费税；期末贷方余额表示尚未缴纳的消费税，借方余额表示企业多交的消费税。企业应交消费税应记入损益类账户"营业税金及附加"。

二、销售应税消费品的会计处理

因消费税是价内税，企业销售应税消费品的售价包含消费税（但不包含增值税），所以，企业缴纳的消费税应记入"营业税金及附加"，由销售收入补偿。作会计分录如下：

销售实现时：

借：营业税金及附加

　　贷：应交税费——应交消费税

实际缴纳消费税时：

借：应交税费——应交消费税

　　贷：银行存款

发生销货退回及退税时，作相反的会计分录。企业出口应税消费品，如按规定不予免税或退税的，应视同国内销售，按上述规定进行会计处理。其销售的会计处理与前述增值税的会计处理密切相关，也受销售方式、结算方式的影响，是在进行增值税会计处理的基础上，进行消费税的会计处理。

【例3-11】 某企业9月份销售乘用车15辆，汽缸容量为2.2升，出厂价150 000元/辆，价外收取有关费用每11 000元/辆。有关的计算公式如下：

应纳消费税税额 = (150 000 + 11 000) × 9% × 15 = 217 350（元）

应纳增值税税额 = (150 000 + 11 000) × 17% × 15 = 410 550（元）

根据上述有关凭证和数据，作会计分录如下：

借：银行存款　　2 825 550
　　贷：主营业务收入　　2 415 000
　　　　应交税费——应交增值税（销项税额）　　410 550
借：营业税金及附加　　217 350
　　贷：应交税费——应交消费税　　217 350
上缴税金时，作会计分录如下：
借：应交税费——应交增值税（已交税金）　　410 550
　　　　　　——应交消费税　　217 350
　　贷：银行存款　　627 900

三、应税消费品视同销售的会计处理

企业以生产的应税消费品换取生产资料、消费资料或抵偿债务、支付代购手续费等，应视同销售行为，在会计上作销售处理，并以纳税人同类应税消费品的最高销售价格作为计税依据计算消费税。

以应税消费品换取生产资料和消费资料的，应按售价（若有不同售价，计算增值税时按加权平均售价，计算消费税时，应按最高售价）借记“材料采购”等账户，贷记“主营业务收入”账户；以应税消费品抵偿债务，按售价借记“应付账款”等账户，贷记“主营业务收入”账户；以应税消费品支付代购手续费，按售价借记“应付账款”、“材料采购”等账户，贷记“主营业务收入”账户。同时，按售价计算应交消费税，借记“营业税金及附加”账户，贷记“应交税费—应交增值税”账户，并结转销售成本。

【例 3-12】 某白酒厂 1 月份用粮食白酒 10 吨，抵偿胜利农场大米款 50 000 元。该粮食白酒每吨本月售价在 4 800～5 200 元之间浮动，平均销售价格 5 000 元/吨。计算应交消费税税额并作会计处理。

以物抵债属销售货物范畴。计算应纳增值税的销项税额如下：

$5\ 000 \times 10 \times 17\% = 8\ 500$（元）

纳税人用于换取生产资料和消费资料，投资入股和抵偿债务等方面的应税消费品，应当以纳税人同类应税消费品的最高销售价格作为计税依据计算消费税。该粮食白酒的最高销售价格为5 200元/吨。计算应纳消费税税额并作会计分录如下：

10×1 000×1+5 200×10×20%＝20 400（元）

借：应付账款——胜利农场　　50 000

　贷：主营业务收入　　41 500

　　　应交税费——应交增值税（销项税额）　　8 500

借：营业税金及附加　　20 400

　贷：应交税费——应交消费税　　20 400

借：应交税费——应交消费税　　20 400

　贷：银行存款　　20 400

【例3－13】 安徽一木地板制造厂以自产的200平米的实木地板向南京某地换取大米。该厂生产的同一类型的实木地板销售价格分别为178元/平方、168/平方、148/平方；实木地板消费税税率为5%。

要求：计算该厂的应交消费税税额并做会计处理。

依据消费税政策有关规定，纳税人用于换取生产资料和消费资料、投资入股和抵偿债务等方面的应税消费品，销售额应为同类应税消费品的最高销售价格。上述实木地板的最高销售价格为178元/平方，因此，该实木地板厂应交消费税税额为：

应交消费税税额＝销售额×税率＝200×178×5%＝1780（元）

会计处理为：

（1）计提消费税时：

借：营业税金及附加　　1 780

　贷：应交税费——应交消费税　　1 780

（2）实际缴纳消费税时：

借：应交税费——应交消费税　　1 780

　贷：银行存款　　1 780

四、企业以生产的应税消费品作为投资的会计处理

企业以生产的应税消费品作为投资，应视同销售缴纳消费税；但在会计处理上，

投资不宜作销售处理。因为投资与销售两者性质不同，投资作价与用于投资的应税消费品账面成本之间的差额应由整个投资期间的损益来承担，而不应仅由投资当期损益承担。但现行税法要求作销售处理，主要是基于不影响所得税的计算。

企业在投资时，借记“长期股权投资”及“存货跌价准备”等账户，按该应税消费品的账面成本，贷记“库存商品”或“自制半成品”及“银行存款”等（反映支付的相关税费）账户，按合同作价与账面成本的差额，借记或贷记“资本公积”账户，但税法规定，其金额要计入同期应税所得额。按投资应税消费品售价（同类应税消费品的最高销售价格）或组成计税价格计算的应交消费税，贷记“应交税费—应交消费税”账户。

【例 3－14】 某企业 7 月份以 20 辆乘用车（2.0 升）向市出租汽车公司投资。双方协议，税务机关认可的每辆汽车售价为 150 000 元，每辆车的实际成本为 120 000 元。有关的计算公式如下：

应交增值税税额 =150 000×17% ×20 =510 000（元）

应交消费税税额 =150 000×5% ×20 =150 000（元）

根据上述有关凭证和数据，作会计分录如下：

借：长期股权投资	2 400 000	
贷：库存商品		2 400 000
借：长期股权投资	660 000	
贷：应交税费——应交增值税		510 000
——应交消费税		150 000

五、企业以自产应税消费品自用于其他方面的会计处理

纳税人自产自用的应税消费品，除用于连续生产应税消费品外，凡用于其他方面的，于移送使用时纳税。用于其他方面的是指纳税人用于生产非应税消费品、在建工程、管理部门、非生产机构，提供劳务，以及用于馈赠、赞助、集资、广告；样品、职工福利、奖励等方面。

企业将自产的产品自用是一种内部结转关系，不存在销售行为，企业并没有因此而增加现金流量，因此，应按产品成本转账，并据其用途记入相应账户。但也有一种意见是：将其视为销售进行会计处理，这样会使企业凭空增加一部分利润，于企业不利。

本书按前一种意见，当企业将应税消费品移送自用时，按其成本结转。即：借记"在建工程"、"固定资产"、"营业外支出"、"管理费用"、"销售费用"等账户，贷记"库存商品"或"自制半成品"账户。按自用产品的销售价格（同类消费品的销售价格，如果当月同类消费品各期销售价格高低不同，应按销售数量加权平均计算）或组成计税价格计算应交消费税时，则借记"在建工程"、"营业外支出"、"销售费用"等账户（不通过"营业税金及附加"账户），贷记"应交税费—应交消费税"账户。

（一）企业以自产应税消费品用于样品、职工福利应纳消费税的会计处理

相应会计处理如例3－15所示。

【例3－15】 某啤酒厂将自己生产的啤酒20吨发给职工作为福利，10吨用于广告宣传，让客户及顾客免费品尝。该啤酒每吨成本2 000元，出厂价格2 600元/吨（不含税）。计算应交增值税、消费税税额并作会计分录如下：

30吨×220元/吨＝6 600（元）

2 600×30×17%＝13 260（元）

（1）结转税金及成本时：

借：应付职工薪酬——福利费	53 240	
销售费用	26 620	
贷：应交税费——应交消费税		6 600
——应交增值税（销项税额）		13 260
库存商品		60 000

（2）实际缴纳消费税时：

借：应交税费——应交消费税	6 600	
贷：银行存款		6 600

（二）企业以自产应税消费品用于管理部门和在建工程应纳消费税的会计处理

相应会计处理如例3－16所示。

【例3－16】 江苏某炼油厂2016年3月将10 000升含铅汽油分配给本厂车队使用，另外，本厂基建工地用柴油200 000升。

要求：试就上述业务做消费税会计分录。

应交消费税分别为：

10 000 × 1. 52 = 15 200（元）

200 000 × 1. 2 = 240 000（元）

会计分录为：

（1）管理部门领用应税消费品计提应交消费税时：

借：管理费用 15 200

贷：应交税费——应交消费税 15 200

（2）在建工程使用应税消费品计提应交消费税时：

借：在建工程 240 000

贷：应交税费——应交消费税 240 000

（3）实际缴纳消费税时：

借：应交税费——应交消费税 255 200

贷：银行存款 255 200

（三）企业以自产应税消费品用于赞助应纳消费税的会计处理

相应会计处理如例 3 - 17 所示。

【例 3 - 17】 北京华安汽车制造公司 2016 年 3 月将生产的小轿车 12 辆赞助给上海某福利院，另有 4 辆留作公司自用。该批小轿车生产成本为 15 万元/辆，汽缸容量在 1 000 毫升以下。该批小轿车暂无同类产品销售价格，小轿车成本利润率为 6%。

要求：试就上述业务做消费税会计分录。

150 000 ×（1 + 6%）÷（1 - 1%）= 160 606（元）

应交消费税（每辆）= 160 606 × 1% = 1 606. 06（元）

会计分录为：

（1）用于赞助的应税消费品计提应交消费税时：

借：营业外支出 19 272. 72

贷：应交税费——应交消费税 19 272. 72

（2）留做自用的应税消费品计提应交消费税时：

借：固定资产 6 424. 24

贷：应交税费——应交消费税 6 424. 24

(3) 实际缴纳消费税时：

借：应交税费——应交消费税　　25 696. 96

　　贷：银行存款　　25 696. 96

六、应税消费品包装物应交消费税的会计处理

实行从价定率计征消费税的消费品连同包装物销售的，无论包装物是否单独计价，均应并入应税消费品的销售额中缴纳消费税。如果不销售包装物而只是收取押金，对因逾期未收回的包装物不再退还的或者已收取的超过12个月的押金，应并入应税消费品的销售额，按照应税消费品的适用税率缴纳消费税。

对既作价随同应税消费品销售又另外收取押金的包装物的押金，只要在规定的期限内没有退还，就应并入应税消费品的销售额，按照应税消费品的适用税率缴纳消费税。

（一）随同产品销售而不单独计价

随同产品销售且不单独计价的包装物，其收入随同所销售的产品一并计入“主营业务收入”。因此，因包装物销售应交的消费税与因产品销售应交的消费税应一同计入“营业税金及附加”，其应纳消费税与产品销售一并进行会计处理。

(1) 计提应交消费税时会计分录如下：

借：营业税金及附加

　　贷：应交税费——应交消费税

(2) 实际缴纳消费税时的会计分录如下：

借：应交税费——应交消费税

　　贷：银行存款

（二）随同产品销售而单独计价

随同产品销售但单独计价的包装物，其收入记入“其他业务收入”账户，其应纳消费税则应记入“其他业务成本”账户。

(1) 计提应交消费税时会计分录如下：

借：其他业务成本

　　贷：应交税费——应交消费税

(2) 实际缴纳消费税时的会计分录如下：

借：应交税费——应交消费税

贷：银行存款

【例3-18】 南京安捷摩托车厂2016年1月销售摩托车400辆，汽缸容量250毫升以上，每辆销售价格（不含税）为6 200元；摩托车采用木箱包装，共用木箱80只，木箱单价为123元；包装物核算采取随产品不单独作价销售。

要求：请计算该厂应交消费税税额 并做会计处理。

因包装物不单独计价，故不单独计税。

应交消费税 =400×6200×10% =248 000（元）

会计处理为：

（1）计提应交消费税时

借：营业税金及附加　　248 000

　贷：应交税费——应交消费税　　248 000

（2）实际缴纳消费税时

借：应交税费——应交消费税　　248 000

　贷：银行存款　　248 000

【例3-19】 某酒厂异地销售粮食白酒，包装物单独计价，收取包装费700元（不含税）。计算应纳增值税和消费税税额并作会计分录如下：

包装物应交的消费税税额 =700×20% =140（元）

包装物应交的增值税税额 =700×17% =119（元）

借：应收账款　　819

　贷：其他业务收入　　700

　　应交税费——应交增值税（销项税额）　　119

借：其他业务成本　　140

　贷：应交税费——应交消费税　　140

（三）出租、出借包装物逾期未收回而没收的押金

因没收的押金而应交的税金，贷记“应交税费”账户，其差额贷记“营业外收入”账户。

【例3-20】 某企业销售化妆品，出借包装物收取押金1 500元，包装物逾期未还，没收押金。计算应纳增值税和消费税税额并作会计分录如下：

应纳增值税税额=1 500/(1+17%)×17%=217.95（元）

应纳消费税税额=1 500/(1+17%)×30%=384.62（元）

借：其他应付款 1 500.00

　贷：营业外收入 897.43

　　应交税费——应交增值税 217.95

　　　　——应交消费税 384.62

（四）包装物已作价随同产品销售，另外又加收押金，逾期未收回而没收的押金

为促使购货方将包装物退回，即使在包装物已作价销售，还可以另外加收押金。若包装物逾期未收回，没收的押金应缴纳消费税，该项消费税可直接冲抵"其他应付款"，冲抵后的余额再转入"营业外收入"。

【例3-21】 某企业销售木制一次性筷子一批，包装物不单独计价，在销售价款之外，另加收押金800元，包装物逾期未收回。计算应纳消费税税额并作会计分录如下：

应交消费税税额=800÷(1+17%)×5%=34.19（元）

借：其他应付款 150.43

　贷：应交税费——应交消费税 34.19

　　　　——应交增值税 116.24

借：其他应付款 649.57

　贷：营业外收入 649.57

七、委托加工应税消费品的会计处理

（一）委托方的会计处理

1. 收回后直接用于销售的。

委托加工的应税消费品，受托方在交货时已代收代缴消费税，委托方将收回的应税消费品，以不高于受托方的计税价格出售的，为直接出售，不再缴纳消费税；委托方以高于受托方的计税价格出售的，不属于直接出售，需按照规定申报缴纳消

费税，在计税时准予扣除受托方已代收代缴的消费税。

委托方根据受托方代收代缴的消费税、向受托方支付的加工费等有关凭证，借记“委托加工物资”或“生产成本”、“自制半成品”账户，贷记“应付账款”或“银行存款”账户。

【例3－22】 某卷烟厂委托A厂加工烟丝，卷烟厂和A厂均为一般纳税人。卷烟厂提供烟叶55 000元，A厂收取加工费20 000元，增值税3 400元。计算A厂应代扣代缴消费税并作会计分录如下：

发出材料时：

借：委托加工物资	55 000	
贷：原材料		55 000

支付加工费时：

借：委托加工物资	20 000	
应交税费——应交增值税（进项税额）	3 400	
贷：银行存款		23 400

支付代扣代缴消费税时：

代扣消费税税额＝(55 000＋20 000)÷(1－30%)×30%＝32 143（元）

借：委托加工物资	32 143	
贷：银行存款		32 143

加工烟丝入库时：

借：库存商品	107 143	
贷：委托加工物资		107 143

产品销售时，若售价不高于受托方107 143元的价格销售，则不再需要缴纳消费税。

若委托方以200 000元的价格销售该批烟丝，则：

应补缴的消费税＝200 000×30%－32 143＝27 857元

借：营业税金及附加	27 857	
贷：应交税费——应交消费税		27 857
借：应交税费——应交消费税	27 857	
贷：银行存款		27 857

2. 收回后连续生产应税消费品的。

收回后连续生产应税消费品时，已纳消费税款准予抵扣。因此，委托方应将受托方代扣代缴的消费税，借记“应交税费—应交消费税”账户，待最终应税消费品销售时，允许从应缴纳的消费税中抵扣。

（二）受托方的会计处理

受托方可按本企业同类消费品的销售价格计算代收代缴消费税；若没有同类消费品销售价格的，按照组成计税价格计算。

会计处理如下：

借：应收账款（或银行存款）

　　贷：应交税费——应交消费税

实际缴纳消费税时会计分录如下：

借：应交税费——应交消费税

　　贷：银行存款

【例3-23】 接上例，按组成计税价格计算，税率为30%，则：

组成计税价格=(55 000+20 000)÷(1-30%)=107 143（元）

应纳消费税税额=107 143×30% =32 143（元）

A厂作会计分录如下：

收加工费时：

借：银行存款	23 400	
贷：主营业务收入		20 000
应交税费——应交增值税（销项税额）		3 400

收取代扣代缴消费税时：

借：银行存款	32 143	
贷：应交税费——应代交消费税		32 143

上交代扣税金时：

借：应交税费——应代交消费税	32 143	
贷：银行存款		32 143

八、进口应税消费品的会计处理

进口应税消费品时，进口单位缴纳的增值税、消费税应计入应税消费品成本中。按进口成本连同应纳增值税、消费税，借记“固定资产”、“材料采购”等账户；由于进口货物在海关交税，与提货联系在一起，即交税后方能提货。为了简化核算，关税、消费税可以不通过“应交税费”账户，直接贷记“银行存款”账户。若特殊情况下，先提货后交税时，可以通过“应交税费”账户。

【例 3-24】 某企业从国外购进化妆品一批，CIF 价为 US $40 000。关税税率假定为 20%，增值税税率为 17%；假定当日汇率为 US $100 = ¥620。

组成计税价格 =（40 000 + 40 000 × 20%）÷（1 - 30%）× 6.2 = 425 143（元）

应纳关税 = 40 000 × 6.2 × 20% = 49 600（元）

应纳消费税 = 425 143 × 30% = 127 543（元）

应纳增值税 = 425 143 × 17% = 72 274（元）

作会计分录如下：

借：材料采购	425 143	
应交税费——应交增值税（进项税额）	72 274	
贷：应付账款——××供货商		248 000
应交税费——应交进口关税		49 600
——应交消费税		127 543
银行存款		72 274
借：应交税费——应交进口关税	49 600	
——应交消费税	127 543	
贷：银行存款		177 143

九、金银首饰、钻石首饰零售业务的会计处理

（一）自购自销

企业销售金银首饰、钻石首饰应交的消费税，借记“营业税金及附加”账户，贷记“应交税费—应交消费税”账户。

金银首饰、钻石首饰连同包装物一起销售的，无论包装物是否单独计价，均应并入金银首饰、钻石首饰的销售额计缴消费税。

随同首饰销售但不单独计价的包装物，其收入及应交消费税，均与主营业务收入和营业税金及附加一起计算和处理；随同首饰销售而单独计价的包装物，其收入贷记“其他业务收入”账户，其应交消费税（税率同商品）借记“其他业务成本”账户。

【例3－25】 某金银首饰商店是经过中国人民银行总行批准经营金银首饰的企业。8月份实现以下销售业务：

(1) 销售给经中国人民银行总行批准的经营金银首饰单位金项链一批，销售额为2 648 000元；

(2) 销售给未经中国人民银行总行批准的经营金银首饰单位金首饰一批，销售额为1 845 000元；

(3) 门市零售金银首饰销售额3 415 800元；

(4) 销售金银首饰连同包装物销售，其包装物金额为314 500元，未合并入金银首饰销售额内，作为其他业务收入；

(5) 采取以旧换新方式销售金银首饰，换出金银首饰按同类品种销售价计算为1 644 000元，收回旧金银首饰作价916 000元，实收回金额为728 000元。

该商品8月份应交消费税、增值税如下：

(1) 消费税税额。

金银首饰零售应纳消费税税额 =（1 845 000 +3 415 800 +728 000）÷1.17 ×5%
=255 931.62（元）

包装物应纳消费税税额 =314 500 ÷1.17 ×5% =13 440.17（元）

(2) 增值税销项税额。

金银首饰 =（2 648 000 +1 845 000 +3 415 800 +728 000）÷1.17 ×17%
=1 254 919.66（元）

包装物销项税额 =314 500 ÷1.17 ×17% =45 696.58（元）

根据以上计算，作会计分录如下：

金银首饰销售（批发、零售、以旧换新）时：

借：银行存款　　8 636 799.80
　　库存商品（换回旧金银首饰金额）　　916 000.00
　　贷：主营业务收入（批发）　　2 263 247.80
　　　　主营业务收入（零售）　　6 034 632.40
　　　　应交税费——应交增值税（销项税额）　　1 254 919.60

计提金银首饰消费税（不计算附加税）时：

借：营业税金及附加　　255 931.62
　　贷：应交税费——应交消费税　　255 931.62

随金银首饰销售包装物作收入时：

借：银行存款　　　　　　　　　　　　　　　　314 500.00
　　贷：其他业务收入　　　　　　　　　　　　　　268 803.42
　　　　应交税费——应交增值税（销项税额）　　　　45 696.58
计提包装物收入的消费税时：
借：其他业务成本　　　　　　　　　　　　　　13 440.17
　　贷：应交税费——应交消费税　　　　　　　　　13 440.17

（二）受托代销

企业受托代销金银首饰时，消费税由受托方负担，即受托方是消费税的纳税义务人。

如果是以收取手续费的方式代销金银首饰，收取的手续费计入代购代销收入，根据销售价格计算的应交消费税，相应冲减代购代销收入，销售实现时，借记“代购代销收入”账户，贷记“应交税费—应交消费税”账户。

不采用收取手续费方式代销的，通常是由双方签订首饰的协议价，委托方按协议价收取代销货款，受托方实际销售的货款与协议价之间的差额归己所有。在这种情况下，受托方缴纳消费税的会计处理与自购自销相同。

十、销售后退回的应税消费品的会计处理

销售的应税消费品，如因质量等原因由买方退回，并经所在地主管税务机关审核批准后，退还已征收的消费税税款时会计分录如下。

借：应交税费——应交消费税
　　贷：营业税金及附加
借：银行存款
　　贷：应交税费——应交增值税

【例3－26】 2016年2月，南京某酒厂销售白酒一批，由于质量原因，3月该批白酒购买者要求退回货物。白酒销售额为21万元，假设该批白酒应纳消费税税额为51 000元。

要求：试做该酒厂退货的纳税会计分录。

会计分录为：

借：应交税费——应交消费税	51 000	
贷：营业税金及附加		51 000
借：银行存款	51 000	
贷：应交税费——应交消费税		51 000

第三节 消费税纳税申报

一、纳税申报概述

消费税纳税申报的主要内容包括税种、税目、应税项目或应代扣代缴税款项目、适用税率或单位税额、计税依据、应纳税额或应代扣代缴税款、税款所属期限等。

纳税人、代收代缴义务人应当到主管税务机关领购纳税申报表或代收代缴税款报告表并根据各类申报表的填制要求正确填报税种、应税项目或应代扣代缴税款项目、适用税率、计税依据、应纳税额、税款所属期限等，同时按规定加盖印章。纳税人在纳税期限内，无论有无应税收入，均应在规定的申报期限内到主管税务机关办理纳税申报；代收代缴义务人在代收代缴税款期限内，无论有无代收代缴税款，也必须在规定的申报期限内向税务机关报送代收代缴税款报告表；享受减税、免税的纳税人在减免期限内，也应当按规定办理纳税申报，并按税务机关的规定报送减免税金的统计报告。

纳税人按期办理消费税纳税申报确有困难的，可以在规定期限内向主管税务机关提出延期申报书面报告，填写延期申报申请表，经核准后在核准的期限内办理。对纳税、代收代缴义务人，因不可抗拒情形不能按期办理纳税申报的，可延期办理，但应在不可抗拒情形消除后立即向主管税务机关提出延期申请。

为了在全国范围内统一、规范消费税纳税申报资料，加强消费税管理的基础工作，国家税务总局制定了《烟类应税消费品消费税纳税申报表》《酒类应税消费品消费税纳税申报表》《成品油应税消费品消费税纳税申报表》《小气车应税消费品消费税纳税申报表》《其他应税消费品消费税纳税申报表》。

二、纳税申报流程与报送资料

1. 纳税申报流程，如图 3－2 所示。

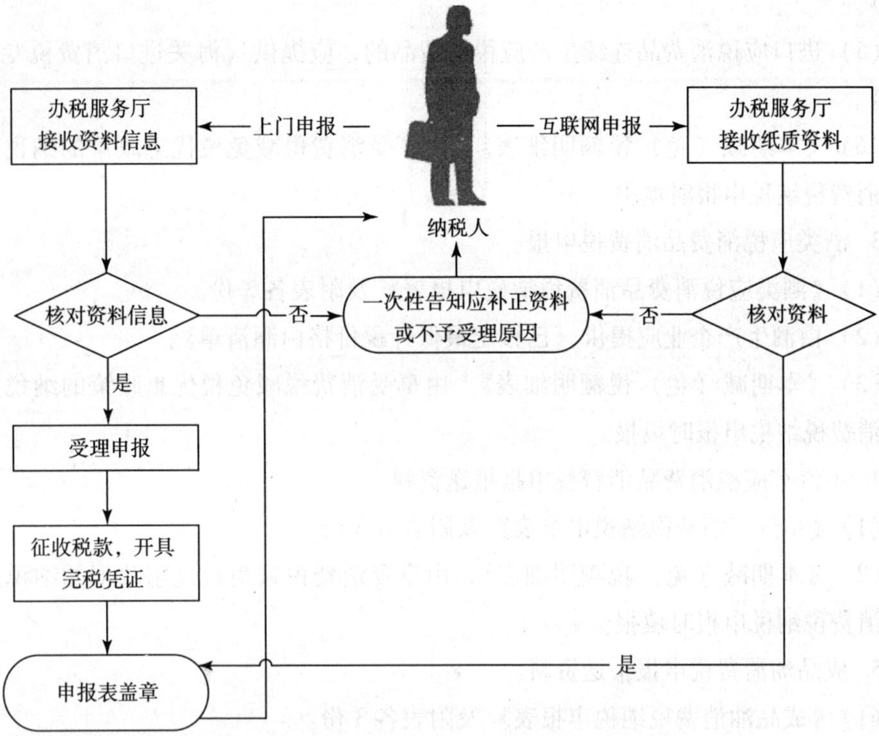

图 3-2　纳税申报流程

2. 烟类应税消费品消费税申报报送资料。

（1）卷烟生产企业应报送：

——《烟类应税消费品消费税纳税申报表》及附表各 3 份。

——各牌号规格卷烟消费税计税价格。

——次年 1 月申报纳税时一并报送《卷烟生产企业年度销售明细表》。

（2）批发卷烟的消费税纳税人应报送：

——《卷烟批发环节消费税纳税申报表（过渡期）》3 份（税款所属期为 2015 年 5 月 1 日 -2015 年 5 月 31 日）

——《卷烟批发环节消费税纳税申报表》3 份。

——《卷烟批发企业月份销售明细清单》（电子数据）。

（3）外购应税消费品连续生产应税消费品的，应提供外购应税消费品增值税专用发票抵扣联。外购应税消费品的增值税专用发票属于汇总填开的，应提供增值税专用发票（抵扣联）原件和复印件的同时，还应提供随同增值税专用发票取得的由销售方开具并加盖财务专用章或发票专用章的销货清单原件和复印件。

（4）委托加工收回应税消费品连续生产应税消费品的，应提供《代扣代收税款凭证》。

（5）进口应税消费品连续生产应税消费品的，应提供《海关进口消费税专用缴款书》。

（6）《本期减（免）税额明细表》，由享受消费税减免税优惠政策的纳税人在办理消费税纳税申报时填报。

3. 酒类应税消费品消费税申报。

（1）《酒类应税消费品消费税纳税申报表》及附表各3份。

（2）白酒生产企业应提供《已核定最低计税价格白酒清单》。

（3）《本期减（免）税额明细表》，由享受消费税减免税优惠政策的纳税人在办理消费税纳税申报时填报。

4. 小汽车应税消费品消费税申报报送资料。

（1）《小汽车消费税纳税申报表》及附表各3份。

（2）《本期减（免）税额明细表》，由享受消费税减免税优惠政策的纳税人在办理消费税纳税申报时填报。

5. 成品油消费税申报报送资料。

（1）《成品油消费税纳税申报表》及附表各3份。

（2）外购应税消费品连续生产应税消费品的，应提供外购应税消费品增值税专用发票抵扣联原件。外购应税消费品的增值税专用发票属于汇总填开的，应提供增值税专用发票（抵扣联）原件和复印件的同时，还应提供随同增值税专用发票取得的由销售方开具并加盖财务专用章或发票专用章的销货清单原件和复印件。

（3）委托加工收回应税消费品连续生产应税消费品的，应提供《代扣代收税款凭证》。

（4）进口应税消费品连续生产应税消费品的，应提供《海关进口消费税专用缴款书》。

（5）石脑油、燃料油生产企业按月报送《生产企业销售含税石脑油、燃料油完税情况明细表》。

（6）石脑油、燃料油使用企业按月报送：

——《使用企业外购石脑油、燃料油凭证明细表》。

——《石脑油、燃料油生产、外购、耗用、库存月度统计表》。

——《乙烯、芳烃生产装置投入产出流量计统计表》。

——《使用企业外购石脑油、燃料油凭证明细表》中"外购含税油品"项"消费税税款缴纳凭证号码"所对应的消费税税款缴纳凭证的复印件。

——当期外购石脑油、燃料油取得认证相符的普通版及汉字防伪版（非DDZG）

增值税专用发票复印件。

——进口货物报关单、海关进口消费税专用缴款书、自动进口许可证等材料复印件。

（7）《本期减（免）税额明细表》，由享受消费税减免税优惠政策的纳税人在办理消费税纳税申报时填报。

6. 其他类消费税申报报送资料。

（1）《其他应税消费品消费税纳税申报表》及附表各3份。

（2）外购应税消费品连续生产应税消费品的，应提供外购应税消费品增值税专用发票抵扣联。外购应税消费品的增值税专用发票属于汇总填开的，应提供增值税专用发票（抵扣联）原件和复印件的同时，还应提供随同增值税专用发票取得的由销售方开具并加盖财务专用章或发票专用章的销货清单原件和复印件。

（3）委托加工收回应税消费品连续生产应税消费品的，应提供《代扣代收税款凭证》。

（4）进口应税消费品连续生产应税消费品的，应提供《海关进口消费税专用缴款书》。

（5）《本期减（免）税额明细表》，由享受消费税减免税优惠政策的纳税人在办理消费税纳税申报时填报。

三、纳税申报表示例及解析

1. 烟类应税消费品消费税纳税申报表。

表3-3 烟类应税消费品消费税纳税申报表

税款所属期： 年 月 日至 年 月 日

纳税人名称（公章）： 纳税人识别号：□□□□□□□□□□□□□□□□□□□□

填表日期： 年 月 日

单位：卷烟万支、雪茄烟支、烟丝千克；金额 单位：元（列至角分）

项目 应税消费品名称	适用税率		销售数量	销售额	应纳税额
	定额税率	比例税率			
卷烟	30元/万支	56%			
卷烟	30元/万支	36%			
雪茄烟	—	36%			
烟丝	—	30%			
合计	—	—	—	—	

续表

<table>
<tr><td rowspan="2">项目
应税
消费品名称</td><td colspan="2">适用税率</td><td rowspan="2">销售数量</td><td rowspan="2">销售额</td><td rowspan="2">应纳税额</td></tr>
<tr><td>定额税率</td><td>比例税率</td></tr>
<tr><td colspan="3"></td><td colspan="3" rowspan="8">声明
此纳税申报表是根据国家税收法律的规定填报的，我确定它是真实的、可靠的、完整的。
经办人（签章）：
财务负责人（签章）：
联系电话：
（如果你已委托代理人申报，请填写）
授权声明
为代理一切税务事宜，现授权____（地址）__________为本纳税人的代理申报人，任何与本申报表有关的往来文件，都可寄予此人。
授权人签章：</td></tr>
<tr><td colspan="3">本期准予扣除税额：</td></tr>
<tr><td colspan="3">本期减（免）税额：</td></tr>
<tr><td colspan="3">期初未缴税额：</td></tr>
<tr><td colspan="3">本期缴纳前期应纳税额：</td></tr>
<tr><td colspan="3">本期预缴税额：</td></tr>
<tr><td colspan="3">本期应补（退）税额：</td></tr>
<tr><td colspan="3">期末未缴税额：</td></tr>
</table>

以下由税务机关填写

受理人（签章）：　　受理日期：　年　月　日　　受理税务机关（章）：

填表说明

（1）如表3-3所示，本表仅限烟类消费税纳税人使用。

（2）本表“销售数量”为《中华人民共和国消费税暂行条例》《中华人民共和国消费税暂行条例实施细则》规定的当期应申报缴纳消费税的烟类应税消费品销售（不含出口免税）数量。

（3）本表“销售额”为《中华人民共和国消费税暂行条例》《中华人民共和国消费税暂行条例实施细则》规定的当期应申报缴纳消费税的烟类应税消费品销售（不含出口免税）收入。

（4）根据《中华人民共和国消费税暂行条例》和财政部、国家税务总局颁布的《关于调整烟类产品消费税政策的通知》（财税［2001］91号）的规定，本表“应纳税额”计算公式如下：

①卷烟：

应纳税额 = 销售数量 × 定额税率 + 销售额 × 比例税率

②雪茄烟、烟丝：

应纳税额 = 销售额 × 比例税率

(5) 本表“本期准予扣除税额”按《本期准予扣除税额计算表》的本期准予扣除税款合计金额填写，如表3-4所示。

(6) 本表“本期减（免）税额”不含出口退（免）税额。

(7) 本表“期初未缴税额”填写本期期初累计应缴未缴的消费税额，多缴为负数。其数值等于上期“期末未缴税额”。

(8) 本表“本期缴纳前期应纳税额”填写本期实际缴纳入库的前期消费税额。

(9) 本表“本期预缴税额”填写纳税申报前已预先缴纳入库的本期消费税额。

(10) 本表“本期应补（退）税额”计算公式如下，多缴为负数：

$$\text{本期应补（退）税额}=\text{应纳税额（合计栏金额）}-\text{本期准予扣除税额}-\text{本期减（免）税额}-\text{本期预缴税额}$$

(11) 本表“期末未缴税额”计算公式如下，多缴为负数：

$$\text{期末未缴税额}=\text{期初未缴税额}+\text{本期应补（退）税额}-\text{本期缴纳前期应纳税额}$$

(12) 本表为A4竖式，所有数字小数点后保留两位。一式二份，一份纳税人留存，一份税务机关留存。

表3-4 本期准予扣除税额计算表

税款所属期： 年 月 日至 年 月 日

纳税人名称（公章）： 纳税人识别号：□□□□□□□□□□□□□□□□□□□□

填表日期： 年 月 日 金额单位：元（列至角分）

一、当期准予扣除的委托加工烟丝已纳税款计算
1. 期初库存委托加工烟丝已纳税款：
2. 当期收回委托加工烟丝已纳税款：
3. 期末库存委托加工烟丝已纳税款：
4. 当期准予扣除的委托加工烟丝已纳税款：
二、当期准予扣除的外购烟丝已纳税款计算
1. 期初库存外购烟丝买价：
2. 当期购进烟丝买价：
3. 期末库存外购烟丝买价：
4. 当期准予扣除的外购烟丝已纳税款：
三、本期准予扣除税款合计：

填表说明

(1) 表3-3作为《烟类应税消费品消费税纳税申报表》的附报资料，由外购或委托加工收回烟丝后连续生产卷烟的纳税人填报。

（2）根据国家税务总局《关于用外购和委托加工收回的应税消费品连续生产应税消费品征收消费税问题的通知》（国税发［1995］94号）的规定，本表"当期准予扣除的委托加工烟丝已纳税款"计算公式如下：

$$\text{当期准予扣除的委托加工烟丝已纳税款} = \text{期初库存委托加工烟丝已纳税款} + \text{当期收回委托加工烟丝已纳税款} - \text{期末库存委托加工烟丝已纳税款}$$

（3）根据国家税务总局《关于用外购和委托加工收回的应税消费品连续生产应税消费品征收消费税问题的通知》（国税发［1995］94号）的规定，本表"当期准予扣除的外购烟丝已纳税款"计算公式如下：

$$\text{当期准予扣除的外购烟丝已纳税款} = \left(\text{期初库存外购烟丝买价} + \text{当期购进烟丝买价} - \text{期末库存外购烟丝买价}\right) \times \text{外购烟丝适用税率（30\%）}$$

（4）本表"本期准予扣除税款合计"为本期外购及委托加工收回烟丝后连续生产卷烟准予扣除烟丝已纳税款的合计数，应与《烟类应税消费品消费税纳税申报表》中对应项目一致。

（5）本表为A4竖式，所有数字小数点后保留两位。一式二份，一份纳税人留存，一份税务机关留存。

2. 酒类应税消费品消费税纳税申报。

表3-5　酒类应税消费品消费税纳税申报表

税款所属期：　年　月　日至　年　月　日

纳税人名称（公章）：　纳税人识别号：□□□□□□□□□□□□□□□□□□□□

填表日期：　年　月　日　　　　　　　　　　　　金额单位：元（列至角分）

项目 应税消费品名称	适用税率		销售数量	销售额	应纳税额
	定额税率	比例税率			
粮食白酒	0.5元/斤	20%			
薯类白酒	0.5元/斤	20%			
啤酒	250元/吨	—			
啤酒	220元/吨	—			
黄酒	240元/吨	—			
其他酒	—	10%			
合计	—	—	—	—	

续表

<table>
<tr><td rowspan="2">项目
应税
消费品名称</td><td colspan="2">适用税率</td><td rowspan="2">销售数量</td><td rowspan="2">销售额</td><td rowspan="2">应纳税额</td></tr>
<tr><td>定额税率</td><td>比例税率</td></tr>
<tr><td colspan="4">本期准予抵减税额：</td><td colspan="2" rowspan="3">声明
此纳税申报表是根据国家税收法律的规定填报的，我确定它是真实的、可靠的、完整的。
经办人（签章）：
财务负责人（签章）：
联系电话：</td></tr>
<tr><td colspan="4">本期减（免）税额：</td></tr>
<tr><td colspan="4">期初未缴税额：</td></tr>
<tr><td colspan="4">本期缴纳前期应纳税额：</td><td colspan="2" rowspan="4">（如果你已委托代理人申报，请填写）
授权声明
为代理一切税务事宜，现授权____（地址）__________为本纳税人的代理申报人，任何与本申报表有关的往来文件，都可寄予此人。
授权人签章：</td></tr>
<tr><td colspan="4">本期预缴税额：</td></tr>
<tr><td colspan="4">本期应补（退）税额：</td></tr>
<tr><td colspan="4">期末未缴税额：</td></tr>
</table>

以下由税务机关填写

受理人（签章）： 受理日期： 年 月 日 受理税务机关（章）：

填表说明

（1）如表3－5所示，仅限酒类应税消费品消费税纳税人使用。

（2）本表“税款所属期”是指纳税人申报的消费税应纳税额的所属时间，应填写具体的起止年、月、日。

（3）本表“纳税人识别号”栏，填写纳税人的税务登记证号码。

（4）本表“纳税人名称”栏，填写纳税人单位名称全称。

（5）本表“销售数量”为《中华人民共和国消费税暂行条例》《中华人民共和国消费税暂行条例实施细则》及其他法规、规章规定的当期应申报缴纳消费税的酒类应税消费品销售（不含出口免税）数量。计量单位：粮食白酒和薯类白酒为斤（如果实际销售商品按照体积标注计量单位，应按500毫升为1斤换算），啤酒、黄酒和其他酒为吨。

（6）本表“销售额”为《中华人民共和国消费税暂行条例》《中华人民共和国消费税暂行条例实施细则》及其他法规、规章规定的当期应申报缴纳消费税的酒类应税消费品销售（不含出口免税）收入。

（7）根据《中华人民共和国消费税暂行条例》和《财政部　国家税务总局关于调整酒类产品消费税政策的通知》（财税〔2001〕84号）的规定，本表"应纳税额"计算公式如下：

①粮食白酒、薯类白酒：

应纳税额 = 销售数量 × 定额税率 + 销售额 × 比例税率

②啤酒、黄酒：

应纳税额 = 销售数量 × 定额税率

③其他酒：

应纳税额 = 销售额 × 比例税率

（8）本表"本期准予抵减税额"填写按税收法规规定的本期准予抵减的消费税应纳税额。其准予抵减的消费税应纳税额情况，需填报《本期准予抵减税额计算表》予以反映。

"本期准予抵减税额"栏数值与《本期准予抵减税额计算表》"本期准予抵减税款合计"栏数值一致，如表3-6所示。

（9）本表"本期减（免）税额"不含出口退（免）税额。

（10）本表"期初未缴税额"栏，填写本期期初累计应缴未缴的消费税额，多缴为负数。其数值等于上期申报表"期末未缴税额"栏数值。

（11）本表"本期缴纳前期应纳税额"填写本期实际缴纳入库的前期应缴未缴消费税额。

（12）本表"本期预缴税额"填写纳税申报前纳税人已预先缴纳入库的本期消费税额。

（13）本表"本期应补（退）税额"填写纳税人本期应纳税额中应补缴或应退回的数额，计算公式如下，多缴为负数：

本期应补（退）税额 = 应纳税额（合计栏金额） − 本期准予抵减税额 − 本期减（免）税额 − 本期预缴税额

（14）本表"期末未缴税额"填写纳税人本期期末应缴未缴的消费税额，计算公式如下，多缴为负数：

期末未缴税额 = 期初未缴税额 + 本期应补（退）税额 − 本期缴纳前期应纳税额

（15）本表为A4竖式，所有数字小数点后保留两位。一式二份，一份纳税人留存，一份税务机关留存。

表 3－6 本期准予抵减税额计算表

税款所属期： 年 月 日至 年 月 日

纳税人名称（公章）： 纳税人识别号：□□□□□□□□□□□□□□□□□□□□

填表日期： 年 月 日　　单位：吨、元（列至角分）

一、当期准予抵减的外购啤酒液已纳税款计算
1. 期初库存外购啤酒液数量：
2. 当期购进啤酒液数量：
3. 期末库存外购啤酒液数量：
4. 当期准予抵减的外购啤酒液已纳税款：
二、当期准予抵减的进口葡萄酒已纳税款：
三、本期准予抵减税款合计：

填表说明

（1）表3－5作为《酒类应税消费品消费税纳税申报表》的附列资料，由以外购啤酒液为原料连续生产啤酒的纳税人或以进口葡萄酒为原料连续生产葡萄酒的纳税人填报。未发生以外购啤酒液为原料连续生产啤酒或以进口葡萄酒为原料连续生产葡萄酒业务的纳税人不填报本表。

（2）本表“税款所属期”、“纳税人名称”、“纳税人识别号”的填写同主表。

（3）根据国家税务总局《关于用外购和委托加工收回的应税消费品连续生产应税消费品征收消费税问题的通知》（国税发〔1995〕94号）和国家税务总局《关于啤酒集团内部企业间销售（调拨）啤酒液征收消费税问题的批复》（国税函〔2003〕382号）的规定，本表“当期准予抵减的外购啤酒液已纳税款”计算公式如下：

$$\text{当期准予抵减的外购啤酒液已纳税款}=\left(\text{期初库存外购啤酒液数量}+\text{当期购进啤酒液数量}-\text{期末库存外购啤酒液数量}\right)\times\text{外购啤酒液适用定额税率}$$

其中，外购啤酒液适用定额税率由购入方取得的销售方销售啤酒液所开具的增值税专用发票上记载的单价确定。适用定额税率不同的，应分别核算外购啤酒液数量和当期准予抵减的外购啤酒液已纳税款，并在表中填写合计数。

（4）根据国家税务总局《关于印发〈葡萄酒消费税管理办法（试行）〉的通知》（国税发〔2006〕66号）的规定，本表“当期准予抵减的进口葡萄酒已纳税款”为纳税人进口葡萄酒取得的《海关进口消费税专用缴款书》注明的消费税款。

（5）本表“本期准予抵减税款合计”栏数值应与《酒类应税消费品消费税纳税申报表》“本期准予抵减税额”栏数值一致。

（6）以外购啤酒液为原料连续生产啤酒的纳税人应在“附：准予抵减消费税凭证明细”栏据实填写购入啤酒液取得的增值税专用发票上载明的“号码”、“开票日期”、“数量”、“单价”等项目内容。

（7）以进口葡萄酒为原料连续生产葡萄酒的纳税人应在“附：准予抵减消费税凭证明细”栏据实填写进口消费税专用缴款书上载明的“号码”、“开票日期”、“数量”、“完税价格”、“税款金额”等项目内容。

（8）本表为A4竖式，所有数字小数点后保留两位。一式二份，一份纳税人留存，一份税务机关留存。

3. 小汽车应税消费品消费税纳税申报表。

表3－7　小汽车应税消费品消费税纳税申报表

税款所属期：　年　月　日至　年　月　日

纳税人名称（公章）：　纳税人识别号：

填表日期：　年　月　日　　　　单位：辆、元（列至角分）

项目 应税消费品名称		适用税率	销售数量	销售额	应纳税额
乘用车	气缸容量≤1.0升	1%			
	1.0升＜气缸容量≤1.5升	3%			
	1.5升＜气缸容量≤2.0升	5%			
	2.0升＜气缸容量≤2.5升	9%			
	2.5升＜气缸容量≤3.0升	12%			
	3.0升＜气缸容量≤4.0升	25%			
	气缸容量＞4.0升	40%			
中轻型商用客车		5%			
合计		—	—	—	

续表

<table>
<tr><td>项目
应税
消费品名称</td><td>适用税率</td><td>销售数量</td><td>销售额</td><td>应纳税额</td></tr>
<tr><td colspan="3"></td><td colspan="2" rowspan="4">声明
此纳税申报表是根据国家税收法律的规定填报的，我确定它是真实的、可靠的、完整的。
经办人（签章）：
财务负责人（签章）：
联系电话：</td></tr>
<tr><td colspan="3">本期准予扣除税额：</td></tr>
<tr><td colspan="3">本期减（免）税额：</td></tr>
<tr><td colspan="3">期初未缴税额：</td></tr>
<tr><td colspan="3">本期缴纳前期应纳税额：</td><td colspan="2" rowspan="4">（如果你已委托代理人申报，请填写）
授权声明
为代理一切税务事宜，现授权____（地址）____________为本纳税人的代理申报人，任何与本申报表有关的往来文件，都可寄予此人。
授权人签章：</td></tr>
<tr><td colspan="3">本期预缴税额：</td></tr>
<tr><td colspan="3">本期应补（退）税额：</td></tr>
<tr><td colspan="3">期末未缴税额：</td></tr>
</table>

以下由税务机关填写

受理人（签章）： 受理日期： 年 月 日 受理税务机关（章）：

填表说明

（1）如表3-7所示，仅限小汽车消费税纳税人使用。

（2）纳税人生产的改装、改制车辆，应按照财政部、国家税务总局颁布的《关于调整和完善消费税政策的通知》（财税［2006］33号）中规定的适用税目、税率填写本表。

（3）本表“销售数量”为《中华人民共和国消费税暂行条例》《中华人民共和国消费税暂行条例实施细则》规定的当期应申报缴纳消费税的小汽车类应税消费品销售（不含出口免税）数量。

（4）本表“销售额”为《中华人民共和国消费税暂行条例》《中华人民共和国消费税暂行条例实施细则》规定的当期应申报缴纳消费税的小汽车类应税消费品销售（不含出口免税）收入。

（5）根据《中华人民共和国消费税暂行条例》的规定，本表“应纳税额”计算公式如下：

应纳税额＝销售额×比例税率

（6）本表“本期减（免）税额”不含出口退（免）税额。

（7）本表“期初未缴税额”填写本期期初累计应缴未缴的消费税额，多缴为负数。其数值等于上期“期末未缴税额”。

（8）本表“本期缴纳前期应纳税额”填写本期实际缴纳入库的前期消费税额。

（9）本表“本期预缴税额”填写纳税申报前已预先缴纳入库的本期消费税额。

（10）本表“本期应补（退）税额”计算公式如下，多缴为负数：

$$\text{本期应补（退）税额}=\text{应纳税额（合计栏金额）}-\text{本期减（免）税额}-\text{本期预缴税额}$$

（11）本表“期末未缴税额”计算公式如下，多缴为负数：

$$\text{期末未缴税额}=\text{期初未缴税额}+\text{本期应补（退）税额}-\text{本期缴纳前期应纳税额}$$

（12）本表为A4竖式，所有数字小数点后保留两位。一式二份，一份纳税人留存，一份税务机关留存。

4. 成品油消费税纳税申报表。

表3-8 成品油消费税纳税申报表

税款所属期： 年 月 日至 年 月 日

纳税人名称（公章）： 纳税人识别号：

填表日期： 年 月 日 计量单位：升； 金额单位：元（列至角分）

项目 应税消费品名称	适用税率（元/升）	销售数量	应纳税额
汽油	1.12		
	1.40		
	1.52		
柴油	0.94		
	1.10		
	1.20		
石脑油	1.12		
	1.40		
	1.52		
溶剂油	1.12		
	1.40		
	1.52		

续表

<table>
<tr><td>项目
应税
消费品名称</td><td>适用税率
（元/升）</td><td>销售数量</td><td>应纳税额</td></tr>
<tr><td rowspan="3">润滑油</td><td>1.12</td><td></td><td></td></tr>
<tr><td>1.40</td><td></td><td></td></tr>
<tr><td>1.52</td><td></td><td></td></tr>
<tr><td rowspan="3">燃料油</td><td>0.94</td><td></td><td></td></tr>
<tr><td>1.10</td><td></td><td></td></tr>
<tr><td>1.20</td><td></td><td></td></tr>
<tr><td rowspan="3">航空煤油</td><td>0.94</td><td></td><td>—</td></tr>
<tr><td>1.10</td><td></td><td>—</td></tr>
<tr><td>1.20</td><td></td><td>—</td></tr>
<tr><td>合计</td><td>—</td><td>—</td><td></td></tr>
<tr><td colspan="3">本期减（免）税额：</td><td rowspan="7">声明
此纳税申报表是根据国家税收法律、法规规定填报的，我确定它是真实的、可靠的、完整的。
声明人签字：</td></tr>
<tr><td colspan="3">期初留抵税额：</td></tr>
<tr><td colspan="3">本期准予扣除税额：</td></tr>
<tr><td colspan="3">本期应抵扣税额：</td></tr>
<tr><td colspan="3">期初未缴税额：</td></tr>
<tr><td colspan="3">期末留抵税额：</td></tr>
<tr><td colspan="3">本期实际抵扣税额：</td></tr>
<tr><td colspan="3">本期缴纳前期应纳税额：</td><td rowspan="4">（如果你已委托代理人申报，请填写）
授权声明
为代理一切税务事宜，现授权____（地址）____________为本纳税人的代理申报人，任何与本申报表有关的往来文件，都可寄予此人。
授权人签字：</td></tr>
<tr><td colspan="3">本期预缴税额：</td></tr>
<tr><td colspan="3">本期应补（退）税额：</td></tr>
<tr><td colspan="3">期末未缴税额：</td></tr>
</table>

以下由税务机关填写

受理人（签字）：　　　受理日期：　年　月　日　　受理税务机关（公章）

填表说明

（1）如表3-8所示，本表仅限成品油消费税纳税人使用。

（2）本表“税款所属期”是指纳税人申报的消费税应纳税额的所属时间，应填写具体的起止年、月、日。

（3）本表“纳税人识别号”栏，填写纳税人的税务登记证号码。

（4）本表“纳税人名称”栏，填写纳税人单位名称全称。

（5）本表“销售数量”栏，填写按照税收法规规定本期应当申报缴纳消费税的成品油应税消费品销售（不含出口免税）数量。

（6）本表“应纳税额”栏，填写本期按适用税率计算缴纳的消费税应纳税额，计算公式为：应纳税额=销售数量×适用税率

“应纳税额”合计栏等于汽油、柴油、石脑油、溶剂油、润滑油、燃料油“应纳税额”的合计数。

（7）本表“本期减（免）税额”栏，填写本期按照税收法规规定减免的消费税应纳税额，不包括暂缓征收的项目。

（8）本表“期初留抵税额”栏按上期申报表“期末留抵税额”栏数值填写。

（9）本表“本期准予扣除税额”栏，填写按税收法规规定，外购、进口或委托加工收回汽油、柴油、石脑油、润滑油、燃料油后连续生产应税消费品准予扣除汽油、柴油、石脑油、润滑油、燃料油的消费税已纳税款。

（10）本表“本期应抵扣税额”栏，填写纳税人本期应抵扣的消费税税额，计算公式为：本期应抵扣税额=期初留抵税额+本期准予抵扣税额

（11）本表“期初未缴税额”栏，填写本期期初累计应缴未缴的消费税额，多缴为负数。其数值等于上期申报表“期末未缴税额”栏数值。

（12）本表“期末留抵税额”栏，计算公式如下，其值大于零时按实际数值填写，小于等于零时填写零：

$$\text{期末留抵税额} = \text{本期应抵扣税额} - \text{应纳税额（合计栏金额）} + \text{本期减（免）税额}$$

（13）本表“本期实际抵扣税额”栏，填写纳税人本期实际抵扣的消费税税额，计算公式为：本期实际抵扣税额=本期应抵扣税额－期末留抵税额

（14）本表“本期缴纳前期应纳税额”栏，填写纳税人本期实际缴纳入库的前期应缴未缴消费税额。

（15）本表“本期预缴税额”栏，填写纳税申报前纳税人已预先缴纳入库的本期消费税额。

（16）本表“本期应补（退）税额”栏，填写纳税人本期应纳税额中应补缴或应退回的数额，计算公式如下，多缴为负数：

本期应补（退）税额 = 应纳税额（合计栏金额） - 本期减（免）税额 - 本期实际抵扣税额 - 本期预缴税额

（17）本表“期末未缴税额”栏，填写纳税人本期期末应缴未缴的消费税额，计算公式如下，多缴为负数：

期末未缴税额 = 期初未缴税额 + 本期应补（退）税额 - 本期缴纳前期应纳税额

（18）本表为A4竖式，所有数字小数点后保留两位。一式二份，一份纳税人留存，一份税务机关留存。

5. 其他应税消费品消费税纳税申报表。

表3－9 其他应税消费品消费税纳税申报表

税款所属期：　年　月　日至　年　月　日

纳税人名称（公章）：　纳税人识别号：□□□□□□□□□□□□□□□□□□□□

填表日期：　年　月　日　　　　金额单位：元（列至角分）

项目 应税消费品名称	适用税率	销售数量	销售额	应纳税额
合计	—	—	—	

本期准予抵减税额：	声明 此纳税申报表是根据国家税收法律的规定填报的，我确定它是真实的、可靠的、完整的。 经办人（签章）： 财务负责人（签章）： 联系电话：
本期减（免）税额：	
期初未缴税额：	

续表

<table>
<tr><td>项目
应税
消费品名称</td><td>适用税率</td><td>销售数量</td><td>销售额</td><td>应纳税额</td></tr>
<tr><td colspan="3">本期缴纳前期应纳税额：</td><td colspan="2" rowspan="4">（如果你已委托代理人申报，请填写）
授权声明
为代理一切税务事宜，现授权____（地址）______为本纳税人的代理申报人，任何与本申报表有关的往来文件，都可寄予此人。
授权人签章：</td></tr>
<tr><td colspan="3">本期预缴税额：</td></tr>
<tr><td colspan="3">本期应补（退）税额：</td></tr>
<tr><td colspan="3">期末未缴税额：</td></tr>
</table>

以下由税务机关填写

受理人（签章）： 受理日期： 年 月 日 受理税务机关（章）：

填表说明

（1）如表3－9所示，本表限化妆品、贵重首饰及珠宝玉石、鞭炮焰火、摩托车（排量>250毫升）、摩托车（排量=250毫升）、高尔夫球及球具、高档手表、游艇、木制一次性筷子、实木地板等消费税纳税人使用。

（2）本表“税款所属期”是指纳税人申报的消费税应纳税额的所属时间，应填写具体的起止年、月、日。

（3）本表“纳税人识别号”栏，填写纳税人的税务登记证号码。

（4）本表“纳税人名称”栏，填写纳税人单位名称全称。

（5）本表“应税消费品名称”和“适用税率”按照以下内容填写：

化妆品：30%；贵重首饰及珠宝玉石：10%；金银首饰（铂金首饰、钻石及钻石饰品）：5%；鞭炮焰火：15%；摩托车（排量>250毫升）：10%；摩托车（排量=250毫升）：3%；高尔夫球及球具：10%；高档手表：20%；游艇：10%；木制一次性筷子：5%；实木地板：5%。

（6）本表“销售数量”为《中华人民共和国消费税暂行条例》《中华人民共和国消费税暂行条例实施细则》及其他法规、规章规定的当期应申报缴纳消费税的应税消费品销售（不含出口免税）数量。计量单位是：摩托车为辆；高档手表为只；游艇为艘；实木地板为平方米；木制一次性筷子为万双；化妆品、贵重首饰及珠宝玉石（含金银首饰、铂金首饰、钻石及钻石饰品）、鞭炮焰火、高尔夫球及球具按照纳税人实际使用的计量单位填写并在本栏中注明。

（7）本表“销售额”为《中华人民共和国消费税暂行条例》《中华人民共和国消费税暂行条例实施细则》及其他法规、规章规定的当期应申报缴纳消费税的应税消费品销售（不含出口免税）收入。

（8）根据《中华人民共和国消费税暂行条例》的规定，本表“应纳税额”计算公式如下：

$$\text{应纳税额}=\text{销售额}\times\text{适用税率}$$

（9）本表“本期准予扣除税额”填写按税收法规规定本期外购或委托加工收回应税消费品后连续生产应税消费品准予扣除的消费税应纳税额。其准予扣除的消费税应纳税额情况，需填报本表附1《本期准予扣除税额计算表》予以反映。

“本期准予扣除税额”栏数值与本表附1《本期准予扣除税额计算表》“本期准予扣除税款合计”栏数值一致。

（10）本表“本期减（免）税额”不含出口退（免）税额。

（11）本表“期初未缴税额”填写本期期初累计应缴未缴的消费税额，多缴为负数。其数值等于上期申报表“期末未缴税额”。

（12）本表“本期缴纳前期应纳税额”填写本期实际缴纳入库的前期应缴未缴消费税额。

（13）本表“本期预缴税额”填写纳税申报前纳税人已预先缴纳入库的本期消费税额。

（14）本表“本期应补（退）税额”填写纳税人本期应纳税额中应补缴或应退回的数额，计算公式如下，多缴为负数：

$$\text{本期应补（退）税额}=\text{应纳税额（合计栏金额）}-\text{本期准予扣除税额}-\text{本期减（免）税额}-\text{本期预缴税额}$$

（15）本表“期末未缴税额”填写纳税人本期期末应缴未缴的消费税额，计算公式如下，多缴为负数：

$$\text{期末未缴税额}=\text{期初未缴税额}+\text{本期应补（退）税额}-\text{本期缴纳前期应纳税额}$$

（16）本表为A4竖式，所有数字小数点后保留两位。一式二份，一份纳税人留存，一份税务机关留存。

6. 代收代缴。

受托加工应税消费品时，由受托方在向委托方交货时代收代缴税款。扣缴义务人应依照法律、行政法规的规定代收代缴税款，按照国务院、财政部门、税务部门的规定设置账簿，根据合法、有效凭证进行计算。在规定的期间保管账簿、记账凭证、完税凭证及其他有关细聊，在确定的期限内报送代收代缴税款报告表及需报送的其他资料。税务机关按规定付给扣缴义务人代收手续费。

表3-10　酒类应税消费品本期代收代缴税额计算表

税款所属期：　年　月　日至　年　月　日

纳税人名称（公章）：　纳税人识别号：□□□□□□□□□□□□□□□□□□□□

填表日期：　年　月　日　　　　　　　　　　　　　金额单位：元（列至角分）

项目 \ 应税消费品名称		粮食白酒	薯类白酒	啤酒	啤酒	黄酒	其他酒	合计
适用税率	定额税率	0.5元/斤	0.5元/斤	250元/吨	220元/吨	240元/吨	—	—
	比例税率	20%	20%	—	—	—	10%	—
受托加工数量								—
同类产品销售价格								—
材料成本								—
加工费								—
组成计税价格						—		—
本期代收代缴税款								

填表说明

（1）如表3-10所示，本表作为《酒类应税消费品消费税纳税申报表》的附列资料，由酒类应税消费品受托加工方纳税人填报。委托方和未发生受托加工业务的纳税人不填报本表。

（2）本表"税款所属期"、"纳税人名称"、"纳税人识别号"的填写同主表。

（3）本表"受托加工数量"的计量单位是：粮食白酒和薯类白酒为斤（如果实际销售商品按照体积标注计量单位，应按500毫升为1斤换算），啤酒、黄酒、其他酒为吨。

（4）本表"同类产品销售价格"为受托方同类产品销售价格。

（5）根据《中华人民共和国消费税暂行条例》的规定，本表"组成计税价格"的计算公式如下：

$$组成计税价格=(材料成本+加工费)\div(1-消费税税率)$$

（6）根据《中华人民共和国消费税暂行条例》的规定，本表"本期代收代缴税款"的计算公式如下：

①当受托方有同类产品销售价格时：

$$本期代收代缴税款=同类产品销售价格\times受托加工数量\times适用税率+受托加工数量\times适用税率$$

②当受托方没有同类产品销售价格时：

本期代收代缴税款 = 组成计税价格 × 适用税率 + 受托加工数量 × 适用税率

“本期代收代缴税款合计”为粮食白酒、薯类白酒、啤酒、黄酒、其他酒的“本期代收代缴税款”合计数。

（7）本表为A4竖式，所有数字小数点后保留两位。一式二份，一份纳税人留存，一份税务机关留存。

表3－11　烟类应税消费品本期代收代缴税额计算表

税款所属期：　年　月　日至　年　月　日

纳税人名称（公章）：　纳税人识别号：□□□□□□□□□□□□□□□□□□□□

填表日期：　年　月　日　　　　金额单位：元（列至角分）

项目 \ 应税消费品名称		卷烟	卷烟	雪茄烟	烟丝	合计
适用税率	定额税率	30元/万支	30元/万支	—	—	—
	比例税率	56%	36%	36%	30%	—
受托加工数量						—
同类产品销售价格						—
材料成本						—
加工费						—
组成计税价格						—
本期代收代缴税款						

填表说明

（1）如表3－11所示，本表作为《烟类应税消费品消费税纳税申报表》的附报资料，由烟类应税消费品受托加工方填报。

（2）本表“受托加工数量”的计量单位为卷烟为万支，雪茄烟为支，烟丝为千克。

（3）本表“同类产品销售价格”为受托方同类产品销售价格。

（4）根据《中华人民共和国消费税暂行条例》的规定，本表“组成计税价格”的计算公式如下：

组成计税价格 =（材料成本 + 加工费）÷（1 － 消费税税率）

（5）根据《中华人民共和国消费税暂行条例》的规定，本表“本期代收代缴税款”的计算公式如下：

①当受托方有同类产品销售价格时：

$$\text{本期代收代缴税款} = \text{同类产品销售价格} \times \text{受托加工数量} \times \text{适用税率} + \text{受托加工数量} \times \text{适用税率}$$

②当受托方没有同类产品销售价格时：

$$\text{本期代收代缴税款} = \text{组成计税价格} \times \text{适用税率} + \text{受托加工数量} \times \text{适用税率}$$

（6）本表为A4竖式，所有数字小数点后保留两位。一式二份，一份纳税人留存，一份税务机关留存。

第四章
进出口税收会计

本章导读

随着全球经济一体化进程加速，各国经济交流日益增加，进出口业务占一国经济的比重越来越大，本章我们将介绍进出口业务的税收政策以及相应的会计处理，主要包括进口环节增值税、消费税、关税、船舶吨税、出口货物和服务退（免）税会计，从整体上了对进出口税务会计有所把握。

第一节 进口环节增值税会计

一、进口货物的增值税征税范围及纳税人

（一）进口货物征税的范围

根据《增值税暂行条例》的规定，申报进入中华人民共和国海关境内的货物，均应缴纳增值税。

确定一项货物是否属于进口货物，必须首先看其是否有报关进口手续。一般来说，境外产品要输入境内，都必须向我国海关申报进口，并办理有关报关手续。只要是报关进口的应税货物，不论其是国外产制还是我国已出口而转销国内的货物，是进口者自行采购还是国外捐赠的货物，是进口者自用还是作为贸易或其他用途等，均应按照规定缴纳进口环节的增值税。

国家在规定对进口货物征税的同时，对某些进口货物制定了减免税的特殊规定，如属于“来料加工、进料加工”贸易方式进口国外的原材料、零部件等在国内加工后复出口的，对进口的料、件按规定给予免税或减税，但这些进口免、减税的料件

若不能加工复出口，而是销往国内的，就要予以补税。对进口货物是否减免税由国务院统一规定，任何地方、部门都无权规定减免税项目。

（二）进口货物的纳税人

进口货物的收货人或办理报关手续的单位和个人，为进口货物增值税的纳税义务人。也就是说，进口货物增值税纳税人的范围较宽，包括了国内一切从事进口业务的企业事业单位、机关团体和个人。

对于企业、单位和个人委托代理进口应征增值税的货物，鉴于代理进口货物的海关完税凭证，有的开具给委托方，有的开具给受托方的特殊性，对代理进口货物以海关开具的完税凭证上的纳税人为增值税纳税人。在实际工作中一般由进口代理者代缴进口环节增值税。纳税后，由代理者将已纳税款和进口货物价款费用等与委托方结算，由委托者承担已纳税款。

二、进口货物的适用税率

进口货物增值税税率与本书第二章第一节的内容相同。

三、进口货物应纳税额的计算

纳税人进口货物，按照组成计税价格和《增值税暂行条例》规定的税率计算应纳税额。我们在计算增值税销项税额时直接用销售额作为计税依据或计税价格就可以了，但在进口产品计算增值税时我们不能直接得到类似销售额这么一个计税依据，而需要通过计算而得，即要计算组成计税价格。组成计税价格是指在没有实际销售价格时，按照税法规定计算出作为计税依据的价格。进口货物计算增值税组成计税价格和应纳税额计算公式：

组成计税价格＝关税完税价格＋关税＋消费税

应纳税额＝组成计税价格×税率

纳税人在计算进口货物的增值税时应该注意以下问题：

1. 进口货物增值税的组成计税价格中包括已纳关税税额，如果进口货物属于消费税应税消费品，其组成计税价格中还要包括进口环节已纳消费税税额。

2. 在计算进口环节的应纳增值税税额时不得抵扣任何税额，即在计算进口环节的应纳增值税税额时，不得抵扣发生在我国境外的各种税金。

以上两点实际上是贯彻了出口货物的目的地原则或称消费地原则。即对出口货物原则上在实际消费地征收商品或货物税。对进口货物而言，出口这些货物的出口国在出口时并没有征出口关税和增值税、消费税，到我国口岸时货物的价格基本就是到岸价格，即所谓的关税完税价格。如果此时不征关税和其他税收则与国内同等商品的税负差异就会很大。因此在进口时首先要对之征进口关税。如果是应征消费税的商品则要征消费税。在这基础上才形成了增值税的计税依据即组成计税价格。这与国内同类商品的税基是一致的。

由于货物出口时出口国并没有征收过流转税，因此在进口时我们计算增值税时就不用进行进项税额抵扣。

3. 按照《海关法》和《进出口关税条例》的规定，一般贸易下进口货物的关税完税价格以海关审定的成交价格为基础的到岸价格作为完税价格。所谓成交价格是一般贸易项下进口货物的买方为购买该项货物向卖方实际支付或应当支付的价格；到岸价格，包括货价，加上货物运抵我国关境内输入地点起卸前的包装费、运费、保险费和其他劳务费等费用构成的一种价格。特殊贸易下进口的货物，由于进口时没有“成交价格”可作依据，为此，《进出口关税条例》对这些进口货物制定了确定其完税价格的具体办法。

4. 纳税人进口货物取得的合法海关完税凭证，是计算增值税进项税额的唯一依据，其价格差额部分以及从境外供应商取得的退还或返还的资金，不作进项税额转出处理。

四、进口货物的税收管理

进口货物的增值税由海关代征。个人携带或者邮寄进境自用物品的增值税，连同关税一并计征。具体办法由国务院关税税则委员会会同有关部门制定。

进口货物增值税纳税义务发生时间为报关进口的当天，其纳税地点应当由进口人或其代理人向报关地海关申报纳税，其纳税期限应当自海关填发海关进口增值税专用缴款书之日起 15 日内缴纳税款。

进口货物增值税的征收管理，依据《税收征收管理法》《海关法》《进出口关税条例》和《进出口税则》的有关规定执行。

【例 4－1】 某商场 10 月进口货物一批。该批货物在国外的买价 40 万元，另该批货物运抵我国海关前发生的包装费、运输费、保险费等共计 20 万元。货物报关后，商场按规定缴纳了进口环节的增值税并取得了海关开具的海关进口增值税专用缴款书。假定该批进口货物在国内全部销售，取得不含税销售额 80 万元。

相关资料：货物进口关税税率 15%，增值税税率 17%。请按下列顺序回答问题：

(1) 计算关税的组成计税价格；

(2) 计算进口环节应纳的进口关税；

(3) 计算进口环节应纳增值税的组成计税价格；

(4) 计算进口环节应缴纳增值税的税额；

(5) 计算国内销售环节的销项税额；

(6) 计算国内销售环节应缴纳增值税税额。

【答案】

(1) 关税的组成计税价格 = 40 + 20 = 60（万元）

(2) 应缴纳进口关税 = 60 × 15% = 9（万元）

(3) 进口环节应纳增值税的组成计税价格 = 60 + 9 = 69（万元）

(4) 进口环节应缴纳增值税的税额 = 69 × 17% = 11.73（万元）

(5) 国内销售环节的销项税额 = 80 × 17% = 13.6（万元）

(6) 国内销售环节应缴纳增值税税额 = 13.6 − 11.73 = 1.87（万元）

五、进口环节增值税会计处理

从国外购进原材料等非固定资产货物，应依法缴纳增值税，根据海关开具的"完税凭证"上注明的价款记账。其计税依据是海关审定的关税完税价格，加上关税、消费税（如果属于应纳消费税的货物）。

按照海关提供的完税凭证上注明的增值税额，借记"应交税费—应交增值税（进项税额）"账户；按进口货物应计入采购成本的金额（包括买价、进口关税、消费税、运杂费等），借记"材料采购"、"原材料"等账户；按应付或实际支付的金额，贷记"应付账款"、"银行存款"等账户。

【例 4－2】 甲公司因业务需要从国外进口一批原材料（材料已验收入库），经海关审定的关税完税价格为 2 000 000 元，应纳关税 300 000 元，消费税 100 000 元。

增值税计算如下：

增值税进项税额 =（2 000 000 + 300 000 + 100 000）×17% =408 000（元）

作会计分录如下：

借：原材料　　2 400 000

　　应交税费——应交增值税（进项税额）　　408 000

　　贷：银行存款　　2 808 000

第二节　进口环节消费税会计

消费税是指对消费品和特定的消费行为按消费流转额征收的一种商品税。广义上，消费税一般对所有消费品包括生活必需品和日用品普遍课税，一般概念上，消费税主要指对特定消费品或特定消费行为如奢侈品等课税。消费税主要以消费品为课税对象，在此情况下，税收随价格转嫁给消费者负担，消费者是实际的赋税人。消费税的征收具有较强的选择性，是国家贯彻消费政策、引导消费结构从而引导产业结构的重要手段，因而在保证国家财政收入，体现国家经济政策等方面具有十分重要的意义。我国现行消费税征税环节具有单一性。主要在生产和进口环节上征收。

一、进口环节消费税纳税义务人与征税范围

（一）进口环节纳税义务人

在中华人民共和国境内进口消费税暂行条例规定的消费品的单位和个人，为进口环节消费税的纳税人，应当依照《消费税暂行条例》缴纳消费税。

单位，是指企业、行政单位、事业单位、军事单位、社会团体及其他单位。

个人，是指个体工商户及其他个人。

在中华人民共和国境内，是指生产、委托加工和进口属于应当缴纳消费税的消费品的起运地或者所在地在境内。

（二）进口环节征税范围

单位和个人进口货物属于消费税征税范围的，在进口环节要缴纳消费税。为了减少征税成本，进口环节缴纳的消费税由海关代征。

二、税目与税率

进口应税消费品消费税的税目、税率（税额），依照《消费税暂行条例》所附的《消费税税目税率（税额）表》执行，详见本书第3.1节。

三、计税依据

按照现行消费税法的基本规定，消费税应纳税额的计算主要分为从价计征、从量计征和从价从量复合计征三种方法：

（一）从价计征

在从价定率计算方法下，应纳税额等于应税消费品的销售额乘以适用税率，应纳税额的多少取决于应税消费品的销售额和适用税率两个因素。

（二）从量计征

在从量定额计算方法下，应纳税额等于应税消费品的销售数量乘以单位税额，应纳税额的多少取决于应税消费品的销售数量和单位税额两个因素。

（三）从价从量复合计征

现行消费税的征税范围中，只有卷烟、白酒采用复合计征方法。应纳税额等于应税销售数量乘以定额税率再加上应税销售额乘以比例税率。

进口卷烟、白酒从量定额计税依据为海关核定的进口征税数量。

四、征收管理

（一）纳税义务发生时间

纳税人进口消费品应当于应税消费品报关进口环节纳税，其纳税义务的发生时间，为报关进口的当天。

（二）纳税期限

纳税人进口应税消费品，应当自海关填发海关进口消费税专用缴款书之日起15日内缴纳税款。

如果纳税人不能按照规定的纳税期限依法纳税，将按《税收征收管理法》的有关规定处理。

（三）纳税地点

进口的应税消费品，由进口人或者其代理人向报关地海关申报纳税。

五、进口环节应纳消费税的计算

进口的应税消费品，于报关进口时缴纳消费税；进口的应税消费品的消费税由海关代征；进口的应税消费品，由进口人或者其代理人向报关地海关申报纳税；纳税人进口应税消费品，按照关税征收管理的相关规定，应当自海关填发海关进口消费税专用缴款书之日起15日内缴纳税款。

1993年12月，国家税务总局、海关总署联合颁发的《关于对进口货物征收增值税、消费税有关问题的通知》规定，进口应税消费品的收货人或办理报关手续的单位和个人，为进口应税消费品消费税的纳税义务人。进口应税消费品消费税的税目、税率（税额），依照《消费税暂行条例》所附的《消费税税目税率（税额）表》执行。

纳税人进口应税消费品，按照组成计税价格和规定的税率计算应纳税额。计算方法如下：

1. 从价定率计征应纳税额的计算。

实行从价定率办法计算纳税的组成计税价格计算公式：

$$组成计税价格=(关税完税价格+关税)\div(1-消费税比例税率)$$

$$应纳税额=组成计税价格\times消费税比例税率$$

公式中所称“关税完税价格”，是指海关核定的关税计税价格。

【例4-3】 某商贸公司，2015年5月从国外进口一批应税消费品，已知该批应税消费品的关税完税价格为90万元，按规定应缴纳关税18万元，假定进口的应税消费品的消费税税率为10%。请计算该批消费品进口环节应缴纳的消费税税额。

（1）组成计税价格 $=(90+18)\div(1-10\%)=120$（万元）

（2）应缴纳消费税税额 $=120\times10\%=12$（万元）

2. 实行从量定额计征应纳税额的计算。

应纳税额的计算公式：

$$应纳税额=应税消费品数量\times消费税定额税率$$

3. 实行从价定率和从量定额复合计税办法应纳税额的计算。

应纳税额的计算公式：

$$组成计税价格 = \left(关税完税价格 + 关税 + 进口数量 \times 消费税定额税率\right) \div \left(1 - 消费税比例税率\right)$$

$$应纳税额 = 组成计税价格 \times 消费税税率 + 应税消费品进口数量 \times 消费税定额税率$$

进口环节消费税除国务院另有规定者外，一律不得给予减税、免税。

六、进口环节消费税的会计处理

进口应税消费品，应在进口时，由进口者缴纳消费税，缴纳的消费税应计入进口应税消费品的成本。

根据税法规定，企业进口应税消费品，应当自海关填发税款缴款书的次日起15日内缴纳税款。企业不缴税不得提货。因此，缴纳消费税与进口货物入账基本上没有时间差。为简化核算手续，进口应税消费品缴纳的消费税一般不通过"应交税费——应交消费税"科目核算，在将消费税计入进口应税消费品成本时，直接贷记"银行存款"科目。在特殊情况下，如出现先提货、后缴纳消费税的，或者用于连续生产其他应税消费品按规定允许扣税的，也可以通过"应交税费——应交消费税"科目核算应缴消费税税额。

企业进口的应税消费品可能是固定资产、原材料等。因此，在进口时，应按应税消费品的进口成本连同消费税及不允许抵扣的增值税，借记"固定资产"、"物资采购"等科目，按支付的允许抵扣的增值税，借记"应交税费——应交增值税（进项税额）"科目，按采购成本、缴纳的增值税、消费税合计数，贷记"银行存款"等科目。

【例4-4】 某企业进口一批应税消费品，缴纳消费税金250 000元，按规定其缴纳的消费税应计入该项产品的成本，其会计账务处理为：

借：材料采购　　250 000

　　贷：银行存款　　250 000

第三节　关税会计

关税是海关依法对进出境货物、物品征收的一种税。所谓"境"是指关境，又称"海关境域"或"关税领域"，是国家《海关法》全面实施的领域。通常情况下，一国关境与国境是一致的，包括国家全部的领土、领海、领空。但当某一国家在国境内设立了自由港、自由贸易区等，这些区域就进出口关税而言处在关境之外，这时，该国家的关境小于国境。如我国根据《中华人民共和国香港特别行政区基本法》和《中华人民共和国澳门特别行政区基本法》，香港和澳门保持自由港地位，为我国单独的关税地区，即单独关境区。单独关境区是不完全适用该国海关法律、法规或实施单独海关管理制度的区域。

一、征税对象与纳税义务人

（一）征税对象

关税的征税对象是准许进出境的货物和物品。货物是指贸易性商品；物品指入境旅客随身携带的行李物品、个人邮递物品、各种运输工具上的服务人员携带进口的自用物品、馈赠物品以及其他方式进境的个人物品。

（二）纳税义务人

进口货物的收货人、出口货物的发货人、进出境物品的所有人，是关税的纳税义务人。进出口货物的收、发货人是依法取得对外贸易经营权，并进口或者出口货物的法人或者其他社会团体。，进出境物品的所有人包括该物品的所有人和推定为所有人的人。一般情况下，对于携带进境的物品，推定其携带人为所有人；对分离运输的行李，推定相应的进出境旅客为所有人；对以邮递方式进境的物品，推定其收件人为所有人；以邮递或其他运输方式出境的物品，推定其寄件人或托运人为所有人。

二、税率

（一）进口关税税率

1. 税率设置与适用。

在我国加入世界贸易组织（WTO）之前，我国进口税则设有两栏税率，即普通税率和优惠税率。对原产于与我国未订有关税互惠协议的国家或者地区的进口货物，按照普通税率征税；对原产于与我国订有关税互惠协议的国家或者地区的进口货物，按照优惠税率征税。在我国加入 WTO 之后，为履行我国在加入 WTO 关税减让谈判中承诺的有关义务，享有 WTO 成员应有的权利，自 2002 年 1 月 1 日起，我国进口税则设有最惠国税率、协定税率、特惠税率、普通税率、关税配额税率等税率。对进口货物在一定期限内可以实行暂定税率。最惠国税率适用原产于与我国共同适用最惠国待遇条款的WTO成员或地区的进口货物，或原产于与我国签订有相互给予最惠国待遇条款的双边贸易协定的国家或地区进口的货物，以及原产于我国境内的进口货物；协定税率适用原产于我国参加的含有关税优惠条款的区域性贸易协定有关缔约方的进口货物，特惠税率适用原产于与我国签订有特殊优惠关税协定的国家或地区的进口货物，普通税率适用于原产于上述国家或地区以外的其他国家或地区的进口货物。按照普通税率征税的进口货物，经国务院关税税则委员会特别批准，可以适用最惠国税率。适用最惠国税率、协定税率、特惠税率的国家或者地区名单，由国务院关税税则委员会决定，报国务院批准后执行。

2. 税率种类。

按征收关税的标准，可以分成从价税、从量税、选择税、复合税、滑准税。

（1）从价税。从价税是一种最常用的关税计税标准。它是以货物的价格或者价值为征税标准，以应征税额占货物价格或者价值的百分比为税率，价格越高，税额越高。货物进口时，以此税率和海关审定的实际进口货物完税价格相乘计算应征税额。目前，我国海关计征关税标准主要是从价税。

（2）从量税。从量税是以货物的数量、重量、体积、容量等计量单位为计税标准，以每计量单位货物的应征税额为税率。我国目前对原油、啤酒和胶卷等进口商品征收从量税。

（3）复合税。复合税又称混合税，即订立从价、从量两种税率，随着完税价格和进口数量而变化，征收时两种税率合并计征。它是对某种进口货物混合使用从价税和从量税的一种关税计征标准。我国目前仅对录像机、放像机、摄像机、数字照相机和摄录一体机等进口商品征收复合税。

（4）选择税。选择税是对一种进口商品同时定有从价税和从量税两种税率，但征税时选择其税额较高的一种征税。

（5）滑准税。滑准税是根据货物的不同价格适用不同税率的一类特殊的从价关税。它是一种关税税率随进口货物价格由高至低而由低至高设置计征关税的方法。简单地讲，就是进口货物的价格越高，其进口关税税率越低，进口商品的价格越低，其进口关税税率越高。滑准税的特点是可保持实行滑准税商品的国内市场价格的相对稳定，而不受国际市场价格波动的影响。

3. 暂定税率与关税配额税率。

根据经济发展需要，国家对部分进口原材料、零部件、农药原药和中间体、乐器及生产设备实行暂定税率。《进出口关税条例》规定，适用最惠国税率的进口货物有暂定税率的，应当适用暂定税率；适用特惠税率、协定税率的进口货物有暂定税率的，应当从低适用税率；适用普通税率的进口货物，不适用暂定税率。同时，对部分进口农产品和化肥产品实行关税配额，即一定数量内的上述进口商品适用税率较低的配额内税率，超出该数量的进口商品适用税率较高的配额外税率。现行税则对700多个税目进口商品实行了暂定税率，对小麦、玉米等7种农产品和尿素等3种化肥产品实行关税配额管理。

（二）出口关税税率

我国出口税则为一栏税率，即出口税率。国家仅对少数资源性产品及易于竞相杀价、盲目进口、需要规范出口秩序的半制成品征收出口关税。现行税则对100余种商品计征出口关税，主要是鳗鱼苗、部分有色金属矿砂及其精矿、生锑、磷、氟钽酸钾、苯、山羊板皮、部分铁合金、钢铁废碎料、铜和铝原料及其制品、镍锭、锌锭、锑锭。但对上述范围内的部分商品实行0～25%的暂定税率，此外，根据需要对其他200多种商品征收暂定税率。与进口暂定税率一样，出口暂定税率优先适用于出口税则中规定的出口税率。

（三）特别关税

特别关税包括报复性关税、反倾销税与反补贴税、保障性关税。征收特别关税的货物、适用国别、税率、期限和征收办法，由国务院关税税则委员会决定，海关总署负责实施。

（四）税率的运用

我国《进出口关税条例》规定，进出口货物，应当依照税则规定的归类原则归入合适的税号，并按照适用的税率征税。其中：

1. 进出口货物，应当按照纳税义务人申报进口或者出口之日实施的税率征税。

2. 进口货物到达前，经海关核准先行申报的，应当按照装载此货物的运输工具申报进境之日实施的税率征税。

3. 进出口货物的补税和退税，适用该进出口货物原申报进口或者出口之日所实施的税率，但下列情况除外：

（1）按照特定减免税办法批准予以减免税的进口货物，后因情况改变经海关批准转让或出售或移作他用需予补税的，适用海关接受纳税人再次填写报关单申报办理纳税及有关手续之日实施的税率征税。

（2）加工贸易进口料、件等属于保税性质的进口货物，如经批准转为内销，应按向海关申报转为内销之日实施的税率征税；如未经批准擅自转为内销的，则按海关查获日期所施行的税率征税。

（3）暂时进口货物转为正式进口需予补税时，应按其申报正式进口之日实施的税率征税。

（4）分期支付租金的租赁进口货物，分期付税时，适用海关接受纳税人再次填写报关单申报办理纳税及有关手续之日实施的税率征税。

（5）溢卸、误卸货物事后确定需征税时，应按其原运输工具申报进口日期所实施的税率征税。如原进口日期无法查明的，可按确定补税当天实施的税率征税。

（6）对由于税则归类的改变、完税价格的审定或其他工作差错而需补税的，应按原征税日期实施的税率征税。

（7）对经批准缓税进口的货物以后缴税时，不论是分期或一次交清税款，都应按货物原进口之日实施的税率征税。

（8）查获的走私进口货物需补税时，应按查获日期实施的税率征税。

三、完税价格与应纳税额的计算

（一）原产地规定

确定进境货物原产国的主要原因之一，是便于正确运用进口税则的各栏税率，对产自不同国家或地区的进口货物适用不同的关税税率。我国原产地规定基本上采用了"全部产地生产标准"、"实质性加工标准"两种国际上通用的原产地标准。

1. 全部产地生产标准。

全部产地生产标准是指进口货物"完全在一个国家内生产或制造"，生产国或制造国即为该货物的原产国。完全在一国生产或制造的进口货物包括：

（1）在该国领土或领海内开采的矿产品；

（2）在该国领土上收获或采集的植物产品；

（3）在该国领土上出生或由该国饲养的活动物及从其所得产品；

（4）在该国领土上狩猎或捕捞所得的产品；

（5）在该国的船只上卸下的海洋捕捞物，以及由该国船只在海上取得的其他产品；

（6）在该国加工船加工上述第5项所列物品所得的产品；

（7）在该国收集的只适用于做再加工制造的废碎料和废旧物品；

（8）在该国完全使用上述（1）~（7）项所列产品加工成的制成品。

2. 实质性加工标准。

实质性加工标准是适用于确定有两个或两个以上国家参与生产的产品的原产国的标准，其基本含义是：经过几个国家加工、制造的进口货物，以最后一个对货物进行经济上可以视为实质性加工的国家作为有关货物的原产国。"实质性加工"是指产品加工后，在进出口税则中四位数税号一级的税则归类已经有了改变，或者加工增值部分所占新产品总值的比例已超过30%及以上的。

3. 其他。

对机器、仪器、器材或车辆所用零件、部件、配件、备件及工具，如与主件同时进口且数量合理的，其原产地按主件的原产地确定，分别进口的则按各自的原产地确定。

（二）关税完税价格

《海关法》规定，进出口货物的完税价格，由海关以该货物的成交价格为基础审查确定。成交价格不能确定时，完税价格由海关依法估定。自我国加入世界贸易组织后，我国海关已全面实施《世界贸易组织估价协定》，遵循客观、公平、统一的估价原则，并依据2014年2月1日起实施的《中华人民共和国海关审定进出口货物完税价格办法》（以下简称《完税价格办法》），审定进出口货物的完税价格。

1. 一般进口货物的完税价格。

（1）以成交价格为基础的完税价格。

根据《海关法》规定，进口货物的完税价格包括货物的货价、货物运抵我国境内输入地点起卸前的运输及其相关费用、保险费。我国境内输入地为入境海关地，包括内陆河、江口岸，一般为第一口岸。货物的货价以成交价格为基础。进口货物的成交价格是指买方为购买该货物，并按《完税价格办法》有关规定调整后的实付或应付价格。

（2）对实付或应付价格进行调整的有关规定。

"实付或应付价格"指买方为购买进口货物直接或间接支付的总额，即作为卖方销售进口货物的条件，由买方向卖方或为履行卖方义务向第三方已经支付或将要支付的全部款项。

（3）进口货物海关估价方法。

进口货物的价格不符合成交价格条件或者成交价格不能确定的，海关应当依次以相同货物成交价格方法、类似货物成交价格方法、倒扣价格方法、计算价格方法及其他合理方法确定的价格为基础，传达室完税价格。如果进，货物的收货人提出要求，并提供相关资料，经海关同意，可以选择倒扣价格方法和计算价格方法的适用次序。

2. 出口货物的完税价格。

（1）以成交价格为基础的完税价格。

出口货物的完税价格，由海关以该货物向境外销售的成交价格为基础审查确定，并应包括货物运至我国境内输出地点装载前的运输及其相关费用、保险费，但其中包含的出口关税税额，应当扣除。

出口货物的成交价格，是指该货物出口销售到我国境外时买方向卖方实付或应付的价格。出口货物的成交价格中含有支付给境外的佣金的，如果单独列明，应当扣除。

（2）出口货物海关估价方法。

出口货物的成交价格不能确定时，完税价格由海关依次使用下列方法估定：

①同时或大约同时向同一国家或地区出口的相同货物的成交价格；

②同时或大约同时向同一国家或地区出口的类似货物的成交价格；

③根据境内生产相同或类似货物的成本、利润和一般费用、境内发生的运输及其相关费用、保险费计算所得的价格；

④按照合理方法估定的价格。

（三）应纳税额的计算

1. 从价税应纳税额的计算。

关税税额 = 应税进（出）口货物数量 × 单位完税价格 × 税率

2. 从量税应纳税额的计算。

关税税额 = 应税进（出）口货物数量 × 单位货物税额

3. 复合税应纳税额的计算。

我国目前实行的复合税都是先计征从量税，再计征从价税。

$$\text{关税税额} = \text{应税进（出）口货物数量} \times \text{单位货物税额} + \text{应税进（出）口货物数量} \times \text{单位完税价格} \times \text{税率}$$

4. 滑准税应纳税额的计算。

关税税额 = 应税进（出）口货物数量 × 单位完税价格 × 滑准税税率

现行税则《进（出）口商品从量税、复合税、滑准税税目税率表》后注明了滑准税税率的计算公式，该公式是一个与应税进（出）口货物完税价格相关的取整函数。

【例4-5】 某商场于2015年2月进口一批化妆品。该批货物在国外的买价120万元，货物运抵我国入关前发生的运输费、保险费和其他费用分别为10万元、6万元、4万元。货物报关后，该商场按规定缴纳了进口环节的增值税和消费税并取得了海关开具的缴款书。从海关将化妆品运往商场所在地取得增值税专用发票，注明运输费用5万元、增值税进项税额0.55万元，该批化妆品当月在国内全部销售，取得不含税销售额520万元（假定化妆品进口关税税率20%，增值税税率17%，消费税税率30%）。

要求：计算该批化妆品进口环节应缴纳的关税、增值税、消费税和国内销售环节应缴纳的增值税。

（1）关税的组成计税价格 = 120 + 10 + 6 + 4 = 140（万元）

（2）应缴纳进口关税 = 140 × 20% = 28（万元）

（3）进口环节应纳增值税的组成计税价格 =（140 + 28）÷（1 − 30%）= 240（万元）

（4）进口环节应缴纳增值税 = 240 × 17% = 40.8（万元）

（5）进口环节应缴纳消费税 = 240 × 30% = 72（万元）

（6）国内销售环节应缴纳增值税 = 520 × 17% − 0.55 − 40.8 = 47.05（万元）

四、征收管理

（一）关税缴纳

进口货物自运输工具申报进境之日起 14 日内，出口货物在货物运抵海关监管区后装货的 24 小时以前，应由进出口货物的纳税义务人向货物进（出）境地海关申报，海关根据税则归类和完税价格计算应缴纳的关税和进口环节代征税，并填发税款缴款书。纳税义务人应当自海关填发税款缴款书之日起 15 日内，向指定银行缴纳税款。如关税缴纳期限的最后 1 日是周末或法定节假日，则关税缴纳期限顺延至周末或法定节假日过后的第 1 个工作日。为方便纳税义务人，经申请且海关同意，进（出）口货物的纳税义务人可以在设有海关的指运地（启运地）办理海关申报、纳税手续。

关税纳税义务人因不可抗力或者在国家税收政策调整的情形下，不能按期缴纳税款的，经海关批准，可以延期缴纳税款，但最长不得超过 6 个月。

（二）关税的强制执行

纳税义务人未在关税缴纳期限内缴纳税款，即构成关税滞纳。为保证海关征收关税决定的有效执行和国家财政收入的及时入库，《海关法》赋予海关对滞纳关税的纳税义务人强制执行的权利。强制措施主要有两类：

1. 征收关税滞纳金。

滞纳金自关税缴纳期限届满滞纳之日起，至纳税义务人缴纳关税之日止，按滞纳税款万分之五的比例按日征收，周末或法定节假日不予扣除。具体计算公式为：

关税滞纳金金额 = 滞纳关税税额 × 滞纳金征收比率 × 滞纳天数

2. 强制征收。

如纳税义务人白海关填发缴款书之日起3个月仍未缴纳税款，经海关关长批准，海关可以采取强制扣缴、变价抵缴等强制措施。强制扣缴即海关从纳税义务人在开户银行或者其他金融机构的存款中直接扣缴税款。变价抵缴即海关将应税货物依法变卖，以变卖所得抵缴税款。

（三）关税退还

关税退还是关税纳税义务人按海关核定的税额缴纳关税后，因某种原因的出现，海关将实际征收多于应当征收的税额（称为溢征关税）退还给原纳税义务人的一种行政行为。根据《海关法》规定，海关多征的税款，海关发现后应当立即退还。

按规定，有下列情形之一的，进出口货物的纳税义务人可以自缴纳税款之日起1年内。书面声明理由，连同原纳税收据向海关申请退税并加算银行同期活期存款利息，逾期不予受理：

1. 因海关误征，多纳税款的。

2. 海关核准免验进口的货物，在完税后，发现有短卸情形，经海关审查认可的。

3. 已征出口关税的货物，因故未将其出口，申报退关，经海关查验属实的。

对已征出口关税的出口货物和已征进口关税的进口货物，因货物品种或规格原因（非其他原因）原状复运进境或出境的，经海关查验属实的，也应退还已征关税。海关应当自受理退税申请之日起30日内，作出书面答复并通知退税申请人。本规定强调的是，"因货物品种或规格原因，原状复运进境或出境的"。如果属于其他原因且不能以原状复运进境或出境，不能退税。

（四）关税补征和追征

补征和追征是海关在关税纳税义务人按海关核定的税额缴纳关税后，发现实际征收税额少于应当征收的税额（称为短征关税）时，责令纳税义务人补缴所差税款的一种行政行为。海关法根据短征关税的原因，将海关征收原短征关税的行为分为补征和追征两种。由于纳税人违反海关规定造成短征关税的，称为追征；非因纳税人违反海关规定造成短征关税的，称为补征。区分关税追征和补征的目的是区别不同情况适用不同的征收时效，超过时效规定的期限，海关就丧失了追补关税的权力。根据《海关法》规定，进出境货物和物品放行后，海关发现少征或者漏征税款，应当自缴纳税款或者货物、物品放行之日起1年内，向纳税义务人补征；因纳税义务人违反规定而造成的少征或者漏征的税款，自纳税义务人应缴纳税款之日起3年以内可以追征，并从缴纳税款之日起按日加收少征或者漏征税款万分之五的滞纳金。

五、关税会计处理

（一）工业企业关税的会计处理

随着我国外贸管理体制改革的逐步深化，“大外贸”的格局将逐渐形成。即由外贸企业一家做进出口贸易的局面，改变为工贸、农贸、技贸、科贸等多形式、多局面的大外贸。这样，符合条件的工商企业经批准将具有自营进出口经营权。为了核算和反映有关关税的计缴情况，在会计上就需要进行相应的会计处理。

1. 进口关税的核算。

工业企业（包括国有、集体、私营、外商投资等）通过外贸企业代理或直接从国外进口原材料、应支付的进口关税，不通过“应交税金”账户核算，而是将其与进口原材料的价款、国外运费和保费、国内费用一并直接计入进口原材料成本，借记“物资采购”；贷记“银行存款”“应付账款”等。

企业根据同外商签订的加工装配和补偿贸易合同而引进的国外设备，应支付的进口关税按规定以企业专用拨款等支付。支付时，借记“在建工程——引进设备工程”，贷记“银行存款”等。

【例4-6】 某工业企业进口A材料需USD 100 000，当日的外汇牌价为USD 1 = RMB 8.64。该企业对外付汇进口A材料，应付进口关税40 000元，材料已验收入库。代征增值税税率17%。作会计分录如下：

购入现汇时：

借：银行存款——美元户	864 000	
贷：银行存款——人民币户		864 000

对外付汇，支付进口关税、增值税，计算进口A材料的采购成本时：

A材料采购成本 = 864 000 + 40 000 = 904 000（元）

应支付增值税 = 904 000 × 17% = 153 680（元）

借：物资采购——A材料	904 000	
应交税金——应交增值税（进项税额）	153 680	
贷：银行存款——美元户		864 000
——人民币户		193 680

验收入库时：

借：原材料——A 材料　　904 000
　　贷：物资采购——A 材料　　904 000

2. 出口关税的核算。

工业企业出口产品应缴纳的出口关税，支付时可直接借记"主营业务税金及附加"账户，贷记"银行存款"、"应付账款"等账户。

【例 4-7】 某铁合金厂向日本出口一批铬铁，国内港口 FOB 价格折合人民币为

5 600 000 元，铬铁出口关税税率为 40%，关税以支票付讫。计算出口关税税额如下：

出口关税税额 =5 600 000/(1+40%)×40% =1 600 000（元）

作会计分录如下：

借：主营业务税金及附加　　1 600 000
　　贷：银行存款　　1 600 000

（二）商业企业关税的会计处理

有进出口经营权的商品流通企业（包括商业、粮食、外贸、物资供销、医药商业、供销合作社等），按其经营方式的不同，其进出口业务可以分为自营和代理两大类。不同的经营方式下的进出口业务，有关关税核算的方法和内容也不一样。

1. 自营进出口业务关税的核算。

商品流通企业自营进口业务所计缴的关税，在会计核算上是通过设置"应交税金——进口关税"和"物资采购"账户加以反映的。应缴纳的进口关税，借记"物资采购"，贷记"应交税金——进口关税"；实际缴纳时，借记"应交税金——进口关税"，贷记"银行存款"。也可不通过"应交税金——进口关税"账户，而直接借记"物资采购"账户，贷记"银行存款""应付账款"等账户（出口业务会计处理亦然）。

商品流通企业自营出口业务所计缴的关税，在会计核算上是通过设置"应交税金——出口关税"和"主营业务税金及附加"账户加以反映的。应缴纳的出口关税，借记"主营业务税金及附加"，贷记"应交税金——出口关税"；实际缴纳时，借记"应交税金——出口关税"，贷记"银行存款"。

【例4-8】 某外贸企业从国外自营进口商品一批，CIF价格折合人民币为400 000元，进口关税税率为40%，代征增值税税率17%，根据海关开出的专用缴款书，以银行转账支票付讫税款。计算应交关税和物资采购成本如下：

应交关税＝400 000×40%＝160 000（元）

物资采购成本＝400 000＋160 000＝560 000（元）

代征增值税＝560 000×17%＝95 200（元）

作会计分录如下：

计提关税和增值税时：

借：物资采购　560 000

　　贷：应交税金——进口关税　160 000

　　　　应付账款　400 000

支付关税和增值税时：

借：应交税金——进口关税　160 000

　　贷：银行存款　160 000

借：应交税金——应交增值税（进项税额）　95 200

　　贷：银行存款　95 200

商品验收入库时：

借：库存商品　560 000

　　贷：物资采购　560 000

2. 代理进出口业务关税的核算。

代理进出口业务，对受托方来说，一般不垫付货款，大多以收取手续费形式为委托方提供代理服务。因此，由于进出口而计缴的关税均由委托单位负担，受托单位即使向海关缴纳了关税，也只是代垫或代付，日后仍要从委托方收回。

代理进出口业务所计缴的关税，在会计核算上也是通过设置“应交税金”账户来反映的，其对应账户是“应付账款”“应收账款”“银行存款”等。

【例4-9】 某单位委托某进出口公司进口商品一批，进口货款2 550 000元已汇入进出口公司存款户。该进口商品我国口岸CIF价格为USD240 000，进口关税税率为20%，当日的外汇牌价为USD1＝RMB8.64，代理手续费按货价2%收取，现该批商品已运达，向委托单位办理结算。

计算该批商品的人民币货价如下：

240 000×8.64=2 073 600（元）

计算进口关税如下：

2 073 600×20%=414 720（元）

计算代理手续费如下：

2 073 600×2%=41 472（元）

根据上述计算资料，该进出口公司接受委托单位贷款及向委托单位收取关税和手续费等。作会计分录如下：

收到委托单位划来进口货款时：

借：银行存款　　2 550 000

　　贷：应付账款——××单位　　2 550 000

对外付汇进口商品时：

借：应收账款——××外商　　2 073 600

　　贷：银行存款　　2 073 600

支付进口关税时：

借：应付账款——××单位　　414 720

　　贷：应交税金——进口关税　　414 720

借：应交税金——进口关税　　414 720

　　贷：银行存款　　414 720

将进口商品交付委托单位并收取手续费时：

借：应付账款——××单位　　2 115 072

　　贷：代购代销收入——手续费　　41 472

　　　　应收账款——××外商　　2 073 600

将委托单位剩余的进口货款退回时：

借：应付账款——××单位　　20 208

　　贷：银行存款　　20 208

【例4-10】　某进出口公司代理某工厂出口一批商品。我国口岸FOB价折合人民币为360 000元，出口关税税率为20%，手续费为10800元。计算应缴出口关税如下：

360 000/(1+20%)×20%=60 000（元）

作会计分录如下：

计缴出口关税时：

借：应收账款——××单位　　60 000

　　贷：应交税金——出口关税　　60 000

缴纳出口关税时：

借：应交税金——出口关税　　60 000

　　贷：银行存款　　60 000

应收手续费时：

借：应收账款——××单位　　10 800

　　贷：代购代销收入——手续费　　10 800

收到委托单位付来的税款及手续费时：

借：银行存款　　70 800

　　贷：应收账款——××单位　　70 800

第四节　船舶吨税会计

现行船舶吨税的规范是2011年11月23日，国务院第182次常务会议通过并公布的《中华人民共和国船舶吨税暂行条例》，自2012年1月1日起施行。1952年9月16日经政务院财政经济委员会批准，于1952年9月29日海关总署发布的《中华人民共和国海关船舶吨税暂行办法》同时废止。

一、征税范围、税率

（一）征税范围

自中华人民共和国境外港口进入境内港口的船舶（以下简称“应税船舶”），应当缴纳船舶吨税（以下简称“吨税”）。吨税的税目、税率依照《吨税税目、税率表》执行。

（二）税率

吨税设置优惠税率和普通税率。中华人民共和国国籍的应税船舶，船籍国（地区）与中华人民共和国签订含有相互给予船舶税费最惠国待遇条款的条约或者协定的应税船舶，适用优惠税率。其他应税船舶，适用普通税率。《吨税税目、税率表》如表4－1所示，由国务院决定。

表4－1　吨税税目、税率表

科目（按船舶净吨位划位）	税率（元/净吨）						备注
	普通税率（执执照期限划分）			优惠税率（按执照期限划分）			
	1年	90日	30日	1年	90日	30日	
不超过2 000净吨	12.6	4.2	2.1	9.0	3.0	1.5	拖船和非机动驳
超过2 000净吨，但不超过10 000净吨	24.0	8.0	4.0	17.4	5.8	2.9	船分别按相同净
超过10 000净吨，但不超过50 000净吨	27.6	9.2	4.6	19.8	6.6	3.3	吨位船舶税率的
超过50 000净吨	31.8	10.6	5.3	22.8	7.0	3.8	50%计征税款

注：拖船，是指专门用于拖（推）动运输船舶的专业作业船舶，拖船按照发动机功率每1千瓦折合净吨位0.67吨；非机动驳船，是指在船舶管理部门登记为驳船的非机动船舶。

二、应纳税额的计算

吨税按照船舶净吨位和吨税执照期限征收，应纳税额按照船舶净吨位乘以适用税率计算。净吨位，是指由船籍国（地区）政府授权签发的船舶吨位证明书上标明的净吨位。计算公式为：

应纳税额＝船舶净吨位×定额税率

应税船舶在进入港口办理入境手续时，应当向海关申报纳税领取吨税执照，或者交验吨税执照。应税船舶负责人在每次申报纳税时，可以按照《吨税税目、税率表》选择申领一种期限的吨税执照。应税船舶负责人缴纳吨税或者提供担保后，海关按照其申领的执照期限填发吨税执照。

应税船舶负责人申领吨税执照时，应当向海关提供下列文件：

1. 船舶国籍证书或者海事部门签发的船舶国籍证书收存证明；
2. 船舶吨位证明。

应税船舶在吨税执照期限内，因税目税率调整或者船籍改变而导致适用税率变化的，吨税执照继续有效。应税船舶在离开港口办理出境手续时，应当交验吨税执照。

【例4－11】 2015年6月20日，B国某运输公司一艘货轮驶入我国某港口，该货轮净吨位为30 000吨，货轮负责人已向我国该海关领取了吨税执照，在港口停留期限为30天，B国已与我国签订有相互给予船舶税费最惠国待遇条款。请计算该货轮负责人应向我国海关缴纳的船舶吨税。

（1）根据船舶吨税的相关规定，该货轮应享受优惠税率，每净吨位为3.3元。

（2）应缴纳船舶吨税 $=30\,000\times3.3=99\,000$（元）。

三、税收优惠

（一）直接优惠

下列船舶免征吨税：

1. 应纳税额在人民币50元以下的船舶；

2. 自境外以购买、受赠、继承等方式取得船舶所有权的初次进口到港的空载船舶；

3. 吨税执照期满后24小时内不上下客货的船舶；

4. 非机动船舶（不包括非机动驳船），是指自身没有动力装置，依靠外力驱动的船舶；

5. 捕捞、养殖渔船，是指在中华人民共和国渔业船舶管理部门登记为捕捞船或者养殖船的船舶；

6. 避难、防疫隔离、修理、终止运营或者拆解，并不上下客货的船舶；

7. 军队、武装警察部队专用或者征用的船舶；

8. 依照法律规定应当予以免税的外国驻华使领馆、国际组织驻华代表机构及其有关人员的船舶；

9. 国务院规定的其他船舶。

上述5－8项优惠，应当提供海事部门、渔业船舶管理部门或者卫生检疫部门等部门、机构出具的具有法律效力的证明文件或者使用关系证明文件，申明免税理由。

（二）延期优惠

在吨税执照期限内，应税船舶发生下列情形之一的，海关按照实际发生的天数批注延长吨税执照期限：

1. 避难、防疫隔离、修理，并不上下客货；

2. 军队、武装警察部队征用；

3. 应税船舶因不可抗力在未设立海关地点停泊的，船舶负责人应当立即向附近海关报告，并在不可抗力原因消除后，向海关申报纳税。

上述船舶，应当提供海事部门、渔业船舶管理部门或者卫生检疫部门等部门、机构出具的具有法律效力的证明文件或者使用关系证明文件，申明延长吨税执照期限的依据和理由。

四、征收管理

1. 吨税由海关负责征收。海关征收吨税应当制发缴款凭证。

2. 吨税纳税义务发生时间为应税船舶进入港口的当日。

3. 应税船舶在吨税执照期满后尚未离开港口的，应当申领新的吨税执照，自上一次执照期满的次日起续缴吨税。

4. 应税船舶负责人应当自海关填发吨税缴款凭证之日起 15 日内向指定银行缴清税款。未按期缴清税款的，自滞纳税款之日起，按日加收滞纳税款 0.5‰的滞纳金。

5. 应税船舶到达港口前，经海关核准先行申报并办结出入境手续的，应税船舶负责人应当向海关提供与其依法履行吨税缴纳义务相适应的担保；应税船舶到达港口后，向海关申报纳税。

下列财产、权利可以用于担保：

（1）人民币、可自由兑换货币；

（2）汇票、本票、支票、债券、存单；

（3）银行、非银行金融机构的保函；

（4）海关依法认可的其他财产、权利。

6. 应税船舶在吨税执照期限内，因修理导致净吨位变化的，吨税执照继续有效。应税船舶办理出入境手续时，应当提供船舶经过修理的证明文件。

因船籍改变而导致适用税率变化的，应税船舶在办理出入境手续时，应当提供船籍改变的证明文件。

7. 吨税执照在期满前毁损或者遗失的，应当向原发照海关书面申请核发吨税执照副本，不再补税。

8. 海关发现少征或者漏征税款的，应当自应税船舶应当缴纳税款之日起 1 年内，补征税款。但因应税船舶违反规定造成少征或者漏征税款的，海关可以自应当缴纳税款之日起 3 年内追征税款，并自应当缴纳税款之日起按日加征少征或者漏征税款 0.5%0 的滞纳金。

海关发现多征税款的，应当立即通知应税船舶办理退还手续，并加算银行同期活期存款利息。

应税船舶发现多缴税款的，可以自缴纳税款之日起 1 年内以书面形式要求海关退还多缴的税款并加算银行同期活期存款利息；海关应当自受理退税申请之日起 30 日内查实并通知应税船舶办理退还手续。

应税船舶应当自收到退税通知之日起 3 个月内办理有关退还手续。

9. 应税船舶有下列行为之一的，由海关责令限期改正，处 2 000 元以上 3 万元以下罚款；不缴或者少缴应纳税款的，处不缴或者少缴税款 50% 以上 5 倍以下的罚款，但罚款不得低于 2 000 元：

（1）未按照规定申报纳税、领取吨税执照的；

（2）未按照规定交验吨税执照及其他证明文件的。

10. 吨税税款、滞纳金、罚款以人民币计算。

第五节　出口货物和服务退（免）税会计

出口货物退（免）税是国际贸易中通常采用的并为世界各国普遍接受的、目的在于鼓励各国出口货物公平竞争的一种退还或免征间接税（目前我国主要包括增值税、消费税）的税收措施，即对出口货物已承担或应承担的增值税和消费税等间接税实行退还或者免征。由于这项制度比较公平合理，因此它已成为国际社会通行的惯例。

我国的出口货物退（免）税是指在国际贸易业务中，对我国报关出口的货物退还或免征其在国内各生产和流转环节按税法规定缴纳的增值税和消费税，即对增值税出口货物实行零税率，对消费税出口货物免税。

增值税出口货物的零税率，从税法上理解有两层含义：一是对本道环节生产或销售货物的增值部分免征增值税；二是对出口货物前道环节所含的进项税额进行退付。当然，由于各种货物出口前涉及征免税情况有所不同，且国家对少数货物有限制出口政策，因此，对货物出口的不同情况国家在遵循“征多少、退多少”、“未征不退和彻底退税”基本原则的基础上，制定了不同的税务处理办法。

1994 年，国家税务总局依据《增值税暂行条例》和《消费税暂行条例》的规定，制定，实施了《出口货物退（免）税管理办法》，具体规定了出口货物退（免）税的范围、出口货物退税率、出口退税的税额计算方法、出口退（免）税办理程序及对出口退（免）税的审核和管理。

2002 年 1 月 23 日财政部、国家税务总局发出《关于进一步推进出口货物实行“免、抵、退”办法的通知》，2002 年 2 月 6 日，国家税务总局又印发了《生产企业出口货物"免、抵、退"税管理操作规程（试行)》。2005 年 3 月国家税务总局颁发了《出口货物退（免）税管理办法（试行)》，至此，我国出口退（免）税政策得到了进一步完善。2009 年 1 月 1 日起实行新修订的《增值税暂行条例》及其《增值税暂行条例实施细则》，仍然贯彻"纳税人出口货物，税率为零；但是，国务院另有规定的除外"的政策。

2012 年 5 月财政部和国家税务总局发布了《关于出口货物劳务增值税和消费税政策的通知》（以下简称《通知》）对近年来陆续制定的一系列出口货物、对外提供加工修理修配劳务（以下统称出口货物劳务，包括视同出口货物）增值税和消费税政策进行了梳理归类，并对在实际操作中反映的个别问题做了明确。

为减少出口退（免）税申报的差错率和疑点，进一步提高申报和审批效率，加快出口退税进度，结合"营改增"的情况，2013 年 10 月 15 日国家税务总局发布了第 61 号公告，即《关于调整出口退（免）税申报办法的公告》。

为进一步规范管理，准确执行出口货物劳务税收政策，2013 年 11 月 13 日国家税务总局又发布了第 65 号公告，即《关于出口货物劳务增值税和消费税有关问题的公告》。

在 2013 年 12 月发布的"营改增"办法中，制定了"应税服务适用增值税零税率和免税政策的规定"。

本节内容在原有内容的基础上增加了"营改增"中涉及的应税服务的退（免）税规定。

一、出口货物退（免）税基本政策

世界各国为了鼓励本国货物出口，在遵循 WTO 基本规则的前提下，一般都采取优惠的税收政策。有的国家采取对该货物出口前所包含的税金在出口后予以退还的政策（即出口退税）；有的国家采取对出口的货物在出口前即予以免税的政策。我国则根据本国的实际，采取出口退税与免税相结合的政策。目前，我国的出口货物税收政策分为以下三种形式：

1. 出口免税并退税（即《通知》中所说的"适用增值税退（免）税政策的范围"）。出口免税是指对货物在出口销售环节不征增值税、消费税，这是把货物出口环节与出口前的销售环节都同样视为一个征税环节；出口退税是指对货物在出口前实际承担的税收负担，按规定的退税率计算后予以退还。

2. 出口免税不退税（即《通知》中所说的"适用增值税免税政策的范围"）。出口免税与上述第 1 项含义相同。出口不退税是指适用这个政策的出口货物因在前一道生产、销售环节或进口环节是免税的，因此，出口时该货物的价格中本身就不含税，也无须退税。

3. 出口不免税也不退税（即《通知》中所说的“适用增值税征税政策的范围”）。出口不免税是指对国家限制或禁止出口的某些货物的出口环节视同内销环节，照常征税；出口不退税是指对这些货物出口不退还出口前其所负担的税款。

二、出口货物和劳务及应税服务增值税退（免）税政策

（一）适用增值税退（免）税政策的范围

对下列出口货物和劳务及应税服务，除适用《通知》第六条（适用增值税免税政策的出口货物和劳务）和第七条（适用增值税征税政策的出口货物和劳务）规定的外，实行免征和退还增值税（以下称增值税退（免）税）政策：

1. 出口企业出口货物。

《通知》所称出口企业，是指依法办理工商登记、税务登记、对外贸易经营者备案登记，自营或委托出口货物的单位或个体工商户，以及依法办理工商登记、税务登记但未办理对外贸易经营者备案登记，委托出口货物的生产企业。

《通知》所称出口货物，是指向海关报关后实际离境并销售给境外单位或个人的货物．分为自营出口货物和委托出口货物两类。

《通知》所称生产企业，是指具有生产能力（包括加工修理修配能力）的单位或个体工商户。

根据《关于企业出口集装箱有关退（免）税问题的公告》（国家税务总局公告2014年第59号），企业出口给外商的新造集装箱，交付到境内指定堆场，并取得出口货物报关单（出口退税专用），同时符合其他出口退（免）税规定的，准予按照现行规定办理出口退（免）税。

出口企业或其他单位视同出口货物，具体是指：

（1）出口企业对外援助、对外承包、境外投资的出口货物。

（2）出口企业经海关报关进入国家批准的出口加工区、保税物流园区、保税港区、综合保税区、珠澳跨境工业区（珠海园区）、中哈霍尔果斯国际边境合作中心（中方配套区域）、保税物流中心（B型）（以下统称特殊区域）并销售给特殊区域内单位或境外单位、个人的货物。

（3）免税品经营企业销售的货物（国家规定不允许经营和限制出口的货物、卷烟和超出免税品经营企业《企业法人营业执照》规定经营范围的货物除外）。具体是指：

①中国免税品（集团）有限责任公司向海关报关运人海关监管仓库，专供其经国家批准设立的统一经营、统一组织进货、统一制定零售价格、统一管理的免税店销售的货物；

②国家批准的除中国免税品（集团）有限责任公司外的免税品经营企业，向海关报关运人海关监管仓库，专供其所属的首都机场口岸海关隔离区内的免税店销售的货物；

③国家批准的除中国免税品（集团）有限责任公司外的免税品经营企业所属的上海虹桥、浦东机场海关隔离区内的免税店销售的货物。

国家规定不允许经营和限制出口的货物是指：《中华人民共和国禁止出境物品表》（海关总署令 1993 年第 43 号）所列的货物；《卫生部、对外经贸经济合作部、海关总署关于进一步加强人体血液、组织器官管理有关问题的通知》（卫药发［1996］27 号）规定的血液和血液制品、人体组织和器官（包括胎儿）以及利用人体组织和器官（包括胎儿）加工生产的制剂；商务部会同有关部门公布的《禁止出口货物目录》所列的货物；《濒危野生动物国际贸易公约》所列的附录一、二、三级的动物、动物产品和植物、植物产品；林业部、农业部发布的《国家重点保护野生动物名录》所列的一、二级保护的野生动物及货物；国家食品药品监督管理局；公安部、卫生部发布的《精神药品管制品种目录》《麻醉药品管制品种目录》所列的货物；国家环保总局、海关总署发布的《中华人民共和国禁止或严格限制的有毒化学品目录》所列的货物。

（4）出口企业或其他单位销售给用于国际金融组织或外国政府贷款国际招标建设项目的中标机电产品（以下称中标机电产品）。上述中标机电产品，包括外国企业中标再分包给出口企业或其他单位的机电产品。

（5）生产企业向海上石油天然气开采企业销售的自产的海洋工程结构物。

（6）出口企业或其他单位销售给国际运输企业用于国际运输工具上的货物。上述规定暂仅适用于外轮供应公司；远洋运输供应公司销售给外轮、远洋国轮的货物，国内航空供应公司生产销售给国内和国外航空公司国际航班的航空食品。

（7）出口企业或其他单位销售给特殊区域内生产企业生产耗用且不向海关报关而输入特殊区域的水（包括蒸汽）、电力、燃气（以下称输入特殊区域的水电气）。

（8）融资租赁货物出口退税办法。

根据《关于在全国开展融资租赁货物出口退税政策试点的通知》（财税［2014］62 号）的规定，融资租赁货物出口的政策内容及适用范围如下：

①对融资租赁出口货物试行退税政策。对融资租赁企业、金融租赁公司及其设立的项目子公司（以下统称融资租赁出租方），以融资租赁方式租赁给境外承租人

且租赁期限在5年（含）以上，并向海关报关后实际离境的货物，试行增值税、消费税出口退税政策。

融资租赁出口货物的范围，包括飞机、飞机发动机、铁道机车、铁道客车车厢、船舶及其他货物，具体应符合《增值税暂行条例实施细则》第二十一条“固定资产”的相关规定。

②对融资租赁海洋工程结构物试行退税政策。对融资租赁出租方购买的，并以融资租赁方式租赁给境内列名海上石油天然气开采企业且租赁期限在5年（含）以上的国内生产企业生产的海洋工程结构物，视同出口，试行增值税、消费税出口退税政策。

海洋工程结构物范围、退税率以及海上石油天然气开采企业的具体范围按照财政部、国家税务总局颁发的《关于出口货物劳务增值税和消费税政策的通知》（财税［2012］39号）有关规定执行。

③上述融资租赁出口货物和融资租赁海洋工程结构物不包括在海关监管年限内的进口减免税货物。

上述融资租赁企业，仅包括金融租赁公司、经商务部批准设立的外商投资融资租赁公司、经商务部和国家税务总局共同批准开展融资业务试点的内资融资租赁企业、经商务部授权的省级商务主管部门和国家经济技术开发区批准的融资租赁公司。

上述金融租赁公司，仅包括经中国银行业监督管理委员会批准设立的金融租赁公司。

上述所称融资租赁，是指具有融资性质和所有权转移特点的有形动产租赁活动。即出租人根据承租人所要求的规格、型号、性能等条件购入有形动产租赁给承租人，合同期内有形动产所有权属于出租人，承租人只拥有使用权，合同期满付清租金后，承租人有权按照残值购入有形动产，以拥有其所有权。不论出租人是否将有形动产残值销售给承租人，均属于融资租赁。

2. 视同出口货物的范围。

（1）持续经营以来从未发生骗取出口退税、虚开增值税专用发票或农产品收购发票、接受虚开增值税专用发票（善意取得虚开增值税专用发票除外）行为且同时符合下列条件的生产企业出口的外购货物，可视同自产货物适用增值税退（免）税政策：

①已取得增值税一般纳税人资格。

②已持续经营2年及2年以上。

③纳税信用等级A级。

④上一年度销售额5亿元以上。

⑤外购出口的货物与本企业自产货物同类型或具有相关性。

（2）持续经营以来从未发生骗取出口退税、虚开增值税专用发票或农产品收购发票、接受虚开增值税专用发票（善意取得虚开增值税专用发票除外），行为但不能同时符合上述规定的条件的生产企业，出口的外购货物符合下列条件之一的，可视同自产货物申报适用增值税退（免）税政策：

①同时符合下列条件的外购货物：

A. 与本企业生产的货物名称、性能相同。

B. 使用本企业注册商标或境外单位或个人提供给本企业使用的商标。

C. 出口给进口本企业自产货物的境外单位或个人。

②与本企业所生产的货物属于配套出，口，且出口给进口本企业自产货物的境外单位或个人的外购货物，符合下列条件之一的：

A. 用于维修本企业出口的自产货物的工具、零部件、配件。

B. 不经过本企业加工或组装，出口后能直接与本企业自产货物组合成成套设备的货物。

③经集团公司总部所在地的地级以上国家税务局认定的集团公司，其控股的生产企业之间收购的自产货物以及集团公司与其控股的生产企业之间收购的自产货物。

④同时符合下列条件的委托加工货物：

A. 与本企业生产的货物名称、性能相同，或者是用本企业生产的货物再委托深加工的货物。

B. 出口给进口本企业自产货物的境外单位或个人。

C. 委托方与受托方必须签订委托加工协议，且主要原材料必须由委托方提供，受托方不垫付资金，只收取加工费，开具加工费（含代垫的辅助材料）的增值税专用发票。

⑤用于本企业中标项目下的机电产品。

⑥用于对外承包工程项目下的货物。

⑦用于境外投资的货物。

⑧用于对外援助的货物。

⑨生产自产货物的外购设备和原材料（农产品除外）。

3. 出口企业对外提供加工修理修配劳务。

对外提供加工修理修配劳务，是指对进境复出口货物或从事国际运输的运输工具进行的加工修理修配。

除上述规定外，根据《国家税务总局关于白银及其制品出口有关退税问题的通知》（国税函［2008］2号）的规定，对出口企业出口的白银及其初级制品（海关商品代码为：7106、7107、71123010、71129910、7113119090、71141100），出口企业所在地税务机关要向货源地税务机关进行函调。函调及回函的内容在函件的“其他需要说明的情况”栏中填写。对回函确认出口上述产品或生产产品的主要原材料（银）已足额纳税的予以退税。对回函确认上述产品或生产产品的主要原材料（银）享受增值税先征后返或其他增值税税收优惠政策以及其他纳税不足情形的不予退税，实行出口环节免税。

4. 境内的单位和个人提供适用增值税零税率的应税服务，如果属于适用简易计税方法的，实行免征增值税办法。如果属于适用增值税一般计税方法的，生产企业实行“免、抵、退”税办法，外贸企业外购研发服务和设计服务出口实行免退税办法，外贸企业自己开发的研发服务和设计服务出口，视同生产企业连同其出口货物统一实行“免、抵、退”税办法。实行退（免）税办法的研发服务和设计服务，如果主管税务机关认定出口价格偏高的，有权按照核定的出口价格计算退（免）税，核定的出口价格低于外贸企业购进价格的，低于部分对应的进项税额不予退税，转入成本。

5. 境内的单位和个人提供适用增值税零税率应税服务的，可以放弃适用增值税零税率，选择免税或按规定缴纳增值税。放弃适用增值税零税率后，36 个月内不得再申请适用增值税零税率。

6. 境内的单位和个人提供适用增值税零税率的应税服务，按月向主管退税的税务机关申报办理增值税“免、抵、退”税或免税手续。具体管理办法由国家税务总局商财政部另行制定。

（二）增值税退（免）税办法

适用增值税退（免）税政策的出口货物、劳务及服务，按照下列规定实行增值税“免、抵、退”税或免退税办法。

1. “免、抵、退”税办法。

生产企业出口自产货物和视同自产货物及对外提供加工修理修配劳务，以及列名的 74 家生产企业出口非自产货物，免征增值税，相应的进项税额抵减应纳增值税额（不包括适用增值税即征即退、先征后退政策的应纳增值税额），未抵减完的部分予以退还。

零税率应税服务提供者提供零税率应税服务，如果属于适用增值税一般计税方法的，免征增值税，相应的进项税额抵减应纳增值税额（不包括适用增值税即征即退、先征后退政策的应纳增值税额），未抵减完的部分予以退还。

2. 免退税办法。

不具有生产能力的出口企业（以下称外贸企业）或其他单位出口货物劳务，免征增值税，相应的进项税额予以退还。

外贸企业外购研发服务和设计服务免征增值税，其对应的外购应税服务的进项税额予以退还。

（三）增值税出口退税率

1. 除财政部和国家税务总局根据国务院决定而明确的增值税出口退税率（以下称退税率）外，出口货物的退税率为其适用税率。

应税服务退税率为其按照"营改增"规定适用的增值税税率。

2. 退税率的特殊规定：

（1）外贸企业购进按简易办法征税的出口货物、从小规模纳税人购进的出口货物，其退税率分别为简易办法实际执行的征收率、小规模纳税人征收率。上述出口货物取得增值税专用发票的，退税率按照增值税专用发票上的税率和出口货物退税率孰低的原则确定。

（2）出口企业委托加工修理修配货物，其加工修理修配费用的退税率，为出口货物的退税率。

（3）中标机电产品、出口企业向海关报关进入特殊区域销售给特殊区域内生产企业生产耗用的列名原材料、输入特殊区域的水电气，其退税率为适用税率。如果国家调整列名原材料的退税率，列名原材料应当自调整之日起按调整后的退税率执行。

（4）海洋工程结构物退税率的适用，如表4-2所示。

表4-2　海洋工程结构物退税率参考表

序号	海洋工程结构物的具体范围（海关税则中货物名称）	被包含在内的海关税则号	对应的常见名称	退税率
1	钢铁制桥梁及桥梁体段	7308100000	过渡段；生活模块；处理模块	15%
2	钢铁制门窗及其框架、门槛	7308300000		
3	其他钢铁结构体及部件（包括结构体用的已加工钢板、型材）	7308900000		
4	钻探深度≥6 000米其他石油钻探机	8430411100	钻机模块	17%
5	钻探深度＜6 000米其他钻探机（自推进的）	8430412900		
6	载重不超过15万吨的原油船	8901202100	浮式生产储油轮；浮式储油轮；	
7	载重不超过10万吨的原油船	8901201100	穿梭油轮	17%

续表

序号	海洋工程结构物的具体范围（海关税则中货物名称）	被包含在内的海关税则号	对应的常见名称	退税率
8	10 万吨≤3 载重量≤30 万吨成品油船	8901201200		
9	机动多用途船	8901905000	三用工作船	17%
10	拖船及顶推船	8904000000		
11	15 万吨《载重量≤30 万吨的原油船	8901202200		
12	其他不以航行为主要功能的船舶	8905909000	浮式生产储油轮；浮式储油轮；单点系泊系统；水下油气罐；栈	17%
13	含植物性材料的浮动结构体	8907900010	桥码头	
14	其他浮动结构体	8907900090		
15	浮动或潜水式钻探或生产平台	8905200000	自升式、半潜式钻井船；浮式钻井船；钻井平台；生产平台；处理平台；生活平台；烽火台	17%

3. 适用不同退税率的货物、劳务及应税服务，应分开报关、核算并申报退（免）税，未分开报关、核算或划分不清的，从低适用退税率：

（四）增值税退（免）税的计税依据

出口货物、劳务及应税服务的增值税退（免）税的计税依据，按出口货物、劳务及应税服务的出口发票（外销发票）、其他普通发票或购进出口货物、劳务及应税服务的增值税专用发票、海关进口增值税专用缴款书确定。

1. 生产企业出口货物、劳务及应税服务（进料加工复出口货物除外）增值税退（免）税的计税依据，为出口货物、劳务及应税服务的实际离岸价（FOB）：实际离岸价应以出口发票上的离岸价为准，但如果出口发票不能反映实际离岸价，主管税务机关有权予以核定。

2. 生产企业进料加工复出口货物增值税退（免）税的计税依据，按出口货物的离岸价（FOB）扣除出口货物所含的海关保税进口料件的金额后确定：

“海关保税进口料件”，是指海关以进料加工贸易方式监管的出口企业从境外和特殊区域等进口的料件：包括出口企业从境外单位或个人购买并从海关保税仓库提取且办理海关进料加工手续的料件，以及保税区外的出口企业从保税区内的企业购进并办理海关进料加工手续的进口料件。

3. 生产企业国内购进无进项税额且不计提进项税额的免税原材料加工后出口的

货物的计税依据，按出口货物的离岸价（FOB）扣除出口货物所含的国内购进免税原材料的金额后确定；

4. 外贸企业出口货物（委托加工修理修配货物除外）增值税退（免）税的计税依据，为购进出口货物的增值税专用发票注明的金额或海关进口增值税专角缴款书注明的完税价格；

5. 外贸企业出口委托加工修理修配货物增值税退（免）税的计税依据，为加工修理修配费用增值税专用发票注明的金额。外贸企业应将热工修理修配使用的原材料（进料加工海关保税进口料件除外）作价销售给受托加工修理修配的生产企业，受托加工修理修配的生产企业应将原材料成本并人加工修理修配费用开具发票。

6. 出口进项税额未计算抵扣的已使用过的设备增值税退（免）税的计税依据，按下列公式确定：

$$\frac{\text{退（免）税}}{\text{计税依据}}=\frac{\text{增值税专屭发豢上妨金额或海关进口}}{\text{增值税专弼缴款书注明的完税价格}}\times\frac{\text{已使瓣进的}}{\text{设备固定资产}}\div\frac{\text{已使用过的}}{\text{设备原值}}$$

已使用过的设备固定资产净值 = 已使用过的设备原值 - 已使用过的设备已提累计折旧“已使用过的设备”，是指出口企业根据财务会计制度已经计提折旧的固定资产。

7. 免税品经营企业销售的货物增值税退（免）税的计税依据，为购进货物的增值税专用发票注明的金额或海关进口增值税专用缴款书注明的完税价格。

8. 中标机电产品白头偕老税退（免）税的计税依据，生产企业为销售机电产品的普通发票注明的金额，外贸企业火购进货的增值税专用发票注明的金额或海关进口增值税专用缴款书注明的完税价格。

9. 生产企业向海上石油天然气开采企业销售的自产的海洋工程结构物增值税退（免）税的计税依据，为销售海洋工程结构物的普通发票注明的金额。

10. 输入特殊区域的水电气增值税退（免）税的计税依据，火作火购买方的特殊区域内生产企业购进水（包括蒸汽）、电力、燃气的增值税专用发票注明的金额。

11. 增值税零税率应税服务的退（免）税计税依据。

（1）实行“免、抵、退”税办法的退（免）税计税依据。

①以铁路运输方式载运旅客的，为按照铁路合作组织清算规则清算后的实际运输收入。

②以铁路运输方式载运货物的，为按照铁路运输进款清算办法，对“发站”或“到站（局）”名称包含“境”字的货票上注明的运输费用以及直接相关的国际联运杂费清算后的实际运输收入。

③以航空运输方式载运货物或旅客的，如果国际运输或港、澳、台地区运输各

航段由多个承运人承运的，为中国航空结算有限责任公司清算后的实际收入；如果国际运输或港、澳、台地区运输各航段由一个承运人承运的，为提供航空运输服务取得的收入。

④其他实行“免、抵、退”税办法的增值税零税率应税服务，为提供增值税零税率应税服务取得的收入。

（2）实行“免、抵、退”税办法的退（免）税计税依据为购进应税服务的增值税专用发票或解缴税款的税收缴款凭证上注明的金额。

主管税务机关认为增值税零税率应税服务提供者提供的研发服务或设计服务出口价格偏高的，应按照财政部、国家税务总局颁发的《关于防范税收风险若干增值税政策的通知》（财税［2013］112号）第五条规定处理。

（五）增值税“免、抵、退”税和免退税的计算

1. 生产企业出口货物劳务增值税“免、抵、退”税，依下列公式计算：

（1）当期应纳税额的计算：

$$当期应纳税额=当期销项税额-（当期进项税额-当期不得免征和抵扣税额）$$

$$\frac{当期不得免征}{和抵扣税额}=\frac{当期出口}{货物离岸价}\times\frac{外汇人民币}{折合率}\times\left(\frac{出口货物}{适用税率}-\frac{出口货物}{退税率}\right)-\frac{当期不得免征和}{抵扣税额抵减额}$$

$$\frac{当期不得免征和抵扣}{税额抵减额}=\frac{当期免税购进}{原材料价格}\times\left(\frac{出口货物}{适用税率}-\frac{出口货物}{退税率}\right)$$

出口货物离岸价（FOB）以出口发票计算的离岸价为准。出口发票不能如实反映实际离岸价的，企业必须按照实际离岸价向主管国税机关申报，同时主管税务机关有权依照《税收征管法》《增值税暂行条例》等有关规定予以核定。

从上述计算公式看，出口退税在“销项税额”方面并非执行真正的零税率而是一种“超低税率”，即征税率与退税率（各货物不同）之差，即税法规定的出口退税“不得免征和抵扣税额”的计算比率。

如果我们从会计制度看，上述“免、抵、退”税的计算原理更加清晰。根据企业会计制度的规定，对于实行“免、抵、退”方法的生产企业，在会计上应当增设如下增值税专栏：

①“出口抵减内销产品应纳税额”借方专栏。

②“出口退税”贷方专栏。

另外，以“进项税额转出”贷方专栏核算“当期‘免、抵、退’税不得免征和抵扣税额”，以“其他应收款——应收补贴款”科目核算“当期应退税额”。相关会计处理为：

①根据“当期‘免、抵、退’税不得免征和抵扣税额”：

借：主营业务成本

贷：应交税费——应交增值税（进项税额转出）

②根据"当期免抵税额"：

借：应交税费——应交增值税（出口抵减内销产品应纳税额）

贷：应交税费——应交增值税（出口退税）

③根据"当期应退税额"：

借：其他应收款——应收补贴款

贷：应交税费——应交增值税（出口退税）

这笔分录，才是真正的退税。根据"当期应退税额"的计算过程可得知，退的是期末未抵扣完的留抵进项税额。由此可见，"出口退税"贷方专栏核算的是"当期免抵税额"与"当期应退税额"之和，即税法中规定的"当期'免、抵、退'税额"（即出口销售额×退税率）。

而出口货物实际执行的"超低税率"计算的"销项税额"被计入了"进项税额转出"贷方专栏。如果将该部分数额与"出口退税"贷方专栏数额相加，其实也就是内销情况下，应当缴纳的销项税额。所以，"出口退税"贷方专栏反映的并非真正的退税，而是出口货物较内销货物因执行税率的不同而少缴的增值税销项税额。

（2）当期"免、抵、退"税额的计算：

当期"免、抵、退"税额＝当期出口货物离岸价×外汇人民币折合率×出口货物退税率—当期"免、抵、退"税额抵减额

当期"免、抵、退"税额抵减额＝当期免税购进原材料价格×出口货物退税率

（3）当期应退税额和免抵税额的计算：

①当期期末留抵税额≤当期"免、抵、退"税额，则：

当期应退税额＝当期期末留抵税额

当期免抵税额＝当期"免、抵、退"税额－当期应退税额

②当期期末留抵税额＞当期"免、抵、退"税额，则：

当期应退税额＝当期"免、抵、退"税额

当期免抵税额＝0

当期期末留抵税额为当期增值税纳税申报表中"期末留抵税额"。

（4）当期免税购进原材料价格包括当期国内购进的无进项税额且不计提进项税额的免税原材料的价格和当期进料加工保税进口料件的价格，其中当期进料加工保税进口料件的价格为组成计税价格：

$$\text{当期进料加工保税进口料件的组成计税价格}=\text{当期进口料件到岸价格}+\text{海关实征关税}+\text{海关实征消费税}$$

①采用"实耗法"的，当期进料加工保税进口料件的组成计税价格为当期进料

加工出口货物耗用的进口料件组成计税价格。其计算公式为：

$$\text{当期进料加工保税进口料件的组成计税价格}=\text{当期进料加工出口货物离岸价}\times\text{外汇人民币折合率}\times\text{计划分配率}$$

计划分配率 = 计划进口总值 ÷ 计划出口总值 × 100%

实行纸质手册和电子化手册的生产企业，应根据海关签发的加工贸易手册或加工贸易电子化纸质单证所列的计划进出口总值计算计划分配率。

实行电子账册的生产企业，计划分配率按前一期已核销的实际分配率确定；新启用电子账册的，计划分配率按前一期已核销的纸质手册或电子化手册的实际分配率确定。

从事进料加工业务的生产企业，因上年度无海关已核销手（账）册不能确定本年度进料加工业务计划分配率的，应使用最近一次确定的“上年度已核销手（账）册综合实际分配率”作为本年度的计划分配率。

②采用“购进法”的，当期进料加工保税进口料件的组成计税价格为当期实际购进的进料加工进口料件的组成计税价格。

若当期实际不得免征和抵扣税额抵减额大于当期出口货物离岸价 × 外汇人民币折合率 ×（出口货物适用税率 − 出口货物退税率）的，则：

$$\text{当期不得免征和抵扣税额抵减额}=\text{当期出口货物离岸价}\times\text{外汇人民币折合率}\times\left(\text{出口货物适用税率}-\text{出口货物退税率}\right)$$

（5）零税率应税服务增值税退（免）税的计算。

零税率应税服务增值税“免、抵、退”税，依下列公式计算：

①当期免抵退税额的计算：

当期零税率应税服务“免、抵、退”税额 = 当期零税率应税服务“免、抵、退”税计税依据 × 外汇人民币折合率 × 零税率应税服务增值税退税率

②当期应退税额和当期免抵税额的计算：

当期期末留抵税额 ≤ 当期“免、抵、退”税额时，

当期应退税额 = 当期期末留抵税额

当期免抵税额 = 当期“免、抵、退”税额 − 当期应退税额

当期期末留抵税额 > 当期“免、抵、退”税额时，

当期应退税额 = 当期“免、抵、退”税额

当期免抵税额 = 0

“当期期末留抵税额”为当期《增值税纳税申报表》的“期末留抵税额”。

2. 外贸企业出口货物劳务增值税免退税，依下列公式计算：

（1）外贸企业出口委托加工修理修配货物以外的货物：

增值税应退税额 = 增值税退（免）税计税依据 × 出口货物退税率

(2)外贸企业出口委托加工修理修配货物：

$$\text{出口委托加工修理修配货物的增值税应退税额} = \text{委托加工修理修配的增值税退（免）税计税依据} \times \text{出口货物退税率}$$

(3)外贸企业兼营的零税率应税服务增值税免退税：

$$\text{外贸企业兼营的零税率应税服务应退税额} = \text{外贸企业兼营的零税率应税服务免退税计税依据} \times \text{零税率应税服务增值税退税率}$$

3. 融资租赁出口货物退税的计算。融资租赁出租方将融资租赁出口货物租赁给境外承租方、将融资租赁海洋工程结构物租赁给海上石油天然气开采企业，向融资租赁出租方退还其购进租赁货物所含增值税。其计算公式如下：

$$\text{增值税应退税额} = \text{购进融资租赁货物的增值税专用发票注明的金额或海关（进口增值税）专用缴款书注明的完税价格} \times \text{融资租赁货物适用的增值税退税率}$$

融资租赁出口货物适用的增值税退税率，按照统一的出口货物适用退税率执行。从增值税一般纳税人购进的按简易办法征税的融资租赁货物和从小规模纳税人购进的融资租赁货物，其适用的增值税退税率，按照购进货物适用的征收率和退税率孰低的原则确定。

4. 退税率低于适用税率的，相应计算出的差额部分的税款计入出口货物劳务成本。

5. 出口企业既有适用增值税"免、抵、退"项目，也有增值税即征即退、先征后退项目的，增值税即征即退和先征后退项目不参与出口项目"免、抵、退"税计算。出口企业应分别核算增值税免抵退项目和增值税即征即退、先征后退项目，并分别申请享受增值税即征即退、先征后退和"免、抵、退"税政策。

用于增值税即征即退或者先征后退项目的进项税额无法划分的，按照下列公式计算：

$$\text{无法划分进项税额中用于增值税即征即退或者先征后退项目的部分} = \text{当月无法划分的全部进项税额} \times \text{当月增值税即征即退或者先征后退项目销售额} \div \text{当月全部销售额、营业额合计}$$

6. 实行"免、抵、退"税办法的零税率应税服务提供者如同时有货物劳务（劳务指对外加工修理修配劳务，下同）出口的，可结合现行出口货物"免、抵、退"税计算公式一并计算。税务机关在审批时，按照出口货物劳务、零税率应税服务"免、抵、退"税额比例划分出口货物劳务、零税率应税服务的退税额和免抵税额。

三、出口货物和劳务及应税服务增值税免税政策

对符合下列条件的出口货物和劳务及应税服务，除适用《通知》第七条（适用增值税征税政策的出口货物和劳务）规定外，按下列规定实行免征增值税（以下称增值税免税）政策：

（一）适用增值税免税政策的范围

适用增值税免税政策的出口货物和劳务，是指：

1. 出口企业或其他单位出口规定的货物，具体是指：

（1）增值税小规模纳税人出口的货物。

（2）避孕药品和用具，古旧图书。

（3）软件产品。其具体范围是指海关税则号前四位为“9803”的货物。

（4）含黄金、铂金成分的货物，钻石及其饰品。

（5）国家计划内出口的卷烟。其具体范围为：

①有出口经营权的卷烟生产企业（具体范围是指湖南中烟工业公司、浙江中烟工业公司、河南中烟工业公司、贵州中烟工业公司、湖北中烟工业公司、陕西中烟工业公司、安徽中烟工业公司）按国家批准的免税出口卷烟计划（以下简称出口卷烟计划）自营出口的自产卷烟。

②卷烟生产企业按出口卷烟计划委托卷烟出口企业（具体范围是指深圳烟草进出口有限公司、中国烟草辽宁进出口公司、中国烟草黑龙江进出口有限责任公司）出口的自产卷烟；北京卷烟厂按出口卷烟计划委托中国烟草上海进出口有限责任公司出口的自产“中南海”牌卷烟。

③口岸国际隔离区免税店销售的卷烟。

④卷烟出口企业（具体范围是指中国烟草上海进出口有限责任公司、中国烟草广东进出口公司、中国烟草山东进出口有限公司、云南烟草国际有限公司、川渝中烟工业公司、福建中烟工业公司）按出口卷烟计划出口的外购卷烟。

（6）已使用过的设备。其具体范围是指购进时未取得增值税专用发票、海关进口增值税专用缴款书但其他相关单证齐全的已使用过的设备。

（7）非出口企业委托出口的货物。

（8）非列名生产企业出口的非视同自产货物。

（9）农业生产者自产农产品［农产品的具体范围按照《农业产品征税范围注释》（财税［1995］52号）的规定执行］。

（10）油、花生果仁、黑大豆等财政部和国家税务总局规定的出口免税的货物。

（11）外贸企业取得普通发票、废旧物资收购凭证、农产品收购发票、政府非税收入票据的货物。

（12）来料加工复出口的货物。

（13）特殊区域内的企业出口的特殊区域内的货物。

（14）以人民币现金作为结算方式的边境地区出口企业从所在省（自治区）的边境口岸出口到接壤国家的一般贸易和边境小额贸易出口货物。

（15）以旅游购物贸易方式报关出口的货物。

2. 出口企业或其他单位视同出口的下列货物和劳务：

（1）国家批准设立的免税店销售的免税货物［包括进口免税货物和已实现退（免）税的货物］。

（2）特殊区域内的企业为境外的单位或个人提供加工修理修配劳务。

（3）同一特殊区域、不同特殊区域内的企业之间销售特殊区域内的货物。

3. 出口企业或其他单位未按规定申报或未补齐增值税退（免）税凭证的出口货物和劳务。具体是指：

（1）未在国家税务总局规定的期限内申报增值税退（免）税的出口货物和劳务。

（2）未在规定期限内申报开具《代理出口货物证明》的出口货物和劳务。

（3）已申报增值税退（免）税，却未在国家税务总局规定的期限内向税务机关补齐增值税退（免）税凭证的出口货物和劳务。

对于适用增值税免税政策的出口货物和劳务，出口企业或其他单位可以依照现行增值税有关规定放弃免税，并依照《通知》第七条（适用增值税免税政策的出口货物和劳务）的规定缴纳增值税。

4. 境内的单位和个人提供的下列应税服务免征增值税，但财政部和，国家税务总局规定适用增值税零税率的除外：

（1）工程、矿产资源在境外的工程勘察勘探服务。

（2）会议展览地点在境外的会议展览服务。

（3）存储地点在境外的仓储服务。

（4）标的物在境外使用的有形动产租赁服务。

（5）为出口货物提供的邮政业服务和收派服务。

（6）在境外提供的广播影视节目（作品）的发行、播映服务。

（7）符合本规定第一条第（一）项规定但不符合第一条第（二）项规定条件的国际运输服务。

（8）符合本规定第二条第一款规定但不符合第二条第二款规定条件的港澳台运

输服务。

(9) 向境外单位提供的下列应税服务：

①技术转让服务、技术咨询服务、合同能源管理服务、软件服务、电路设计及测试服务、信息系统服务、业务流程管理服务、商标著作权转让服务、知识产权服务、物流辅助服务（仓储服务、收派服务除外）、认证服务、鉴证服务、咨询服务、广播影视节目（作品）制作服务、期租服务、程租服务、湿租服务。但不包括：合同标的物在境内的合同能源管理服务，对境内货物或不动产的认证服务、鉴证服务和咨询服务。

②广告投放地在境外的广告服务。

（二）进项税额的处理和计算

1. 适用增值税免税政策的出口货物和劳务，其进项税额不得抵扣和退税，应当转入成本。

2. 出口卷烟，依下列公式计算：

$$\text{不得抵扣的进项税额}=\text{出口卷烟含消费税金额}\div\left(\text{出口卷烟含消费税金额}+\text{内销卷烟销售额}\right)\times\text{当期全部进项税额}$$

(1) 当生产企业销售的出口卷烟在国内有同类产品销售价格时：

$$\text{出口卷烟含消费税金额}=\text{出口销售数量}\times\text{销售价格}$$

“销售价格”为同类产品生产企业国内实际调拨价格。如实际调拨价格低于税务机关公示的计税价格的，“销售价格”为税务机关公示的计税价格；高于公示计税价格的，销售价格为实际调拨价格。

(2) 当生产企业销售的出口卷烟在国内没有同类产品销售价格时：

$$\text{出口卷烟含税金额}=\left(\text{出口销售额}+\text{出口销售数量}\times\text{消费税定额税率}\right)\div\left(1-\text{消费税比例税率}\right)$$

“出口销售额”以出口发票上的离岸价为准。若出口发票不能如实反映离岸价，生产企业应按实际离岸价计算，否则，税务机关有权按照有关规定予以核定调整。

3. 除出口卷烟外，适用增值税免税政策的其他出口货物和劳务的计算，按照增值税免税政策的统一规定执行。其中，如果涉及销售额，除来料加工复出口货物为其加工费收入外，其他均为出口离岸价或销售额。

四、出口货物和劳务增值税征税政策

下列出口货物和劳务，不适用增值税退（免）税和免税政策，按下列规定及视同内销货物征税的其他规定征收增值税（以下称增值税征税）：

（一）适用增值税征税政策的范围

适用增值税征税政策的出口货物和劳务，是指：

1. 出口企业出口或视同出口财政部和国家税务总局根据国务院决定明确的取消出口退（免）税的货物（不包括来料加工复出口货物、中标机电产品、列名原材料、输入特殊区域的水电气、海洋工程结构物）。

2. 出口企业或其他单位销售给特殊区域内的生活消费用品和交通运输工具。

3. 出口企业或其他单位因骗取出口退税被税务机关停止办理增值税退（免）税期间出口的货物。

4. 出口企业或其他单位提供虚假备案单证的货物。

5. 出口企业或其他单位增值税退（免）税凭证有伪造或内容不实的货物。

6. 出口企业或其他单位未在国家税务总局规定期限内申报免税核销以及经主管税务机关审核不予免税核销的出口卷烟。

7. 出口企业或其他单位具有以下情形之一的出口货物和劳务：

（1）将空白的出口货物报关单、出口收汇核销单等退（免）税凭证交由除签有委托合同的货代公司、报关行，或由境外进口方指定的货代公司（提供合同约定或者其他相关证明）以外的其他单位或个人使用的。

（2）以自营名义出口，其出口业务实质上是由本企业及其投资的企业以外的单位或个人借该出口企业名义操作完成的。

（3）以自营名义出口，其出口的同一批货物既签订购货合同，又签订代理出口合同（或协议）的。

（4）出口货物在海关验放后，自己或委托货代承运人对该笔货物的海运提单或其他运输单据等上的品名、规格等进行修改，造成出口货物报关单与海运提单或其他运输单据有关内容不符的。

（5）以自营名义出口，但不承担出口货物的质量、收款或退税风险之一的，即出口货物发生质量问题不承担购买方的索赔责任（合同中有约定质量责任承担者除外）；不承担未按期收款导致不能核销的责任（合同中有约定收款责任承担者除外）；不承担因申报出口退（免）税的资料、单证等出现问题造成不退税责任的。

（6）未实质参与出口经营活动、接受并从事由中间人介绍的其他出口业务，但仍以自营名义出口的。

（二）应纳增值税的计算

适用增值税征税政策的出口货物劳务，其应纳增值税按下列办法计算：

1. 一般纳税人出口货物。

$$\text{销项税额}=\left(\text{出口货物离岸价}-\text{出口货物耗用的进料加工保税进口料件金额}\right)\div\left(1+\text{适用税率}\right)\times\text{适用税率}$$

（1）出口货物若已按征退税率之差计算不得免征和抵扣税额并已经转入成本的，相应的税额应转回进项税额。

$$\text{出口货物耗用的进料加工保税进口料件金额}=\text{主营业务成本}\times\left(\text{投入的保税进口料件金额}\div\text{生产成本}\right)$$

主营业务成本、生产成本均为不予退（免）税的进料加工出口货物的主营业务成本、生产成本。当耗用的保税进口料件金额大于不予退（免）税的进料加工出口货物金额时，耗用的保税进口料件金额为不予退（免）税的进料加工出口货物金额。

（2）出口企业应分别核算内销货物和增值税征税的出口货物的生产成本、主营业务成本。未分别核算的，其相应的生产成本、主营业务成本由主管税务机关核定。

进料加工手册海关核销后，出口企业应对出口货物耗用的保税进口料件金额进行清算。清算公式为：

$$\text{清算耗用的保税进口料件总额}=\text{实际保税进口料件总额}-\text{退（免）税出口货物耗用的保税进口料件总额}-\text{进料加工副产品耗用的保税进口料件总额}$$

若耗用的保税进口料件总额与各纳税期扣减的保税进口料件金额之和存在差额时，应在清算的当期相应调整销项税额。当耗用的保税进口料件总额大于出口货物离岸金额时，其差额部分不得扣减其他出口货物金额。

2. 小规模纳税人出口货物。

$$\text{应纳税额}=\text{出口货物离岸价}\div(1+\text{征收率})\times\text{征收率}$$

五、出口货物退（免）税管理

（一）认定和申报

为减少出口退（免）税申报的差错率和疑点，进一步提高申报和审批效率，加快出口退税进度，税务总局决定调整出口退（免）税申报办法，主要内容如下：

1. 企业出口货物劳务及适用增值税零税率的应税服务（以下简称出口货物劳务及服务），在正式申报出口退（免）税之前，应按现行申报办法向主管税务机关进行预申报，在主管税务机关确认申报凭证的内容与对应的管理部门电子信息无误后，方可提供规定的申报退（免）税凭证、资料及正式申报电子数据，向主管税务机关进行正式申报。

2. 税务机关受理企业出口退（免）税预申报后，应及时审核并向企业反馈审核结果。如果审核发现申报退（免）税的凭证没有对应的管理部门电子信息或凭证的内容与电子信息不符的，企业应按下列方法处理：

（1）属于凭证信息录入错误的，应更正后再次进行预申报；

（2）属于未在"中国电子口岸出口退税子系统"中进行出口货物报关单确认操作或未按规定进行增值税专用发票认证操作的，应进行上述操作后，再次进行预申报；

（3）除上述原因外，可填写《出口企业信息查询申请表》，将缺失对应凭证管理部门电子信息或凭证的内容与电子信息不符的数据和原始凭证报送至主管税务机关，由主管税务机关协助查找相关信息。

输入特殊区域的水电气，由作为购买方的特殊区域内生产企业申报退税。但是，输入特殊区域的水电气，区内生产企业用于出租、出让厂房的，不得申报退税，进项税额转入成本。

3. 在退（免）税申报期截止之日前，如果企业出口的货物劳务及服务申报退（免）税的凭证仍没有对应管理部门电子信息或凭证的内容与电子信息比对不符，无法完成预申报的，企业应在退（免）税申报期截止之日前，向主管税务机关报送以下资料：

（1）《出口退（免）税凭证无相关电子信息申报表》及其电子数据；

（2）退（免）税申报凭证及资料。

经主管税务机关核实，企业报送的退（免）税凭证资料齐全，且《出口退（免）税凭证无相关电子信息申报表》及其电子数据与凭证内容一致的，企业退（免）税正式申报时间不受退（免）税申报期截止之日限制。未按上述规定在退（免）税申报期截止之日前向主管税务机关报送退（免）税凭证资料的，企业在退（免）税申报期限截止之日后不得进行退（免）税申报，应按规定进行免税申报或纳税申报。

4. 符合《财政部　国家税务总局关于出口货物劳务增值税和消费税政策的通知》（财税［2012］39号）第九条第（四）项规定的生产企业，不适用本公告，其"免、抵、退"税申报仍按原办法执行。

（二）若干征、退（免）税规定

1. 出口企业或其他单位退（免）税认定之前的出口货物劳务，在办理退（免）税认定后，可按规定适用增值税退（免）税或免税及消费税退（免）税政策。

2. 出口企业或其他单位出口货物劳务适用免税政策的，除特殊区域内企业出口的特殊区域内货物、出口企业或其他单位视同出口的免征增值税的货物劳务外，如果未按规定申报免税，应视同内销货物和加工修理修配劳务征收增值税、消费税。

3. 开展进料加工业务的出口企业若发生未经海关批准将海关保税进口料件作价

销售给其他企业加工的，应按规定征收增值税、消费税。

4. 卷烟出口企业经主管税务机关批准按国家批准的免税出口卷烟计划购进的卷烟免征增值税、消费税。

5. 发生增值税、消费税不应退税或免税但已实际退税或免税的，出口企业和其他单位应当补缴已退或已免税款。

6. 出口企业和其他单位出口的货物（不包括《通知》附件7所列货物，即含黄金、铂金成分的货物和钻石及其饰品的具体范围），如果原材料成本80%以上为《通知》附件9所列原料的，即黄金、铂金、银、珍珠、天然钻石、工业用和人造钻石、宝石、翡翠，应执行该原料的增值税、消费税政策，上述出口货物的增值税退税率为附件9所列该原料海关税则号在出口货物劳务退税率文库中对应的退税率。

7. 国家批准的免税品经营企业销售给免税店的进口免税货物免征增值税。

8. 融资租赁出租方应当按照主管税务机关的要求办理退税认定和申报增值税退税。用于融资租赁货物退税的增值税专用发票或海关进口增值税专用缴款书，不得用于抵扣内销货物应纳税额。对承租期未满而发生退租的融资租赁货物，融资租赁出租方应及时主动向税务机关报告，并按照规定补缴已退税款，对融资租赁出口货物，再复进口时融资租赁出租方应按照规定向海关办理复运进境手续并提供主管税务机关出具的货物已补税或未退税证明，海关不征收进口关税和进口环节税。

（三）外贸企业核算要求外贸企业应单独设账核算出口货物的购进金额和进项税额，若购进货物时不能确定是用于出口的，先记入出口库存账，用于其他用途时应从出口库存账转出

（四）符合条件的生产企业已签订出口合同的交通运输工具和机器设备，在其退税凭证尚未收集齐全的情况下，可凭出口合同、销售明细账等，向主管税务机关申报免抵退税。在货物向海关报关出口后，应按规定申报退（免）税，并办理已退（免）税的核销手续。多退（免）的税款，应予追回

生产企业申请时应同时满足以下条件：

1. 已取得增值税一般纳税人资格。

2. 已持续经营2年及2年以上。

3. 生产的交通运输工具和机器设备生产周期在1年及1年以上。

4. 上一年度净资产大于同期出口货物增值税、消费税退税额之和的3倍。

5. 持续经营以来从未发生逃税、骗取出口退税、虚开增值税专用发票或农产品收购发票、接受虚开增值税专用发票（善意取得虚开增值税专用发票除外）行为。

（五）出口货物退（免）税日常管理

1. 税务机关对出口货物退（免）税有关政策、规定应及时予以公告，并加强对

出口商的宣传辅导和培训工作。

2. 税务机关应做好出口货物退（免）税计划及其执行情况的分析、上报工作。税务机关必须在国家税务总局下达的出口退（免）税计划内办理退库和调库。

3. 税务机关遇到下述情况，应及时结清出口商出口货物的退（免）税款：

（1）出口商发生解散、破产、撤销以及其他依法应终止出口退（免）税事项的，或者注销出口货物退（免）税认定的。

（2）出口商违反国家有关政策法规，被停止一定期限出口退税权的。

4. 税务机关应建立出口货物退（免）税评估机制和监控机制，强化出口货物退（免）税管理，防止骗税案件的发生。

5. 税务机关应按照规定，做好出口货物退（免）税电子数据的接收、使用和管理工作，保证出口货物退（免）税电子化管理系统的安全，定期做好电子数据备份及设备维护工作。

6. 税务机关应建立出口货物退（免）税凭证、资料的档案管理制度。出口货物退（免）税凭证、资料应当保存10年。但是，法律、行政法规另有规定的除外。具体管理办法由各省级国家税务局制定。

（六）违章处理

1. 出口企业和其他单位有下列行为之一的，主管税务机关应按照《税收征收管理法》第六十条规定予以处罚：

（1）未按规定设置、使用和保管有关出口货物退（免）税账簿、凭证、资料的；

（2）未按规定装订、存放和保管备案单证的。

2. 出口企业和其他单位拒绝税务机关检查或拒绝提供有关出口货物退（免）税账簿、凭证、资料的，税务机关应按照《税收征收管理法》第七十条规定予以处罚。

3. 出口企业提供虚假备案单证的，主管税务机关应按照《税收征收管理法》第七十条的规定处罚。

4. 从事进料加工业务的生产企业，未按规定期限办理进料加工登记、申报、核销手续的，主管税务机关在按照《税收征收管理法》第六十二条有关规定进行处理后再办理相关手续。

5. 出口企业和其他单位有违反发票管理规定行为的，主管税务机关应按照《发票管理办法》有关规定予以处罚。

6. 出口企业和其他单位以假报出口或者其他欺骗手段，骗取国家出口退税款，由主管税务机关追缴其骗取的退税款，并处骗取税款1倍以上5倍以下的罚款；构成犯罪的，依法追究刑事责任。

对骗取国家出口退税款的，由省级以上（含本级）税务机关批准，按下列规定停止其出口退（免）税资格：

（1）骗取国家出口退税款不满5万元的，可以停止为其办理出口退税半年以上一年以下。

（2）骗取国家出口退税款5万元以上不满50万元的，可以停止为其办理出口退税一年以上一年半以下。

（3）骗取国家出口退税款50万元以上不满250万元，或因骗取出口退税行为受过行政处罚、两年内又骗取国家出口退税款数额在30万元以上不满150万元的，停止为其办理出口退税一年半以上两年以下。

（4）骗取国家出口退税款250万元以上，或因骗取出口退税行为受过行政处罚、两年内又骗取国家出口退税款数额在150万元以上的，停止为其办理出口退税两年以上三年以下。

（5）停止办理出口退税的时间以省级以上（含本级）税务机关批准后作出《税务行政处罚决定书》的决定之日为起始日。

六、出口货物退（免）税会计处理

（一）生产企业出口货物免、抵、退增值税的会计处理

1. “免、抵、退”税主要会计科目。

（1）一般纳税人会计科目设置。

①“应交税费——应交增值税”科目。企业应在“应交增值税”明细账内，设置“进项税额”、“已交税金”、“转出未交增值税”、“减免税款”、“销项税额”、“出口退税”、“进项税额转出”、“出口抵减内销产品应纳税额”、“转出多交增值税”等专栏，并按规定进行核算，如表4－3所示。

表4－3 应交税费——应交增值税

借方： （1）购进货物或接受应税劳务所支付的“进项税额”。 （2）当期上缴本期的应纳税额。 （3）直接减免的增值税。 （4）出口抵减内销产品应纳税额： a. 免抵退税企业当期有应纳税额。 b. 免抵退税企业应纳税额为负数且绝对值≤当期免抵退税额	贷方： （1）销售货物或应税劳务向购买方收取的销项税额。 （2）当期不得从销项税额中抵扣的进项税额；按规定转出的进项税额具体如下。 a. 非正常损失、非应税项目、免税货物、简易办法货物耗用外购货物或接受应税项目的进项税额

续表

	b. 当期不予免征和抵扣税额，按出口货物征退税率之差计算，需结转到出口成本的。 （3）出口退税。按规定计算的出口货物应退税额、应免抵税额
月底结转未交的增值税	月底转出多交的增值税

A. "进项税额"专栏，记录企业购入货物或接受应税劳务而支付的，准予从销项税额中抵扣的增值税税额。企业购入货物或接受应税劳务支付的进项税额，用蓝字登记；退回所购货物应冲销的进项税额，用红字登记。

B. "已交税金"专栏，核算企业当月已交本月增值税税额。

C. "减免税款"专栏，反映企业按规定减免的增值税税额。

D. "出口抵减内销产品应纳税额"专栏，反映企业按规定的退税率计算的出口货物的进项税额抵减内销产品的应纳税额。

E. "转出未交增值税"专栏，核算一般纳税企业月终转出应交未交增值税。

上述5个专栏在"应交增值税"明细账的借方。

F. "销项税额"专栏，记录企业销售货物或提供应税劳务应收取的增值税税额。企业销售货物或提供应税劳务应收取的销项税额，用蓝字登记；退回销售货物应冲销的销项税额，用红字登记。

G. "出口退税"专栏，记录企业出口适用零税率的货物，向海关办理报关出口手续后，凭出口报关单等有关凭证，向税务机关申报办理出口退税而收取退回的税款。出口货物退回的增值税税额，用蓝字登记；出口货物办理退税后发生退货或者退关而补交已退税的税额，用红字登记。

H. "进项税额转出"专栏，记录企业的购进货物，在产品、产成品等发生非正常损失以及其他原因而不应从销项税额中抵扣，按规定转出的进项税额。

I. "转出多交增值税"专栏，核算一般纳税企业月终转出多交的增值税。

上述4个专栏在"应交增值税"明细账的贷方。

②"应交税费——未交增值税"科目。为了分别反映企业欠交增值税款和待抵扣增值税情况，企业应在"应交税费"科目下设置1‘‘未交增值税"明细科目，核算一般纳税企业月终时转入的应交未变增值税税额，转入多交的增值税也在本明细科目核算。

月份终了，企业应将当月发生的应交增值税项目："应交税费——应交增值税"科目转入"未交增值税"明细科目。会计分录为：

借：应交税费——应交增值税（转出未交增值税）

贷：应交税费——未交增值税

月份终了，企业将本月多交的增值税自“应交税费——应交增值税”科目转入“未交增值税”明细科目，会计分录为：

借：应交税费——未交增值税

贷：应交税费——应交增值税（转出多交增值税）

企业当月上缴上月应交而未交的增值税时，借记“应交税费——应交增值税”科目，贷记“银行存款”科目。

“应交税费——未交增值税”科目的期末借方余额反映多交的增值税；贷方余额反映未交的增值税。

③“增值税检查调整”专门账户。增值税一般纳税人在税务机关对其增值税纳税情况进行检查后，凡涉及增值税涉税账务调整的，应设立“应交税费——增值税检查调整”专门账户。

A. 凡检查后应调减账面进项税额或调增销项税额和进项税额转出的数额，借记有关科目，贷记本科目。

B. 凡检查后应调增账面进项税额或调减销项税额和进项税额转出的数额，借记本科目，贷记有关科目；全部调账事项人账后，应结出本账户的余额，并对该余额进行处理。处理之后，本账户无余额。

（2）小规模纳税人会计科目设置。小规模纳税人销售货物或提供应税劳务，按规定应缴纳的增值税也在“应交税费”科目所属“应交增值税”明细科目下核算，但由于小规模纳税人不能扣除外购货物的进项税额，困此，即使购进货物取得的是增值税专用发票，也不能进行税款扣除。小规模纳税人不需设置“应交增值税”明细科目专栏，仍可沿用三栏式账户核算企业应缴、已缴、多缴或欠缴的增值税。

2. 会计处理。

（1）一般情况。有出口物资的企业，其出口退税按以下规定处理。

①实行“免、抵、退”办法有进出口经营权的生产性企业，按规定计算的当期出口物资不予免征、抵扣和退税的税额，计人出口物资成本，借记“主营业务成本”科目，贷记“应交税费”（应交增值税——进项税额转出）。按规定计算的当期应予抵扣的税额，借记“应交税费”（应交增值税——出口抵减内销产品应纳税额），贷记“应交税费”（应交增值税——出口退税）。因应抵扣的税额大于应纳税额而未全部抵扣，按规定应予退回的税款，借记“其他应收款”科目，贷记“应交税费”（应交增值税——出口退税）；收到退回的税款，借记“银行存款”科目，贷记“其他应收款”科目。

②未实行“免、抵、退”办法的企业，物资出口销售时，按当期出口物资应收

的款项，借记“应收账款”等科目，按规定计算的其他应收款，借记“其他应收款”科目，按规定计算的不予退回的税金，借记“主营业务成本”科目，按当期出口物资实现的营业收入，贷记“主营业务收入”科目，按规定计算的增值税，贷记“应交税费”（应交增值税——销项税额）。收到退回的税款，借记“银行存款”科目，贷记“其他应牧款”科目。

（2）特殊情况。

①申报数据的调整。对前期（纳税申报）出现错误的，可在当期进行调整。如前期少报出口额或低报征、退率的，可在当期补报；前期多报出口额或高报征、退税率的，当期可以红字（或负数）差额数据冲减；也可用红字（或负数）将前期错误数据全额冲减，再重新全额申报蓝字数据。

A. 外销收入的调整。

第一，免抵退税申报外销收入小于纳税申报外销收入时，可在当期调整相关科目。会计处理为：

借：应收账款——外汇等　　　　　　　　　　　　　　　　红字

　　贷：主营业务收入　　　　　　　　　　　　　　　　　　红字

对在当期调整（减少）的外销收入额，可计入调账月份外销收入中，并按调整后的数据进行纳税申报，但不参与当月免抵退税的正式申报。当期调整（减少）外销收入时主要分以下三种情况进行会计处理（企业调整外销收入，如因征、退税率不一致需对不予免征、抵扣和退税税额进行调整时，则按下面c条的会计处理进行调整）。

当前期纳税申报应纳税额大于零时，计算结果只有免抵税额。当期调整外销收入时免抵退税申报的免抵数小于纳税申报数，应根据其差额冲减免抵额。会计处理为：

借：应交税费——应交增值税（出口抵减内销产品应纳税额）　红字

　　贷：应交税费——应交增值税（出口退税）　　　　　　　红字

当前期纳税申报应纳税额小于零，且应纳税额的绝对值大于免抵退税额时，计算结果只有退税额和结转下期抵扣税额。当期调整外销收入时免抵退税申报的应退税数小于纳税申报数，结转下期抵扣税额会增加。会计处理为：

借：其他应收款　　　　　　　　　　　　　　　　　　　　红字

　　贷：应交税费——应纳增值税（出口退税）　　　　　　　红字

当前期纳税申报应纳税额小于零，且虚纳税额的绝对值小于免抵退税额时，计算结果为有免抵有退税。当期调整外销收入时免抵退税申报的免抵税额小于纳税申报数，应退税额大于纳税申报数。会计处理为：

借：其他应收款　　　　　　　　　　　　　　　　　　　　蓝字

应交税费——应交增值税（出口抵减内销产品应纳税额）　　　红字

贷：应交税费——应交增值税（出口退税）（为上述蓝字与红字之和）

第二，免抵退税申报外销收入大于纳税申报外销收入时的调整，可视不同情况参照上述进行处理。

B. 出口退税率的调整。企业调整出口退税率，如需对不予免征、抵扣和退税税额进行调整时，则按下面 c 条的会计处理进行调整。

第一，免抵退税申报出口退税率小于纳税申报退税率时，可在当期进行调整。

当前期纳税申报应纳税额大于零时，调整（减少）出口退税率可使免抵退税申报的应纳税额大于纳税申报数，免抵税额小于纳税申报数。会计处理为：

借：应交税费——应交增值税（出口抵减内销产品应纳税额） 红字

贷：应交税费——应交增值税（出口退税） 红字

应交税费的会计处理（略）。

当前期纳税申报应纳税额小于零时，调整（减少）出口退税率可使免抵退税申报的应退税额小于纳税申报数，免抵税额不变。会计处理为：

借：其他应收款 红字

贷：应交税费——应纳增值税（出口退税） 红字

第二，免抵退税申报出口退税率大于纳税申报退税率时的调整，可参照上述进行处理。

C. 不予免征和抵扣税额的调整。

第一，免抵退税申报数小于纳税申报数时，按其差额，会计处理为：

借：主营业务成本（不予抵扣数额） 红字

贷：应交税费——应交增值税（进项税额转出） 红字

第二，免抵退税申报数大于纳税申报数时，按其差额，会计处理为：

借：主营业务成本（不予抵扣数额）

贷：应交税费——应交增值税（进项税额转出）

D. 进料加工出现不予抵扣税额抵减额和应抵扣税额发生变动的调整。

第一，免抵退税申报数小于纳税申报数时，按其差额，会计处理为：

借：其他应收款

应交税费——应交增值税（出口抵减内销产品应纳税额）

主营业务成本

贷：应交税费——应交增值税（出口退税）

应交税费——应交增值税（进项税转出）

第二，免抵退税申报数大于纳税申报数时，按其差额，会计处理为：

借：其他应收款 红字

应交税费（出口抵减内销产品应纳税额） 红字

主营业务成本 红字

贷：应交税费——应交增值税（出口退税） 红字

应交税费——应交增值税（进项税转出） 红字

②单证不齐的会计处理。对生产企业逾期单证不齐的，在视同内销计提销项税额时，应先冲减原外销收入，同时按相同金额增加当期内销收入，并按外销收入（FOB 价）全额补提销项税额。会计处理如下。

A. 冲减原出口销售收入，增加内销销售收入。会计处理为：

借：主营业务收入——出口收入

贷：主营业务收入——内销收入

B. 本年对本年度单证不齐外销收入视同内销计提销项税额。会计处理为：

借：主营业务成本

贷：应交税费——应交增值税（销项税额）

C. 本年对上年度单证不齐外销收入视同内销计提销项税额。会计处理为：

借：以前年度损益调整

贷：应交税费——应交增值税（销项税额）

对已征税的货物，生产企业在清算期内将单证收齐后，应冲减原账务处理，并参与“免、抵、退”税计算。

A. 冲减原内销销售收入，增加出口销售收入。会计处理为：

借：主营业务收入——内销收入

贷：主营业务收入——出口收入

B. 12 月将本年度发生并收齐单证的外销收入计提的销项税金用红字冲减。会计处理为：

借：主营业务成本 红字

贷：应交税费——应交增值税（销项税额） 红字

C. 6 月将上年度发生在本年度收齐单证的外销收入计提的销项税额用红字冲减：会计处理为：

借：以前年度损益调整 红字

贷：应交税费——应交增值税（销项税额） 红字

③退关退运的会计处理。生产企业货物在报关出口后发生退关退运的，应根据不同的情况做不同的会计处理。

A. 货物当月出口当月发生退关退运的或返修后不按原值出口的，均应冲减当月销售收入。会计处理为：

借：应收账款——外汇　　　　　　　　　　　　　　　　红字

　　贷：主营业务收入　　　　　　　　　　　　　　　　　红字

对当月发生退关退运经返修后按原值出口的货物，可不再做会计处理。

B. 货物出口后在以后月份发生退关退运的或返修后不按原值出口的，应冲减发生退关退运当月的销售收入（会计处理同上）。

C. 以前年度货物出口后在本年发生退关退运的，应通过“以前年度损益调整”科目进行核算，并补缴原免抵退税款。应补税额＝退运货物出口离岸价×外汇人民币牌价×出口货物退税率。若退运货物由于单证等原因已视同内销货物征税，则不需补缴税款。

第一，以前年度货物出口后在本年发生退关退运的，会计处理为：

借：以前年度损益调整

　　贷：应付账款——外汇等

同时，按原出口货物结转销售成本数额，会计处理为：

借：库存商品

　　贷：以前年度损益调整

第二，退运货物补缴税款，会计处理为：

借：以前年度损益调整

　　贷：增值税调整

④新发生出口业务的企业和小型出口企业的会计处理。自 2006 年 7 月 1 日开始，退税审核期为 12 个月的新发生出口业务的企业和小型出口企业，在审核期期间出口的货物，应按统一的按月计算免、抵、退税的办法分别计算免抵税额和应退税额。税务机关对审核无误的免抵税额可按现行规定办理调库手续，对审核无误的应退税额暂不办理退库。对小型出口企业的各月累计的应退税款，可在次年 1 月一次性办理退税；对新发生出口业务的企业的应退税款，可在退税审核期期满后的当月对上述各月的审核无误的应退税额一次性退给企业。原审核期期间只免抵不退税的税收处理办法停止执行。

上述新税收政策的实质在于，由以往的审核期期间只免抵不退税的税收处理办法，改为免、抵、退办法。不过，其中的“退税”期是有规定的，即对小型出口企业的各月累计的应退税款，可在次年 1 月一次性办理退税；对新发生出口业务的企业的应退税款，可在退税审核期期满后的当月对上述各月的审核无误的应退税额一次性退给企业。这是企业在进行会计处理时需要特别注意的。

小型出口企业的标准，由各省（自治区、直辖市）国家税务局根据企业上一个纳税年度的内外销销售额之和在 200 万元人民币以上，500 万元（含）人民币以下的幅度内，按照本省（自治区、直辖市）的实际情况确定全省（自治区、直辖市）统一的标准。

新发生出口业务的企业则是除了上述新发生的小型出口企业以外的出口企业。

3. 外贸企业出口退税的会计处理。

具有进出口经营权的外贸企业购进用于出口的商品，、其出口方式一般有两种：自营出口和委托出口。做好以上两种形式的会计处理，首先要正确计算应退税金（增值税、消费税）的金额；其次要明确企业获得的出口退税款的税收处理。国家税务总局《关于企业出口退税款税收处理问题的批复》（国税函［1997］21 号）规定：①企业出口货物所获得的增值税退税款，应冲抵相应的“进项税额”或“已交增值税税金”，不并人利润征收企业所得税。②外贸企业自营出口获得的消费税退税款，应冲抵“主营业务成本”，不直接并入利润征收所得税。

下面分别就两种出口方式的会计处理说明如下。

（1）自营出口方式。

①进商品时，按增值税专用发票上注明的价格、增值税和价税合计进行反映，会计分录为：

借：商品采购

　　应交税费——应交增值税（进项税额）

　　贷：银行存款（或应付账款等）

②商品验收入库时，会计分录为：

借：库存商品——库存出口商品

　　贷：商品采购

③出口报关销售时，按出口价格反映，会计分录为：

借：应收外汇账款

　　贷：主营业务收入——出口销售收入

④结转出口商品成本，会计分录为：

借：主营业务成本

　　贷：库存宵品——库存出口商品

⑤申报出口退税时，应退的增值税会计分录为：

借：应收出口退税（增值税）

　　贷：应交税费——应交增值税（出口退税）

⑥进项税额转出时，会计分录为：

借：主营业务成本

　　贷：应交税费——应交增值税（进项税额转出）

⑦收到增值税退税款时，会计分录为：

借：银行存款

　　贷：应收出口退税（增值税）

⑧应退的消费税会计分录为：

借：应收出口退税——消费税

　　贷：主营业务成本

⑨收到消费税税款时，会计分录为：

借：银行存款

　　贷：应收出口退税——消费税

（2）委托出口方式。

①发出委托代销品时，会计分录为：

借：库存商品——委托出口商品

　　贷：库存商品

②收到代销单时，会计分录为：

借：应收账款

　　贷：主营业务收入——出口销售收入

③收到蓝天外贸公司交来的货款时，会计分录为：

借：银行存款

　　销售费用

　　贷：应收账款

④结转委托出口商品成本，会计分录为：

借：主营业务成本

　　贷：库存商品——委托出口商品

⑤申报出口应退增值税、消费税（在委托方办理）、转出不予抵扣的增值税的分录

同自营出口方式会计分录“（5）~（9）”。

4. 出口货物应退消费税的会计处理。

（1）消费税会计科目的设置。

①缴纳消费税的企业，应在“应交税费”科目下增设“应交消费税”明细科目进行会计核算。

②企业生产的需要缴纳消费税的消费品，在销售时应当按照应缴消费税税额借记“营业税金及附加”科目，贷记“应交税费——应交消费税”科目。实际缴纳消费税时，借记“应交税费——应交消费税”科目，贷记“银行存款”科目。发生销

货退回及退税时，作相反的会计分录。

企业出口应税消费品如按规定不予免税或者退税的，应视同国内销售，按上款规定进行会计处理。

（2）会计规定。免征消费税的出口应税消费品应分别不同情况进行会计处理。

①生产企业直接出口应税消费品或通过外贸企业出口应税消费品，按规定直接予以免税的，可不计算应缴消费税。

②通过外贸企业出口应税消费品时，如按规定实行先税后退方法的，按下列方法进行会计处理。

A. 委托外贸企业代理出口应税消费品的生产企业，应在计算消费税时，按应缴消费税税额借记“应收账款”科目，贷记“应交税费——应交消费税”科目。实际缴纳消费税时，借记“应交税费——应交消费税”科目，贷记“银行存款”科目。应税消费品出口收到外贸企业退回的税金，借记“银行存款”科目，贷记“应收账款”科目。发生退关、退货而补缴已退的消费税，作相反的会计分录。

代理出口应税消费品的外贸企业将应税消费品出口后，收到税务部门退回生产企业缴纳的消费税，借记“银行存款”科目，贷记“应付账款”科目。将此项税金退还生产企业时，借记“应付账款”科目，贷记“银行存款”科目。发生退关、退货而补缴已退的消费税，借记“应收账款——应收生产企业消费税”科目，贷记“银行存款”科目。收到生产企业退还的税款，作相反的会计分录。

生产企业委托外贸企业代理出口产品，凡在计算消费税时作“应收账款”处理的，其所获得的消费税退税款，应冲抵“应收账款”，不并人剩润征收企业所得税。

B. 企业将应税消费品销售给外贸企业，由外贸企业自营出口的，其缴纳的消费税应按以下规定进行会计处理。

企业生产的需要缴纳消费税的消费品，在销售时应当按照应缴消费税税额借记“营业税金及附加”科目，贷记“应交税费——应交消费税”科目。实际缴纳消费税时，借记“应交税费——应交消费税”科目，贷记“银行存款”科目。发生销货退回及退税时，作相反的会计分录。

企业出口应税消费品如按规定不予免税或者退税的，应视同国内销售，按上款规定进行会计处理。

自营出口应税消费品的外贸企业，应在应税消费品报关出口后申请出口退税时，借记“应收出口退税”科目，贷记“主营业务成本”科目。实际收到出口应税消费品退回的税金，借记“银行存款”科目，贷记“应收出口退税”科目。发生退关或退货而补缴已退的消费税，作相反的会计分录。外贸企业自营出口所获得的消费税退税款，应冲抵“主营业务成本”，不直接并人利润征收企业所得税。

第五章
企业所得税会计

本章导读

企业所得税，是企业的生产经营所得和其他所得为计税依据而征收的一种所得税。企业所得税是现代市场经济国家普遍开征的重要税种，是市场经济国家参与企业利润分配、正确处理国家与企业分配关系的一个重要税种，最大的功能是调节收入差别。

本章我们将讲到企业所得税的内容和概念和会计计量，从会计的角度阐述企业所得税的计量。

第一节　企业所得税税概述

一、企业所得税的纳税人

企业所得税的纳税人，是依据企业所得税法负有纳税义务的企业和其他取得收入的组织。在中国境内，企业和其他取得收入的组织（统称企业）为企业所得税纳税人，依照《企业所得税法》的规定缴纳企业所得税。同时，考虑到个人独资企业、合伙企业属于自然人性质企业，没有法人资格，股东承担无限责任，《企业所得税法》及其《实施条例》规定：依照中国法律、行政法规成立的个人独资企业、合伙企业，不适用《企业所得税法》。企业所得税纳税人包括各类企业、事业单位、社会团体、民办非企业单位和从事经营活动的其他组织。

《企业所得税法》按照登记注册地标准和实际管理机构标准，把企业分为居民企业和非居民企业，分别确定不同的纳税义务。居民企业承担无限纳税义务，就来源于中国境内、境外的全部所得纳税；非居民企业承担有限纳税义务，一般只就来源于我国境内的所得纳税。

（一）居民企业

《企业所得税法》规定："居民企业，是指依法在中国境内成立，或者依照外国（地区）法律成立但实际管理机构在中国境内的企业。"

1. 企业登记注册地，是指企业依照国家有关规定登记注册的住所地。

（1）依法在中国境内成立的企业，包括依照中国法律、行政法规在中国境内成立的企业、事业单位、社会团体以及其他取得收入的组织。

（2）依照外国（地区）法律成立的企业，包括依照外国（地区）法律成立的企业和其他取得收入的组织。

2. 实际管理机构，是指对企业的生产经营、人员、账务、财产等实施实质性全面管理和控制的机构。对于实际管理机构的判断，应当遵循实质重于形式的原则。

（二）非居民企业

《企业所得税法》规定："非居民企业，是指依照外国（地区）法律成立且实际管理机构不在中国境内，但在中国境内设立机构、场所的，或者在中国境内未设立机构、场所，但有来源于中国境内所得的企业。"

机构、场所，是指在中国境内从事生产经营活动的机构、场所，包括：

（1）管理机构、营业机构、办事机构；

（2）工厂、农场、开采自然资源的场所；

（3）提供劳务的场所；

（4）从事建筑、安装、装配、修理、勘探等工程作业的场所；

（5）其他从事生产经营活动的机构、场所。

非居民企业委托营业代理人在中国境内从事生产经营活动的，包括委托单位或者个人经常代其签订合同，或者储存、交付货物等，该营业代理人视为非居民企业在中国境内设立的机构、场所。

二、企业所得税的征收对象及范围

企业所得税的征税对象，是指企业的生产经营所得、其他所得和清算所得。

（一）居民企业的征收对象

居民企业应就来源于中国境内、境外的所得作为征税对象。所得包括销售货物所得、提供劳务所得、转让财产所得、股息红利等权益性投资所得、利息所得、租金所得、特许权使用费所得、接受捐赠所得和其他所得。

（二）非居民企业的征税对象

非居民企业在中国境内设立机构、场所的，应当就其所设机构、场所取得的来源于中国境内的所得，以及发生在中国境外但与其所设机构、场所有实际联系的所得，缴纳企业所得税。非居民企业在中国境内未设立机构、场所的，或者虽设立机构、场所但取得的所得与其所设机构、场所没有实际联系的，应当就其来源于中国境内的所得缴纳企业所得税。

上述所称实际联系，是指非居民企业在中国境内设立的机构、场所拥有的据以取得所得的股权、债权，以及拥有、管理、控制据以取得所得的财产。

（三）企业所得税的征税范围

企业所得税的征收范围，是符合《企业所得税法》规定的纳税人所取得的应纳税所得。所得，包括销售货物所得、提供劳务所得、转让财产所得、股息红利等权益性投资所得、利息所得、租金所得、特许权使用费所得、接受捐赠所得和其他所得。

根据不同的标准，所得可以分为不同的类型：

1. 生产经营所得和其他所得。

（1）生产、经营所得，是指从事物质生产、交通运输、商品流通、劳务服务以及经国家主管部门确认的其他盈利事业取得的合法所得，还包括卫生、物资、供销、城市公用和其他行业的企业，以及一些社会团体、事业单位、民办非企业单位开展多种经营和有偿服务活动，取得的合法经营所得；

（2）其他所得，是指股息、利息、租金、特许权使用费和营业外收益等所得以及企业解散或破产后的清算所得。

2. 在业经营所得和清算所得。

（1）在业经营所得，是指纳税人在开业经营时账册上所记载的生产、经营所得和其他所得；

（2）清算所得，是指企业的全部资产可变现价值或交易价格减除资产净值、清算费用以及相关税费等后的余额。

投资方企业从被清算企业分得的剩余财产，其中相当于从被清算企业累计未分配利润和累计盈余公积中应当分得的部分，应当确认为股息所得；剩余资产减除上述股息所得后的余额，超过或者低于投资成本的部分，应当确认为投资资产转让所得或者损失。

（四）所得来源的确定

所得，包括我国居民企业来源于境内和境外的各项所得，以及非居民企业来源于境内的应税所得。行使收入来源地税收管辖权，不但要对在我国境内从事经济活动和来源于我国境内的所得行使征税权，而且还要对本国居民来源于各国的全部所得行使征税权。内资企业是中国企业，国家对其行使居民税收管辖权。因此，内资企业应就其来源于境内和境外的所得扣除为取得这些所得而发生的成本费用支出后的余额，作为应纳税所得额。为避免重复征税，对本国企业在境外缴纳的所得税税款，准予在总机构汇总纳税时，从其应纳税额中予以抵免。

来源于中国境内、境外的所得，按照以下原则确定：

1. 销售货物所得，按照交易活动发生地确定；

2. 提供劳务所得，按照劳务发生地确定；

3. 转让财产所得，不动产转让所得按照不动产所在地确定，动产转让所得按照转让动产的企业或者机构、场所所在地确定，权益性投资资产转让所得按照被投资企业所在地确定；

4. 股息、红利等权益性投资所得，按照分配所得的企业所在地确定；

5. 利息所得、租金所得、特许权使用费所得，按照负担、支付所得的企业或者机构、场所所在地确定，或者按照负担、支付所得的个人的住所地确定；

6. 其他所得，由国务院财政、税务主管部门确定。

三、企业所得税的税率

1. 基本税率为 25% 。

居民企业以及在中国境内设立机构、场所且取得的所得与其所设机构、场所有实际联系的非居民企业，应当就其来源于中国境内、境外的所得缴纳企业所得税，适用税率为 25% 。

2. 低税率为 20% 。

非居民企业在中国境内未设立机构、场所的，或者虽设立机构、场所但取得的所得与其所设机构、场所没有实际联系的，应当就其来源于中国境内的所得缴纳企业所得税，适用税率为 20% 。但实际征税时适用 10% 的税率（在税收优惠中有介绍）。

四、企业所得税应纳税所得额的确定

应纳税所得额是企业所得税的计税依据，按照企业所得税法的规定，应纳税所得额为企业每一个纳税年度的收入总额，减除不征税收入、免税收入、各项扣除以及允许弥补的以前年度亏损后的余额。

应纳税所得额的计算公式如下：

$$\text{应纳税所得额}=\text{法定收入总额}-\text{不征税收入}-\text{免税收入}-\text{各项扣除}-\text{允许弥补的以前年度亏损}$$

企业应纳税所得额的计算以权责发生制为原则，属于当期的收入和费用，不论款项是否收付，均作为当期的收入和费用；不属于当期的收入和费用，即使款项已经在当期收付，均不作为当期的收入和费用。应纳税所得额的正确计算直接关系到国家财政收入和企业的税收负担，并且同成本、费用核算关系密切。因此，企业所得税法对应纳税所得额计算作了明确规定。主要内容包括收入总额、扣除范围和标准、资产的税务处理、亏损弥补等。

（一）收入总额

企业以货币形式和非货币形式从各种来源取得的收入，为收入总额。包括销售货物收入，提供劳务收入，转让财产收入，股息、红利等权益性投资收益，利息收入，租金收入，特许权使用费收入，接受捐赠收入以及其他收入。

企业取得收入的货币形式，包括现金、存款、应收账款、应收票据、准备持有至到期的债券投资以及债务的豁免等；纳税人以非货币形式取得的收入，包括固定资产、生物资产、无形资产、股权投资、存货、不准备持有至到期的债券投资、劳务以及有关权益等，这些非货币资产应当按照公允价值确定收入额，公允价值是指按照市场价格确定的价值。

收入的具体构成有：

1. 一般收入的确认。

（1）销售货物收入。

销售货物收入，是指企业销售商品、产品、原材料、包装物、低值易耗品以及其他存货取得的收入。除法律法规另有规定外，企业销售货物收入的确认，必须遵循权责发生制原则和实质重于形式原则。

（2）提供劳务收入。

提供劳务收入，是指企业从事建筑安装、修理修配、交通运输、仓储租赁、金融保险、邮电通信、咨询经纪、文化体育、科学研究、技术服务、教育培训、餐饮住宿、中介代理、卫生保健、社区服务、旅游、娱乐、加工以及其他劳务服务活动取得的收入。

企业在各个纳税期末，提供劳务交易的结果能够可靠估计的，应采用完工进度（百分比）法确认提供劳务收入。

（3）转让财产收入。

转让财产收入，是指企业转让固定资产、生物资产、无形资产、股权、债权等财产取得的收入。

企业转让股权收入，应于转让协议生效且完成股权变更手续时，确认收入的实现。转让股权收入扣除为取得该股权所发生的成本后，为股权转让所得。企业在计算股权转让所得时，不得扣除被投资企业未分配利润等股东留存收益中按该项股权所可能分配的金额。

（4）股息、红利等权益性投资收益。

股息、红利等权益性投资收益，是指企业因权益性投资从被投资方取得的收入。股息、红利等权益性投资收益，除国务院财政、税务主管部门另有规定外，按照被投资方作出利润分配决定的日期确认收入的实现。

（5）利息收入。

利息收入，是指企业将资金提供他人使用但不构成权益性投资，或者因他人占用本企业资金取得的收入，包括存款利息、贷款利息、债券利息、欠款利息等收入。利息收入，按照合同约定的债务人应付利息的刚胡确认收入的实现。

自2013年9月1日起，企业混合性投资业务，是指兼具权益和债权双重特性的投资业务。同时符合下列条件的混合性投资业务，按下列规定进行企业所得税处理：

①被投资企业接受投资后，需要按投资合同或协议约定的利率定期支付利息（或定期支付保底利息、固定利润、固定股息，下同）；

②有明确的投资期限或特定的投资条件，并在投资期满或者满足特定投资条件后，被投资企业需要赎回投资或偿还本金；

③投资企业对被投资企业净资产不拥有所有权；

④投资企业不具有选举权和被选举权；

⑤投资企业不参与被投资企业日常生产经营活动。

符合上述①至②条规定的混合性投资业务，按下列规定进行企业所得税处理：

A. 对于被投资企业支付的利息，投资企业应于被投资企业应付利息的日期，确认收入的实现并计人当期应纳税所得额；被投资企业应于应付利息的日期，确认利息支出，并按税法和国家税务总局颁布的《关于企业所得税若干问题的公告》（国家税务总局公告2011年第34号）第一条的规定，进行税前扣除。

B. 对于被投资企业赎回的投资，投资双方应于赎回时将赎价与投资成本之间的差额确认为债务重组损益，分别计入当期应纳税所得额。

（6）租金收入，是指企业提供固定资产、包装物或者其他有形资产的使用权取得的收入。租金收入，按照合同约定的承租人应付租金的日期确认收入的实现。其中，如果交易合同或协议中规定租赁期限跨年度，且租金提前一次性支付的，根据

《实施条例》第九条规定的收入与费用配比原则，出租人可对上述已确认的收入，在租赁期内，分期均匀计入相关年度收入。

（7）特许权使用费收入，是指企业提供专利权、非专利技术、商标权、著作权以及其他特许权的使用权取得的收入。特许权使用费收入，按照合同约定的特许权使用人应付特许权使用费的日期确认收入的实现。

（8）接受捐赠收入，是指企业接受的来自其他企业、组织或者个人无偿给予的货币性资产、非货币性资产。接受捐赠收入，按照实际收到捐赠资产的日期确认收入的实现。

（9）其他收入，是指企业取得的除以上收入外的其他收入，包括企业资产溢余收入、逾期未退包装物押金收入、确实无法偿付的应付款项、已作坏账损失处理后又收回的应收款项、债务重组收入、补贴收入、违约金收入、汇兑收益等。

2. 特殊收入的确认。

（1）以分期收款方式销售货物的，按照合同约定的收款日期确认收入的实现。

（2）企业受托加工制造大型机械设备、船舶、飞机，以及从事建筑、安装、装配工程业务或者提供其他劳务等，持续时间超过 12 个月的，按照纳税年度内完工进度或者完成的工作量确认收入的实现。

（3）采取产品分成方式取得收入的，按照企业分得产品的日期确认收入的实现，其收入额按照产品的公允价值确定。

（4）企业发生非货币性资产交换，以及将货物、财产、劳务用于捐赠、偿债、赞助、集资、广告、样品、职工福利或者利润分配等用途的，应当视同销售货物、转让财产或者提供劳务，但国务院财政、税务主管部门另有规定的除外。

3. 处置资产收入的确认。

（1）企业发生下列情形的处置资产，除将资产转移至境外以外，由于资产所有权属在形式和实质上均不发生改变，可作为内部处置资产，不视同销售确认收入，相关资产的计税基础延续计算。

①将资产用于生产、制造、加工另一产品；

②改变资产形状、结构或性能；

③改变资产用途（如自建商品房转为自用或经营）；

④将资产在总机构及其分支机构之间转移；

⑤上述两种或两种以上情形的混合；

⑥其他不改变资产所有权属的用途。

（2）企业将资产移送他人的下列情形，因资产所有权属已发生改变而不属于内部处置资产，应按规定视同销售确定收入。

①用于市场推广或销售；

②用于交际应酬；

③用于职工奖励或福利；

④用于股息分配；

⑤用于对外捐赠；

⑥其他改变资产所有权属的用途。

（3）企业发生第2条规定情形时，属于企业自制的资产，应按企业同类资产同期对外销售价格确定销售收入；属于外购的资产，可按购入时的价格确定销售收入。

4. 非货币性资产投资企业所得税处理。

非货币性资产，是指现金、银行存款、应收账款、应收票据以及准备持有至到期的债券投资等货币性资产以外的资产。

（1）居民企业（以下简称企业）以非货币性资产对外投资确认的非货币性资产转让所得，可在不超过5年期限内，分期均匀计入相应年度的应纳税所得额，按规定计算缴纳企业所得税。

（2）企业以非货币性资产对外投资，应对非货币性资产进行评估并按评估后的公允价值扣除计税基础后的余额，计算确认非货币性资产转让所得。

企业以非货币性资产对外投资，应于投资协议生效并办理股权登记手续时，确认非货币性资产转让收入的实现。

（3）企业以非货币性资产对外投资而取得被投资企业的股权，应以非货币性资产的原计税成本为计税基础，加上每年确认的非货币性资产转让所得，逐年进行调整。

被投资企业取得非货币性资产的计税基础，应按非货币性资产的公允价值确定。

（4）企业在对外投资5年内转让上述股权或投资收回的，应停止执行递延纳税政策，并就递延期内尚未确认的非货币性资产转让所得，在转让股权或投资收回当年的企业所得税年度汇算清缴时，一次性计算缴纳企业所得税；企业在计算股权转让所得时，可按本通知第三条第一款规定将股权的计税基础一次调整到位。

企业在对外投资5年内注销的，应停止执行递延纳税政策，并就递延期内尚未确认的非货币性资产转让所得，在注销当年的企业所得税年度汇算清缴时，一次性计算缴纳企业所得税。

（5）此处所称非货币性资产投资，限于以非货币性资产出资设立新的居民企业，或将非货币性资产注入现存的居民企业。

（6）企业发生非货币性资产投资，符合财政部、国家税务总局颁布的《关于企业重组业务企业所得税处理若干问题的通知》（财税［2009］59号）等文件规定的特殊性税务处理条件的，也可选择按特殊性税务处理规定执行。

5. 相关收入实现的确认。

除企业所得税法及实施条例前述收入的规定外，企业销售收入的确认，必须遵循权责发生制原则和实质重于形式原则。

（1）企业销售商品同时满足下列条件的，应确认收入的实现：

①商品销售合同已经签订，企业已将商品所有权相关的主要风险和报酬转移给购货方；

②企业对已售出的商品既没有保留通常与所有权相联系的继续管理权，也没有实施有效控制；

③收入的金额能够可靠地计量；

④已发生或将发生的销售方的成本能够可靠地核算。

（2）符合上款收入确认条件，采取下列商品销售方式的，应按以下规定确认收入实现时间：

①销售商品采用托收承付方式的，在办妥托收手续时确认收入；

②销售商品采取预收款方式的，在发出商品时确认收入；

③销售商品需要安装和检验的，在购买方接受商品以及安装和检验完毕时确认收入。如果安装程序比较简单，可在发出商品时确认收入；

④销售商品采用支付手续费方式委托代销的，在收到代销清单时确认收入。

（3）采用售后回购方式销售商品的，销售的商品按售价确认收入，回购的商品作为购进商品处理。有证据表明不符合销售收入确认条件的，如以销售商品方式进行融资，收到的款项应确认为负债，回购价格大于原售价的，差额应在回购期间确认为利息费用。

（4）销售商品以旧换新的，销售商品应当按照销售商品收入确认条件确认收入，回收的商品作为购进商品处理。

（5）企业为促进商品销售而在商品价格上给予的价格扣除属于商业折扣，商品销售涉及商业折扣的，应当按照扣除商业折扣后的金额确定销售商品收入金额。

债权人为鼓励债务人在规定的期限内付款而向债务人提供的债务扣除属于现金折扣，销售商品涉及现金折扣的，应当按扣除现金折扣前的金额确定销售商品收入金额，现金折扣在实际发生时作为财务费用扣除。

企业因售出商品的质量不合格等原因而在售价上给予的减让属于销售拆让；企业因售出商品质量、品种不符合要求等原因而发生的奶货属于销售退回。企业已经确认销售收入的售出商品发生销售折让和销售退回，应当在发生当期冲减当期销售商品收入。

（6）企业在各个纳税期末，提供劳务交易的结果能够可靠估计的，应采用完工进度（完工百分比）法确认提供劳务收入。

①提供劳务交易的结果能够可靠估计，是指同时满足下列条件：

A. 收入的金额能够可靠地计量；

B. 交易的完工进度能够可靠地确定；

C. 交易中已发生和将发生的成本能够可靠地核算。

②企业提供劳务完工进度的确定，可选用下列方法；

A. 已完工作的测量；

B. 已提供劳务占劳务总量比例；

C. 发生成本占总成本的比例。

③企业应按照从接受劳务方已收或应收的合同或协议价款确定劳务收入总额，根据纳税期末提供劳务收入总额乘以完工进度扣除以前纳税年度累计已确认提供劳务收入后的金额，确认为当期劳务收入；同时，按照提供劳务估计总成本乘以完工进度扣除以前纳税期间累计已确认劳务成本后的金额，结转火当期劳务成本。

④下更提供劳务满足收入确认条件，应按规定确认收入；

A. 安装费。应根据安装完工进度确认收入。安装工作是商品销售附带条件的，安装费在确认商品销售实现时确认收入；

B. 宣传媒介的收费。应在相关的广告或商业行火出现于公众面前时确认收入。广告的制作费，应根据制作广告的完工进度确认收；

C. 软件费。为特定客户开发软件的收费，应根据开发的完工进度确认收入；

D. 服务费。包含在商品售价内可区分的服务费，在提供服务的期间分期确认收入；

E. 艺术表演、招待宴会和其他特殊活动的收费。在相关活动发生时确认收入。收费涉及几项活动的，预收的款项应合理分配给每项活动，分别确认收入；

F. 会员费。申请人会或加入会员，只允许取得会籍，所有其他服务或商品都要另行收费的，在取得该会员费时确认收入。申请人会或加人会员后，会员在会员期内不再付费就可得到各种服务或商品，或者以低于非会员的价格销售商品或提供服务的，该会员费应在整个受益期内分期确认收入；

G. 特许权费。属于提供设备和其他有形资产的特许权费，在交付资产或转移资产所有权时确认收入；属于提供初始及后续服务的特许权费，在提供服务时确认收入；

H. 劳务费。长期为客户提供重复的劳务收取的劳务费，在相关劳务活动发生时确认收入。

（7）企业以买一赠一等方式组合销售本企业商品的，不属于捐赠，应将总的销售金额按各项商品的公允价值的比例来分摊确认各项的销售收入。

（8）企业取得财产（包括各类资产、股权、债权等）转让收入、债务重组收入、接受捐赠收入、无法偿付的应付款收入等，不论是以货币形式还是非货币形式体现，除另有规定外，均应一次性计人确认收入的年度计算缴纳企业所得税。

（二）不征税收入

1. 财政拨款。

财政拨款是指各级人民政府对纳入预算管理的事业单位、社会团体等组织拨付的财政资金，但国务院和国务院财政、税务主管部门另有规定的除外。

2. 依法收取并纳入财政管理的行政事业性收费、政府性基金。

行政事业性收费是指依照法律法规等有关规定，按照国务院规定程序批准，在实施社会公共管理，以及在向公民、法人或者其他组织提供特定公共服务过程中，向特定对象收取并纳入财政管理的费用。政府性基金，是指企业依照法律、行政法规等有关规定，代政府收取的具有专项用途的财政资金。具体规定如下：

（1）企业按照规定缴纳的、由国务院或财政部批准设立的政府性基金以及由国务院和省、自治区、直辖市人民政府及其财政、价格主管部门批准设立的行政事业性收费，准予在计算应纳税所得额时扣除。

企业缴纳的不符合上述第（1）条审批管理权限设立的基金、收费，不得在计算应纳税所得额时扣除。

（2）企业收取的各种基金、收费，应计入企业当年收入总额。

（3）对企业依照法律、法规及国务院有关规定收取并上缴财政的政府性基金和行政事业性收费，准予作为不征税收入，于上缴财政的当年在计算应纳税所得额时从收入总额中减除；未上缴财政的部分，不得从收入总额中减除。

3. 国务院规定的其他不征税收入。

其他不征税收入是指企业取得的，由国务院财政、税务主管部门规定专项用途并经国务院批准的财政性资金。

财政性资金，是指企业取得的来源于政府及其有关部门的财政补助、补贴、贷款贴息，以及其他各类财政专项资金，包括直接减免的增值税和即征即退、先征后退、先征后返的各种税收，但不包括企业按规定取得的出口退税款。

（1）企业取得的各类财政性资金，除属于国家投资和资金使用后要求归还本金的以外，均应计入企业当年收入总额。国家投资是指国家以投资者身份投入企业并按有关规定相应增加企业实收资本（股本）的直接投资。

（2）对企业取得的由国务院财政、税务主管部门规定专项用途并经国务院批准的财政性资金，准予作为不征税收入，在计算应纳税所得额时从收入总额中减除。

（3）纳入预算管理的事业单位、社会团体等组织按照核定的预算和经费报领关系收到的由财政部门或上级单位拨入的财政补助收入，准予作为不征税收入，在计算应纳税所得额时从收入总额中减除，但国务院和国务院财政、税务主管部门另有规定的除外。

（三）免税的收入

1. 国债利息收入。

国债利息收入，是指企业持有国务院财政部门发行的国债取得的利息收入。

（1）国债利息收入时间确认。

①根据《实施条例》第十八条的规定，企业投资国债从国务院财政部门（以下简称"发行者"）取得的国债利息收入，应以国债发行时约定应付利息的日期，确认利息收入的实现。

②企业转让国债，应在国债转让收入确认时确认利息收入的实现。

（2）国债利息收入计算。

企业到期前转让国债，或者从非发行者投资购买的国债，其持有期间尚未兑付的国债利息收入，按以下公式计算确定：

国债利息收入＝国债金额×（适用年利率÷365）×持有天数

上述公式中的"国债金额"，按国债发行面值或发行价格确定；"适用年利率"按国债票面年利率或折合年收益率确定；如企业不同时间多次购买同一品种国债的，"持有天数"可按平均持有天数计算确定。

（3）国债利息收入免税问题。

根据《企业所得税法》第二十六条的规定，企业取得的国债利息收入，免征企业所得税。具体按以下规定执行：

①企业从发行者直接投资购买的国债持有至到期，其从发行者取得的国债利息收入，全额免征企业所得税。

②企业到期前转让国债，或者从非发行者投资购买的国债，其按上述第（2）项计算的国债利息收入，免征企业所得税。

（4）国债转让收入时间确认。

①企业转让国债应在转让国债合同、协议生效的日期，或者国债移交时确认转让收入的实现。

②企业投资购买国债，到期兑付的，应在国债发行时约定的应付利息的日期，确认国债转让收入的实现。

（5）国债转让收益（损失）计算。

企业转让或到期兑付国债取得的价款，减除其购买国债成本，并扣除其持有期间按照本公告上述第（2）条计算的国债利息收入以及交易过程中相关税费后的余额，为企业转让国债收益（损失）。

（6）国债转让收益（损失）征税问题。

根据《实施条例》第十六条规定，企业转让国债，应作为转让财产，其取得的收益（损失）应作为企业应纳税所得额计算纳税。

（7）通过支付现金方式取得的国债，以买入价和支付的相关税费为成本。

（8）通过支付现金以外的方式取得的国债，以该资产的公允价值和支付的相关税费为成本。

企业在不同时间购买同一品种国债的，其转让时的成本计算方法，可在先进先出法、加权平均法、个别计价法中选用一种。计价方法一经选用，不得随意改变。

2. 符合条件的居民企业之间的股息、红利等权益性投资收益。

符合条件的居民企业之间的股息、红利等权益性投资收益，是指居民企业直接投资于其他居民企业取得的投资收益。

3. 不在中国境内设立机构、场所的非居民企业从居民企业取得与该机构、场所有实际联系的股息、红利等权益性投资收益。

股息、红利等权益性投资收益，不包括连续持有居民企业公开发行并上市流通的股票不足12个月取得的投资收益。

4. 符合条件的非营利组织的收入。

符合条件的非营利组织的收入，是指同时符合下列条件的组织：

（1）依法履行非营利组织登记手续；

（2）从事公益性或者非营利性活动；

（3）取得的收入除用于与该组织有关的、合理的支出外，全部用于登记核定或者章程规定的公益性或者非营利性事业；

（4）财产及其孳息不用于分配；

（5）按照登记核定或者章程规定，该组织注销后的剩余财产用于公益性或者非营利性目的，或者由登记管理机关转增给与该组织性质、宗旨相同的组织，并向社会公告；

（6）投入人对投入该组织的财产不保留或者享有任何财产权利；

（7）工作人员工资福利开支控制在规定的比例内，不变相分配该组织的财产。

（8）国务院财政、税务主管部门规定的其他条件。

5. 非营利组织的下列收入为免税收入：

（1）接受其他单位或者个人捐赠的收入。

（2）除《企业所得税法》第七条规定的财政拨款以外的其他政府补助收入，但不包括因政府购买服务取得的收入。

（3）按照省级以上民政、财政部门规定收取的会费。

（4）不征税收入和免税收入孳生的银行存款利息收入。

（5）财政部、国家税务总局规定的其他收入。

（四）税前扣除原则及准予扣除的项目

1. 扣除项目的原则。

《企业所得税法》规定了对企业实际发生的与取得收入有关的、合理的支出允许税前扣除的一般扣除项目，同时明确不得税前扣除的禁止扣除项目，又规定了允许税前扣除的特殊扣除项目。除税收法规另有规定外，税前扣除一般应遵循以下原则：

（1）权责发生制原则，是指企业费用应在发生的所属期扣除，而不是在实际支付时确认扣除。

（2）配比原则，是指企业发生的费用应当与收入配比扣除。除特殊规定外，企业发生的费用不得提前或滞后申报扣除。

（3）相关性原则，相关性是指与取得收入直接相关的支出。对相关性的判断一般从支出发生的根源和性质进行分析，而不是看费用支出的结果。相关性要求为限制取得的不征税收入所形成的支出不得扣除提供了依据；

（4）确定性原则，是指企业可扣除的费用不论何时支付，其金额必须是确定的。

（5）合理性原则，合理性是指符合生产经营活动常规，应当计入当期损益或者有关资产成本的必要和正常的支出。对合理性的判断主要是发生的支出的计算和分配方法是否符合一般经营常规。

2. 扣除项目的范围。

《企业所得税法》规定，企业实际发生的与取得收入有关的、合理的支出，包括成本、费用、税金、损失和其他支出，准予在计算应纳税所得额时扣除。在实际中，计算应纳税所得额时还应注意三方面的内容：①企业发生的支出应当区分收益性支出和资本性支出。收益性支出在发生当期直接扣除；资本性支出应当分期扣除或者计入有关资产成本，不得在发生当期直接扣除。②企业的不征税收入用于支出所形成的费用或者财产，不得扣除或者计算对应的折旧、摊销扣除。③除企业所得税法和本条例另有规定外，企业实际发生的成本、费用、税金、损失和其他支出，不得重复扣除。

在符合各项扣除原则的前提下，允许在所得税税前扣除以下各项：

（1）成本，是指企业在生产经营活动中发生的销售成本、销货成本、业务支出以及其他耗费，即企业销售商品（产品、材料、下脚料、废料、废旧物资等）、提供劳务、转让固定资产、无形资产（包括技术转让）的成本。

企业必须将经营活动中发生的成本合理划分为直接成本和间接成本。直接成本是可直接计入有关成本计算对象或劳务的经营成本中的直接材料、直接人工等。间接成本是指多个部门为同一成本对象提供服务的共同成本，或者同一种投入可以制造、提供两种或两种以上的产品或劳务的联合成本。

直接成本可根据有关会计凭证、记录直接计入有关成本计算对象或劳务的经营成本中。间接成本必须根据与成本计算对象之间的因果关系、成本计算对象的产量等，以合理的方法分配计入有关成本计算对象中。

（2）费用，是指企业在生产经营活动中发生的销售费用、管理费用和财务费用，已经计入成本的有关费用除外。

销售费用，是指应由企业负担的为销售商品而发生的费用，包括广告费、运输费、装卸费、包装费、展览费、保险费、销售佣金（能直接认定的进口佣金调整商品进价成本）、代销手续费、经营性租赁费及销售部门发生的差旅费、工资、福利费等费用。

管理费用，是指企业的行政管理部门为管理组织经营活动提供各项支援性服务而发生的费用。

财务费用，是指企业筹集经营性资金而发生的费用，包括利息净支出、汇兑净损失、金融机构手续费以及其他非资本化支出。

（3）税金，企业发生的除企业所得税和允许抵扣的增值税以外的各项税金及其附加，即纳税人按照规定缴纳的消费税、营业税、资源税、土地增值税、关税、城市维护建设税、教育费附加，以及发生的房产税、车船税、土地使用税、印花税等税金及附加。企业缴纳的房产税、车船税、土地使用税、印花税等，已经计入管理费用中扣除的，不再作为税金单独扣除。企业缴纳的增值税属于价外税，故不在扣除之列。

（4）损失，是指企业在生产经营活动中发生的固定资产和存货的盘亏、毁损、报废损失，转让财产损失，呆账损失，坏账损失，自然灾害等不可抗力因素造成的损失以及其他损失。

企业发生的损失，减除责任人赔偿和保险赔款后的余额，依照国务院财政、税务主管部门的规定扣除。企业已经作为损失处理的资产，在以后纳税年度又全部收回或者部分收回时，应当计入当期收入。

出版、发行企业库存呆滞出版物，纸质图书超过 5 年（包括出版当年）、音像制品、电子出版物和投影片（含缩微制品）超过2年、纸质期刊和挂历年画等超过1年的，可以作为财产损失在税前据实扣除。已作为财产损失税前扣除的呆滞出版物，以后年度处置的，其处置收入应纳入处置当年的应税收入。

(5) 其他支出，是指除成本、费用、税金、损失外，企业在生产经营活动中发生的与生产经营活动有关的、合理的支出。

（五）准予扣除项目的具体标准

在计算应纳税所得额时，扣除项目要按照实际发生额或税法规定的标准进行扣除，当纳税人的财务、会计处理与税收规定不一致的，应依照税收规定予以调整，按税收规定允许扣除的金额准予扣除。

1. 工资薪金支出的税前扣除。

(1) 企业发生的合理的工资薪金支出，准予扣除。工资薪金，是指企业每一纳税年度支付给在本企业任职或者受雇的员工的所有现金形式或者非现金形式的劳动报酬，包括基本工资、奖金、津贴、补贴、年终加薪、加班工资，以及与员工任职或者受雇有关的其他支出。

工资薪金总额，是指企业按照有关合理工资薪金的规定实际发放的工资薪金总和，不包括企业的职工福利费、职工教育经费、工会经费以及养老保险费、医疗保险费、失业保险费、工伤保险费、生育保险费等社会保险费和住房公积金。对工资支出合理性的判断，实践中，主要考虑雇员的职责、过去的报酬情况，以及雇员的业务量和复杂程度等相关因素。同时，还要考虑当地同行业职工平均工资水平。

主要包括以下几个方面：

①企业制定了较为规范的员工工资薪金制度；

②企业所制定的工资薪金制度符合行业及地区水平；

③企业在一定时期所发放的工资薪金是相对固定的，工资薪金的调整是有序进行的；

④企业对实际发放的工资薪金，已依法履行了代扣代缴个人所得税义务；

⑤有关工资薪金的安排，不以减少或逃避税款为目的。

(2) 属于国有性质的企业，其工资薪金，不得超过政府有关部门给予的限定数额；超过部分，不得计入企业工资薪金总额，也不得在计算企业应纳税所得额时扣除。

(3) 企业因雇用季节工、临时工、实习生、返聘离退休人员以及接受外部劳务派遣用工所实际发生的费用，应区分为工资薪金支出和职工福利费支出，并按《企业所得税法》规定在企业所得税前扣除。其中属于工资薪金支出的，准予计入企业工资薪金总额的基数，作为计算其他各项相关费用扣除的依据。

国家税务总局颁布的《关于企业工资薪金和职工福利费等支出税前扣除问题的公告》（2015 年第 34 号公告）对企业接受外部劳务派遣用工所实际发生的费用，区分两种情况进行税前扣除：其一，企业按照协议（合同）约定直接支付给劳务派遣公司的费用，应视为劳务费支出，不计入工资薪金总额，也不作为计算其他各项相关费用扣除的依据；其二，直接支付给员工个人的费用，应作为工资薪金支出和职工福利费支出。属于工资薪金支出的费用，准予计入企业工资薪金总额的基数，作为计算其他各项相关费用扣除的依据。

2. 职工福利费、工会经费、职工教育经费的税前扣除。

企业发生的职工福利费、工会经费、职工教育经费按标准扣除，未超过标准的按实际数扣除，超过标准的只能按标准扣除。

（1）企业发生的职工福利费支出，不超过工资薪金总额 14% 的部分准予扣除。

企业职工福利费，包括以下内容：

①尚未实行分离办社会职能的企业，其内设福利部门所发生的设备、设施和人员费用，包括职工食堂、职工浴室、理发室、医务所、托儿所、疗养院等集体福利部门的设备、设施及维修保养费用和福利部门工作人员的工资薪金、社会保险费、住房公积金、劳务费等；

②为职工卫生保健、生活、住房、交通等所发放的各项补贴和非货币性福利，包括企业向职工发放的因公外地就医费用、未实行医疗统筹企业职工医疗费用、职工供养直系亲属医疗补贴、供暖费补贴、职工防暑降温费、职工困难补贴、救济费、职工食堂经费补贴、职工交通补贴等；

③按照其他规定发生的其他职工福利费，包括丧葬补助费、抚恤费、安家费、探亲假路费等。

值得注意的是：企业发生的职工福利费，应该单独设置账册，进行准确核算。没有单独设置账册准确核算的，税务机关应责令企业在规定的期限内进行改正。逾期仍未改正的，税务机关可对企业发生的职工福利费进行合理的核定。

《关于企业工资薪金和职工福利费等支出税前扣除问题的公告》（国税总局 2015 年 34 号公告）对企业福利性补贴支出税前扣除提出规定：列入企业员工工资薪金制度、固定与工资薪金一起发放的福利性补贴，可作为企业发生的工资薪金支出，按规定在税前扣除。不能同时符合上述条件的福利性补贴，应作为职工福利费，按规定计算限额税前扣除。

该项新规定更加明确了对职工福利费的税务处理，扩大了工资薪金的外延，将符合工资薪金制度要求、固定与工资薪金一同发放的福利性补贴视作工资薪金，不仅能够税前扣除，还能增加企业计算职工三项经费扣除限额的基数。

但是，对于国有企业，国家税务总局颁布的《关于企业工资薪金及职工福利费扣除问题的通知》（国税函〔2009〕3号）明确规定：属于国有性质的企业，其工资薪金，不得超过政府有关部门给予的限定数额；超过部分，不得计入企业工资薪金总额，也不得在计算企业应纳税所得额时扣除。因此，国有企业不能违反工资薪金的限额规定，将职工福利作为工资薪金过度发放。

（2）企业拨缴的工会经费，不超过工资薪金总额2%的部分准予扣除。

自2010年7月1日起，企业拨缴的职工工会经费，不超过工资薪金总额2%的部分，凭工会组织开具的《工会经费收入专用收据》在企业所得税税前扣除。

自2010年1月1日起，在委托税务机关代收工会经费的地区，企业拨缴的工会经费，也可凭合法、有效的工会经费代收凭据依法在税前扣除。

（3）除国务院财政、税务主管部门另有规定外，企业发生的职工教育经费支出，不超过工资薪金总额2.5%的部分准予扣除，超过部分准予结转以后纳税年度扣除。

软件生产企业发生的职工教育经费中的职工培训费用，根据财政部、国家税务总局颁布的《关于企业所得税若干优惠政策的通知》（财税［2012］27号）规定，可以全额在企业所得税前扣除。软件生产企业应准确划分职工教育经费中的职工培训费支出，对于不能准确划分的，以及准确划分后职工教育经费中扣除职工培训费用的余额，一律按照工资薪金总额2.5%的比例扣除。

核力发电企业为培养核电厂操纵员发生的培养费用，依据国家税务总局公告2014年第29号第三条规定，可作为企业的发电成本在税前扣除。企业应将核电厂操纵员培养费与员工的职工教育经费严格区分，单独核算，员工实际发生的职工教育经费支出不得计入核电厂操纵员培养费直接扣除。

上述计算职工福利费、工会经费、职工教育经费的工资薪金总额，是指企业按照上述第1.条规定实际发放的工资薪金总和，不包括企业的职工福利费、职工教育经费、工会经费以及养老保险费、医疗保险费、失业保险费、工伤保险费、生育保险费等社会保险费和住房公积金。属于国有性质的企业，其工资薪金，不得超过政府有关部门给予的限定数额；超过部分，不得计入企业工资薪金总额，也不得在计算企业应纳税所得额时扣除。

3. 社会保险费。

（1）企业依照国务院有关主管部门或者省级人民政府规定的范围和标准为职工缴纳的五险一金，即基本养老保险费、基本医疗保险费、失业保险费、工伤保险费、生育保险费等基本社会保险费和住房公积金，准予扣除。

（2）企业为投资者或者职工支付的补充养老保险费、补充医疗保险费，在国务院财政、税务主管部门规定的范围和标准内，准予扣除。企业依照国家有关规定为特殊工种职工支付的人身安全保险费和符合国务院财政、税务主管部门规定可以扣除的商业保险费准予扣除。

（3）企业参加财产保险，按照规定缴纳的保险费，准予扣除。企业为投资者或者职工支付的商业保险费，不得扣除。

4. 利息费用。

企业在生产、经营活动中发生的利息费用，按下列规定扣除。

（1）非金融企业向金融企业借款的利息支出、金融企业的各项存款利息支出和同业拆借利息支出、企业经批准发行债券的利息支出可据实扣除。

（2）非金融企业向非金融企业借款的利息支出，不超过按照金融企业同期同类贷款利率计算的数额的部分可据实扣除，超过部分不许扣除。

其中，所谓金融机构，是指各类银行、保险公司及经中国人民银行批准从事金融业务的非银行金融机构。包括国家专业银行、区域性银行、股份制银行、外资银行、中外合资银行以及其他综合性银行；还包括全国性保险企业、区域性保险企业、股份制保险企业、中外合资保险企业以及其他专业性保险企业；城市、农村信用社、各类财务公司以及其他从事信托投资、租赁等业务的专业和综合性非银行金融机构。非金融机构，是指除上述金融机构以外的所有企业、事业单位以及社会团体等企业或组织。

（3）关联企业利息费用的扣除。企业从其关联方接受的债权性投资与权益性投资的比例超过规定标准而发生的利息支出，不得在计算应纳税所得额时扣除。

①在计算应纳税所得额时，企业实际支付给关联方的利息支出，不超过以下规定比例和税法及其实施条例有关规定计算的部分，准予扣除，超过的部分不得在发生当期和以后年度扣除。

企业实际支付给关联方的利息支出，除符合下面第②条规定外，其接受关联方债权性投资与其权益性投资比例为：金融企业5∶1；其他企业2∶1。

②企业如果能够按照税法及其实施条例的有关规定提供相关资料，并证明相关交易活动符合独立交易原则的；或者该企业的实际税负不高于境内关联方的，其实际支付给境内关联方的利息支出，在计算应纳税所得额时准予扣除。

③企业同时从事金融业务和非金融业务，其实际支付给关联方的利息支出，应按照合理方法分开计算；没有按照合理方法分开计算的，一律按前述第①条有关其他企业的比例计算准予税前扣除的利息支出。

④企业自关联方取得的不符合规定的利息收入应按照有关规定缴纳企业所得税。

(4) 企业向自然人借款的利息支出在企业所得税税前的扣除。

①企业向股东或其他与企业有关联关系的自然人借款的利息支出，应根据《企业所得税法》第四十六条及财政部、国家税务总局颁布的《关于企业关联方利息支出税前扣除标准有关税收政策问题的通知》（财税［2008］121号）规定的条件，计算企业所得税扣除额。

②企业向除①规定以外的内部职工或其他人员借款的利息支出，其借款情况同时符合以下条件的，其利息支出在不超过按照金融企业同期同类贷款利率计算的数额的部分，准予扣除。

条件一：企业与个人之间的借贷是真实、合法、有效的，并且不具有非法集资目的或其他违反法律、法规的行为；

条件二：企业与个人之间签订了借款合同。

5. 借款费用。

(1) 企业在生产经营活动中发生的合理的不需要资本化的借款费用，准予扣除。

(2) 企业为购置、建造固定资产、无形资产和经过12个月以上的建造才能达到预定可销售状态的存货发生借款的，在有关资产购置、建造期间发生的合理的借款费用，应予以资本化，作为资本性支出计人有关资产的成本；有关资产交付使用后发生的借款利息，可在发生当期扣除。

(3) 企业通过发行债券、取得贷款、吸收保户储金等方式融资而发生的合理的费用支出，符合资本化条件的，应计人相关资产成本；不符合资本化条件的，应作为财务费用，准予在企业所得税前据实扣除。

6. 汇兑损失。

企业在货币交易中，以及纳税年度终了时将人民币以外的货币性资产、负债按照期末即期人民币汇率中间价折算为人民币时产生的汇兑损失，除已经计入有关资产成本以及与向所有者进行利润分配相关的部分外，准予扣除。

7. 业务招待费。

企业发生的与生产经营活动有关的业务招待费支出，按照发生额的60%扣除，但最高不得超过当年销售（营业）收入的5‰。

对从事股权投资业务的企业（包括集团公司总部、创业投资企业等），其从被投资企业所分配的股息、红利以及股权转让收入，可以按规定的比例计算业务招待费扣除限额。

企业在筹建期间，发生的与筹办活动有关的业务招待费支出，可按实际发生额的60%计入企业筹办费，并按有关规定在税前扣除。

8. 广告费和业务宣传费。

企业发生的符合条件的广告费和业务宣传费支出，除国务院财政、税务主管部门另有规定外，不超过当年销售（营业）收入15%的部分，准予扣除；超过部分，准予结转以后纳税年度扣除。

企业在筹建期间，发生的广告费和业务宣传费，可按实际发生额计入企业筹办费，可按上述规定在税前扣除。

企业申报扣除的广告费支出应与赞助支出严格区分。企业申报扣除的广告费支出，必须符合下列条件：广告是通过工商部门批准的专门机构制作的；已实际支付费用，并已取得相应发票；通过一定的媒体传播。

9. 环境保护专项资金。

企业依照法律、行政法规有关规定提取的用于环境保护、生态恢复等方面的专项资金，准予扣除。上述专项资金提取后改变用途的，不得扣除。

10. 保险费。

企业参加财产保险，按照规定缴纳的保险费，准予扣除。

11. 租赁费。

企业根据生产经营活动的需要租入固定资产支付的租赁费，按照以下方法扣除：

（1）以经营租赁方式租入固定资产发生的租赁费支出，按照租赁期限均匀扣除。经营性租赁是指所有权不转移的租赁。

（2）以融资租赁方式租入固定资产发生的租赁费支出，按照规定构成融资租入固定资产价值的部分应当提取折旧费用，分期扣除。融资租赁是指在实质上转移与一项资产所有权有关的全部风险和报酬的一种租赁。

12. 劳动保护费。

企业发生的合理的劳动保护支出，准予扣除。自2011年7月1日起，企业根据其工作性质和特点，由企业统一制作并要求员工工作时统一着装所发生的工作服饰费用，根据《实施条例》第二十七条的规定，可以作为企业合理的支出给予税前扣除。

13. 公益性捐赠支出。

公益性捐赠，是指企业通过公益性社会团体或者县级（含县级）以上人民政府及其部门，用于《中华人民共和国公益事业捐赠法》规定的公益事业的捐赠。

企业发生的公益性捐赠支出，不超过年度利润总额12%的部分，准予扣除。年度利润总额，是指企业依照国家统一会计制度的规定计算的年度会计利润。

（1）用于公益事业的捐赠支出，是指《中华人民共和国公益事业捐赠法》规定的向公益事业的捐赠支出，具体范围包括：

①救助灾害、救济贫困、扶助残疾人等困难的社会群体和个人的活动；

②教育、科学、文化、卫生、体育事业；

③环境保护、社会公共设施建设；

④促进社会发展和进步的其他社会公共和福利事业。

企事业单位、社会团体以及其他组织捐赠住房作为廉租住房的视同公益性捐赠按上述规定执行。

（2）公益性社会团体，是指同时符合下列条件的基金会、慈善组织等社会团体：

①依法登记，具有法人资格；

②以发展公益事业为宗旨，且不以营利为目的；

③全部资产及其增值为该法人所有；

④收益和营运结余主要用于符合该法人设立目的的事业；

⑤终止后的剩余财产不归属任何个人或者营利组织；

⑥不经营与其设立目的无关的业务；

⑦有健全的财务会计制度；

⑧捐赠者不以任何形式参与社会团体财产的分配；

⑨国务院财政、税务主管部门会同国务院民政部门等登记管理部门规定的其他条件。

（3）公益性社会团体和县级以上人民政府及其组成部门和直属机构在接受捐赠时，捐赠资产的价值，按以下原则确认：

①接受捐赠的货币性资产，应当按照实际收到的金额计算；

②接受捐赠的非货币性资产，应当以其公允价值计算。捐赠方在向公益性社会团体和县级以上人民政府及其组成部门和直属机构捐赠时，应当提供注明捐赠非货币性资产公允价值的证明，如果不能提供上述证明，公益性社会团体和县级以上人民政府及其组成部门和直属机构不得向其开具公益性捐赠票据。

（4）公益性社会团体和县级以上人民政府及其组成部门和直属机构在接受捐赠时，应按照行政管理级次分别使用由财政部或省、自治区、直辖市财政部门印制的公益性捐赠票据，并加盖本单位的印章；对个人索取捐赠票据的，应予以开具。

（5）对符合条件的公益性群众团体，应按照管理权限，由财政部、国家税务总局和省、自治区、直辖市、计划单列市财政、税务部门分别每年联合公布名单。名单应当包括继续获得公益性捐赠税前扣除资格和新获得公益性捐赠税前扣除资格的群众团体，企业和个人在名单所属年度内向名单内的群众团体进行的公益性捐赠支出，可以按规定进行税前扣除。

对存在以下情形之一的公益性群众团体，应取消其公益性捐赠税前扣除资格：

①前3年接受捐赠的总收入中用于公益事业的支出比例低于70%的；

②在申请公益性捐赠税前扣除资格时有弄虚作假行为的；

③存在逃避缴纳税款行为或为他人逃避缴纳税款提供便利的；

④存在违反该组织章程的活动，或者接受的捐赠款项用于组织章程规定用途之外的支出等情况的；

⑤受到行政处罚的。

被取消公益性捐赠税前扣除资格的公益性群众团体，3年内不得重新申请公益性捐赠税前扣除资格。

（6）对于通过公益性群众团体发生的公益性捐赠支出，主管税务机关应对照财政、税务部门联合发布的名单，接受捐赠的群众团体位于名单内，则企业或个人在名单所属年度发生的公益性捐赠支出可按规定进行税前扣除；接受捐赠的群众团体不在名单内，或虽在名单内但企业或个人发生的公益性捐赠支出不属于名单所属年度的，不得扣除。

14. 有关资产的费用。

企业转让各类固定资产发生的费用，允许扣除。企业按规定计算的固定资产折旧费、无形资产和递延资产的摊销费，准予扣除。

15. 总机构分摊的费用。

非居民企业在中国境内设立的机构、场所，就其中国境外总机构发生的与该机构、场所生产经营有关的费用，能够提供总机构出具的费用汇集范围、定额、分配依据和方法等证明文件，并合理分摊的，准予扣除。

16. 资产损失。

企业当期发生的固定资产和流动资产盘亏、毁损净损失，由其提供清查盘存资料经主管税务机关审核后，准予扣除。

17. 依照有关法律、行政法规和国家有关税法规定准予扣除的其他项目。

如会员费、合理的会议费、差话费、违约金、诉讼费用等。

18. 手续费及佣金支出。

（1）企业发生的与生产经营有关的手续费及佣金支出，不超过以下规定计算限额以内的部分，准予扣除；超过部分，不得扣除。

①保险企业：财产保险企业按当年全部保费收入扣除退保金等后余额的15%（含本数，下同）计算限额；人身保险企业按当年全部保费收入扣除退保金等藉余额的10%计算限额。

②其他企业：按与具有合法经营格中介服务机构或个人（不含交易双方及其雇

员、代理人各代表人等）所签订服务协议或合同确认的收入金额的5%计算限额。

（2）企业应与具有合法经营资格的中介服务企业或个签订代办协议或合同，并按国家有关规定支付手续费及佣金。除委托个人代理外，企业以现金等非转账方式支付的手续费及佣金不得在税前扣除。企业为发行权益性证券支付给有关证券承销机构的手续费及佣金不得在税前扣除。

（3）企业不得将手续费及佣金支出计入回扣、业务提成、返利、进场费筹费用。

（4）企业已计入固定资产、无形资产等相关资产的手续费及佣金支出，应当通过折旧、摊销等方式分期扣除，不得在发生当期直接扣除。

（5）企业支付的手续费及佣金不得直接冲减服务协议或合同金额，并如实入账：

（6）企业应当如实向当地主管税务机关提供当年手续费及佣金计算分配表和其他相关资料，并依法取得合法真实凭证。

（7）电信企业在发展客户、拓展业务等过程中（如委托销售电话入网卡、电话充值卡等），需向经纪人、代办商支付手续费及佣金的，其实际发生的相关手续费及佣金支出，不超过企业当年收入总额5%的部分，准予在企业所得税前据实扣除。

（8）从事代理服务、主营业务收入为手续费、佣金的企业（如证券、期货、保险代理等企业），其为取得该类收入而实际发生的营业成本（包括手续费及佣金支出），准予在企业所得税前据实扣除。

19. 根据《企业所得税法》第二十一条规定，对企业依据财务会计制度规定，并实际在财务会计处理上已确认的支出，凡没有超过《企业所得税法》和有关税收法规规定的税前扣除范围和标准的，可按企业实际会计处理确认的支出，在企业所得税前扣除，计算其应纳税所得额。

20. 企业维简费支出企业所得税税前扣除规定。

企业实际发生的维简费支出，属于收益性支出的，可作为当期费用税前扣除；属于资本性支出的，应计入有关资产成本，并按《企业所得税法》规定计提折旧或摊销费用在税前扣除。

自2013年1月1日起，除煤矿企业继续执行国家税务总局颁布的《关于煤矿企业维简费和高危行业企业安全生产费用企业所得税税前扣除问题的公告》（国家税务总局公告2011年第26号）外，其他企业按以下规定执行。

（1）企业按照有关规定预提的维简费，不得在当期税前扣除。

（2）本规定实施前，企业按照有关规定提取且已在当期税前扣除的维简费，按以下规定处理：

①尚未使用的维简费，并未作纳税调整的，可不作纳税调整，应首先抵减2013年实际发生的维简费，仍有余额的，继续抵减以后年度实际发生的维简费，至余额为零时，企业方可按收益性支出、资本性支出各自的规定处理；已作纳税调整的，不再调回，直接按收益性支出、资本性支出各自的规定处理。

②已用于资产投资并形成相关资产全部成本的，该资产提取的折旧或费用摊销额，不得税前扣除；已用于资产投资并形成相关资产部分成本的，该资产提取的折旧或费用摊销额中与该部分成本对应的部分，不得税前扣除；已税前扣除的，应调整作为2013年度应纳税所得额。

（六）不得扣除的项目

在计算应纳税所得额时，下列项目不得从收入总额中扣除：

1. 向投资者支付的股息、红利等权益性投资收益款项。

2. 企业所得税税款。

3. 税收滞纳金。

4. 罚金、罚款和被没收财务的损失。

5. 年度利润总额12%以外的公益性捐赠支出。

6. 赞助支出。

赞助支出，是指企业发生的与生产经营活动无关的各种非广告性质支出。

7. 未经核定的准备金支出。

未经核定的准备金支出，是指不符合国务院财政、税务主管部门规定的各项资产减值准备、风险准备等准备金支出。

除财政部和国家税务总局核准计提的准备金可以税前扣除外，其他行业、企业计提的各项资产减值准备、风险准备等准备金均不得税前扣除。2008年1月1日前按照原企业所得税法规定计提的各类准备金，2008年1月1日后，未经财政部和国家税务总局核准的，企业以后年度实际发生的相应损失，应先冲减各项准备金余额。

8. 与取得收入无关的其他支出。

企业之间支付的管理费、企业内营业机构之间支付的租金和特许权使用费，以及非银行企业内营业机构之间支付的利息，不得扣除。

（七）亏损弥补

税法规定，纳税人发生年度亏损的，可以用下一纳税年度的所得弥补；下一纳税年度的所得不足弥补的，可以逐年延续弥补，但是延续弥补期最长不得超过五年。

企业筹办期间不计算为亏损年度，企业自开始生产经营的年度，为开始计算企业损益的年度。企业从事生产经营之前进行筹办活动期间发生筹办费用支出，不得计算为当期的亏损，企业可以在开始经营之日的当年一次性扣除，也可以按照新税法有关长期待摊费用的处理规定处理，但一经选定，不得改变。

（八）关联企业应纳税所得额的调整

根据《税收征管法》的规定，存在下列关系之一的企业、公司和其他组织为关联企业：

1. 在资金、经营、购销等方面存在直接或者间接的拥有或者控制关系；

2. 直接或者间接地同为第三者所拥有或者控制；

3. 在利益上具有相关联的其他关系。

纳税人与关联企业的业务往来，应按独立企业之间的业务往来收取或支付价款、费用。如果未按独立企业之间的业务往来收取或支付价款、费用而减少其应税收入或应税所得的，税务机关有权进行合理调整。调整的方法和顺序是：①按照独立企业之间进行相同或类似业务活动的价格；②按照再销售给无关联方的第三者的价格所应取得的收入和利润水平；③按照成本加合理的费用和利润；④按照其他合理的方法。

五、企业资产的税务处理

企业资产是指企业拥有或者控制的、用于经营管理活动且与取得应税收入有关的资产。企业的各项资产，包括固定资产、生产性生物资产、无形资产、长期待摊费用、投资资产、存货等，以历史成本为计税基础。历史成本，是指企业取得该项资产时实际发生的支出。企业持有各项资产期间资产增值或者减值，除国务院财政、税务主管部门规定可以确认损益外，不得调整该资产的计税基础。企业转让资产，该项资产的净值，准予在计算应纳税所得额时扣除。资产的净值，是指有关资产、财产的计税基础减除已经按照规定扣除的折旧、折耗、摊销、准备金等后的余额。除另有规定外，企业在重组过程中，应当在交易发生时确认有关资产的转让所得或者损失，相关资产应当按照交易价格重新确定计税基础。

（一）固定资产

在计算应纳税所得额时，企业按照规定计算的固定资产折旧，准予扣除。

1. 固定资产。

是指企业为生产产品、提供劳务、出租或者经营管理而持有的、使用时间超过12个月的非货币性资产，包括房屋、建筑物、机器、机械、运输工具以及其他与生产经营活动有关的设备、器具、工具等。

2. 固定资产按照以下方法确定计税基础。

（1）外购的固定资产，以购买价款和支付的相关税费以及直接归属于使该资产达到预定用途发生的其他支出为计税基础；

（2）自行建造的固定资产，以竣工结算前发生的支出为计税基础；

（3）融资租入的固定资产，以租赁合同约定的付款总额和承租人在签订租赁合同过程中发生的相关费用为计税基础，租赁合同未约定付款总额的，以该资产的公允价值和承租人在签订租赁合同过程中发生的相关费用为计税基础；

（4）盘盈的固定资产，以同类固定资产的重置完全价值为计税基础；

（5）通过捐赠、投资、非货币性资产交换、债务重组等方式取得的固定资产，以该资产的公允价值和支付的相关税费为计税基础；

（6）改建的固定资产，除法定的支出外，以改建过程中发生的改建支出增加计税基础。

3. 下列固定资产不得计算折旧扣除。

（1）房屋、建筑物以外未投入使用的固定资产；

（2）以经营租赁方式租入的固定资产；

（3）以融资租赁方式租出的固定资产；

（4）已足额提取折旧仍继续使用的固定资产；

（5）与经营活动无关的固定资产；

（6）单独估价作为固定资产入账的土地；

（7）其他不得计算折旧扣除的固定资产。

4. 固定资产折旧的计提方法。

（1）企业应当自固定资产投入使用月份的次月起计算折旧；停止使用的固定资产，应当自停止使用月份的次月起停止计算折旧。

（2）企业应当根据固定资产的性质和使用情况，合理确定固定资产的预计净残值。固定资产的预计净残值一经确定，不得变更。

（3）固定资产按照直线法计算的折旧，准予扣除。

5. 除国务院财政、税务主管部门另有规定外，固定资产计算折旧的最低年限如下。

（1）房屋、建筑物，为20年；

（2）飞机、火车、轮船、机器、机械和其他生产设备，为10年；

（3）与生产经营活动有关的器具、工具、家具等，为5年；

（4）飞机、火车、轮船以外的运输工具，为4年；

（5）电子设备，为3年。

6. 固定资产折旧的企业所得税处理如下。

（1）企业固定资产会计折旧年限如果短于税法规定的最低折旧年限，其按会计折旧年限计提的折旧高于按税法规定的最低折旧年限计提的折旧部分，应调增当期应纳税所得额；企业固定资产会计折旧年限已期满且会计折旧已提足，但税法规定的最低折旧年限尚未到期且税收折旧尚未足额扣除，其未足额扣除的部分准予在剩余的税收折旧年限继续按规定扣除。

（2）企业固定资产会计折旧年限如果长于税法规定的最低折旧年限，其折旧应按会计折旧年限计算扣除，税法另有规定除外。

（3）企业按会计规定提取的固定资产减值准备，不得税前扣除，其折旧仍按税法确定的固定资产计税基础计算扣除。

（4）企业按税法规定实行加速折旧的，其按加速折旧办法计算的折旧额可全额在税前扣除。

（5）石油天然气开采企业在计提油气资产折耗（折旧）时，由于会计与税法规定计算方法不同导致的折耗（折旧）差异，应按税法规定进行纳税调整。

7. 固定资产改扩建的税务处理。

自2011年7月1日起，企业对房屋、建筑物固定资产在未足额提取折旧前进行改扩建的，如属于推倒重置的，该资产原值减除提取折旧后的净值，应并入重置后的固定资产计税成本，并在该固定资产投入使用后的次月起，按照税法规定的折旧年限，一并计提折旧；如属于提升功能、增加面积的，该固定资产的改扩建支出，并入该固定资产计税基础，并从改扩建完工投入使用后的次月起，重新按税法规定的该固定资产折旧年限计提折旧，如该改扩建后的固定资产尚可使用的年限低于税法规定的最低年限的，可以按尚可使用的年限计提折旧。

（二）生物资产

1. 生物资产，是指有生命的动物和植物。生物资产分为消耗性生物资产、生产性生物资产和公益性生物资产。

消耗性生物资产，是指为出售而持有的、或在将来收获为农产品的生物资产，包括生长中的农田作物、蔬菜、用材林以及存栏待售的牲畜等。

生产性生物资产，是指为产出农产品、提供劳务或出租等目的而持有的生物资产，包括经济林、薪炭林、产畜和役畜等。

公益性生物资产，是指以防护、环境保护为主要目的的生物资产，包括防风固沙林、水土保持林和水源涵养林等。

2. 生产性生物资产按照以下方法确定计税基础：

（1）外购的生产性生物资产，以购买价款和支付的相关税费为计税基础。

（2）通过捐赠、投资、非货币性资产交换、债务重组等方式取得的生产性生物资产，以该资产的公允价值和支付的相关税费为计税基础。

3. 生物资产的折旧方法和折旧年限。

生产性生物资产按照直线法计算的折旧，准予扣除。企业应当自生产性生物资产投入使用月份的次月起计算折旧；停止使用的生产性生物资产，应当自停止使用月份的次月起停止计算折旧。

企业应当根据生产性生物资产的性质和使用情况，合理确定生产性生物资产的预计净残值。生产性生物资产的预计净残值一经确定，不得变更。

生产性生物资产计算折旧的最低年限如下：

（1）林木类生产性生物资产，为 10 年；

（2）畜类生产性生物资产，为 3 年。

（三）无形资产

在计算应纳税所得额时，企业按照规定计算的无形资产摊销费用，准予扣除。

1. 无形资产，是指企业长期使用、但没有实物形态的资产，包括专利权、商标权、著作权、土地使用权、非专利技术、商誉等。

2. 无形资产按照以下方法确定计税基础：

（1）外购的无形资产，以购买价款和支付的相关税费以及直接归属于使该资产达到预定用途发生的其他支出为计税基础；

（2）自行开发的无形资产，以开发过程中该资产符合资本化条件后至达到预定用途前发生的支出为计税基础；

（3）通过捐赠、投资、非货币性资产交换、债务重组等方式取得的无形资产，以该资产的公允价值和支付的相关税费为计税基础。

3. 下列无形资产不得计算摊销费用扣除：

（1）自行开发的支出已在计算应纳税所得额时扣除的无形资产；

（2）自创商誉；

（3）与经营活动无关的无形资产；

（4）其他不得计算推销费用扣除的无形资产。

4. 无形资产按照直线法计算的摊销费用，准予扣除。外购商誉的支出，在企业整体转让或者清算时，准予扣除。

5. 无形资产的摊销年限不得低于 10 年。作为投资或者受让的无形资产，有关法律规定或者合同约定了使用年限的，可以按照规定或者约定的使用年限分期摊销。

（四）长期待摊费用

长期待摊费用，是指企业发生的应在 1 个年度以上或几个年度进行摊销的费用。在计算应纳税所得额时，企业发生的下列支出作为长期待摊费用，按照规定摊销的，准予扣除。

1. 已足额提取折旧的固定资产的改建支出，按照固定资产预计尚可使用年限分期摊销。

2. 租入固定资产的改建支出，按照合同约定的剩余租赁期限分期摊销。

3. 固定资产的大修理支出，按照固定资产尚可使用年限分期摊销，是指同时符合下列条件的支出：

（1）修理支出达到取得固定资产时的计税基础50%以上；

（2）修理后固定资产的使用年限延长2年以上。

固定资产的改建支出，是指改变房屋或者建筑物结构、延长使用年限等发生的支出。已足额提取折旧的固定资产的改建支出，按照固定资产预计尚可使用年限分期摊销；租入固定资产的改建支出，按照合同约定的剩余租赁期限分期摊销；改建的固定资产延长使用年限的，除已足额提取折旧的固定资产、租入固定资产的改建支出外，其他的固定资产发生改建支出，应当适当延长折旧年限。

4. 其他应当作为长期待摊费用的支出，自支出发生月份的次月起，分期摊销，摊销年限不得低于3年。

（五）投资资产

企业对外投资期间，投资资产的成本在计算应纳税所得额时不得扣除。

投资资产，是指企业对外进行权益性投资和债权性投资形成的资产。企业在转让或者处置投资资产时，投资资产的成本，准予扣除。投资资产按照以下方式确定成本：

（1）通过支付现金方式取得的投资资产，以购买价款为成本；

（2）通过支付现金以外的方式取得的投资资产，以该资产的公允价值和支付的相关税费为成本。

（六）存货

存货，是指企业持有以备出售的产品或者商品、处在生产过程中的在产品、在生产或者提供劳务过程中耗用的材料和物料等。

1. 存货的计税基础。

存货按照以下方法确定成本：

（1）通过支付现金方式取得的存货，以购买价款和支付的相关税费为成本。

（2）通过支付现金以外的方式取得的存货，以该存货的公允价值和支付的相关税费为成本。

（3）生产性生物资产收获的农产品，以产出或者采收过程中发生的材料费、人工费和分摊的间接费用等必要支出为成本。

2. 存货的成本计算方法。

企业使用或者销售的存货的成本计算方法，可以在先进先出法、加权平均法、个别计价法中选用一种。计价方法一经选用，不得随意变更。

企业转让以上资产，在计算企业应纳税所得额时，资产的净值允许扣除。其中，资产的净值是指有关资产、财产的计税基础减除已经按照规定扣除的折旧、折耗、摊销、准备金等后的余额。

除国务院财政、税务主管部门另有规定外，企业在重组过程中，应当在交易发生时确认有关资产的转让所得或者损失，相关资产应当按照交易价格重新确定计税基础。

（七）资产损失

资产损失，是指企业在生产经营活动中实际发生的、与取得应税收入有关的资产损失，包括现金损失，存款损失，坏账损失，贷款损失，股权投资损失，固定资产和存货的盘亏、毁损、报废、被盗损失，自然灾害等不可抗力因素造成的损失以及其他损失。企业发生上述资产损失，应在按税法规定实际确认或者实际发生的当年申报扣除，不得提前或延后扣除。

1. 企业实际发生的资产损失按税务管理方式可分为自行计算扣除的资产损失和须经税务机关审理后才能扣除的资产损失。下列资产损失，属于由企业自行计算扣除的资产损失：

（1）企业在正常经营管理活动中因销售、转让、变卖固定资产、生产性生物资产、存货发生的资产损失；

（2）企业各项存货发生的正常损耗；

（3）企业固定资产达到或超过使用年限而正常报废清理的损失；

（4）企业生产性生物资产达到或超过使用年限而正常死亡发生的资产损失；

（5）企业按照有关规定通过证券交易所、银行间市场买卖债券、股票、基金以及金融衍生产品等发生的损失；

（6）其他经国家税务总局确认不需经税务机关审批的其他资产损失。

2. 企业发生的资产损失，凡无法准确辨别是否属于自行计算扣除的资产损失，可向税务机关提出审批申请。税务机关对企业资产损失税前扣除的审批是对纳税人按规定提供的申报材料与法定条件进行符合性审查。企业资产损失税前扣除不实行层层审批，企业可直接向有权审批税务机关申请。负责审批的税务机关应对企业资产损失税前扣除审批申请即报即批。

3. 企业发生属于由企业自行计算扣除的资产损失，应按照企业内部管理控制的要求，做好资产损失的确认工作，并保留好有关资产会计核算资料和原始凭证及内部审批证明等证据。

企业按规定向税务机关报送资产损失税前扣除申请时，均应提供能够证明资产损失确属已实际发生的合法证据，包括具有法律效力的外部证据和特定事项的企业内部证据。

4. 企业货币资产损失包括现金损失、银行存款损失和应收（预付）账款损失等。

（1）企业清查出的现金短缺扣除责任人赔偿后的余额，确认为现金损失；

（2）企业将货币性资金存入法定具有吸收存款职能的机构，因该机构依法破产、清算，或者政府责令停业、关闭等原因，确实不能收回的部分，确认为存款损失；

（3）逾期不能收回的应收款项中，单笔数额较小、不足以弥补清收成本的，由企业作出专项说明，对确实不能收回的部分，认定为损失；

（4）逾期3年以上的应收款项，企业有依法催收磋商记录，确认债务人已资不抵债、连续3年亏损或连续停止经营3年以上的，并能认定3年内没有任何业务往来，可以认定为损失。

5. 企业非货币资产损失包括存货损失、固定资产损失、在建工程损失、生物资产损失等。

（1）存货盘亏损失，其盘亏金额扣除责任人赔偿后的余额部分，存货报废、毁损和变质损失，其账面价值扣除残值及保险赔偿或责任赔偿后的余额部分，以及存货被盗损失，其账面价值扣除保险理赔以及责任赔偿后的余额部分，依据相关证据认定损失；

（2）固定资产盘亏、丢失损失，其账面净值扣除责任人赔偿后的余额部分，固定资产报废、毁损损失，其账面净值扣除残值、保险赔偿和责任人赔偿后的余额部分，以及固定资产被盗损失，其账面净值扣除保险理赔以及责任赔偿后的余额部分，依据相关证据认定损失；

（3）在建工程停建、废弃和报废、拆除损失，其账面价值扣除残值后的余额部分，在建工程自然灾害和意外事故毁损损失，其账面价值扣除残值、保险赔偿及责任赔偿后的余额部分，依据相关证据认定损失。工程物资发生损失的，比照存货损失的规定进行认定；

（4）生产性生物资产盘亏损失，其账面净值扣除责任人赔偿后的余额部分，因森林病虫害、疫情、死亡而产生的生产性生物资产损失，其账面净值扣除残值、保险赔偿和责任人赔偿后的余额部分，对被盗伐、被盗、丢失而产生的生产性生物资产损失，其账面净值扣除保险理赔以及责任赔偿后的余额部分，依据相关证据认定损失；

（5）企业由于未能按期赎回抵押资产，使抵押资产被拍卖或变卖，其账面净值大于变卖价值的差额部分，依据拍卖或变卖证明，认定为资产损失。

6. 企业投资损失包括债权性投资损失和股权（权益）性投资损失。

（1）各类符合坏账损失条件的债权投资，依据相关证据认定损失；

（2）金融企业符合坏账条件的银行卡透支款项以及相关的已计入应纳税所得额的其他应收款项，依据相关证据认定损失；

（3）金融企业符合坏账条件的助学贷款，依据相关证据认定损失；

（4）企业符合条件的股权（权益）性投资损失，应依据相关证据认定损失；

（5）企业的股权（权益）投资当有确凿证据表明已形成资产损失时，应扣除责任人和保险赔款、变价收入或可收回金额后，再确认发生的资产损失。

（八）纳税调整

税法规定与会计规定差异的处理，是指企业在财务会计核算中与税法规定不一致的，应当依照税法规定予以调整。即企业在平时进行会计核算时，可以按会计制度的有关规定进行账务处理，但在申报纳税时，对税法规定和会计制度规定有差异的，要按税法规定进行纳税调整。

根据《企业所得税法》第二十一条规定，对企业依据财务会计制度规定，并实际在财务会计处理上已确认的支出，凡没有超过《企业所得税法》和有关税收法规规定的税前扣除范围和标准的，可按企业实际会计处理确认的支出，在企业所得税前扣除，计算其应纳税所得额。

1. 企业不能提供完整、准确的收入及成本、费用凭证，不能正确计算应纳税所得额的，由税务机关核定其应纳税所得额。

2. 企业依法清算时，以其清算终了后的清算所得为应纳税所得额，按规定缴纳企业所得税。所谓清算所得，是指企业的全部资产可变现价值或者交易价格减除资产净值、清算费用以及相关税费等后的余额。

投资方企业从被清算企业分得的剩余资产，其中相当于从被清算企业累计未分配利润和累计盈余公积中应当分得的部分，应当确认为股息所得；剩余资产减除上述股息所得后的余额，超过或者低于投资成本的部分，应当确认为投资资产转让所得或者损失。

3. 企业应纳税所得额是根据税收法规计算出来的，它在数额上与依据财务会计制度计算的利润总额往往不一致。因此，税法规定：对企业按照有关财务会计规定计算的利润总额，要按照税法的规定进行必要调整后，才能作为应纳税所得额计算缴纳所得税。

4. 自2011年7月1日起，企业当年度实际发生的相关成本、费用，由于各种原因未能及时取得该成本、费用的有效凭证，企业在预缴季度所得税时，可暂按账面发生金额进行核算；但在汇算清缴时，应补充提供该成本、费用的有效凭证。

六、企业所得税的税收优惠政策

税收优惠，是指国家对某一部分特定企业和课税对象给予减轻或免除税收负担的一种措施。税法规定的企业所得税的税收优惠方式包括免税、减税、加计扣除、加速折旧、减计收入、税额抵免等。根据有关法规，我国企业所得税的减免优惠政策主要有：

（一）免征或减征优惠

1. 从事农、林、牧、渔业项目的所得。

（1）企业从事农、林、牧、渔业项目的所得，可以免征、减征企业所得税，是指：

①蔬菜、谷物、薯类、油料、豆类、棉花、麻类、糖料、水果、坚果的种植；

②农作物新品种的选育；

③中药材的种植；

④林木的培育和种植；

⑤牲畜、家禽的饲养；

⑥林产品的采集；

⑦灌溉、农产品初加工、兽医、农技推广、农机作业和维修等农、林、牧、渔服务业项目；

⑧远洋捕捞。

（2）企业从事下列项目的所得，减半征收企业所得税：

①花卉、茶以及其他饮料作物和香料作物的种植；

②海水养殖、内陆养殖。

企业从事国家限制和禁止发展的项目，不得享受上述企业所得税优惠。

2. 从事国家重点扶持的公共基础设施项目投资经营的所得。

国家重点扶持的公共基础设施项目，是指《公共基础设施项目企业所得税优惠目录》规定的港口码头、机场、铁路、公路、城市公共交通、电力、水利等项目。

（1）企业从事上述国家重点扶持的公共基础设施项目的投资经营的所得，自项目取得第1笔生产经营收入所属纳税年度起，第1年至第3年免征企业所得税，第4年至第6年减半征收企业所得税，简称“三免三减半”。

（2）企业承包经营、承包建设和内部自建自用上述项目，不得享受上述企业所得税优惠。

3. 从事符合条件的环境保护、节能节水项目的所得。

企业从事上述规定的符合条件的环境保护、节能节水项目的所得，自项目取得第1笔生产经营收入所属纳税年度起，第1年至第3年免征企业所得税，第4年至第6年减半征收企业所得税。

符合条件的环境保护、节能节水项目，包括公共污水处理、公共垃圾处理、沼气综合开发利用、节能减排技术改造、海水淡化等。项目的具体条件和范围由国务院财政、税务主管部门商国务院有关部门制定，报国务院批准后公布施行。

依照上述第2、3点的规定享受减免税优惠的项目，在减免税期限内转让的，受让方自受让之日起，可以在剩余期限内享受规定的减免税优惠；减免税期限届满后转让的，受让方不得就该项目重复享受减免税优惠。

4. 符合条件的技术转让所得。

符合条件的技术转让所得免征、减征企业所得税，是指一个纳税年度内，居民企业技术转让所得不超过500万元的部分，免征企业所得税；超过500万元的部分，减半征收企业所得税。其计算公式为：

$$技术转让所得=技术转让收入-技术转让成本-相关税费$$

享受减免企业所得税优惠的技术转让应符合以下条件：

（1）享受优惠的技术转让主体是企业所得税法规定的居民企业；

（2）技术转让属于财政部、国家税务总局规定的范围；

（3）境内技术转让经省级以上科技部门认定；

（4）向境外转让技术经省级以上商务部门认定；

（5）国务院税务主管部门规定的其他条件。

享受技术转让所得减免企业所得税优惠的企业，应单独计算技术转让所得，并合理分摊企业的期间费用；没有单独计算的，不得享受技术转让所得企业所得税优惠。

（二）高新技术企业优惠

1. 国家需要重点扶持的高新技术企业减按15%的税率征收企业所得税。国家需要重点扶持的高新技术企业，是指拥有核心自主知识产权，并同时符合下列六方面条件的企业。

（1）拥有核心自主知识产权。是指在中国境内（不含港、澳、台地区）注册的企业，近3年内通过自主研发、受让、受赠、并购等方式，或通过5年以上的独占许可方式，对其主要产品（服务）的核心技术拥有自主知识产权。

（2）产品（服务）属于《国家重点支持的高新技术领域》规定的范围。

（3）研究开发费用占销售收入的比例不低于规定比例。是指企业为获得科学技术（不包括人文、社会科学）新知识，创造性运用科学技术新知识，或实质性改进技术、产品（服务）而持续进行了研究开发活动，且近3个会计年度的研究开发费用总额占销售收入总额的比例符合如下要求：

①最近一年销售收入小于5 000万元的企业，比例不低于6%。

②最近一年销售收入在5 000万元至20 000万元的企业，比例不低于4%。

③最近一年销售收入在20 000万元以上的企业，比例不低于3%。

其中，企业在中国境内发生的研究开发费用总额占全部研究开发费用总额的比例不低于60%。企业注册成立时间不足3年的，按实际经营年限计算。

（4）高新技术产品（服务）收入占企业总收入的比例不低于规定比例。是指高新技术产品（服务）收入占企业当年总收入的60%以上。

（5）科技人员占企业职工总数的比例不低于规定比例。是指具有大学专科以上学历的科技人员占企业当年职工总数的30%以上，其中研发人员占企业当年职工总数的10%以上。

（6）高新技术企业认定管理办法规定的其他条件。《国家重点支持的高新技术领域》和高新技术企业认定管理办法由国务院科技、财政、税务主管部门商国务院有关部门制订，报国务院批准后公布施行。

2. 高新技术企业境外所得适用税率及税收抵免规定。根据财税［2011］47号规定，自2010年1月1日起，高新技术企业境外所得适用税率及税收抵免有关问题按以下规定执行：

（1）以境内、境外全部生产经营活动有关的研究开发费用总额、总收入、销售收入总额、高新技术产品（服务）收入等指标申请并经认定的高新技术企业，其来源于境外的所得可以享受高新技术企业所得税优惠政策，即对其来源于境外所得可以按照15%的优惠税率缴纳企业所得税，在计算境外抵免限额时，可按照15%的优惠税率计算境内外应纳税总额。

（2）上述高新技术企业境外所得税收抵免的其他事项，仍按照财税［2009］125号文件的有关规定执行。

（3）此处所称高新技术企业，是指依照《中华人民共和国企业所得税法》及其实施条例规定，经认定机构按照《高新技术企业认定管理办法》（国科发火［2008］172号）和《高新技术企业认定管理工作指引》（国科发火［2008］362号）认定取得高新技术企业证书并正在享受企业所得税15%税率优惠的企业。

3. 高新技术企业资格复审期间企业所得税预缴规定。根据国家税务总局公告2011年第4号规定，高新技术企业资格复审结果公示之前企业所得税预缴按以下规定执行：

高新技术企业应在资格期满前三个月内提出复审申请，在通过复审之前，在其高新技术企业资格有效期内，其当年企业所得税暂按15%的税率预缴。

（三）小型微利企业优惠

1. 小型微利企业认定。

小型微利企业减按20%的税率征收企业所得税。小型微利企业的条件如下：

（1）工业企业，年度应纳税所得额不超过30万元，从业人数不超过100人，资产总额不超过3 000万元。

（2）其他企业，年度应纳税所得额不超过30万元，从业人数不超过80人，资产总额不超过1 000万元。

上述"从业人数"按企业全年平均从业人数计算，"资产总额"按企业年初和年末的资产总额平均计算。

小型微利企业，是指企业的全部生产经营活动产生的所得均负有我国企业所得税纳税义务的企业。仅就来源于我国所得负有我国纳税义务的非居民企业，不适用上述规定。

2. 小型微利企业的优惠政策。

（1）按照财税［2015］34号规定，自2015年1月1日至2017年12月31日，对年应纳税所得额低于20万元（含20万元）的小型微利企业，其所得额减按50%计入应纳税所得额，按20%的税率缴纳企业所得税。

（2）按照财税［2015］99号规定，自2015年10月1日起至2017年12月31日，对年应纳税所得额在20万元到30万元（含30万元）之间的小型微利企业，其所得减按50%计入应纳税所得额，按20%的税率缴纳企业所得税。

3. 小型微利企业的征收管理。

（1）符合规定条件的小型微利企业自行申报享受减半征税政策。汇算清缴，小型微利企业通过填报企业所得税年度纳税申报表中"资产总额、从业人数、所属行业、国家限制和禁止行业"等栏次履行备案手续。

（2）小型微利企业预缴企业所得税时，按以下规定执行：

①查账征收企业。上一纳税年度符合小型微利企业条件，分别按照以下情况处理：

A. 按照实际利润预缴企业所得税的，预缴时累计实际利润不超过30万元（含，下同）的，可以享受减半征税政策；

B. 按照上一纳税年度应纳税所得额平均额预缴企业所得税的，预缴时可以享受减半征税政策。

②定率征税企业。上一纳税年度符合小型微利企业条件，本年度预缴企业所得

税时，累计应纳税所得额不超过30万元的，可以享受减半征税政策。

③定额征税的小型微利企业，由当地主管税务机关相应调整定额后，按照原办法征收。

④上一纳税年度不符合小型微利企业条件的企业。预缴时预计当年符合小型微利企业条件的，可以享受减半征税政策。

⑤本年度新成立小型微利企业，预缴时累计实际利润或应纳税所得额不超过30万元，可以享受减半征税政策。

(3) 企业预缴时享受了减半征税政策，但汇算清缴时不符合规定条件的，应当按照规定补缴税款。

(四) 非居民企业的应纳税所得

在中国境内未设立机构、场所的，或者虽设立机构、场所但取得的所得与其所设机构、场所没有实际联系的非居民企业，其取得的来源于中国境内的所得，减按10%的税率征收企业所得税。下列所得可以免征企业所得税：

1. 外国政府向中国政府提供贷款取得的利息所得。

2. 国际金融组织向中国政府和居民企业提供优惠贷款取得的利息所得。

国际金融组织，包括国际货币基金组织、世界银行、亚洲开发银行、国际开发协会、国际农业发展基金、欧洲投资银行以及财政部和国家税务总局确定的其他国际金融组织；所称优惠贷款，是指低于金融企业同期同类贷款利率水平的贷款。

3. 经国务院批准的其他所得。

按照国际惯例，来源国对汇出境外的利润有优先征税权，一般征收预提所得税，税率多在10%以上。如果税收协定规定减免的，可以按照协定规定减免。《企业所得税法》及其《实施条例》借鉴国际惯例，规定对汇出境外利润减按10%的税率征收企业所得税，没有给予普遍的免税政策，有利于通过双边互惠维护我国税收权益和对将利润汇出境外的企业的利益。

(五) 开发新技术、新产品、新工艺发生的研究开发费用加计扣除

研究开发费用的加计扣除，是指企业为开发新技术、新产品、新工艺发生的营救开发费用，未形成无形资产计入当期损益的，在按照规定据实扣除的基础上，按照研究开发费用的50%加计扣除；形成无形资产的，按照无形资产成本的150%摊销。

企业从事规定项目的研究开发活动，其在一个纳税年度中实际发生的下列费用支出，允许在计算应纳税所得额时按照规定实行加计扣除。

1. 新产品设计费、新工艺规程制定费以及与研发活动直接相关的技术图书资料费、资料翻译费；

2. 从事研发活动直接消耗的材料、燃料和动力费用；

3. 在职直接从事研发活动人员的工资、薪金、奖金、津贴、补贴；

4. 专门用于研发活动的仪器、设备的折旧费或租赁费；

5. 专门用于研发活动的软件、专利权、非专利技术等无形资产的摊销费用；

6. 专门用于中间试验和产品试制的模具、工艺装备开发及制造费；

7. 勘探开发技术的现场试验费；

8. 研发成果的论证、评审、验收费用。

对企业共同合作开发的项目，凡符合上述条件的，由合作各方就自身承担的研发费用分别按照规定计算加计扣除。

对企业委托给外单位进行开发的研发费用，凡符合上述条件的，由委托方按照规定计算加计扣除，受托方不得再进行加计扣除。对委托开发的项目，受托方应向委托方提供该研发项目的费用支出明细情况，否则，该委托开发项目的费用支出不得实行加计扣除。

企业根据财务会计核算和研发项目的实际情况，对发生的研发费用进行收益化或资本化处理的，可按下述规定计算加计扣除：

1. 研发费用计入当期损益未形成无形资产的，允许再按当年研发费用实际发生额的 50%，直接抵扣当年的应纳税所得额；

2. 研发费用形成无形资产的，按照无形资产成本的 150% 在税前摊销。除法律另有规定外，摊销年限不得低于 10 年。

法律、行政法规和国家税务总局规定不允许企业所得税前扣除的费用和支出项目，均不允许计入研究开发费用。企业未设立专门的研发机构或企业研发机构同时承担生产经营任务的，应对研发费用和生产经营费用分开进行核算，准确、合理的计算各项研究开发费用支出，对划分不清的，不得实行加计扣除。

（六）安置残疾人员及国家鼓励安置的其他就业人员所支付的工资

企业安置残疾人员所支付的工资的加计扣除，是指企业安置残疾人员的，在按照支付给残疾职工工资据实扣除的基础上，按照支付给残疾职工工资的 100% 加计扣除。企业安置国家鼓励安置的其他就业人员所支付的工资的加计扣除办法，由国务院另行规定。

（七）创业投资企业从事国家需要重点扶持和鼓励的创业投资，可以按投资额的一定比例抵扣应纳税所得额

抵扣应纳税所得额，是指创业投资企业采取股权投资方式投资于未上市的中小高新技术企业两年以上的，可以按照其投资额的 70% 在股权持有满两年的当年抵扣该创业投资企业的应纳税所得额；当年不足抵扣的，可以在以后纳税年度结转抵扣。

（八）加速折旧

1. 属于加速折旧范围的固定资产。

企业的固定资产由于技术进步等原因，确需加速折旧的，可以缩短折旧年限或者采取加速折旧的方法。可以采取缩短折旧年限或者采取加速折旧的方法的固定资产，包括：

（1）由于技术进步，产品更新换代缴款的固定资产；

（2）常年处于强震动、高腐蚀状态的固定资产。

采取缩短折旧年限方法的，最低折旧年限不得低于法定折旧年限的60%；采取加速折旧方法的，可以采取双倍余额递减法或者年数总和法。

2. 生物药品制造等6行业加速折旧规定。

依据财税［2014］75号文件，对有关固定资产加速折旧企业所得税政策问题规定如下：

（1）对生物药品制造业，专用设备制造业，铁路、船舶、航空航天和其他运输设备制造业，计算机、通信和其他电子设备制造业，仪器仪表制造业，信息传输、软件和信息技术服务业等6个行业的企业2014年1月1日后新购进的固定资产，可缩短折旧年限或采取加速折旧的方法。

对上述6个行业的小型微利企业2014年1月1日后新购进的研发和生产经营共用的仪器、设备，单位价值不超过100万元的，允许一次性计入当期成本费用在计算应纳税所得额时扣除，不再分年度计算折旧；单位价值超过100万元的，可缩短折旧年限或采取加速折旧的方法。

（2）对所有行业企业2014年1月1日后新购进的专门用于研发的仪器、设备，单位价值不超过100万元的，允许一次性计入当期成本费用在计算应纳税所得额时扣除，不再分年度计算折旧；单位价值超过100万元的，可缩短折旧年限或采取加速折旧的方法。

（3）对所有行业企业持有的单位价值不超过5 000元的固定资产，允许一次性计入当期成本费用在计算应纳税所得额时扣除，不再分年度计算折旧。

（4）企业按本上述第（1）条、第（2）条规定缩短折旧年限的，对其购置的新固定资产，最低折旧年限不得低于《企业所得税法实施条例》第六十条规定折旧年限的60%；企业购置已使用过的固定资产，其最低折旧年限不得低于《企业所得税法实施条例》规定折旧年限减去已使用年限后剩余年限的60%。采取加速折旧方法的，可采取双倍余额递减法或者年数总和法。上述前三条规定之外的企业固定资产加速折旧所得税处理问题，继续按照企业所得税法及其实施条例和现行税收政策规定执行。

3. 轻工、纺织、机械、汽车四个重点领域重点行业加速折旧规定。

（1）对轻工、纺织、机械、汽车等四个领域重点行业（具体范围见附件）的企业2015年1月1日后新购进的固定资产，可由企业选择缩短折旧年限或采取加速折旧的方法。

（2）对四个领域重点行业小型微利企业2015年1月1日后新购进的研发和生产经营共用的仪器、设备，单位价值不超过100万元（含）的，允许在计算应纳税所得额时一次性全额扣除；单位价值超过100万元的，允许缩短折旧年限或采取加速折旧方法。

（3）企业按上述第1、2条规定缩短折旧年限的，对其购置的新固定资产，最低折旧年限不得低于实施条例第六十条规定的折旧年限的60%；对其购置的已使用过的固定资产，最低折旧年限不得低于实施条例规定的最低折旧年限减去已使用年限后剩余年限的60%。最低折旧年限一经确定，不得改变。

（4）企业第1、2条规定采取加速折旧方法的，可以采取双倍余额递减法或者年数总和法。加速折旧方法一经确定，不得改变。

（九）减计收入

企业综合利用资源，生产符合国家产业政策规定的产品所取得的收入，可以在计算应纳税所得额时减计收入。

减计收入，是指企业以《资源综合利用企业所得税优惠目录》规定的资源作为主要原材料，生产国家非限制和禁止并符合国家和行业相关标准的产品取得的收入，减按90%计入收入总额。前述所称原材料占生产产品材料的比例不得低于前述优惠目录规定的标准。

（十）抵免应纳税额

企业购置用于环境保护、节能节水、安全生产等专用设备的投资额，可以按一定比例实行税额抵免。

税额抵免，是指企业购置并实际使用《环境保护专用设备企业所得税优惠目录》《节能节水专用设备企业所得税优惠目录》和《安全生产专用设备企业所得税优惠目录》规定的环境保护、节能节水、安全生产等专用设备的，该专用设备的投资额的10%可以从企业当年的应纳税额中抵免；当年不足抵免的，可以在以后5个纳税年度结转抵免。享受上述规定的企业所得税优惠的企业，应当实际购置并自身实际投入使用上述规定的专用设备；企业购置上述专用设备在5年内转让、出租的，应当停止享受企业所得税优惠，并补缴已经抵免的企业所得税税款。

购置并实际使用的环境保护、节能节水和安全生产专用设备，包括承租方企业以融资租赁方式租入的、并在融资租赁合同中约定租赁期届满时租赁设备所有权转移给承租方企业，且符合规定条件的上述专用设备。凡融资租赁期届满后租赁设备所有权未转移至承租方企业的，承租方企业应停止享受抵免企业所得税优惠，并补缴已经抵免的企业所得税税款。

企业同时从事适用不同企业所得税待遇的项目的，其优惠项目应当单独计算所得，并合理分摊企业的期间费用；没有单独计算的，不得享受企业所得税优惠。

（十一）鼓励软件产业和集成电路产业发展的优惠政策

为进一步鼓励软件产业和集成电路产业发展财税［2012］27号文件规定了相应的企业所得税优惠政策，主要有：

1. 集成电路线宽小于0.8微米（含）的集成电路生产企业，经认定后，在2017年12月31日前自获利年度起计算优惠期，第一年至第二年免征企业所得税，第三年至第五年按照25%的法定税率减半征收企业所得税，并享受至期满为止。

2. 集成电路线宽小于0.25微米或投资额超过80亿元的集成电路生产企业，经认定后，减按15%的税率征收企业所得税，其中经营期在15年以上的，在2017年12月31日前自获利年度起计算优惠期，第一年至第五年免征企业所得税，第六年至第十年按照25%的法定税率减半征收企业所得税，并享受至期满为止。

3. 我国境内新办的集成电路设计企业和符合条件的软件企业，经认定后，在2017年12月31日前自获利年度起计算优惠期，第一年至第二年免征企业所得税，第三年至第五年按照25%的法定税率减半征收企业所得税，并享受至期满为止。

软件企业所得税优惠政策适用于经认定并实行查账征收方式的软件企业。所称经认定，是指经国家规定的软件企业认定机构按照软件企业认定管理的有关规定进行认定并取得软件企业认定证书。

软件企业的获利年度，是指软件企业开始生产经营后，第一个应纳税所得额大于零的纳税年度，包括对企业所得税实行核定征收方式的纳税年度。软件企业享受定期减免税优惠的期限应当连续计算，不得因中间发生亏损或其他原因而间断。

4. 国家规划布局内的重点软件企业和集成电路设计企业，如当年未享受免税优惠的，可减按10%的税率征收企业所得税。

（十二）鼓励证券投资基金发展的优惠政策

根据财政部、国家税务总局颁布的《关于企业所得税若干优惠政策的通知》（财税［2008］1号）规定：

1. 对证券投资基金从证券市场中取得的收入，包括买卖股票、债券的差价收入，股权的股息、红利收入，债券的利息收入及其他收入，暂不征收企业所得税。

2. 对投资者从证券投资基金分配中取得的收入，暂不征收企业所得税。

3. 对证券投资基金管理人运用基金买卖股票、债券的差价收入，暂不征收企业所得税。

（十三）节能服务公司的优惠政策

自2011年1月1日起，对符合条件的节能服务公司实施合同能源管理项目，符合企业所得税税法有关规定的，自项目取得第一笔生产经营收入所属纳税年度起，第1年至第3年免征企业所得税，第4年至第6年按照25%的法定税率减半征收企业所得税。

（十四）电网企业电网新建项目享受所得税的优惠政策

根据《中华人民共和国企业所得税法》及其实施条例的有关规定，居民企业从事符合《公共基础设施项目企业所得税优惠目录（2008年版）》规定条件和标准的电网（输变电设施）的新建项目，可依法享受“三免三减半”的企业所得税优惠政策。基于企业电网新建项目的核算特点，暂以资产比例法，即以企业新增输变电固定资产原值占企业总输变电固定资产原值的比例，合理计算电网新建项目的应纳税所得额，并据此享受“三免三减半”的企业所得税优惠政策。

（十五）民族自治地方的优惠

民族自治地方的自治机关对本民族自治地方的企业应缴纳的企业所得税中属于地方分享的部分，可以决定减征或者免征。自治州、自治县决定减征或者免征的，须报省、自治区、直辖市人民政府批准。

企业所得税法所称民族自治地方，是指依照《中华人民共和国民族区域自治法》的规定，实行民族区域自治的自治区、自治州、自治县。

对民族自治地方内国家限制和禁止行业的企业，不得减征或者免征企业所得税。

民族自治地方在新税法实施前已经按照财政部、国家税务总局、海关总署颁布的《关于西部大开发税收优惠政策问题的通知》（财税［2001］202号）第二条第2款有关减免税规定批准享受减免企业所得税（包括减免中央分享企业所得税的部分）的，自2008年1月1日起计算，对减免税期限在5年以内（含5年）的，继续执行至期满后停止；对减免税期限超过5年的，从第6年起按新《税法》第二十九条规定执行。

（十六）西部大开发的税收优惠

1. 适用范围。

本政策的适用范围包括重庆市、四川省、贵州省、云南省、西藏自治区、陕西省、甘肃省、宁夏回族自治区、青海省、新疆维吾尔自治区、新疆生产建设兵团、内蒙古自治区和广西壮族自治区（上述地区统称“西部地区”）。湖南省湘西土家族苗族自治州、湖北省恩施土家族苗族自治州、吉林省延边朝鲜族自治州、江西省赣州市，可以比照西部地区的税收优惠政策执行。

2. 具体内容。

（1）对设在西部地区国家鼓励类产业企业，在2011年1月1日至2020年12月31日期间，减按15%的税率征收企业所得税。

国家鼓励类产业企业，是指以《产业结构调整指导目录》（2005年版）中规定的产业项目为主营业务，其主营业务收入占企业总收入70%以上的企业。

（2）对西部地区2010年12月31日前新办的，根据财政部、国家税务总局、海关总署颁布的《关于西部大开发税收优惠政策问题的通知》（财税［2001］2002号）规定，可以享受企业所得税“两免三减半”的交通、电力、水利、广播电视企业，其享受的企业所得税“两免三减半”优惠可以继续享受到期满为止。

（3）对在西部地区新办交通、电力、水利、邮政、广播电视企业，上述项目业务收入占企业总收入70%以上的，可以享受企业所得税如下优惠政策：内资企业自开始生产经营之日起，第1年至第2年免征企业所得税，第3年至第5年减半征收企业所得税。

新办交通企业，是指投资新办从事公路、铁路、航空、港口、码头运营和管道运输的企业。新办电力企业，是指投资新办从事电力运营的企业。新办水利企业，是指投资新办从事江河湖泊综合治理、防洪除涝、灌溉、供水、水资源保护、水力发电、水土保持、河道疏浚、河海堤防建设等开发水利、防治水害的企业。新办邮政企业，是指投资新办从事邮政运营的企业。新办广播电视企业，是指投资新办从事广播电视运营的企业。

上述企业同时符合本规定条件的，第3年至第5年减半征收企业所得税时，按15%税率计算出应纳所得税额后减半执行。

上述所称企业，是指投资主体自建、运营上述项目的企业，单纯承揽上述项目建设的施工企业不得享受两年免征、三年减半征收企业所得税的政策。

3. 对实行汇总（合并）纳税企业，应当将西部地区的成员企业与西部地区以外的成员企业分开，分别汇总（合并）申报纳税，分别适用税率。

4. 赣州市执行西部大开发政策的规定。

2012年1月1日至2020年12月31日，对设在赣州市的鼓励类产业的内资企业和外商投资企业减按15%的税率征收企业所得税。

鼓励类产业的内资企业是指以《产业结构调整指导目录》中规定的鼓励类产业项目为主营业务，且其主营业务收入占企业收入总额70%以上的企业。

鼓励类产业的外商投资企业是指以《外商投资产业指导目录》中规定的鼓励类项目和《中西部地区外商投资优势产业目录》中规定的江西省产业项目为主营业务，且其主营业务收入占企业收入总额70%以上的企业。

七、企业所得税已纳所得税额的抵扣

企业取得的下列所得已在境外缴纳的所得税税额，可以从其当期应纳税额中抵免，抵免限额为该项所得依照本法规定计算的应纳税额；超过抵免限额的部分，可以在以后5个年度内，用每年抵免限额抵免当年应抵税额后的余额进行抵补：①居民企业来源于中国境外的应税所得；②非居民企业在中国境内设立机构、场所，取得发生在中国境外但与该机构、场所有实际联系的应税所得。

1. 已在境外缴纳的所得税税额，是指企业来源于中国境外的所得依照中国境外税收法律以及相关规定应当缴纳并已经实际缴纳的企业所得税性质的税款。

2. 抵免限额，是指企业来源于中国境外的所得，依照《企业所得税法》及其《实施条例》的规定计算的应纳税额。除国务院财政、税务主管部门另有规定外，该抵免限额应当分国（地区）不分项计算，计算公式如下：

$$\text{抵免限额}=\text{中国境内、境外所得依照《企业所得税法》及其《实施条例》的规定计算的应纳税总额}\times\text{来源于某国（地区）的应纳税所得额}\div\text{中国境内、境外应纳税所得总额}$$

3. 所谓5个年度，是指从企业取得的来源于中国境外的所得，已经在中国境外缴纳的企业所得税性质的税额超过抵免限额的当年的次年起连续5个纳税年度。

《企业所得税法》规定：居民企业从其直接或间接控制的外国企业分得的来源于中国境外的股息、红利等权益性投资收益，外国企业在境外实际缴纳的所得税税额中属于该项所得负担的部分，可以作为该居民企业的可抵免境外所得税税额，在该法规定的抵免限额内抵免。

1. 直接控制，是指居民企业直接持有外国企业20%以上股份。

2. 间接控制，是指居民企业以间接持股方式持有外国企业20%以上股份，具体认定办法由国务院财政、税务主管部门另行制定。

3. 企业依照《企业所得税法》规定抵免企业所得税税额时，应当提供中国境外税务机关出具的税款所属年度的有关纳税凭证。

八、企业所得税的预缴和汇算清缴

企业所得税分月或者分季预缴，由税务机关具体核定。

企业应当自月份或者季度终了之日起15日内，向税务机关报送预缴企业所得税纳税申报表，预缴税款。企业分月或者分季预缴企业所得税时，应当按照月度或者季度的实际利润额预缴；按照月度或者季度的实际利润额预缴有困难的，可以按照上一纳税年度应纳税所得额的月度或者季度平均额预缴，或者按照经税务机关认可的其他方法预缴。预缴方法一经确定，该纳税年度内不得随意变更。

企业在纳税年度内无论盈利或者亏损，都应当依照规定期限，向税务机关报送预缴企业所得税纳税申报表、年度企业所得税纳税申报表、财务会计报告和税务机关规定应当报送的其他有关资料。企业应当自年度终了之日起5个月内，向税务机关报送年度企业所得税纳税申报表，并汇算清缴，结清应缴应退税款。

九、企业所得税的计算

企业在实际计算应纳所得税额时，是在财务会计计算出利润总额后，再根据现行所得税法的要求，凡是与税法确认的收支项目和金额有悖的，应予调整。其计算公式如下：

应纳税所得额 = 会计利润总额 + 纳税调增项目 − 纳税调减项目

应纳所得税额 = 应纳税所得额 × 适用所得税税率

【例5-1】 某企业在汇算清缴时，查出上年收益中的投资收益有45 000元是税后利润分红，费用支出中有超过计税工资总额的工资支出50 000元，为此而多提的“三项经费”8 750元，税款滞纳金及罚款26 000元。上年预缴所得税的利润总额850万元。计算应补缴所得税额如下：

全年应纳税所得额 = 8 500 000 − 45 000 + 50 000 + 8 750 + 26 000 = 8 539 750（元）

应纳所得税额 = 8 539 750 × 25% = 2 134 937.50（元）

应补缴所得税额 = 2 134 937.50 − 8 500 000 × 25% = 9 937.50（元）

【例5-2】 某企业为居民企业，2015年发生经济业务如下：

（1）取得产品销售收入4 000万元。

（2）发生产品销售成本2 600万元。

（3）发生销售费用770万元（其中广告费650万元）；管理费用480万元（其中业务招待费25万元）；财务费用60万元。

（4）销售税金160万元（含增值税120万元）。

(5) 营业外收入80万元，营业外支出50万元（含通过公益性社会团体向贫困山区捐款30万元，支付税收滞纳金6万元）。

(6) 计入成本、费用中的实发工资总额200万元、拨缴职工工会经费5万元、发生职工福利费31万元、发生职工教育经费7万元。

要求：计算该企业20×4年度实际应纳的企业所得税。

(1) 会计利润总额 = 4 000 + 80 − 2 600 − 770 − 480 − 60 − 40 − 50 = 80（万元）

(2) 广告费和业务宣传费调增所得额 = 650 − 4 000 × 15% = 650 − 600 = 50（万元）

(3) 业务招待费调增所得额 = 25 − 25 × 60% = 25 − 15 = 10（万元）

4 000 × 5‰ = 20（万元）> 25 × 60% = 15（万元）

(4) 捐赠支出应调增所得额 = 30 − 80 × 12% = 20.4（万元）

(5) 工会经费应调增所得额 = 5 − 200 × 2% = 1（万元）

(6) 职工福利费应调增所得额 = 31 − 200 × 14% = 3（万元）

(7) 职工教育经费应调增所得额 = 7 − 200 × 2.5% = 2（万元）

(8) 应纳税所得额 = 80 + 50 + 10 + 20.4 + 6 + 1 + 3 + 2 = 172.4（万元）

(9) 20×4年应缴企业所得税 = 172.4 × 25% = 43.1（万元）

【例5-3】 某工业企业为居民企业，2015年度发生经营业务如下：

全年取得产品销售收入5 600万元，发生产品销售成本4 000万元；其他业务收入800万元，其他业务成本694万元；取得购买国债的利息收入40万元；缴纳非增值税销售税金及附加300万元：发生的管理费用760万元，其中新技术的研究开发费用60万元、业务招待费用70万元；发生财务费用200万元；取得直接投资其他居民企业的权益性收益34万元（已在投资方所在地按15%的税率缴纳了所得税）；取得营业外收入100万元，发生营业外支出250万元（其中含公益捐赠38万元）。

要求：计算该企业20×4年应纳的企业所得税。

(1) 利润总额 = 5 600 + 800 + 40 + 34 + 100 − 4 000 − 694 − 300 − 760 − 200 − 250 = 370（万元）

(2) 国债利息收入免征企业所得税，应调减所得额40万元。

(3) 技术开发费调减所得额 = 60 × 50% = 30（万元）

(4) 按实际发生业务招待费的60%计算 = 70 × 60% = 42（万元）

按销售（营业）收入的560计算＝(5600＋800)×5%＝32（万元）

按照规定税前扣除限额应为32万元，实际应调增应纳税所得额＝70－32＝38（万元）

（5）取得直接投资其他居民企业的权益性收益属于免税收入，应调减应纳税所得额34万元。

（6）捐赠扣除标准＝370×12%＝44.4（万元）

实际捐赠额38万元小于扣除标准44.4万元，可按实捐数扣除，不做纳税调整。

（7）应纳税所得额＝370－40－30＋38－34＝304（万元）

（8）该企业20×4年应缴纳企业所得税＝304×25%＝76（万元）

十、企业所得税的纳税时间与地点

1. 纳税地点。

（1）除税收法律、行政法规另有规定外，居民企业以企业登记注册地为纳税地点；但登记注册地在境外的，以实际管理机构所在地为纳税地点。企业注册登记地是指企业依照国家有关规定登记注册的住所地。

（2）居民企业在中国境内设立不具有法人资格的营业机构的，应当汇总计算并缴纳企业所得税。企业汇总计算并缴纳企业所得税时，应当统一核算应纳税所得额，具体办法由国务院财政、税务主管部门另行制定。

（3）非居民企业在中国境内设立机构、场所的，应当就其所设机构、场所取得的来源于中国境内的所得，以及发生在中国境外但与其所设机构、场所有实际联系的所得，以机构、场所所在地为纳税地点。非居民企业在中国境内设立两个或者两个以上机构、场所的，经税务机关审核批准，可以选择由其主要机构、场所汇总缴纳企业所得税；非居民企业经批准汇总缴纳企业所得税后，需要增设、合并、迁移、关闭机构、场所或者停止机构、场所业务的，应当事先由负责汇总申报缴纳企业所得税的主要机构、场所向其所在地税务机关报告；需要变更汇总缴纳企业所得税的主要机构、场所的，依照前款规定办理。

（4）非居民企业在中国境内未设立机构、场所的，或者虽设立机构、场所但取得的所得与其所设机构、场所没有实际联系的所得，以扣缴义务人所在地为纳税地点。

（5）除国务院另有规定外，企业之间不得合并缴纳企业所得税。

2. 纳税期限。

企业所得税按年计征，分月或者分季预缴，年终汇算清缴，多退少补。

企业所得税的纳税年度，自公历1月1日起至12月31日止。企业在一个纳税年度的中间开业，或者由于合并、关闭等原因终止经营活动，使该纳税年度的实际经营期不足12个月的，应当以其实际经营期为1个纳税年度。企业清算时，应当以清算期间作为1个纳税年度。

自年度终了之日起5个月内，向税务机关报送年度企业所得税纳税申报表，并汇算清缴，结清应缴应退税款。

企业在年度中间终止经营活动的，应当自实际经营终止之日起60日内，向税务机关办理当期企业所得税汇算清缴。

（1）企业所得税按纳税年度计算。纳税年度自公历1月1日起至12月31日止。

（2）企业在一个纳税年度中间开业，或者终止经营活动，使该纳税年度的实际经营期不足12个月的，应当以其实际经营期为1个纳税年度。

（3）企业依法清算时，应当以清算期间作为1个纳税年度。企业应当在办理注销登记前，就其清算所得向税务机关申报并依法缴纳企业所得税。

第二节　所得税会计

一、所得税会计理念的转变

（一）资产负债观

资产负债观是指在制定会计准则时，首先定义并规范由该类交易或事项产生的相关资产和负债或其对相关资产和负债造成的影响，然后再根据资产和负债的变化确认收益，重点是规范资产和负债的定义、确认和计量；因此，资产负债表成为报表体系中的第一报表，应力求其信息的完整、可靠，利润表仅是资产负债表的一张附表。

（二）收入费用观

在收入费用观下，会计准则制定机构在准则制定过程中，首先考虑对与某类交易或事项相关的收入和费用进行直接确认及计量，财务会计处理的重心放在利润表中的各要素上，收益的确认和计量是准则规范的首要内容，资产和负债的确认及计量依附于收入及费用，资产负债表也就成为重要性次于利润表的第二报表。

（三）收入费用观与资产负债观的比较

1. 两种理论在会计准则制定的指导思想上不同。

资产负债观理论要求会计准则制定机构在制定会计准则时，首先要定义并规范由该类交易或事项产生的相关资产或负债或其对相关资产或负债造成影响的确认与计量，然后再根据资产和负债的变化确认与计量收益。在该种理论的指导下，会计准则重点和首要的问题就是规范资产和负债的定义、确认、计量与披露，收入和费用只是对前者所提供的收益总额信息的明细说明。收入费用观理论则要求在制定会计准则的过程中，首先要关注的是与某类交易或事项相关的收入和费用的直接计量，然后再根据两者的比较来确认收益。在该理论的指导下，会计准则重点和首要的问题就是规范收入和费用要素定义、确认、计量与披露，然后再将其分摊计入到相应的资产和负债中。因此资产和负债要素只是收益确定的副产品或过渡产物。

2. 两种理论在会计目标的侧重点不同。

在收入费用观的指导下，企业对外提供的财务报告中利润表处于核心的地位，而资产负债表则作为利润表的补充报表。而利润表中的收益信息都是基于历史成本原则——权责发生制原则——配比原则所产生的。从信息的效用角度来看，利润表中的收益信息更主要的是提供有关企业在某一特定期间的经营业绩和经营成果，反映的主要是企业管理当局受托责任的履行情况，且主要是基于本期的考虑。该信息有助于企业所有者客观、公正地评价企业管理当局受托责任的履行情况。因此，收入费用观体现的主要是受托责任观的会计目标，其对会计信息质量特征的要求也主要是以可靠性为主。

在资产负债观的指导下，企业的财务报告体系以资产负债表为核心，利润表只是作为资产负债表收益总括信息的一个详细说明。在资产负债表中，由于资产和负债的定义采用的是未来利益观，资产和负债的价值量反映的是资产和负债对企业未来经济利益的影响程度，是未来现金流量的一种现值反映，是面向未来的。该信息有助于现在的和潜在的股权投资者、债权投资者以及其他用户去评估企业未来现金流量发生的金额、产生的时间以及其不确定性。因此，资产负债观体现的主要是决策有用性的会计目标，其对会计信息质量特征的要求也主要是以相关性为主。

3. 两种理论在会计要素的优先地位上认识不同。

在资产负债观下，资产和负债是会计要素中最核心的两个要素。只要规范了资产和负债的定义，其他要素都可以通过资产和负债的变化来定义。如我国基本准则首先定义了资产和负债，认为"资产是预期会给企业带来经济利益的资源"，"负债是预期会导致经济利益流出企业的现时义务"。在此基础上，所有者权益是"企业资产扣除负债后由所有者享有的剩余权益"；收入"只有在经济利益很可能流入企业从而导致企业资产增加或者负债减少、且经济利益的流入额能够可靠计量时才能予以确认"；费用"只有在经济利益很可能流出企业从而导致企业资产减少或者负债增加、且经济利益的流出额能够可靠计量时才能予以确认”。在收入费用观下，收益要素是优先考虑的要素。在六大会计要素中，该理论要求首先定义收入与费用要素，并在此基础上定义利润要素。但资产、负债和所有者权益与收入、费用要素没有明确的联系。

4. 两种理论在会计计量上的不同。

两种理论在会计计量重心上存在差异。在资产负债观下，会计计量重心是资产的计量。资产是最为基本的会计要素，其他各要素的计量都从属于资产的计量。资产计量强调资产的未来价值观，而不是其历史成本观。具体而言，资产强调其未来的服务潜能，或在未来能够给企业带来经济利益流入的能力。但在收入费用观下，会计计量的重心是收益确定。资产也需要计价，其计量要么是为了计量已实现的收入所对应的存在形态的价值量，要么是为了计量已发生的支出中有多少应作为费用，还剩多少应作为资产。可见在收入费用观下资产计价的目的主要为收益的确定服务，其计量主要是面向过去。

两种理论在会计计量属性上存在一定的差异。在资产负债观下，资产的未来价值观必然要求资产的计量面向未来，从而打破历史成本计量属性一统天下的局面，引入现行市价、现行成本、公允价值以及未来现金流量现值等多种计量属性。但在收入费用观下，收益计量的核心地位使得资产的计量完全服务于收益的确定，服务于对企业过去的经营成果和经营业绩的总结，由此必然会以历史成本作为其主要计量属性。

两种理论在未实现损益的处理方面存在差异。在收入费用观下，收益的确定首先是直接确认已实现的每笔收入和费用，然后再根据配比原则确定收益。而在资产负债观下，企业的收益是当期净资产的净增加额（不包括投资者新增的投入或分配给投资者所引起的净资产的变化）；收益的确定不需要考虑是否实现，也不需要考虑交易因素与非交易因素，只要企业的净资产确实增加了，就应作为收益的内容之一予以确认并加以计量。这样，传统的历史成本模式下受实现原则所限制而不能确认的很多未实现损益项目，如由于物价变动而导致的企业资产所产生的持有收益等，在资产负债观下就可以确认成为收益的一个组成部分。

5. 两种理论在会计披露上的不同。

在收入费用观下，收益信息是会计对外提供的核心内容，利润表在整个财务报表体系中处于主导地位。收入费用观以会计期间假设为基础，根据企业经济业务中收入与费用的变动来计量利润，不仅操作性强，而且还可提供各种性质的收益明细资料。但在强调配比和实现原则下，那些不符合配比原则和实现原则而对企业收入或费用产生影响的项目，通过采用递延、应计、摊销和分配等会计程序，作为跨期项目暂记到资产负债表中，待到以后会计期间再逐步转入到相应的利润表中；从而造成资产负债表中出现了一些本质上是费用、收益或损失的项目却被当作资产、负债和所有者权益项目加以列示。这样，资产负债表成为利润表的过渡性报表，其相关性大打折扣。

在资产负债观下，资产和负债的信息是会计对外提供的核心内容，资产负债表在整个财务报表中处于主导地位。由于所有的资产和负债项目都严格遵守了资产和负债的再确认与再计量原则，资产负债表所提供的信息真实、完整地反映企业在某一时刻基于未来视角的财务状况。但由于资产负债观下收益的确定主要是对期初和期末资产和负债的计量，其收益信息只能是一个总括的内容，无法提供收益的明细信息，减弱了收益信息对使用者的有用性。也正是基于此，在资产负债观下，企业需要增加报告全面收益的会计信息，扩展现行的利润表，形成对资产负债表收益总括信息的补充与说明。

（四）资产负债观的全面确立

1. 国际。

安然等一系列美国会计丑闻之后，美国证券交易委员会（SEC）在其针对会计准则改革的报告中呼吁 FASB 在制定会计准则时，以资产负债观全面代替收入费用观。

从国际会计准则的发展看，我们不难发现资产负债观正日益得到人民的广泛认同，这表明人们对“真实公允”更为强烈的追求。相比而言，资产负债观更为注重交易和事项的实质，并采用一种财务报告使用者易于理解的方式在财务报告中反映这些交易或事项的结果。

2. 国内。

（1）我国会计准则制定也正逐步向资产负债观转变。我国新企业会计准则要求将不符合资产定义的，如待摊费用等项目从资产负债表中剔除。

（2）与之相对照，原列报在资产负债表中资产中的“递延税款借项”能否给企业带来未来的经济利益流入及其计量的方式是否合理，值得我们深思。

一方面，我们原企业会计制度在大张旗鼓地计提八项减值准备、力求保证资产负债表会计信息的真实公允，积极向资产负债观靠拢；而另一方面，原企业会计制度又规定采用应付税款与递延法或利润债务法进行所得税会计处理，忽视甚至无视产生纳税影响后果的交易或事项对企业当期及后期纳税影响对应的资产（负债）的合理确认与计量，这似乎有点逻辑上的混乱。

因此，我们认为，在会计理念由收入费用观转向资产负债观的同时，由于税法倾向于收入费用观，二者目的及所处发展阶段不同，不可强求，但所得税会计作为会计的一个组成部分应当以整个会计体系的指导理念为根本，秉持资产负债观，力求所得税会计核算体现“真实公允”的原则。

考虑到我国当前及今后相当长一段时期内将致力于国有企业改造，企业重组、合并等现象将大量发生，资产重估越来越频繁，从而必将对所得税产生重大的影响，而递延法或利润表债务法均无法反映和处理这方面的暂时性差异，原有的时间性差异概念的内涵和外延均已满足不了实际工作的要求，为此，借鉴采纳暂时性差异的概念，并在所得税会计处理中采用资产负债表债务法，可以说是将差异的影响追本溯源，从源头上保证了会计信息的真实性和完整性。

二、所得税会计处理方法分类与选择

（一）应付税款法

应付税款法，是指本期税前会计利润与应纳税所得额之间的差异造成的影响纳税的金额直接计入当期损益，而不递延到以后各期的会计处理方法。在应付税款法下，不需要确认税前会计利润与应纳税所得额之间的差异造成的影响纳税的金额，因此当期计入损益的所得税费用等于当期按应纳税所得额计算的应交所得税。计算公式为：

$$\text{本期所得税费用} = \text{本期应交所得税}$$

由于暂时性差异的所得税影响数不作跨期分摊，故而不反映在“递延税款”账户中，只在报表附注中加以说明。应付税款法是所得税会计处理的一种方法。

（二）纳税影响会计法

纳税影响会计法，是指企业确认时间性差异对所得税的影响金额，按照当期应交所得税的时间性差异对所得税影响金额的合计，确认为当期所得税费用的方法。

在这种方法下，时间性差异对所得税的影响金额，递延和分配到以后各期。

纳税影响会计法可以分为递延法和债务法两大类。

1. 递延法。

递延法下，在税率变动或开征新税时，不需要对原已确认的时间性差异的所得税影响金额进行调整，但是，在转回时间性差异的所得税影响金额时，应当按照原所得税税率计算转回。

采用递延法，一定时期的所得税费用包括本期应交所得税及本期发生或转回的时间性差异所产生的递延所得税贷款或借项。计算公式为：

$$\begin{matrix}\text{本期所得税}\\\text{费用}\end{matrix} = \begin{matrix}\text{本期应交}\\\text{所得税}\end{matrix} + \begin{matrix}\text{本期发生的时间性差异所产生的}\\\text{递延税款贷项金额}\end{matrix} - \begin{matrix}\text{本期发生的时间性差异所产生的}\\\text{递延税款借项金额}\end{matrix} + \begin{matrix}\text{本期转回的前期确认的}\\\text{递延税款借项金额}\end{matrix} -$$

本期转回的前期确认的递延税款贷项金额

其中

本期发生的时间性差异所产生的递延税款贷项金额 = 本期发生的应纳税时间性差异 × 现行所得税税率

本期发生的时间性差异所产生的递延税款借项金额 = 本期发生的可抵减时间性差异 × 现行所得税税率

2. 利润表债务法。

它也是我们现在通常所称的“债务法”，我国原企业会计制度中所规定的“债务法”也值得是这一种方法，是纳税影响会计法的一种。

在采用债务法核算时，在税率变动或开征新税时，应当对原已确认的时间性差异的所得税影响金额进行调整，在转回时间性差异的所得税影响金额时，应当按照现行所得税税率计算转回。

采用利润表债务法，一定时期的所得税费用包括：本期应交所得税；本期发生或转回的时间性差异所产生的递延所得税负债或递延所得税资产；由于税率变更或开征新税，对以前各期确认的递延所得税负债或递延所得税资产账面余额的调整数。计算公式为：

本期所得税费用 = 本期应交所得税 + 本期发生的时间性差异所产生的递延所得税负债 − 本期发生的时间性差异所产生的递延所得税资产 + 本期转回的前期确认的递延所得税资产 − 本期转回的前期确认的递延所得税负债 + 本期由于税率变动或开征新税调减的递延所得税资产或调增的递延所得税负债 − 本期由于税率变动或开征新税调增的递延所得税资产或调减的递延所得税负债

其中

本期由于税率变动或开征新税调减的递延所得税资产或调增的递延所得税负债 = 累积应纳税时间性差异或累积可抵减时间性差异 × (现行所得税税率 − 前期确认应纳税时间性差异或可抵减时间性差异时适用的所得税税率)

或者

递延所得税负债或递延所得税资产 = 递延税款账面余额 − 已确认递延税款金额的累积时间性差异 × 现行所得税税率

（三）资产负债表债务法

1. 资产负债表债务法的理论基础。

资产负债表债务法要求企业将所有符合资产、负债定义及确认条件的资产、负债在资产负债表内确认。

从资产负债角度考虑，资产的账面价值代表的是某项资产在持续持有及最终处置的一定期间内为企业带来未来经济利益的总额，而其计税基础代表的是该期间内按照税法规定就该项资产可以税前扣除的总额。资产的账面价值小于其计税基础的，说明该项资产于未来期间产生的经济利益流入低于按照税法规定允许税前扣除的金额，产生可抵减未来期间应纳税所得额的因素，减少未来期间以应交所得税的方式流出企业的经济利益，应确认为递延所得税资产。反之，一项资产的账面价值大于其计税基础的，两者之间的差额会增加企业与未来期间应纳所得额，对企业形成经济利益流出的义务，应确认为递延所得税负债。由此可以看出，资产负债表债务法更加注重交易和事项的实质，关注交易和事项的发生引起资产或负债的变化，强调必须严格按照资产及负债的定义反映有关交易或事项的所得税影响。

在资产负债表债务法下，所得税费用的计算从递延所得税资产和递延所得税负债的确认出发，通过倒轧计算得出，在不发生在权益中确认的交易或事项发生的纳税影响的情况下，简化了所得税费用的会计核算。

采用资产负债表债务法，在不发生在权益中确认的交易或事项产生的纳税影响的情况下，简单讲，一定时期的所得税费用与本期应交所得税之间存在存在如下计算公式：

$$\text{本期所得税费用}=\text{本期应交所得税}+\left(\text{期末递延所得税负债}-\text{期初递延所得税负债}\right)-\text{期末递延所得税资产}-\text{期初递延所得税资产}$$

2. 资产负债表债务法的基本核算程。

采用资产负债表债务法核算所得税情况下，企业一般应于每一资产负债表日进行所得税的核算。发生特殊交易或事项时，如企业合并，在确认因交易或事项取得的资产、负债时即应确认相关的所得税影响。企业进行所得税核算一般应遵循以下程序。

（1）按税法规定本期应交所得税额；

（2）确定资产、负债的账面价值；

（3）确定资产、负债的计税基础；

（4）比较账面价值与计税基础，确定暂时性差异；

（5）根据暂时性差异和适用税率确认递延所得税资产或负债；

（6）根据递延所得税资产或负债的增减变化，确定所得税费用。

由上面不难看出，所得税费用的计量取决于有关资产或负债的增减变化，而且，由于资产、负债的账面价值在报告期内随时可能发生增减变动，其与计税基础之间的差异也会随之相应变化，因此，确认递延所得税资产或负债的时点一般在资产负债表日。

资产负债表债务法的核算程序清晰地体现资产负债观的理念，先确认所得税资产或负债，后确认所得税费用。在所得税资产或负债得到可靠、完整反映的基础上，根据有关所得税资产或负债的增减变化确认及导出所得税费用。

（四）我国所得税会计方法的选择

根据原《企业会计制度》，我国企业的所得税处理方法，既有应付税款法，又有纳税影响会计法，但不论哪种方法，都是收入费用观的具体体现。2006 年 2 月财政部下发的新的《企业会计准则》与原规定比较不论是理念还是方法都有重大变化，其充分借鉴了《国际会计准则第 12 号——所得税》的做法，体现了与国际惯例趋同的原则。其中，《企业会计准则第 18 号——所得税》统一规定：对于所得税采用资产负债表债务法，要求企业取得资产和负债时，应当确定其计税基础。资产和负债的计税基础与其账面价值存在差异的，应当确认所产生的递延所得税资产或递延所得税负债。所得税准则这一核算方法的改变，正是资产负债观的典型体现。

【例 5-4】 启明公司在 2011—2014 年每年应税收益分别为 -1 000 万元、400 万元、200 万元、500 万元，适用税率始终为 25%，假设五其他暂时性差异。

要求：请分别按《原制度》和《新准则》做会计处理。

解析：

1.《原制度》做法

2011 年、2012 年和 2013 年无所得税相关会计分录，2014 年弥补亏损后应纳税所得额 100 万元，会计处理为：

借：所得税	25	
贷：应交税金——应交所得税		25

2.《新准则》要求采用当期确认法

（1）2011 年，会计处理为：

借：递延所得税资产	250	
贷：所得税费用——补亏减税		250

（2）2012 年，会计处理为：

借：所得税费用	100	
贷：递延所得税资产		100

(3) 2013 年，会计处理为：

借：所得税费用　　50

　贷：递延所得税资产　　50

(4) 2014 年，会计处理为：

借：所得税费用　　125

　贷：递延所得税资产　　100

　　应交税费——应交所得税　　25

三、资产、负债的计税基础

所得数会计的关键在于确定资产、负债的计税基础。在确定资产、负债的计税基础时，应严格遵循税收法规中对于资产的税务处理以及关于可睡前扣除的费用等的规定进行。

(一) 资产的计税基础

资产的计税基础是指企业在收回资产账面价值的过程中，计算应纳税所得额时按照税法规定可以自应税经济利益中扣除的金额，即一项资产在未来计税时按照税法规定可以税前扣除的金额。

简单讲，一项资产的计税基础就是按照税法的规定，该项资产在销售或使用时，允许作为成本或费用于税前列支的金额。但是如果该资产在减少时产生的经济利益流入不需纳税，那么该资产的计税基础即为其账面金额，例如其他应收款。计算公式为：

一项资产的计税基础 = 未来可列支的金额

资产在初始确认时，其计税基础一般为取得成本，即企业为取得某项资产支付的成本在未来准予税前扣除。在资产持续持有的过程中，其计税基础是指资产的取得成本减去以前按照税法规定已税前扣除的金额后的余额。通常情况下，资产在取得时其入账价值与计税基础是相同的，后续计量过程中因企业会计准则与税法规定不同，可能产生资产的账面价值与其计税基础的差异。

例如，交易性金融资产的公允价值变动。企业会计准则规定，交易性金融资产期末应以公允价值计量，公允价值的变动计入当期损益。如果按照税法规定，交易性金融资产在持有期间公允价值变动不计入应纳税所得额，即其计税基础保持不变，则产生了交易性金融资产账面价值与计税基础之间的差异。假定知董公司持有一项交易性金融资产，成本为 1 000 万元，期末公允价值为 1 500 万元，如计税基础仍维持1 000万元不变，该计税基础与账面价值之间的差额500万元即为应纳税暂时性差异。

【例5-5】 北京某公司当期研究与开发支出共计500万元，其中研究阶段支出100万元，开发阶段不符合资本化条件的支出120万元，开发阶段符合资本化条件的支出280万元，假定该公司开发形成的无形资产在当期达到预定用途，并在当期摊销20万元。会计摊销方法、摊销年限和残值均符合税法规定。请问该公司当期期末形成无形资产的计税基础为多少？

该公司当期期末无形资产的账面价值为：

280-20=260万元

计税基础为：

260×150%=390万元

先对资产负债表中部分资产项目计税基础的确定介绍如下。

1. 固定资产。

以各种方式取得的固定资产，初始确认时按照会计准则规定确定的入账价值基本上是被税法认可的，即取得时其账面价值一般等于计税基础。

固定资产在持有期间进行后续计量时，会计准则规定按照“成本-累积折旧-固定资产减值准备”进行计量，税收是按照“成本-按照税法规定已在以前期间税前扣除的折旧额”进行计量。由于会计与税收处理规定的不同，固定资产的账面价值与计税基础的差异主要产生于折旧方法、折旧年限的不同以及固定资产减值准备的提取。

（1）折旧方法、折旧年限的差异。会计准则规定，企业应当根据与固定资产有关的经济利益的预期实现方式合理选择折旧方法，如可以按直线法计提折旧，也可以按照双倍余额递减法、年数总和法计提折旧，前提是有关的方法能够反映固定资产为企业带来经济利益的消耗情况。税法一般会规定固定资产的折旧方法，除某些按照规定可以加速折旧的情况外，基本上可以税前扣除的是按照直线法计提的折旧。

另外税法还就每类固定资产的折旧年限做出了规定，而会计处理时按照准则规定折旧年限是由企业根据固定资产的性质和使用情况合理确定的。会计处理时确定的折旧年限与税法规定的不同，也会产生固定资产持有期间账面价值与计税基础的差异。

（2）因计提固定资产减值准备产生的差异

持有固定资产期间，在对固定资产计提了减值准备以后，因税法规定按照会计准则规定计提的资产减值准备在资产发生实质性损失前不允许税前扣除，也会造成和固定资产账面价值与计税基础的差异。

【例5-6】 某公司于20××年年末以600万元购入一项生产用固定资产，按照该项固定资产的预计使用情况，该公司估计其使用寿命为20年，按照直线法计提折旧，预计净残值为0. 假定税法规定的折旧年限、折旧方法及净残值与会计规定相同。20××年12月31日，该公司估计该项固定资产的可收回金额为500万元。

要求：请计算该项固定资产的账面价值与计税基础的差异。

解答：

该项固定资产在20××年12月31日的账面价值 = 600 - 60 ÷ 20 × 2 - 40 = 500万元

该项固定资产在20××年12月31日的计税基础 = 600 - 600 ÷ 20 × 2 = 540万元

该项固定资产的账面价值500万元与其计税基础540万元之间产生的40万元的差额，在未来期间会减少企业的应纳税所得额和应交所得税。

2. 无形资产。

除内部研究开发形成的无形资产以外，以其他方式取得的无形资产，初始确认时按照会计准则规定确定的入账价值与按照税法规定确定的成本之间一般不存在差异。无形资产的账面价值与计税基础之间的差异主要产生于内部研究开发形成的无形资产以及使用寿命不确定的无形资产。

（1）对于内部研究开发形成的无形资产。

会计准则规定有关内部研究开发活动区分两个阶段，研究阶段的支出应当费用化计入当期损益，开发阶段符合资本化条件以后至达到预定用途前发生的支出应当资本化作为无形资产的成本；税法规定，企业发生的研究开发支出可税前扣除。

内部研究开发形成的无形资产初始确认时，按照会计准则规定，其成本符合资本化条件以后至达到预定用途前发生的支出总额，因该部分研究开发支出按照税法规定在发生当期已税前扣除，所形成的无形资产在以后期间可税前扣除的金额为0。其计税基础一般为0。

（2）无形资产在后续计量时，会计与税收的差异主要产生于对无形资产是否需要摊销及无形资产减值准备的提取。

会计准则规定，无形资产在取得以后，应根据其使用寿命情况，区分为使用寿命有限的无形资产与使用寿命不确定的无形资产。对于使用寿命不确定的无形资产，不要求摊销，但持有期间每年应进行减值测试。税法规定，企业取得的无形资产成本，应在一定期限内摊销。即税法中没有界定使用寿命不确定的无形资产，所有的无形资产成本均应在一定期限内摊销。

对于使用寿命不确定的无形资产，会计处理时不予摊销，但计税时其按照税法规定确定的摊销额允许税前扣除，造成该类无形资产的账面价值与计税基础的差异。

在对无形资产计提减值准备的情况下，因税法对按照会计准则规定计提的无形资产减值准备在形成实质性损失前不允许税前扣除，即无形资产的计税基础不会随减值准备的提取发生变化，但其账面价值会因资产减值准备的提取而下降，从而造成无形资产的账面价值与计税基础的差异。

【例5-7】 某公司当期发生研究开发支出计2 000万元，其中研究阶段支出400万元，开发阶段符合资本化条件前发生的支出为400万元，符合资本化条件后至达到预定用途前发生的支出为1 200万元。税法规定企业的研究开发支出可按150%加计扣除。假定开发形成的无形资产在当期期末已达到预定用途（尚未开始摊销）。

要求：请计算该项无形资产的账面价值与计税基础的差异。

解答：

该公司当期发生的研究开发支出中，按照会计规定应予费用化的金额为800万元，形成无形资产的成本为1 200万元，即期末所形成无形资产的账面价值为1 200万元。

该公司当期发生的2 000万元研究开发支出，按照税法规定可在税前扣除的金额为3 000万元。按照税法规定有关支出全部在发生当期税前扣除后，于未来期间就所形成的无形资产可税前扣除的金额为0，即该项无形资产的计税基础为0.

该项无形资产的账面价值1 200万元与其计税基础0之间的差额1 200万元将于未来期间计入企业的应纳税所得额，产生未来期间应交所得税的义务。

3. 以公允价值计量且其变动计入当期损益的金融资产。

按照《企业会计准则第22号——金融工具确认和计量》的规定，对于以公允价值计量且其变动计入当期损益的金融资产，其于某一会计期末的账面价值为该时点的公允价值，如果税法规定资产在持有期间市价变动损益在计税时不予考虑，即有关金融资产在某一会计期末的计税基础为其取得成本，会造成在公允价值变动的情况下，该类金融资产的账面价值与计税基础之间的差异。

企业持有的可供出售金融资产计税基础的确定，与以公允价值计量且其变动计入当期损益的金融资产类似，可比照处理。

4. 其他资产。

因会计准则规定与税收法规规定不同，企业持有的其他资产，可能会造成账面价值与计税基础之间存在差异，如采用公允价值模式计量的投资性房地产以及其他计提了资产减值准备的各项资产，如应收账款、存货等。

【例5-8】 某公司20××年购入原材料成本为4 000万元，因部分生产线停工，当年为领用任何该类原材料，20××年资产负债表日考虑到该原材料的市价及用其生产产成品的市价情况，估计其可变现净值为32 000万元。假定该原材料在20××年的期初余额为0。

要求：请计算该项存货的账面价值与计税基础的差异。

解答：

该项原材料因期末可变现净值低于其成本，应计提存货跌价准备：

4 000 - 3200 = 800 万元

计提该存货减值准备后，该项原材料的账面价值为3 200万元。

因计算缴纳所得税时，按照会计准则规定计提的资产减值准备不允许税前扣除，该项原材料的计税基础不会因存货跌价准备的提取而发生变化，其计税基础应维持原取得成本4 000万元不变。

该存货的账面价值3 200万元与其计税基础4 000万元之间产生了800万元的暂时性差异，该差异会减少企业在未来期间的应纳税所得额和应交所得税。

【例5-9】 某公司20××年12月31日应收账款余额为6 000万元，该公司期末对应收账款计提了600万元的坏账准备。适用税法规定，按照应收账款期末余额的5‰计提的坏账准备允许税前扣除。假定该公司期初应收账款及坏账准备的余额均为0。

要求：请计算应收账款的账面价值与计税基础的差异。

解答：

该项应收账款在20××奶奶资产负债表日的账面价值为：

6 000 - 600 = 5 400 万元

其计税基础为：

6 000 - 30 = 5 970 万元

计税基础与账面价值之间的570万元暂时性差异，在应收账款发生实质性损失时，会减少未来期间的应纳税所得额和应交所得税。

（二）负债的计税基础

负债的计税基础是指负债的账面价值减去未来计算应纳税所得额时按照税法规定可予以抵扣的金额。其计算公式为：

负债的计税基础 = 账面价值 - 未来期间按照税法可予以税前扣除的金额

负债的确认与偿还一般不会影响企业损益，也不会影响应纳税所得额，未来计算应纳税所得额时按照税法规定可予以扣除的金额为零，则计税基础就是账面价值。但是，在某些情况下，负债的确认可能会影响企业损益，进而影响不同期间的应纳税所得额，使得其计税基础与账面价值之间产生差额，如按照会计规定确认的某些预计负债。

1. 企业因销售商品提供售后服务等原因确认的预计负债。

按照《企业会计准则第13号——或有事项》的规定，企业对于预计提供售后服务将发生的支出在满足有关确认条件时，销售当期即应确认为费用，同时确认预计负债。税法规定，与销售产品相关的支出应于发生时税前扣除。因该类事项产生的预计负债在期末的计税基础为其账面价值与未来期间可税前扣除的金额之间的差额，因有关的支出实际发生时可全部税前扣除，其计税基础为0。

因其他事项确认的预计负债，应按照税法规定的计税原则确定其计税基础。某些情况下，因有些事项确认的预计负债，税法规定其支出无论是否实际发生均不允许税前扣除，即未来期间按照税法规定可予抵扣的金额为0，账面价值等于计税基础。

【例5-10】 某公司20××年因销售产品承诺提供3年的保修服务，在当年度利润表中确认了400万元的销售费用，同时确认为预计负债，当年度未发生任何保修支出。假定按照税法规定，与产品售后服务相关的费用在实际发生时允许税前扣除。

要求：请计算该项预计负债的账面价值与计税基础的差异。

解答：

该项预计负债在该公司20××年12月31日资产负债表中的账面价值为400万元。

因税法规定与产品保修相关的支出在未来期间实际发生时允许税前扣除，则该项负债的计税基础=账面价值－未来期间计算应纳税所得额时按照税法规定可予以抵扣的金额，未来期间计算应纳税所得额时按照税法规定可予抵扣的金额为400万元，该项负债的计税基础为：

400－400=0万元

2. 预收账款。

企业在收到客户预付的款项时，因不符合收入确认条件，会计上将其确认为负债。税法中对于收入的确认原则一般与会计规定相同，即会计上未确认收入时，计税时一般亦不计入应纳税所得额，该部分经济利益在未来期间计税时可予税前扣除的金额为0，计税基础等于账面价值。

某些情况下，因不符合会计准则规定的收入确认条件，未确认收入的预收款项，按照税法规定应计入当期应纳税所得额时，有关预收账款的计税基础为0，即因其产生时已经计算缴纳所得税，未来期间可全额税前扣除。

【例5－11】 某公司于20××年12月20日自客户收到一笔合同预付款，金额为2 000万元，因不符合收入确认条件，将其作为预收账款核算。假定按照适用税法规定，该款项应计入取得当期应纳税所得额计算缴纳所得税。

要求：请计算该项预收账款的账面价值与计税基础的差异。

解答：

该预收账款在该公司20××年12月31日资产负债表中的账面价值为2 000万元。

因假定按照税法规定，该项预收款应计入取得当期的应纳税所得额计算缴纳所得税，与该项负债相关的经济利益已在取得当期计算缴纳所得税，未来期间按照会计准则规定应确认收入时，不再计入应纳税所得额，即于未来期间计算应纳税所得额时可予税前扣除的金额为2 000万元，计税基础为：

账面价值－未来期间计算应纳税所得额时按照税法规定可予抵扣的金额=2 000－2 000=0万元

该项负债的账面价值2 000万元与其计税基础0之间产生的2 000万元暂时性差异，会减少企业于未来期间的应纳税所得额，使企业未来期间以应交所得税的方式流出经济利益减少。

3. 应付职工薪酬。

企业为获得职工提供的服务给予的各种形式的报酬以及其他相关支出均应作为企业的成本费用，在未支付之前确认负债。税法中对于职工薪酬基本允许税前扣除，但税法中明确规定了税前扣除标准的，按照会计准则规定计入成本费用的金额超过规定标准部分，应进行纳税调整。例如，企业按照一定的标准计算的工资薪金支出准予税前扣除。如果企业当期发生的工资薪金性质的支出超过了税法规定允许税前扣除的标准，超过部分在发生当期不允许税前扣除，在未来期间也不允许税前扣除，即该部分差额对未来期间计税不产生影响，所产生应付职工薪酬负债的账面价值等于计税基础。

四、暂时性差异及永久性差异

暂时性差异是指，因资产、负债的账面价值与其计税基础不同，产生了在未来收回资产或清偿负债的期间内，应纳税所得额增加或减少并导致未来期间应交所得税增加或减少的情况，形成企业的资产和负债。在有关暂时性差异发生当期、符合确认条件的情况下，应当确认相关的递延所得税负债或递延所得税资产。

暂时性差异可分为时间性差异及其他暂时性差异两类。前者是因收入或费用在会计上确认的期间与税法规定申报的期间不同而产生的，后者则因其他原因而使计税基础与账面价值不同而产生的差异。

（一）暂时性差异

1. 时间性差异。

时间性差异按其对会计收益与应税收益的影响，可分为两种情况：未来会产生应税金额和未来会产生可扣除金额。

（1）未来会产生应税金额。

未来应税收益大于未来税前会计收益，在以后年度会产生应税金额。其产生原因主要有以下两个方面：

①一些收入和利得项目包括在税前会计收益中的期间，早于它们包括在应税收益中的期间。如股票投资采用权益法处理，当被投资企业有盈利时，投资企业必须按持股比例确认投资收益，但报税时则等到实际收到股利时再予确认，因而在以后

期间会增加应税收益。

②一些费用和损失项目抵减应税收益的期间，早于减少税前会计收益的期间。如固定资产的折旧，在报税时采用加速折旧法，而在财务会计上则采用直线法，在固定资产使用的前半期，报税的折旧费用要大于会计上确认的折旧费用，因而会产生应税金额。

（2）未来会产生可扣除金额。

应税利润大于会计利润的时间性差异，在以后年度会产生可扣除金额。其产生原因主要有以下两个方面：

①一些收入和利得项目计入应税收益的期间，早于计入税前会计收益的期间。例如，提前收取的租金、利息、使用费，在收到时就计税，但财务会计要求在以后实际提供服务时才确认为收入。又如，“出售回租”利得在出售时就应纳税，但财务会计要求在租赁合同期满报告为收入。

②一些费用和损失项目抵减税前会计收益的期间，早于减少应税收益的期间。例如，预提产品质量保证费用，财务会计上应在销货时预提并计列为费用，而税法上则等实际发生时才作为费用扣除，因而产生可扣除金额。又如，股票投资采用权益法处理时，若被投资企业发生亏损，投资企业则按持股比例确认损失，但税法上则不予确认。

时间性差异是由于税法规定与会计准则对收入、利得和费用、损失的确认时间不一致，而使本期应税利润与会计利润产生了暂时性差异，同时会使资产或负债的计税基础与账面价值之间产生暂时性差异。这种暂时性差异的特点：（1）不仅影响本期和前期的税前会计收益和应税收益两者之一，而且还影响相关未来时期所报告的税前会计收益和应税收益。（2）随着时间的推移和影响事项的完结，这种差异会在以后期间转回，使税前会计收益和应税收益达到总量相等。

2. 其他暂时性差异。

除了上述时间性差异外，还有其他因税法规定而使资产或负债的计税基础与账面价值不同而产生暂时性差异。例如企业合并，采取购买法时，被合并企业的资产或负债在会计上按公允市价入账，而税法规定报税时按原账面价值计算，致使合并后的计税基础与账面价值之间

3. 暂时性差异的理解。

所得税会计准则引入计税基础来计量会计与税收背离的差异，使得暂时性差异比收益表债务法下的时间性差异范围更加宽泛。这是因为，时间性差异反映企业会计税前利润与应纳税所得额之间的差额，而利润虽然是所有者权益的组成部分，但并非全部；暂时性差异反映资产或负债的账面价值与其计税基础之间的差额，而资

产和负债构成所有者权益的全部。因此，引入计税基础，可以计量会计与税收背离的所有差异。

暂时性差异 = 所有时间性差异 + 其他暂时性差异（其他直接计入资本公积或企业合并的交易和事项产生的差异）。

按照暂时性差异对未来期间应税金额的影响，分为应纳税暂时性差异和可抵扣暂时性差异，除因资产、负债的账面价值与其计税基础不同产生的暂时性差异以外，按照税法规定可以结转以后年度的未弥补亏损和税款低减，也视同可抵扣暂时性差异处理。

（1）应纳税暂时性差异。

应纳税暂时性差异是指在确定未来收回资产或清偿负债期间的应纳税所得额时，将导致产生应税金额的暂时性差异。

应纳税暂时性差异通常产生于以下原因：

①资产的账面价值大于其计税基础。

一项资产的账面价值代表的是企业在持续使用或最终出售该项资产时将取得的经济利益的总额，而计税基础代表的是一项资产在未来期间可予税前扣除的金额。资产的账面价值大于其计税基础，该项资产未来期间产生的经济利益不能全部税前抵扣，两者之间的差额需要缴税，产生应纳税暂时性差异。例如，一项无形资产账面价值为 200 万元，计税基础如果为 150 万元，两者之间的差额会造成未来期间应纳税所得额和应缴所得税的增加。在其产生当期，在符合确认条件的情况下，应确认相关的递延所得税负债。

②负债的账面价值小于其计税基础。

一项负债的账面价值为企业预计在未来期间清偿该项负债时的经济利益流出，而其计税基础代表的是账面价值在扣除税法规定未来期间允许税前扣除的金额之后的差额。因负债的账面价值与其计税基础不同产生的暂时性差异，本质上是税法规定就该项负债在未来期间可以税前扣除的金额（即与该项负债相关的费用支出在未来期间可予税前扣除的金额）。负债的账面价值小于其计税基础，则意味着就该项负债在未来期间可以税前抵扣的金额为负数，即应在未来期间应纳税所得额的基础上调增，增加应纳税所得额和应缴所得税金额，产生应纳税暂时性差异，应确认相关的递延所得税负债。

【例 5－12】 某公司 2012 年 12 月 31 日某设备的账面价值为 15 万元，重估的公允价值为 25 万元，会计和税法上都是按直线法计提折旧，剩余年限为5年，净残值为0,。税法按账面价值计提折旧，会计按重估价值计提折旧，计算201 5年12月31日应纳税暂时性差异余额。

2015年12月31日设备的账面价值 =25 -25 ÷5 ×3 =10万元

计税基础 =15 -15 ÷5 ×3 =6万元

应纳税暂时性差异的余额 =10 -6 =4万元

（2）可抵扣暂时性差异。

可抵扣暂时性差异是指在确定未来收回资产或清偿负债期间的应纳税所得额时，将导致产生可抵扣金额的暂时性差异。

可抵扣暂时性差异一般产生于以下情况：

①资产的账面价值小于其计税基础。

当资产的账面价值小于计税基础时，意味着资产在未来期间产生的经济利益减少，按照税法规定允许税前扣除的金额多，两者之间的差额乐意减少企业在未来期间的应纳税所得额并减少应交所得税，因而应确认相关的递延所得税资产。例如，一项资产的账面价值为600万元，计税基础为680万元，则未来期间应纳税所得额和应交所得税会减少，形成可抵扣暂时性差异。

②负债的账面价值大于其计税基础。

负债的账面价值大于计税基础，意味着未来按照税法规定与负债相关的全部或部分支出可以来自未来应税经济利益中扣除，减少未来期间的应纳税所得额和应交所得税。符合有关确认条件时，应确认相关的递延所得税资产。

（3）特殊项目产生的暂时性差异。

①未作为资产、负债确认的项目产生的暂时性差异。某些交易或事项发生以后，因为不符合资产、负债确认条件而未体现为资产负债表中的资产或负债，但按税法规定能够确定计税基础的，其账面价值与计税基础之间的差异也构成暂时性差异。企业发生的符合条件的广告费和业务宣传费支出，除另有规定外，不超过当年销售收入的15%部分，准予扣除；超过部分，准予在以后纳税年度结转扣除。该类费用在发生时按照会计准则规定应计入当期损益，不形成资产负债表中的资产，但按税法规定可以确定计税基础的，两者间差异也形成暂时性差异。

【例5 -13】 某公司2015年度发生了1 000万元的广告费支出，发生时已作为销售费用计入当期损益。该公司当年实现销售收入5 000万元。税法规定，可计入当年税前扣除的广告费金额为750万元（=5 000×15%）。请问是否形成暂时性差异?

解析：当期未予税前扣除的250万元可以向以后年度结转，其计税基础为250万元。该项资产的账面价值0与其计税基础250万元之间产生了250万元的暂时性差异，该暂时性差异在未来期间可减少企业的应纳税所得额，为可抵扣暂时性差异，符合确认条件时，应确认相关的递延所得税资产。

②可抵扣亏损及税款抵减产生的暂时性差异。按照税法规定可以结转以后年度的未弥补亏损以及税款抵减，虽不是因资产、负债的账面价值与计税基础不同产生的，但与可抵扣暂时性差异具有同样的作用，均能减少未来期间的应纳税所得额，进而减少未来期间的应交所得税，会计处理上视同可抵扣暂时性差异，在符合条件的情况下，应确认与其相关的递延所得税资产。例如，某公司与2015年发生亏损1 000万元，按照税法规定，该亏损可用于抵减以后5个年度的应纳税所得额。该亏损不是资产、负债的账面价值与其计税基础不同产生的，但从性质上看，可以减少未来期间的应纳税所得额和应交所得税，属于可抵扣暂时性差异。企业预计未来期间能够产生足够的应纳税所得额利用该可抵扣的亏损使，应确认相关的递延资产。

（二）永久性差异

永久性差异是指某一会计期间，由于会计准则和税法在计算收益、费用或损失时的口径不同、标准不同，所产生的税前会计利润与应税所得之间的差异。这种差异的特征是：它不影响其他会计报告期，也不会在其他期间得到弥补。

永久性差异有四种基本类型：

1. 可免税收入。

有些项目的收入，财务会计确认为收益，但税法则不作为应纳税所得额。如企业购买国库券的利息收入，依税法免税，但财务会计同样将这种投资收益纳入利润总额。

2. 税法作为应税收益的非会计收益。

有些项目，在财务会计上并非收入，但税法则作为收入征税。如企业与关联企业以不合理定价手段减少应纳税所得额，税法规定税务机关有权合理调整增加应纳税所得额。又如企业销售时，因误开发票作废，但由于冲转发票存根未予保留，在税法上仍按销售收入确认。再如销售退回与折让，如果未取得合法凭证，税法上也不予认定，仍按销售全额征税。

3. 不可扣除的费用或损失。

有些支出在财务会计上列为费用或损失，但税法上不予认定，因而使应税利润高于会计利润，计算应税利润时，应将这些项目金额加到利润总额中一并计税。这些项目主要有两种情况：

（1）范围不同。

即财务会计上作为费用或损失的项目，在税法上不作为扣除项目处理。

（2）标准不同。

即财务会计上作为费用或损失的项目，在税法上也可作为扣除项目处理，但规定了计税开支的标准限额，超限额部分在会计上仍作为费用或损失处理，但税法上却不允许抵扣应税利润。

范围不同的项目主要有：①违法经营的罚款和被没收财物的损失；②各项税收的滞纳金、罚金和罚款；③各种非救济性、非公益性捐赠和赞助支出。这些项目金额，在财务会计上可列为营业外支出，但税法规定不得扣减应税所得，要照章计税。

标准不同的项目主要有：①利息支出。会计制度规定可在费用中据实列支，但税法规定向非金融机构借款的利息支出，高于按照金融机构同类、同期贷款利率计算的数额以外的部分，要作为计税利润；②工资性支出。会计制度允许企业的一切工资、奖金全部进入成本费用，但税法规定由省、自治区、直辖市人民政府制定计税工资标准，企业实发数超过计税工资标准的部分要缴纳所得税；③“三项经费”。会计制度规定企业应按职工实发工资总额计提职－FT会经费、职工福利费、职工教育经费，而税法规定分别按照计税工资总额的2%、14%、1.5%计算扣除，超额部分不得扣减应税利润；④公益性、救济性捐赠。为了鼓励企业兴办社会公益事业，税法和会计制度都规定此项支出可列入营业外支出，但税法规定在年度应纳税所得额3%以内的部分准予扣除，超额部分不得扣除；⑤业务招待费（交际应酬费）。会计上列为管理费用，但税法规定超过按企业全年营业收入一定比例计算的部分，要作为应税利润处理。

4. 税法作为可扣除费用的非会计费用。

财务会计未确认为费用或损失，但在计算应税所得额时，允许扣减。如我国为鼓励企业进行新产品、新技术、新工艺的技术开发，除技术开发费可以全额在税前扣除外，若当年比上年实际支出增长超过10%（含）时，可以加扣50%，加扣额就是财务会计未确认的费用，但允许在税前扣除。在发达国家，对自然资源开发企业，其“成本折耗”除可以据实在税前扣除外，政府为鼓励这类企业开发研制，允许企业加扣一定百分比的“成本折耗”。对加扣费用的会计处理，我国企业会计制度未涉及。国外一般有两种处理方法：①增记费用法，借记“管理费用”账户，贷记“盈余公积（××基金）”账户；②税前提取扣除法，借记“当年纳税调整”或

"利润分配（增设专门二级账户）"账户，贷记"盈余公积"账户。

永久性差异不会在将来产生应税金额或可扣除金额，不存在跨期分摊问题。也就是说，永久性差异只影响当期的应税收益，不会影响以后各期收益，因而，永久性差异不必作账务调整处理。

【例5-14】 某企业某年利润总额为10万元，该年度"财务费用"贷方列入企业购买国库券的利息收入为0.5万元；"财务费用"借方列入向非金融机构流动资金借款高于金融机构同类同期贷款利率计算的利息支出0.2万元；"管理费用"借方列入超过计税工资标准的工资0.8万元，列入超过计税工资总额基数而多提的职工工会经费0.016万元、职工福利费0.112万元、教育经费0.012万元；"营业外支出"借方中列入非公益性、救济性捐赠及赞助费1万元，列入罚款及滞纳金支出0.3万元，列入公益性捐赠支出5万元。计算该企业本年应纳税所得额如下：

1. 纳税调整前所得：年利润总额=10（万元）

2. 公益性捐赠支出扣除限额：10×12%=1.2（万元）

不得扣除的公益性捐赠支出=5-1.2=3.8（万元）

3. 永久性差异额+不允许免税费用-免税收入

=(0.2+0.8+0.016+0.112+0.012+1+0.3+3.8)-0.5=5.74（万元）

4. 应纳税所得额=10+5.74=15.74（万元）。

五、所得税资产、负债的确认与计量

（一）递延所得税资产的确认和计量

1. 递延所得税资产的定义。

递延所得税资产，就是未来预计可以用来抵税的资产，递延所得税是时间性差异对所得税的影响，在纳税影响会计法下才会产生递延税款。是根据可抵扣暂时性差异及适用税率计算、影响（减少）未来期间应交所得税的金额。

2. 递延所得税资产的确认。

（1）确认递延所得税资产的一般原则。

企业对于可抵扣暂时性差异可能产生的未来经济利益，应以很可能取得用来抵扣可抵扣暂时性差异的应纳税所得额为限，确认相应的递延所得税资产，并减少所得税费用。在估计未来期间可能取得的应纳税所得额时，除正常生产经营所得外，还应考虑将于未来期间转回的应纳税暂时性差异导致的应税金额等因素。

下列交易或事项中产生的可抵扣暂时性差异，应根据交易或事项的不同情况确认相应的递延所得税资产：

①企业对于能够结转以后年度的未弥补亏损，应视同可抵扣暂时性差异，以很可能获得用来抵扣该部分亏损的未来应纳税所得额为限，确认相应的递延所得税资产。

②对于与子公司联营企业、合营企业等的投资相关的可抵扣暂时性差异，如果有关的暂时性差异在可预见的未来很可能转回，并且企业很可能获得用来抵扣该可抵扣暂时性差异的应纳税所得额时，应确认相关的递延所得税资产。

③非同一控制下的企业合并中，按照会计规定确定的合并中取得各项可辨认资产、负债的公允价值与其计税基础之间形成可抵扣暂时性差异的，应确认相应的递延所得税资产，同时调整合并中应予确认的商誉。

④与直接计入所有者权益的交易或事项相关的可抵扣暂时性差异，相应的递延所得税资产应计入所有者权益。如因可供出售金融资产公允价值下降而应确认的递延所得税资产。

（2）不确认递延所得税资产的特殊情况。

某些情况下，如果企业发生的某项交易或事项不是企业合并，并且该交易发生时既不影响会计利润也不影响应纳税所得额，且该项交易中产生的资产、负债的初始确认金额与其计税基础不同，产生可抵扣暂时性差异的，企业会计准则中规定在交易或事项发生时不确认相应的递延所得税资产。其原因在于，如果确认递延所得税资产，则需调整资产、负债的入账价值，对实际成本进行调整将有违会计核算中的历史成本原则，影响会计信息的可靠性，该种情况下不确认相应的递延所得税资产。

【例 5－15】 甲公司 2015 年发生资本化研究开发支出 8 000 000 元，至年末研发项目尚未完成。税法规定，按照会计准则规定资本化的开发支出按其 150% 作为计算摊销额的基础。

解析：

甲公司按照会计准则规定资本化的开发支出为 8 000 000 元，其计税基础为 12 000 000 元（8 000 000 × 150%），该开发支出及所形成无形资产在初始确认时其账面价值与计税基础即存在差异，因该差异并非产生于企业合并，同时在产生时既不影响会计利润也不影响应纳税所得额，按照《企业会计准则第18号——所得税》规定，不确认与该暂时性差异相关的所得税影响。

【例5-16】 某企业于2015年度共发生研发支出200万元，其中研究阶段支出20万元，开发阶段不符合资本化条件支出60万元，符合资本化条件支出120万元形成无形资产，假定该无形资产于2015年7月30日达到预定用途，采用直线法按5年摊销。该企业2015年税前会计利润为1 000万元，适用的所得税税率为25%。不考虑其他纳税调整事项。假定无形资产摊销计入管理费用。

要求：

（1）计算该企业2012年应交所得税。

（2）计算该企业2012年12月31日无形资产的账面价值和计税基础，并判断是否确认递延所得税资产。

（答案中的金额单位用万元表示）

解析：

（1）无形资产2012年按会计准则规定计入管理费用金额 $=20+60+120\div5\div12\times6=92$（万元）

按税法规定2012年应计入损益的金额 $=92+92\times50\%=138$（万元）

2012年应纳税所得额调减金额 $=92\times50\%=46$（万元）

2012年应交所得税 $=(1\ 000-46)\times25\%=238.5$（万元）

（2）2012年12月31日无形资产账面价值 $=120-120\div5\div12\times6=108$（万元）

计税基础 $=108\times150\%=162$（万元）

可抵扣暂时性差异 $=162-108=54$（万元），但不能确认递延所得税资产。

3. 递延所得税资产的计量。

（1）适用税率的确定。

确认递延所得税资产时，应采用转回期间适用的所得税税率为基础计算确定。

确认递延所得税资产时，应估计相关可抵扣暂时性差异的转回时间，采用转回期间适用的所得税税率为基础计算确定。

比如按税法规定，从2008年1月1日起，所得税税率由原来的33%改为25%。

则计算2007年的应交所得税，用33%的税率，但2007年底确认递延所得税资产/负债时，用25%的税率。因为2007年底产生的暂时性差异只能在2008年及以后期间转回。

无论相关的可抵扣暂时性差异转回期间如何，递延所得税资产均不予折现。

（2）递延所得税资产账面价值的复核与减值。

资产负债表日，企业应当对递延所得税资产的账面价值进行复核。

①如果未来期间很可能无法取得足够的应纳税所得额用，应减记递延所得税资产的账面价值。

②递延所得税资产的账面价值减记以后，继后期间根据新的环境和情况判断能够产生足够的应纳税所得额利用可抵扣暂时性差异，使得递延所得税资产包含的经济利益能够实现的，应相应恢复递延所得税资产的账面价值。

递延所得税资产的账面价值因上述原因减记以后，继后期间根据新的环境和情况判断能够产生足够的应纳税所得额用以利用可抵扣暂时性差异，使得递延所得税资产包含的经济利益能够实现的，应相应恢复递延所得税资产的账面价值。

4. 转回。

递延所得税资产的转回是因为实际确认递延所得税资产时的暂时性差异在本期消失了，也就是暂时性差异的转回。这是由实际发生的事项确定的，也就是必须有经济实质。比如前期确认的坏账准备，本期确实发生了，这叫暂时性差异的转回。

当形成递延所得税资产的资产账面价值开始大于其计税基础时，大于的部分×税率=转回的递延所得税资产的金额，直至账面价值与计税基础相等时全部转回。

【例5-17】 正华公司适用的所得税税率为25%，各年末税前会计利润为1 000万元。税法规定，各项资产减值准备不允许税前扣除。有关业务如下：

（1）2008年12月31日应收账款余额为6 000万元，该公司期末对应收账款计提了600万元的坏账准备。假定该公司应收账款及坏账准备的期初余额均为0。

（2）正华公司2009年12月31日应收账款余额为10 000万元，该公司期末对应收账款计提了400万元的坏账准备，累计计提坏账准备1 000万元。

解析：

（1）2008年有关所得税的会计处理：

账面价值=6 000-600=5 400（万元）

计税基础 = 6 000（万元）

可抵扣暂时性差异 = 600（万元）

2008 年末“递延所得税资产”余额 = 600 × 25% = 150（万元）

2008 年末“递延所得税资产”发生额 = 150（万元）

2008 年应交所得税 =（1 000 + 600）× 25% = 400（万元）

2008 年所得税费用 = 400 − 150 = 250（万元）

借：所得税费用　　250

　　递延所得税资产　　150

　　贷：应交税费——应交所得税　　400

（2）2009 年有关所得税的会计处理：

账面价值 = 10 000 −（600 + 400）= 9 000（万元）

计税基础 = 10 000（万元）

可抵扣暂时性差异累计额 = 1 000（万元）

2009 年末“递延所得税资产”余额 = 1 000 × 25% = 250（万元）

2009 年末“递延所得税资产”发生额 = 250 − 150 = 100（万元）

2009 年应交所得税 =（1 000 + 400）× 25% = 350（万元）

或 = [1 000 +（1 000 − 600）] × 25% = 350（万元）

2009 年所得税费用 = 350 − 100 = 250（万元）

借：所得税费用　　250

　　递延所得税资产　　100

　　贷：应交税费——应交所得税　　350

（二）递延所得税负债的确认和计量

1. 递延所得税负债的定义。

应纳税暂时性差异在转回期间将增加未来期间的应纳税所得额和应交所得税，导致企业经济利益的流出，从其发生当期看，构成企业应支付税金的义务，应作为负债确认。

确认应纳税暂时性差异产生的递延所得税负债时，交易或事项发生时影响到会计利润或应纳税所得额的，相关的所得税影响应作为利润表中所得税费用的组成部分；与直接计入所有者权益的交易或事项相关的，其所得税影响应增加或减少所有者权益；企业合并产生的，相关的递延所得税影响应调整购买日应确认的商誉或是计入当期损益的金额。

2. 递延所得税负债的确认。

企业在确认因应纳税暂时性差异产生的递延所得税负债时，应遵循以下原则：

（1）除会计准则中明确规定可不确认递延所得税负债的情况以外，企业对于所有的应纳税暂时性差异均应确认相关的递延所得税负债。除直接计入所有者权益的交易或事项以及企业合并外，在确认递延所得税负债的同时，应增加利润表中的所得税费用。

（2）不确认递延所得税负债的特殊情况。有些情况下，虽然资产、负债的账面价值与其计税基础不同，产生了应纳税暂时性差异，但出于各方面考虑，会计准则规定不确认相关的递延所得税负债，主要包括：

①商誉的初始确认。非同一控制下的企业合并中，企业合并成本大于合并中取得的被购买方可辨认净资产公允价值份额的差额，确认为商誉。因会计与税收的划分标准不同，按照税法规定作为免税合并的情况下，税法不认可商誉的价值，即从税法角度，商誉的计税基础为0，两者之间的差额形成应纳税暂时性差异。但是，确认该部分暂时性差异产生的递延所得税负债，则意味着将进一步增加商誉的价值。因商誉本身即是企业合并成本在取得的被购买方可辨认资产、负债之间进行分配后的剩余价值，确认递延所得税负债进一步增加其账面价值会影响到会计信息的可靠性，而且增加了商誉的账面价值以后，可能很快就要计提减值准备，同时其账面价值的增加还会进一步产生应纳税暂时性差异，使得递延所得税负债和商誉价值量的变化不断循环。因此，对于企业合并中产生的商誉，其账面价值与计税基础不同形成的应纳税暂时性差异，会计准则规定不确认相关的递延所得税负债。

应予说明的是，按照会计准则规定在非同一控制下企业合并中确认了商誉，并且按照所得税法规的规定该商誉在初始确认时计税基础等于账面价值的，该商誉在后续计量过程中因会计准则与税法规定不同产生暂时性差异的，应当确认相关的所得税影响。

【例5－18】 甲公司以增发市场价值为60 000 000元的本企业普通股为对价购入乙公司100%的净资产，假定该项企业合并符合税法规定的免税合并条件，且乙公司原股东选择进行免税处理。购买日乙公司各项可辨认资产、负债的公允价值及其计税基础如下所示：

（1）固定资产

公允价值：27 000 000元

计税基础：15 500 000元

暂时性差异：11 500 000元

(2) 应收账款

公允价值：21 000 000 元

计税基础：21 000 000 元

暂时性差异：0 元

(3) 存货

公允价值：17 400 000 元

计税基础：12 400 000 元

暂时性差异：5 000 000 元

(4) 其他应付款

公允价值：(3 000 000) 元

计税基础：0 元

暂时性差异：(3 000 000) 元

(5) 应付账款

公允价值：(12 000 000) 元

计税基础：(12 000 000) 元

暂时性差异：0 元

(6) 不包括递延所得税的可辨认资产、负债的公允价值

公允价值：50 400 000 元

计税基础：36 900 000 元

暂时性差异：13 500 000 元

乙公司适用的所得税税率为25%，该项交易中应确认递延所得税负债及商誉的金额计算如下：

企业合并成本：60 000 000 元

可辨认净资产公允价值：50 400 000 元

递延所得税资产：3 000 000 ×25% =750 000 元

递延所得税负债：11 500 000 + 5 000 000 = 16 500 000 × 25% = 4 125 000 元

考虑递延所得税后可辨认资产、负债的公允价值：50 400 000 +750 000 − 4 125 000 =47 025 000 元

商誉：60 000 000 −47 025 000 =12 975 000 元

所确认的商誉金额12 975 000 元与其计税基础0之间产生的应纳税暂时性差异，不再进一步确认相关的递延所得税影响。

②除企业合并以外的其他交易或事项中，如果该项交易或事项发生时既不影响会计利润，也不影响应纳税所得额，则所产生的资产、负债的初始确认金额与其计税基础不同，形成应纳税暂时性差异的，交易或事项发生时不确认相应的递延所得税负债。该规定主要是考虑到由于交易发生时既不影响会计利润，也不影响应纳税所得额，确认递延所得税负债的直接结果是增加有关资产的账面价值或是降低所确认负债的账面价值，使得资产、负债在初始确认时，违背历史成本原则，影响会计信息的可靠性。

③与子公司、联营企业、合营企业投资等相关的应纳税暂时性差异，一般应确认递延所得税负债，但同时满足以下两个条件的除外：一是投资企业能够控制暂时性差异转回的时间；二是该暂时性差异在可预见的未来很可能不会转回。满足上述条件时，投资企业可以运用自身的影响力决定暂时性差异的转回，如果不希望其转回，则在可预见的未来该项暂时性差异即不会转回，从而无须确认相关的递延所得税负债。

应予说明的是，企业在运用上述条件不确认与联营企业、合营企业相关的递延所得税负债时，应有确凿的证据表明其能够控制有关暂时性差异转回的时间。一般情况下，企业对联营企业的生产经营决策仅能够实施重大影响，并不能够主导被投资单位包括利润分配政策在内的主要生产经营决策的制定，满足《企业会计准则第18号——所得税》规定的能够控制暂时性差异转回时间的条件一般是通过与其他投资者签订协议等，达到能够控制被投资单位利润分配政策等情况。

对于采用权益法核算的长期股权投资，其账面价值与计税基础产生的有关暂时性差异是否应确认相关的所得税影响，应考虑该项投资的持有意图：

①如果企业拟长期持有该项投资，则因初始投资成本的调整产生的暂时性差异预计未来期间不会转回，对未来期间没有所得税影响；因确认投资损益产生的暂时性差异，如果在未来期间逐期分回现金股利或利润时免税，也不存在对未来期间的所得税影响；因确认应享有被投资单位其他权益变动而产生的暂时性差异，在长期持有的情况下预计未来期间也不会转回。因此，在准备长期持有的情况下，对于采用权益法核算的长期股权投资账面价值与计税基础之间的差异一般不确认相关的所得税影响。

②如果投资企业改变持有意图拟对外出售的情况下，按照税法规定，企业在转让或者处置投资资产时，投资资产的成本准予扣除。在持有意图由长期持有转变为拟近期出售的情况下，因长期股权投资的账面价值与计税基础不同产生的有关暂时性差异，均应确认相关的所得税影响。

3. 递延所得税负债的计量。

递延所得税负债应以应纳税暂时性差异转回期间适用的所得税税率计量。在我国，除享受优惠政策的情况以外，企业适用的所得税税率在不同年度之间一般不会发生变化，企业在确认递延所得税负债时，可以现行适用所得税税率为基础计算确定。对于享受优惠政策的企业，如国家需要重点扶持有高新技术企业，享受一定时期的税率优惠，则所产生的暂时性差异应以预计其转回期间的适用所得税税率为基础计量。另外，无论应纳税暂时性差异的转回期间如何，递延所得税负债不要求折现。

【例5-19】 永保公司2008年度、2009年度实现的利润总额均为8 000万元，所得税采用资产负债表债务法核算，适用的所得税税率为25%。永保公司2008年度、2009年度与所得税有关的经济业务如下：

(1) 永保公司2008年发生广告费支出1 000万元，发生时已作为销售费用计入当期损益。永保公司2008年实现销售收入5 000万元。

2009年发生广告费支出400万元，发生时已作为销售费用计入当期损益。永保公司2009年实现销售收入5 000万元。

税法规定，该类支出不超过当年销售收入15%的部分，准予扣除；超过部分，准予在以后纳税年度结转扣除。

(2) 永保公司对其所销售产品均承诺提供3年的保修服务。永保公司因产品保修承诺在2008年度利润表中确认了200万元的销售费用，同时确认为预计负债。2008年没有实际发生产品保修费用支出。

2009年，永保公司实际发生产品保修费用支出100万元，因产品保修承诺在2009年度利润表中确认了250万元的销售费用，同时确认为预计负债。

税法规定，产品保修费用在实际发生时才允许税前扣除。

(3) 永保公司2007年12月12日购入一项管理用设备，取得成本为400万元，会计上采用年限平均法计提折旧，使用年限为10年，预计净残值为零，企业在计税时采用5年计提折旧，折旧方法及预计净残值与会计相同。

2009年末，因该项设备出现减值迹象，对该项设备进行减值测试，发现该项设备的可收回金额为300万元，使用年限与预计净残值没有变更。

(4) 2008年购入一项交易性金融资产，取得成本500万元，2008年末该项交易性金融资产公允价值为650万元，2009年末该项交易性金融资产公允价值为570万元。

要求：

（1）计算2008年应交所得税、递延所得税以及利润表中确认的所得税费用，并编制与所得税相关的会计分录；

（2）计算2009年应交所得税、递延所得税以及利润表中确认的所得税费用，并编制与所得税相关的会计分录。

解析：

（1）2008年末

计算2008年的应交所得税：

应纳税所得额 = 8 000 +（1 000 − 5 000 × 15%）+ 200 −（400/5 − 400/10）− 150 = 8 260（万元）

应交所得税 = 8 260 × 25% = 2 065（万元）

计算2008年递延所得税：

事项一，产生的可抵扣暂时性差异 = 1 000 − 5 000 × 15% = 250（万元）

应确认的递延所得税资产 = 250 × 25% = 62.5（万元）

事项二，预计负债的账面价值 = 200万元，计税基础 = 200 − 200 = 0

产生的可抵扣暂时性差异 = 200万元

应确认的递延所得税资产 = 200 × 25% = 50（万元）

事项三，固定资产的账面价值 = 400 − 400/10 = 360（万元），计税基础 = 400 − 400/5 = 320（万元）

产生的应纳税暂时性差异 = 360 − 320 = 40（万元）

应确认的递延所得所得税负债 = 40 × 25% = 10（万元）

事项四，交易性金融资产的账面价值 = 650万元，计税基础 = 500万元

产生的应纳税暂时性差异 = 650 − 500 = 150（万元）

应确认的递延所得所得税负债 = 150 × 25% = 37.5（万元）

计算2008年所得税费用：

所得税费用 = 应交所得税 + 递延所得税 = 2 065 +（−62.5 − 50 + 10 + 37.5）= 2 000（万元）

相关的会计分录：

借：所得税费用	2 000	
递延所得税资产	112.5	
贷：应交税费——应交所得税		2 065
递延所得税负债		47.5

(2) 2009年末

计算2009年的应交所得税:

应纳税所得额 = 8 000 - (1 000 - 5 000 × 15%) + (250 - 100) + [20{注:这是调增的计提的减值损失20万元} - (400/5 - 400/10)] + 80 = 7 960(万元)

应交所得税 = 7 960 × 25% = 1 990(万元)

计算2009年递延所得税:

事项一,因2009年实际发生的广告费支出为400万元,而税前允许扣除限额为5 000 × 15% = 750(万元),差额为350万元,所以2008年发生的但当年尚未税前扣除的广告费支出250(1 000 - 5 000 × 15%)万元可以在2009年全部税前扣除。

所以可抵扣暂时性差异余额 = 250 - 250 = 0

应转回的递延所得税资产 = 62.5 - 0 = 62.5(万元)

事项二,预计负债的账面价值 = 200 - 100 + 250 = 350(万元),计税基础 = 0

可抵扣暂时性差异余额 = 350万元

应确认的递延所得税资产 = (350 - 200) × 25% = 37.5(万元)

事项三,计提减值准备前固定资产的账面价值 = 400 - (400/10) × 2 = 320(万元),所以应计提减值准备20万元。

计提减值准备后固定资产的账面价值 = 300万元,计税基础 = 400 - (400/5) × 2 = 240(万元)

应纳税暂时性差异余额 = 300 - 240 = 60(万元)

应确认的递延所得税负债 = (60 - 40) × 25% = 5(万元)

事项四,交易性金融资产的账面价值 = 570万元,计税基础 = 500万元

应纳税暂时性差异余额 = 570 - 500 = 70(万元)

应转回的递延所得税负债 = (150 - 70) × 25% = 20(万元)

计算2009年所得税费用:

所得税费用 = 应交所得税 + 递延所得税 = 1 990 + (62.5 - 37.5 + 5 - 20) = 2 000(万元)

相关的会计分录:

借:所得税费用	2 000
递延所得税负债	15

贷：应交税费——应交所得税	1 990
递延所得税资产	25

（三）税率变化对已确认递延所得税资产递延所得税负债的影响

企业适用的所得税税率发生变化的，企业应对已确认的递延所得税资产和递延所得税负债按照新税率进行重新计量。

递延所得税资产和递延所得税负债的金额代表的是有关可抵扣暂时性差异或应纳税暂时性差异于未来期间转回时，导致企业应交所得税金额的减少或增加的情况。适用税率变动的情况下，应对原已确认的递延所得税资产及递延所得税负债的金额进行调整，反映税率变化带来的影响。

直接计入所有者权益的交易或事项的，因税率变化产生的相关调整金额应计入所有者权益；

其他情况下，因税率变化产生的调整金额应确认为所得税费用（或收益）。

六、所得税费用的确认和计量

（一）当期所得税

1. 定义。

当期所得税，是指企业按照税法规定计算确定的针对当期发生的交易和事项，应交纳给税务部门的所得税金额，即应交所得税，应以适用的税收法规为基础计算确定。

应交所得税 = 应纳税所得额 × 所得税税率

应纳税所得额 = 税前会计利润 + 纳税调整增加额 − 纳税调整减少额

2. 纳税调整。

（1）纳税调整增加额。

①按会计准则规定核算时不作为收益计入财务报表，但在计算应纳税所得额时作为收益需要交纳所得税。

②按会计准则规定核算时确认为费用或损失计入财务报表，但在计算应纳税所得额时则不允许扣减。

（2）纳税调整减少额。

①按会计准则规定核算时作为收益计入财务报表，但在计算应纳税所得额时不确认为收益。

②按会计准则规定核算时不确认为费用或损失，但在计算应纳税所得额时则允

许扣减。

（二）递延所得税

1. 定义。

递延所得税，是指企业在某一会计期间确认的递延所得税资产及递延所得税负债的综合结果。即按照企业会计准则规定应予确认的递延所得税资产和递延所得税负债在期末应有的金额相对于原已确认金额之间的差额，即递延所得税资产及递延所得税负债的当期发生额，但不包括计入所有者权益的交易或事项及企业合并的所得税影响。

$$\text{递延所得税}=\text{当期递延所得税负债的增加}+\text{当期递延所得税资产的减少}-\text{当期递延所得税负债的减少}-\text{当期递延所得税资产的增加}$$

或

$$\text{递延所得税}=\left(\text{递延所得税负债的期末余额}-\text{递延所得税负债的期初余额}\right)-\left(\text{递延所得税资产的期末余额}-\text{递延所得税资产的期初余额}\right)$$

2. 递延所得税的特殊处理。

（1）直接计入所有者权益的交易或事项产生的递延所得税根据本准则第二十二条规定，直接计入所有者权益的交易或事项，如可供出售金融资产公允价值的变动，相关资产、负债的账面价值与计税基础之间形成暂时性差异的，应当按照本准则规定确认递延所得税资产或递延所得税负债，计入资本公积（其他资本公积）。

（2）企业合并中产生的递延所得税由于企业会计准则规定与税法规定对企业合并的处理不同，可能会造成企业合并中取得资产、负债的入账价值与其计税基础的差异。比如非同一控制下企业合并产生的应纳税暂时性差异或可抵扣暂时性差异，在确认递延所得税负债或递延所得税资产的同时，相关的递延所得税费用（或收益），通常应调整企业合并中所确认的商誉。

（3）按照税法规定允许用以后年度所得弥补的可抵扣亏损以及可结转以后年度的税款抵减，比照可抵扣暂时性差异的原则处理。

（三）所得税费用的计算

企业在计算当期所得税费用（即当期应交所得税）以及递延所得税费用的基础上，应将两者之和（或差）（指所得税费用转入本年利润的净额），确认为利润表的"所得税费用"项目的金额，用公式表示：

$$\text{所得税费用}=\text{当期所得税费用}+\text{递延所得税费用}-\text{递延所得税收益}$$

七、记录与列报

（一）会计账户设置及主要账务处理

1. 应交税费。

“应交税费——应交所得税”：属于负债类科目，借方登记企业已交及预交的所得税款，贷方登记企业计入损益的所得税额，期末借方余额登记企业预交而未清算的所得税或多交的所得税，贷方余额登记应交未交的所得税额。

2. 递延税款。

“递延税款”科目：核算企业由于时间性差异造成的税前会计利润与纳税所得之间的差异所产生的影响纳税的金额以及以后各期转销的数额。“递延税款”科目的贷方发生额，反映企业本期税前会计利润大于纳税所得产生的时间性差异影响纳税的金额，及本期转销已确认的时间性差异对纳税影响的借方数额；其借方发生额，反映企业本期税前会计利润小于纳税所得产生的时间性差异影响纳税的金额，以及本期转销已确认的时间性差异对纳税影响的贷方数额；期末贷方（或借方）余额，反映尚未转销的时间性差异影响纳税的金额。采用负债法时，“递延税款”科目的借方或贷方发生额，还反映税率变动或开征新税调整的递延税款数额。

3. 所得税费用。

（1）本科目核算企业确认的应从当期利润总额中扣除的所得税费用。

（2）本科目可按“当期所得税费用”、“递延所得税费用”进行明细核算。

（3）所得税费用的主要账务处理。

①资产负债表日，企业按照税法规定计算确定的当期应交所得税，借记本科目（当期所得税费用），贷记“应交税费——应交所得税”科目。

②资产负债表日，根据递延所得税资产的应有余额大于“递延所得税资产”科目余额的差额，借记“递延所得税资产”科目，贷记本科目（递延所得税费用）、“资本公积——其他资本公积”等科目；递延所得税资产的应有余额小于“递延所得税资产”科目余额的差额做相反的会计分录。企业应予确认的递延所得税负债，应当比照上述原则调整本科目、“递延所得税负债”科目及有关科目。

（4）期末，应将本科目的余额转入“本年利润”科目，结转后本科目无余额。

【例5－20】 甲公司2008年11月初和乙公司签订售后回购协议：协议

规定销售价格1 000万，成本700万，回购价格1 400万，期间为5个月。

相关业务会计处理如下：

(1) 销售时候分录，不确认收入：

借：银行存款		1 170
贷：其他应付款		1 000
应交税费——应交增值税		170

(2) 资产负债表日分录：

借：递延所得税资产	(1 000 - 700) ×25%	75
贷：所得税费用		75
借：财务费用	(1 400 - 1 000) ×2/5	160
贷：其他应付款		160
借：递延所得税资产	160 ×25%	40
贷：所得税费用		40

4. 以前年度损益调整。

"以前年度损益调整"：核算企业本年度发生的以前年度调整损益的事项。借方登记企业以前年度多计收益、少计费用而调整本年度损益的数额，贷方登记企业以前年度少计收益、多计费用而调整本年度损益的数额。期末，企业应将"以前年度损益调整"的余额转入"本年利润"，结转后该科目无余额。

(二) 列报

一般情况下，在个别财务报表中，当期所得税资产与负债及递延所得税资产及递延所得税负债可以以抵销后的净额列示。在合并财务报表中，纳入合并范围的企业中，一方的当期所得税资产或递延所得税资产与另一方的当期所得税负债或递延所得税负债一般不能予以抵销，除非所涉及的企业具有以净额结算的法定权利并且意图以净额结算。

第三节 企业所得税的纳税申报

一、纳税申报

按月或按季预缴的，应当自月份或者季度终了之日起15日内，向税务机关报送预缴企业所得税纳税申报表，预缴税款。

企业在报送企业所得税纳税申报表时，应当按照规定附送财务会计报告和其他有关资料。

企业应当在办理注销登记前，就其清算所得向税务机关申报并依法缴纳企业所得税。

依照企业所得税法缴纳的企业所得税，以人民币计算。所得以人民币以外的货币计算的，应当折合成人民币计算并缴纳税款。

企业在纳税年度内无论盈利或者亏损，都应当依照《企业所得税法》第五十四条规定的期限，向税务机关报送预缴企业所得税纳税申报表、年度企业所得税纳税申报表、财务会计报告和税务机关规定应当报送的其他有关资料。

二、纳税申报表及其填报

中华人民共和国企业所得税年度纳税申报表（A类）的格式与内容，如表5－1所示。

表5－1 中华人民共和国企业所得税年度纳税申报表（A类）

行次	类别		金额
1	利润总额计算	一、营业收入（填写 Al01010\101020\103000）	
2		减：营业成本（填写 A102010\102020\103000）	
3		营业税金及附加	
4		销售费用（填写 A104000）	
5		管理费用（填写 A104000）	
6		财务费用（填写 A104000）	
7		资产减值损失	
8		加：公允价值变动收益	
9		投资收益	
10		二、营业利润（1－2－3－4－5－6－7＋8＋9）	
11		加：营业外收入（填写 A101010\101020\103000）	
12		减：营业外支出（填写 A102010\102020\103000）	
13		三、利润总额（10＋11－12）	

续表

行次	类别		金额
14	应纳税所得额计算	减：境外所得（填写 A108010）	
15		加：纳税调整增加额（填写 A105000）	
16		减：纳税调整减少额（填写 A105000）	
17		减：免税、减计收入及加计扣除（填写 A107010）	
18		加：境外应税所得抵减境内亏损（填写 A108000）	
19		四、纳税调整后所得（13 - 14 + 15 - 16 - 17 + 18）	
20		减：所得减免（填写 A107020）	
21		减：抵扣应纳税所得额（填写 A107030）	
22		减：弥补以前年度亏损（填写 A106000）	
23		五、应纳税所得额（19 - 20 - 21 - 22）	
24	纳税额计算	税率（25%）	
25		六、应纳所得税额（23 × 24）	
26		减：减免所得税额（填写 A107040）	
27		减：抵免所得税额（填写 A107050）	
28		七、应纳税额（25 - 26 - 27）	
29		加：境外所得应纳所得税额（填写 A108000）	
30		减：境外所得抵免所得税额（填写 A108000）	
31		八、实际应纳所得税额（28 + 29 - 30）	
32		减：本年累计实际已预缴的所得税额	
33		九、本年应补（退）所得税额（31 - 32）	
34		其中：总机构分摊本年应补（退）所得税额（填写 A109000）	
35		财政集中分配本年应补（退）所得税额（填写 A109000）	
36		总机构主体生产经营部门分摊本年应补（退）所得税额（填写 A109000）	
37	附列资料	以前年度多缴的所得税额在本年抵减额	
38		以前年度应缴未缴在本年入库所得税额	

填报说明

本表为年度纳税申报表主表，企业应该根据《中华人民共和国企业所得税法》

及其实施条例（以下简称税法）、相关税收政策，以及国家统一会计制度（企业会计准则、小企业会计准则、企业会计制度、事业单位会计准则和民间非营利组织会计制度等）的规定，计算填报纳税人利润总额、应纳税所得额、应纳税额和附列资料等有关项目。

企业在计算应纳税所得额及应纳所得税时，企业财务、会计处理办法与税法规定不一致的，应当按照税法规定计算。税法规定不明确的，在没有明确规定之前，暂按企业财务、会计规定计算。

（一）有关项目填报说明

1. 表体项目

本表是在纳税人会计利润总额的基础上，加减纳税调整等金额后计算出“纳税调整后所得”（应纳税所得额）。会计与税法的差异（包括收入类、扣除类、资产类等差异）通过《纳税调整项目明细表》（A105000）集中填报。

本表包括利润总额计算、应纳税所得额计算、应纳税额计算、附列资料四个部分。

（1）“利润总额计算”中的项目，按照国家统一会计制度口径计算填报。实行企业会计准则、小企业会计准则、企业会计制度、分行业会计制度纳税人其数据直接取自利润表；实行事业单位会计准则的纳税人其数据取自收入支出表；实行民间非营利组织会计制度纳税人其数据取自业务活动表；实行其他国家统一会计制度的纳税人，根据本表项目进行分析填报。

（2）“应纳税所得额计算”和“应纳税额计算”中的项目，除根据主表逻辑关系计算的外，通过附表相应栏次填报。

2. 行次说明

第1－13行参照企业会计准则利润表的说明编写。

（1）第1行“营业收入”：填报纳税人主要经营业务和其他经营业务取得的收入总额。本行根据“主营业务收入”和“其他业务收入”的数额填报。一般企业纳税人通过《一般企业收入明细表》（A101010）填报；金融企业纳税人通过《金融企业收入明细表》（A101020）填报；事业单位、社会团体、民办非企业单位、非营利组织等纳税人通过《事业单位、民间非营利组织收入、支出明细表》（A103000）填报。

（2）第2行“营业成本”项目：填报纳税人主要经营业务和其他经营业务发生的成本总额。本行根据“主营业务成本”和“其他业务成本”的数额填报。一般企业纳税人通过《一般企业成本支出明细表》（A102010）填报；金融企业纳税人通过《金融企业支出明细表》（A102020）填报；事业单位、社会团体、民办非企业单位、非营利组织等纳税人，通过《事业单位、民间非营利组织收入、支出明细表》（A103000）填报。

（3）第3行“营业税金及附加”：填报纳税人经营活动发生的营业税、消费税、城市维护建设税、资源税、土地增值税和教育费附加等相关税费。本行根据纳税人相关会计科目填报。纳税人在其他会计科目核算的本行不得重复填报。

（4）第4行“销售费用”：填报纳税人在销售商品和材料、提供劳务的过程中发生的各种费用。本行通过《期间费用明细表》（A104000）中对应的“销售费用”填报。

（5）第5行“管理费用”：填报纳税人为组织和管理企业生产经营发生的管理费用。本行通过《期间费用明细表》（A104000）中对应的“管理费用”填报。

（6）第6行“财务费用”：填报纳税人为筹集生产经营所需资金等发生的筹资费用。本行通过《期间费用明细表》（A104000）中对应的“财务费用”填报。

（7）第7行“资产减值损失”：填报纳税人计提各项资产准备发生的减值损失。本行根据企业“资产减值损失”科目上的数额填报。实行其他会计准则等的比照填报。

（8）第8行“公允价值变动收益”：填报纳税人在初始确认时划分为以公允价值计量且其变动计入当期损益的金融资产或金融负债（包括交易性金融资产或负债，直接指定为以公允价值计量且其变动计入当期损益的金融资产或金融负债），以及采用公允价值模式计量的投资性房地产、衍生工具和套期业务中公允价值变动形成的应计入当期损益的利得或损失。本行根据企业“公允价值变动损益”科目的数额填报。（损失以“－”号填列）

（9）第9行“投资收益”：填报纳税人以各种方式对外投资确认所取得的收益或发生的损失。根据企业“投资收益”科目的数额计算填报；实行事业单位会计准则的纳税人根据“其他收入”科目中的投资收益金额分析填报（损失以“－”号填列）。实行其他会计准则等的比照填报。

（10）第10行“营业利润”：填报纳税人当期的营业利润。根据上述项目计算填列。

（11）第11行“营业外收入”：填报纳税人取得的与其经营活动无直接关系的各项收入的金额。一般企业纳税人通过《一般企业收入明细表》（A101010）填报；金融企业纳税人通过《金融企业收入明细表》（A101020）填报；实行事业单位会计准则或民间非营利组织会计制度的纳税人通过《事业单位、民间非营利组织收入、支出明细表》（A103000）填报。

（12）第12行“营业外支出”：填报纳税人发生的与其经营活动无直接关系的

各项支出的金额。一般企业纳税人通过《一般企业成本支出明细表》（A102010）填报；金融企业纳税人通过《金融企业支出明细表》（A102020）填报；实行事业单位会计准则或民间非营利组织会计制度的纳税人通过《事业单位、民间非营利组织收入、支出明细表》（A103000）填报。

（13）第13行“利润总额”：填报纳税人当期的利润总额。根据上述项目计算填列。

（14）第14行“境外所得”：填报纳税人发生的分国（地区）别取得的境外税后所得计入利润总额的金额。填报《境外所得纳税调整后所得明细表》（A108010）第14列减去第11列的差额。

（15）第15行“纳税调整增加额”：填报纳税人会计处理与税收规定不一致，进行纳税调整增加的金额。本行通过《纳税调整项目明细表》（A105000）“调增金额”列填报。

（16）第16行“纳税调整减少额”：填报纳税人会计处理与税收规定不一致，进行纳税调整减少的金额。本行通过《纳税调整项目明细表》（A105000）“调减金额”列填报。

（17）第17行“免税、减计收入及加计扣除”：填报属于税法规定免税收入、减计收入、加计扣除金额。本行通过《免税、减计收入及加计扣除优惠明细表》（A107010）填报。

（18）第18行“境外应税所得抵减境内亏损”：填报纳税人根据税法规定，选择用境外所得抵减境内亏损的数额。本行通过《境外所得税收抵免明细表》（A108000）填报。

（19）第19行“纳税调整后所得”：填报纳税人经过纳税调整、税收优惠、境外所得计算后的所得额。

（20）第20行“所得减免”：填报属于税法规定所得减免金额。本行通过《所得减免优惠明细表》（A107020）填报，本行<0时，填写负数。

（21）第21行“抵扣应纳税所得额”：填报根据税法规定应抵扣的应纳税所得额。本行通过《抵扣应纳税所得额明细表》（A107030）填报。

（22）第22行“弥补以前年度亏损”：填报纳税人按照税法规定可在税前弥补的以前年度亏损的数额，本行根据《企业所得税弥补亏损明细表》（A106000）填报。

（23）第23行“应纳税所得额”：金额等于本表第19－20－21－22行计算结果。本行不得为负数。本表第19行或者按照上述行次顺序计算结果本行为负数，本行金额填零。

（24）第24行“税率”：填报税法规定的税率25%。

（25）第25行“应纳所得税额”：金额等于本表第23×24行。

（26）第26行“减免所得税额”：填报纳税人按税法规定实际减免的企业所得税额。本行通过《减免所得税优惠明细表》（A107040）填报。

（27）第27行“抵免所得税额”：填报企业当年的应纳所得税额中抵免的金额。本行通过《税额抵免优惠明细表》（A107050）填报。

（28）第28行“应纳税额”：金额等于本表第25－26－27行。

（29）第29行“境外所得应纳所得税额”：填报纳税人来源于中国境外的所得，按照我国税法规定计算的应纳所得税额。本行通过《境外所得税收抵免明细表》（A108000）填报。

（30）第30行“境外所得抵免所得税额”：填报纳税人来源于中国境外所得依照中国境外税收法律以及相关规定应缴纳并实际缴纳（包括视同已实际缴纳）的企业所得税性质的税款（准予抵免税款）。本行通过《境外所得税收抵免明细表》（A108000）填报。

（31）第31行“实际应纳所得税额”：填报纳税人当期的实际应纳所得税额。金额等于本表第28＋29－30行。

（32）第32行“本年累计实际已预缴的所得税额”：填报纳税人按照税法规定本纳税年度已在月（季）度累计预缴的所得税额，包括按照税法规定的特定业务已预缴（征）的所得税额，建筑企业总机构直接管理的跨地区设立的项目部按规定向项目所在地主管税务机关预缴的所得税额。

（33）第33行“本年应补（退）的所得税额”：填报纳税人当期应补（退）的所得税额。金额等于本表第31－32行。

（34）第34行“总机构分摊本年应补（退）所得税额”：填报汇总纳税的总机构按照税收规定在总机构所在地分摊本年应补（退）所得税款。本行根据《跨地区经营汇总纳税企业年度分摊企业所得税明细表》（A109000）填报。

（35）第35行“财政集中分配本年应补（退）所得税额”：填报汇总纳税的总机构按照税收规定财政集中分配本年应补（退）所得税款。本行根据《跨地区经营汇总纳税企业年度分摊企业所得税明细表》（A109000）填报。

（36）第36行“总机构主体生产经营部门分摊本年应补（退）所得税额”：填报汇总纳税的总机构所属的具有主体生产经营职能的部门按照税收规定应分摊的本年应补（退）所得税额。本行根据《跨地区经营汇总纳税企业年度分摊企业所得税明细表》（A109000）填报。

（37）第37行“以前年度多缴的所得税额在本年抵减额”：填报纳税人以前纳

税年度汇算清缴多缴的税款尚未办理退税、并在本纳税年度抵缴的所得税额。

（38）第 38 行“以前年度应缴未缴在本年入库所得额”：填报纳税人以前纳税年度应缴未缴在本纳税年度入库所得税额。

（二）表内、表间关系

1. 表内关系

（1）第 10 行 = 第 1 - 2 - 3 - 4 - 5 - 6 - 7 + 8 + 9 行。

（2）第 13 行 = 第 10 + 11 - 12 行。

（3）第 19 行 = 第 13 - 14 + 15 - 16 - 17 + 18 行。

（4）第 23 行 = 第 19 - 20 - 21 - 22 行。

（5）第 25 行 = 第 23 × 24 行。

（6）第 28 行 = 第 25 - 26 - 27 行。

（7）第 31 行 = 第 28 + 29 - 30 行。

（8）第 33 行 = 第 31 - 32 行。

2. 表间关系

（1）第 1 行 = 表 A101010 第 1 行或表 A101020 第 1 行或表 A103000 第 2 + 3 + 4 + 5 + 6 行或表 A103000 第 11 + 12 + 13 + 14 + 15 行。

（2）第 2 行 = 表 A102010 第 1 行或表 A102020 第 1 行或表 A103000 第 19 + 20 + 21 + 22 行或表 A103000 第 25 + 26 + 27 行。

（3）第 4 行 = 表 A104000 第 25 行第 1 列。

（4）第 5 行 = 表 A104000 第 25 行第 3 列。

（5）第 6 行 = 表 A104000 第 25 行第 5 列。

（6）第 11 行 = 表 A101010 第 16 行或表 A101020 第 35 行或表 A103000 第 9 行或第 17 行。

（7）第 12 行 = 表 A102010 第 16 行或表 A102020 第 33 行或表 A103000 第 23 行或第 28 行。

（8）第 14 行 = 表 A108010 第 10 行第 14 列 - 第 11 列。

（9）第 15 行 = 表 A105000 第 43 行第 3 列。

（10）第 16 行 = 表 A105000 第 43 行第 4 列。

（11）第 17 行 = 表 A107010 第 27 行。

（12）第 18 行 = 表 A108000 第 10 行第 6 列。（当本表第 13 - 14 + 15 - 16 - 17 行 ≥ 0 时，本行 = 0）。

（13）第 20 行 = 表 A107020 第 40 行第 7 列。

（14）第 21 行 = 表 A107030 第 7 行。

（15）第22行=表A106000第6行第10列。

（16）第26行=表A107040第29行。

（17）第27行=表A107050第7行第11列。

（18）第29行=表A108000第10行第9列。

（19）第30行=表A108000第10行第19列。

（20）第34行=表A109000第12+16行。

（21）第35行=表A109000第13行。

（22）第36行=表A109000第15行。

第六章
个人所得税会计

本章导读

企业虽然不是个人所得税的纳税人，但是企业有义务帮助员工个人代扣代缴个人所得税。本章主要介绍了个人所得税的基本原理，计算方法，以及各种情况下的账务处理。

第一节　个人所得税概述

一、个人所得税纳税人

个人所得税的纳税义务人，包括中国公民、个体工商业户、个人独资企业、合伙企业投资者、在中国有所得的外籍人员（包括无国籍人员，下同）和香港、澳门、台湾同胞。上述纳税义务人依据住所和居住时间两个标准，区分为居民和非居民，分别承担不同的纳税义务。

（一）居民纳税义务人

居民纳税义务人负有无限纳税义务。其所取得的应纳税所得，无论是来源于中国境内还是中国境外任何地方，都要在中国缴纳个人所得税。根据《个人所得税法》规定，居民纳税义务人是指在中国境内有住所，或者无住所而在中国境内居住满 1 年的个人。

所谓在中国境内有住所的个人，是指因户籍、家庭、经济利益关系，而在中国境内习惯性居住的个人。这里所说的习惯性居住，是判定纳税义务人属于居民还是非居民的一个重要依据。它是指个人因学习、工作、探亲等原因消除之后，没有理由在其他地方继续居留时，所要回到的地方，而不是指实际居住或在某一个特定时期内的居住地。所谓在境内居住满1年，是指在一个纳税年度（即公历1月1日起至12月31日止，下同）内，在中国境内居住满365日。在计算居住天数时，对临时离境应视同在华居住，不扣减其在华居住的天数。这里所说的临时离境，是指在一个纳税年度内，一次不超过30日或者多次累计不超过90日的离境。综上可知，个人所得税的居民纳税义务人包括以下两类：

1. 在中国境内定居的中国公民和外国侨民。但不包括虽具有中国国籍，却并没有在中国大陆定居，而是侨居海外的华侨和居住在香港、澳门、台湾的同胞。

2. 从公历1月1日起至12月31日止，居住在中国境内的外国人、海外侨胞和香港、澳门、台湾同胞。这些人如果在一个纳税年度内，一次离境不超过30日，或者多次离境累计不超过90日的，仍应被视为全年在中国境内居住，从而判定为居民纳税义务人。

（二）非居民纳税义务人

非居民纳税义务人，是指不符合居民纳税义务人判定标准（条件）的纳税义务人，非居民纳税义务人承担有限纳税义务，即仅就其来源于中国境内的所得，向中国缴纳个人所得税。《个人所得税法》规定，非居民纳税义务人是"在中国境内无住所又不居住或者无住所而在境内居住不满1年的个人"。也就是说，非居民纳税义务人，是指习惯性居住地不在中国境内，而且不在中国居住，或者在一个纳税年度内，在中国境内居住不满1年的个人。

自2004年7月1日起，对境内居住的天数和境内实际工作期间按以下规定为准：

1. 判定纳税义务及计算在中国境内居住的天数。

对在中国境内无住所的个人，需要计算确定其在中国境内居住天数，以便依照税法和协定或安排的规定判定其在华负有何种纳税义务时，均应以该个人实际在华逗留天数计算。上述个人入境、离境、往返或多次往返境内外的当日，均按1天计算其在华实际逗留天数。

2. 个人人、离境当日及在中国境内实际工作期间的判定。

对在中国境内、境外机构同时担任职务或仅在境外机构任职的境内无住所个人，在按《国家税务总局关于在中国境内无住所的个人计算缴纳个人所得税若干具体问题的通知》（国税函发［1995］125号）第一条的规定计算其境内工作期间时，对其入境、离境、往返或多次往返境内外的当日，均按半天计算为在华实际工作天数。

二、个人所得税征税对象

下列各项个人所得，应纳个人所得税。

（一）工资、薪金所得

工资、薪金所得，是指个人因任职或者受雇而取得的工资、薪金、奖金、年终加薪、劳动分红、津贴、补贴以及与任职或者受雇有关的其他所得。

除工资、薪金以外，奖金、年终加薪、劳动分红、津贴、补贴也被确定为工资、薪金范畴。其中，年终加薪、劳动分红不分种类和取褥情况，一律按工资、薪金所得课税。津贴补贴等则有例外：根据我国目前个人收入豹构成情况，规定对于一些不属于工资、薪金性质的补贴、津贴或者不属于纳税人本人工资、薪金所得项目的收入，不予征税。这些项目包括：

1. 独生子女补贴。

2. 执行公务员工资制度未纳入基本工资总额的补贴、津贴差额各家属成员的副食品补贴。

3. 托儿补助费。

4. 差旅费津贴、误餐补助。其中，误餐补助是指按照财政部规定，个人因公在城区、郊区工作，不能在工作单位或返回就餐会，根据实际误餐顿数，按规定的标准领取的误餐费。单位以误餐补助名义发给职工的补助、津贴不能包括在内。

公司职工取得的用于购买企业国有股权的劳动分红，按“工资、薪金所得”项目计征个人所得税。

出租汽车经营单位对出租车驾驶员采取单车承包或承租方式运营，出租车驾驶员从事客货营运取得的收入，按工资、薪金所得征税。

（二）个体工商户的生产、经营所得

1. 个体工商户从事工业、手工业、建筑业、交通运输业、商业、饮食业、服务业、修理业及其他行业取得的所得。

2. 个人经政府府有关部门批准，取得执照，从事办学、医疗、咨询以及其他有偿服务活动取得的所得。

3. 上述个体工商户和个人取得的与生产、经营有关的各项应税所得。

4. 个人因从事彩票代销业务而取得的所得，应按照“个体工商户的生产、经营所得”项目计征个人所得税。

5. 从事个体出租车运营的出租车驾驶员取得的收入，按个体工商户的生产、经营所得项目缴纳个人所得税。

出租车属个人所有，但挂靠出租汽车经营单位或企事业单位，驾驶员向挂靠单位缴纳管理费的，或出租汽车经营单位将出租车所有权转移给驾驶员的，出租车驾驶员从事客货运营取得的收入，比照个体工商户的生产、经营所得项目征税。

6. 个体工商户和从事生产、经营的个人，取得与生产、经营活动无关的其他各项应税所得，应分别按照其他应税项目的有关规定，计算征收个人所得税。如取得银行存款的利息所得、对外投资取得的股息所得，应按“股息、利息、红利”税目的规定单独计征个人所得税。

7. 个人独资企业、合伙企业的个人投资者以企业资金为本人、家庭成员及其相关人员支付与企业生产经营无关的消费性支出及购买汽车、住房等财产性支出，视为企业对个人投资者利润分配，并人投资者个人的生产经营所得，依照“个体工商户的生产、经营所得”项目计征个人所得税。

8. 其他个人从事个体工商业生产、经营取得的所得。

（三）对企事业单位的承包经营、承租经营所得

对企事业单位的承包经营、承租经营所得，是指个人承包经营或承租经营以及转包、转租取得的所得。承包项目可分多种，如生产经营、采购、销售、建筑安装等各种承包。转包包括全部转包或部分转包。

个人对企事业单位的承包经营、承租经营形式较多，分配方式也不尽相同，大体上可以分为以下两类：

1. 个人对企事业单位承包、承租经营后，工商登记改变为个体工商户的，这类承包、承租经营所得，实际上属于个体工商户的生产、经营所得，应按个体工商户的生产、经营所得项目征收个人所得税，不再征收企业所得税。

2. 个人对企事业单位承包、承租经营后，工商登记仍为企业的，不论其分配方式如何，均应先按照企业所得税的有关规定缴纳企业所得税，然后根据承包、承租经营者按合同（协议）规定取得的所得，依照《个人所得税法》有关规定缴纳个人所得税。具体如下：

（1）承包、承租人对企业经营成果不拥有所有权，仅按合同（协议）规定取得一定所得的，应按工资、薪金所得项目征收个人所得税。

（2）承包、承租人按合同（协议）规定只向发包方、出租人缴纳一定的费用，缴纳承包、承租费后的企业的经营成果归承包人、承租人所有的，其取得的所得，按对企事业单位的承包经营、承租经营所得项目征收个人所得税。

外商投资企业采取发包、出租经营且经营人为个人的，对经营人从外商投资企业分享的收益或取得的所得，亦按照个人对企事业单位的承包经营、承租经营所得征收个人所得税。

（四）劳务报酬所得

劳务报酬所得，指个人独立从事各种非雇用的各种劳务所取得的所得。内容如下：

1. 设计。指按照客户的要求，代为制定工程、工艺等各类设计业务。

2. 装潢。指接受委托，对物体进行装饰、修饰，使之美观或具有特定用途的

作业。

3. 安装。指按照客户要求，对各种机器、设备的装配、安置，以及与机器、设备相连的附属设施的装设和被安装机器设备的绝缘、防腐、保温、油漆等工程作业。

4. 制图。指受托按实物或设想物体的形象，依体积、面积、距离等，用一定比例绘制成平面图、立体图、透视图等的业务。

5. 化验。指受托用物理或化学的方法，检验物质的成分和性质等业务。

6. 测试。指利用仪器仪表或其他手段代客对物品的性能和质量进行检测试验的业务。

7. 医疗。指从事各种病情诊断、治疗等医护业务。

8. 法律。指受托担任辩护律师、法律顾问，撰写辩护词、起诉书等法律文书的业务。

9. 会计。指受托从事会计核算的业务。

10. 咨询。指对客户提出的政治、经济、科技、法律、会计、文化等方面的问题进行解答、说明的业务。

11. 讲学。指应邀（聘）进行讲课、作报告、介绍情况等业务。

12. 新闻。指提供新闻信息、编写新闻消息的业务。

13. 广播。指从事播音等劳务。

14. 翻译。指受托从事中、外语言或文字的翻译（包括笔译和口译）的业务。

15. 审稿。指对文字作品或图形作品进行审查、核对的业务。

16. 书画。指按客户要求，或自行从事书法、绘画、题词等业务。

17. 雕刻。指代客镌刻图章、牌匾、碑、玉器、雕塑等业务。

18. 影视。指应邀或应聘在电影、电视节目中出任演员，或担任导演、音响、化妆、道具、制作、摄影等与拍摄影视节目有关的业务。

19. 录音。指用录音器械代客录制各种音响带的业务，或者应邀演讲、演唱、采访而被录音的服务。

20. 录像。指用录像器械代客录制各种图像、节目的业务，或者应邀表演、采访被录像的业务。

21. 演出。指参加戏剧、音乐、舞蹈、曲艺等文艺演出活动的业务。

22. 表演。指从事杂技、体育、武术、健美、时装、气功以及其他技巧性表演活动的业务。

23. 广告。指利用图书、报纸、杂志、广播、电视、电影、招贴、路牌、橱窗、霓虹灯、灯箱、墙面及其他载体，为介绍商品、经营服务项目、文体节目或通告、声明等事项，所做的宣传和提供相关服务的业务。

24. 展览。指举办或参加书画展、影展、盆景展、邮展、个人收藏品展、花鸟虫鱼展等各种展示活动的业务。

25. 技术服务。指利用一技之长而进行技术指导、提供技术帮助的业务。

26. 介绍服务。指介绍供求双方商谈，或者介绍产品、经营服务项目等服务的业务。

27. 经纪服务。指经纪人通过居间介绍，促成各种交易和提供劳务等服务的业务。

28. 代办服务。指代委托人办理受托范围内的各项事宜的业务。

29. 其他劳务。指上述列举28项劳务项目之外的各种劳务。

自2004年1月20日起，对商品营销活动中，企业和单位对其营销业绩突出的非雇员以培训班、研讨会、工作考察等名义组织旅游活动，通过免收差旅费、旅游费对个人实行的营销业绩奖励（包括实物、有价证券等），应根据所发生费用的全额作为该营销人员当期的劳务收入，按照“劳务报酬所得”项目征收个人所得税，并由提供上述费用的企业和单位代扣代缴。

在实际操作过程中，还可能出现难以判定一项所得是属于工资、薪金所得，还是属于劳务报酬所得的情况。这两者的区别在于：工资、薪金所得是属于非独立个人劳务活动，即在机关、团体、学校、部队、企业、事业单位及其他组织中任职、受雇而得到的报酬；而劳务报酬所得，则是个人独立从事各种技艺、提供各项劳务取得的报酬。

（五）稿酬所得

稿酬所得，是指个人因其作品以图书、报刊形式出版、发表而取得的所得。将稿酬所得独立划归一个征税项目，而对不以图书、报刊形式出版、发表的翻译、审稿、书画所得归为劳务报酬所得，主要是考虑了出版、发表作品的特殊性。第一，它是一种依靠较高智力创作的精神产品；第二，它具有普遍性；第三，它与社会主义精神文明和物质文明密切相关；第四，它的报酬相对偏低。因此，稿酬所得应当与一般劳务报酬相区别，并给予适当优惠照顾。

根据国税函［2002］146号文件《国家税务总局关于个人所得税若干业务问题的批复》中，关于报刊、杂志、出版等单位的职员在本单位的刊物上发表作品、出版图书取得所得征税的问题明确表示：

1. 任职、受雇于报刊、杂志等单位的记者、编辑等专业人员，因在本单位的报刊、杂志上发表作品取得的所得，属于因任职、受雇而取得的所得，应与其当月工资收入合并，按“工资、薪金所得”项目征收个人所得税。

除上述专业人员以外，其他人员在本单位的报刊、杂志上发表作品取得的所得，应按“稿酬所得”项目征收个人所得税。

2. 出版社的专业作者撰写、编写或翻译的作品，由本社以图书形式出版而取得的稿费收入，应按“稿酬所得”项目计算缴纳个人所得税。

（六）特许权使用费所得

特许权使用费所得，是指个人提供专利权、商标权、著作权、非专利技术以及其他特许权的使用权取得的所得。提供著作权的使用权取得的所得，不包括稿酬所得。

专利权，是由国家专利主管机关依法授予专利申请人或其权利继承人在一定期间内实施其发明创造的专有权。对于专利权，许多国家只将提供他人使用取得的所得，列入特许权使用费，而将转让专利权所得列为资本利得税的征税对象。我国没有开征资本利得税，故将个人提供和转让专利权取得的所得，都列入特许权使用费所得征收个人所得税。

商标权，即商标注册人享有的商标专用权。著作权，即版权，是作者依法对文学、艺术和科学作品享有的专有权。个人提供或转让商标权、著作权、专有技术或技术秘密、技术诀窍取得的所得，应当依法缴纳个人所得税。

著作权，即版权，是指作者对其创作的文学、科学和艺术作品依法享有的某些特殊权利。著作权是公民的一项民事权利，既具有民法中的人身权性质，也具有民法中的财产权性质，主要包括发表权、署名权、修改权、保护权、使用权和获得报酬权。

非专利技术，即专利技术以外的专有技术。这类技术大多尚处于保密状态，仅为特定人知晓并占有。

上述四种权利及其他权利由个人提供或转让给他人使用时，会取得相应的收入，这类收入不同于一般所得，所以单列为一类征税项目。对特许权使用费的征税办法，各国不尽一致，如有的国家对转让专利权所得征收资本利得税，而我国是将提供和转让合在一起，一并列入个人所得税的征税范围。

个人取得特许权的经济赔偿收入，应按“特许权使用费所得”应税项目缴纳个人所得税，税款由支付赔款的单位或个人代扣代缴。

（七）利息、股息、红利所得

利息、股息、红利所得，是指个人拥有债权、股权而取得的利息、股息、红利所得。利息，是指个人拥有债权而取得的利息，包括存款利息、贷款利息和各种债券的利息。按税法规定，个人取得的利息所得，除国债和国家发行的金融债券利息外，应当依法缴纳个人所得税。股息、红利，是指个人拥有股权取得的股息、红利。按照一定的比率对每股发给的息金叫股息；公司、企业应分配的利润，按股份分配的叫红利。股息、红利所得，除另有规定外，都应当缴纳个人所得税。

除个人独资企业、合伙企业以外的其他企业的个人投资者，以企业资金为本人、家庭成员及其相关人员支付与企业生产经营无关的消费性支出及购买汽车、住房等财产性支出，视为企业对个人投资者的红利分配，依照“利息、股息、红利所得”项目计征个人所得税。企业的上述支出不允许在所得税前扣除。

纳税年度内个人投资者从其投资企业（个人独资企业、合伙企业除外）借款，在该纳税年度终了后既不归还又未用于企业生产经营的，其未归还的借款可视为企业对个人投资者的红利分配，依照“利息、股息、红利所得”项目计征个人所得税。

个人在个人银行结算账户的存款自 2003 年 9 月 1 日起孳生的利息，应按“利息、股息、红利所得”项目计征个人所得税，税款由办理个人银行结算账户业务的储蓄机构在结付利息时代扣代缴。自 2008 年 10 月 9 日起暂免征收储蓄存款利息的个人所得税。

（八）财产租赁所得

财产租赁所得，是指个人出租建筑物、土地使用权、机器设备、车船以及其他财产取得的所得。

个人取得的财产转租收入，属于“财产租赁所得”的征税范围，由财产转租人缴纳个人所得税。在确定纳税义务人时，应以产权凭证为依据，对无产权凭证的，由主管税务机关根据实际情况确定；产权所有人死亡，在未办理产权继承手续期间，该财产出租而有租金收入的，以领取租金的个人为纳税义务人。

（九）财产转让所得

财产转让所得，是指个人转让有价证券、股权、建筑物、土地使用权、机器设备、车船以及其他财产取得的所得。

在现实生活中，个人进行的财产转让主要是个人财产所有权的转让。财产转让实际上是一种买卖行为，当事人双方通过签订、履行财产转让合同，形成财产买卖的法律关系，使出让财产的个人从对方取得价款（收入）或其他经济利益。财产转让所得因其性质的特殊性，需要单独列举项，目征税。对个人取得的各项财产转让所得，除股票转让所得外，都要征收个人所得税。具体规定为：

1. 股票转让所得。

根据《个人所得税法实施条例》规定，对股票转让所得征收个人所得税的办法，由财政部另行制定，报国务院批准施行。鉴于我国证券市场发育还不成熟，股份制还处于试点阶段，对股票转让所得的计算、征税办法和纳税期限的确认等都需要做深人的调查研究后，结合国际通行的做法，作出符合我国实际的规定。因此国务院决定，对股票转让所得暂不征收个人所得税。

2. 量化资产股份转让。

集体所有制企业在改制为股份合作制企业时，对职工个人以股份形式取得的拥有所有权的企业量化资产，暂缓征收个人所得税；待个人将股份转让时，就其转让收入额，减除个人取得该股份时实际支付的费用支出和合理转让费用后的余额，按“财产转让所得”项目计征个人所得税。

3. 个人出售自有住房。

根据个人所得税法的法规，个人出售自有住房取得的所得应按照“财产转让所得”项目征收个人所得税。

个人出售自有住房的应纳税所得额，按下列原则确定：

（1）个人出售除已购公有住房以外的其他自有住房，其应纳税所得额按照个人所得税法的有关法规确定。

（2）个人出售已购公有住房，其应纳税所得额为个人出售已购公有住房的销售价，减除住房面积标准的经济适用住房价款、原支付超过住房面积标准的房价款、向财政或原产权单位缴纳的所得收益以及税法法规的合理费用后的余额。

已购公有住房是指城镇职工根据国家和县级（含县级）以上人民政府有关城镇住房制度改革政策法规，按照成本价（或标准价）购买的公有住房。

经济适用住房价格按县级（含县级）以上地方人民政府法规的标准确定。

（3）职工以成本价（或标准价）出资的集资合作建房、安居工程住房、经济适用住房以及拆迁安置住房，比照已购公有住房确定应纳税所得额。

（十）偶然所得

偶然所得，是指个人得奖、中奖、中彩以及其他偶然性质的所得。得奖是指参加各种有奖竞赛活动，取得名次得到的奖金；中奖、中彩是指参加各种有奖活动，如有奖销售、有奖储蓄或者购买彩票，经过规定程序，抽中、摇中号码而取得的奖金。偶然所得应缴纳的个人所得税税款，一律由发奖单位或机构代扣代缴。

个人因参加企业的有奖销售活动而取得的赠品所得，应按“偶然所得”项目计征个人所得税。赠品所得为实物的，应以《个人所得税法实施条例》第十条规定的方法确定应纳税所得额，计算缴纳个人所得税。税款由举办有奖销售活动的企业（单位）代扣代缴。

（十一）经国务院财政部门确定征税的其他所得

除上述列举的各项个人应税所得外，其他确有必要征税的个人所得，由国务院财政部门确定。个人取得的所得，难以界定应纳税所得项目的，由主管税务机关确定。

1. 个人无偿受赠房屋。

以下情形的房屋产权无偿赠与，对当事双方不征收个人所得税：

（1）房屋产权所有人将房屋产权无偿赠与配偶、父母、子女、祖父母、外祖父母、孙子女、外孙子女、兄弟姐妹；

（2）房屋产权所有人将房屋产权无偿赠与对其承担直接抚养或者赡养义务的抚

养人或者赡养人；

（3）房屋产权所有人死亡，依法取得房屋产权的法定继承人、遗嘱继承人或者受遗赠人。

除上述规定情形以外，房屋产权所有人将房屋产权无偿赠与他人的，受赠人因无偿受赠房屋取得的受赠所得，按照"经国务院财政部门确定征税的其他所得"项目缴纳个人所得税，税率为20%。

2. 企业促销展业赠送礼品。

企业在销售商品（产品）和提供服务过程中向个人赠送礼品，属于下列情形之一的，不征收个人所得税：

（1）企业通过价格折扣、折让方式向个人销售商品（产品）和提供服务；

（2）企业在向个人销售商品（产品）和提供服务的同时给予赠品，如通信企业对个人购买手机赠话费、入网费，或者购话费赠手机等；

（3）企业对累积消费达到一定额度的个人按消费积分反馈礼品。

企业向个人赠送礼品，属于下列情形之一的，取得该项所得的个人应依法缴纳个人所得税，税款由赠送礼品的企业代扣代缴：

（1）企业在业务宣传、广告等活动中，随机向本单位以外的个人赠送礼品，对个人取得的礼品所得，按照"其他所得"项目，全额适用20%的税率缴纳个人所得税。

（2）企业在年会、座谈会、庆典以及其他活动中向本单位以外的个人赠送礼品，对个人取得的礼品所得，按照"其他所得"项目，全额适用20%的税率缴纳个人所得税。

（3）企业对累积消费达到一定额度的顾客，给予额外抽奖机会，个人的获奖所得，按照"偶然所得"项目，全额适用20%的税率缴纳个人所得税。

三、个人所得税税率

（一）工资、薪金所得适用税率

工资、薪金所得适用七级超额累进税率，税率为3% ~45%如表6-1所示。

表6-1　工资、薪金所得个人所得税税率表

级数	全月含税应纳税得	全月不含税应纳税所得额	税率（%）	速算扣除数（元）
1	不超过1 500元的	不超过1 455元的	3	0
2	超过1 500 ~4 500元的部分	超过1 455 ~4 155元的部分	10	105

续表

级数	全月含税应纳税得	全月不含税应纳税所得额	税率（%）	速算扣除数（元）
3	超过 4 500 ~ 9 000 元的部分	超过 4 155 ~ 7 755 元的部分	20	555
4	超过 9 000 ~ 35 000 元的部分	超过 7 755 ~ 27 255 元的部分	25	1 005
5	超过 35 000 ~ 55 000 元的部分	超过 27 255 ~ 41 255 元的部分	30	2 755
6	超过 55 000 ~ 80 000 元的部分	超过 41 255 ~ 57 505 元的部分	35	5 505
7	超过 80 000 元的部分	超过 57 505 元的部分	45	13 505

注：本表所称全月含税应纳税所褥额和全月不含税应纳税所得额，是指依照税法的规定，以每月收入额减除费用 3 500 元后的余额或者再减除附加减除费用后的余额。

（二）个体工商户的生产、经营所得和对企事业单位的承包经营、承租经营适用税率

个体工商户包括：依法取得个体工商户营业执照，从事生产经营的个体工商户；经政府有关部门批准，从事办学、医疗、咨询等有偿服务活动的个人以及其他从事个体生产、经营的个人。个体工商户以业主为个人所得税纳税义务人。

1. 个体工商户的生产、经营所得和对企事业单位的承包经营、承租经营所得适用 5% ~35% 的五级超额累进税率如表 6－2 所示。

表 6－2　个体工商户的生产、经营所得和对企事业单位的承包经营、承租经营所得个人所得税税率表

级数	不超过 15 000	全年不含税应纳税所得额	税率（%）	速度处扣除数
1	不超过 15 000 元的	不超过 14 250 元的	5	0
2	超过 15 000 ~ 30 000 元的部分	超过 14 250 ~ 27 750 元的部分	10	750
3	超过 30 000 ~ 60 000 元的部分	超过 27 750 ~ 51 750 元的部分	20	3 750
4	超过 60 000 ~ 100 000 元的部分	超过 51 750 ~ 79 750 元的部分	30	9 750
5	超过 100 000 元的部分	超过 79 750 元的部分	35	14 750

注：本表所称全年含税应纳税所得额和全年不含税应纳税所得额，对个体工商户的生产、经营所得，是指以每一纳税年度的收入总额，减除成本、费用、相关税费以及损失后的余额；对企事业单位的承包经营、承租经营所得，是指以每一纳税年度的收入总额，减除必要费用后的余额。

这里值得注意的是，由于目前实行承包（租）经营的形式较多，分配方式也不相同，因此，承包、承租人按照承包、承租经营合同（协议）规定取得所得的适用税率也不一致。

（1）承包、承租人对企业经营成果不拥有所有权，仅是按合同（协议）规定取

得一定所得的，其所得按"工资、薪金"所得项目征税，适用3% ~45%的七级超额累进税率。

(2) 承包、承租人按合同（协议）的规定只向发包、出租方缴纳一定费用后，企业经营成果归其所有的，承包、承租人取得的所得，按对企事业单位的承包经营、承租经营所得项目，适用5% ~35%的五级超额累进税率征税。

2. 个人独资企业和合伙企业的个人投资者取得的生产经营所得也适用5% ~35%的五级超额累进税率。

(三) 稿酬所得适用税率

稿酬所得适用比例税率，税率为20%，并按应纳税额减征30%。故其实际税负为14%。

(四) 劳务报酬所得适用税率

劳务报酬所得，适用比例税率，税率为20%。对劳务报酬所得一次收入畸高的，可以实行加成征收，具体办法由国务院规定。

根据《个人所得税法实施条例》规定，"劳务报酬所得一次收入畸高"，是指个人一次取得劳务报酬，其应纳税所得额超过20 000元。对应纳税所得额超过20 000 ~50 000元的部分，依照税法规定计算应纳税额后再按照应纳税额加征五成；超过50 000元的部分，加征十成。因此，劳务报酬所得实际上适用20%、30%、40%的三级超额累进税率如表6-3所示。

表6-3　劳务报酬所得个人所得税税率表

级数	每次应纳税所得额	税率（%）
1	不超过20 000元的部分	20
2	超过20 000 ~50 000元的部分	30
3	超过50 000元的部分	40

注：本表所称每次应纳税所得额，是指每次收入额减除费用800元（每次收入额不超过4 000元时）或者减除20%。的费用（每次收入额超过4 000元时）后的余额。

(五) 特许权使用费所得，利息、股息、红利所得，财产租赁所得，财产转让所得，偶然所得和其他所得适用税率

特许权使用费所得，利息、股息、红利所得，财产租赁所得，财产转让所得，偶然所得和其他所得，适用比例税率，税率为20%。从2007年8月15日起，居民储蓄利息税率调为5%，自2008年10月9H起暂免征收储蓄存款利息的个人所得税。对个人出租住房取得的所得减按10%的税率征收个人所得税。

四、个人所得税应纳税所得额的计算

由于个人所得税的应税项目不同，并且取得某项所得所需费用也不相同，因此，计算个人应纳税所得额，需按不同应税项目分项计算。以某项应税项目的收入额减去税法规定的该项目费用减除标准后的余额，为该应税项应纳税所得额。

（一）费用减除标准

1. 工资、薪金所得，以每月收入额减除费用 3 500 元后的余额为应纳税所得额。

2. 个体工商户的生产、经营所得，以每一纳税年度的收入总额，减除成本、费用以及损失后的余额，为应纳税所得额。成本、费用，是指纳税义务人从事生产、经营所发生的各项直接支出和分配计入成本的间接费用以及销售费用、管理费用、财务费用；所说的损失，是指纳税义务人在生产、经营过程中发生的各项营业外支出。

从事生产、经营的纳税义务人未提供完整、准确的纳税资料，不能正确计算应纳税所得额的，由主管税务机关核定其应纳税所得额。

个人独资企业的投资者以全部生产经营所得为应纳税所得额；合伙企业的投资者按照合伙企业的全部生产经营所得和合伙协议约定的分配比例，确定应纳税所得额，合伙协议没有约定分配比例的，以全部生产经营所得和合伙人数量平均计算每个投资者的应纳税所得额。

上述所称生产经营所得，包括企业分配给投资者个人的所得和企业当年留存的所得（利润）。

3. 对企事业单位的承包经营、承租经营所得，以每一纳税年度的收入总额，减除必要费用后的余额，为应纳税所得额。每一纳税年度的收入总额，是指纳税义务人按照承包经营、承租经营合同规定分得的经营利润和工资、薪金性质的所得；所说的减除必要费用，是指按月减除 3 500 元。

4. 劳务报酬所得、稿酬所得、特许权使用费所得、财产租赁所得，每次收入不超过 4 000 元的，减除费用 800 元；4 000 元以上的，减除 20% 的费用，其余额为应纳税所得额。

5. 财产转让所得，以转让财产的收入额减除财产原值和合理费用后的余额，为应纳税所得额。财产原值，是指：

（1）有价证券，为买入价以及买入时按照规定缴纳的有关费用。

（2）建筑物，为建造费或者购进价格以及其他有关费用。

（3）土地使用权，为取得土地使用权所支付的金额、开发土地的费用以及其他有关费用。

（4）机器设备、车船，为购进价格、运输费、安装费以及其他有关费用。

（5）其他财产，参照以上方法确定。

纳税义务人未提供完整、准确的财产原值凭证，不能正确计算财产原值的，由主管税务机关核定其财产原值。

合理费用，是指卖出财产时按照规定支付的有关费用。

6. 利息、股息、红利所得，偶然所得和其他所得，以每次收入额为应纳税所得额。

（二）附加减除费用适用的范围和标准

上面讲到的计算个人应纳税所得额的费用减除标准，对所有纳税人都是普遍适用的。但是，考虑到外籍人员和在境外工作的中国公民的生活水平比国内公民要高，而且，我国汇率的变化情况对他们的工资、薪金所得也有一定的影响。为了不因征收个人所得税而加重他们的负担，现行税法对外籍人员和在境外工作的中国公民的工资、薪金所得增加了附加减除费用的照顾。

按照税法的规定，对在中国境内无住所而在中国境内取得工资、薪金所得的纳税义务人和在中国境内有住所而在中国境外取得工资、薪金所得的纳税义务人，可以根据其平均收入水平、生活水平以及汇率变化情况确定附加减除费用，附加减除费用适用的范围和标准由国务院规定。

国务院在发布的《个人所得税法实施条例》中，对附加减除费用适用的范围和标准作了具体规定：

1. 附加减除费用适用的范围，包括：

（1）在中国境内的外商投资企业和外国企业中工作取得工资、薪金所得的外籍人员。

（2）应聘在中国境内的企事业单位、社会团体、国家机关中工作取得工资、薪金所得的外籍专家。

（3）在中国境内有住所而在中国境外任职或者受雇取得工资、薪金所得的个人。

（4）财政部确定的取得工资、薪金所得的其他人员。

2. 附加减除费用标准。从2011年9月1日起，在每月减除3 500元费用的基础上，再附加减除1 300元。

3. 华侨和香港、澳门、台湾同胞参照上述附加减除费用标准执行。

（三）每次收入的确定

《个人所得税法》对纳税义务人的征税方法有三种：一是按年计征，如个体工商户和承包、承租经营所得；二是按月计征，如工资、薪金所得；三是按次计征，如劳务报酬所得，稿酬所得，特许权使用费所得，利息、股息、红利所得，财产租赁所得，偶然所得和其他所得等7项所得。在按次征收情况下，由于扣除费用依据每次应纳税所得额的大小，分别规定了定额和定率两种标准。因此，无论是从正确贯彻税法的立法精神、维护纳税义务人的合法权益方面来看，还是从避免税收漏洞、防止税款流失、保证国家税收收入方面来看，如何准确划分“次”，都是十分重要的。劳务报酬所得等7个项目的“次”，《个人所得税法实施条例》中作出了明确规定。具体是：

1. 劳务报酬所得，根据不同劳务项目的特点，分别规定为：

（1）只有一次性收入的，以取得该项收入为一次。例如从事设计、安装、装潢、制图、化验、测试等劳务，往往是接受客户的委托，按照客户的要求，完成一次劳务后取得收入。因此，是属于只有一次性的收入，应以每次提供劳务取得的收入为一次。

（2）属于同一事项连续取得收入的，以1个月内取得的收入为一次。例如，某歌手与一卡拉OK厅签约，在1年内每天到卡拉OK厅演唱一次，每次演出后付酬50元。在计算其劳务报酬所得时，应视为同一事项的连续性收入，以其1个月内取得的收入为一次计征个人所得税，而不能以每天取得的收入为一次。

2. 稿酬所得，以每次出版、发表取得的收入为一次。具体又可细分为：

（1）同一作品再版取得的所得，应视作另一次稿酬所得计征个人所得税。

（2）同一作品先在报刊上连载，然后再出版，或先出版，再在报刊上连载的，应视为两次稿酬所得征税。即连载作为一次，出版作为另一次。

（3）同一作品在报刊上连载取得收入的，以连载完成后取得的所有收入合并为一次，计征个人所得税。

（4）同一作品在出版和发表时，以预付稿酬或分次支付稿酬等形式取得的稿酬收入，应合并计算为一次。

（5）同一作品出版、发表后，因添加印数而追加稿酬的，应与以前出版、发表时取得的稿酬合并计算为－次，计征个人所得税。

3. 特许权使用费所得，以某项使用权的一次转让所取得的收入为一次。一个纳税义务人，可能不仅拥有一项特许权利，每一项特许权的使用权也可能不止一次地向他人提供。因此，对特许权使用费所得的“次”的界定，明确为每一项使用权的每次转让所取得的收入为一次。如果该次转让取得的收入是分笔支付的，则应将各笔收入相加为一次的收入，计征个人所得税。

4. 财产租赁所得，以1个月内取得的收入为一次。

5. 利息、股息、红利所得，以支付利息、股息、红利时取得的收入为一次。

6. 偶然所得，以每次收入为一次。

7. 其他所得，以每次收入为一次。

（四）应纳税所得额的其他规定

1. 个人将其所得通过中国境内的社会团体、国家机关向教育和其他社会公益事业以及遭受严重自然灾害地区、贫困地区捐赠，捐赠额未超过纳税义务人申报的应纳税所得额30%的部分，可以从其应纳税所得额中扣除。

2. 个人的所得（不含偶然所得和经国务院财政部门确定征税的其他所得）用于资助非关联的科研机构和高等学校研究开发新产品、新技术、新工艺所发生的研究开发经费，经主管税务机关确定，可以全额在下月（工资、薪金所得）或下次（按次计征的所得）或当年（按年计征的所得）计征个人所得税时，从应纳税所得额中扣除，不足抵扣的，不得结转抵扣。

3. 个人取得的应纳税所得，包括现金、实物和有价证券。所得为实物的，应当按照取得的凭证上所注明的价格计算应纳税所得额；无凭证的实物或者凭证上所注明的价格明显偏低的，由主管税务机关参照当地的市场价格核定应纳税所得额。所得为有价证券的，由主管税务机关根据票面价格和市场价格核定应纳税所得额。

五、个人所得税应纳税额的计算

依照税法规定的适用税率和费用扣除标准，各项所得的应纳税额，应分别计算如下：

（一）工资、薪金所得应纳税额的计算

工资、薪金所得应纳税额的计算公式为：

应纳税额 = 应纳税所得额 × 适用税率 − 速算扣除数

= （每月收入额 −3500 元或 4 800 元）× 适用税率 − 速算扣除数

这里需要说明的是，由于工资、薪金所得在计算应纳个人所得税额时，适用的是超额累进税率，所以，计算比较烦琐。运用速算扣除数计算法，可以简化计算过程。速算扣除数是指在采用超额累进税率征税的情况下，根据超额累进税率表中划分的应纳税所得额级距和税率，先用全额累进方法计算出税额，再减去用超额累进方法计算的应征税额以后的差额。当超额累进税率表中的级距和税率确定以后，各级速算扣除数也固定不变，成为计算应纳税额时的常数。

【例6-1】 某纳税人月薪4 300元，该纳税人不适用附加减除费用的规定，计算其应纳个人所得税税额如下：

应纳税所得额 = 4 300 - 3 500 = 800（元）

应纳税额 = 800 × 3% = 24（元）

（二）个体工商户的生产、经营所得应纳税额的计算

个体工商户的生产、经营所得应纳税额的计算公式为：

应纳税额 = 应纳税所得额 × 适用税率 - 速算扣除数

或 = (全年收入总额 - 成本、费用以及损失) × 适用税率 - 速算扣除数

个体工商户应纳税所得额的计算，以权责发生制为原则，属于当期的收入和费用，不论款项是否收付，均作为当期的收入和费用；不属于当期的收入和费用，即使款项已经在当期收付，均不作为当期收入和费用。财政部、国家税务总局另有规定的除外。基本规定如下：

1. 计税基本规定。

（1）个体工商户的生产、经营所得，以每一纳税年度的收入总额，减除成本、费用、税金、损失、其他支出以及允许弥补的以前年度亏损后的余额，为应纳税所得额。

（2）个体工商户从事生产经营以及与生产经营有关的活动（以下简称生产经营）取得的货币形式和非货币形式的各项收入，为收入总额。包括：销售货物收入、提供劳务收入、转让财产收入、利息收入、租金收入、接受捐赠收入、其他收入。

前款所称其他收入包括个体工商户资产溢余收入、逾期一年以上的未退包装物押金收入、确实无法偿付的应付款项、已作坏账损失处理后又收回的应收款项、债务重组收入、补贴收入、违约金收入、汇兑收益等。

（3）成本，是指个体工商户在生产经营活动中发生的销售成本、销货成本、业务支出以及其他耗费。

（4）费用，是指个体工商户在生产经营活动中发生的销售费用、管理费用和财务费用，已经计入成本的有关费用除外。

（5）税金，是指个体工商户在生产经营活动中发生的除个人所得税和允许抵扣的增值税以外的各项税金及其附加。

（6）损失，是指个体工商户在生产经营活动中发生的固定资产和存货的盘亏、毁损、报废损失，转让财产损失，坏账损失，自然灾害等不可抗力因素造成的损失以及其他损失。

个体工商户发生的损失，减除责任人赔偿和保险赔款后的余额，参照财政部、国家税务总局有关企业资产损失税前扣除的规定扣除。

个体工商户已经作为损失处理的资产，在以后纳税年度又全部收回或者部分收回时，应当计入收回当期的收入。

（7）其他支出，是指除成本、费用、税金、损失外，个体工商户在生产经营活动中发生的与生产经营活动有关的、合理的支出。

（8）个体工商户发生的支出应当区分收益性支出和资本性支出。收益性支出在发生当期直接扣除；资本性支出应当分期扣除或者计入有关资产成本，不得在发生当期直接扣除。

前款所称支出，是指与取得收入直接相关的支出。

除税收法律法规另有规定外，个体工商户实际发生的成本、费用、税金、损失和其他支出，不得重复扣除。

2. 扣除项目及标准。

（1）个体工商户实际支付给从业人员的、合理的工资薪金支出，准予扣除。

个体工商户业主的费用扣除标准，依照相关法律、法规和政策规定执行。

个体工商户业主的工资薪金支出不得税前扣除。

（2）个体工商户在生产经营活动中发生的合理的不需要资本化的借款费用，准予扣除。

个体工商户为购置、建造固定资产、无形资产和经过12个月以上的建造才能达到预定可销售状态的存货发生借款的，在有关资产购置、建造期间发生的合理的借款费用，应当作为资本性支出计入有关资产的成本，并依照本办法的规定扣除。

（3）个体工商户在生产经营活动中发生的下列利息支出，准予扣除：

①向金融企业借款的利息支出。

②向非金融企业和个人借款的利息支出，不超过按照金融企业同期同类贷款利率计算的数额的部分。

（4）个体工商户向当地工会组织拨缴的工会经费、实际发生的职工福利费支出、职工教育经费支出分别在工资薪金总额的2%、14%、2.5%的标准内据实扣除。

工资薪金总额是指允许在当期税前扣除的工资薪金支出数额。

职工教育经费的实际发生数额超出规定比例当期不能扣除的数额，准予在以后纳税年度结转扣除。

个体工商户业主本人向当地工会组织缴纳的工会经费、实际发生的职工福利费支出、职工教育经费支出，以当地（地级市）上年度社会平均工资的3倍为计算基数，在本条第一款规定比例内据实扣除。

（5）个体工商户发生的与生产经营活动有关的业务招待费，按照实际发生额的60%扣除，但最高不得超过当年销售（营业）收入的5‰。

业主自申请营业执照之日起至开始生产经营之日止所发生的业务招待费，按照实际发生额的60%计入个体工商户的开办费。

（6）个体工商户每一纳税年度发生的与其生产经营活动直接相关的广告费和业务宣传费不超过当年销售（营业）收入15%的部分，可以据实扣除；超过部分，准予在以后纳税年度结转扣除。

【例6-2】 商户3月份产品销售收入10万元，为生产应税产品耗用原材料、物料、电力等共计3.5万元，支付工人工资1.8万元，销售费用0.6万元，销售税金0.5万元，办公费用0.2万元。计算该月应纳所得税如下：

（1）计算应税所得额。

100 000 -(35 000 +18 000 +6 000 +5 000 +2 000) =34 000（元）

（2）确定适用税率为20%。

（3）计算当月应纳税额。

34 000 ×20% -3 750 =3 050（元）

（三）对企事业单位的承包经营、承租经营所得应纳税额的计算

对企事业单位的承包经营、承租经营所得，其个人所得税应纳税额的计算公式为：

应纳税额 = 应纳税所得额 × 适用税率 - 速算扣除数

或 =（纳税年度收入总额 - 必要费用）× 适用税率 - 速算扣除数

这里需要说明的是：

1. 对企事业单位的承包经营、承租经营所得，以每一纳税年度的收入总额，减除必要费用后的余额为应纳税所得额。

在一个纳税年度中，承包经营或者承租经营期限不足1年的，以其实际经营期为纳税年度。

2. 对企事业单位的承包经营、承租经营所得适用的速算扣除数，同个体工商户的生产、经营所得适用的速算扣除数。

（四）劳务报酬所得应纳税额的计算

对劳务报酬所得，其个人所得税应纳税额的计算公式为：

1. 每次收入不足4 000元的：

应纳税额 = 应纳税所得额 × 适用税率

或 = (每次收入额 - 800) × 20%

2. 每次收入在 4 000 元以上的：

应纳税额 = 应纳税所得额 × 适用税率

或 = 每次收入额 × (1 - 20%) × 20%

3. 每次收入的应纳税所得额超过 20 000 元的：

应纳税额 = 应纳税所得额 × 适用税率 - 速算扣除数

或 = 每次收入额 × (1 - 20%) × 适用税率 - 速算扣除数

劳务报酬所得适用的速算扣除数如表 6 - 4 所示。

表 6 - 4　劳务报酬所得适用的速算扣除数表

级数	每次应纳税所得额	税率（%）	速算扣除数（元）
1	不超过 20 000 元的部分	20	0
2	超过 20 000 ~ 50 000 元的部分	30	2 000
3	超过 50 000 元的部分	40	7 000

【例 6 - 3】 某演员 8 月份在 A 地演出 2 天，共获演出收入 30 000 元；当月为某公司拍广告，取得收入 15 000 元。计算其应缴个人所得税如下：

(1) A 地演出收入。

应纳税所得额：30 000 × (1 - 20%) = 24 000 (元)

应纳所得税额：24 000 × 30% - 2 000 = 5 200 (元)

(2) 广告收入。

应纳税所得额 = 15 000 × (1 - 20%) = 12 000 (元)

应纳所得税额 = 12 000 × 20% = 2 400 (元)

以上合计应交所得税如下：

5 200 + 2 400 = 7 600 (元)

【例 6 - 4】 某人将其劳务报酬所得 5 000 元，通过民政部门全部捐赠给贫困地区，计算应缴纳的个人所得税如下：

法定应纳税所得额 = 5 000 × (1 - 20%) = 4 000 (元)

可以扣除的捐赠额 = 4 000 × 30% = 1 200 (元)

实际应纳税所得额 =4 000 - 1 200 =2 800（元）

实际应纳税额 =2 800 ×20% =560（元）

（五）稿酬所得应纳税额的计算

稿酬所得应纳税额的计算公式为：

1. 每次收入不足 4 000 元的：

应纳税额 = 应纳税所得额 × 适用税率 ×(1 -30%)

或 =(每次收入额 -800)×20% ×(1 -30%)

2. 每次收入在 4 000 元以上的：

应纳税额 = 应纳税所得额 × 适用税率 ×（1 -30%）

或 = 每次收入额 ×（1 -20%）×20% ×（1 -30%）

【例 6 -5】 某作家取得一书稿酬收入 20 000 元，计算其应纳个人所得税税额如下：

应纳税额 = 应纳税所得额 × 适用税率 ×(1 -30%)

=20 000 ×(1 -20%)×20% ×(1 -30%)=2 240（元）

（六）特许权使用费所得应纳税额的计算

特许权使用费所得应纳税额的计算公式为：

1. 每次收入不足 4 000 元的：

应纳税额 = 应纳税所得额 × 适用税率 =(每次收入额 -800)×20%

2. 每次收入在 4 000 元以上的：

应纳税额 = 应纳税所得额 × 适用税率 = 每次收入额 ×(1 -20%)×20%

（七）利息、股息、红利所得应纳税额的计算

利息、股息、红利所得应纳税额的计算公式为：

应纳税额 = 应纳税所得额 × 适用税率 = 每次收入额 ×20%

（八）财产租赁所得应纳税额的计算

财产租赁所得一般以个人每次取得的收入，定额或定率减除规定费用后的余额为应纳税所得额。每次收入不超过 4 000 元，定额减除费用 800 元；每次收入在 4 000 元以上，定率减除 20% 的费用。财产租赁所得以 1 个月内取得的收入为一次。

在确定财产租赁的应纳税所得额时，纳税人在出租财产过程中缴纳的税金和教育费附加，可持完税（缴款）凭证，从其财产租赁收入中扣除。准予扣除的项目除

了规定费用和有关税、费外，还准予扣除能够提供有效、准确凭证，证明由纳税人负担的该出租财产实际开支的修缮费用。允许扣除的修缮费用，以每次 800 元为限。一次扣除不完的，准予在下一次继续扣除，直到扣完为止。

个人出租财产取得的财产租赁收入，在计算缴纳个人所得税时，应依次扣除以下费用：

1. 财产租赁过程中缴纳的税费。

2. 由纳税人负担的该出租财产实际开支的修缮费用。

3. 税法规定的费用扣除标准。

应纳税所得额的计算公式为：

（1）每次（月）收入不超过 4 000 元的：

$$\text{应纳税所得额}=\text{每次（月）收入额}-\text{准予扣除项目}-\text{修缮费用（800 元为限）}-800\text{ 元}$$

（2）每次（月）收入超过 4 000 元的：

$$\text{应纳税所得额}=\left[\text{每次(月)收入额}-\text{准予扣除项目}-\text{修缮费用（800 元为限）}\right]\times(1-20\%)$$

（九）财产转让所得应纳税额的计算

1. 一般情况下财产转让所得应纳税额的计算。

财产转让所得应纳税额的计算公式为：

$$\begin{aligned}\text{应纳税额}&=\text{应纳税所得额}\times\text{适用税率}\\&=(\text{收入总额}-\text{财产原值}-\text{合理税费})\times20\%\end{aligned}$$

2. 个人住房转让所得应纳税额的计算。

自 2006 年 8 月 1 日起，个人转让住房所得应纳个人所得税的计算具体规定如下：

（1）以实际成交价格为转让收入。纳税人申报的住房成交价格明显低于市场价格且无正当理由的，征收机关依法有权根据有关信息核定其转让收入，但必须保证各税种计税价格一致。

（2）纳税人可凭原购房合同、发票等有效凭证，经税务机关审核后，允许从其转让收入中减除房屋原值、转让住房过程中缴纳的税金及有关合理费用。

转让住房过程中缴纳的税金是指纳税人在转让住房时实际缴纳的营业税、城市维护建设税、教育费附加、土地增值税、印花税等税金。

合理费用是指纳税人按照规定实际支付的住房装修费用、住房贷款利息、手续费、公证费等费用。其中：①住房装修费用。纳税人能提供实际支付装修费用的税务统一发票，并且发票上所列付款人姓名与转让房屋产权人一致的，经税务机关审核，其转让的住房在转让前实际发生的装修费用，可在以下规定比例内扣除：已购公有住房、经济适用房：最高扣除限额为房屋原值的15%；商品房及其他住房：最高扣除限额为房屋原值的10%。纳税人原购房为装修房，即合同注明房价款中含有装修费（铺装了地板，装配了洁具、厨具等）的，不得再重复扣除装修费用。②住房贷款利息。纳税人出售以按揭贷款方式购置的住房，其向贷款银行实际支付的住房贷款利息，凭贷款银行出具的有效证明据实扣除。③纳税人按照有关规定实际支付的手续费、公证费等，凭有关部门出具的有效证明据实扣除。

（3）纳税人未提供完整、准确的房屋原值凭证，不能正确计算房屋原值和应纳税额的，税务机关可根据《税收征收管理法》第三十五条的规定，对其实行核定征税，即按纳税人住房转让收入的一定比例核定应纳个人所得税额。具体比例由省级地方税务局或者省级地方税务局授权的地市级地方税务局根据纳税人出售住房的所处区域、地理位置、建造时间、房屋类型、住房平均价格水平等因素，在住房转让收入1% －3% 的幅度内确定。

【例6－6】 李某出售一栋房屋获得10万元，而原值为5万元，有关交易费用和税金5 000元，计算其应纳税额如下：

应纳税所得额＝100 000－50 000－5 000＝45 000（元）

应纳所得税额＝45 000×20% ＝9 000（元）。

（十）偶然所得应纳税额的计算

偶然所得应纳税额的计算公式为：

应纳税额＝应纳税所得额×适用税率

＝每次收入额×20%

（十一）其他所得应纳税额的计算

其他所得应纳税额的计算公式为：

应纳税额＝应纳税所得额×适用税率

＝每次收入额×20%

六、个人所得税税收优惠

（一）免征个人所得税的优惠

1. 省级人民政府、国务院部委和中国人民解放军军以上单位，以及外国组织颁发的科学、教育、技术、文化、卫生、体育、环境保护等方面的奖金。

2. 国债和国家发行的金融债券利息。国债利息，是指个人持有中华人民共和国财政部发行的债券而取得的利息所得以及2009年、2010年和2011年发行的地方政府债券利息所得；国家发行的金融债券利息，是指个人持有经国务院批准发行的金融债券而取得的利息所得。

3. 按照国家统一规定发给的补贴、津贴。按照国家统一规定发给的补贴、津贴，是指按照国务院规定发给的政府特殊津贴和国务院规定免纳个人所得税的补贴、津贴。

发给中国科学院资深院士和中国工程院资深院士每人每年1万元的资深院士津贴免予征收个人所得税。

4. 福利费、抚恤金、救济金。福利费，是指根据国家有关规定，从企业、事业单位、国家机关、社会团体提留的福利费或者工会经费中支付给个人的生活补助费；救济金，是指国家民政部门支付给个人的生活困难补助费。

5. 保险赔款。

6. 军人的转业费、复员费。

7. 按照国家统一规定发给干部、职工的安家费、退职费、退休工资、离休工资、离休生活补助费。

8. 依照我国有关法律规定应予免税的各国驻华使馆、领事馆的外交代表、领事官员和其他人员的所得。

上述“所得”，是指依照《中华人民共和国外交特权与豁免条例》和《中华人民共和国领事特权与豁免条例》规定免税的所得。

9. 对个人取得的教育储蓄存款利息所得以及国务院财政部门确定的其他专项储蓄存款或者储蓄性专项基金存款的利息所得，免征个人所得税。

10. 外籍个人以非现金形式或实报实销形式取得的住房补贴、伙食补贴、搬迁费、洗衣费。

11. 外籍个人按合理标准取得的境内、外出差补贴。

12. 外籍个人取得的探亲费、语言训练费、子女教育费等，经当地税务机关审核批准为合理的部分。可以享受免征个人所得税优惠的探亲费，仅限于外籍个人在我国的受雇地与其家庭所在地（包括配偶或父母居住地）之间搭乘交通工具，且每年不超过两次的费用。

13. 个人举报、协查各种违法、犯罪行为而获得的奖金。

14. 个人办理代扣代缴税款手续，按规定取得的扣缴手续费。

15. 个人转让自用达5年以上并且是唯一的家庭居住用房取得的所得。

16. 自2006年6月1日起，对保险营销员佣金中的展业成本，免征个人所得税；对佣金中的劳务报酬部分，扣除实际缴纳的营业税及附加后，依照税法有关规定计算征收个人所得税。保险营销员的佣金由展业成本和劳务报酬构成，所谓“展业成本”即营销费。根据目前保险营销员展业的实际情况，佣金中展业成本的比例暂定为40%。

17. 证券经纪人从证券公司取得的佣金收入，应按照“劳务报酬所得”项目缴纳个人所得税。证券经纪人佣金收入由展业成本和劳务报酬构成，对展业成本部分不征收个人所得税，证券经纪人展业成本的比例暂定为每次收入额的40%。证券经纪人以1个月内取得的佣金收入为一次收入，其每次收入先减去实际缴纳的营业税及附加，再减去规定的展业成本，余额按个人所得税法规定计算缴纳个人所得税。

18. 2013年1月1日以后，个人从公开发行和转让市场取得的上市公司股票，持股期限在1个月以内（含1个月）的，其股息红利所得全额计入应纳税所得额；持股期限在1个月以上至1年（含1年）的，暂减按50%计入应纳税所得额；持股期限超过1年的，暂减按25%计入应纳税所得额。按上述标准计算的应纳税所得额统一适用20%的税率计征个人所得税。上市公司是指在上海证券交易所、深圳证券交易所挂牌交易的上市公司；持股期限是指个人从公开发行和转让市场取得上市公司股票之日至转让交割该股票之日前一日的持有时间。

19. 经国务院财政部门批准免税的所得。

（二）减征个人所得税的优惠

1. 残疾、孤老人员和烈属的所得。

2. 因严重自然灾害造成重大损失的。

3. 其他经国务院财政部门批准减税的。

七、个人所得税申报与缴纳

（一）个人所得税的计征办法

个人所得税实行源泉分项扣缴和纳税人自行申报两种计征办法。其中以支付所得的单位或者个人为扣缴义务人。在两处以上取得工资、薪金所得和没有扣缴义务人的，纳税人应当自行申报纳税。自行申报纳税人，应该在取得所得的所在地税务机关申报纳税。纳税人从中国境外取得所得的，应该在户籍所在地税务机关或指定税务机关申报纳税。在两处以上取得的所得，按照税法的规定，需合并计算纳税的，由纳税人申请、税务机关批准，可在其中一处税务机关申报纳税。纳税人要求变更纳税申报地点的，应经原主管税务机关批准。

（二）个人所得税的纳税期限

扣缴义务人、自行申报纳税人每月应纳的税款，都应当在次月七日内缴入国库，并向税务机关报送纳税申报表。

1. 工资、薪金所得应纳的税款，按月计征，由扣缴义务人或者纳税人在次月七日内缴入国库，并向税务机关报送纳税申报表。特定行业的工资、薪金所得应纳税款，可以实行按年计算，分月预缴的方式计征，即工资、薪金所得应纳的税款，按月预缴，年度终了后三十日内，合计其全年工资、薪金所得，然后按十二个月平均并计算实际应纳税款，多退少补。

2. 个人独资企业、合伙企业、个体工商户的生产经营所得应纳的税款，按年计算，分月预缴，由纳税人在次月七日内预缴，年度终了后三个月内汇算清缴，多退少补。

3. 企事业单位的承包经营、承租经营所得应纳的税款，按年计算，由纳税义务人在年度终了后三十日内缴入国库。纳税人在一年内分次取得承包经营、承租经营所得的，应当在每次取得所得后的七日内预缴，年度终了后三个月内汇算清缴，多退少补。

4. 从中国境外取得所得的纳税人，应当在年度终了后三十日内，将应纳税款缴入国库，并向税务机关报送纳税申报表。扣缴义务人和自行申报纳税人，应当按照税法规定期限报送个人所得税报告表或纳税申报表。如遇特殊原因，不能按照规定期限报送时，应当在报送期内提出申请，经主管税务机关批准，可以适当延期。

第二节　个人所得税会计处理

个人所得税的会计处理包括代扣代缴单位的会计处理和个体工商户的会计处理两个方面。

一、代扣代缴单位的会计处理

（一）支付工资、薪金代扣代缴所得税

企业作为个人所得税的扣缴义务人，应按规定扣缴职工应缴纳的个人所得税。代扣个人所得税时，借记“应付职工薪酬”账户，贷记“应交税费—代扣代缴个人所得税”账户。

企业为职工代扣代缴个人所得税有两种情况：第一，职工自己承担个人所得税，企业只负有扣缴义务；第二，企业既承担税款，又负有扣缴义务。

【例6-7】 某企业为张某、李某每月各发工资3 800元。但合同约定，张某自己承担个人所得税；李某个人所得税由该企业承担，即李某收入3 800元为税后所得。月末发工资时，企业会计处理如下：

（1）为张某扣缴个人所得税时：

张某应纳个人所得税 =(3 800 - 3 500) × 3% = 9（元）

发放工资时作会计分录如下：

借：应付职工薪酬　3 000

　贷：库存现金　2 991

　　应交税费——代扣代缴个人所得税　9

（2）为李某承担税款时：

由于李某工资为税后所得，则需要换算为税前所得，再计算个人所得税。其计算公式如下：

应纳个人所得税 = 应纳税所得额 × 适用税率 - 速算扣除数

企业应为李某承担税款如下：

(3 800 - 3 500) ÷ (1 - 3%) × 3% = 9.28（元）

计提个人所得税时作会计分录如下：

借：管理费用等　9.28

　贷：应付职工薪酬　9.28

发放工资时作会计分录如下：

借：应付职工薪酬　3 009.28

　贷：库存现金　3 000.00

　　应交税费——代扣代缴个人所得税　9.28

（二）承包、承租经营所得应缴所得税

承包、承租经营有两种情况，个人所得税也分别涉及两个项目。

1. 承包、承租人对企业经营成果不拥有所有权，仅是按合同（协议）规定取得一定所得的，其所得按工资、薪金所得项目征税，适用3%～45%的七级超额累进税率。

2. 承包、承租人按合同（协议）的规定只向发包、出租方交付一定费用后，企业经营成果归其所有的，承包、承租人取得的所得，按对企事业单位的承包经营、承租经营所得项目，适用5%～35%的五级超额累进税率征税。

第一种情况的会计处理方法同工薪所得的扣缴所得税会计处理；第二种情况，应由承包、承租人自行申报缴纳个人所得税，发包、出租方不作扣缴所得税的会计处理。

【例6－8】 2016年1月1日李某与事业单位签订承包合同经营招待所，合同规定承包期为一年，李某全年上交费用20 000元，年终招待所实现利润97 400元。李某应纳个人所得税如下：

应纳税所得额＝承包经营利润－上交费用－每月费用扣减合计

＝97 400－20 000－3 500×12＝35 400（元）

应纳税额＝全年应纳税所得额×适用税率－速算扣除数

＝35 400×20%－3 750＝3 330（元）

发包、出租方在收到李某缴来承包（租）费时，作会计分录如下：

借：银行存款　　20 000

　　贷：其他业务收入　　20 000

（三）支付劳务报酬、特许权使用费、稿费、财产租赁费代扣代缴所得税

企业支付给个人的劳务报酬、特许权使用费、稿费、财产租赁费，一般由支付单位作为扣缴义务人向纳税人扣留税款，并计入该企业的有关期间费用账户。即企业在支付上述费用时，借记"无形资产"、"管理费用"、"财务费用"、"销售费用"等账户，贷记"应交税费—代扣代缴个人所得税"、"现金"等账户；实际缴纳时，借记"应交税费—代扣代缴个人所得税"账户，贷记"银行存款"账户。

【例6－9】 王工程师向一家公司提供两项专利使用权，一次取得收入50 000元。王某应缴纳的个人所得税如下：

应纳税额＝50 000×（1－20%）×20%＝8 000（元）

该公司计提扣缴个人所得税时作会计分录如下：

借：无形资产　　50 000

　　贷：应交税费——代扣代缴个人所得税　　8 000

　　　　库存现金　　42 000

该公司实际上交扣缴的所得税时作会计分录如下：

借：应交税费——代扣代缴个人所得税　　8 000

　　贷：银行存款　　8 000

（四）向个人购买财产（财产转让）代扣代缴所得税

一般情况下，企业向个人购买财产属于购建企业的固定资产项目。支付的税金应作为企业购建固定资产的价值组成部分。

购置固定资产时作会计分录如下：

借：固定资产

  贷：银行存款

    应交税费——应交个人所得税

    累计折旧

实际上缴个人所得税时作会计分录如下：

借：应交税费——应交个人所得税

  贷：银行存款

（五）向股东支付股利代扣代缴所得税

股份制企业向法人股东支付股票股利、现金股利时，因法人股东不缴个人所得税，无所得税代扣代缴问题。若以资本公积转增股本，不属股息、红利性质的分配，不征个人所得税，亦无代扣代缴个人所得税问题。

企业向个人支付现金股利时，应代扣代缴个人所得税。公司按应支付给个人的现金股利金额，借记“利润分配”账户，贷记“应付股利”账户；当实际支付现金时，借记“应付股利”账户，贷记“现金”（或“银行存款”）、“应交税费—代扣代缴个人所得税”账户。

企业以盈余公积对股东个人转增资本或派发股票股利时，应代扣代缴个人所得税，但为了不因征收个人所得税而改变股本权益结构，可由企业按增股金额计算的个人所得税，向个人收取现金以备代缴。有关会计处理如下：

1. 以盈余公积转增资本或派发股票股利时：

借：盈余公积、应付利润、未分配利润

  贷：实收资本、股本

2. 扣缴所得税时：

借：其他应收款

  贷：应交税费——应交个人所得税

3. 收到个人股本交来税款时：

借：银行存款

  贷：其他应收款

4. 解缴税款时：

借：应交税费——应交个人所得税

贷：银行存款

二、个体工商户、个人独资及合伙企业的会计处理

（一）会计账户设置

企业应设置“本年应税所得”账户，本账户下设“本年经营所得”和“应弥补的亏损”两个明细账户。

“本年经营所得”明细账户核算个体户、个人独资及合伙企业本年生产经营活动取得的收入扣除成本费用后的余额。如果收入总额大于应扣除的成本费用总额，即为本年经营所得，在不存在可税前弥补的亏损情况下，即为本年应税所得，应由“本年应税所得—本年经营所得”账户转入“留存利润”账户；如果计算出的结果为经营亏损，则应将本年发生的经营亏损由“本年经营所得”明细账户转入“应弥补的亏损”明细账户。

“应弥补的亏损”明细账户，核算个体户、个人独资及合伙企业发生的可由生产经营活动所得税前弥补的亏损。发生亏损时，由“本年经营所得”明细账户转入本明细账户。个体户、个人独资及合伙企业生产经营过程中发生的亏损，可以由以后年度的生产经营所得在税前弥补，但延续弥补期不得超过五年。超过弥补期的亏损，不能再以生产经营所得税前弥补，应从“本年应税所得—应弥补的亏损”账户转入“留存利润”账户，减少个体户、个人独资及合伙企业的留存利润。

（二）本年应税所得的核算

年末，个体户、个人独资及合伙企业计算本年经营所得，应将“营业收入”账户的余额转入“本年应税所得—本年经营所得”账户的贷方；将“营业成本”“营业税金”“销售费用”账户余额转入“本年应税所得—本年经营所得”账户的借方。“营业外收支”账户如为借方余额，转入“本年应税所得—本年经营所得”账户的借方；如为贷方余额，转入“本年应税所得—本年经营所得”账户的贷方。

【例6-10】 2015年12月31日，某个体户结转全年收入、成本和费用，计算确定本年经营所得。有关账户的余额如下：“营业收入”贷方余额500 000元；“营业税金”借方余额20 000元；“营业成本”借方余额200 000元；“销售费用”借方余额100 000元；“营业外收支”为借方余额30 000元。没有在税前弥补的亏损。

年末，应作结转分录如下：

借：营业收入　500 000

　贷：本年应税所得——本年经营所得　500 000

借：本年应税所得——本年经营所得　320 000

　贷：营业税金　20 000

　　营业成本　200 000

　　销售费用　100 000

借：本年应税所得——本年经营所得　30 000

　贷：营业外收支　30 000

本年经营所得：营业收入－营业税金－营业成本－销售费用－营业外收支

或＝"本年经营所得"明细帐户贷方金额－"本年经营所得"明细帐户借方金额

＝500 000－20 000－200 000－100 000－30 000

＝150 000（元）

本年应税所得＝本年经营所得－本年税前弥补的以前年度亏损

＝150 000－0＝150 000（元）

借：本年应税所得——本年经营所得　150 000

　贷：留存利润　150 000

本年应税所得为150 000元，按照个人所得税法的规定，相应的税率应为35%，速算扣除数为6 750元。

本年生产经营应交纳的所得税＝本年应税所得×35%－14 750

＝150 000×35%－14 750＝37 750（元）。

（三）应弥补亏损的核算

个体户、个人独资及合伙企业生产经营活动中发生的经营亏损，应由"本年经营所得"明细账户转入"应弥补的亏损"明细账户。弥补亏损时，由"应弥补的亏损"明细账户转入"本年经营所得"明细账户；超过弥补期的亏损，由"应弥补的亏损"明细账户转入到"留存利润"账户。

【例6－11】 2015年，某个体户生产经营活动结果如下：营业收入500 000元，营业成本400 000元，销售费用200 000元，没有其他项目。

结转本年的收入和成本费用时作会计分录如下：

借：营业收入　　500 000

　　贷：本年应税所得——本年经营所得　　500 000

借：本年应税所得——本年经营所得　　600 000

　　贷：营业成本　　400 000

销售费用　　200 000

该个体户本年经营亏损 = 500 000 - 400 000 - 200 000 = - 100 000（元）

2015 年，该个体户、个人独资及合伙企业经营亏损 100 000 元，应转入"应弥补的亏损"明细账户，作会计分录如下：

借：本年应税所得——应弥补的亏损　　100 000

　　贷：本年应税所得——本年经营所得　　100 000

（四）留存利润的核算

个体户、个人独资及合伙企业应设置"留存利润"账户核算个体户、个人独资及合伙企业的留存利润。年度终了，计算出的结果如为本年经营所得，应将本年经营所得扣除可在税前弥补的以前年度亏损后的余额转入该账户的贷方；同时计算确定本年应交个人所得税，记入该账户的借方，然后将税后列支费用及超过弥补期的经营亏损转入该账户的借方。该账户贷方金额减去借方金额后的余额，为留存利润金额。

【例 6－12】 某个体户的经营所得是 150 000 元，应缴纳的个人所得税为 45 750 元，税后列支费用为 30 000 元，超过弥补期而转入本账户的以前年度亏损为 20 000 元。以前年度留存利润为零。

转入经营所得时作会计分录如下：

借：本年应税所得——本年经营所得　　150 000

　　贷：留存利润　　150 000

计提应交个人所得税时作会计分录如下：

借：留存利润　　45 750

　　贷：应交税费——应交个人所得税　　45 750

转入税后列支费用时作会计分录如下：

借：留存利润　　30 000

　　贷：税后列支费用　　30 000

转入超过弥补期亏损时作会计分录如下：

借：留存利润　　20 000

　　贷：本年应税所得——应弥补的亏损　　20 000

留存利润 =150 000 - 45 750 - 30 000 - 20 000 =54 250（元）。

（五）缴纳个人所得税的核算

个体户、个人独资及合伙企业的生产经营所得应缴纳的个人所得税，应按年计算、分月预缴、年度终了后汇算清缴。

1. 缴纳个人所得税的核算。

个体户、个人独资及合伙企业应在“应交税费”账户下设置“应交个人所得税”明细账户，核算个体户、独资及合伙企业预缴和应缴的个人所得税，以及年终汇算清缴后个人所得税的补交和退回情况。个体户、个人独资及合伙企业按月预交个人所得税时，借记“应交税费—应交个人所得税”账户，贷记“现金”等账户；年度终了，计算出全年实际应交的个人所得税，借记“留存利润”账户，贷记“应交税费—应交个人所得税”账户。“应交个人所得税”明细账户的借方金额大于贷方金额的差额，为预缴数大于应交数的金额；贷方金额大于借方金额的差额，为预缴数小于应交数的差额。

补缴个人所得税时，记入“应交个人所得税”明细账户的借方；收到退回的多缴个人所得税时，记入“应交个人所得税”明细账户的贷方。如果多交的所得税不退回，而是用来抵顶以后期间的个人所得税，多缴的个人所得税金额就作为下一年度的预缴个人所得税金额。

【例6-13】 某个体户经过主管税务机关核定，按照上年度实际应交个人所得税金额，确定本年各月的预缴个人所得税金额。上年的应交个人所得税金额为60 000元。

本年各月的个人所得税预缴金额 =60 000 ÷12 =5 000（元）

各月预缴个人所得税时作会计分录如下：

借：应交税费——应交个人所得税　　5 000

　　贷：库存现金　　5 000

年度终了，确定本年度生产经营活动应交的个人所得税为80 000元。

汇算清缴全年的个人所得税时作会计分录如下：

借：留存利润　　80 000

　　贷：应交税费——应交个人所得税　　80 000

全年1－12月已经预缴个人所得税60 000元（5 000×12），记入"应交个人所得税"明细账户的借方，借方与贷方的差额20 000元（80 000－60 000）为应补缴的个人所得税。补缴个人所得税时作会计分录如下：

借：应交税费——应交个人所得税　　20 000

　　贷：库存现金　　20 000

如果年度终了确定全年应交个人所得税为50 000元，汇算清缴全年的个人所得税时作会计分录如下：

借：留存利润　　50 000

　　贷：应交税费——应交个人所得税　　50 000

已预缴个人所得税金额为60 000元，应交数为50 000元，应交数小于已预缴数10 000元，由主管税务机关按规定退回。

收到退税时作会计分录如下：

借：库存现金　　10 000

　　贷：应交税费——应交个人所得税　　10 000

如果主管税务机关确定将个体户多交的10 000元，抵顶下年的个人所得税，只需将该余额转入下一年度即可。

2. 代扣代交个人所得税的核算。

如果个体户代扣代交从业人员的个人所得税，应在"应交税费"账户下单独设置"代扣个人所得税"明细账户进行核算。代扣时，将代扣额记入该账户的贷方；实际上缴时，按上缴额记入该账户的借方。

【例6－14】 某个体户代扣代缴从业人员工资收入的个人所得税。按税法的规定，3月份应代扣个人所得税4 500元。计提应交代扣个人所得税时作会计分录如下：

借：应付职工薪酬　　4 500

　　贷：应交税费——代扣个人所得税　　4 500

实际上缴代扣个人所得税时作会计分录如下：

借：应交税费——代扣个人所得税　　4 500
　　贷：银行存款或现金　　4 500

第三节　个人所得税纳税申报

个人所得税纳税申报表主要设置9种，分别为：①个人所得税基础信息表（A表）；②个人所得税基础信息表（B表）；③扣缴个人所得税报告表；④特定行业个人所得税年度申报表；⑤个人所得税自行纳税申报表（A表）；⑥个人所得税自行纳税申报表（B表）；⑦个人所得税生产经营所得纳税申报表（A表）；⑧个人所得税生产经营所得纳税申报表（B表）；⑨个人所得税生产经营所得纳税申报表。

一、个人所得税自行纳税申报表（A表）

个人所得税自行纳税申报表（A表）如表6－5所示，适用于“从中国境内两处或者两处以上取得工资、薪金所得的”、“取得应纳税所得，没有扣缴义务人的”，以及“国务院规定的其他情形”的个人所得税申报。纳税人在办理申报时，须同时附报《个人所得税基础信息表（A表）》，如表6－7所示。

纳税人在填报“从中国境内两处或者两处以上取得工资、薪金所得的”时，第1～4列需分行列示各任职受雇单位发放的工薪，同时，另起一行在第4列“收入额”栏填写上述工薪的合计数，并在此行填写第5～22列。

填表说明

（一）适用范围

本表适用于“从中国境内两处或者两处以上取得工资、薪金所得的”、“取得应纳税所得，没有扣缴义务人的”，以及“国务院规定的其他情形”的个人所得税申报。纳税人在办理申报时，须同时附报《个人所得税基础信息表（A表）》。

（二）申报期限

次月十五日内。自行申报纳税人应在此期限内将每月应纳税款缴入国库，并向税务机关报送本表。纳税人不能按规定期限报送本表时，应当按照《中华人民共和国税收征收管理法》（以下简称税收征管法）及其实施细则有关规定办理延期申报。

（三）本表各栏填写如下：

1. 表头项目。

表 6－5　个人所得税自行纳税申报表（A 表）

税款所属期：自　年　月　日至　年　月　日　　　　金额单位：人民币元（列至角分）

姓名		国籍（地区）		身份证件类型		身份证件号码															
自行申报情形	□从中国境内两处或者两处以上取得工资、薪金所得　□没有扣缴义务人　□其他情形																				
任职受雇单位名称	所得期间	所得项目	收入额	免税所得	税前扣除项目								减除费用	准予扣除的捐赠额	应纳税所得额	税率%	速算扣除数	应纳税额	减免税额	已缴税额	应补（退）税额
					基本养老保险费	基本医疗保险费	失业保险费	住房公积金	财产原值	允许扣除的税费	其他	合计									
1	2	3	4	5	6	7	8	9	10	11	12	13	14	15	16	17	18	19	20	21	22
谨声明：此表是根据《中华人民共和国个人所得税法》及其实施条例和国家相关法律法规规定填写的，是真实的、完整的、可靠的。 纳税人签字：　　年　月　日																					
代理机构（人）公章： 经办人： 经办人执业证件号码：											主管税务机关受理专用章： 受理人：										
代理申报日期：　年　月　日											受理日期：　年　月　日										

（1）税款所属期：是指纳税人取得所得应纳个人所得税款的所属期间，应填写具体的起止年月日。

（2）姓名：填写纳税人姓名。中国境内无住所个人，其姓名应当用中、外文同时填写。

（3）国籍（地区）：填写纳税人的国籍或者地区。

（4）身份证件类型：填写能识别纳税人唯一身份的有效证照名称。

①在中国境内有住所的个人，填写身份证、军官证、士兵证等证件名称。

②在中国境内无住所的个人，如果税务机关已赋予18位纳税人识别号的，填写"税务机关赋予"；如果税务机关未赋予的，填写护照、港澳居民来往内地通行证、台湾居民来往大陆通行证等证照名称。

（5）身份证件号码：填写能识别纳税人唯一身份的号码。

①在中国境内有住所的纳税人，填写身份证、军官证、士兵证等证件上的号码。

②在中国境内无住所的纳税人，如果税务机关赋予18位纳税人识别号的，填写该号码；没有，则填写护照、港澳居民来往内地通行证、台湾居民来往大陆通行证等证照上的号码。

税务机关赋予境内无住所个人的18位纳税人识别号，作为其唯一身份识别码，由纳税人到主管税务机关办理初次涉税事项，或扣缴义务人办理该纳税人初次扣缴申报时，由主管税务机关赋予。

（6）自行申报情形：纳税人根据自身情况在对应框内打"√"。

2. 表内各栏。

纳税人在填报"从中国境内两处或者两处以上取得工资、薪金所得的"时，第1～4列需分行列示各任职受雇单位发放的工薪，同时，另起一行在第4列"收入额"栏填写上述工薪的合计数，并在此行填写第5～22列。

纳税人在填报"取得应纳税所得，没有扣缴义务人的"和"国务院规定的其他情形"时，需分行列示。

（1）第1列"任职受雇单位名称"：填写纳税人任职受雇单位的名称全称。在多家单位任职受雇的，须分行列示。如果没有，则不填。

（2）第2列"所得期间"：填写纳税人取得所得的起止时间。

（3）第3列"所得项目"：按照税法第二条规定的项目填写。纳税人取得多项所得时，须分行填写。

（4）第4列"收入额"：填写纳税人实际取得的全部收入额。

（5）第5列"免税所得"：是指税法第四条规定可以免税的所得。

（6）第6～13列"税前扣除项目"：是指按照税法及其他法律法规规定，可在税前扣除的项目。

①第 6 ~ 9 列“基本养老保险费、基本医疗保险费、失业保险费、住房公积金”四项，是指按照国家规定，可在个人应纳税所得额中扣除的部分。

②第 10 列“财产原值”：该栏适用于“财产转让所得”项目的填写。

③第 11 列“允许扣除的税费”：该栏适用于“劳务报酬所得、特许权使用费所得、财产租赁所得和财产转让所得”项目的填写。

A. 适用“劳务报酬所得”时，填写劳务发生过程中实际缴纳的税费；

B. 适用“特许权使用费”时，填写提供特许权过程中发生的中介费和相关税费；

C. 适用“财产租赁所得”时，填写修缮费和出租财产过程中发生的相关税费；

D. 适用“财产转让所得”时，填写转让财产过程中发生的合理税费。

④第 12 列“其他”：是指法律法规规定其他可以在税前扣除的项目。

⑤第 13 列“合计”：为各所得项目对应税前扣除项目的合计数。

（7）第 14 列“减除费用”：是指税法第六条规定可以在税前减除的费用。没有的，则不填。

（8）第 15 列“准予扣除的捐赠额”：是指按照税法及其实施条例和相关税收政策规定，可以在税前扣除的捐赠额。

（9）第 16 列“应纳税所得额”：根据相关列次计算填报。第 16 列 = 第 4 列 - 第 5 列 - 第 13 列 - 第 14 列 - 第 15 列

（10）第 17 列“税率”及第 18 列“速算扣除数”：按照税法第三条规定填写。部分所得项目没有速算扣除数的，则不填。

（11）第 19 列“应纳税额”：根据相关列次计算填报。第 19 列 = 第 16 列 × 第 17 列 - 第 18 列

（12）第 20 列“减免税额”：是指符合税法规定可以减免的税额。其中，纳税人取得“稿酬所得”时，其根据税法第三条规定可按应纳税额减征的 30%，填入此栏。

（13）第 21 列“已缴税额”：是指纳税人当期已实际被扣缴或缴纳的个人所得税税款。

（14）第 22 列“应补（退）税额”：根据相关列次计算填报。第 22 列 = 第 19 列 - 第 20 列 - 第 21 列

二、个人所得税自行纳税申报表（B 表）

个人所得税自行纳税申报表如表 6 - 6 所示，适用于“从中国境外取得所得”的纳税人的纳税申报。纳税人在办理申报时，须同时附报《个人所得税基础信息表（B 表）》，如表 6 - 8 所示。

表 6-6 个人所得税自行纳税申报表（B 表）

税款所属期：自　年　月　日至　年　月　日　　　　金额单位：人民币元（列至角分）

姓名			身份证件类型														
国籍（地区）			身份证件号码														
所得来源国（地区）	所得项目	收入额	税前扣除项目								减除费用	准予扣除的捐赠额	应纳税所得额	工资薪金所得项目月应纳税所得额	税率%	速算扣除数	应纳税额
			基本养老保险费	基本医疗保险费	失业保险费	住房公积金	财产原值	允许扣除的税费	其他	合计							
1	2	3	4	5	6	7	8	9	10	11	12	13	14	15	16	17	18
本期应缴税额计算	国别（地区）		扣除限额	境外已纳税额			五年内超过扣除限额未补扣余额						本期应补缴税额			未扣除余额	
	19		20	21			22						23			24	
谨声明：此表是根据《中华人民共和国个人所得税法》及其实施条例和国家相关法律法规规定填写的，是真实的、完整的、可靠的。 纳税人签字：　　年　月　日																	
代理机构（人）签章： 经办人： 经办人执业证件号码：													主管税务机关受理专用章： 受理人：				
代理申报日期：　年　月　日													受理日期：　年　月　日				

填表说明

（一）适用范围

本表适用于"从中国境外取得所得"的纳税人的纳税申报。纳税人在办理申报时，须同时附报《个人所得税基础信息表（B表）》。

（二）申报期限

年度终了后30日内。取得境外所得的纳税人应在该期限内将应纳税款缴入国库，并向税务机关报送本表。纳税人不能按规定期限报送本表时，应当按照《中华人民共和国税收征收管理法》（以下简称税收征管法）及其实施细则的规定办理延期申报。

（三）所得为外国货币的，应按照条例第四十三条的规定折合成人民币计算纳税。

（四）本表各栏填写如下：

1. 表头项目。

（1）税款所属期：是指纳税人取得所得应纳个人所得税款的所属期间，应填写具体的起止年月日。

（2）姓名：填写纳税人姓名。中国境内无住所个人，其姓名应当用中、外文同时填写。

（3）国籍（地区）：填写纳税人的国籍或者地区。

（4）身份证件类型：填写能识别纳税人唯一身份的有效证照名称。

①在中国境内有住所的个人，填写身份证、军官证、士兵证等证件名称。

②在中国境内无住所的个人，如果税务机关已赋予18位纳税人识别号的，填写"税务机关赋予"；如果税务机关未赋予的，填写护照、港澳居民来往内地通行证、台湾居民来往大陆通行证等证照名称。

（5）身份证件号码：填写能识别纳税人唯一身份的号码。

①在中国境内有住所的纳税人，填写身份证、军官证、士兵证等证件上的号码。

②在中国境内无住所的纳税人，如果税务机关赋予18位纳税人识别号的，填写该号码；没有，则填写护照、港澳居民来往内地通行证、台湾居民来往大陆通行证等证照上的号码。

税务机关赋予境内无住所个人的18位纳税人识别号，作为其唯一身份识别码，由纳税人到主管税务机关办理初次涉税事项，或扣缴义务人办理该纳税人初次扣缴申报时，由主管税务机关赋予。

2. 表内各栏。

纳税人填写本表时，应区别不同国家或者地区和不同所得项目填报。其中，在填报“工资、薪金所得”、“个体工商户的生产、经营所得”等项目时，按年填写。除此之外其他项目，则按月或按次填写。

（1）第1列“所得来源国（地区）”：填写纳税人取得所得的国家或地区。

（2）第2列“所得项目”：按照税法第二条规定的项目填写。纳税人有多项所得时，分行填写。

（3）第3列“收入额”：填写纳税人取得的，未减除任何免税所得和费用的实际含税收入额。其中，“工资、薪金所得”项目的收入额，为全年收入额；纳税人的境外所得按照有关规定交付给派出单位的部分，凡能提供有效合同或有关凭证的，经主管税务机关审核后，允许从其境外所得中扣除。

（4）第4~11列“税前扣除项目”：

①第4~7列“基本养老保险费、基本医疗保险费、失业保险费、住房公积金”四项，是指按照国家规定，可在个人应纳税所得额中扣除的部分。本表中填写该纳税人缴纳该费（金）的全年汇总额。

②第8列“财产原值”：该栏适用于“财产转让所得”项目的填写。

③第9列“允许扣除的税费”：该栏适用于“劳务报酬所得、特许权使用费所得、财产租赁所得和财产转让所得”项目的填写。

A. 适用“劳务报酬所得”时，填写劳务发生过程中实际缴纳的税费；

B. 适用“特许权使用费”时，填写提供特许权过程中发生的中介费和相关税费；

C. 适用“财产租赁所得”时，填写修缮费和出租财产过程中发生的相关税费；

D. 适用“财产转让所得”时，填写转让财产过程中发生的合理税费。

④第10列“其他”：是指法律法规规定其他可以在税前扣除的项目。

⑤第11列“合计”：为所得项目对应税前扣除项目的合计数。

（5）第12列“减除费用”：是指税法第六条规定可在计税前减除的费用。没有则不填写。其中，工资、薪金所得项目的减除费用为全年合计额。

（6）第13列“准予扣除的捐赠额”：是指按照税法及其实施条例和相关税收政策规定，可以在税前扣除的捐赠额。

（7）第14列“应纳税所得额”：根据相关列次计算填报。

（8）第15列“工资薪金所得项目月应纳税所得额”：该项仅适用于所得项目为“工资、薪金所得”时填写，其它所得项目不填。

第15列＝第14列÷12个月

（9）第16列“税率”及第17列“速算扣除数”：按照税法第三条规定填写。

部分所得项目没有速算扣除数的，则不填。

（10）第 18 列“应纳税额”：是指纳税人区别不同国家或者地区和不同所得项目，依照税法规定的费用减除标准和适用税率计算的应纳税额。

①所得项目为“工资、薪金所得”时，第 18 列 =（第 15 列 × 第 16 列 － 第 17 列）× 12 个月

②所得项目为非工资、薪金所得的，第 18 列 = 第 14 列 × 第 16 列 － 第 17 列

（11）“本期应缴税额计算”栏：应区别不同国家或者地区，分行填写。

①第 20 列“扣除限额”：是指同一国家或者地区内，不同所得项目的应纳税额之和。

②第 21 列“境外已纳税额”：是指纳税人在境外实际已经缴纳的个人所得税额。

③第 22 列“五年内超过扣除限额未补扣余额”：是指纳税人以前五年内超过该国家或者地区扣除限额、未进行补扣的部分。没有则不填。

④第 23 列“本期应补缴税额”与第 24 列“未扣除余额”：依据前列计算结果填写。

A. 若第 20 列≥第 21 列，且第 20 列 － 第 21 列 － 第 22 列≥0 时，将结果写入第 23 列。

第 23 列 = 第 20 列 － 第 21 列 － 第 22 列

B. 若第 20 列≥第 21 列，且第 20 列 － 第 21 列 － 第 22 列 < 0，将结果写入第 24 列。

第 24 列 = 第 21 列 + 第 22 列 － 第 20 列

C. 若第 20 列 < 第 21 列，则将结果写入第 24 列。

第 24 列 = 第 21 列 + 第 22 列 － 第 20 列

三、个人所得税基础信息表（A 表）

表 6－7 个人所得税基础信息表（A 表）

扣缴义务人名称：

扣缴义务人编码：

序号	姓名	国籍（地区）	身份证件类型	身份证件号码	是否残疾烈属孤老	雇员		非雇员			股东、投资者		境内无住所个人									备注
						电话	电子邮箱	联系地址	电话	工作单位	公司股本（投资）总额	个人股本（投资）额	纳税人识别号	来华时间	任职期限	预计离境时间	预计离境地点	境内职务	境外职务	支付地	境外支付地（国别/地区）	
1																						
2																						

续表

序号	姓名	国籍（地区）	身份证件类型	身份证件号码	是否残疾烈属孤老	雇员		非雇员			股东、投资者		境内无住所个人									备注
						电话	电子邮箱	联系地址	电话	工作单位	公司股本（投资）总额	个人股本（投资）额	纳税人识别号	来华时间	任职期限	预计离境时间	预计离境地点	境内职务	境外职务	支付地	境外支付地（国别/地区）	
3																						
4																						
5																						
6																						
7																						
8																						
9																						
10																						
11																						
12																						
13																						
14																						

谨声明：此表是根据《中华人民共和国个人所得税法》及其实施条例和国家相关法律法规规定填报的，是真实的、完整的、可靠的。

法定代表人（负责人）签字：　　　　年　月　日

扣缴义务人公章： 经办人：	代理机构（人）签章： 经办人： 经办人执业证件号码：	主管税务机关受理专用章： 受理人：
填表日期：　年　月　日	代理申报日期：　年　月　日	受理日期：　年　月　日

填表说明

（一）适用范围

本表由扣缴义务人填报。适用于扣缴义务人办理全员全额扣缴明细申报时，其支付所得纳税人基础信息的填报。初次申报后，以后月份只需报送基础信息发生变化的纳税人的信息。

（二）扣缴义务人填报本表时，“姓名、国籍（地区）、身份证件类型、身份证件号码、是否残疾烈属孤老"为所有纳税人的必填项；其余则根据纳税人自身情况选择后填报。

（三）有关项目填报说明

1. 姓名：填写纳税人姓名。中国境内无住所个人，其姓名应当用中、外文同时填写。

2. 国籍（地区）：填写纳税人的国籍或者地区。

3. 身份证件类型：填写纳税人有效身份证件（照）名称。中国居民，填写身份证、军官证、士兵证等证件名称；中国境内无住所个人，填写护照、港澳居民来往内地通行证、台湾居民来往大陆通行证等证照名称。

4. 身份证件号码：填写身份证件上的号码。

5. 是否残疾烈属孤老：有本项所列情况的，填写"是"；否则，填写"否"。

6. 雇员栏：本栏填写雇员纳税人的相关信息。

（1）电话：填写雇员纳税人的联系电话。

（2）电子邮箱：填写雇员纳税人的电子邮箱。

7. 非雇员栏：填写非扣缴单位雇员的纳税人（不包括股东、投资者）的相关信息。一般填写从扣缴单位取得劳务报酬所得、稿酬所得、特许权使用费所得、利息股息红利所得、财产租赁所得、财产转让所得、偶然所得、其它所得的纳税人的相关信息。

（1）联系地址：填写非雇员纳税人的联系地址。

（2）电话：填写非雇员纳税人的联系电话。

（3）工作单位：填写非雇员纳税人的任职受雇单位名称全称。没有任职受雇单位的，则不填。

8. 股东、投资者栏：填写扣缴单位的自然人股东、投资者的相关信息。没有则不填。

（1）公司股本（投资）总额：填写扣缴单位的公司股本（投资）总额。

（2）个人股本（投资）额：填写自然人股东、投资者个人投资的股本（投资）额。

9. 境内无住所个人栏：填写在中国境内无住所个人的相关信息。没有则不填。

（1）纳税人识别号：填写主管税务机关赋予的 18 位纳税人识别号。该纳税人识别号作为境内无住所个人的唯一身份识别码，由纳税人到主管税务机关办理初次涉税事项，或者扣缴义务人办理该纳税人初次扣缴申报时，由主管税务机关授予。

（2）来华时间：填写纳税人到达中国境内的年月日。

（3）任职期限：填写纳税人在中国境内任职受雇单位的任职期限。

（4）预计离境时间：填写纳税人预计离境的年月日。

（5）预计离境地点：填写纳税人预计离境的地点。

（6）境内职务：填写纳税人在境内任职受雇单位担任的职务。

（7）境外职务：填写纳税人在境外任职受雇单位担任的职务。

（8）支付地：填写纳税人取得的所得的支付地，在“境内支付”、“境外支付”和“境、内外同时支付”三种类型中选择一种填写。

（9）境外支付地国别（地区）：如果纳税人取得的所得支付地为国外的，填写境外支付地的国别或地区名称。

四、个人所得税基础信息表（B表）

表6－8　个人所得税基础信息表（B表）

<table>
<tr><td>姓名</td><td></td><td>身份证件类型</td><td></td><td>身份证件号码</td><td colspan="3"></td></tr>
<tr><td>纳税人类型</td><td colspan="7">□有任职受雇单位　□无任职受雇单位（不含股东投资者）　□投资者　□无住所个人（可多选）</td></tr>
<tr><td rowspan="3">任职受雇单位名称及纳税人识别号</td><td colspan="5"></td><td colspan="2"></td></tr>
<tr><td colspan="5"></td><td colspan="2"></td></tr>
<tr><td colspan="5"></td><td colspan="2"></td></tr>
<tr><td>“三费一金”缴纳情况</td><td colspan="5">□基本养老保险费　□基本医疗保险费
□失业保险费　□住房公积金　□无（可多选）</td><td>电子邮箱</td><td></td></tr>
<tr><td>境内联系地址</td><td colspan="5">________省________市________区（县）____________
______________</td><td>邮政编码</td><td></td></tr>
<tr><td>联系电话</td><td colspan="5">手机：__________固定电话：__________</td><td>职业</td><td></td></tr>
<tr><td>职务</td><td colspan="5">○高层　○中层　○普通（只选一）</td><td>学历</td><td></td></tr>
<tr><td>是否残疾人/烈属/孤老</td><td colspan="5">□残疾　□烈属　□孤老　□否</td><td>残疾等级情况</td><td></td></tr>
</table>

续表

该栏仅由有境外所得纳税人填写	○户籍所在地 ○经常居住地		______省______市______区（县）______邮政编码______		
该栏仅由投资者纳税人填写	投资者类型		□个体工商户 □个人独资企业投资者 □合伙企业合伙人 □承包、承租经营者 □股东 □其他投资者（可多选）		
	被投资单位信息	名称		扣缴义务人编码	
		地址		邮政编码	
		登记注册类型		行业	
		所得税征收方式	○查账征收 ○核定征收（只选一）	主管税务机关	
	以下由股东及其他投资者填写				
	公司股本（投资）总额			个人股本（投资）额	
该栏仅由无住所纳税人填写	纳税人识别号				
	国籍（地区）			出生地	
	性别			出生日期	年 月 日
	劳动就业证号码			是否税收协定缔约国对方居民	○是 ○否
	境内职务			境外职务	
	来华时间			任职期限	
	预计离境时间			预计离境地点	
	境内任职受雇单位	名称		扣缴义务人编码	
		地址		邮政编码	
	境内受聘签约单位	名称		扣缴义务人编码	
		地址		邮政编码	
	境外派遣单位	名称		地址	
	支付地		○境内支付 ○境外支付 ○境内、外同时支付（只选一）	境外支付国国别（地区）	

续表

<table>
<tr><td colspan="2">谨声明：此表是根据《中华人民共和国个人所得税法》及其实施条例和国家相关法律法规规定填写的，是真实的、完整的、可靠的。
纳税人签字： 年 月 日</td></tr>
<tr><td>代理机构（人）签章：
经办人：
经办人执业证件号码：</td><td>主管税务机关受理专用章：
受理人：</td></tr>
<tr><td>填表（代理申报）日期： 年 月 日</td><td>受理日期： 年 月 日</td></tr>
</table>

填表说明

（一）适用范围

本表适用于自然人纳税人基础信息的填报。

各地税务机关可根据本地实际，由自然人纳税人初次向税务机关办理相关涉税事宜时填报本表；初次申报后，以后仅需在信息发生变化时填报。

（二）本表各栏填写如下：

1. 表头栏。

（1）姓名：填写纳税人姓名。中国境内无住所个人，其姓名应当分别用中、外两种文字填写。

（2）身份证件类型：填写纳税人有效身份证件（照）名称。中国居民，填写身份证、军官证、士兵证等证件名称；中国境内无住所个人，填写护照、港澳居民来往内地通行证、台湾居民来往大陆通行证等证照名称。

（3）身份证件号码：填写身份证件上的号码。

（4）纳税人类型：纳税人根据自身情况在对应框内打“√”，可多选。

①有任职受雇单位：是指纳税人有固定任职受雇单位。

②无任职受雇单位（不含股东投资者）：是指纳税人为自由职业者，没有与任何单位签订任职受雇合同；不含企业股东、个体工商户、个人独资企业投资者、合伙企业合伙人、承包承租经营者。

③投资者：是指有对外投资的纳税人。

④无住所个人：是指在中国境内无住所的纳税人。“无住所”是相对有住所而言；在中国境内有住所的个人，是指因户籍、家庭、经济利益关系而在中国境内习惯性居住的个人。

（5）任职受雇单位名称及纳税人识别号：填写纳税人签订任职受雇合同的单位名称全称及其在税务机关办理登记时的纳税人识别号。前列填名称，后列填纳税人识别号。

与多家单位签订合同的，须分行列示。没有则不填。

(6)"三费一金"缴纳情况：纳税人根据自己缴纳社会保险费情况在"基本养老保险费"、"基本医疗保险费"、"失业保险费"、"住房公积金"对应框内打"√"；如果都没有缴纳的，在"无"栏打"√"。

(7)电子邮箱：填写税务机关能与纳税人联系的电子邮箱地址。

(8)境内联系地址、邮政编码：填写税务机关能与纳税人联系的有效中国境内联系地址和邮政编码。

(9)联系电话：填写税务机关能与纳税人联系的电话。

(10)职业：填写纳税人所从事的职业。职业分类按劳动和社会保障部门的国标填写。

(11)职务：填写纳税人在任职受雇单位所担任的职务，在"高层"、"中层"、"普通"三项前选择其一打"√"。

(12)学历：填写纳税人取得的最终学历。

(13)是否残疾人/烈属/孤老：符合本栏情况的，在对应框前打"√"；否则，在"否"栏打"√"。

2. 有境外所得的纳税人填写栏：纳税人从中国境外取得所得的填写本栏；没有则不填。

纳税人在选填此栏时，应根据《国家税务总局关于印发〈个人所得税自行纳税申报办法（试行）〉的通知》第十一条第二款"从中国境外取得所得的，向中国境内户籍所在地主管税务机关申报。在中国境内有户籍，但户籍所在地与中国境内经常居住地不一致的，选择并固定向其中一地主管税务机关申报。在中国境内没有户籍的，向中国境内经常居住地主管税务机关申报"的规定选择填写。

选择后，纳税人在"户籍所在地"或"经常居住地"对应框内打"√"并填写具体地址。

3. 投资者纳税人填写栏：由自然人股东、投资者填写。如果没有对外投资的，则不填。

(1)投资者类型：纳税人根据自身情况在对应框内打"√"，可多选。

(2)被投资单位信息：填写纳税人对外投资单位的有关信息。

①纳税人名称：填写税务机关核发的被投资单位税务登记证载明的纳税人名称全称。投资多家单位的，需分别列示。

②扣缴义务人编码：填写税务机关核发的税务登记证号码。

③地址、邮政编码：填写投资者投资单位的地址和邮政编码。

④登记注册类型：填写被投资单位在工商行政管理机关登记注册的类型。

分内资企业（国有企业、集体企业、股份合作企业、联营企业、有限责任公司、股份有限公司、私营企业和其他企业）、港澳台商投资企业和外商投资企业三大类。[注：内资企业需填至括号内的企业类型。]

⑤行业：按照国民经济行业分类国家标准填写至大类。

⑥所得税征收类型：填写被投资单位所得税的征收方式。

⑦主管税务机关：填写被投资单位的主管税务机关名称。

⑧股东及其他投资者填写栏：由自然人股东和其他投资者填写。个体工商户主、个人独资企业投资者、合伙企业合伙人、承包承租经营者不填写此栏。

A. 公司股本（投资）总额：填写被投资单位的公司股本（投资）总额。

B. 个人股本（投资）总额：填写自然人股东、投资者在被投资单位个人投资的股本（投资）额。

4. 无住所纳税人填写栏：由在中国境内无住所纳税人填写。其他则不填。

（1）纳税人识别号：填写主管税务机关赋予的18位纳税人识别号。该纳税人识别号作为境内无住所个人的唯一身份识别码，由纳税人到主管税务机关办理初次涉税事项，或者扣缴义务人办理该纳税人初次扣缴申报时，由主管税务机关授予。

（2）国籍（地区）：填写纳税人的国籍或者地区。

（3）出生地：填写纳税人出生地的国籍及地区。

（4）劳动就业证号码：填写纳税人在中国境内劳动就业证上的号码。

（5）境内职务：填写该纳税人在境内公司担任的职务。

（6）境外职务：填写该纳税人在境外公司担任的职务。

（7）是否税收协定缔约国对方居民：纳税人来自于与中国签订避免双重征税协定的国家或地区的，在“是”栏对应框内打“√”；否则，在“否”栏打“√”。

（8）来华时间：填写纳税人到达中国境内的年月日。

（9）任职期限：填写纳税人在任职受雇单位的任职期限。

（10）预计离境时间：填写纳税人预计离境的年月日。

（11）预计离境地点：填写纳税人预计离境的地点。

境内任职受雇单位：填写纳税人签订任职受雇合同的单位的相关信息。如果填写本栏，则境内受聘签约单位栏不用填写。

①名称：填写纳税人任职受雇单位的名称全称。

②扣缴义务人编码：填写税务机关确定的任职受雇单位的税务编码号码。

③地址、邮政编码：填写任职受雇单位的地址和邮政编码。

（12）境内受聘签约单位：填写纳税人受聘或签约单位的相关信息。如果填写本栏，则上栏境内任职受雇单位栏则不用填写。

①名称：填写纳税人受聘签约单位的名称全称。

②扣缴义务人编码：填写税务机关确定的受聘签约单位的税务编码号码。

③地址、邮政编码：填写受聘签约单位的地址和邮政编码。

（13）境外派遣单位：如果纳税人有境外派遣单位的，填写本栏。否则不填写。

①名称：填写纳税人境外派遣单位的名称全称，用中、外两种文字填写。

②地址：填写境外派遣单位的地址。

（14）支付地：填写纳税人取得的所得的支付地，在“境内支付”“境外支付”和“境、内外同时支付”三种类型中选择一种填写。

（15）境外支付地国别（地区）：如果纳税人取得的所得支付地为国外的，填写境外支付地的国别或地区名称。

五、扣缴个人所得税报告表

表6－9　扣缴个人所得税报告表

税款所属期：　年　月　日至　年　月　日

扣缴义务人名称：　　　　　　　扣缴义务人所属行业：□一般行业　□特定行业月份申报

扣缴义务人编码：□□□□□□□□□□□□□□□　　金额单位：人民币元（列至角分）

序号	姓名	身份证件类型	身份证件号码	所得项目	所得期间	收入额	免税所得	税前扣除项目								减除费用	准予扣除的捐赠额	应纳税所得额	税率%	速算扣除数	应纳税额	减免税额	应扣缴税额	已扣缴税额	应补（退）税额	备注
								基本养老保险费	基本医疗保险费	失业保险费	住房公积金	财产原值	允许扣除的税费	其他	合计											
1	2	3	4	5	6	7	8	9	10	11	12	13	14	15	16	17	18	19	20	21	22	23	24	25	26	27

续表

序号	姓名	身份证件类型	身份证件号码	所得项目	所得期间	收入额	免税所得	税前扣除项目								减除费用	准予扣除的捐赠额	应纳税所得额	税率%	速算扣除数	应纳税额	减免税额	应扣缴税额	已扣缴税额	应补（退）税额	备注
								基本养老保险费	基本医疗保险费	失业保险费	住房公积金	财产原值	允许扣除的税费	其他	合计											
1	2	3	4	5	6	7	8	9	10	11	12	13	14	15	16	17	18	19	20	21	22	23	24	25	26	27
合计																										

谨声明：此扣缴报告表是根据《中华人民共和国个人所得税法》及其实施条例和国家有关税收法律法规规定填写的，是真实的、完整的、可靠的。

法定代表人（负责人）签字：　　　　年　月　日

扣缴义务人公章： 经办人：	代理机构（人）签章： 经办人： 经办人执业证件号码：	主管税务机关受理专用章： 受理人：
填表日期：　年　月　日	代理申报日期：　年　月　日	受理日期：　年　月　日

填表说明

（一）适用范围

本表适用于扣缴义务人办理全员全额扣缴个人所得税申报（包括向个人支付应税所得，但低于减除费用、不需扣缴税款情形的申报），以及特定行业职工工资、薪金所得个人所得税的月份申报。

（二）申报期限

次月 15 日内。扣缴义务人应于次月 15 日内将所扣税款缴入国库，并向税务机关报送本表。扣缴义务人不能按规定期限报送本表时，应当按照《中华人民共和国税收征收管理法》及其实施细则有关规定办理延期申报。

（三）本表各栏填写如下：

1. 表头项目。

（1）税款所属期：为税款所属期月份第 1 日至最后 1 日。

（2）扣缴义务人名称：填写实际支付个人所得的单位（个人）的法定名称全称或姓名。

（3）扣缴义务人编码：填写办理税务登记或扣缴登记时，由主管税务机关所确定的扣缴义务人税务编码。

（4）扣缴义务人所属行业：扣缴义务人按以下两种情形在对应框内打"√"。

①一般行业：是指除《中华人民共和国个人所得税法》及其实施条例规定的特定行业以外的其他所有行业。

②特定行业：指符合《中华人民共和国个人所得税法》及其实施条例规定的采掘业、远洋运输业、远洋捕捞业以及国务院财政、税务主管部门确定的其他行业。

2. 表内各栏。

一般行业的填写

（1）第2列"姓名"：填写纳税人姓名。中国境内无住所个人，其姓名应当用中、外文同时填写。

（2）第3列"身份证件类型"：填写能识别纳税人唯一身份的有效证照名称。

①在中国境内有住所的个人，填写身份证、军官证、士兵证等证件名称。

②在中国境内无住所的个人，如果税务机关已赋予18位纳税人识别号的，填写"税务机关赋予"；如果税务机关未赋予的，填写护照、港澳居民来往内地通行证、台湾居民来往大陆通行证等证照名称。

（3）第4列"身份证件号码"：填写能识别纳税人唯一身份的号码。

①在中国境内有住所的纳税人，填写身份证、军官证、士兵证等证件上的号码。

②在中国境内无住所的纳税人，如果税务机关赋予18位纳税人识别号的，填写该号码；没有，则填写护照、港澳居民来往内地通行证、台湾居民来往大陆通行证等证照上的号码。

税务机关赋予境内无住所个人的18位纳税人识别号，作为其唯一身份识别码，由纳税人到主管税务机关办理初次涉税事项，或扣缴义务人办理该纳税人初次扣缴申报时，由主管税务机关赋予。

（4）第5列"所得项目"：按照税法第二条规定的项目填写。同一纳税人有多项所得时，分行填写。

（5）第6列"所得期间"：填写扣缴义务人支付所得的时间。

（6）第7列"收入额"：填写纳税人实际取得的全部收入额。

（7）第8列"免税所得"：是指税法第四条规定可以免税的所得。

（8）第9—16列"税前扣除项目"：是指按照税法及其他法律法规规定，可在税前扣除的项目。

（9）第17列"减除费用"：是指税法第六条规定可以在税前减除的费用。没有的，则不填。

（10）第18列"准予扣除的捐赠额"：是指按照税法及其实施条例和相关税收

政策规定，可以在税前扣除的捐赠额。

（11）第19列“应纳税所得额”：根据相关列次计算填报。第19列=第7列-第8列-第16列-第17列-第18列

（12）第20列“税率”及第21列“速算扣除数”：按照税法第三条规定填写。部分所得项目没有速算扣除数的，则不填。

（13）第22列“应纳税额”：根据相关列次计算填报。第22列=第19列×第20列-第21列

（14）第23列“减免税额”：是指符合税法规定可以减免的税额。其中，纳税人取得“稿酬所得”时，其根据税法第三条规定可按应纳税额减征的30%，填入此栏。

（15）第24列“应扣缴税额”：根据相关列次计算填报。第24列=第22列-第23列

（16）第25列“已扣缴税额”：是指扣缴义务人当期实际扣缴的个人所得税税款。

（17）第26列“应补（退）税额”：根据相关列次计算填报。第26列=第24列-第25列

（18）第27列“备注”：填写非本单位雇员、非本期收入及其他有关说明事项。

（19）对不是按月发放的工资薪金所得，其适用“工资、薪金所得”个人所得税的填报，则不完全按照上述逻辑关系填写。

特定行业月份申报的填写

（1）第2列—第6列的填写：同上“一般行业”的填写。

（2）第7列—第19列、第22列—第26列的数据口径同上“一般行业”对应项目，金额按以下原则填写：

①第7列“收入额”：是指本月实际发放的全部收入额。

②第8列—16列的填写：填写当月实际发生额。

③第17列“减除费用”：是指税法第六条规定可以在税前减除的费用额。没有的，则不填。

④第18列“准予扣除的捐赠额”：准予扣除的捐赠额，按纳税人捐赠月份的实际收入额来计算。

⑤第19列“应纳税所得额”：根据相关列次计算填报。第19列=第7列-第8列-第16列-第17列-第18列

⑥第20列“税率”及第21列“速算扣除数”：按照税法第三条规定填写。

⑦第22列“应纳税额”：特定行业个人所得税月份申报时，“应纳税额”为预缴所得税额。根据相关列次计算填报。

⑧第 22 列 = 第 19 列 × 第 20 列 - 第 21 列

六、特定行业个人所得税年度申报表

表 6 - 10 特定行业个人所得税年度申报表

税款所属期： 年 月 日至 年 月 日

扣缴义务人名称：

扣缴义务人编码：□□□□□□□□□ 金额单位：人民币元（列至角分）

序号	姓名	身份证件类型	身份证件号码	所得项目	所得期间	全年收入额	年免税所得	年税前扣除项目						年减除费用	准予扣除的捐赠额	月平均应纳税所得额	税率%	速算扣除数	月平均应纳税额	年应扣缴税额	减免税额	年预缴税额	应补（退）税额	备注
								基本养老保险费	基本医疗保险费	失业保险费	住房公积金	其他	合计											
1	2	3	4	5	6	7	8	9	10	11	12	13	14	15	16	17	18	19	20	21	22	23	24	25

谨声明：此扣缴报告表是根据《中华人民共和国个人所得税法》及其实施条例和国家有关税收法律法规规定填写的，是真实的、完整的、可靠的。

法定代表人（负责人）签字： 年 月 日

扣缴义务人公章： 经办人：	代理机构（人）签章： 经办人： 经办人执业证件号码：	主管税务机关受理专用章： 受理人：
填表日期： 年 月 日	代理申报日期： 年 月 日	受理日期： 年 月 日

填表说明

（一）适用范围

本表适用于特定行业工资、薪金所得个人所得税的年度申报。

特定行业，指符合《中华人民共和国个人所得税法实施条例》（以下简称条例）第四十条规定的采掘业、远洋运输业、远洋捕捞业以及国务院财政、税务主管部门确定的其他行业。

（二）申报期限

年度终了之日起30日内。扣缴义务人不能按规定期限报送本表时，应当按照《中华人民共和国税收征收管理法》（以下简称税收征管法）及其实施细则有关规定办理延期申报。

（三）本表各栏填写如下：

1. 表头项目。

（1）税款所属期：为税款所属期的公历年度。

（2）扣缴义务人名称：填写实际支付个人工资、薪金所得的单位的法定名称全称。

（3）扣缴义务人编码：填写办理税务登记或扣缴登记时，由主管税务机关所确定的扣缴义务人税务编码。

2. 表内各栏。

（1）第2列"姓名"：填写纳税人姓名。中国境内无住所个人，其姓名应当用中、外文同时填写。

（2）第3列"身份证件类型"：填写能识别纳税人唯一身份的有效证照名称。

①在中国境内有住所的个人，填写身份证、军官证、士兵证等证件名称。

②在中国境内无住所的个人，如果税务机关已赋予18位纳税人识别号的，填写"税务机关赋予"；如果税务机关未赋予的，填写护照、港澳居民来往内地通行证、台湾居民来往大陆通行证等证照名称。

（3）第4列"身份证件号码"：填写能识别纳税人唯一身份的号码。

①在中国境内有住所的纳税人，填写身份证、军官证、士兵证等证件上的号码。

②在中国境内无住所的纳税人，如果税务机关赋予18位纳税人识别号的，填写该号码；没有，则填写护照、港澳居民来往内地通行证、台湾居民来往大陆通行证等证照上的号码。

税务机关赋予境内无住所个人的18位纳税人识别号，作为其唯一身份识别码，由纳税人到主管税务机关办理初次涉税事项，或扣缴义务人办理该纳税人初次扣缴申报时，由主管税务机关赋予。

（4）第5列"所得项目"：在本表中仅指"工资、薪金所得"。

（5）第6列"所得期间"：在本表中，填写税款所属期的公历年度。

（6）第7列"全年收入额"：填写纳税人全年实际取得的工资、薪金收入总额。

（7）第8列"年免税所得"：是指税法第四条规定可以免税的所得的全年汇总额。

（8）第9－14列"年税前扣除项目"：

①第9－12列"基本养老保险费、基本医疗保险费、失业保险费、住房公积金"四项，分别填写该纳税人缴纳该项费（金）的全年汇总额。

②第13列"其他"：是指法律法规规定其他可以在税前扣除的项目。

③第14列"合计"：为对应项目的合计数。

第14列＝第9列＋第10列＋第11列＋第12列＋第13列

（9）第15列"年减除费用"：是指税法第六条规定可以在计税前减除的费用的全年合计额。

（10）第16列"准予扣除的捐赠额"：是指按照税法及其实施条例和相关税收政策规定，可以在税前扣除的捐赠额。

（11）第17列"月平均应纳税所得额"：按前列计算出的数额按月进行平均后的应纳税所得额。

第17列＝(第7列－第8列－第14列－第15列－第16列)÷12个月

（12）第18列"税率"及第19列"速算扣除数"：按照税法第三条规定，根据第17列计算值查找适用税率及速算扣除数。

（13）第20列"月平均应纳税额"：根据相关列次计算填报。

第20列＝第17列×第18列－第19列

（14）第21列"年应扣缴税额"：是指全年应扣缴的税额。根据相关列次计算填报。

第21列＝第20列×12个月

（15）第22列"减免税额"：是指按照税法和其他有关法律法规规定可以减免的税额。

（16）第23列"年预缴税额"：是指扣缴义务人全年已扣缴的个人所得税总额。

（17）第24列"应补（退）税额"：根据相关列次计算填报。

第24列＝第21列－第22列－第23列

六、生产、经营所得个人所得税纳税申报表（A表）

表6-11 生产、经营所得个人所得税纳税申报表（A表）

税款所属期：年 月 日至 年 月 日　　　　金额单位：人民币元（列至角分）

<table>
<tr><td rowspan="2">投资者信息</td><td colspan="2">姓名</td><td></td><td>身份证件类型</td><td></td><td>身份证件号码</td><td></td></tr>
<tr><td colspan="2">国籍（地区）</td><td colspan="3"></td><td>纳税人识别号</td><td></td></tr>
<tr><td rowspan="2">被投资单位信息</td><td colspan="2">名称</td><td colspan="3"></td><td>纳税人识别号</td><td></td></tr>
<tr><td colspan="2">征收方式</td><td colspan="3">□查账征收
□核定征收</td><td>类型</td><td>□个体工商户　□承包、承租经营者
□个人独资企业　□合伙企业</td></tr>
<tr><td colspan="6">项目</td><td>行次</td><td>金额</td></tr>
<tr><td colspan="6">一、本期收入总额</td><td>1</td><td></td></tr>
<tr><td colspan="6">二、本期成本费用总额</td><td>2</td><td></td></tr>
<tr><td colspan="6">三、本期利润总额</td><td>3</td><td></td></tr>
<tr><td colspan="6">四、分配比例 %</td><td>4</td><td></td></tr>
<tr><td colspan="6">五、应纳税所得额</td><td>5</td><td></td></tr>
<tr><td rowspan="2">查账征收</td><td colspan="5">1. 按本期实际计算的应纳税所得额</td><td>6</td><td></td></tr>
<tr><td colspan="5">2. 上年度应纳税所得额的1/12或1/4</td><td>7</td><td></td></tr>
<tr><td rowspan="2">核定征收</td><td colspan="5">1. 税务机关核定的应税所得率 %</td><td>8</td><td></td></tr>
<tr><td colspan="5">2. 税务机关认可的其他方法确定的应纳税所得额</td><td>9</td><td></td></tr>
<tr><td colspan="6">六、按上述内容换算出的全年应纳税所得额</td><td>10</td><td></td></tr>
<tr><td colspan="6">七、税率 %</td><td>11</td><td></td></tr>
<tr><td colspan="6">八、速算扣除数</td><td>12</td><td></td></tr>
<tr><td colspan="6">九、本期预缴税额</td><td>13</td><td></td></tr>
<tr><td colspan="6">十、减免税额</td><td>14</td><td></td></tr>
</table>

续表

<table>
<tr><td>项目</td><td>行次</td><td colspan="2">金额</td></tr>
<tr><td>十一、本期实际应缴税额</td><td>15</td><td colspan="2"></td></tr>
<tr><td colspan="4">谨声明：此表是根据《中华人民共和国个人所得税法》及其实施条例和国家相关法律法规规定填写的，是真实的、完整的、可靠的。
纳税人签字：　　　　年　月　日</td></tr>
<tr><td colspan="2">代理申报机构（人）公章：
经办人：
经办人执业证件号码：</td><td colspan="2">主管税务机关受理专用章：
受理人：</td></tr>
<tr><td colspan="2">代理申报日期：　年　月　日</td><td colspan="2">受理日期：　年　月　日</td></tr>
</table>

填表说明

（一）适用范围

本表适用于查账征收"个体工商户的生产、经营所得"和"对企事业单位的承包经营、承租经营所得"个人所得税的个体工商户、企事业单位承包承租经营者、个人独资企业投资者和合伙企业合伙人的预缴纳税申报，以及实行核定征收的纳税申报。纳税人在办理申报时，须同时附报《个人所得税基础信息表（B 表）》。

合伙企业有两个或两个以上自然人投资者的，应分别填报本表。

（二）申报期限

实行查账征收的个体工商户、个人独资企业、合伙企业，纳税人应在次月 15 日内办理预缴纳税申报；承包承租者如果在 1 年内按月或分次取得承包经营、承租经营所得的，纳税人应在每月或每次取得所得后的 15 日内办理预缴纳税申报。

实行核定征收的，应当在次月 15 日内办理纳税申报。

纳税人不能按规定期限办理纳税申报的，应当按照《中华人民共和国税收征收管理法》（以下简称税收征管法）及其实施细则的规定办理延期申报。

（三）本表各栏填写如下：

1. 表头项目。

税款所属期：是指纳税人取得生产经营所得的应纳个人所得税款的所属期间，应填写具体的起止年月日。

2. 表内信息栏。

（1）投资者信息栏：填写个体工商户业主、承包经营者、承租经营者、个人独资企业投资者、合伙企业合伙人的相关信息。

①姓名：填写纳税人姓名。中国境内无住所个人，其姓名应当用中、外文同时填写。

②身份证件类型：填写能识别纳税人唯一身份的有效证照名称。

A. 在中国境内有住所的个人，填写身份证、军官证、士兵证等证件名称。

B. 在中国境内无住所的个人，填写护照、港澳居民来往内地通行证、台湾居民来往大陆通行证等证照名称。

③身份证件号码：填写纳税人身份证件上的号码。

④国籍（地区）：填写纳税人的国籍或者地区。

⑤税人识别号：在中国境内无住所的个人填写。有住所的个人则不填。该栏填写税务机关赋予的18位纳税人识别号。如果税务机关未赋予，则不填。

税务机关赋予境内无住所个人的18位纳税人识别号，作为其唯一身份识别码，由纳税人到主管税务机关办理初次涉税事项，或扣缴义务人办理该纳税人初次扣缴申报时，由主管税务机关赋予。

（2）被投资单位信息栏：

①名称：填写税务机关核发的被投资单位税务登记证载明的投资单位全称。

②纳税人识别号：填写税务机关核发被投资单位税务登记证号码。

③征收方式：根据税务机关核定的征收方式，在对应框内打“√”。

④类型：纳税人根据自身情况在对应栏内打“√”。

3. 表内各行的填写。

（1）第1行“本期收入总额”：填写该投资单位在本期内取得的收入总额。

（2）第2行“本期成本费用总额”：填写该投资单位在本期内发生的所有成本、费用、税金总额。

（3）第3行“本期利润总额”：根据相关栏次计算。第3行=第1行-第2行

（4）第4行“分配比例”：纳税人为合伙企业合伙人的，填写本栏；其他则不填。分配比例按照合伙企业分配方案中规定的该合伙人的比例填写；没有，则按人平均分配。

（5）第5行“应纳税所得额”：根据不同的征收方式填写。

- 查账征收：

①除合伙企业合伙人外的其他纳税人。

A. 按本期实际计算的，第5行=第6行=第3行

B. 按上年度应纳税所得额的1/12或1/4计算的，第5行=第7行

②合伙企业合伙人。

A. 按本期实际计算的，第5行=第6行=第3行×第4行

B. 按上年度应纳税所得额的1/12或1/4计算的，第5行=第7行

- 核定征收：

①除合伙企业合伙人外的其他纳税人。

A. 税务机关采取核定应税所得率方式计算应纳税所得额的，

第5行=第1行×第8行

或 =第2行÷(1-第8行)×第8行

B. 税务机关认可的其他方法确定应纳税所得额的，第5行=第9行

②合伙企业合伙人。

A. 税务机关采取核定应税所得率方式计算应纳税所得额的，

第5行=第1行×第8行×第4行

或 =第2行÷(1-第8行)×第8行×第4行

B. 税务机关认可的其他方法确定应纳税所得额的，第5行=第9行×第4行

（6）第10行"按上述内容换算出的全年应纳税所得额"：根据相关栏次计算。

第10行=第9行×12个月（或4个季度）

（7）第11行"税率"及第12行"速算扣除数"：按照税法第三条规定，根据第10行计算得出的数额进行查找。

（8）第13行"本期预缴税额"：根据相关栏次计算。

第13行=(第10行×第11行-第12行)÷12个月（或4个季度）

（9）第14行"减免税额"：是指符合税法规定可以减免的税额。

（10）第15行"本期实际应缴税额"：根据相关栏次计算。

第15行=第13行-第14行

（11）如果税务机关采取核定税额方式征收个人所得税的，将核定的税额直接填入第15行"本期实际应缴税额"栏。

七、生产、经营所得个人所得税纳税申报表（B表）

表6-12 生产、经营所得个人所得税纳税申报表（B表）

税款所属期： 年 月 日至 年 月 日 金额单位：人民币元（列至角分）

投资者信息	姓名		身份证件类型		身份证件号码	
	国籍（地区）				纳税人识别号	
被投资单位信息	名称				纳税人识别号	
	类型	□个体工商户 □承包、承租经营者 □个人独资企业 □合伙企业				

续表

项目	行次	金额	补充资料
一、收入总额	1		1. 年平均职工人数：______人 2. 工资总额：______元 3. 投资者人数：______人
减：成本	2		
营业费用	3		
管理费用	4		
财务费用	5		
营业税金及附加	6		
营业外支出	7		
二、利润总额	8		
三、纳税调整增加额	9		
1. 超过规定标准扣除的项目	10		
（1）职工福利费	11		
（2）职工教育经费	12		
（3）工会经费	13		
（4）利息支出	14		
（5）业务招待费	15		
（6）广告费和业务宣传费	16		
（7）教育和公益事业捐赠	17		
（8）住房公积金	18		
（9）社会保险费	19		
（10）折旧费用	20		
（11）无形资产摊销	21		
（12）资产损失	22		
（13）其他	23		
2. 不允许扣除的项目	24		
（1）资本性支出	25		
（2）无形资产受让、开发支出	26		
（3）税收滞纳金、罚金、罚款	27		
（4）赞助支出、非教育和公益事业捐赠	28		

续表

项目	行次	金额	补充资料
（5）灾害事故损失赔偿	29		
（6）计提的各种准备金	30		
（7）投资者工资薪金	31		
（8）与收入无关的支出	32		
其中：投资者家庭费用	33		
四、纳税调整减少额	34		
1. 国债利息收入	35		
2. 其他	36		
五、以前年度损益调整	37		
六、经纳税调整后的生产经营所得	38		
减：弥补以前年度亏损	39		
乘：分配比例%	40		
七、允许扣除的其他费用	41		
八、投资者减除费用	42		
九、应纳税所得额	43		
十、税率（%）	44		
十一、速算扣除数	45		
十二、应纳税额	46		
减：减免税额	47		
十三、全年应缴税额	48		
加：期初未缴税额	49		
减：全年已预缴税额	50		
十四、应补（退）税额	51		

谨声明：此表是根据《中华人民共和国个人所得税法》及其实施条例和国家相关法律法规规定填写的，是真实的、完整的、可靠的。 纳税人签字： 年 月 日	
代理申报机构（人）公章： 经办人： 经办人执业证件号码：	主管税务机关受理专用章： 受理人：
代理申报日期： 年 月 日	受理日期： 年 月 日

填表说明

（一）适用范围

本表适用于查账征收“个体工商户的生产、经营所得”和“对企事业单位的承包经营、承租经营所得”个人所得税的个体工商户、承包承租经营者、个人独资企业投资者和合伙企业合伙人的个人所得税年度汇算清缴。纳税人在办理申报时，须同时附报《个人所得税基础信息表（B表）》。

合伙企业有两个或两个以上自然人投资者的，应分别填报本表。

（二）申报期限

个体工商户、个人独资企业投资者、合伙企业合伙人的生产、经营所得应纳个人所得税的年度纳税申报，应在年度终了后3个月内办理。

对企事业单位承包经营、承租经营者应纳个人所得税的年度纳税申报，应在年度终了后30日内办理；纳税人一年内分次取得承包、承租经营所得的，应在年度终了后3个月内办理汇算清缴。

纳税人不能按规定期限办理纳税申报的，应当按照《中华人民共和国税收征收管理法》（以下简称税收征管法）及其实施细则的规定办理延期申报。

（三）本表各栏填写如下

1. 表头项目。

税款所属期：是指纳税人取得所得的应纳个人所得税款的所属期间，应填写具体的起止年月日。

2. 表内信息栏。

（1）投资者信息栏：填写个体工商户业主、承包经营者、承租经营者、个人独资企业投资者、合伙企业合伙人的相关信息。

①姓名：填写纳税人姓名。中国境内无住所个人，其姓名应当用中、外文同时填写。

②身份证件类型：填写能识别纳税人唯一身份的有效证照名称。

A. 在中国境内有住所的个人，填写身份证、军官证、士兵证等证件名称。

B. 在中国境内无住所的个人，填写护照、港澳居民来往内地通行证、台湾居民来往大陆通行证等证照名称。

③身份证件号码：填写纳税人身份证件上的号码。

④国籍（地区）：填写纳税人的国籍或者地区。

⑤纳税人识别号：在中国境内无住所的个人填写。有住所的个人不填写。该栏填写税务机关赋予的18位纳税人识别号。税务机关未赋予的，不填写。

税务机关赋予境内无住所个人的18位纳税人识别号，作为其唯一身份识别码，由纳税人到主管税务机关办理初次涉税事项，或扣缴义务人办理该纳税人初次扣缴申报时，由主管税务机关赋予。

（2）被投资单位信息栏：

①名称：填写税务机关核发被投资单位税务登记证上载明的单位全称。

②纳税人识别号：填写税务机关核发的税务登记证号码。

③类型：纳税人根据自身情况在对应框内打“√”。

3. 表内各行的填写：

（1）第1行“收入总额”：填写该投资单位在本期内取得的收入总额。

（2）第2行“成本”：填写该投资单位在本期内主要经营业务和其他经营业务发生的成本总额。

（3）第3行“营业费用”：填报该投资单位在销售商品和材料、提供劳务的过程中发生的各种费用。

（4）第4行“管理费用”：填报该投资单位为组织和管理企业生产经营发生的管理费用。

（5）第5行“财务费用”：填报该投资单位为筹集生产经营所需资金等发生的筹资费用。

（6）第6行“营业税金及附加”：填报该投资单位经营活动发生的营业税、消费税、城市维护建设税、资源税、土地增值税和教育费附加等相关税费。

（7）第8行“利润总额”：根据相关栏次计算。

第8行=第1行－第2行－第3行－第4行－第5行－第6行－第7行

（8）第10行“超过规定标准扣除的项目”，是指被投资单位超过个人所得税法及其实施条例和相关税收法律法规政策规定的扣除标准，扣除的各种成本、费用和损失，应予调增应纳税所得额的部分。

（9）第24行“不允许扣除的项目”：是指规定不允许扣除，但被投资单位已将其扣除的各项成本、费用和损失，应予调增应纳税所得额的部分。

（10）第35行“国债利息收入”，是指企业将免于纳税、但已计入收入的因购买国债而取得的利息。

（11）第37行“以前年度损益调整”：是指以前年度发生的多计或少计的应纳税所得额。

（12）第38行“经纳税调整后的生产经营所得”：根据相关栏次计算。

第38行=第8行+第9行－第34行－第37行

（13）第39行“弥补以前年度亏损”：是指企业根据规定，以前年度亏损允许在税前弥补而相应调减的应纳税所得额。

（14）第40行“分配比例”：纳税人为合伙企业合伙人的，填写本栏。分配比例按照合伙企业分配方案中规定的该合伙人的比例填写；没有，则按人平均分配。

（15）第41行“允许扣除的其他费用”：是指按照法律法规规定可以税前扣除的其他费用。没有的，则不填。如：《国家税务总局关于律师事务所从业人员有关个人所得税问题的公告》（国家税务总局公告2012年第53号）第三条规定的事项。

（16）第42行“投资者减除费用”：是指按照税法及有关法律法规规定，在个体工商户业主、个人独资企业投资者和合伙企业合伙人的生产经营所得计征个人所得税时，可在税前扣除的投资者本人的生计减除费用。2011年9月1日起执行42 000元/年标准；以后标准按国家政策规定执行。

（17）第43行“应纳税所得额”：根据不同情况，按相关行次计算填写。

①纳税人为非合伙企业合伙人的

第43行＝第38行－第39行－第41行－第42行

②纳税人为合伙企业合伙人的

第43行＝(第38行－第39行)×第40行－第41行－第42行

（18）第44行“税率”及第45行“速算扣除数”：按照税法第三条规定填写。

（19）第46行“应纳税额”：按相关栏次计算填写。

第46行＝第43行×第44行－第45行

（20）第48行“全年应缴税额”：按相关栏次计算填写。

第48行＝第46行－第47行

（21）第51行“应补（退）税额”：按相关栏次计算填写。

第51行＝第48行＋第49行－第50行

八、生产、经营所得投资者个人所得税汇总申报表

表6－13　生产、经营所得投资者个人所得税汇总申报表

税款所属期：　年　月　日至　年　月　日　　　　金额单位：人民币元（列至角分）

投资者信息	姓名		身份证件类型		身份证件号码	
	国籍（地区）				纳税人识别号	
项目	被投资单位编号	被投资单位名称	被投资单位纳税人识别号	分配比例	行次	金额
一、应汇总申报的各被投资单位的应纳税所得额	1. 汇缴地				1	
	2. 其他				2	
	3. 其他				3	
	4. 其他				4	
	5. 其他				5	
	6. 其他				6	
合计					7	

续表

二、应调增的投资者减除费用	8
三、调整后应纳税所得额	9
四、税率	10
五、速算扣除数	11
六、应纳税额	12
七、本企业经营所得占各企业经营所得总额的比重（%）	13
八、本企业应纳税额	14
九、减免税额	15
十、全年应缴税额	16
十一、全年已预缴税额	17
十二、应补（退）税额	18
谨声明：此表是根据《中华人民共和国个人所得税法》及其实施条例和国家相关法律法规规定填写的，是真实的、完整的、可靠的。 纳税人签字：　　年　月　日	
代理机构（人）签章： 经办人： 经办人执业证件号码：	主管税务机关受理专用章： 受理人：
代理申报日期：　年　月　日	受理日期：　年　月　日

填表说明

（一）适用范围

本表适用于个体工商户、承包承租企事业单位、个人独资企业、合伙企业投资者在中国境内两处或者两处以上取得"个体工商户的生产、经营所得"和"对企事业单位的承包经营、承租经营所得"的，同项所得合并计算纳税的个人所得税年度汇总纳税申报。纳税人在办理申报时，须同时附报《个人所得税基础信息表（B表）》。

（二）申报期限

年度终了后3个月内。纳税人不能按规定期限报送本表时，应当按照《中华人民共和国税收征收管理法》（以下简称税收征管法）及其实施细则的规定办理延期申报。

（三）本表各栏填写如下：

1. 表头项目。

税款所属期：填写纳税人取得所得应纳个人所得税款的所属期间，填写具体起止年月日。

2. 投资者信息栏：填写个体工商户业主、承包承租经营者、个人独资企业投资者、合伙企业合伙人的相关信息。

（1）姓名：填写纳税人姓名。中国境内无住所个人，其姓名应当用中、外文同时填写。

（2）身份证件类型：填写能识别纳税人唯一身份的有效证照名称。

①在中国境内有住所的个人，填写身份证、军官证、士兵证等有效证照名称；

②在中国境内无住所的个人，填写护照、港澳居民来往内地通行证、台湾居民来往大陆通行证等证照名称。

③身份证件号码：填写纳税人身份证件上的号码。

（3）国籍（地区）：填写纳税人的国籍或者地区。

（4）纳税人识别号：在中国境内无住所的个人填写。有住所的个人则不填写。该栏填写税务机关赋予的18位纳税人识别号。税务机关未赋予的，不填写。

税务机关赋予境内无住所个人的18位纳税人识别号，作为其唯一身份识别码，由纳税人到主管税务机关办理初次涉税事项，或扣缴义务人办理该纳税人初次扣缴申报时，由主管税务机关赋予。

3. 表内各栏。

（1）“应汇总申报的各被投资单位的应纳税所得额”栏：填写投资者从其各投资单位取得的年度应纳税所得额，须分行填写。其中，第1行填写汇算清缴地被投资单位的相关信息及数据；第7行填写合计数。

（2）第8行“应调增的投资者减除费用”：填写按照税法规定在汇总计算多个投资单位应纳税所得额时，被多扣除、需调整增加应纳税所得额的投资者生计减除费用标准。

注：按照税法规定，投资者的生产经营所得只能扣除一次减除费用。由于各投资单位在计算应纳税所得额时均扣除了减除费用，故在填写本表时，应在本栏就第一项填写的N个被投资单位的应纳所得额，调增（N－1）个减除费用。该减除费用自2011年9月1日起执行42 000元/年标准。即该栏填写（N－1）×42 000元/年。以后标准按国家政策规定执行。

（3）第9行“调整后应纳税所得额”：按相关行次计算填写。

第9行＝第7行＋第8行

（4）第10行“税率”及第11行“速算扣除数”：按照税法第三条规定，根据第9行计算出来的数额进行查找。

（5）第12行“应纳税额”：根据相关列次计算填写。

第12行=第9行×第10行－第11行

（6）第13行“本企业经营所得占各企业经营所得总额的比重”及第14行“本企业应纳税额”：投资者兴办的两个或两个以上的企业全部是个人独资性质的，填写本栏；其他情形则不填。

①第13行：填写申报地被投资企业经营所得占纳税人投资各应汇总纳税企业经营所得的比重。

第13行=第1行÷第7行

②第14行：根据相关栏次计算。

第14行=第12行×第13行

（7）第15行“减免税额”：是指符合税法规定可以减免的税额。

（8）第16行“全年应缴税额”：根据相关栏次计算。

①投资者兴办的两个或两个以上的企业全部是个人独资性质的

第16行=第14行－第15行

②其他情形

第16行=第12行－第15行

（9）第17行“全年已预缴税额”：填写纳税人已预缴的个人所得税。

（10）第18行“应补（退）税额”：按相关栏次计算填写。

第18行=第16行－第17行

第七章
土地增值税会计

本章导读

> 土地增值税是以纳税人转让国有土地使用权、地上建筑物及其附着物取得的增值额为征收对象，依照规定税率征收的一种税。不论是法人还是自然人，不论是内资企业还是外资企业，不论是何种经济性质，不论是哪一部门，只要发生土地增值税有关政策所涉及的征税范围，均应缴纳土地增值税。

本章我们就来探讨一下土地增值税的概念和会计处理，以便清楚地认识土地增值税的缴纳和管理。

第一节 土地增值税概述

土地增值税是对纳税人转让房地产所取得的增值额征收的一种税。它是一种收益税，是1994年税制改革中新开征的一个税种。

一、土地增值税的纳税人

凡是有偿转让我国国有土地使用权、地上建筑物及其附着物（以下简称转让房地产）产权，并且取得收入的单位和个人，为土地增值税的纳税义务人。

不论法人与自然人，不论经济性质，不论内资与外资企业、中国公民与外籍个人，不论部门，只要有偿转让房地产，都土地增值税的纳税人。具体包括：国有企业、集体企业、私营企业、外商投资企业和外国企业；机关、团体、部队、事业单位、个体工商户及其他单位和个人；外国机构、华侨、港澳台同胞及外国公民。

二、土地增值税的纳税范围

土地增值税的纳税范围是：转让国有土地使用权；地上的建筑物及其附着物连同国有土地使用权一并转让。

所谓“转让”，是指以出售或其他方式的有偿转让；不包括以继承、赠与方式的无偿转让。出租房地产行为，受托代建工程，由于产权没有转移，不属纳税范围。

（一）基本征税范围

1. 转让国有土地使用权。

“国有土地”，是指按国家法律规定属于国家所有的土地。出售国有土地使用权，是指土地使用者通过出让方式，向政府交纳土地出让金、有偿受让土地使用权后，仅对土地进行通水、通电、通路和平整地面等土地开发，不进行房产开发，然后直接将空地出售。

2. 地上的建筑物及其附着物连同国有土地使用权一并转让。

“地上的建筑物”，是指建于土地上的一切建筑物，包括地上地下的各种附属设施。“附着物”，是指附着于土地上的不能移动或一经移动即遭损坏的物品。纳税人取得国有土地使用权后进行房屋开发建造然后出售的，这种情况即是一般所说的房地产开发。虽然这种行为通常被称做卖房，但按照国家有关房地产法律和法规的规定，卖房的同时，土地使用权也随之发生转让。由于这种情况既发生了产权的转让又取得了收入，所以应纳入土地增值税的征税范围。

3. 存量房地产的买卖。

存量房地产是指已经建成并已投入使用的房地产，其房屋所有人将房屋产权和土地使用权一并转让给其他单位和个人。这种行为按照国家有关的房地产法律和法规，应当到有关部门办理房产产权和土地使用权的转移变更手续；原土地使用权属于无偿划拨的，还应到土地管理部门补交土地出让金。

（二）特殊征税范围

1. 房地产继承、赠与。

（1）房地产的继承。房地产的继承是指房产的原产权所有人、依照法律规定取得土地使用权的土地使用人死亡以后，由其继承人依法承受死者房产产权和土地使用权的民事法律行为。这种行为虽然发生了房地产的权属变更，但作为房产产权、土地使用权的原所有人（即被继承人）并没有因为权属变更而取得任何收入。因此，这种房地产的继承不属于土地增值税的征税范围。

（2）房地产的赠与。房地产的赠与是指房产所有人、土地使用权所有人将自己所拥有的房地产无偿地交给其他人的民事法律行为。但这里的“赠与”仅指以下情况：

①房产所有人、土地使用权所有人将房屋产权、土地使用权赠与直系亲属或承担直接赡养义务人的。

②房产所有人、土地使用权所有人通过中国境内非营利的社会团体、国家机关将房屋产权、土地使用权赠与教育、民政和其他社会福利、公益事业的。社会团体是指中国青少年发展基金会、希望工程基金会、宋庆龄基金会、减灾委员会、中国红十字会、中国残疾人联合会、全国老年基金会、老区促进会以及经民政部门批准成立的其他非营利性的公益性组织。

房地产的赠与虽发生了房地产的权属变更，但作为房产所有人、土地使用权的所有人并没有因为权属的转让而取得任何收入。因此，房地产的赠与不属于土地增值税的征税范围。

2. 房地产的出租。

房地产的出租是指房产的产权所有人、依照法律规定取得土地使用权的土地使用人，将房产、土地使用权租赁给承租人使用，由承租人向出租人支付租金的行为。房地产的出租，出租人虽取得了收入，但没有发生房产产权、土地使用权的转让。因此，不属于土地增值税的征税范围。

3. 房地产的抵押。

房地产的抵押是指房地产的产权所有人、依法取得土地使用权的土地使用人作为债务人或第三人向债权人提供不动产作为清偿债务的担保而不转移权属的法律行为。这种情况由于房产的产权、土地使用权在抵押期间产权并没有发生权属的变更，房产的产权所有人、土地使用权人仍能对房地产行使占有、使用、收益等权利，房产的产权所有人、土地使用权人虽然在抵押期间取得了一定的抵押贷款，但实际上这些贷款在抵押期满后是要连本带利偿还给债权人的。因此，对房地产的抵押，在抵押期间不征收土地增值税。待抵押期满后，视该房地产是否转移占有而确定是否征收土地增值税。对于以房地产抵债而发生房地产权属转让的，应列入土地增值税的征税范围。

4. 房地产的交换。

这种情况是指一方以房地产与另一方的房地产进行交换的行为。由于这种行为既发生了房产产权、土地使用权的转移，交换双方又取得了实物形态的收入，按《土地增值税暂行条例》规定，它属于土地增值税的征税范围。但对个人之间互换自有居住用房地产的，经当地税务机关核实，可以免征土地增值税。

5. 以房地产进行投资、联营。

对于以房地产进行投资、联营的，投资、联营的一方以土地（房地产）作价人股进行投资或作为联营条件，将房地产转让到所投资、联营的企业中时，暂免征收土地增值税。对投资、联营企业将上述房地产再转让的，应征收土地增值税。

但投资、联营的企业属于从事房地产开发的，或者房地产开发企业以其建造的商品房进行投资和联营的，应当征收土地增值税。

6. 合作建房。

对于一方出地，一方出资金，双方合作建房，建成后按比例分房自用的，暂免征收土地增值税；建成后转让的，应征收土地增值税。

7. 企业兼并转让房地产。

在企业兼并中，对被兼并企业将房地产转让到兼并企业中的，暂免征收土地增值税。

8. 房地产的代建房行为。

这种情况是指房地产开发公司代客户进行房地产的开发，开发完成后向客户收取代建收入的行为。对于房地产开发公司而言，虽然取得了收入，但没有发生房地产权属的转移，其收入属于劳务收入性质，故不属于土地增值税的征税范围。

9. 房地产的重新评估。

这主要是指国有企业在清产核资时对房地产进行重新评估而使其升值的情况。这种情况下，房地产虽然有增值，但其既没有发生房地产权属的转移，房产产权、土地使用权人也未取得收入，所以不属于土地增值税的征税范围。

三、土地增值税的税率、应税收入与扣除项目

（一）税率

土地增值税实行的是四级超率累进税率，即以纳税对象数额的相对率为累进依据，按超累方式计算应纳税额的税率。土地增值税按增值额与扣除项目金额的比率从低到高可分为四个级次，即：增值额未超过扣除项目金额50%的部分；增值额超过扣除项目金额50%、未超过100%的部分；增值额超过扣除项目金额100%、未超过200%的部分；增值额超过扣除项目金额200%的部分。

具体税率如表7－1所示。

表7－1　土地增值税四级超率累进税率　　单位:%

级数	增值额与扣除项目金额的比率	税率	速算扣除系数
1	不超过50%的部分	30	0
2	超过50%～100%的部分	40	5
3	超过100%～200%的部分	50	15
4	超过200%的部分	60	35

（二）应税收入的确定

转让房地产的应税收入是指房产的产权所有人、土地的使用人将房屋的产权、土地使用权转移给他人而取得的货币形态、实物形态、其他形态等全部价款及有关的经济收益。转让房地产收入的类型有：

1. 货币收入。

它是指纳税人转让国有土地使用权、地上建筑物及其附着物产权而取得的现金、银行存款、支票、银行本票、汇票等各种信用票据和国库券、金融债券、企业债券、股票等有价证券。

2. 实物收入。

它是指纳税人转让国有土地使用权、地上的建筑物及其附着物产权而取得的各种实物形态的收入，如钢材、建材、房屋、土地等不动产。

3. 其他收入。

它是指纳税人转让国有土地使用权、地上的建筑物及其附着物而取得的无形资产收入或具有财产价值的权利，如专利权、商标权等。

纳税人隐瞒、虚报房地产成交价格的，转让房地产的成交价格低于房地产评估价格又无正当理由的，应由评估机构参照同类房地产的市场交易价格进行评估，税务机关根据或参照评估价格确定纳税人转让房地产的收入。

（三）扣除项目金额的确定

土地增值税的计税依据是转让房地产收入减去国家规定的各项扣除项目金额后的余额，即增值额，计算增值额，首先要确定扣除项目。

1. 新建房地产扣除项目金额。

（1）取得土地使用权所支付的金额。

①纳税人为取得土地使用权所支付的地价款。如果是以协议、招标、拍卖等出让方式取得土地使用权的，地价款为纳税人所支付的土地出让金；如果是以行政划拨方式取得土地使用权的，地价款为按照国家有关规定补交的土地出让金；如果是以转让方式取得土地使用权的，地价款为向原土地使用权人实际支付的地价款。

②纳税人在取得土地使用权时按国家统一规定缴纳的有关费用。它系指纳税人在取得土地使用权过程中为办理有关手续，按国家统一规定缴纳的有关登记、过户手续费。

（2）开发土地和新建房及配套设施的成本。

①土地征用及拆迁补偿费。包括土地征用费、耕地占用税、劳动力安置费及有关地上、地下附着物拆迁补偿的净支出、安置动迁用房支出等。

②前期工程费。包括规划、设计、项目可行性研究和水文、地质、勘察、测绘、

"三通一平"等支出。

③建筑安装工程费。指以出包方式支付给承包单位的建筑安装工程费，以自营方式发生的建筑安装工程费。

④基础设施费。包括开发小区内道路、供水、供电、供气、排污、排洪、通信、照明、环卫、绿化等工程发生的支出。

⑤公共配套设施费。包括不能有偿转让的开发小区内公共配套设施发生的支出。

⑥开发间接费用。指直接组织、管理开发项目发生的费用，包括工资、职工福利费、折旧费、修理费、办公费、水电费、劳动保护费、周转房摊销等。

(3) 开发土地和新建房及配套设施的费用。

房地产开发费用是指与房地产开发项目有关的销售费用、管理费用和财务费用。根据现行财务会计制度的规定，这三项费用作为期间费用，直接计人当期损益，不按成本核算对象进行分摊。故作为土地增值税扣除项目的房地产开发费用，不按纳税人房地产开发项目实际发生的费用进行扣除，而按《实施细则》的标准进行扣除。

《实施细则》规定，财务费用中的利息支出，凡能够按转让房地产项目计算分摊并提供金融机构证明的，允许据实扣除，但最高不能超过按商业银行同类同期贷款利率计算的金额。其他房地产开发费用，按取得土地使用权所支付的金额和房地产开发成本计算的金额之和的5%以内计算扣除。凡不能按转让房地产项目计算分摊利息支出或不能提供金融机构证明的，房地产开发费用按取得土地使用权所支付的金额和房地产开发成本计算的金额之和的10%以内计算扣除。计算扣除的具体比例，由各省、自治区、直辖市人民政府规定。

上述规定的具体含义是：

①纳税人能够按转让房地产项目计算分摊利息支出，并能提供金融机构的贷款证明的，其允许扣除的房地产开发费用为：利息+(取得土地使用权所支付的金额+房地产开发成本)×5%以内（注：利息最高不能超过按商业银行同类同期贷款利率计算的金额）。

②纳税人不能按转让房地产项目计算分摊利息支出或不能提供金融机构贷款证明的，其允许扣除的房地产开发费用为：（取得土地使用权所支付的金额+房地产开发成本）×10%以内。

全部使用自有资金，没有利息支出的，按照以上方法扣除。上述具体适用的比例按省级人民政府此前规定的比例执行。

③房地产开发企业既向金融机构借款，又有其他借款的，其房地产开发费用计算扣除时不能同时适用上述1、2项所述两种办法。

④土地增值税清算时，已经计入房地产开发成本的利息支出，应调整至财务费用中计算扣除。

此外，财政部、国家税务总局还对扣除项目金额中利息支出的计算问题作了两点专门规定：一是利息的上浮幅度按国家的有关规定执行，超过上浮幅度的部分不允许扣除；二是对于超过贷款期限的利息部分和加罚的利息不允许扣除。

（4）与转让房地产有关的税金。

在转让房地产时缴纳的增值税、城市维护建设税、印花税以及教育费附加。

需要明确的是，房地产开发企业按照《施工、房地产开发企业财务制度》有关规定，其在转让时缴纳的印花税因列入管理费用中，故在此不允许单独再扣除。其他纳税人缴纳的印花税（按产权转移书据所载金额的0.5‰贴花）允许在此扣除。

另外，由财政部、国家税务总局颁发的《关于营改增后契税、房产税、土地增值税、个人所得税计税依据问题的通知》（财税〔2016〕43号）中第三条规定，土地增值税纳税人转让房地产取得的收入为不含增值税收入。免征增值税的，确定计税依据时，成交价格、租金收入、转让房地产取得的收入不扣减增值税额。《中华人民共和国土地增值税暂行条例》等规定的土地增值税扣除项目涉及的增值税进项税额，允许在销项税额中计算抵扣的，不计入扣除项目，不允许在销项税额中计算抵扣的，可以计入扣除项目。

（5）财政部规定的其他扣除项目。

根据财政部的现行规定，对从事房地产开发的企业，可按上述1、2项金额之和，加计20%的扣除。主要是考虑投资的合理回报和通货膨胀等因素。房地产是高风险、高收益的产业，凡开征土地增值税的国家和地区，一般在计征时，按官方公布的通货膨胀率给予扣除（或折扣），以对投资增值给予照顾，鼓励投资房地产开发的积极性，保护开发者的正当权益。我国由于没有官方公布的通货膨胀率，为了便于计算和操作，在计算扣除项目金额时，规定加计20%的扣除额。

2. 旧房及建筑物扣除项目金额。

纳税人转让旧房的，应按房屋及建筑物的评估价格、取得土地使用权所支付的地价款或出让金、按国家统一规定缴纳的有关费用和转让环节缴纳的税金作为扣除项目金额计征土地增值税。对取得土地使用权时未支付地价款或不能提供已支付的地价款凭据的，在计征土地增值税时不允许扣除。

旧房及建筑物的评估价格是指在转让已使用的房屋及建筑物时，由政府批准设立的房地产评估机构评定的重置成本价乘以成新度折扣率后的价格。评估价格须经当地税务机关确认。重置成本价的含义是：对旧房及建筑物，按转让时的建材价格及人工费用计算，建造同样面积、同样层次、同样结构、同样建设标准的新房及建筑物所需花费的成本费用。成新度折扣率的含义是：按旧房的新旧程度作一定比例的折扣。例如，一栋房屋已使用近10年，建造时的造价为1 000万元，按转让时的建材及人工费用计算，建同样的新房需花费5 000万元，假定该房有六成新，则该房的评估价格为：5 000×60% =3 000（万元）。

纳税人转让旧房及建筑物，凡不能取得评估价格，但能提供购房发票的，经当地税务部门确认，根据《土地增值税暂行条例》第六条第（一）、（三）项规定的扣除项目的金额（即：取得土地使用权所支付的金额、新建房及配套设施的成本、费用，或者旧房及建筑物的评估价格），可按发票所载金额并从购买年度起至转让年度止每年加计5%计算扣除。计算扣除项目时"每年"按购房发票所载日期起至售房发票开具之日止，每满12个月计1年；超过1年，未满12个月但超过6个月的，可以视同为1年。

对纳税人购房时缴纳的契税，凡能提供契税完税凭证的，准予作为"与转让房地产有关的税金"予以扣除，但不作为加计5%的基数。

对于转让旧房及建筑物，既没有评估价格，又不能提供购房发票的，地方税务机关可以根据《中华人民共和国税收征收管理法》第三十五条的规定，实行核定征收。

四、土地增值税应纳税额的计算

（一）增值额的确定

土地增值税纳税人转让房地产所取得的收入减除规定的扣除项目金额后的余额，为增值额。准确核算增值额，还需要有准确的房地产转让收入额和扣除项目的金额。在实际房地产交易活动中，有些纳税人由于不能准确提供房地产转让价格或扣除项目金额，致使增值额不准确，直接影响应纳税额的计算和缴纳。因此，《土地增值税暂行条例》第九条规定，纳税人有下列情形之一的，按照房地产评估价格计算征收。

1. 隐瞒、虚报房地产成交价格。

"隐瞒、虚报房地产成交价格"，是指纳税人不报或有意低报转让土地使用权、地上建筑物及其附着物价款的行为。隐瞒、虚报房地产成交价格，应由评估机构参照同类房地产的市场交易价格进行评估。税务机关根据评估价格确定转让房地产的收入。

2. 提供扣除项目金额不实。

"提供扣除项目金额不实"，是指纳税人在纳税申报时不据实提供扣除项目金额的行为。提供扣除项目金额不实的，应由评估机构按照房屋重置成本价乘以成新度折扣率计算的房屋成本价和取得土地使用权时的基准地价进行评估。税务机关根据评估价格确定扣除项目金额。

3. 转让房地产的成交价格低于房地产评估价格，又无正当理由。

“转让房地产的成交价格低于房地产评估价格，又无正当理由”，是指纳税人申报的转让房地产的实际成交价低于房地产评估机构评定的交易价，纳税人又不能提供凭据或无正当理由的行为。转让房地产的成交价格低于房地产评估价格，又无正当理由的，由税务机关参照房地产评估价格确定转让房地产的收入。

上述所说的“房地产评估价格”，是指由政府批准设立的房地产评估机构根据相同地段、同类房地产进行综合评定的价格。

（二）应纳税额的计算方法

土地增值税按照纳税人转让房地产所取得的增值额和规定的税率计算征收，一般可以采用速算扣除法计算。即：计算土地增值税税额，可按增值额乘以适用的税率减去扣除项目金额乘以速算扣除系数的简便方法计算，具体方法如下：

1. 增值额未超过扣除项目金额50%时，计算公式为：

土地增值税税额 = 增值额 ×30%

2. 增值额超过扣除项目金额50%，未超过100%时，计算公式为：

土地增值税税额 = 增值额 ×40% - 扣除项目金额 ×5%

3. 增值额超过扣除项目金额100%，未超过200%时，计算公式为：

土地增值税税额 = 增值额 ×50‰ - 扣除项目金额 ×15%

4. 增值额超过扣除项目金额200%时，计算公式为：

土地增值税税额 = 增值额 ×60% - 扣除项目金额 ×35%

上述公式中的5%、15%、35%分别为2、3、4级的速算扣除系数，如表7-1所示。

【例7-1】 南京某房地产开发公司转让商品房一栋，取得不含税收入总额为2 000万元，应扣除的购买土地的金额、开发成本的金额、开发费用的金额、相关税金的金额、其他扣除金额合计为600万元。请计算该房地产开发公司应缴纳的土地增值税。

（1）先计算增值额：

增值额 = 2 000 - 600 = 1 400（万元）

（2）再计算增值额与扣除项目金额的比率：

增值额与扣除项目金额的比率 1 400 ÷ 600 × 100% = 233%

根据上述计算方法，增值额超过扣除项目金额 200% 时，其适用的计算公式为：

土地增值税税额 = 增值额 × 60% - 扣除项目金额 × 35%

(3) 最后计算该房地产开发公司应缴纳的土地增值税：

应缴纳土地增值税 = 1400 × 60% - 600 × 35% = 84（万元）

【例 7-2】 某房地产开发公司转让一块已开发的土地使用权，取得不含税转让收入 1 400 万元，为取得土地使用权所支付金额 320 万元，开发土地成本 65 万元，开发土地的费用 21 万元，不能按转让房地产项目计算分摊利息支出，可扣除有关税费 77.7 万元。计算应纳土地增值税如下：

开发费用 21 万元，未超过前两项成本之和的 10%，可据实扣除。

扣除项目金额 = (320 + 65) × (1 + 20%) + 21 + 77.7 = 560.7（万元）

增值额 = 1 400 - 560.7 = 839.3（万元）

增值额占扣除项目比例 = 839.3 ÷ 560.7 = 149.69%

应纳税额 = 839.3 × 50% - 560.7 × 15% = 335.54（万元）

【例 7-3】 某房地产开发公司转让高级公寓一栋，获得不含税货币收入 7 500 万元，获得购买方原准备盖楼的钢材 2 100 吨（每吨 2 500 元）。公司为取得土地使用权支付 1 450 万元，开发土地、建房及配套设施等支出 2 110 万元，支付开发费用 480 万元（其中：利息支出 295 万元，未超过承认标准），支付可扣除转让房地产有关的税金 47 万元。计算应纳税额如下：

收入额 = 7 500 + 2 100 × 0.25 = 8 025（万元）

其他开发费用实际支出比例 = (480 - 295)/(1 450 + 2 110) = 185/3 560 = 5.2%

超过 5% 的限额，按 5% 计算如下：

(1 450 + 2 110) × 5% = 178（万元）

扣除项目金额 = (1 450 + 2 110) × (1 + 20%) + 295 + 178 + 47 = 4 792（万元）

增值额 = 8 025 - 4 792 = 3 233（万元）

适用级次 = 3 233 ÷ 4 792 = 67.5%

应纳税额 = 3 233 × 40% - 4 792 × 5% = 1 053.6（万元）

五、土地增值税的税收优惠

(一) 建造普通标准住宅的税收优惠

纳税人建造普通标准住宅出售，增值额未超过扣除项目金额20%的，免征土地增值税。

这里所说的“普通标准住宅”，是指按所在地一般民用住宅标准建造的居住用住宅。高级公寓、别墅、度假村等不属于普通标准住宅。2005年6月1日起，普通标准住宅应同时满足：住宅小区建筑容积率在1.0以上；单套建筑面积在120平方米以下；实际成交价格低于同级别土地上住房平均交易价格1.2倍以下。各省、自治区、直辖市要根据实际情况，制定本地区享受优惠政策普通住房的具体标准。允许单套建筑面积和价格标准适当浮动，但向上浮动的比例不得超过上述标准的20%。纳税人建造普通标准住宅出售，增值额未超过扣除项目金额20%的，免征土地增值税；增值额超过扣除项目金额20%的，应就其全部增值额按规定计税。

对于纳税人既建造普通标准住宅，又建造其他房地产开发的，应分别核算增值额。不分别核算增值额或不能准确核算增值额的，其建造的普通标准住宅不能适用这一免税规定。

对企事业单位、社会团体以及其他组织转让旧房作为公租房房源，且增值额未超过扣除项目金额20%的，免征土地增值税。

(二) 国家征用收回的房地产的税收优惠

因国家建设需要依法征用、收回的房地产，免征土地增值税。

这里所说的“因国家建设需要依法征用、收回的房地产”，是指因城市实施规划、国家建设的需要而被政府批准征用的房产或收回的土地使用权。

(三) 因城市规划、国家建设需要而搬迁由纳税人自行转让原房地产的税收优惠

因城市实施规划、国家建设的需要而搬迁，由纳税人自行转让原房地产的，免征土地增值税。

因“城市实施规划”而搬迁，是指因旧城改造或因企业污染、扰民（指产生过量废气、废水、废渣和噪声，使城市居民生活受到一定危害），而由政府或政府有关主管部门根据已审批通过的城市规划确定进行搬迁的情况。因“国家建设的需要”而搬迁，是指因实施国务院、省级人民政府、国务院有关部委批准的建设项目而进行搬迁的情况。

（四）对企事业单位、社会团体以及其他组织转让旧房作为公共租赁住房房源的税收优惠

对企事业单位、社会团体以及其他组织转让旧房作为公共租赁住房房源的且增值额未超过扣除项目金额20%的，免征土地增值税。享受上述税收优惠政策的公共租赁住房是指纳人省、自治区、直辖市、计划单列市人民政府及新疆生产建设兵团批准的公共租赁住房发展规划和年度计划，并按照《关于加快发展公共租赁住房的指导意见》（建保［2010］87号）和市、县人民政府制定的具体管理办法进行管理的公共租赁住房。

六、土地增值税的纳税期限和纳税地点

由于房地产开发与转让周期较长，造成土地增值税征管难度大，应加强土地增值税的预征管理办法，预征率的确定要科学、合理。对已经实行预征办法的地区，可根据不同类型房地产的实际情况，确定适当的预征率。除保障性住房外，东部地区省份预征率不得低于2%，中部和东北地区省份不得低于1.5%，西部地区省份不得低于1%。

（一）纳税地点

土地增值税的纳税人应向房地产所在地主管税务机关办理纳税申报，并在税务机关核定的期限内缴纳土地增值税。"房地产所在地"，是指房地产的坐落地。纳税人转让的房地产坐落在两个或两个以上地区的，应按房地产所在地分别申报纳税。

在实际工作中，纳税地点的确定又可分为以下两种情况：

1. 纳税人是法人的。当转让的房地产坐落地与其机构所在地或经营所在地一致时，则在办理税务登记的原管辖税务机关申报纳税即可；如果转让的房地产坐落地与其机构所在地或经营所在地不一致时，则应在房地产坐落地所管辖的税务机关申报纳税。

2. 纳税人是自然人的。当转让的房地产坐落地与其居住所在地一致时，则在住所所在地税务机关申报纳税；当转让的房地产坐落地与其居住所在地不一致时，则在办理过户手续所在地的税务机关申报纳税。

（二）纳税时间和缴纳方法

1. 项目全部竣工结算前转让房地产。纳税人在项目全部竣工结算前转让房地产取得的收入，由于涉及成本核算或其他原因，无法据实计算土地增值税的，可以预征土地增值税，待该项目全部竣工、办理结算后再进行结算，多退少补。主要涉及以下两种情况。

（1）纳税人进行小区开发建设的，其中一部分房地产项目先行开发并已转让出去，但小区内的部分配套设施往往在转让后才建成。这种情况下，税务机关可以对先行转让的项目，在取得收入时预征土地增值税。

（2）纳税人以预售方式转让房地产的，对在办理结算和转交手续前就取得的收入，税务机关也可以预征土地增值税。具体办法由省级地方税务局根据当地情况制定。

根据税法规定，凡采用预征方法征收土地增值税的，在该项目全部竣工办理清算时，都需要对土地增值税进行清算，根据应征税额和已征税额进行结算，多退少补。

2. 以分期收款方式转让房地产。对于这种情况，主管税务机关可根据合同规定的收款日期来确定具体的纳税期限。即先计算出应缴纳的全部土地增值税税额，再按总税额除以转让房地产的总收入，求得应纳税额总收入的比例。然后，在每次收到价款时，按收到价款的数额乘以这个比例来确定每次应纳的税额，并规定其在每次收款后数日内缴纳土地增值税。

3. 以一次交割、付清价款方式转让房地产。对于这种情况，主管税务机关可在纳税人办理纳税申报后，根据其应纳税额的大小及向有关部门办理过户、登记手续的期限等，规定其在办理过户、登记手续前数日内一次性缴纳全部土地增值税。

第二节　土地增值税的会计处理

一、预缴土地增值税的会计处理

纳税人在项目全部竣工前转让房地产取得的收入，由于涉及成本计算及其他原因，而无法据以计算土地增值税，可以预缴土地增值税。待项目全部竣工、办理结算后，再进行清算，多退少补。预缴土地增值税计算时，其扣除项目金额的计算方法，由省、自治区、直辖市地方税务局根据当地情况制定。

预缴土地增值税的会计处理与企业上缴土地增值税相同，借记“应交税费—应交土地增值税”账户，贷记“银行存款”账户。

待房地产营业收入实现时，再按应交的土地增值税，借记“营业税金及附加”账户，贷记“应交税费—应交土地增值税”账户。

这样进行会计处理，在企业未实现营业收入（未进行结算）前，使“应交税费—应交土地增值税”账户出现借方余额，本是先预缴的土地增值税，但可能会使财务会计报表的阅读者误认为企业是“多缴了税款”。为此，企业可以增设“递延所得税”账户（不仅所得税会计可用此账户，土地增值税等也可以用此账户）。

【例7-4】 某房地产开发公司在某项目竣工前，预先售出部分房地产而取得不含税收入200万元，假设应预缴土地增值税20万元；项目竣工后，工程全部不含税收入500万元。按税法的规定，该项目应交土地增值税80万元。作会计分录如下：

收到预收款时：

借：银行存款　　2 000 000

　　贷：预收账款——××买主　　2 000 000

按税务机关核定比例，预提应交土地增值税时：

借：递延所得税——土地增值税　　200 000

　　贷：应交税费——应交土地增值税　　200 000

预缴土地增值税时：

借：应交税费——应交土地增值税　　200 000

　　贷：银行存款　　200 000

实现收入、办理结算时：

借：预收账款——××买主　　2 000 000

　　银行存款　　3 000 000

　　贷：主营业务收入　　5 000 000

按土地增值税的规定，计算整个工程项目收入应交土地增值税时：

借：营业税金及附加　　800 000

　　贷：应交税费——应交土地增值税　　600 000

　　　　递延所得税——土地增值税　　200 000

缴清应交土地增值税时：

借：应交税费——应交土地增值　　600 000

　　贷：银行存款　　600 000

二、扣除项目金额的会计处理

计算土地增值税税额，关键是正确计算和确定扣除项目金额。由于转让房地产的情况千差万别，其计算方法也有所不同。

（一）房地产开发企业

房地产开发企业应按照企业会计制度的要求，正确确定成本核算对象，正确归集分配费用，正确计算产品成本（总成本、单位成本）。此外，应设置“备查簿”，详细登记与计算土地增值税有关的各项资料，如取得土地使用权所付的金额、开发土地和建新房及配套设施的成本、费用等。

（二）非房地产开发企业

非房地产开发企业，包括外商投资房地产企业、从事房地产业务的股份制试点企业、对外经济合作企业以及兼营房地产业务的各类企业和单位。

（三）转让的房地产

凡转让的房地产，原来是在企业“固定资产”账户进行核算和反映的。这说明是旧的或使用过的。对其扣除项目金额，不能以账面价值或其净值计算扣除，应以政府批准设立的房地产评估机构评定的重置成本乘以成新度折扣率后的价格计算扣除。

三、主营房地产业务的企业土地增值税的会计处理

主营房地产业务的企业，是指在企业的经营业务中，房地产业务是企业的主要经营业务，其经营收入在企业的经营收入中占有较大比重，并且直接影响企业的经济效益。主营房地产业务的企业，既有房地产开发企业，也有对外经济合作企业、股份制试点企业和外商投资房地产企业等。

由于土地增值税是在转让房地产的流转环节纳税，并且是为了取得当期营业收入而支付的费用，因此，土地增值税应同消费税的会计处理相同，借记“营业税金及附加”等账户，贷记“应交税费—应交土地增值税”账户。实际缴纳土地增值税时，借记“应交税费—应交土地增值税”账户，贷记“银行存款”账户等。

（一）现货房地产销售

在现货房地产销售情况下，采用一次性收款、房地产移交使用、发票账单提交买主、钱货两清的，应于房地产已经移交和发票结算账单提交买主时作为销售实现，借记“银行存款”等账户，贷记“主营业务收入”等账户。同时，计算应由实现的营业收入负担的土地增值税，借记“营业税金及附加”等账户，贷记“应交税费—应交土地增值税”账户。

在现货房地产销售情况下，采用赊销、分期收款方式销售房地产的，应以合同规定的收款时间作为销售实现，分次结转收入。销售实现时，借记“银行存款”或“应收账款”账户，贷记“主营业务收入”等账户；同时，计算应由实现的营业收

入负担的土地增值税，借记“营业税金及附加”等账户，贷记“应交税费—应交土地增值税”账户。

【例7-5】 以【例7-3】资料为例，作会计分录如下：

收入实现时：

借：银行存款　　75 000 000

　　贷：主营业务收入　　75 000 000

借：原材料　　5 250 000

　　贷：主营业务成本　　5 250 000

应交土地增值税时：

借：营业税金及附加　　10 536 000

　　贷：应交税费——应交土地增值税　　10 536 000

（二）商品房预售

按照《中华人民共和国城市房地产管理法》的规定，商品房可以预售，但应符合下列条件：已交付全部土地使用权出让金，取得土地使用权证书；持有建设工程规划许可证；按提供预售的商品房计算，投入开发建设的资金达到总投资的25%以上，并已经确定工程进度和竣工交付日期；向县级以上人民政府房产管理部门办理预售登记，取得商品房预售许可证明。

商品房预售人应当按照国家有关规定，将预售合同报县级以上人民政府房产管理部门和土地管理部门登记备案。

在商品房预售的情况下，商品房交付使用前采取一次性收款或分次收款的，收到购房款时，借记“银行存款”账户，贷记“预收账款”账户；按规定预缴土地增值税时，借记“应交税费—应交土地增值税”账户，贷记“银行存款”等账户；待该商品房交付使用后，开出发票结算账单交给买主时，作为收入实现，借记“应收账款”账户，贷记“主营业务收入”账户；同时，将“预收账款”转入“应收账款”，并计算由实现的营业收入负担的土地增值税，借记“营业税金及附加”等账户，贷记“应交税费—应交土地增值税”账户。按照税法的规定，该项目全部竣工、办理决算后进行清算，企业收到退回多交的土地增值税时，借记“银行存款”等账户，贷记“应交税费—应交土地增值税”账户。补缴土地增值税时，则作相反的会计分录。

【例7－6】 主营房地产业务的某房地产开发公司，投资开发一居住小区，因小区位置比较偏僻，开工时地价便宜，但当小区住宅建成销售时，附近新建地铁站，使该地区地价上涨，小区住宅商品房由原来的2 000元/平方米上升到3 000元/平方米。这时，该房地产开发公司销售10 000平方米住宅，按3 000元/平方米计算，共计收入售房款30 000 000元。该住宅实际成本1 800元/平方米，共计成本18 000 000元。对于财务费用中的利息支出，由于该公司能够按转让房地产项目计算分摊，并能够提供金融机构证明（利率没有超过银行同类同期贷款利率计算的金额），按规定允许据实扣除利息支出，企业实际发生利息支出170 000元。其他房地产开发费用按规定可扣除900 000元（18 000 000×5%），假设上述转让房地产收入为不含税收入，增值税进项税额全部得到抵扣，暂不考虑其他相关税费。计算土地增值税并作会计分录如下：

1. 计算土地增值税税额。

第一步：确定扣除项目金额。

$=18\ 000\ 000+170\ 000+900\ 000+18\ 000\ 000\times 20\%$

$=22\ 670\ 000$（元）

第二步：计算增值额。

增值额＝房地产转让收入－扣除项目金额

$=30\ 000\ 000-22\ 670\ 000$

$=7\ 330\ 000$（元）

第三步：计算增值额占扣除项目的比例。

增值额占扣除项目的比例＝$7\ 330\ 000\div 22\ 670\ 000\times 100\%\approx 32\%$

第四步：计算土地增值税税额。

土地增值税税额＝$7\ 330\ 000\times 30\%$

$=2\ 199\ 000$（元）

2. 土地增值税的会计处理。

计提土地增值税时：

借：营业税金及附加　　2 199 000

　　贷：应交税费——应交土地增值税　　2 199 000

实际缴纳土地增值税时：

借：应交税费——应交土地增值税　　2 199 000

　　贷：银行存款　　2 199 000

四、兼营房地产业务的企业土地增值税的会计处理

兼营房地产业务的企业，是指虽然经营房地产业务，但不是以此为主，而是兼营或附带经营房地产业务的企业。

兼营房地产业务的企业，转让房地产取得的收入，计算应由当期营业收入负担的土地增值税时，应记入"其他业务成本"账户。企业按规定计算出应交土地增值税时，借记"其他业务成本"账户，贷记"应交税费—应交土地增值税"账户。兼营房地产业务的企业如果没有设置"其他业务成本"账户，计算转让房地产应交土地增值税时，应记入相关账户，如金融企业记入"其他营业支出"、外商投资银行记入"其他营业税金"等账户。

企业实际缴纳土地增值税时，借记"应交税费—应交土地增值税"账户，贷记"银行存款"等账户。

【例7-7】 兼营房地产业务的某金融公司，按5 000元/平方米（不含税）的价格购入一栋两层楼房，共计2 000平方米，支付价款10 000 000元。后来，该公司没有经过任何开发，以9 000元/平方米（不含税）的价格出售，取得转让收入18 000 000元，假设相关可扣除税金990 000元。该公司既不能按转让房地产项目计算分摊利息支出，也不能提供金融机构证明。

1. 计算土地增值税税额。

第一步：确定扣除项目金额。

=10 000 000+10 000 000×10% +990 000=11 990 000（元）

第二步：计算增值额。

增值额=18 000 000－11 990 000=6 010 000（元）

第三步：计算增值额占扣除项目的比例。

增值额占扣除项目的比例=6 010 000÷11 990 000=50.125%

第四步：计算土地增值税税额。

土地增值税税额=6 010 000×40% －11 990 000×5%

=2 404 000－599 500=1 804 500（元）

2. 土地增值税的会计处理。

计提土地增值税时：

借：其他业务成本　　　　　　　　　　　　1 804 500
　　贷：应交税费——应交土地增　　　　　　　　1 804 500
实际缴纳土地增值税时：
借：应交税费——应交土地增值　　　　　　　1 804 500
　　贷：银行存款　　　　　　　　　　　　　　1 804 500

五、转让房地产的会计处理

企业转让国有土地使用权连同地上建筑物及其附着物，通过在“固定资产清理”账户核算。其转让房地产取得的收入，记入“固定资产清理”账户的贷方，应交土地增值税，借记“固定资产清理”账户，贷记“应交税费—应交土地增值税”账户。

企业实际缴纳土地增值税时，借记“应交税费—应交土地增值税”账户，贷记“银行存款”等账户。

【例7－8】 某非主营房地产的企业买进土地及建筑物，价值4 200 000元。3年后，该企业将土地使用权和地上建筑物一并转让给A企业，取得转让收入5 500 000元，不考虑增值税，假设相关可扣除税金30 000元，转让时建筑物累计折旧400 000元。作部分有关会计分录如下：

购建时：
借：固定资产　　　　　　　　　　　　　4 200 000
　　贷：银行存款　　　　　　　　　　　　　4 200 000
转让时：
借：固定资产清理　　　　　　　　　　　3 800 000
　　累计折旧　　　　　　　　　　　　　　400 000
　　贷：固定资产　　　　　　　　　　　　　4 200 000
收到A企业的转让收入时：
借：银行存款　　　　　　　　　　　　　5 500 000
　　贷：固定资产清理　　　　　　　　　　　5 500 000
计算应纳土地增值税如下：

第一步：计算增值额。

5 500 000 - 4 200 000 - 30 000 = 1 000 000（元）

第二步：计算增值额占扣除项目比例。

1 000 000 ÷ 4 500 000 = 22.22%

第三步：计算应纳税额。

1 000 000 × 30% = 300 000（元）

计提土地增值税时：

借：固定资产清理　　300 000

　　贷：应交税费——应交土地增值税　　300 000

上缴土地增值税时：

借：应交税费——应交土地增值税　　300 000

　　贷：银行存款　　300 000

转让以行政划拨方式取得的国有土地使用权，如仅转让国有土地使用权，转让时应交土地增值税，借记“其他业务成本”等账户，贷记“应交税费—应交土地增值税”账户；如国有土地使用权连同地上建筑物及其他附着物一并转让，计提应纳土地增值税时，借记“固定资产清理”账户，贷记“应交税费—应交土地增值税”账户。

【例7-9】 某非主营房地产业务的企业转让以行政划拨方式取得的土地使用权，转让土地应补缴的土地出让金50 000元，取得土地使用权转让收入200 000元，不考虑增值税，假设应支付有关税金10 000元。计算应纳土地增值税并作会计分录如下：

补缴出让金，计入无形资产时：

借：无形资产　　50 000

　　贷：银行存款　　50 000

取得转让收入时：

借：银行存款　　200 000

　　贷：其他业务收入　　200 000

计算应纳土地增值税如下：

增值额 = 200 000 - 50 000 - 10 000 = 140 000（元）

增值率 = 140 000 ÷ 60 000 × 100% = 233%

应纳税额 = 140 000 × 60% − 60 000 × 35%

= 84 000 − 21 000 = 63 000（元）

计提土地增值税时：

借：其他业务成本　　63 000

　　贷：应交税费——应交土地增值税　　63 000

结转无形资产成本时：

借：其他业务成本　　50 000

　　贷：无形资产　　50 000

上交土地增值税时：

借：应交税费——应交土地增值　　63 000

　　贷：银行存款　　63 000

结转成本时：

借：其他业务收入　　123 000

　　贷：其他业务成本　　123 000

结转利润时：

借：其他业务收入　　77 000

　　贷：本年利润　　77 000

第三节　土地增值税的纳税申报

土地增值税的纳税人应在转让房地产合同签订后的 7 日内，到房地产所在地主管税务机关办理纳税申报，并向税务机关提交房屋及建筑物产权、土地使用权证书，土地转让、房产买卖合同，房地产评估报告及其他与转让房地产有关的资料。

纳税人因经常发生房地产转让而难以在每次转让后申报的，经税务机关审核同意后，可以定期进行纳税申报，具体期限由税务机关根据相关规定确定。

纳税人因经常发生房地产转让而难以在每次转让后申报，是指房地产开发企业开发建造的房地产、因分次转让而频繁发生纳税义务、难以在每次转让后申报纳税的情况，土地增值税可按月或按各省、自治区、直辖市和计划单列市地方税务局规定的期限申报缴纳。纳税人选择定期申报方式的，应向纳税所在地的地方税务机关备案。定期申报方式确定后，1 年之内不得变更。

在实际工作中，土地增值税的纳税人主要分为两大类：一类是从事房地产开发

（包括专营与兼营）的纳税人，也就是通常所说的房地产开发公司。另一类是其他纳税人。这两类纳税人办理纳税申报的内容和方法不尽相同。

现行的土地增值税纳税申报表主要有以下几种：

1.《土地增值税纳税申报表（一）》，从事房地产开发的纳税人预征适用。

2.《土地增值税纳税申报表（二）》，从事房地产开发的纳税人清算适用。

3.《土地增值税纳税申报表（三）》，非从事房地产开发的纳税人适用。

4.《土地增值税纳税申报表（四）》，从事房地产开发的纳税人清算后尾盘销售适用。

清算后尾盘销售土地增值税扣除项目明细表包括：

5.《土地增值税纳税申报表（五）》，从事房地产开发的纳税人清算方式为核定征收适用。

6.《土地增值税纳税申报表（六）》，纳税人整体转让在建工程适用。

7.《土地增值税纳税申报表（七）》，非从事房地产开发的纳税人核定征收适用。

表7－2　土地增值税纳税申报表（一）

（从事房地产开发的纳税人预征适用）

税款所属时间：　年　月　日至　年　月　日　　填表日期：　年　月　日

项目名称：　项目编号：　金额单位：元至角分；面积单位：平方米

纳税人识别号□□□□□□□□□□□□□□□□□□□□

房产类型	房产类型子目	收入			预征率（%）	应纳税额	税款缴纳	
		应税收入	货币收入	实物收入及其他收入			本期已缴税额	本期应缴税额计算
	1	2＝3＋4	3	4	5	6＝2×5	7	8＝6－7
普通住宅								
非普通住宅								
其他类型房地产								
合计	—				—			

续表

<table>
<tr><td rowspan="2">房产类型</td><td rowspan="2">房产类型子目</td><td colspan="3">收入</td><td rowspan="2">预征率（%）</td><td rowspan="2">应纳税额</td><td colspan="2">税款缴纳</td></tr>
<tr><td>应税收入</td><td>货币收入</td><td>实物收入及其他收入</td><td>本期已缴税额</td><td>本期应缴税额计算</td></tr>
<tr><td></td><td>1</td><td>2 = 3 + 4</td><td>3</td><td>4</td><td>5</td><td>6 = 2 * 5</td><td>7</td><td>8 = 6 - 7</td></tr>
<tr><td></td><td>授权代理人</td><td colspan="3">（如果你已委托代理申报人，请填写下列资料）
为代理一切税务事宜，现授权____（地址）____为本纳税人的代理申报人，任何与本报表有关的来往文件都可寄与此人。
授权人签字：________</td><td>纳税人声明</td><td colspan="3">此纳税申报表是根据《中华人民共和国土地增值税暂行条例》和国家有关税收规定填报的，是真实的、可靠的、完整的。
声明人签章：________</td></tr>
<tr><td></td><td>纳税人公章</td><td></td><td>法人代表签章</td><td></td><td>经办人员（代理申报人）签字</td><td></td><td>备注</td><td></td></tr>
</table>

（以下部分由主管税务机关负责填写）

<table>
<tr><td>主管税务机关收到日期</td><td></td><td>接收人</td><td></td><td>审核日期</td><td></td><td>税务审核人员签章</td><td></td></tr>
<tr><td>审核记录</td><td colspan="5"></td><td>主管税务机关盖章</td><td></td></tr>
</table>

填表说明

1. 本表适用于从事房地产开发并转让的土地增值税纳税人，在每次转让时填报，也可按月或按各省、自治区、直辖市和计划单列市地方税务局规定的期限汇总填报。

2. 凡从事新建房及配套设施开发的纳税人，均应在规定的期限内，据实向主管税务机关填报本表所列内容。

3. 本表栏目的内容如果没有，可以空置不填。

4. 纳税人在填报土地增值税预征申报表时，应同时向主管税务机关提交《土地增值税项目登记表》等有关资料。

5. 项目编号是在进行房地产项目登记时，税务机关按照一定的规则赋予的编号，此编号会跟随项目的预征清算全过程。

6. 房产类型子目是主管税务机关规定的预征率类型，每一个子目唯一对应一个房产类型。

7. 本表一式两份，送主管税务机关审核盖章后，一份由地方税务机关留存，一份退纳税单位。

表 7-3 土地增值税纳税申报表（三）

（非从事房地产开发的纳税人适用）

税款所属时间：　年　月　日至　年　月　日　　　　填表日期：　年　月　日

金额单位：元至角分；面积单位：平方米

纳税人识别号□□□□□□□□□□□□□□□□□□□□

纳税人名称		项目名称		项目地址	
所属行业		登记注册类型	纳税人地址		邮政编码
开户银行		银行账号	主管部门		电话

项目			行次	金额
一、转让房地产收入总额 1=2+3+4			1	
其中	货币收入		2	
	实物收入		3	
	其他收入		4	
二、扣除项目金额合计 （1）5=6+7+10+15 （2）5=11+12+14+15			5	
（1）提供评估价格	1. 取得土地使用权所支付的金额		6	
	2. 旧房及建筑物的评估价格 7=8×9		7	
	其中	旧房及建筑物的重置成本价	8	
		成新度折扣率	9	
	3. 评估费用		10	
（2）提供购房发票	1. 购房发票金额		11	
	2. 发票加计扣除金额 12=11×5%×13		12	
	其中：房产实际持有年数		13	
	3. 购房契税		14	
4. 与转让房地产有关的税金等 15=16+17+18+19			15	
其中	营业税		16	
	城市维护建设税		17	
	印花税		18	
	教育费附加		19	
三、增值额 20=1-5			20	
四、增值额与扣除项目金额之比（%）21=20÷5			21	
五、适用税率（%）			22	

续表

项目	行次	金额
六、速算扣除系数（%）	23	
七、应缴土地增值税税额 24 = 20 × 22 − 5 × 23	24	
八、减免税额（减免性质代码：________）	25	
九、已缴土地增值税税额	26	
十、应补（退）土地增值税税额 27 = 24 − 25 − 26	27	

<table>
<tr><td>授权代理人</td><td colspan="3">（如果你已委托代理申报人，请填写下列资料）
为代理一切税务事宜，现授权________（地址）________为本纳税人的代理申报人，任何与本报表有关的来往文件都可寄与此人。
授权人签字：__________</td><td>纳税人申明</td><td colspan="3">此纳税申报表是根据《中华人民共和国土地增值税暂行条例》及其《实施细则》的规定填报的，是真实的、可靠的、完整的。
声明人签字：__________</td></tr>
<tr><td>纳税人公章</td><td></td><td>法人代表签章</td><td></td><td>经办人员（代理申报人）签章</td><td></td><td>备注</td><td></td></tr>
</table>

（以下部分由主管税务机关负责填写）

<table>
<tr><td>主管税务机关收到日期</td><td></td><td>接收人</td><td></td><td>审核日期</td><td></td><td>税务审核人员签章</td><td></td></tr>
<tr><td>审核记录</td><td colspan="5"></td><td>主管税务机关盖章</td><td></td></tr>
</table>

填表说明

（一）适用范围

土地增值税纳税申报表（三）适用于非从事房地产开发的纳税人。该纳税人应在签订房地产转让合同后的七日内，向房地产所在地主管税务机关填报土地增值税纳税申报表（三）。

土地增值税纳税申报表（三）还适用于以下从事房地产开发的纳税人：将开发产品转为自用、出租等用途且已达到主管税务机关旧房界定标准后，又将该旧房对外出售的。

（二）土地增值税纳税申报表（三）主要项目填表说明

1. 表头项目。

（1）纳税人识别号：填写税务机关为纳税人确定的识别号。

（2）项目名称：填写纳税人转让的房地产项目全称。

（3）登记注册类型：单位，根据税务登记证或组织机构代码证中登记的注册类型填写；纳税人是企业的，根据国家统计局《关于划分企业登记注册类型的规定》填写。该项可由系统根据纳税人识别号自动带出，无须纳税人填写。

（4）所属行业：根据《国民经济行业分类》（GB/T 4754－2011）填写。该项可由系统根据纳税人识别号自动带出，无须纳税人填写。

（5）主管部门：按纳税人隶属的管理部门或总机构填写。外商投资企业不填。

2. 表中项目。

土地增值税纳税申报表（三）的各主要项目内容，应根据纳税人转让的房地产项目作为填报对象。纳税人如果同时转让两个或两个以上房地产的，应分别填报。

（1）表第1栏“转让房地产收入总额”，按纳税人转让房地产所取得的全部收入额填写。

（2）表第2栏“货币收入”，按纳税人转让房地产所取得的货币形态的收入额填写。

（3）表第3、4栏“实物收入”、“其他收入”，按纳税人转让房地产所取得的实物形态的收入和无形资产等其他形式的收入额填写。

（4）表第6栏“取得土地使用权所支付的金额”，按纳税人为取得该转让房地产项目的土地使用权而实际支付（补交）的土地出让金（地价款）数额及按国家统一规定交纳的有关费用填写。

（5）表第7栏“旧房及建筑物的评估价格”，是指根据《条例》和《细则》等有关规定，按重置成本法评估旧房及建筑物并经当地税务机关确认的评估价格的数额。本栏由第8栏与第9栏相乘得出。如果本栏数额能够直接根据评估报告填报，则本表第8、9栏可以不必再填报。

（6）表第8栏“旧房及建筑物的重置成本价”，是指按照《条例》和《细则》规定，由政府批准设立的房地产评估机构评定的重置成本价。

（7）表第9栏“成新度折扣率”，是指按照《条例》和《细则》规定，由政府批准设立的房地产评估机构评定的旧房及建筑物的新旧程度折扣率。

（8）表第16栏至表第19栏，按纳税人转让房地产时实际缴纳的有关税金的数额填写。

（9）表第22栏“适用税率”，应根据《条例》规定的四级超率累进税率，按所适用的最高一级税率填写。

（10）表第23栏“速算扣除系数”，应根据《细则》第十条的规定找出相关速算扣除系数填写。

第八章

其他税会计

本章导读

在以上几章中，我们已经学习了主要的几个税种的会计计量，这章我们主要补充一些其他税的会计处理方法。主要包括资源税、房产税、印花税、城镇土地使用税、车辆购置税、车船税、耕地占用税、契约、城市维护建设税及教育费附加的会计处理。

第一节　资源税会计

资源税是对在我国境内从事应税矿产品开采和生产盐的单位和个人课征的一种税，属于对自然资源占用课税的范畴。1984 年我国开征资源税时，普遍认为征收资源税主要依据的是受益原则、公平原则和效率原则三方面。从受益方面考虑，资源属于国家所有，开采者因开采国有资源而得益，有责任向所有者支付其地租；从公平角度平看，条件公平是有效竞争的前提，资源级差收入的存在影响向资源开采者利润的真实性，或偏袒竞争中的劣者，或拔高竞争中的优胜者，故级差收入以归政府支配为好；从效率角度分析，稀缺资源应由社会净效率高的企业来开采，对资源开采中出现的掠夺和浪费行为，国家有权采取经济手段促其转变。

一、资源税的征税范围

资源税范围限定如下：

1. 原油，指专门开采的天然原油，不包括人造石油。

2. 天然气，指专门开采或与原油同时开采的天然气，暂不包括煤矿生产的天然气。海上石油、天然气也应属于资源税的征收范围，但考虑到海上油气资源的勘探和开采难度大、投入和风险也大，过去一直按照国际惯例对其征收矿区使用费，为了保持涉外经济政策的稳定性，对海上石油、天然气的开采仍然征收矿区使用费，暂不改为征收资源税。

3. 煤炭，指原煤，不包括洗煤、选煤及其他煤炭制品。

4. 其他非金属矿原矿，是指上列产品和井矿盐以外的非金属矿原矿。

5. 黑色金属矿原矿，是指纳税人开采后自用、销售的，用于直接入炉冶炼或作为主产品先入选精矿、制造人工矿、再最终入炉冶炼的金属矿石原矿。

6. 有色金属矿原矿，是指纳税人开采后自用、销售的，用于直接入炉冶炼或作为主产品先人选精矿、制造人工矿、再最终入炉冶炼的金属矿石原矿。

7. 盐，包括固体盐和液体盐。固体盐是指海盐原盐、湖盐原盐和井矿盐。液体盐（俗称卤水）是指氯化纳含量达到一定浓度的溶液，是用于生产碱和其他产品的原料。

二、资源税的税目与税率

（一）税目

资源税税目包括7大类，在7个税目下面又设有若干个子目。现行资源税的税目及子目主要是根据资源税应税产品和纳税人开采资源的行业特点设置的。

1. 原油，是指开采的天然原油，不包括人造石油。

2. 天然气，是指专门开采或者与原油同时开采的天然气。

3. 煤炭，包括原煤和以未税原煤加工的洗选煤。

4. 其他非金属矿原矿，是指上列产品和井矿盐以外的非金属矿原矿。包括宝石、金刚石、玉石、膨润土、石墨、石英砂、萤石、重晶石、毒重石、蛭石、长石、氟石、滑石、白云石、硅灰石、凹凸棒石黏土、高岭石土、耐火黏土、云母、大理石、花岗石、石灰石、菱镁矿、天然碱、石膏、硅线石、工业用金刚石、石棉、硫铁矿、自然硫、磷铁矿等。

5. 黑色金属矿原矿，是指纳税人开采后自用、销售的，用于直接入炉冶炼或作为主产品先人选精矿、制造人工矿，再最终入炉冶炼的黑色金属矿石原矿，包括铁矿石、锰矿石和铬矿石。

6. 有色金属矿原矿，包括铜矿石、铅锌矿石、铝土矿石、钨矿石、锡矿石、锑矿石、铝矿石、镍矿石、黄金矿石、钒矿石（含石煤钒）等。

7. 盐，一是固体盐，包括海盐原盐、湖盐原盐和井矿盐；二是液体盐（卤水），是指氯化钠含量达到一定浓度的溶液，是用于生产碱和其他产品的原料。

纳税人在开采主矿产品的过程中伴采的其他应税矿产品，凡未单独规定适用税额的，一律按主矿产品或视同主矿产品税目征收资源税。

未列举名称的其他非金属矿原矿和其他有色金属矿原矿，由省、自治区、直辖市人民政府决定征收或暂缓征收资源税，并报财政部和国家税务总局备案。

（二）税率

1. 2016 年 7 月 1 日前税率。

资源税采取从价定率或者从量定额的办法计征，分别以应税产品的销售额乘以纳税人具体适用的比例税率或者以应税产品的销售数量乘以纳税人具体适用的定额税率计算，实施“级差调节”的原则。级差调节是指运用资源税对因资源贮存状况、开采条件、资源优劣、地理位置等客观存在的差别而产生的资源级差收入，通过实施差别税额标准进行调节。资源条件好的，税率、税额高一些；资源条件差的，税率、税额低一些。具体规定见税目、税率如表 8－1 所示。

表 8－1　资源税税目、税率表

税目		税率
一、原油		销售额的 6%～10%
二、天然气		销售额的 6%～10%
三、煤炭		销售额的 2%～10%
四、其他非金属矿原矿	普通非金属矿原矿	每吨或者每立方米 0.5～20 元
	贵重非金属矿原矿	每千克或者每克拉 0.5～20 元
五、黑色金属矿原矿		每吨 2～30 元
六、有色金属矿原矿	稀土矿	每吨 0.4～60 元
	其他有色金属矿原矿	每吨 0.4～30 元
七、盐	固体盐	每吨 10～60 元
	液体盐	每吨 2～10 元

资源税具体适用的税额、税率是在表 8－1 中的幅度范围内按等级来确定的，等级的划分，按《资源税实施细则》所附《几个主要品种的矿山资源等级表》执行。

对于划分资源等级的应税产品，其《几个主要品种的矿山资源等级表》中未列举名称的纳税人适用的税率，由省、自治区、直辖市人民政府根据纳税人的资源状况，参照《资源税税目税率明细表》和《几个主要品种的矿山资源等级表》中确定的邻近矿山或者资源状况、开采条件相近矿山的税率标准，在浮动 30% 的幅度内核定，并报财政部和国家税务总局备案。

煤炭资源税税率幅度为 2%～10%，具体适用税率由省级财税部门在此幅度内，根据本地区清理收费基金、企业承受能力、煤炭资源条件等因素提出建议，报省级人民政府拟定。结合当前煤炭行业实际情况，现行税费负担较高的地区要适当降低负担水平。省级人民政府需将拟定的适用税率在公布前报财政部、国家税务总局审批。跨省煤田的适用税率由财政部、国家税务总局确定。

纳税人开采或者生产不同税目应税产品的，应当分别核算不同税目应税产品的销售额或者销售数量；未分别核算或者不能准确提供不同税目应税产品的销售额或者销售数量的，从高适用税率。

2. 2016 年 7 月 1 日起资源税从价计征改革。

为深化财税体制改革，促进资源节约集约利用，加快生态文明建设，明确全面推进资源税改革，财政部、国家税务总局于 2016 年 5 月 9 日联合发布了《关于全面推进资源税改革的通知》，对资源税进行从价计征改革，自 2016 年 7 月 1 日起实施。通过全面实施清费立税、从价计征改革，理顺资源税费关系，建立规范公平、调控合理、征管高效的资源税制度，有效发挥其组织收入、调控经济、促进资源节约集约利用和生态环境保护的作用。

对《资源税税目税率幅度表》（见表 8-2）中列举名称的 21 种资源品目和未列举名称的其他金属矿实行从价计征，计税依据由原矿销售量调整为原矿、精矿（或原矿加工品）、氯化钠初级产品或金锭的销售额。列举名称的 21 种资源品目包括：铁矿、金矿、铜矿、铝土矿、铅锌矿、镍矿、锡矿、石墨、硅藻土、高岭土、萤石、石灰石、硫铁矿、磷矿、氯化钾、硫酸钾、井矿盐、湖盐、提取地下卤水晒制的盐、煤层（成）气、海盐。对经营分散、多为现金交易且难以控管的粘土、砂石，按照便利征管原则，仍实行从量定额计征。对《资源税税目税率幅度表》中未列举名称的其他非金属矿产品，按照从价计征为主、从量计征为辅的原则，由省级人民政府确定计征方式。已实施从价计征的原油、天然气、煤炭、稀土、钨、钼等 6 个资源品目资源税政策暂不调整，仍按原办法执行。

表 8-2 资源税税目税率幅度表

序号	税目		征税对象	税率幅度
1	金属矿	铁矿	精矿	1%~6%
2		金矿	金锭	1%~4%
3		铜矿	精矿	2%~8%
4		铝土矿	原矿	3%~9%
5		铅锌矿	精矿	2%~6%
6		镍矿	精矿	2%~6%
7		锡矿	精矿	2%~6%
8		未列举名称的其他金属矿产品	原矿或精矿	税率不超过 20%

续表

序号	税目		征税对象	税率幅度
9	非金属矿	石墨	精矿	3%～10%
10		硅藻土	精矿	1%～6%
11		高岭土	原矿	1%～6%
12		萤石	精矿	1%～6%
13		石灰石	原矿	1%～6%
14		硫铁矿	精矿	1%～6%
15		磷矿	原矿	3%～8%
16		氯化钾	精矿	3%～8%
17		硫酸钾	精矿	6%～12%
18		井矿盐	氯化钠初级产品	1%～6%
19		湖盐	氯化钠初级产品	1%～6%
20		提取地下卤水晒制的盐	氯化钠初级产品	3%～15%
21		煤层（成）气	原矿	1%～2%
22		粘土、砂石	原矿	每吨或立方米 0.1元－5元
23		未列举名称的其他非金属矿产品	原矿或精矿	从量税率每吨或立方米不超过30元；从价税率不超过20%
24	海盐		氯化钠初级产品	1%～5%

备注：

（1）铝土矿包括耐火级矾土、研磨级矾土等高铝粘土。

（2）氯化钠初级产品是指井矿盐、湖盐原盐、提取地下卤水晒制的盐和海盐原盐，包括固体和液体形态的初级产品。

（3）海盐是指海水晒制的盐，不包括提取地下卤水晒制的盐。

三、资源税的计税依据

（一）从价定率征收的计税依据

实行从价定率征收的以销售额作为计税依据。销售额是指为纳税人销售应税产品向购买方收取的全部价款和价外费用，但不包括收取的增值税销项税额。

纳税人开采应税矿产品有其关联单位对外销售的，按其关联单位的销售额征收资源税。纳税人既有对外销售应税产品，又有将应税产品用于除连续生产应税产品以外的其他方面的，则自用的这部分应税产品按纳税人对外销售应税产品的平均价格计算销售额征收资源税。

纳税人将其开采的应税产品直接出口的，按其离岸价格（不含增值税）计算销售额征收资源税。

价外费用，包括价外向购买方收取的手续费、补贴、基金、集资费、返还利润、奖励费、违约金、滞纳金、延期付款利息、赔偿金、代收款项、代垫款项、包装费、包装物租金、储备费、优质费、运输装卸费以及其他各种性质的价外收费。但下列项目不包括在内：

1. 同时符合以下条件的代垫运输费用

（1）承运部门的运输费用发票开具给购买方的；

（2）纳税人将该项发票转交给购买方的。

2. 同时符合以下条件代为收取的政府性基金或者行政事业性收费

（1）由国务院或者财政部批准设立的政府性基金，由国务院或者省级人民政府及其财政、价格主管部门批准设立的行政事业性收费；

（2）收取时开具省级以上财政部门印制的财政票据；

（3）所收款项全额上缴财政。

另外，纳税人以人民币以外的货币结算销售额的，应当折合成人民币计算。其销售额的人民币折合率可以选择销售额发生的当天或者当月1日的人民币汇率中间价。纳税人应在事先确定采用何种折合率计算方法，确定后1年内不得变更。

（二）从量定额征收的计税依据

实行从量定额征收的以销售数量为计税依据。销售数量的具体规定为：

1. 销售数量，包括纳税人开采或者生产应税产品的实际销售数量和视同销售的自用数量。

2. 纳税人不能准确提供应税产品销售数量的，以应税产品的产量或者主管税务机关确定的折算比换算成的数量为计征资源税的销售数量。

3. 纳税人在资源税纳税申报时，除财政部、国家税务总局另有规定外，应当将其应税和减免税项目分别计算和报送。

4. 对于连续加工前无法正确计算原煤移送使用量的煤炭，可按加工产品的综合回收率，将加工产品实际销量和自用量折算成原煤数量，以此作为课税数量。

5. 金属和非金属矿产品原矿，因无法准确掌握纳税人移送使用原矿数量的，可将其精矿按选矿比折算成原矿数量，以此作为课税数量，其计算公式为：

$$选矿比 = 精矿数量 \div 耗用原矿数量$$

6. 纳税人以自产的液体盐加工固体盐，按固体盐税额征税，以加工的固体盐数量为课税数量。纳税人以外购的液体盐加工成固体盐，其加工固体盐所耗用液体盐的已纳税额准予抵扣。

四、资源税应纳税额的计算

资源税的应纳税额，按照从价定率或者从量定额的办法，分别以应税产品的销售额乘以纳税人具体适用的比例税率或者以应税产品的销售数量乘以纳税人具体适用的定额税率计算。

1. 实行从价定率征收的，根据应税产品的销售额和规定的适用税率计算应纳税额，具体计算公式为：

应纳税额 = 销售额 × 适用税率

2. 实行从量定额征收的，根据应税产品的课税数量和规定的单位税额计算应纳税额，具体计算公式为：

应纳税额 = 课税数量 × 单位税额

代扣代缴应纳税额 = 收购未税矿产品的数量 × 适用的单位税额

3. 自 2014 年 12 月 1 日起在全国范围内实施煤炭资源税从价计征改革，煤炭应税产品包括原煤和以未税原煤加工的洗选煤。

（1）应纳税额的计算公式如下：

应纳税额 = 应税煤炭销售额 × 适用税率

纳税人开采原煤直接对外销售的，以原煤销售额作为应税煤炭销售额计算缴纳资源税。

原煤应纳税额 = 原煤销售额 × 适用税率

原煤销售额不含从坑口到车站、码头等的运输费用。

（2）纳税人将其开采的原煤，自用于连续生产洗选煤的，在原煤移送使用环节不缴纳资源税；自用于其他方面的，视同销售原煤，计算缴纳资源税。

（3）纳税人将其开采的原煤加工为洗选煤销售的，以洗选煤销售额乘以折算率作为应税煤炭销售额计算缴纳资源税。

洗选煤应纳税额 = 洗选煤销售额 × 折算率 × 适用税率

洗选煤销售额包括洗选副产品的销售额，不包括洗选煤从洗选煤厂到车站、码头等的运输费用。

折算率可通过洗选煤销售额扣除洗选环节成本、利润计算，也可通过洗选煤市场价格与其所用同类原煤市场价格的差额及综合回收率计算。折算率由省、自治区、直辖市财税部门或其授权地市级财税部门确定。

（4）纳税人将其开采的原煤加工为洗选煤自用的，视同销售洗选煤，计算缴纳资源税。

（5）纳税人同时销售（包括视同销售）应税原煤和洗选煤的，应当分别核算原煤和洗选煤的销售额；未分别核算或者不能准确提供原煤和洗选煤销售额的，一并视同销售原煤按上文（1）计算缴纳资源税。

纳税人同时以自采未税原煤和外购已税原煤加工洗选煤的，应当分别核算；未分别核算的，按上文（3）计算缴纳资源税。

4. 为便于征管，对开采稠油、高凝油、高含硫天然气、低丰度油气资源及三次采油的陆上油气田企业，根据2014年以前年度符合减税规定的原油、天然气销售额占其原油、天然气总销售额的比例，确定资源税综合减征率和实际征收率，计算资源税应纳税额。计算公式为：

综合减征率 = ∑（减税项目销售额 × 减征幅度 ×6%）÷ 总销售额

实际征收率 =6% － 综合减征率

应纳税额 = 总销售额 × 实际征收率

五、资源税税收优惠和征收管理

（一）减税、免税项目

资源税贯彻普遍征收、级差调节的原则思想，因此规定的减免税项目比较少。

1. 开采原油过程中用于加热、修井的原油，免税。

2. 纳税人开采或者生产应税产品过程中，因意外事故或者自然灾害等原因遭受重大损失的，由省、自治区、直辖市人民政府酌情决定减税或者免税。

3. 铁矿石资源税减按80% 征收资源税。

4. 尾矿再利用的，不再征收资源税。

5. 从2007年1月1日起，对地面抽采煤层气暂不征收资源税。煤层气是指赋存于煤层及其围岩中与煤炭资源伴生的非常规天然气，也称煤矿瓦斯。

6. 自2010年6月1日起，纳税人在新疆开采的原油、天然气，自用于连续生产原油、天然气的，不缴纳资源税；自用于其他方面的，视同销售，依照本规定计算缴纳资源税。

7. 有下列情形之一的，免征或者减征资源税：

（1）油田范围内运输稠油过程中用于加热的原油、天然气，免征资源税。

（2）稠油、高凝油和高含硫天然气资源税减征40%。

稠油，是指地层原油黏度大于或等于50毫帕/秒或原油密度大于或等于0.92克/立方厘米的原油。高凝油，是指凝固点大于40℃的原油。高含硫天然气，是指硫化氢含量大于或等于 30 克/立方米的天然气。

（3）三次采油资源税减征 30%。三次采油，是指二次采油后继续以聚合物驱、三元复合驱、泡沫驱、二氧化碳驱、微生物驱等方式进行采油。

（4）对低丰度油气田资源税暂减征 20%。

陆上低丰度油田，是指每平方公里原油可采储量丰度在 25 万立方米（不含）以下的油田；陆上低丰度气田，是指每平方公里天然气可采储量丰度在 2.5 亿立方米（不含）以下的气田。

海上低丰度油田，是指每平方公里原油可采储量丰度在 60 万立方米（不含）以下的油田；海上低丰度气田，是指每平方公里天然气可采储量丰度在 6 亿立方米（不含）以下的气田。

（5）对深水油气田资源税减征 30%。

深水油气田，是指水深超过 300 米（不含）的油气田。

符合上述减免税规定的原油、天然气划分不清的，一律不予减免资源税；同时符合上述两项及两项以上减税规定的，只能选择其中一项执行，不能叠加适用。

财政部和国家税务总局根据国家有关规定及实际情况的变化适时对上述政策进行调整。

（6）对衰竭期煤矿开采的煤炭，资源税减征 30%。

衰竭期煤矿，是指剩余可采储量下降到原设计可采储量的 20%（含）以下，或者剩余服务年限不超过 5 年的煤矿。

（7）对充填开采置换出来的煤炭，资源税减征 50%。

纳税人开采的煤炭，同时符合上述减税情形的，纳税人只能选择其中一项执行，不能叠加适用。

六、资源税的会计处理

1. 纳税人销售应税产品时，账务处理为（假定为增值税一般纳税人，下同）：

假定不考虑除增值税，资源税以外的税种（下同）；

借：银行存款

　　贷：主营业务收入

　　　　应交税费——应交增值税（销项税额）

借：营业税金及附加

　　贷：应交税费——应交资源税

借：主营业务成本

贷：库存商品

2. 纳税人生产或开采的应税资源税产品用于生产应税资源税产品时，不用缴纳资源税、增值税。

提示：道理同消费税。

3. 纳税人生产或开采的应税资源税产品用于在建工程时：

借：在建工程

贷：库存商品

应交税费——应交增值税（销项税额）

应交税费——应交资源税

用于职工福利时：

借：应付职工薪酬等

贷：主营业务收入

应交税费——应交增值税（销项税额）

借：营业税金及附加

贷：应交税费——应交资源税

借：主营业务成本

贷：库存商品

4. 外购液体盐加工固体盐，购入液体盐时：

借：物资采购

应交税费——应交资源税

应交税费——应交增值税（进项税额）

贷：银行存款等

液体盐验收入库时：

借：原材料——液体盐

贷：物资采购

将液体盐加工成固体盐，对外销售固体盐时：

借：银行存款

贷：主营业务收入

应交税费——应交增值税（销项税额）

计提固体盐应缴的资源税：

借：营业税金及附加

贷：应交税费——应交资源税

结转成本时：

借：主营业务成本

　　贷：库存商品

交纳资源税时：

借：应交税费——应交资源税

　　贷：银行存款

七、资源税纳税申报表填制

表 8－3　资源税纳税申报表

根据国家税收法律法规及资源税有关规定制定本表。纳税人不论有无销售额，均应按照税务机关核定的纳税期限填写本表，并向当地税务机关申报。

税款所属时间：自　年　月　日至　年　月　日

填表日期：　年　月　日　　　金额单位：元至角分

纳税人识别号□□□□□□□□□□□□□□□□□□□□□□

<table>
<tr><td>纳税人名称</td><td colspan="2">（公章）</td><td colspan="2">法定代表人姓名</td><td></td><td>注册地址</td><td></td><td colspan="2">生产经营地址</td><td></td></tr>
<tr><td>开户银行及账号</td><td colspan="3"></td><td colspan="2">登记注册类型</td><td colspan="2"></td><td>电话号码</td><td colspan="2"></td></tr>
<tr><td>税目</td><td>子目</td><td>折算率或换算比</td><td>计量单位</td><td>计税销售量</td><td>计税销售额</td><td>适用税率</td><td>本期应纳税额</td><td>本期减免税额</td><td>本期已缴税额</td><td>本期应补（退）税额</td></tr>
<tr><td>1</td><td>2</td><td>3</td><td>4</td><td>5</td><td>6</td><td>7</td><td>8① =6×7;
8② =5×7</td><td>9</td><td>10</td><td>11 =8－9－10</td></tr>
<tr><td></td><td></td><td></td><td></td><td></td><td></td><td></td><td></td><td></td><td></td><td></td></tr>
<tr><td></td><td></td><td></td><td></td><td></td><td></td><td></td><td></td><td></td><td></td><td></td></tr>
<tr><td></td><td></td><td></td><td></td><td></td><td></td><td></td><td></td><td></td><td></td><td></td></tr>
<tr><td colspan="2">合计</td><td>—</td><td>—</td><td>—</td><td></td><td></td><td>—</td><td></td><td></td><td></td></tr>
<tr><td colspan="2">授权声明</td><td colspan="5">如果你已委托代理人申报，请填写下列资料：
为代理一切税务事宜，现授权（地址）
为本纳税人的代理申报人，任何与本申报表有关的往来文件，都可寄予此人。
授权人签字：</td><td>申报人声明</td><td colspan="3">本纳税申报表是根据国家税收法律法规及相关规定填写的，我确定它是真实的、可靠的、完整的。
声明人签字：</td></tr>
</table>

主管税务机关：　　　接收人：　　　接收日期：　年　月　日

本表一式两份，一份纳税人留存，一份税务机关留存。

填表说明

1. 本表为资源税纳税申报表主表，适用于缴纳资源税的纳税人填报（另有规定者除外）。除"本期已缴税额"需要填写外，纳税人提交附表后，本表由系统自动生成，无需纳税人手工填写，仅需签章确认（特殊情况下需要手工先填写附表、再填写主表的例外）。

2. "纳税人识别号"：即税务登记证件号码。"纳税人名称"：即税务登记证件所载纳税人的全称。"填写日期"：即纳税人申报当日日期。"税款所属时间"是指纳税人申报的资源税应纳税额的所属时间，应填写具体的起止年、月、日。

3. 第1栏"税目"：是指规定的应税产品名称，多个税目的，可增加行次。第2栏"子目"：反映同一税目下适用税率、折算率或换算比不同的明细项目。子目名称由各省、自治区、直辖市、计划单列市税务机关根据本地区实际情况确定。

4. 第3栏"折算率或换算比"：反映精矿销售额折算为原矿销售额或者原矿销售额换算为精矿销售额的比值。除煤炭折算率由纳税人所在省、自治区、直辖市财税部门或其授权地市级财税部门确定外，其他应税产品的折算率或换算比由当地省级财税部门确定。

5. 第4栏"计量单位"：反映计税销售量的计量单位，如吨、立方米、千克等。

6. 第5栏"计税销售量"：反映计征资源税的应税产品销售数量，包括应税产品实际销售和视同销售两部分。从价计征税目计税销售额对应的销售数量视为计税销售量自动导入到本栏。计税销售量即课税数量。

7. 第6栏"计税销售额"：反映计征资源税的应税产品销售收入，包括应税产品实际销售和视同销售两部分。

8. 第7栏"适用税率"：从价计征税目的适用税率为比例税率，如原油资源税率为6%，即填6%；从量计征税目的适用税率为定额税率，如某税目每立方米3元，即填3。

9. 第8栏"本期应纳税额"：反映本期按适用税率计算缴纳的应纳税额。从价计征税目应纳税额的计算公式为8① =6 ×7；从量计征税目应纳税额的计算公式为8② =5 ×7。

10. 第9栏"本期减免税额"：反映本期减免的资源税税额。

11. 第10栏"本期已缴税额"：填写本期应纳税额中已经缴纳的部分。

12. 第11栏“本期应补（退）税额”：本期应补（退）税额 = 本期应纳税额 - 本期减免税额 - 本期已缴税额。

13. 中外合作及海上自营油气田按照国家税务总局颁布的《关于发布〈中外合作及海上自营油气田资源税纳税申报表〉的公告》（2012 年第 3 号）进行纳税申报。

第二节　房产税会计

房产税是指以房产为征税对象，按照房产的评估值征收的一种税。

房产税是在1950年开征的，1951年与地产税合并，统称为“城市房地产税”。中共十一届三中全会后，为了发挥税收的杠杆作用，搞好城镇建设，促进合理建房；适当调节各种经济成分的收入，国务院于1986年9月15日发布了《中华人民共和国房产税暂行条例》，并从1986年10月1日起执行。当时规定房产税只对企业和中国公民征收，而对涉外企业和外籍人员仍实行原城市房地产税。经过多年实践：房产税并未达到预期目的。相反，由于内外两种房产税并存，企业税负不平等的矛盾日益突出，迫切需要对房产税进行改革。

一、房产税的纳税人

凡在中华人民共和国境内拥有房屋产权的单位和个人均为房产税的纳税义务人。其中，产权属于全民所有的，其经营管理的单位和个人为纳税义务人；产权出典的，承典人为纳税义务人；产权所有人、承典人不在房产所在地，或者产权未确定或租典纠纷未解决的，房产代管人或者使用人为纳税义务人。

二、房产税的纳税范围和计税依据

房产税的纳税对象是我国境内的房屋（房产）。房产税的纳税范围为城市、县城、工矿区、建制镇。

房产税以房产评估值（现仍按原值）为计税依据。房产评估值是指房产在评估时的市场价值。房产评估值由省、自治区、直辖市人民政府认定的专门资产评估机构进行评估。房产评估值由评估机构每3－5年评估一次，具体时间由省、自治区、直辖市人民政府确定。

三、房产税的税率

自用房产，按自用房产余值的1.2%；出租房产，按租金收入的12%。

四、房产税的减免

按房产税条例的规定，下列房产免征房产税：国家机关、人民团体、军队的房产；由国家财政部门拨付事业经费的单位的房产；宗教寺庙、公园、名胜古迹的房产；个人的房产。上述单位和个人用于生产经营的房产除外。房地产开发企业建造的商品房，在售出前，免缴房产税；但在售出前本企业已使用或出租、出借的商品房，应按规定缴纳房产税。

五、房产税应纳税额的计算和缴纳

实际操作时，可按以下两种方法计算：

第一种方法。按房产原值一次减除10%～30%后的余值计算。其计算公式如下：

年应纳税额＝房产账面原值×(1－10%～30%)×1.2%

第二种方法。按租金收入计算，其计算公式如下：

年应纳税额；年租金收入×适用税率（12%）

房产税按年计算，分期（月、季、半年）缴纳。购置新建商品房、存量房，出租、出借房产，房地产开发企业自用、出租、出借自建商品房，自交付使用或办理权属转移之次月起，计缴房产税和城镇土地使用税。具体缴纳期限，由省、自治区、直辖市人民政府规定。

六、房产税的会计处理

企业按规定缴纳的房产税，应在"管理费用"等账户中按实列支。

预提税金时：

借：管理费用等

　　贷：应交税费——应交房产税

缴纳税金时：

借：应交税费——应交房产税

　　贷：银行存款

【例8-1】 某企业2015年1月1日拥有房产原值660万元，其中有一部分房产为企业办幼儿园使用，原值100万元。当地政府规定，按原值一次减除20%后的余值纳税。按年计算，分月缴纳。税率为1.2%，计算该企业应纳房产税并作会计分录如下：

年应纳税额 =（660-100）×（1-20%）×1.2% =5.376（万元）

月应纳税额 =53 760÷12 =4 480（元）

每月预提税金时：

借：管理费用　　4 480

　　贷：应交税费——应交房产税　　4 480

每月缴纳税金时：

借：应交税费——应交房产税　　4 480

　　贷：银行存款　　4 480

【例8-2】 某公司2014年12月31日"固定资产"明细账中房屋原值240万元，2015年2月份公司将房产原值中的80万元房产租给其他单位使用，每年收取租金9.6万元。当地政府规定，对自用房屋，按房产原值扣除25%后作为房产余值，以1.2%的税率缴纳房产税；对出租房屋，按其租金收入12%的年税率缴纳房产税。房产税按年计算、分季缴纳。计算该公司1~3月份应纳房产税并作会计分录如下：

按房产余值计算年、月应纳的房产税：

年应纳税额 =240×（1-25%）×1.2% =2.16（万元）

月应纳税额 =21 600÷12 =1 800（元）（1月份）

2月份应纳房产税如下：

按房产余值计算：

年应纳税额 =（240-80）×（1-25%）×1.2% =1.44（万元）

月应纳税额 =14 400÷12 =1 200（元）

按租金收入计算：

年应纳税额 = 96 000 × 12% = 11 520（元）

月应纳税额 = 11 520 ÷ 12 = 960（元）

3 月份应纳房产税与 2 月份相同：

1 200 + 960 = 2160（元）

1 月份预提税金时：

借：管理费用　　1 800

　贷：应交税费——应交房产税　　1 800

2、3 月份预提税金时：

借：管理费用　　2 160

　贷：应交税费——应交房产税　　2 160

4 月初缴纳第一季度房产税时：

借：应交税费——应交房产税　　6 120

　贷：银行存款　　6 120

七、房产税纳税申报表填制

表 8-4　房产税纳税申报表

税款所属期：自　年　月　日至　年　月　日

填表日期：　年　月　日

金额单位：元至角分；面积单位：平方米

纳税人识别号□□□□□□□□□□□□□□□

纳税人信息	名称		纳税人分类	单位□　个人□
	登记注册类型	*	所属行业	*
	身份证件类型	身份证□　护照□　其他□	身份证件号码	
	联系人		联系方式	

续表

一、从价计征房产税											
	房产编号	房产原值	其中：出租房产原值	计税比例	税率	所属期起	所属期止	本期应纳税额	本期减免税额	本期已缴税额	本期应补（退）税额
1	*										
2	*										
3	*										
4	*										
5	*										
6	*										
7	*										
8	*										
9	*										
10	*										
合计	*	*	*	*	*	*	*				

二、从租计征房产税						
	本期申报租金收入	税率	本期应纳税额	本期减免税额	本期已缴税额	本期应补（退）税额
1						
2						
3						
合计		*				

以下由纳税人填写：					
纳税人声明	此纳税申报表是根据《中华人民共和国房产税暂行条例》和国家有关税收规定填报的，是真实的、可靠的、完整的。				
纳税人签章		代理人签章		代理人身份证号	
以下由税务机关填写：					
受理人		受理日期	年 月 日	受理税务机关签章	

本表一式两份，一份纳税人留存，一份税务机关留存。

填表说明

1. 本表适用于在中华人民共和国境内申报缴纳房产税的单位和个人。

2. 本表依据《中华人民共和国税收征收管理法》、《中华人民共和国房产税暂行条例》制定，为房产税纳税申报表主表。首次申报或变更申报时纳税人提交《从价计征房产税税源明细表》和《从租计征房产税税源明细表》后，本表由系统自动生成，无需纳税人手工填写，仅需签章确认。申报房产数量大于10个（不含10）的纳税人，建议采用网络申报方式，并可选用本表的汇总版进行申报。后续申报，纳税人税源明细无变更的，税务机关提供免填单服务，根据纳税人识别号，系统根据当期有效的房产税源明细信息自动生成本表，纳税人签章确认即可完成申报。

3. 纳税人识别号：填写税务机关赋予的纳税人识别号。

4. 纳税人名称：党政机关、企事业单位、社会团体的，应按照国家人事、民政部门批准设立或者工商部门注册登记的全称填写；纳税人是自然人的，应当按照本人有效身份证件上标注的姓名填写。

5. 纳税人分类：分为单位和个人，个人含个体工商户。

6. 登记注册类型*：单位，根据税务登记证或组织机构代码证中登记的注册类型填写；纳税人是企业的，根据国家统计局《关于划分企业登记注册类型的规定》填写。内资企业 国有企业 集体企业 股份合作企业 联营企业 国有联营企业 集体联营企业 国有与集体联营企业 其他联营企业 有限责任公司 国有独资公司 其他有限责任公司 股份有限公司 私营企业 私营独资企业 私营合伙企业 私营有限责任公司 私营股份有限公司 其他企业 港、澳、台商投资企业 合资经营企业（港或澳、台资）合作经营企业（港或澳、台资）港、澳、台商独资经营企业 港、澳、台商投资股份有限公司 其他港、澳、台商投资企业 外商投资企业 中外合资经营企业 中外合作经营企业 外资企业 外商投资股份有限公司 其他外商投资企业。该项可由系统根据纳税人识别号自动带出，无须纳税人填写。

7. 所属行业*：根据《国民经济行业分类》（GB/T 4754－2011）填写。该项可由系统根据纳税人识别号自动带出，无须纳税人填写。

8. 身份证件类型：填写能识别纳税人唯一身份的有效证照名称。纳税人为自然人的，必选。选择类型为：身份证、护照、其他，必选一项，选择"其他"的，请注明证件的具体类型。

9. 身份证件号码：填写纳税人身份证件上的号码。

10. 联系人、联系方式：填写单位法定代表人或纳税人本人姓名、常用联系电话及地址。

11. 房产编号*：纳税人不必填写。由税务机关的管理系统赋予编号，以识别。

12. 房产原值：本项为《从价计征房产税税源明细表》相应数据项的汇总值。

13. 出租房产原值：本项为《从价计征房产税税源明细表》相应数据项的汇总值。

14. 计税比例：系统应当允许各地自行配置。配置好后，系统预设在表单中。

15. 税率：系统预设，无需纳税人填写，并允许各地自行配置。从价配置默认1.2%，从租配置默认12%。

16. 所属期起：税款所属期内税款所属的起始月份。起始月份不同的房产应当分行填写。默认为税款所属期的起始月份。但是，当《从价计征房产税税源明细表》中取得时间晚于税款所属期起始月份的，所属期起为“取得时间”的次月；《从价计征房产税税源明细表》中经核准的困难减免的起始月份晚于税款所属期起始月份的，所属期起为“经核准的困难减免的起始月份”；《从价计征房产税税源明细表》中变更类型选择信息项变更的，变更时间晚于税款所属期起始月份的，所属期起为“变更时间”。

17. 所属期止：税款所属期内税款所属的终止月份。终止月份不同的房产应当分行填写。默认为税款所属期的终止月份。但是，当《从价计征房产税税源明细表》中变更类型选择“纳税义务终止”的，变更时间早于税款所属期终止月份的，所属期止为“变更时间”；《从价计征房产税税源明细表》中“经核准的困难减免的终止月份”早于税款所属期终止月份的，所属期止为“经核准的困难减免的终止月份”。

18. 本期应纳税额：本项为《从价计征房产税税源明细表》和《从租计征房产税税源明细表》相应数据项的汇总值。

19. 本期减免税额：本项为按照税目分别从《从价计征房产税税源明细表》或《从租计征房产税税源明细表》月减免税额与税款所属期实际包含的月份数自动计算生成。

20. 带星号（*）的项目不需要纳税人填写。

21. 逻辑关系：

（1）从价计征房产税的本期应纳税额 = Σ（房产原值 - 出租房产原值）× 计税比例 × 税率 ÷ 12 ×（所属期止月份 - 所属期起月份 + 1）；

（2）从价计征房产税的本期应补（退）税额 = 本期应纳税额 - 本期减免税额 - 本期已缴税额；

（3）从租计征房产税的本期应纳税额 = Σ本期应税租金收入 × 适用税率；

（4）从租计征房产税的本期应补（退）税额 = 本期应纳税额 - 本期减免税额 - 本期已缴税额。

（5）从价计征本期减免税额 = Σ《从价计征房产税税源明细表》月减免税额 ×

（所属期止月份 - 所属期起月份 +1）

（6）从租计征本期减免税额 = ∑《从租计征房产税税源明细表》月减免税额 ×（所属期止月份 - 所属期起月份 +1）

第三节　印花税会计

一、印花税的性质和意义

印花税是对经济活动和经济交往中书立、领受的凭证征收的一种税。它属于行为课税。因其采用在凭证上粘贴印花税票的方法征税，故名印花税。

1624 年，荷兰率先开征印花税。解放前，我国就有此税种。1950 年政务院公布了《印花税暂行条例》1958 年税制改革时，将印花税并入工商统一税。随着改革开放日益扩大，商品经济迅速发展，国内和国际间经济交往更趋频繁。为了使国民经济健康稳定地发展，保护经营者合法权益，客观上要求建立社会主义市场经济的新秩序。在这种形势下，国家先后颁布了一系列经济法规，在经济活动中依法书立各种凭证已成为客观需要。因此，国务院于 1988 年 8 月正式颁布了《中华人民共和国印花税暂行条例》，决定从 1988 年 10 月 1 日起恢复征收印花税。

在我国现阶段征收印花税具有多方面的意义，如图 8 - 1 所示。

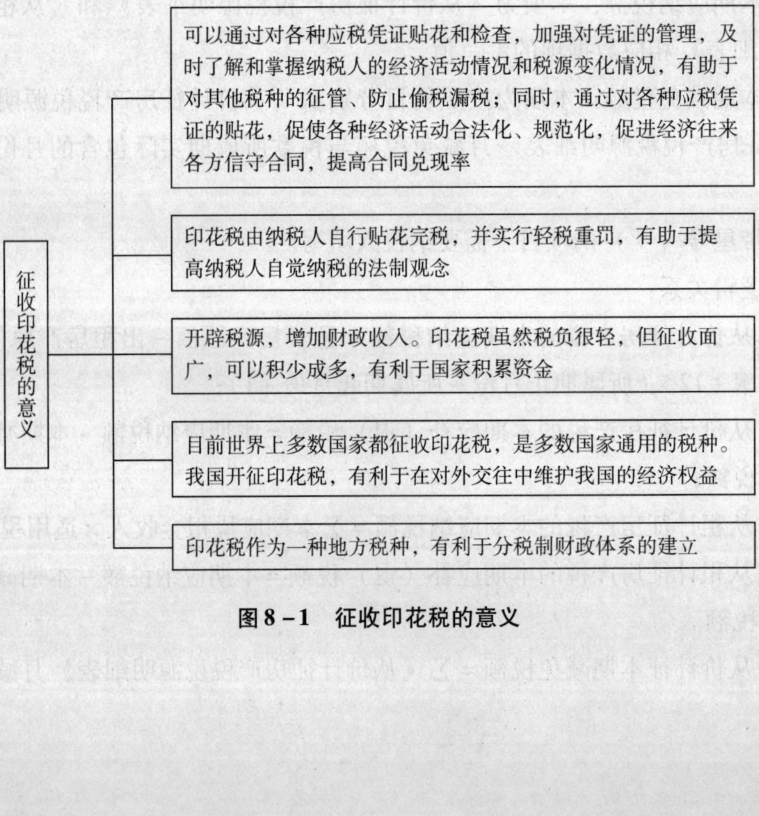

图 8 - 1　征收印花税的意义

二、印花税的纳税范围和纳税人

凡是在中华人民共和国境内书立、领受和在中国境外书立，但在中国境内具有法律效力、受中国法律保护的下列凭证，均属于印花税纳税的范围。具体包括：购销、加工承揽、建筑工程承包、财产租赁、货物运输、仓储保管、借款、财产保险、技术等合同或者具有合同性质的凭证；产权转让书据，包括财产所有权、版权、商标专用权、专利权、专有技术使用权等转移书据；营业账簿，包括单位和个人从事生产经营活动所设立的各种账册；专利、许可证照，包括房屋产权证、工商营业执照、商标注册证、专利证、土地使用证；经财政部确定征收的其他凭证。

凡是在中华人民共和国境内书立、领受上述税法列举凭证的单位和个人，都是印花税的纳税人。

根据书立、领受应纳税凭证的不同，纳税人可分别称为立合同人、立账簿人、立据人和领受人。对合同、书据等由两方或两方以上当事人共同书立的凭证，其当事人各方都是纳税人，各自就所持凭证的金额纳税。对政府部门发给的权利许可证照，领受人为纳税人。对某些应税凭证由当事人的代理人代为书立，则代理人有代为纳税的义务。

三、印花税的税目、税率

（一）税目

印花税的税目，指印花税法明确规定的应当纳税的项目，它具体划定了印花税的征税范围。一般地说，列入税目的就要征税，未列入税目的就不征税。印花税共有 13 个税目，即：

1. 购销合同。

包括供应、预购、采购、购销结合及协作、调剂、补偿、贸易等合同。此外，还包括出版单位与发行单位之间订立的图书、报纸、期刊和音像制品的应税凭证，例如订购单、订数单等。还包括发电厂与电网之间、电网与电网之间（国家电网公司系统、南方电网公司系统内部各级电网互供电量除外）签订的购售电合同。但是，电网与用户之间签订的供用电合同不属于印花税列举征税的凭证，不征收印花税。

2. 加工承揽合同。

包括加工、定做、修缮、修理、印刷广告、测绘、测试等合同。

3. 建设工程勘察设计合同。包括勘察、设计合同。

4. 建筑安装工程承包合同。

包括建筑、安装工程承包合同。承包合同，包括总承包合同、分包合同和转包合同。

5. 财产租赁合同。

包括租赁房屋、船舶、飞机、机动车辆、机械、器具、设备等合同，还包括企业、个人出租门店、柜台等签订的合同。

6. 货物运输合同。

包括民用航空、铁路运输、海上运输、公路运输和联运合同，以及作为合同使用的单据。

7. 仓储保管合同。

包括仓储、保管合同，以及作为合同使用的仓单、栈单等。

8. 借款合同。

银行及其他金融组织与借款人（不包括银行同业拆借）所签订的合同，以及只填开借据并作为合同使用、取得银行借款的借据。银行及其他金融机构经营的融资租赁业务，是一种以融物方式达到融资目的的业务，实际上是分期偿还的固定资金借款，因此融资租赁合同也属于借款合同。

9. 财产保险合同。

包括财产、责任、保证、信用保险合同，以及作为合同使用的单据。财产保险合同，分为企业财产保险、机动车辆保险、货物运输保险、家庭财产保险和农牧业保险五大类。“家庭财产两全保险”属于家庭财产保险性质，其合同在财产保险合同之列，应照章纳税。

10. 技术合同。

包括技术开发、转让、咨询、服务等合同，以及作为合同使用的单据。

技术转让合同，包括专利申请权转让和非专利技术转让。

技术咨询合同，是当事人就有关项目的分析、论证、预测和调查订立的技术合同。但一般的法律、会计、审计等方面的咨询不属于技术咨询，其所立合同不贴印花。

技术服务合同，是当事人一方委托另一方就解决有关特定技术问题，如为改进产品结构、改良工艺流程、提高产品质量、降低产品成本、保护资源环境、实现安全操作、提高经济效益等提出实施方案，实施所订立的技术合同，包括技术服务合同、技术培训合同和技术中介合同。但不包括以常规手段或者为生产经营目的进行一般加工、修理、修缮、广告、印－刷、测绘、标准化测试，以及勘察、设计等既书立的合同。

11. 产权转移书据。

包括财产所有权和版权、商标专用权、专利权、专有技术使用权等转移书据和专利实施许可合同、土地使用权出让合同、土地使用权转让合同、商品房销售合同等权利转移合同。

所称产权转移书据，是指单位和个人产权的买卖、继承、赠与、交换、分割等所立的书据。“财产所有权”转移书据的征税范围，是指经政府管理机关登记注册的动产、不动产的所有权转移所立的书据，以及企业股权转让所立的书据，并包括个人无偿赠送不动产所签订的“个人无偿赠与不动产登记表”。当纳税人完税后，税务机关（或其他征收机关）应在纳税人印花税完税凭证上加盖“个人无偿赠与”印章。

12. 营业账簿。

指单位或者个人记载生产经营活动的财务会计核算账簿。营业账簿按其反映内容的不同，可分为记载资金的账簿和其他账簿。

记载资金的账簿，是指反映生产经营单位资本金数额增减变化的账簿。其他账簿，是指除上述账簿以外的有关其他生产经营活动内容的账簿，包括日记账簿和各明细分类账簿。

13. 权利、许可证照。

包括政府部门发给的房屋产权证、工商营业执照、商标注册证、专利证、土地使用证。

（二）税率

印花税采用比例税率和定额税率两种税率。

1. 比例税率。

印花税的比例税率共有四个档次，即：1‰、0.5‰、0.3‰、0.05‰。

（1）适用0.05‰税率的为“借款合同”。

（2）适用0.3‰税率的为“购销合同”、“建筑安装工程承包合同”、“技术合同”。

（3）适用0.5‰税率的为“加工承揽合同”、“建筑工程勘察设计合同”、“货物运输合同”、“产权转移书据”、“营业账簿”税目中记载资金的账簿。

（4）适用1‰税率的为“财产租赁合同”、“仓储保管合同”、“财产保险合同”。

2. 定额税率。

印花税的定额税率是按件定额贴花。每件5元。它主要适用于其他账簿、权利许可证照等。因为这些凭证不属资金账或没有金额记载，规定按件定额纳税，可以方便纳税和简化征管。

四、印花税应纳税额的计算

（一）按比例税率计算

先确定计税金额。各种凭证的计税依据在《印花税税目税率表》中都有明确规定。例如，购销合同的计税依据是购销金额，加工承揽合同的计税依据是加工或承揽收入。如果凭证只记载数量，没有记载金额，应按物价部门规定的价格计算确定计税金额；如果物价部门没有确定价格的，应按凭证书立时的市场价格计算确定计税金额。按比例税率计算税额的计算公式如下：

应纳税额＝凭证所载应税金额×适用税率

印花税最低税额为0.10元。按适用税率计算出的应纳税额不足0.10元的凭证，免贴印花税。应纳税额在0.10元以上的，按四舍五人规则，其尾数不满0.05元的不计，满0.05元的按0.10元计算。财产租赁合同最低纳税起点为1元，即税额超过0.10元，但不足1元的，按1元纳税。

（二）按定额税率计算

应纳税额：应税凭证件数×适用单位税额

【例8-3】 甲企业向乙企业购买钢材，双方签订购销合同，总价值为300 000元，合同书一式两份，计算应纳印花税。

因甲企业和乙企业都是签订合同的当事人，故均为纳税人。购销合同的税率为0.3‰，双方各应纳税额如下：

300 000×0.3‰＝90（元）

甲、乙两企业各自应购买印花税票90元，贴在各自留存的合同上，并在每枚税票骑缝处盖戳注销或划销。

【例8-4】 某企业于1月1日，新启用"实收资本"和"资本公积"账簿，期初余额分别为2 400 000元和800 000元。计算该企业"实收资本"和"资本公积"账簿应纳印花税额如下：

应纳税额＝(2 400 000＋800 000)×0.5‰＝1 600（元）。

五、贴花和免税规定

（一）纳税人贴花必须遵守的规定

1. 纳税人在应纳税凭证书立或领受时即行贴花完税，不得延至凭证生效日期贴花。

2. 印花税票应贴在应纳税凭证上，并由纳税人在每枚税票的骑缝处盖戳注销或划销，严禁揭下重用。

3. 已贴花的凭证，凡修改后所载金额增加的部分，应补贴印花。

4. 对已粘花的各类应纳税凭证，纳税人应按规定期限保管，不得私自销毁，以备纳税检查。

5. 合同在签订时无法确定计税金额时，采取两次纳税方法。签订合同时，先按每件合同定额贴花 5 元；结算时，再按实际金额和适用税率计税，补贴印花。

6. 不论合同是否兑现或是否按期兑现，已贴印花不得撕下重用，已缴纳的印花税款不得退税。

7. 未贴或少贴印花税票，除补贴印花税票外，应处以应补印花税票金额 50% 以上 5 倍以下倍罚款；已粘贴的印花税票，未注销或未划销的，税务机关可处以未注销、未划销印花税票金额 50% 以上 5 倍以下罚款；已贴用的印花税票揭下重用的，税务机关可处以重用印花税票金额 50% 以上 5 倍以下罚款。

（二）下列凭证免纳印花税

1. 已缴纳印花税的凭证的副本或抄本。

2. 财产所有人将财产赠给政府、社会福利单位、学校所立的书据。

3. 经财政部批准的其他凭证。包括：

（1）由国家指定的收购部门与村民委员会、农民个人书立的农副产品收购合同；

（2）无息、贴息贷款合同；

（3）外国政府或者国际金融组织向我国政府及国家金融机构提供优惠贷款所书立的合同等。

六、印花税的会计处理

企业缴纳的印花税，一般是自行计算、购买、贴花、注销，不会形成税款债务，为了简化会计处理，可以不通过“应交税费”账户核算，在缴纳时直接贷记“银行存款"账户。由于印花税的适用范围较广，其应记入账户应视业务的具体情况予以确定：若是固定资产、无形资产购销、转让、租赁，作为购买方或承受方、承租方，其支付的印花税应借记"固定资产"、"无形资产"、"管理费用"等账户；作为销售方或转让方、出租方，其支付的印花税应借记"固定资产清理"、"其他业务成本"等账户。在其他情况下，企业支付的印花税，则应借记"销售费用"、"管理费用"（如果一次购买印花税和缴纳税额较大时，需分期摊入费用，可通过"待摊费用"账户）账户。企业在债务重组时，债务人应缴的印花税，应借记"管理费用"账户，贷记"银行存款"账户；债权人则应借记"长期股权投资"账户，贷记"银行存款"账户。

【例8-5】 某建筑安装公司2015年1月承包某工厂建筑工程一项，工程造价为6 000万元，按照经济合同法，双方签订建筑承包工程合同。订立建筑安装承包合同，应按合同金额3‰。贴花。计算应纳印花税并作会计分录如下：

应纳税额 60 000 000 ×0.3‰ =18 000（元）

缴纳印花税时：

借：管理费用　　18 000

　贷：银行存款　　18 000

按规定，各种合同应于合同正式签订时贴花。建筑公司应在自己的合同正本上贴花18 000元，由于该份合同应纳税额超过500元，所以该公司应向税务机关申请填写缴款书或完税凭证，将其中一联粘贴在合同上或由税务机关在合同上加注完税标记。

【例8-6】 某公司于2015年6月份开业，领受房产证、工商营业执照、商标注册证、土地使用证各一件。公司营业账簿中，生产经营账册中实收资本300万元、资本公积80万元，其他账簿8本。计算应纳印花税并作会计分录如下：

领取权利、许可证照，应按件贴花5元。公司的生产经营账簿应按所载资本总额的0.5‰贴花，其他账簿应按件贴花5元。

应纳税额 =（3 000 000 +800 000）×0.5‰ +（8 ×5）+（4 ×5）

　　　　=1 900 +40 +20 =1 960（元）

缴纳印花税时：

借：管理费用　　1 960
　　贷：银行存款　　1 960

【例8-7】 某厂经营情况良好，2012年初，只就5份委托加工合同（合同总标的150万元）按每份5元粘贴了印花税票。经税务机关稽查，委托加工合同不能按件贴印花税票。该企业在此期间还与其他企业签订购销合同20份，合同总标的800万元。税务机关作出补缴印花税并对偷税行为作出应补缴印花税票款4倍的罚款。企业应计算补缴印花税并作会计分录如下：

补缴购销合同应补印花税额：

8 000 000 × 0.3‰ = 2 400（元）

委托加工合同应补印花税额：

1 500 000 × 0.5‰ - 25 = 725（元）

补缴税款时：

借：管理费用　　3 125
　　贷：银行存款　　3 125

上缴罚款时：

借：营业外支出——税务罚款　　12 500
　　贷：银行存款　　12 500

七、印花税纳税申报表填制

表8-5 印花税纳税申报（报告）表

税款所属期限：自　年　月　日至　年　月　日

填表日期：　年　月　日　　金额单位：元至角分

纳税人识别号□□□□□□□□□□□□□□□□□□□□

<table>
<tr><td rowspan="4">纳税人信息</td><td>名称</td><td colspan="2"></td><td>□单位　□个人</td></tr>
<tr><td>登记注册类型</td><td></td><td>所属行业</td><td></td></tr>
<tr><td>身份证件类型</td><td></td><td>身份证件号码</td><td></td></tr>
<tr><td>联系方式</td><td colspan="3"></td></tr>
</table>

续表

应税凭证	计税金额或件数	核定征收		适用税率	本期应纳税额	本期已缴税额	本期减免税额		本期应补（退）税额
		核定依据	核定比例				减免性质代码	减免额	
	1	2	3	4	5＝1×4＋2×3×4	6	7	8	9＝5－6－8
购销合同				0.3‰					
加工承揽合同				0.5‰					
建设工程勘察设计合同				0.5‰					
建筑安装工程承包合同				0.3‰					
财产租赁合同				1‰					
货物运输合同				0.5‰					
仓储保管合同				1‰					
借款合同				0.05‰					
财产保险合同				1‰					
技术合同				0.3‰					
产权转移书据				0.5‰					
营业帐簿（记载资金的帐簿）		—		0.5‰					
营业帐簿（其他帐簿）		—		5					
权利、许可证照		—		5					
合计	—	—		—					

以下由纳税人填写：

纳税人声明	此纳税申报表是根据《中华人民共和国印花税暂行条例》和国家有关税收规定填报的，是真实的、可靠的、完整的。

纳税人签章		代理人签章		代理人身份证号	

以下由税务机关填写：

受理人		受理日期	年 月 日	受理税务机关签章	

本表一式两份，一份纳税人留存，一份税务机关留存。

减免性质代码：减免性质代码按照税务机关最新制发的减免税政策代码表中的最细项减免性质代码填报。

第四节　城镇土地使用税会计

城镇土地使用税是以国有土地为征税对象，对拥有土地使用权的单位和个人征收的一种税。征收城镇土地使用税有利于促进土地的合理使用，调节土地级差收入，也有利于筹集地方财政资金。

一、城镇土地使用税的纳税范围和计税依据

土地使用税在城市、县城、建制镇、工矿区开征，凡是在纳税范围内的土地（农业用地除外），不论国家或集体，不论单位或个人，只要是非农业用地，都应照章缴纳土地使用税。目前，尚未对农村非农业用地计征。因此，该税全称为城镇土地使用税。

城市是指经国务院批准设立的市，其纳税范围为市区和郊区。郊区是指设立街道办事处和居民委员会的地区，不包括农村。

县城是指县人民政府所在地，其纳税范围是县政府所在地的城镇。

建制镇是指经省、自治区、直辖市人民政府批准设立的建制镇，其纳税范围是镇政府所在地，不包括所辖的其他村。

工矿区是指工商业比较发达，人口比较集中，符合国务院规定的建制镇标准，但尚未设立建制镇的大中型工矿企业所在地。工矿区必须经省、自治区、直辖市人民政府批准。

土地使用税以纳税人实际占用的土地面积为计税依据。土地占用面积的组织测量工作，由省、自治区、直辖市人民政府根据实际情况确定。税务机关根据纳税人实际使用的土地面积，按照规定的税额计算应纳税额。

由于土地测量工作技术性强，工作量大，凡纳税人持有政府部门核发的“土地使用证书”，以证书确认的土地使用面积为准；尚未核发土地使用证书的，由纳税人据实申报土地面积，待土地面积测定后，按测定面积进行调整。

二、城镇土地使用税的纳税人

土地使用税的纳税人是在我国境内使用土地的单位和个人。

拥有土地使用权的纳税人不在土地所在地的，该土地的代管人或实际使用人承担纳税义务；土地使用权未确定或权属纠纷未解决的，由实际使用人纳税；土地使用权为多方共有的，由共有各方分别纳税。

三、城镇土地使用税的税率

城镇土地使用税采用定额税率，即采用有幅度的差别税额，按大、中、小城市和县城、建制镇、工矿区分别规定每平方米土地使用税年应纳税额。具体标准如下：

1. 大城市 1.5～30 元；
2. 中等城市 1.2～24 元；
3. 小城市 0.9～18 元；
4. 县城、建制镇、工矿区 0.6～12 元。

大、中、小城市以公安部门登记在册的非农业正式户口人数为依据，按照国务院颁布的《城市规划条例》中规定的标准划分。人口在 50 万人以上者为大城市；人口在 20～50 万人之间者为中等城市；人口在 20 万人以下者为小城市。

四、城镇土地使用税的减免

1. 下列土地免缴土地使用税：

国家机关、人民团体、军队自用的土地（仅指这些单位的办公用地和公务用地），由国家财政部门拨付事业经费的单位自用的土地，宗教寺庙、公园、名胜古迹自用的土地（公园、名胜古迹中附设的营业单位、影剧院、饮食部、茶社、照相馆等均应按规定缴纳土地使用税）。

市政街道、广场、绿化地带等公用土地。直接用于农、林、牧、渔业的生产用地。经批准开山填海整治的土地和改造的废弃土地，从使用月份起免缴土地使用税 5—10 年。火电厂厂区围墙外的灰场、输灰管、输油（气）管、铁路专用线占地。水电站的除发电厂房、生产、生活、办公用地外的其他用地。供电部门的输电线路用地，变电站用地。水利设施及其管护用地。生产核系列产品的厂矿（生活区、办公室用地除外）。开航机场的机场飞行区用地，场内外通讯导航设施用地、飞行区四周排水防洪设施用地和机场场外道路用地。企业办的学校、医院、托儿所、幼儿园的自用土地。由财政部、国家税务局另行规定的能源、交通、水利设施用地及其他用地。农民自用住宅地。

2. 税收优惠政策：

根据《财政部 国家税务总局关于继续实行农产品批发市场 农贸市场房产税城镇土地使用税优惠政策的通知》（财税字［2016］1号），自2016年1月1日至2018年12月31日对专门经营农产品的农产品批发市场、农贸市场使用（包括自有和承租，下同）的房产、土地，暂免征收房产税和城镇土地使用税；对同时经营其他产品的农产品批发市场和农贸市场使用的房产、土地，按其他产品与农产品交易场地面积的比例确定征免房产税和城镇土地使用税。

农产品批发市场和农贸市场，是指经工商登记注册，供买卖双方进行农产品及其初加工品现货批发或零售交易的场所。农产品包括粮油、肉禽蛋、蔬菜、干鲜果品、水产品、调味品、棉麻、活畜、可食用的林产品以及由省、自治区、直辖市财税部门确定的其他可食用的农产品。

享受上述税收优惠的房产、土地，是指农产品批发市场、农贸市场直接为农产品交易提供服务的房产、土地。农产品批发市场、农贸市场的行政办公区、生活区，以及商业餐饮娱乐等非直接为农产品交易提供服务的房产、土地，不属于本规定的优惠范围，应按规定征收房产税和城镇土地使用税。

五、城镇土地使用税的纳税期限

土地使用税按年计算，分期缴纳。缴纳期限由省、自治区、直辖市人民政府确定。

新征用的土地，如属于耕地，自批准征用之日起满1年时开始缴纳土地使用税；如属于非耕地，则自批准征用次月起缴纳土地使用税。

六、城镇土地使用税的计算

土地使用税以纳税人实际使用的土地面积为依据，依照规定的税额，按年计算，分期缴纳。土地使用税的计算公式如下：

$$应纳税额 = 应税土地的实际使用面积 \times 适用单位税额$$

【例8-8】 某厂实际占用土地40 000平方米，其中企业自己办的托儿所用地200平方米，企业自己办的医院占地2 000平方米。该厂位于中等城市，当地人民政府核定该企业的土地使用税单位税额为9元/平方米。计算该厂年度应纳土地使用税税额。

按照规定，企业自办的托儿所、医院占用的土地，可以免征土地使用税，因而该厂年度应纳土地使用税如下：

应纳税额 =（40 000 – 200 – 2 000）×9 = 340 200（元）

【例 8 – 9】 某西服厂和光明招待所共同使用一块面积为 130 000 平方米的土地。其中，西服厂使用 78 000 平方米，光明招待所用地面积为 52 000 平方米，西服厂和光明招待所位于 30 万人的城市，当地政府核定的单位税额为该级幅度税额的最高额。西服厂和光明招待所各自缴纳多少土地使用税税额。

按照规定，土地使用权共有的，应按土地使用权共有的各方实际使用的土地面积，分别计算土地使用税。西服厂占用的土地面积是总土地面积的 60%，光明招待所占用的土地面积是总土地面积的 40%。因而西服厂、光明招待所应分别承担土地使用税 60% 和 40%。按照规定人口在 30 万人的城市是中等城市，中等城市的单位税额最高额为 8 元/平方米。则上述两单位应承担的土地使用税如下：

西服厂应纳税额 = 130 000 ×8 ×60% = 624 000（元）

光明招待所应纳税额 = 130 000 ×8 ×40% = 416 000（元）

七、城镇土地使用税的会计处理

缴纳土地使用税的单位，应于会计年度终了时预计应交税费数额，记入当期的"管理费用""销售费用""长期待摊费用"等账户；年终后，再与税务机关结算。

计提税金时：

借：管理费用、销售费用、长期待摊费用等

　　贷：应交税费——应交土地使用税

结算并上交时：

借：应交税费——应交土地使用税

　　贷：银行存款

【例 8 – 10】 某工业企业占用土地 4 000 平方米，该企业位于中等城市，当地人民政府核定该企业的土地使用税单位税额为9元/平方米。计算该企业应纳土地使用税并作会计分录如下：

应纳税额 =4 000 ×9 =36 000（元）

计提税金时：

借：管理费用　　36 000

　贷：应交税费——应交城镇土地使用税　　36 000

上缴时：

借：应交税费——应交城镇土地使用税　　36 000

　贷：银行存款　　36 000

【例8 -11】 某商业企业占用土地10 000平方米，其中企业办的学校自用地为3 000平方米，当地政府核定的土地使用税税额为2元/平方米。计算该企业应纳土地使用税并作会计分录如下：

应纳税额 =(10 000 -3 000) ×2 =14 000（元）

计提税金时：

借：销售费用　　14 000

　贷：应交税费——应交土地使用税　　14 000

结算时：

借：应交税费——应交土地使用税　　14 000

　贷：银行存款　　14 000

八、城镇土地使用税纳税申报表填制

表8 -6　城镇土地使用税纳税申报表

税款所属期：自　年　月　日至　年　月　日

填表日期：　年　月　日　　金额单位：元至角分；面积单位：平方米

纳税人识别号□□□□□□□□□□□□□□□□□□□□

纳税人信息	名称		纳税人分类	单位□　个人□
	登记注册类型	*	所属行业	*
	身份证件类型	身份证□ 护照□　其他□	身份证件号码	
	联系人		联系方式	

续表

<table>
<tr><td rowspan="5">申报
纳税
信息</td><td>土地
编号</td><td>宗地的
地号</td><td>土地
等级</td><td>税额
标准</td><td>土地
总面积</td><td>所属
期起</td><td>所属
期止</td><td>本期应
纳税额</td><td>本期减
免税额</td><td>本期已
缴税额</td><td>本期应
补（退）
税额</td></tr>
<tr><td>*</td><td></td><td></td><td></td><td></td><td></td><td></td><td></td><td></td><td></td><td></td></tr>
<tr><td>*</td><td></td><td></td><td></td><td></td><td></td><td></td><td></td><td></td><td></td><td></td></tr>
<tr><td>*</td><td></td><td></td><td></td><td></td><td></td><td></td><td></td><td></td><td></td><td></td></tr>
<tr><td colspan="3">合计</td><td>*</td><td></td><td>*</td><td>*</td><td></td><td></td><td></td><td></td></tr>
<tr><td colspan="12">以下由纳税人填写：</td></tr>
<tr><td colspan="2">纳税人声明</td><td colspan="10">此纳税申报表是根据《中华人民共和国城镇土地使用税暂行条例》和国家有关税收规定填报的，是真实的、可靠的、完整的。</td></tr>
<tr><td colspan="2">纳税人签章</td><td colspan="2"></td><td colspan="2">代理人签章</td><td></td><td colspan="3">代理人身份证号</td><td colspan="2"></td></tr>
<tr><td colspan="12">以下由税务机关填写：</td></tr>
<tr><td colspan="2">受理人</td><td colspan="2"></td><td colspan="2">受理日期</td><td>年 月 日</td><td colspan="3">受理税务
机关签章</td><td colspan="2"></td></tr>
</table>

本表一式两份，一份纳税人留存，一份税务机关留存。

填表说明

1. 本表适用于在中华人民共和国境内申报缴纳城镇土地使用税的单位和个人。

2. 本表为城镇土地使用税纳税申报表主表，依据《中华人民共和国税收征收管理法》、《中华人民共和国城镇土地使用税暂行条例》制定。首次申报或变更申报时纳税人提交《城镇土地使用税税源明细表》后，本表由系统自动生成，无需纳税人手工填写，仅需签章确认。申报土地数量大于10个（不含10）的纳税人，建议采用网络申报方式，并可选用本表的汇总版进行确认，完成申报。后续申报，纳税人税源明细无变更的，税务机关提供免填单服务，根据纳税人识别号，系统自动打印本表，纳税人签章确认即可完成申报。

3. 纳税人识别号（必填）：填写税务机关赋予的纳税人识别号。

4. 纳税人名称（必填）：党政机关、企事业单位、社会团体的，应按照国家人事、民政部门批准设立或者工商部门注册登记的全称填写；纳税人是自然人的，应当按照本人有效身份证件上标注的姓名填写。

5. 纳税人分类（必选）：分为单位和个人，个人含个体工商户。

6. 登记注册类型*：单位，根据税务登记证或组织机构代码证中登记的注册类型填写；纳税人是企业的，根据国家统计局《关于划分企业登记注册类型的规定》填写。内资企业 国有企业 集体企业 股份合作企业 联营企业 国有联营企业 集体联

营企业 国有与集体联营企业 其他联营企业 有限责任公司 国有独资公司 其他有限责任公司 股份有限公司 私营企业 私营独资企业 私营合伙企业 私营有限责任公司 私营股份有限公司 其他企业 港、澳、台商投资企业 合资经营企业（港或澳、台资）合作经营企业（港或澳、台资）港、澳、台商独资经营企业 港、澳、台商投资股份有限公司 其他港、澳、台商投资企业 外商投资企业 中外合资经营企业 中外合作经营企业 外资企业 外商投资股份有限公司 其他外商投资企业。该项可由系统自动带出，无须纳税人填写。

7. 所属行业＊：根据《国民经济行业分类》（GB/T 4754－2011）填写。该项可由系统自动带出，无须纳税人填写。

8. 身份证件类型：填写能识别纳税人唯一身份的有效证照名称。纳税人为自然人的，必选。选择类型为：身份证、护照、其他，必选一项，选择“其他”的，请注明证件的具体类型。

9. 身份证件号码：填写纳税人身份证件上的号码。

10. 联系人、联系方式（必填）：填写单位法定代表人或纳税人本人姓名、常用联系电话及地址。

11. 土地编号＊：纳税人不必填写。由税务机关的管理系统赋予编号，以识别。

12. 宗地的地号：土地证件记载的地号。不同地号的土地应当分行填写。无地号的，不同的宗地也应当分行填写。

13. 土地等级（必填）：根据本地区关于土地等级的有关规定，填写纳税人占用土地所属的土地的等级。不同土地等级的土地，应当按照各个土地等级汇总填写。

14. 税额标准：根据土地等级确定，可由税务机关系统自动带出。

15. 土地总面积（必填）：此面积为全部面积，包括减免税面积。本项为《城镇土地使用税税源明细表》“占用土地面积”的汇总值。。

16. 所属期起：税款所属期内税款所属的起始月份。起始月份不同的土地应当分行填写。默认为税款所属期的起始月份。但是，当《城镇土地使用税税源明细表》中土地取得时间晚于税款所属期起始月份的，所属期起为“取得时间”的次月；《城镇土地使用税税源明细表》中经核准的困难减免的起始月份晚于税款所属期起始月份的，所属期起为“经核准的困难减免的起始月份”；《城镇土地使用税税源明细表》中变更类型选择信息项变更的，变更时间晚于税款所属期起始月份的，所属期起为“变更时间”。

17. 所属期止：税款所属期内税款所属的终止月份。终止月份不同的土地应当分行填写。默认为税款所属期的终止月份。但是，当《城镇土地使用税税源明细表》中变更类型选择“纳税义务终止”的，变更时间早于税款所属期终止月份的，所属期止为“变更时间”；《城镇土地使用税税源明细表》中“经核准的困难减免的终止月份”早于税款所属期终止月份的，所属期止为“经核准的困难减免的终止月份”。

18. 本期应纳税额：根据《城镇土地使用税税源明细表》有关数据项自动计算生成。本期应纳税额 = ∑占用土地面积 × 税额标准 ÷ 12 ×（所属期止月份 – 所属期起月份 +1）。

19. 本期减免税额：本项根据《城镇土地使用税税源明细表》月减免税额与税款所属期实际包含的月份数自动计算生成，本期减免税额 = ∑《城镇土地使用税税源明细表》月减免税额 ×（所属期止月份 – 所属期起月份 +1）。

20. 逻辑关系：本期应补（退）税额 = 本期应纳税额 – 本期减免税额 – 本期已缴税额。

21. 带星号（*）的项目不需要纳税人填写。

第五节　车辆购置税会计

根据发展社会主义市场经济的要求，为进一步规范政府行为，深化财税体制改革，正确处理税费关系，遏制各种乱收费，参照国际惯例，以税收为主体筹集交通基础设施维护和建设资金，促进汽车工业和道路、水路等相关事业的健康发展，国务院于2000年10月22日颁布《中华人民共和国车辆购置税暂行条例》，于2001年1月1日起实施并取代车辆购置费。

一、车辆购置税的纳税人

在我国境内购置应税车辆的单位和个人为车辆购置税的纳税人。“单位”指各类企业和事业单位、社会团体、国家机关、部队等，“个人”指个体工商户及其他个人。“购置”包括购买、进口、自产、受赠、获奖或以其他方式取得并自用应税车辆的行为。

二、车辆购置税的纳税范围和计税依据

纳税范围包括各类汽车、各类摩托车、电车（有轨、无轨）、挂车（全挂、半挂）、农用运输车（三轮、四轮）。

根据2014年国家税务总局令33号《车辆购置税征收管理办法》，车辆购置税计税价格按照以下情形确定：

1. 纳税人购买自用的应税车辆，计税价格为纳税人购买应税车辆而支付给销售者的全部价款和价外费用，不包含增值税税款；

2. 纳税人进口自用的应税车辆：

计税价格 = 关税完税价格 + 关税 + 消费税

3. 纳税人购买自用或者进口自用应税车辆，申报的计税价格低于同类型应税车辆的最低计税价格，又无正当理由的，计税价格为国家税务总局核定的最低计税价格；

4. 纳税人自产、受赠、获奖或者以其他方式取得并自用的应税车辆的计税价格，主管税务机关参照国家税务总局规定的最低计税价格核定；

5. 国家税务总局未核定最低计税价格的车辆，计税价格为纳税人提供的有效价格证明注明的价格。有效价格证明注明的价格明显偏低的，主管税务机关有权核定应税车辆的计税价格；

6. 进口旧车、因不可抗力因素导致受损的车辆、库存超过3年的车辆、行驶8万公里以上的试验车辆、国家税务总局规定的其他车辆，计税价格为纳税人提供的有效价格证明注明的价格。纳税人无法提供车辆有效价格证明的，主管税务机关有权核定应税车辆的计税价格；

7. 免税条件消失的车辆，自初次办理纳税申报之日起，使用年限未满10年的，计税价格以免税车辆初次办理纳税申报时确定的计税价格为基准，每满1年扣减10%；未满1年的，计税价格为免税车辆的原计税价格；使用年限10年（含）以上的，计税价格为0。

三、车辆购置税的税率和应纳税额的计算

车辆购置税实行从价定率计算方法，税率为10%。

应纳税额 = 计税价格 × 10%

【例8－12】 某公司2012年1月份以97 000元（含税）购买夏利2 000型汽车一辆，该车型最低计税价格为119 980元；4月份又以同样价格购买同样车型汽车一辆，这时的最低计税价格为97 000元。应交车购税计算如下：

1 月份：119 980 ÷（1 +17%）×10% =10 255（元）

4 月份：97 000 ÷（1 +17%）×10% =8 291（元）

四、车辆购置税的免税

免税对象：（1）外国驻华使馆、领事馆和国际组织驻华机构及外交人员的车辆；（2）军队的车辆；（3）设有固定装置的非运输车辆；（4）国务院规定的其他减免税。

减免税车辆因转让、改变用途更原因不再属于减免税车辆时，应在办理过户手续前或办理变更注册登记手续前缴纳车辆购置税，其最低计税价格按下式计算：

规定使用年限为：国产车辆按十年计算，进口车辆按 15 年计算，超过规定使用年限的车辆不再缴税。

五、车辆购置税的缴纳

纳税人购置应税车辆，应向车辆登记注册地的主管税务机关申报纳税；购置不需要办理车辆登记注册手续的车辆，应向纳税人所在地的主管税务机关申报纳税。

纳税人应自购买日、进口日、受赠、获奖等取得日起，六十天内进行纳税申报。

车辆购置税为一次征收制，纳税人应一次缴清。纳税人应在向公安机关车辆管理机构办理车辆登记注册前，缴纳车辆购置税。缴税后，主管税务机关应给纳税人开具"车辆购置税完税证明"，纳税人需持"车辆购置税完税证明"，到公安机关办理车辆登记注册手续；"完税证明"每车一证，随车携带，以备检查。

六、车辆购置税的会计处理

企业购买、进口、自产、受赠、获奖以及以其他方式取得并自用的应税车辆应交车辆购置税，或者当初购置的属于减免税的车辆在转让或改变用途后，按规定应补交车辆购置税，在按规定期限缴纳车购税后，会计根据有关凭证，借记"固定资产"等账户，贷记"银行存款"账户（也可以通过"应交税费"账户）。

【例8-13】 某公司6月份购进一辆小汽车，增值税专用发票所列价款22万元，增值税额3.74万元，7月份到主管税务机关缴纳车辆购置税。

6月份作会计分录如下：

应交车辆购置税 = 220 000 × 10% = 22 000（元）

借：固定资产——车辆　　279 400

　贷：银行存款、应付账款等　　257 400

　　　应交税费——应交车辆购置税　　22 000

7月份作会计分录如下：

借：应交税费——应交车辆购置税　　22 000

　贷：银行存款　　22 000

第六节 车船税会计

车船税是指对在中华人民共和国境内拥有车船的单位和个人征收的一种税。

一、车船税的纳税人

车船税的纳税人是指在中华人民共和国境内拥有车船的单位和个人。

所谓“拥有”，是指拥有车船的产权。只要拥有车船的所有权，不论其是否使用，均需照章纳税。如有租赁关系，所有权人与使用人不一致时，应由租赁双方协商确定纳税人，租赁双方未商定的，使用人为纳税人。

二、车船税的纳税范围和计税依据

车船税的纳税对象是税法规定的车辆和船舶。纳税范围包括机动车、非机动车和船舶。机动车包括乘人车、载货车、二轮摩托车、三轮摩托车；非机动车包括畜力车、人力车、自行车等；船舶包括机动船、非机动船。

车船税对各类车船分别以辆、净吨位和载重吨位为计税依据。除载货车以外的各种车辆，不论是机动车还是非机动车，均按辆计征；载货车和机动船按净吨位计征；非机动船按载重吨位计征。

三、车船税的税率

车船使用税的船舶税额表和车辆税额表，如表 8－7 所示。

表 8－7

目录		计税单位	年基准税额（元）	备注
乘用车按发动机气缸容量（排气量分档）	1.0 升（含）以下的	每辆	60～360	核定载客人数 9 人（含）以下
	1.0 升以上至 1.6 升（含）的		300～540	
	1.6 升以上至 2.0 升（含）的		360～660	
	2.0 升以上至 2.5 升（含）的		660～1 200	
	2.5 升以上至 3.0 升（含）的		1 200～2 400	
	3.0 升以上至 4.0 升（含）的		2 400～3 600	
	4.0 升以上的		3 600～5 400	
商用车	客车	每辆	480～1 440	核定载客人数 9 人（包括电车）以上
	货车	整备质量每吨	16～120	1. 包括半挂牵引车、挂车、客货两用汽车、三轮汽车和低速载货汽车等。2. 挂车按照货车税额的 50% 计算
其他车辆	专用作业车	整备质量每吨	16～120	不包括拖拉机
	轮式专用机械车	整备质量每吨	16～120	
摩托车		每辆	36～180	
船舶	机动船舶	净吨位每吨	3～6	拖船、非机动驳船分别按照机动船舶税额的 50% 计算；游艇的税额另行规定
	游艇	艇身长度每米	600～2 000	

四、车船税的免税

（一）法定减免

1. 捕捞、养殖渔船。是指在渔业船舶登记管理部门登记为捕捞船或者养殖船的船舶。

2. 军队、武装警察部队专用的车船。是指按照规定在军队、武装警察部队车船管理部门登记，并领取军队、武警牌照的车船。

3. 警用车船。是指公安机关、国家安全机关、监狱、劳动教养管理机关和人民法院、人民检察院领取警用牌照的车辆和执行警务的专用船舶。

4. 依照法律规定应当予以免税的外国驻华使领馆、国际组织驻华代表机构及其有关人员的车船。

5. 自2012年1月1日起，对节约能源的车辆，减半征收车船税；对适用新能源的车辆，免征车船税；对受严重自然灾害影响纳税困难以及有其他特殊原因确需减税、免税的，可以减征或者免征车船税。

使用新能源的车辆包括纯电动汽车、燃料电池汽车和混合动力汽车。纯电动汽车、燃料电池汽车不属于车船税征收范围，其他混合动力汽车按照同类车辆适用税额减半征税。

6. 省、自治区、直辖市人民政府根据当地实际情况，可以对公共交通车船，农村居民拥有并主要在农村地区使用的摩托车、三轮汽车和低速载货汽车定期减征或者免征车船税。

（二）特定减免

1. 经批准临时入境的外国车船和香港特别行政区、澳门特别行政区、台湾地区的车船，不征收车船税。

2. 按照规定缴纳船舶吨税的机动船舶，自车船税法实施之日起5年内免征车船税。

3. 依法不需要在车船登记管理部门登记的机场、港口、铁路站场内部行驶或作业的车船，自车船税法实施之日起5年内免征车船税。

五、车船税应纳税额的计算和缴纳

车船税应纳税额的计算公式如下：

应纳税额＝计税标准×年税额

各类不同车船的具体计算公式如下：

机动车（不包括载货车）和非机动车应纳税额＝车辆数×适用单位税额

机动船和载货车应纳税额＝净吨位数×适用单位税额

非机动船应纳税额：载重吨位数×适用单位税额

车船税实行按年征收、分期缴纳，纳税期限由省、自治区、直辖市人民政府确定。

六、车船税的会计处理

企业按规定缴纳的车船税，应在"管理费用"账户中列支，并作会计分录如下：

预提月份税金时：

借：管理费用

　　贷：应交税费

缴纳税金时：

借：应交税费

　　贷：银行存款

【例8－14】　某公司拥有乘用车2辆，年税额400元；货车120吨位，年每吨税额60元。按季预缴车船税。计算应纳车船税并作会计分录如下：

年应纳税额＝2×400＋120×60＝8 000（元）

季应缴税额＝8 000÷4＝2 000（元）

每季预提税金时：

借：管理费用	2 000	
贷：应交税费——应交车船税		2 000

每季缴纳税金时：

借：应交税费——应交车船税	2 000	
贷：银行存款		2 000

第七节 耕地占用税会计

一、耕地占用税的概念

耕地占用税法是指国家制定的调整耕地占用税征收与缴纳权利及义务关系的法律规范。现行耕地占用税法的基本规范，是2007年12月1日国务院重新颁布的《中华人民共和国耕地占用税暂行条例》(以下简称《耕地占用税暂行条例》)。

耕地占用税是对占用耕地建房或从事其他非农业建设的单位和个人，就其实际占用的耕地面积征收的一种税，它属于对特定土地资源占用课税。

二、耕地占用税的纳税人

耕地占用税的纳税义务人，是占用耕地建房或从事非农业建设的单位和个人。

所称单位，包括国有企业、集体企业、私营企业、股份制企业、外商投资企业、外国企业以及其他企业和事业单位、社会团体、国家机关、军队以及其他单位；所称个人，包括个体工商户以及其他个人。

三、耕地占用税的纳税范围和纳税对象

耕地占用税的征税范围包括纳税人为建房或从事其他非农业建设而占用的国家所有和集体所有的耕地。

耕地指种植农业作物的土地，包括菜地、园地。其中，园地包括花圃、苗圃、茶园、果园、桑园和其他种植经济林木的土地。

占用鱼塘及其他农用土地建房或从事其他非农业建设，也视同占用耕地，必须依法征收耕地占用税。占用已开发从事种植、养殖的滩涂、草场、水面和林地等从事非农业建设，由省、自治区、直辖市本着有利于保护土地资源和生态平衡的原则，结合具体情况确定是否征收耕地占用税。

四、耕地占用税的计税依据和税率

耕地占用税的计税依据是实际占用耕地的面积数量。以平方米为单位，采用定额税率，一次征收，并以县为单位，根据人均占用耕地的多少，规定有幅度的税率。

一般说，人口稠密、人均耕地较少、经济比较发达、非农业占地问题比较突出、土地质量较好的地方，税率就高些；反之，税率就低些。农民新建自用住宅，则从轻征税。具体规定如下：

（1）以县为单位，人均耕地在1亩以下（含1亩）的地区，10～50元/平方米；

（2）人均耕地在1～2亩（含2亩）的地区，8～40元/平方米；人均耕地在2～3亩（含3亩）的地区，6～30元/平方米；人均耕地在3亩以上的地区，5～25元/平方米；农村居民占用耕地新建住宅，按上述规定税额减半征收；经济特区、经济技术开发区和经济发达、人均耕地特别少的地区，适用税额可以适当提高，但是最高不得超过上述规定税额的50%。

为协调税收政策，避免毗邻地区税额悬殊，以利于组织开展征收管理工作，保证耕地占用税的顺利实施，财政部对各省、自治区、直辖市统一核定的每平方米平均税额为：上海市45元，北京市40元，天津市35元，浙江、福建、江苏、广东省各为30元，湖北、湖南、辽宁省各为25元，河北、山东、江西、安徽、河南、四川省各为22.5元，广西、陕西、贵州、云南省区各为20元，山西、黑龙江、吉林各为17.5元，甘肃、宁夏、青海、新疆省区各为12.5元。

各省、自治区、直辖市对所属县（市）的适用税额，可根据不同情况，有差别地核定，但全省平均数不得低于上述核定的平均税额。

五、耕地占用税的减免

（一）免征耕地占用税

1. 军事设施占用耕地。

2. 学校、幼儿园、养老院、医院占用耕地。

学校范围，包括由国务院人力资源社会保障行政部门，省、自治区、直辖市人民政府或其人力资源社会保障行政部门批准成立的技工院校。

（二）减征耕地占用税

1. 铁路线路、公路线路、飞机场跑道、停机坪、港口、航道占用耕地，减按每平方米2元的税额征收耕地占用税。

根据实际需要，国务院财政、税务主管部门商国务院有关部门并报国务院批准后，可以对前款规定的情形免征或者减征耕地占用税。

2. 农村居民占用耕地新建住宅，按照当地适用税额减半征收耕地占用税。

农村烈士家属、残疾军人、鳏寡孤独以及革命老根据地、少数民族聚居区和边远贫困山区生活困难的农村居民，在规定用地标准以内新建住宅缴纳耕地占用税确有困难的，经所在地乡（镇）人民政府审核，报经县级人民政府批准后，可以免征或者减征耕地占用税。

免征或者减征耕地占用税后，纳税人改变原占地用途，不再属于免征或者减征耕地占用税情形的，应当按照当地适用税额补缴耕地占用税。

耕地占用税由地方税务机关负责征收。土地管理部门在通知单位或者个人办理占用耕地手续时，应当同时通知耕地所在地同级地方税务机关。获准占用耕地的单位或者个人应当在收到土地管理部门的通知之日起30日内缴纳耕地占用税。土地管理部门凭耕地占用税完税凭证或者免税凭证和其他有关文件发放建设用地批准书。

纳税人临时占用耕地，应当依照本条例的规定缴纳耕地占用税。纳税人在批准临时占用耕地的期限内恢复所占用耕地原状的，全额退还已经缴纳的耕地占用税。

占用林地、牧草地、农田水利用地、养殖水面以及渔业水域滩涂等其他农用地建房或者从事非农业建设的，比照本条例的规定征收耕地占用税。建设直接为农业生产服务的生产设施占用前款规定的农用地的，不征收耕地占用税。

六、耕地占用税的纳税环节和纳税期限

（一）纳税环节

耕地占用税的纳税环节，按占用耕地的时间，分为用地前纳税和用地后纳税。用地前纳税，又可分为用地批准前纳税和批准后、划拨用地前纳税。

（二）纳税期限

纳税人必须在土地管理部门批准占用耕地之日起30日内缴纳耕地占用税。但由于纳税的环节不同，纳税期限也有不同：实行用地批准前纳税的，只要求在申请用地至报批前纳税；实行用地批准后，划拨用地前纳税的，应以用地单位接到土地管理部门的批准用地通知或财政部门下达纳税通知书之日算起30日内缴纳耕地占用税；实行用地后纳税的，要求纳税人从占用耕地之日算起30日内向征收机关申报纳税。

七、耕地占用税的计算

耕地占用税的计税依据是实际占用耕地的数量。

耕地占用税实行的是定额税制，采取差别税率，即按各地区人均耕地面积的数量，确定每平方米适用的税额。

耕地占用税的税额，是以县为单位，按人均占用耕地的多少，并参考经济发展

情况而确定。

（一）一般纳税人应纳税额的计算

【例8-15】 江西省某县一食品加工厂征用一块面积为15 000平方米的菜地进行食品加工生产，江西省规定耕地占用税的单位税额执行国家核定的标准，即4.5元/平方米。计算应纳耕田占用税如下：

应纳耕地占用税税额=15 000×4.5=67 500（元）

【例8-16】 某民用机场征用耕地2 000万平方米。其中修建飞机跑道、停机坪、候机楼、指挥塔、雷达设施占用耕地为1 958万平方米，修建飞行员及职工地勤人员宿舍楼用地2万平方米，修建俱乐部用地20万平方米，修建饮食服务部用地15万平方米，修建影剧院用地5万平方米。因该机场所在地区是人均耕地1亩以下的地区，政府规定缴纳耕地占用税应使用幅度税额的上限，即10元/平方米。计算该机场应纳耕田占用税。

按照规定，民用机场占用耕地中，飞机跑道、停机坪、候机楼、指挥塔、雷达设施等占用部分免税。其余占用耕地应纳耕地占用税如下：

应纳税额=(20 000+200 000+150 000+50 000)×10=4 200 000（元）

（二）农村居民占用耕地的计算

农村居民，指农业户口的居民，包括渔民、牧民在内。他们占用耕地建设自用的住宅，可按规定税额减半征收。其计算公式如下：

应纳税额=实际占用耕地面积×单位税额×50%

【例8-17】 陕西省某农民经批准占用100平方米耕地建住宅自用，国家核定的陕西省耕地占用税单位税额是4元/平方米，而农民占用耕地建住宅自用，按规定税额减半征收。计算该农民应纳耕地占用税如下：

应纳税额=100×4×50%=200（元）

（三）公路建设占用耕地的计算

公路建设耕田占用缴税的计算公式如下：

应纳税额=实际占用耕地面积×规定税额

【例8－18】 新疆为修建公路征用某县300万平方米耕地，该县人均耕地为1.3亩。财政部核定平均税额每平方米不足5元的地区，公路建设占用耕地按每平方米1.5元缴纳耕地占用税。新疆核定的税额为2.5元，不足5元，故按每平方米1.5元缴纳耕地占用税。计算应纳耕地占用税如下：

应纳税额＝3 000 000×1.5＝4 500 000（元）

八、耕地占用税的会计处理

由于耕地占用税于占用耕地时一次性缴纳，建设单位可将其记入“长期待摊费用”账户，计算出应交耕地占用税后，借记“长期待摊费用”账户，贷记“应交税费—应交耕地占用税”账户。持续经营中的企业因占用耕地而应交耕地占用税时，应借记“在建工程”账户，贷记“应交税费—应交耕地占用税”账户或直接贷记“银行存款”账户。

【例8－19】 某新建服装厂征用一块面积为1万平方米的耕地建厂，当地核定的单位税额是4元/平方米。计算该厂应纳耕地占用税并作会计分录如下：

应纳税额＝10 000×4＝40 000（元）

在筹建期间计提税金时：

借：长期待摊费用——开办费　　40 000

　　贷：应交税费——应交耕地占用税　　40 000

开始生产经营当月：

借：管理费用　　40 000

　　贷：长期待摊费用——开办费　　40 000

若该厂不作为建设单位而作为生产企业时：

借：在建工程　　40 000

　　贷：应交税费——应交耕地占用税　　40 000

缴纳税款时：

借：应交税费——应交耕地占用税　　40 000

　　贷：银行存款　　40 000

第八节 契税会计

契税是因房屋买卖，典当，赠与或交换而发生产权转移时，依据当事人双方订立的契约，由承受人缴纳的一种税。契税是一种行为税，在我国有悠久的历史。它起源于1600年前东晋的“估税”。北宋时期，契税逐渐趋于完备。元、明、清等都征收契税，直至今日。1950年4月3日，由政务院颁布《契税暂行条例》，在全国城市和已完成土改的乡村征收契税。后来，国家规定土地不准自由买卖，许多城市对私房进行了社会主义改造，契税的征收范围缩小了。但是，只要发生房屋买卖、典当、赠与、交换等产权转移，仍应按规定征收契税。近年来，随着改革开放和国民经济的发展，国家与企业投资兴建了大量商品房，并鼓励城乡私人建房、买房、原有私房陆续退还原房主，这样，房屋买卖等产权转移情况增多，契税税源也随之不断扩大。改革开放后，我国从1990年恢复征收契税。1997年7月7日，国务院发布了《中华人民共和国契税暂行条例》，并从当年10月1日起实施。在我国现有24个税种中，契税是近年增长最快的税种，在地方固定税收收入中，排名第二，仅次于城建税，年收入接近500亿元。

一、契税的纳税人

在我国境内转移土地、房屋权属，承受的单位和个人为该税的纳税人。

契税的纳税人为房屋的产权承受人。包括购买人、承典人、赠与承受人。以房屋抵债的买卖行为，以债权人为纳税人。承典人转典房，新的承典人为纳税人。具体包括：城镇、乡村的居民个人；私营组织和个体工商户；港、澳台同胞及华侨；外资企业、外国人。

转移土地、房屋权属是指下列行为：

1. 国有土地使用权出让；

2. 土地使用权转让，包括出售、赠与和交换；不包括农村集体土地承包经营权的转移；

3. 房屋买卖；

4. 房屋赠与；

5. 房屋交换。

二、契税的计税依据

契税的计税依据如下：

1. 国有土地使用权出让、土地使用权出售、房屋买卖，为成交价格；

2. 土地使用权赠与、房屋赠与，由征收机关参照土地使用权出售、房屋买卖的市场价格核定；

3. 土地使用权交换、房屋交换，为所交换的土地使用权、房屋的价格的差额。

成交价格明显低于市场价格并且无正当理由的，或者所交换土地使用权、房屋的价格的差额明显不合理并且无正当理由的，由征收机关参照市场价格核定。

三、契税的税率

契税实行幅度比例税率。契税税率为3%～5%。

契税的适用税率，由省、自治区、直辖市人民政府在前款规定的幅度内按照本地区的实际情况确定，并报财政部和国家税务总局备案。

四、契税的减免

有下列情形之一的，减征或者免征契税：

1. 国家机关、事业单位、社会团体、军事单位承受土地、房屋用于办公、教学、医疗、科研和军事设施的，免征契税；

2. 城镇职工按规定第一次购买公有住房的，免征契税；

3. 因不可抗力灭失住房而重新购买住房的，酌情准予减征或者免征契税；

4. 土地、房屋被县级以上人民政府征用、占用后，重新承受土地、房屋权属的，是否减征或者免征契税，由省、自治区、直辖市人民政府确定。

5. 纳税人承受荒山、荒沟、荒丘、荒滩土地使用权，用于农、林、牧、渔业生产的，免征契税。

6. 依照我国有关法律规定以及我国缔结或参加的双边和多边条约或协定的规定应当予以免税的外国驻华使馆、领事馆、联合国驻华机构及其外交代表、领事官员和其他外交人员承受土地、房屋权属的，经外交部确认，可以免征契税。

经批准减征、免征契税的纳税人，改变有关土地、房屋的用途的，就不再属于减征、免征契税范围，并且应当补缴已经减征、免征的税款。

根据财政部、国家税务总局、住房和城乡建设部颁布的《关于调整房地产交易环节契税 营业税优惠政策的通知》(财税〔2016〕23号),除北京市、上海市、广州市和深圳市以外的其他地区适用房地产交易环节契税的优惠政策,自2016年2月22日起执行。房地产交易环节契税的优惠政策如下:

对个人购买家庭唯一住房(家庭成员范围包括购房人、配偶以及未成年子女,下同),面积为90平方米及以下的,减按1%的税率征收契税;面积为90平方米以上的,减按1.5%的税率征收契税。

对个人购买家庭第二套改善性住房,面积为90平方米及以下的,减按1%的税率征收契税;面积为90平方米以上的,减按2%的税率征收契税。

五、契税的缴纳办法

契税的纳税义务发生时间,为纳税人签订土地、房屋权属转移合同的当天,或者纳税人取得其他具有土地、房屋权属转移合同性质凭证的当天。

纳税人应当自纳税义务发生之日起10日内,向土地、房屋所在地的契税征收机关办理纳税申报,并在契税征收机关核定的期限内缴纳税款。

纳税人办理纳税事宜后,契税征收机关应当向纳税人开具契税完税凭证。

纳税人应当持契税完税凭证和其他规定的文件材料,依法向土地管理部门、房产管理部门办理有关土地、房屋的权属变更登记手续。

纳税人来出具契税完税凭证的,土地管理部门、房产管理部门不予办理有关土地、房屋的权属变更登记手续。

六、契税的计算

契税应纳税额的计算公式如下:

应纳税额 = 计税依据 × 税率

应纳税额以人民币计算。转移土地、房屋权属以外汇结算的,按照纳税义务发生之日中国人民银行公布的人民币市场汇率中间价折合成人民币计算。

七、契税的会计处理

(一)企业的会计处理

企业取得房屋、土地使用权后,计算应交契税时:

借：固定资产、无形资产

　　贷：应交税费——应交契税

企业缴纳税金时：

借：应交税费——应交契税

　　贷：银行存款

企业也可以不通过“应交税费—应交契税”账户。当实际缴纳契税时，借记“固定资产”、“无形资产”账户，贷记“银行存款”账户。

【例8-20】 某企业以980万元购得一块土地的使用权，当地规定契税税率为3%，计算应纳契税并作会计分录如下：

应纳税额=980×3%=29.4（万元）

借：无形资产——土地使用权	294 000	
贷：银行存款		294 000

【例8-21】 A企业以一栋房屋换取B公司一栋房屋，房屋交换契约写明：A企业房屋价值5 000万元，B公司房屋价值3 600万元。经税务机关核实，认为A、B双方房屋价值与契约写明价值基本相符。此项房屋交换，B公司应是房屋产权的承受人，是多得的一方，应为契税的纳税人；假设B公司所在地契税税率为5%。计算B公司应纳契税并作会计分录如下：

应交契税=(5 000-3 600)×5%=70（万元）

计提税金时：

借：固定资产	14 700 000	
贷：应付账款——A企业		14 000 000
应交税费——应交契税		700 000

上交契税时：

借：应交税费——应交契税	700 000	
贷：银行存款		700 000

（二）事业单位的会计处理

取得土地使用权时：

借：无形资产——土地使用权

　　贷：银行存款

取得房屋产权时：

借：固定资产

　　贷：固定基金

借：专用基金——修购基金

　　事业支出

　　贷：银行存款

第九节　城市维护建设税及教育费附加会计

一、城市维护建设税概述及纳税人

城市维护建设税是对从事工商经营，缴纳增值税、消费税、营业税的单位和个人征收的一种税。新中国成立以来，我国城市建设和维护在不同时期都取得了较大成绩，但国家在城市建设方面一直资金不足。1979 年以前，我国用于城市维护建设的资金来源由当时的工商税附加、城市公用事业附加和国家下拨城市维护费组成。1985 年 2 月 8 日国务院正式颁布了《城市维护建设税暂行条例》，并于 1985 年 1 月 1 日在全国范围内施行。

城市维护建设税的纳税义务人，是指负有缴纳增值税、消费税和营业税（以下简称“三税”）义务的单位和个人，包括国有企业、集体企业、私营企业、股份制企业、其他企业和行政单位、事业单位、军事单位、社会团体、其他单位，以及个体工商户及其他个人。

自 2010 年 12 月 1 日起，对外商投资企业、外国企业及外籍个人（以下简称“外资企业”）征收城市维护建设税。对外资企业 2010 年 12 月 1 日（含）之后发生纳税义务的增值税、消费税、营业税征收城市维护建设税；对外资企业 2010 年 12 月 1 日之前发生纳税义务的“三税”。不征收城市维护建设税。

城市维护建设税的代扣代缴、代收代缴，一律比照增值税、消费税、营业税的有关规定办理。增值税、消费税、营业税的代扣代缴、代收代缴义务人同时也是城市维护建设税的代扣代缴、代收代缴义务人。

二、城市维护建设税的税率

城市维护建设税的税率，是指纳税人应缴纳的城市维护建设税税额与纳税人实际缴纳的“三税”税额之间的比率。城市维护建设税按纳税人所在地的不同，设置了三档地区差别比例税率，除特殊规定外，即：

（1）纳税人所在地为市区的，税率为7%。

（2）纳税人所在地为县城、镇的，税率为5%。

（3）纳税人所在地不在市区、县城或者镇的，税率为1%；开采海洋石油资源的中外合作油（气）田所在地在海上，其城市维护建设税适用1%的税率。

城市维护建设税的适用税率，应当按纳税人所在地的规定税率执行。但是，对下列两种情况，可按缴纳“三税”所在地的规定税率就地缴纳城市维护建设税：

（1）由受托方代扣代缴、代收代缴“三税”的单位和个人，其代扣代缴、代收代缴的城市维护建设税按受托方所在地适用税率执行；

（2）流动经营等无固定纳税地点的单位和个人，在经营地缴纳“三税”的，其城市维护建设税的缴纳按经营地适用税率执行。

三、城市维护建设税的计税依据

城市维护建设税的计税依据，是指纳税人实际缴纳的“三税”税额。纳税人违反“三税”有关税法而加收的滞纳金和罚款，是税务机关对纳税人违法行为的经济制裁，不作为城市维护建设税的计税依据，但纳税人在被查补“三税”和被处以罚款时，应同时对其偷漏的城市维护建设税进行补税、征收滞纳金和罚款。

城市维护建设税以“三税”税额为计税依据并同时征收，如果要免征或者减征“三税”，也就要同时免征或者减征城市维护建设税。

但对出口产品退还增值税、消费税的，不退还已缴纳的城市维护建设税。

自2005年1月1日起，经国家税务总局正式审核批准的当期免抵的增值税税额应纳入城市维护建设税和教育费附加的计征范围，分别按规定的税（费）率征收城市维护建设税和教育费附加。2005年1月1日前，已按抵免的增值税税额征收的城市维护建设税和教育费附加不再退还，未征的不再补征。

四、城市维护建设税应纳税额的计算和缴纳

城市维护建设税纳税人的应纳税额大小是由纳税人实际缴纳的“三税”税额决定的，其计算公式为：

应纳税额＝纳税人实际缴纳的增值税、消费税、营业税税额×适用税率

城市维护建设税的纳税环节，是指《城市维护建设税暂行条例》规定的纳税人应当缴纳城市维护建设税的环节。城市维护建设税的纳税环节，实际就是纳税人缴纳“三税”的环节。纳税人只要发生“三税”的纳税义务，就要在同样的环节，分

别计算缴纳城市维护建设税。

五、城市维护建设税税收优惠

城市维护建设税原则上不单独减免，但因城市维护建设税又具附加税性质，当主税发生减免时，城市维护建设税相应发生税收减免。城市维护建设税的税收减免具体有以下几种情况：

1. 城市维护建设税按减免后实际缴纳的“三税”税额计征，即随“三税”的减免而减免。

2. 对于因减免税而需进行“三税”退库的，城市维护建设税也可同时退库。

3. 海关对进口产品代征的增值税、消费税，不征收城市维护建设税。

4. 对“三税”实行先征后返、先征后退、即征即退办法的，除另有规定外，对随“三税”附征的城市维护建设税和教育费附加，一律不退（返）还。

5. 为支持国家重大水利工程建设，对国家重大水利工程建设基金免征城市维护建设税。

六、城市维护建设税的会计处理

企业核算应缴纳城市维护建设税时，应设置“应交税费—应交城市维护建设税”账户。

【例 8-22】 某汽车厂所在地为省会，当月实际已纳增值税 275 万元，消费税 400 万元，营业税 25 万元。则应纳城市维护建设税并作会计分录如下：

计提税金时：

借：营业税金及附加　　490 000

　　贷：应交税费——应交城市维护建设税　　490 000

缴纳税款时：

借：应交税费——应交城市维护建设税　　490 000

　　贷：银行存款　　490 000

七、教育费附加的纳税人

教育费附加是对缴纳增值税、消费税、营业税的单位和个人，就其实际缴纳的税额为计算依据征收的一种附加费。

教育费附加是为加快地方教育事业，扩大地方教育经费的资金而征收的一项专用基金。1984 年，国务院颁布了《关于筹措农村学校办学经费的通知》，开征了农村教育事业经费附加。1985 年，中共中央作出了《关于教育体制改革的决定》，指出必须在国家增拨教育基本建设投资和教育经费的同时，充分调动企、事业单位和其他各种社会力量办学的积极性，开辟多种渠道筹措经费。为此，国务院于 1986 年 4 月 28 日颁布了《征收教育费附加的暂行规定》，决定从同年 7 月 1 日开始在全国范围内征收教育费附加。自 2006 年 9 月 1 日起施行的《中华人民共和国教育法》规定："税务机关依法足额征收教育费附加，由教育行政部门统筹管理，主要用于实施义务教育。省、自治区、直辖市人民政府根据国务院的有关规定，可以决定开征用于教育的地方附加费，专款专用。"2010 年财政部下发了《关于统一地方教育附加政策有关问题的通知》对各省、市、自治区的地方教育附加进行了统一。

八、教育费附加的计算和缴纳

教育费附加计征比率曾几经变化。1986 年开征时，规定为 1%；1990 年 5 月《国务院关于修改〈征收教育费附加的暂行规定〉的决定》中规定为 2%；按照 1994 年 2 月 7 日《国务院关于教育费附加征收问题的紧急通知》的规定，现行教育费附加征收比率为 3%。

教育费附加的计算公式为：

应纳教育费附加 = 实际缴纳的增值税、消费税、营业税 × 征收比率（3% 或 2%）

九、教育费附加的减免规定

1. 对海关进口的产品征收的增值税、消费税，不征收教育费附加。

2. 对由于减免增值税、消费税和营业税而发生退税的，可同时退还已征收的教育费附加。但对出口产品退还增值税、消费税的，不退还已征的教育费附加。

3. 对国家重大水利工程建设基金免征教育费附加。

十、教育费附加的会计处理

教育费附加的计算方法，与城市维护建设税基本相同。企业核算应缴纳教育费附加时，应设置“应交税费—应交教育费附加”账户。

【例8-23】 仍以【例8-22】，教育费附加计征率为3%，计算应交教育费附加并作会计分录如下：

应交教育费附加 =(275+400+25)×3% =21（万元）

计提教育费附加时：

借：营业税金及附加　　210 000

　　贷：应交税费——应交教育费附加　　210 000

缴纳教育费附加时：

借：应交税费——应交教育费附加　　210 000

　　贷：银行存款　　210 000

第九章

税务会计特殊业务

本章导读

在前面的章节，我们重点介绍了各大税种在不同情况下的账务处理。随着我国经济的不断发展，新生事物层出不穷，新的商业模式也是不断涌现。对于一些特殊业务，权利义务关系比较复杂，往往涉及多个税种，在本章，我们着重介绍几种特殊业务的税务关系及账务处理。

第一节　研发费用的会计与税务处理

企业会计准则规定，企业研究阶段的支出全部费用化，计入当期损益；开发阶段的支出符合条件的才能资本化，不符合资本化条件的计入当期损益。

企业所得税法规定，企业从事新技术、新产品、新工艺等研发活动发生的研究开发费用，可以在计算应纳税所得额时加计扣除。

科学技术是第一生产力，为贯彻落实科技规划纲要精神，鼓励企业自主创新，企业所得税法中规定了企业研发费用的加计扣除优惠政策，这一规定有利于引导企业增加研发费用投入，提高我国企业核心竞争力。

一、会计处理

对于企业自行进行的研究开发项目，企业会计准则要求区分研究阶段与开发阶段两部分分别核算。

在开发阶段，判断可以将有关支出资本化确认为无形资产的条件包括：

（1）完成该无形资产以使其能够使用或出售在技术上具有可行性；

（2）具有完成该无形资产并使用或出售的意图；

（3）无形资产产生经济利益的方式，包括能够证明运用该无形资产生产的产品；

（4）有足够的技术、财务资源和其他资源支持，以完成该无形资产的开发，并有能力使用或出售该无形资产；

（5）归属于该无形资产开发阶段的支出能够可靠计量。

只有同时满足上述条件的，才能确认为无形资产。如果确实无法区分研究阶段的支出和开发阶段的支出，应将其所发生的研发支出全部费用化，计入当期损益。

内部开发活动形成的无形资产，其成本由可直接归属于该资产的创造、生产并使该资产能够以管理层预定的方式运作的所有必要支出组成，包括开发该无形资产时耗费的材料、劳务成本、注册费、在开发该无形资产过程中使用的其他专利权和特许权的摊销、按照《企业会计准则第17号——借款费用》的规定资本化的利息支出，以及为使该无形资产达到预定用途前所发生的其他费用。在开发无形资产过程中发生的除上述可直接归属于无形资产开发活动的其他销售费用、管理费用等间接费用、无形资产达到预定用途前发生的可辨认的无效和初始运作损失、为运行该无形资产发生的培训支出等不构成无形资产的开发成本。

账务处理时，相关费用未满足资本化条件的，借记"研发支出——费用化支出"科目，满足资本化条件的，借记"研发支出——资本化支出"科目，同时贷记"原材料"、"银行存款"、"应付职工薪酬"等科目。研究开发项目达到预定用途形成无形资产的，应按"研发支出——资本化支出"科目的余额，借记"无形资产"科目，贷记"研发支出——资本化支出"科目。

企业购买正在进行中的研究开发项目，应先按确定的金额，借记"研发支出——资本化支出"科目，贷记"银行存款"等科目。以后发生的研发支出，区分资本化部分和费用化部分比照上述规定进行处理。

二、税务处理

研究开发费，是指企业为开发新技术、新产品、新工艺发生的研究开发费用，未形成无形资产计入当期损益的，在按照规定据实扣除的基础上，按照研究开发费用的50%加计扣除；形成无形资产的，按照无形资产成本的150%摊销。

从2008年1月1日起，可以加计扣除的研究开发费按下列相关规定执行：

1. 研究开发费是指从事规定范围内的研究开发活动发生的相关费用。研究开发活动是指企业为获得科学与技术（不包括人文、社会科学）新知识，创造性运用科学技术新知识，或实质性改进技术、工艺、产品（服务）而持续进行的具有明确目标的研究开发活动。

创造性运用科学技术新知识，或实质性改进技术、工艺、产品（服务），是指企业通过研究开发活动在技术、工艺、产品（服务）方面的创新取得了有价值的成果，对本地区（省、自治区、直辖市或计划单列市）相关行业的技术、工艺领先具有推动作用，不包括企业产品（服务）的常规性升级或对公开的科研成果直接应用等活动（如直接采用公开的新工艺、材料、装置、产品、服务或知识等）。

2. 企业从事《国家重点支持的高新技术领域》和国家发展改革委员会等部门公布的《当前优先发展的高技术产业化重点领域指南（2007 年度）》规定项目的研究开发活动，其在一个纳税年度中实际发生的下列费用支出，允许在计算应纳税所得额时按照规定实行加计扣除。

（1）新产品设计费、新工艺规程制定费以及与研发活动直接相关的技术图书资料费、资料翻译费。

（2）从事研发活动直接消耗的材料、燃料和动力费用。

（3）在职直接从事研发活动人员的工资、薪金、奖金、津贴、补贴。

（4）专门用于研发活动的仪器、设备的折旧费或租赁费。

（5）专门用于研发活动的软件、专利权、非专利技术等无形资产的摊销费用。

（6）专门用于中间试验和产品试制的模具、工艺装备开发及制造费。

（7）勘探开发技术的现场试验费。

（8）研发成果的论证、评审、验收费用。

自 2013 年 1 月 1 日起，企业从事研发活动发生的下列费用支出，可纳入税前加计扣除的研究开发费用范围：

（1）企业依照国务院有关主管部门或者省级人民政府规定的范围和标准为在职直接从事研发活动人员缴纳的基本养老保险费、基本医疗保险费、失业保险费、工伤保险费、生育保险费和住房公积金。

（2）专门用于研发活动的仪器、设备的运行维护、调整、检验、维修等费用。

（3）不构成固定资产的样品、样机及一般测试手段购置费。

（4）新药研制的临床试验费。

（5）研发成果的鉴定费用。

3. 对企业共同合作开发的项目，凡符合上述条件的，由合作各方就自身承担的研发费用分别按照规定计算加计扣除。

4. 对企业委托给外单位进行开发的研发费用，凡符合上述条件的，由委托方按照规定计算加计扣除，受托方不得再进行加计扣除。

对委托开发的项目，受托方应向委托方提供该研发项目的费用支出明细情况，否则，该委托开发项目的费用支出不得实行加计扣除。

5. 企业根据财务会计核算和研发项目的实际情况，对发生的研发费用进行收益化或资本化处理的，可按下述规定计算加计扣除：

（1）研发费用计人当期损益未形成无形资产的，允许再按其当年研发费用实际发生额的 50%，直接抵扣当年的应纳税所得额。

（2）研发费用形成无形资产的，按照该无形资产成本的 150% 在税前摊销。除法律另有规定外，摊销年限不得低于 10 年。

6. 法律、行政法规和国家税务总局规定不允许企业所得税前扣除的费用和支出项目，均不允许计入研究开发费用。

7. 企业未设立专门的研发机构或企业研发机构同时承担生产经营任务的，应对研发费用和生产经营费用分开进行核算，准确、合理地计算各项研究开发费用支出，对划分不清的，不得实行加计扣除。

8. 企业必须对研究开发费用实行专账管理，同时必须按照《企业研究开发费用税前扣除管理办法（试行）》（国税发［2008］116 号）附表的规定项目，准确归集填写年度可加计扣除的各项研究开发费用实际发生金额。企业应于年度汇算清缴所得税申报时向主管税务机关报送本办法规定的相应资料。申报的研究开发费用不真实或者资料不齐全的，不得享受研究开发费用加计扣除，主管税务机关有权对企业申报的结果进行合理调整。

企业在一个纳税年度内进行多个研究开发活动的，应按照不同开发项目分别归集可加计扣除的研究开发费用额。

9. 企业申请研究开发费加计扣除时，应向主管税务机关报送如下资料：

（1）自主、委托、合作研究开发项目计划书和研究开发费预算。

（2）自主、委托、合作研究开发专门机构或项目组的编制情况和专业人员名单。

（3）自主、委托、合作研究开发项目当年研究开发费用发生情况归集表。

（4）企业总经理办公会或董事会关于自主、委托、合作研究开发项目立项的决议文件。

（5）委托、合作研究开发项目的合同或协议。

（6）研究开发项目的效用情况说明、研究成果报告等资料。

10. 企业实际发生的研究开发费，在年度中间预缴所得税时，允许据实计算扣除，在年度终了进行所得税年度申报和汇算清缴时，再依照规定计算加计扣除。

11. 企业可以聘请具有资质的会计师事务所或税务师事务所，出具当年可加计扣除研发费用专项审计报告或鉴证报告。

12. 主管税务机关对企业申报的研究开发项目有异议的，可要求企业提供地市级（含）以上政府科技部门出具的研究开发项目鉴定意见书。

13. 企业研究开发费各项目的实际发生额归集不准确、汇总额计算不准确的，主管税务机关有权调整其税前扣除额或加计扣除额。

14. 企业集团研究开发费用按下列规定处理：

（1）企业集团根据生产经营和科技开发的实际情况，对技术要求高、投资数额大，需要由集团公司进行集中开发的研究开发项目，其实际发生的研究开发费，可以按照合理的分摊方法在受益集团成员公司间进行分摊。

（2）企业集团采取合理分摊研究开发费的，企业集团应提供集中研究开发项目的协议或合同，该协议或合同应明确规定参与各方在该研究开发项目中的权利和义务、费用分摊方法等内容。如不提供协议或合同，研究开发费不得加计扣除。

（3）企业集团采取合理分摊研究开发费的，企业集团集中研究开发项目实际发生的研究开发费，应当按照权利和义务、费用支出和收益分享一致的原则，合理确定研究开发费用的分摊方法。

（4）企业集团采取合理分摊研究开发费的，企业集团母公司负责编制集中研究开发项目的立项书、研究开发费用预算表、决算表和决算分摊表。

（5）税企双方对企业集团集中研究开发费的分摊方法和金额有争议的，如企业集团成员公司设在不同省、自治区、直辖市和计划单列市的，企业按照国家税务总局的裁决意见扣除实际分摊的研究开发费；企业集团成员公司在同一省、自治区、直辖市和计划单列市的，企业按照省税务机关的裁决意见扣除实际分摊的研究开发费。

三、案例分析

研发费用的涉税会计处理

2010 年年初，甲公司经董事会批准研发某项新型技术并按法律程序申请取得一项专利权。该公司在当年研究开发过程中消耗的原材料成本为 562 万元，直接参与研究开发人员的工资及福利费 804 万元，用银行存款支付的其他费用 234 万元，共计 1 600 万元。其中，研究阶段支出 320 万元，开发阶段符合资本化条件前发生的支出 580 元，符合资本化条件后发生的支出 700 万元。2010 年年底，该项新型技术已经用于产品生产而达到预定用途，预计使用寿命为 10 年，净残值为零，采用直线法摊销其价值。2010年度利润表中的利润总额为2 000万元；假定2011年度利润表中的利润总额仍为2 000万元，适用税率改为25%，除研发费用外，没有其他纳税调整事项。

根据《企业会计准则第6号—无形资产》和财政部、国家税务总局颁布的《关于企业技术创新有关企业所得税优惠政策的通知》（财税［2006］88号）等相关规定，甲公司的账务处理如下：

1. 发生研发支出时。

借：研发支出——费用化支出　　9 000 000

　　研发支出——资本化支出　　7 000 000

　　贷：原材料　　5 620 000

　　　　应付职工薪酬　　8 040 000

　　　　银行存款　　2 340 000

2. 不符合资本化条件的研发支出计入当期损益时。

借：管理费用　　9 000 000

　　贷：研发支出——费用化支出　　9 000 000

3. 同时满足无形资产的各项条件确认为无形资产时。

借：无形资产　　7 000 000

　　贷：研发支出——资本化支出　　7 000 000

4. 2010年度应交所得税和递延所得税。

（1）当期应纳税所得税额＝20 000 000－9 000 000×50%＝15 500 000（元）

应交所得税＝15 500 000 ×25%＝3 875 000（元）

借：所得税费用——当期所得税费用　　3 875 000

　　贷：应交税费——应交所得税　　3 875 000

（2）递延所得税：自行开发的无形资产初始确认时不影响会计利润和应纳税所得额，所以不确认递延所得税。

5. 2010年度摊销无形资产价值。

借：制造费用——专利权摊销　　700 000

　　贷：累计摊销　　700 000

6. 2011年度当期应交所得税和递延所得税。

（1）当期应交所得税应纳税所得税＝20 000 000－（700 000×150%－700 000）＝19 650 000（元）

应交所得税＝19 650 000 ×25%＝4 912 500（元）

借：所得税费用——当期所得税费用　　4 912 500

贷：应交税费——应交所得税　　4 912 500

（2）递延所得税：因为初始确认时不确认递延所得税，后期持有摊销也不确认递延所得税。

第二节　股份支付的会计与税务处理

股份支付，是指企业为获取职工和其他方提供服务而授予权益工具或者承担以权益工具为基础确定的负债的交易。

股份支付分为以权益结算的股份支付和以现金结算的股份支付。以权益结算的股份支付，是指企业为获取服务以股份或其他权益工具作为对价进行结算的交易。以现金结算的股份支付，是指企业为获取服务承担以股份或其他权益工具为基础计算确定的交付现金或其他资产义务的交易。

授予日，是指股份支付协议获得批准的日期。其中“获得批准”，是指企业与职工或其他方就股份支付的协议条款和条件已达成一致，该协议获得股东大会或类似机构的批准。等待期，是指可行权条件得到满足的期间。可行权日，是指可行权条件得到满足、职工和其他方具有从企业取得权益工具或现金的权利的日期。行权日，是指职工和其他方行使权利、获取现金或权益工具的日期。

一、会计处理

我国《企业会计准则第11号—股份支付》规范了股份支付的相关会计处理。

1. 以权益结算的股份支付。

在会计处理上，以权益结算的股份支付换取职工提供服务的，应当以授予职工权益工具的公允价值计量。授予后立即可行权的换取职工服务的以权益结算的股份支付，应当在授予日按照权益工具的公允价值计入相关成本或费用，相应增加资本公积。

完成等待期内的服务或达到规定业绩条件才可行权的换取职工服务的以权益结算的股份支付，在等待期内的每个资产负债表日，应当以对可行权权益工具数量的最佳估计为基础，按照权益工具授予日的公允价值，将当期取得的服务计入相关成本或费用和资本公积。在资产负债表日，后续信息表明可行权权益工具的数量与以前估计不同的，应当进行调整，并在可行权日调整至实际可行权的权益工具数量。

对于可行权条件为规定服务期间的股份支付，等待期为授予日至可行权日的期间；对于可行权条件为规定业绩的股份支付，应当在授予日根据最可能的业绩结果预计等待期的长度。

企业在可行权日之后不再对已确认的相关成本或费用和所有者权益总额进行调整。以权益结算的股份支付换取其他方服务的，应当分别下列情况处理：第一，其他方服务的公允价值能够可靠计量的，应当按照其他方服务在取得日的公允价值，计入相关成本或费用，相应增加所有者权益。第二，其他方服务的公允价值不能可靠计量但权益工具公允价值能够可靠计量的，应当按照权益工具在服务取得日的公允价值，计入相关成本或费用，相应增加所有者权益。

在行权日，企业根据实际行权的权益工具数量，计算确定应转入实收资本或股本的金额，将其转入实收资本或股本。

2. 以现金结算的股份支付。

在会计处理上，以现金结算的股份支付，应当按照企业承担的以股份或其他权益工具为基础计算确定的负债的公允价值计量。

授予后立即可行权的以现金结算的股份支付，应当在授予日以企业承担负债的公允价值计入相关成本或费用，相应增加负债。完成等待期内的服务或达到规定业绩条件以后才可行权的以现金结算的股份支付，在等待期内的每个资产负债表日，应当以对可行权情况的最佳估计为基础，按照企业承担负债的公允价值金额，将当期取得的服务计入成本或费用和相应的负债。

在资产负债表日，后续信息表明企业当期承担债务的公允价值与以前估计不同的，应当进行调整，并在可行权日调整至实际可行权水平。企业应当在相关负债结算前的每个资产负债表日以及结算日，对负债的公允价值重新计量，其变动计入当期损益。

二、税务处理

（一）以权益结算的股份支付

在税务处理上，《企业所得税法》及其实施条例尚未明确规定以权益结算的股份支付的内容。从企业所得税原理上讨论，企业以权益结算的股份支付，属于增加资本公积，不得在计算应纳税所得额时确认费用扣除。无论是授予后立即可行权的换取职工服务的以权益结算的股份支付，还是完成等待期内的服务或达到规定业绩条件才可行权的换取职工服务的以权益结算的股份支付，以及以权益结算的股份支付换取其他方服务的，都应进行纳税调整。企业以回购股份形式奖励本企业职工的，也属于权益结算的股份支付。

（二）以现金结算的股份支付

在税务处理上，《企业所得税法》及其实施条例尚未直接规定以现金结算的股份支付的内容。但根据实施条例第三十四条的规定，企业发生的合理的工资、薪金支出，准予扣除。前款所称工资、薪金，是指企业每一纳税年度支付给在本企业任职或者受雇的员工的所有现金形式或者非现金形式的劳动报酬，包括基本工资、奖金、津贴、补贴、年终加薪、加班工资，以及与员工任职或者受雇有关的其他支出。从企业所得税原理上讨论，企业以现金结算的股份支付，属于增加应付职工薪酬，即实施条例规定的工资、薪金支出，在计算应纳税所得额时允许在税前扣除。

根据《企业所得税法》第八条规定，由于企业实际发生的与取得收入有关的、合理的支出，包括成本、费用、税金、损失和其他支出，可以在计算应纳税所得额时扣除，所以税法确定的扣除时点与会计准则不同。按照税法规定，应当在行权时才属于实际发生的费用，一般应在实际行权时确认费用扣除。对按照会计准则在授予后立即可行权的以现金结算的股份支付，在授予日以企业承担负债的公允价值已计入相关成本或费用的，在行权以前应进行纳税调整。对按照会计准则完成等待期内的服务或达到规定业绩条件以后才可行权的以现金结算的股份支付，在等待期内的每个资产负债表日，以对可行权情况的最佳估计为基础，按照企业承担负债的公允价值金额，将当期取得的服务计入成本或费用和相应的负债的，在行权以前也应进行纳税调整。

三、案例分析

20×5 年年初，公司为其 200 名中层以上职员每人授予 100 份现金股票增值权，这些职员从 20×5 年 1 月 1 日起在该公司连续服务 3 年，即可按照当时股价的增长幅度获得现金，该增值权应在 2009 年 12 月 31 日之前行使。A 公司估计，该增值权在负债结算之前的每一资产负债表日以及结算日的公允价值和可行权后的每份增值权现金支出额，如表 9－1 所示。

表 9－1　股票增值权的公允价值和可行权后每份增值权现金支出　单位：元

年份	公允价值	支付现金
20×5	14	
20×6	15	
20×7	18	16
20×8	21	20
20×9		25

第一年有 20 名职员离开 A 公司，A 公司估计三年中还将有 15 名职员离开；第

二年又有10名职员离开公司，公司估计还将有10名职员离开；第三年又有15名职员离开。第三年年末，有70人行使股份增值权取得了现金。第四年年末，有50人行使了股份增值权。第五年年末，剩余35人也行使了股份增值权。

1. 费用和负债的计算过程，如表9-2所示。

表9-2　费用和负债计算表　　单位：元

年份	负债计算 (1)	支付现金计算 (2)	负债 (3)	支付现金 (4)	当期费用 (5)
20×5	(200-35)×100×14×1/3		77 000		77 000
20×6	(200-40)×100×15×2/3		160 000		83 000
20×7	(200-45-70)×100×18	70×100×16	153 000	112 000	105 000
20×8	(200-45-70-50)×100×21	50×100×20	73 500	100 000	20 500
20×9	0	35×100×25	0	87 500	14 000
总额				299 500	299 500

其中：(1) 计算得 (3)，(2) 计算得 (4)；

当期 (3) - 前一期 (3) + 当期 (4) = 当期 (5)

2. 账务处理如下：

(1) 20×5年12月31日：

借：管理费用　　77 000

　　贷：应付职工薪酬——股份支付　　77 000

(2) 20×6年12月31日：

借：管理费用　　83 000

　　贷：应付职工薪酬——股份支付　　83 000

(3) 20×7年12月31日：

借：管理费用　　105 000

　　贷：应付职工薪酬——股份支付　　105 000

借：应付职工薪酬——股份支付　　112 000

　　贷：银行存款　　112 000

(4) 20×8年12月31日：

借：公允价值变动损益　　20 500

　　贷：应付职工薪酬——股份支付　　20 500

借：应付职工薪酬——股份支付　　100 000

　　贷：银行存款　　100 000

(5) 20×9 年 12 月 31 日：

借：公允价值变动损益　　14 000

　贷：应付职工薪酬——股份支付　　14 000

借：应付职工薪酬——股份支付　　87 500

　贷：银行存款　　87 500

第三节　投资性房地产的会计与税务处理

投资性房地产是指为赚取租金或资本增值，或者两者兼有而持有的房地产，包括已出租的土地使用权、持有并准备增值后转让的土地使用权、已出租的建筑物。

投资性房地产主要有以下特征：

(一) 房地产投资是一种经营性活动

投资性房地产的主要形式是出租建筑物、出租土地使用权，这实质上属于一种让渡资产使用权行为。房地产租金就是让渡资产使用权取得的使用费收入，是企业为完成其经营目标所从事的经营性活动以及与之相关的其他活动形成的经济利益的总流入。投资性房地产的另一种形式是持有并准备增值后转让的土地使用权，尽管其增值收益通常与市场供求、经济发展等因素相关，但目的是为了增值后转让以赚取增值收益，也是企业为完成其经营目标所从事的经营性活动以及与之相关的其他活动形成的经济利益的总流入。根据税法的规定，企业房地产出租、国有土地使用权增值后转让均属于一种经营活动，其取得的房地产租金收入或国有土地使用权转让收益应当缴纳营业税等。在我国实务中，持有并准备增值后转让的土地使用权这种情况较少。

(二) 投资性房地产在用途、状态、目的等方面区别于作为生产经营场所的房地产和用于销售的房地产

企业持有的房地产除了用作生产经营活动场所和对外销售之外，出现了将房地产用于赚取租金或增值收益的活动，甚至是个别企业的主营业务。这就需要将投资性房地产单独作为一项资产核算和反映，与自用的厂房、办公楼等房地产和作为存货（已建完工商品房）的房地产加以区别，从而更加清晰地反映企业所持有房地产的构成情况和盈利能力。企业在首次执行投资性房地产准则时，应当根据投资性房地产的定义对企业资产进行重新分类，凡是符合投资性房地产定义和确认条件的建筑物和土地使用权，应当归为投资性房地产。

(三) 投资性房地产有两种后续计量模式

企业通常应当采用成本模式对投资性房地产进行后续计量，只有在满足特定条

件的情况下，即有确凿证据表明其所有投资性房地产的公允价值能够持续可靠取得的，才可以采用公允价值模式进行后续计量。也就是说，投资性房地产准则适度引入公允价值模式，在满足特定条件的情况下，可以对投资性房地产采用公允价值模式进行后续计量。但是，同一企业只能采用一种模式对所有投资性房地产进行后续计量，不得同时采用两种计量模式进行后续计量。

一、会计处理

（一）投资性房地产的确认和初始计量

1. 外购投资性房地产的确认和初始计量。

在采用成本模式计量下，外购的土地使用权和建筑物，按照取得时的实际成本进行初始计量，借记"投资性房地产"科目，贷记"银行存款"等科目。取得时的实际成本包括购买价款、相关税费和可直接归属于该资产的其他支出。企业购入的房地产，部分用于出租（或资本增值）、部分自用，用于出租（或资本增值）的部分应当予以单独确认的，应按照不同部分的公允价值占公允价值总额的比例将成本在不同部分之间进行分配。

在采用公允价值模式计量下，外购的投资性房地产应当按照取得时的实际成本进行初始计量，其实际成本的确定与采用成本模式计量的投资性房地产一致。企业应当在"投资性房地产"科目下设置"成本"和"公允价值变动"两个明细科目，按照外购的土地使用权和建筑物发生的实际成本，记入"投资性房地产——成本"科目。

2. 自行建造投资性房地产的确认和初始计量。

在采用成本模式计量下，自行建造投资性房地产，其成本由建造该项资产达到预定可使用状态前发生的必要支出构成，包括土地开发费、建筑成本、安装成本、应予以资本化的借款费用、支付的其他费用和分摊的间接费用等。建造过程中发生的非正常性损失，直接计入当期损益，不计入建造成本。按照建造过程中发生的成本，借记"投资性房地产"科目，贷记"银行存款"等科目。在采用公允价值模式计量下，自行建造投资性房地产的计量，将在第三节"投资性房地产的后续计量"中介绍。

3. 非投资性房地产转换为投资性房地产。

（1）非投资性房地产转换为采用成本模式进行后续计量的投资性房地产。

①作为存货的房地产转换为投资性房地产。作为存货的房地产转换为投资性房地产，通常指房地产开发企业将其持有的开发产品以经营租赁的方式出租，存货相

应地转换为投资性房地产。这种情况下，转换日通常为房地产的租赁期开始日。租赁期开始日是指承租人有权行使其使用租赁资产权利的日期。一般而言，对于企业自行建造或开发完成但尚未使用的建筑物，如果企业董事会或类似机构正式作出书面决议，明确表明其自行建造或开发产品用于经营出租、持有意图短期内不再发生变化的，应视为存货转换为投资性房地产，转换日为企业董事会或类似机构作出书面决议的日期。

企业将作为存货的房地产转换为采用成本模式计量的投资性房地产，应当按该项存货在转换日的账面价值，借记"投资性房地产"科目，原已计提跌价准备的，借记"存货跌价准备"科目，按其账面余额，贷记"开发产品"等科目。

②自用房地产转换为投资性房地产。企业将原本用于日常生产商品、提供劳务或者经营管理的房地产改用于出租，通常应于租赁期开始日，按照固定资产或无形资产的账面价值，将固定资产或无形资产相应地转换为投资性房地产。对不再用于日常生产经营活动且经整理后达到可经营出租状况的房地产，如果企业董事会或类似机构正式作出书面决议，明确表明其自用房地产用于经营出租且持有意图短期内不再发生变化的，应视为自用房地产转换为投资性房地产，转换日为企业董事会或类似机构正式作出书面决议的日期。

企业将自用土地使用权或建筑物转换为以成本模式计量的投资性房地产时，应当按该项建筑物或土地使用权在转换日的原价、累计折旧、减值准备等，分别转入"投资性房地产"、"投资性房地产累计折旧（摊销）"、"投资性房地产减值准备"科目，按其账面余额，借记"投资性房地产"科目，贷记"固定资产"或"无形资产"科目，按已计提的折旧或摊销，借记"累计摊销"或"累计折旧"科目，贷记"投资性房地产累计折旧（摊销）"科目，原已计提减值准备的，借记"固定资产减值准备"或"无形资产减值准备"科目，贷记"投资性房地产减值准备"科目。

（2）非投资性房地产转换为采用公允价值进行后续计量的投资性房地产。

①作为存货的房地产转换为投资性房地产。企业将作为存货的房地产转换为采用公允价值模式计量的投资性房地产，应当按该项房地产在转换日的公允价值人账，借记"投资性房地产——成本"科目，原已计提跌价准备的，借记"存货跌价准备"科目；按其账面余额，贷记"开发产品"等科目。同时，转换日的公允价值小于账面价值的，按其差额，借记"公允价值变动损益"科目；转换日的公允价值大于账面价值的，按其差额，贷记"其他综合收益"科目。当该项投资性房地产处置时，因转换计入其他综合收益的部分应转入当期损益。

②自用房地产转换为投资性房地产。企业将自用房地产转换为采用公允价值模

式计量的投资性房地产，应当按该项土地使用权或建筑物在转换日的公允价值，借记"投资性房地产——成本"科目，按已计提的累计摊销或累计折旧，借记"累计摊销"或"累计折旧"科目；原已计提减值准备的，借记"无形资产减值准备"、"固定资产减值准备"科目；按其账面余额，贷记"固定资产"或"无形资产"科目。同时，转换日的公允价值小于账面价值的，按其差额，借记"公允价值变动损益"科目；转换日的公允价值大于账面价值的，按其差额，贷记"其他综合收益"科目。当该项投资性房地产处置时，因转换计入其他综合收益的部分应转入当期损益。

（二）与投资性房地产有关的后续支出

1. 资本化的后续支出。

与投资性房地产有关的后续支出，满足投资性房地产确认条件的，应当计入投资性房地产成本。例如，企业为了提高投资性房地产的使用效能，往往需要对投资性房地产进行改建、扩建而使其更加坚固耐用，或者通过装修而改善其室内装潢，改扩建或装修支出满足确认条件的，应当将其资本化。企业对某项投资性房地产进行改扩建等再开发且将来仍作为投资性房地产的，在再开发期间应继续将其作为投资性房地产，再开发期间不计提折旧或摊销。

2. 费用化的后续支出。

与投资性房地产有关的后续支出，不满足投资性房地产确认条件的，应当在发生时计入当期损益。例如，企业对投资性房地产进行日常维护发生一些支出。企业在发生投资性房地产费用化的后续支出时，借记"其他业务成本"等科目，贷记"银行存款"等科目。

（三）投资性房地产的后续计量

投资性房地产后续计量，通常应当采用成本模式，只有满足特定条件的情况下才可以采用公允价值模式。但是，同一企业只能采用一种模式对所有投资性房地产进行后续计量，不得同时采用两种计量模式。

1. 采用成本模式进行后续计量的投资性房地产。

采用成本模式进行后续计量的投资性房地产，应当按照《企业会计准则第4号——固定资产》或《企业会计准则第6号——无形资产》的有关规定，按期（月）计提折旧或摊销，借记"其他业务成本"等科目，贷记"投资性房地产累计折旧（摊销）"科目。取得的租金收入，借记"银行存款"等科目，贷记"其他业务收入"等科目。

投资性房地产存在减值迹象的，还应当适用资产减值的有关规定。经减值测试后确定发生减值的，应当计提减值准备，借记"资产减值损失"科目，贷记"投资性房地产减值准备”科目。如果已经计提减值准备的投资性房地产的价值又得以恢复，不得转回。

2. 采用公允价值模式进行后续计量的投资性房地产。

企业存在确凿证据表明其投资性房地产的公允价值能够持续可靠取得的，可以对投资性房地产采用公允价值模式进行后续计量。企业选择公允价值模式，就应当对其所有投资性房地产采用公允价值模式进行后续计量，不得对一部分投资性房地产采用成本模式进行后续计量，对另一部分投资性房地产采用公允价值模式进行后续计量。在极少数情况下，采用公允价值对投资性房地产进行后续计量的企业，有证据表明，当企业首次取得某项非在建投资性房地产（或某项现有房地产在改变用途后首次成为投资性房地产）时，该投资性房地产公允价值不能持续可靠取得的，应当对该投资性房地产采用成本模式计量直至处置，并假设无残值。采用公允价值模式对投资性房地产进行后续计量的企业，对于在建投资性房地产（包括企业首次取得的在建投资性房地产），如果其公允价值无法可靠确定但预期该房地产完工后的公允价值能够持续可靠取得的，应当以成本计量该在建投资性房地产，其公允价值能够可靠计量时或其完工后（两者孰早），再以公允价值计量。但是，采用成本模式对投资性房地产进行后续计量的企业，即使有证据表明，企业首次取得某项投资性房地产时，该投资性房地产公允价值能够持续可靠取得，该企业仍应对该项投资性房地产采用成本模式进行后续计量。

采用公允价值模式计量的投资性房地产，应当同时满足下列条件：（1）投资性房地产所在地有活跃的房地产交易市场。所在地，通常指投资性房地产所在的城市。对于大中型城市，应当为投资性房地产所在的城区。（2）企业能够从活跃的房地产交易市场上取得同类或类似房地产的市场价格及其他相关信息，从而对投资性房地产的公允价值作出合理的估计。

投资性房地产的公允价值是指市场参与者在计量日发生的有序交易中，出售一项资产所能收到或者转移一项负债所需支付的价格。确定投资性房地产的公允价值时，应当参照活跃市场上同类或类似房地产的现行市场价格（市场公开报价）；无法取得同类或类似房地产现行市场价格的，应当参照活跃市场上同类或类似房地产的最近交易价格，并考虑交易情况、交易日期、所在区域等因素，从而对投资性房地产的公允价值作出合理的估计；也可以基于预计未来获得的租金收益和相关现金流量的现值计量。“同类或类似”的房地产，对建筑物而言，是指所处地理位置和地理环境相同、性质相同、结构类型相同或相近、新旧程度相同或相近、可使用状况相同或相近的建筑物；对土地使用权而言，是指同一位置区域、所处地理环境相同或相近、可使用状况相同或相近的土地。

投资性房地产采用公允价值模式进行后续计量的，不计提折旧或摊销，应当以资产负债表日的公允价值计量。资产负债表日，投资性房地产的公允价值高于其账面余额的差额，借记"投资性房地产——公允价值变动"科目，贷记"公允价值变动损益"科目；公允价值低于其账面余额的差额作相反的会计分录。

（四）投资性房地产的处置

当投资性房地产被处置，或者永久退出使用且预计不能从其处置中取得经济利益时，应当终止确认该项投资性房地产。

企业可以通过对外出售或转让的方式处置投资性房地产取得收益。对于那些由于使用而不断磨损直到最终报废，或者由于遭受自然灾害等非正常原因发生毁损的投资性房地产应当及时进行清理。此外，企业因其他原因，如非货币性交易等而减少投资性房地产也属于投资性房地产的处置。企业出售、转让、报废投资性房地产或者发生投资性房地产毁损，应当将处置收入扣除其账面价值和相关税费后的金额计入当期损益。

1. 采用成本模式计量的投资性房地产的处置。

处置采用成本模式进行后续计量的投资性房地产时，应当按实际收到的金额，借记"银行存款"等科目，贷记"其他业务收入"科目；按该项投资性房地产的账面价值，借记"其他业务成本"科目，按其账面余额，贷记"投资性房地产"科目，按照已计提的折旧或摊销，借记"投资性房地产累计折旧（摊销）"科目，原已计提减值准备的，借记"投资性房地产减值准备"科目。

2. 采用公允价值模式计量的投资性房地产的处置。

处置采用公允价值模式计量的投资性房地产，应当按实际收到的金额，借记"银行存款"等科目，贷记"其他业务收入"科目；按该项投资性房地产的账面余额，借记"其他业务成本"科目，按其成本，贷记"投资性房地产——成本"科目，按其累计公允价值变动，贷记或借记"投资性房地产——公允价值变动"科目。同时结转投资性房地产累计公允价值变动。若存在原转换日计入其他综合收益的金额，也一并结转。

二、税务处理

（一）投资性房地产的转换

在税务处理方面，应主要分为以下四种方式：

1. 如果企业将投资性房地产（采用成本模式、未做计提减值准备）转换为固定资产或者无形资产，将持有并在增值后转让的土地使用权转换为自用形式，那么可以将土地使用权确认成无形资产。

2. 企业将投资性房地产（采用成本模式、已做计提减值准备）转换为固定资产或者无形资产，会计处理与税务处理有所差异，需做纳税调整。

3. 企业将投资性房地产（公允价值模式）转换为固定资产或者无形资产，其税收基础不便，根据会计处理中的原账面价值与公允价值差额计入当期损益中。

4. 如果房地产开发商将存货房地产转换成投资性房地产，无论是哪种计量模式，都应该按照销售进行收入确认，并以公允价值作为其纳税基础。

（二）投资性房地产的后续处理

1. 以成本模式计量的投资性房地产。

税务处理强调的是“客观性”，认为成本与费用必须确定，而不是由纳税人主观臆断或预测。因此，税务处理时并不承认会计处理中的资产减值准备，也就是当投资性房地产未产生实际损失之前，不允许在税前扣除计提减值准备；除非在该资产进行处置时，才可提取减值准备；有关折旧计提、费用摊销等项目，也根据税法的规定，符合标准方可税前扣除。

2. 以公允价值模式计量的投资性房地产。

在税务处理方面，如果企业对投资性房地产以公允价值模式后续计量，那么不确认公允价值的变动损益在纳税方面的优惠，需要对纳税进行相应调整。

三、案例分析

甲企业与乙企业签订租赁协议，将其原先自用的一栋写字楼出租给乙企业使用，租赁期开始日为2010年4月15日。2010年4月15日，该写字楼的账面余额原价为50 000万元，已计提折旧5 000万元，公允价值为47 000万元。2010年12月31日，该项投资性房地产的公允价值为48 000万元。2011年6月，租赁期届满，企业收回该项投资性房地产，并以55 000万元出售，出售款已收讫。假设甲企业采用公允价值模式计量，不考虑相关税费。

甲企业的账务处理如下：

（1）2010年4月15日，自用房地产转换为投资性房地产：

借：投资性房地产——成本	470 000 000	
累计折旧	50 000 000	
贷：固定资产		500 000 000
资本公积——其他资本公积		20 000 000

（2）2010年12月31日，公允价值变动：

借：投资性房地产——公允价值变动　　10 000 000

　贷：公允价值变动损益　　10 000 000

（3）2011 年 6 月，收回并出售投资性房地产：

借：银行存款　　550 000 000

　公允价值变动损益　　10 000 000

　资本公积——其他资本公积　　20 000 000

　其他业务成本　　450 000 000

　贷：投资性房地产——成本　　470 000 000

　　　　——公允价值变动　　10 000 000

　　其他业务收入　　550 000 000

在税务处理上，企业处置投资性房地产时，按照《企业所得税法》第六条的规定，应当将出售、转让收入并入转让财产收入；同时，按照《企业所得税法》第十六条的规定，该项资产的净值和转让费用，可以在计算应纳税所得税时扣除。投资性房地产的报废、毁损，按照固定资产、无形资产的相关规定处理。

第四节 债务重组的会计与税务处理

债务重组，是指在债务人发生财务困难的情况下，债权人按照其与债务人达成的协议或者法院的裁定作出让步的事项。债权人作出让步的情形主要包括：债权人减免债务人部分债务本金或者利息，降低债务人应付债务的利率等。债务重组的方式主要包括：

第一，以资产清偿债务，是指债务人转让其资产给债权人以清偿债务的债务重组方式。债务人用于清偿债务的资产包括现金资产和非现金资产，主要有：现金、存货、各种投资（包括股票投资、债券投资、基金投资、权证投资等）、固定资产、无形资产等。

第二，将债务转为资本，是指债务人将债务转为资本，同时，债权人将债权转为股权的债务重组方式。债务转为资本时，对股份有限公司而言，是将债务转为股本，对其他企业而言，是将债务转为实收资本。其结果是，债务人因此而增加股本（或实收资本），债权人因此而增加长期股权投资。债务人根据转换协议将应付可转换公司债券转为资本，属于正常情况下的转换，不能作为债务重组处理。

第三，修改其他债务条件，是指不包括上述两种方式在内的修改其他债务条件进行的债务重组方式，如减少债务本金、减少或免去债务利息等。

第四，以上三种方式的组合，是指采用以上三种方式共同清偿债务的债务重组方式。

其组合偿债方式可能是：债务的一部分以资产清偿，一部分转为资本，另一部分则修改其他债务条件。

一、会计处理

（一）以现金资产清偿债务

债务人以现金清偿债务的，债务人应当将重组债务的账面价值与支付的现金之间的差额确认为债务重组利得，作为营业外收入，计人当期损益，其中，相关重组债务应当在满足金融负债终止确认条件时予以终止确认。

债务人以现金清偿债务的，债权人应当将重组债权的账面余额与收到的现金之间的差额确认为债务重组损失，作为营业外支出，计入当期损益，其中，相关重组债权应当在满足金融资产终止确认条件时予以终止确认。重组债权已经计提减值准备的，应当先将上述差额冲减已计提的减值准备，冲减后仍有损失的，计入营业外支出（债务重组损失）；冲减后减值准备仍有余额的，应予转回并抵减当期资产减值损失。

（二）以非现金资产清偿债务

债务人以非现金资产清偿某项债务的，债务人应当将重组债务的账面价值与转让的非现金资产的公允价值之间的差额确认为债务重组利得，作为营业外收入，计入当期损益，其中，相关重组债务应当在满足金融负债终止确认条件时予以终止确认。转让的非现金资产的公允价值与其账面价值的差额作为转让资产损益，计入当期损益。

债务人在转让非现金资产的过程中发生的一些税费，如资产评估费、运杂费等，直接计入转让资产损益。对于增值税应税项目，如债权人不向债务人另行支付增值税，则债务重组利得应为转让非现金资产的公允价值和该非现金资产的增值税销项税额与重组债务账面价值的差额；如债权人向债务人另行支付增值税，则债务重组利得应为转让非现金资产的公允价值与重组债务账面价值的差额。

债务人以非现金资产清偿某项债务的，债权人应当对受让的非现金资产按其公允价值入账，重组债权的账面余额与受让的非现金资产的公允价值之间的差额，确认为债务重组损失，作为营业外支出，计入当期损益，其中，相关重组债权应当在满足金融资产终止确认条件时予以终止确认。重组债权已经计提减值准备的，应当先将上述差额冲减已计提的减值准备，冲减后仍有损失的，计入营业外支出（债务重组损失）；冲减后减值准备仍有余额的，应予转回并抵减当期资产减值损失。对于增值税应税项目，如债权人不向债务人另行支付增值税，则增值税进项税额可以作为冲减重组债权的账面余额处理；如债权人向债务人另行支付增值税，则增值税进项税额不能作为冲减重组债权的账面余额处理。

债权人收到非现金资产时发生的有关运杂费等，应当计入相关资产的价值。

（三）以债务转换为资本清偿债务

以债务转为资本方式进行债务重组的，应分别以下情况处理：

1. 债务人为股份有限公司时，债务人应将债权人因放弃债权而享有股份的面值总额确认为股本；股份的公允价值总额与股本之间的差额确认为资本公积。重组债务的账面价值与股份的公允价值总额之间的差额确认为债务重组利得，计人当期损益。债务人为其他企业时，债务人应将债权人因放弃债权而享有的股权份额确认为实收资本；股权的公允价值与实收资本之间的差额确认为资本公积。重组债务的账面价值与股权的公允价值之间的差额作为债务重组利得，计入当期损益。

2. 债务人将债务转为资本，即债权人将债权转为股权。在这种方式下，债权人应将重组债权的账面余额与因放弃债权而享有的股权的公允价值之间的差额，先冲减已提取的减值准备，减值准备不足冲减的部分，或未提取减值准备的，将该差额确认为债务重组损失。同时，债权人应将因放弃债权而享有的股权按公允价值计量。发生的相关税费，分别按照长期股权投资或者金融工具确认和计量等准则的规定进行处理。

（四）修改其他债务条件债务重组

以修改其他债务条件进行债务重组的，债务人和债权人应分别以下情况处理：

1. 不附或有条件的债务重组。

不附或有条件的债务重组，是指在债务重组中不存在或有应付（或应收）金额，该或有条件需要根据未来某种事项出现而发生的应付（或应收）金额，并且该未来事项的出现具有不确定性。

不附或有条件的债务重组，债务人应将修改其他债务条件后债务的公允价值作为重组后债务的入账价值。重组债务的账面价值与重组后债务的入账价值之间的差额计入损益。

以修改其他债务条件进行债务重组，如修改后的债务条款不涉及或有应收金额，则债权人应当将修改其他债务条件后的债权的公允价值作为重组后债权的账面价值，重组债权的账面余额与重组后债权账面价值之间的差额确认为债务重组损失，计入当期损益。如果债权人已对该项债权计提了减值准备，应当首先冲减已计提的减值准备，减值准备不足以冲减的部分，作为债务重组损失，计人营业外支出。

2. 附或有条件的债务重组。

附或有条件的债务重组，是指在债务重组协议中附或有应付条件的重组。或有应付金额，是指依未来某种事项出现而发生的支出。未来事项的出现具有不确定性。如债务重组协议规定，“将××公司债务1 000 000元免除200 000元，剩余债务展期两年，并按2%的年利率计收利息。如该公司一年后盈利，则自第二年起将按5%的利率计收利息”。根据此项债务重组协议，债务人依未来是否盈利而发生的24 000（800 000×3%）元支出，即为或有应付金额。但债务人是否盈利，在债务重组时不能确定，即具有不确定性。

附或有条件的债务重组，对于债务人而言，以修改其他债务条件进行的债务重组，修改后的债务条款如涉及或有应付金额，且该或有应付金额符合或有事项中有关预计负债确认条件的，债务人应当将该或有应付金额确认为预计负债。重组债务的账面价值与重组后债务的入账价值和预计负债金额之和的差额，作为债务重组利得，计入营业外收入。需要说明的是，在附或有支出的债务重组方式下，债务人应当在每期末，按照或有事项确认和计量要求，确定其最佳估计数，期末所确定的最佳估计数与原预计数的差额，计人当期损益。

对债权人而言，以修改其他债务条件进行债务重组，修改后的债务条款中涉及或有应收金额的，不应当确认或有应收金额，不得将其计入重组后债权的账面价值。或有应收金额属于或有资产，或有资产不予确认。只有在或有应收金额实际发生时，才计人当期损益。

二、税务处理

（一）企业债务重组，相关交易应按以下规定处理

1. 以非货币资产清偿债务，应当分解为转让相关非货币性资产、按非货币性资产公允价值清偿债务两项业务，确认相关资产的所得或损失。

2. 发生债权转股权的，应当分解为债务清偿和股权投资两项业务，确认有关债务清偿所得或损失：

3. 债务人应当按照支付的债务清偿额低于债务计税基础的差额，确认债务重组所得；债权人应当按照收到的债务清偿额低于债权计税基础的差额，确认债务重组损失：

4. 债务人的相关所得税纳税事项原则上保持不变：

（二）债务重组的特殊性税务处理方法

（1）企业重组适用特殊性税务处理的条件。企业重组同时符合下列条件的，适用特殊性税务处理规定：

①具有合理的商业目的，且不以减少、免除或者推迟缴纳税款为主要目的。

②被收购、合并或分立部分的资产或股权比例符合下述（二）规定的比例。

③企业重组后的连续12个月内不改变重组资产原来的实质性经营动。

④重组交易对价中涉及股权支付金额符合下述（二）规定的比例。

⑤企业重组中取得股权支付的原主要股东，在重组后怎连续12个月内，不得转让所取得的股权。

2. 企业重组符合上述特殊性税务处理条件的，交易各方对其交易中的股权支付部分，可以按以下规定进行特殊性税务处理。

企业债务重组确认的应纳税所得额占该企业当年应纳税所得额50%以上，可以在5个纳税年度的期间内，均匀计入各年度的应纳税所得额。

企业发生债权转股权业务，对债务清偿各股权投资两项业务暂不确认有关债务清偿所得或损失，股权投资的计税基础以原债权的计税基础确定。企业的其他相关所得税事项保持不变。

三、案例分析

2011年9月11日，债权人甲公司就债务人乙公司的30万元债务（甲公司赊销形成）达成债务重组协议：豁免20%债务，余额立即用现金偿还。

会计处理：

1. 债务人乙公司

（1）重组日会计处理：

借：应付账款——甲公司	300 000	
贷：银行存款		240 000
营业外收入——债务重组利得		60 000

（2）重组日税务处理处理：

确认债务重组所得，进行备查登记；申报2011年度所得税时，由于债务重组所得已作为营业外收入计入利润总额，因此不需要进行纳税调整。

2. 债权人甲公司

（1）重组日会计处理：

借：银行存款	240 000	
坏账准备	60 000	
贷：应收账款——乙公司		300 000

（2）重组日税务处理：

确认重组损失，进行备查登记；债务重组损失是须经税务机关审批后才能扣除的资产损失。本例如获正常审批通过，则应调减应纳税所得额60 000元。

第五节 非资产负债表日后事项的会计与税务处理

企业会计报表经董事会等相关部门批准后已经对外报出，如果发现与上年度有关的应记未记收入，或者有应计未计、应提未提费用等涉及上年度损益的会计事项，在汇算清缴期内和汇算清缴结束后应分别作何处理？

一、会计处理

（一）汇算清缴期内非资产负债表日后调整事项

如果企业财务报表已经报出，但汇算清缴尚未结束（5月31日前），在这个期间如果发现上年度应记未记收入，或者有应计未计、应提未提费用等涉及上年度损益的会计事项，应按照《企业会计准则第28号—会计政策、会计估计变更和会计差错》进行会计处理。

（二）汇算清缴期后非资产负债表日后调整事项处理

由于税法上的汇算清缴截止日（5月31日）晚于会计报表批准报出日（一般为4月30日），所以，对于汇算清缴后上年度应计未计等会计事项的调整，不属于资产负债表日后事项，不适用于《企业会计准则第29号—资产负债表日后事项》，应按照《企业会计准则第28号—会计政策、会计估计变更和会计差错》进行处理。

二、税务处理

（一）汇算清缴期内非资产负债表日后调整事项

对于以上非资产负债表日后调整事项产生的暂时性差异，会计上按照《企业会计准则第18号—所得税》进行处理。产生的永久性差异，按照“调表不调账”的原则进行处理，即只在《企业所得税年度纳税申报表》上作纳税调整，而在账务上不作调整。

（二）汇算清缴期后非资产负债表日后调整事项处理

国家税务总局《关于企业所得税若干业务问题的通知》（国税发［1997］191号）第五条规定，纳税人在纳税年度应计未计、应提未提扣除项目，不得转移以后年度补扣。财政部、国家税务总局《关于企业所得税几个具体问题的通知》（财税字［1996］79号）规定的企业纳税年度内应计未计扣除项目，包括各类应计未计费用、应提未提折旧等。

同时，《企业所得税法》第八条规定，企业实际发生的与取得收入有关的、合理的支出，包括成本、费用、税金、损失和其他支出，准予在计算应纳税所得额时扣除。《企业所得税法实施条例》第九条规定，企业应纳税所得额的计算，以权责发生制为原则，属于当期的收入和费用，不论款项是否收付，均作为当期的收入和费用。也就是说，税法上对于汇算清缴期后上年度的应计未计费用不允许在发现年度扣除，但税务机关为了堵塞税款流失的疏漏，对于不列、少列等应计未计收入，造成不缴或者少缴应纳税款的，视为纳税人逃避纳税义务，应在发现当期计入应纳税所得额，并加收滞纳金，数额较大的还将追究刑事责任。

三、案例分析

汇算清缴的账务处理

A公司采用企业会计准则，2008年会计报表经董事会批准已于3月10日对外报出，会计账面利润为500万元，所得税率为25%。2009年4月10日，企业在填报200年《企业所得税年度纳税申报表》时发现：

（1）公司在2008年6月接受货币捐赠20万元，企业全部计入"资本公积"账户的贷方。新准则规定，应计入当期损益，在税法上应作为应纳税所得额。财税处理一致。

（2）企业在2008年9月份购入的交易性金融资产，2008年年末忘记确认交易性金融资产公允价值变动损益10万元。新准则要求将公允价值变动计入当期损益，税法上不确认交易性金融资产在持有期间的公允价值变动，而是在转让时再确认，从而形成暂时性差异。

（3）2008年有5万元行政罚款及滞纳金未入账，会计导航应计入"营业外支出"科目，税法上则不允许在税前扣除，形成永久性差异。

解析：根据《企业会计准则第28号—会计政策、会计估计变更和会计差错》，以上3项都属于前期会计差错，应按照追溯重述法进行以下处理：

（1）调整错记的货币捐赠：

借：资本公积　　200 000

　　贷：以前年度损益调整——营业外收入　　200 000

（2）调整交易性金融资产公允价值变动：

借：交易性金融资产——公允价值变动　　100 000

　　贷：以前年度损益调整——公允价值变动　　100 000

由于交易性金融资产账面价值大于计税基础 10 万元，应确认递延所得税负债。

借：以前年度损益调整——所得税费用　　25 000

　　贷：递延所得税负债　　25 000

(3) 调整行政罚款：

借：以前年度损益调整——营业外支出　　50 000

　　贷：其他应付款等　　50 000

(4) 假设宏达公司无其他纳税调整事项，则 2008 年汇算清缴时应纳企业所得税额 $=(500+20)\times 25\%=130$（万元），企业已预缴季度所得税 100 万元，则汇算清缴时，会计处理如下：

借：以前年度损益调整——所得税费用　　300 000

　　贷：应交税费——应交所得税　　300 000